D1730195

Reisevorbereitung

Land & Leute

Unterwegs

1 Durban

2 South Coast

3 North Coast

4 Zululand

5 Elephant Coast

6 Battlefields

7 Drakensberge

8 Midlands

Anhang

REISE KNOW-HOW im Internet

- 🄗 Aktuelle Reisetips und Neuigkeiten
- ➕ Ergänzungen nach Redaktionsschluß
- ☒ Büchershop und Sonderangebote
- ➡ Weiterführende Links zu über 100 Ländern

www.reise-know-how.de

und die Südafrika-Website des
REISE KNOW-HOW Verlags Helmut Hermann

www.suedafrikaperfekt.de

- ⊠ eMail-Adresse des Verlags:
  rkhhermann@aol.com

Helmut Hermann • KwaZulu-Natal

Helmut Hermann

KwaZulu-Natal

Handbuch für individuelles Reisen und Entdecken

IMPRESSUM

Helmut Hermann
(Basistexte Reiseteil Christine Philipp aus REISE KNOW-HOW „Südafrika")

KwaZulu-Natal

erschienen im
REISE KNOW-HOW Verlag

© Helmut Hermann
Untere Mühle
D – 71706 Markgröningen

1. Auflage 2009

ISBN 978-3-89662-399-7

eMail des Verlags: rkhhermann@aol.com
Südafrika-Website des Verlags: www.suedafrikaperfekt.de
Website von REISE KNOW-HOW: www.reise-know-how.de

Gestaltung u. Herstellung
Umschlag: Carsten C. Blind
Inhalt, Karten: H. Hermann
Karten in den Umschlagklappen: RKH-Verlag Peter Rump GmbH
Druck: Fuldaer Verlagsanstalt
Fotos: s. Anhang

Dieses Buch ist erhältlich in jeder Buchhandlung in
Deutschland, Österreich, Schweiz, Niederlande und Belgien
Bitte informieren Sie Ihren Buchhändler über
folgende Bezugsadressen:
D: PROLIT GmbH, Postfach 9, 35461 Fernwald, www.prolit.de
alle Barsortimente
CH: AVA-buch 2000, Postfach 27, 8910 Affoltern, www.ava.ch
A: Mohr Morawa Buchvertrieb GmbH, Postfach 260, 1101 Wien
NL und B: Willems Adventure, www.willemsadventure.nl
Wer im Buchhandel trotzdem kein Glück hat, bekommt
unsere Bücher auch über unseren Büchershop im Internet (s.o.)

Wir freuen uns über Kritik, Kommentare und Verbesserungsvorschläge.
Alle Informationen und Daten in diesem Buch sind mit größter Sorgfalt
gesammelt und vom Lektorat des Verlags gewissenhaft bearbeitet
worden. Da inhaltliche und sachliche Fehler nicht ausgeschlossen
werden können, erklärt der Verlag, dass alle Angaben im Sinne der Produkt-
haftung ohne Garantie erfolgen und dass Verlag wie Autor keinerlei Verant-
wortung und Haftung für inhaltliche und sachliche Fehler übernehmen.
Die Nennung von Firmen und ihren Produkten und ihre Reihenfolge
sind als Beispiel ohne Wertung gegenüber anderen anzusehen. Qualitäts-
angaben sind rein subjektive Einschätzungen von Autorenseite.

Sawubona –
Willkommen in KwaZulu-Natal

Man könnte meinen, als hätte KwaZulu-Natal, die „afrikanischste" Provinz Südafrikas – manche sagen auch KwaZulu-Natal ist Südafrika ist Beste in einer Provinz –, von allen Schönheiten des Landes am Kap nur das Beste abbekommen:

Ein ganzjährig subtropisches Klima, verführerische, endlose Badestrände am Indischen Ozean, weite Grassteppen und Buschland mit wildreichen Tierreservaten, sattgrüne Hügellandschaften in den *Midlands* und bis zu 3000 Meter hohe Gipfel im Wanderparadies der Drakensberge. Nur wenige der zahllosen Südafrika Touristen besuchen den *iSimangaliso Wetland Park,* ein einzigartiges Feuchtgebiet mit Meereslagunen und hohen Dünen und einer ganz besonderen Pflanzen- und Tierwelt, wo sich unter anderem leicht Krokodile und Flusspferde beobachten lassen.

Wer sich für Kolonialgeschichte interessiert, sollte die *Battlefields Region* besuchen mit zahllosen historischen Schlachtfeldern, auf denen die Kämpfe zwischen Zulu, Buren und Briten stattfanden.

KwaZulu-Natal bietet noch **ein echtes Stück Afrika** mit zugleich exzellenter Infrastruktur mit einem gut ausgebauten Straßennetz, hervorragenden Unterkünften für jeden Geschmack und Geldbeutel sowie ein vielfältiges gastronomisches Angebot.

Außerdem ist die Provinz zugleich die kulturprallste Südafrikas: Neben den überall präsenten **Traditionen der Zulu,** des bekanntesten Volkes Südafrikas, gibt es auch vielerorts Zeugnisse europäischer Besiedlungsgeschichte. Die ältesten menschlichen Spuren sind aber die bis zu 8000 Jahre alten Felsmalereien des Urvolks der San in den Drakensbergen.

Dieses Reise Know-How-Buch ist der erste deutschsprachige spezielle Reise(ver)führer für KwaZulu-Natal, in das ich zum ersten Mal vor 35 Jahren kam und das mich seither nicht mehr losgelassen hat. Allerspätestens 2010 wird KwaZulu-Natal mit Durban als einer der Austragungsstädte der Fußball-WM weltweit bekannt werden.

Wenn Sie von KwaZulu-Natal weiter durch andere Regionen Südafrikas reisen möchten, so ist dafür unser Reiseführer „Südafrika" von Christine Philipp das passende Kompendium.

Ich wünsche Ihnen tolle Reiseerlebnisse und eine unvergessliche Zeit beim „Volk des Himmels" in KwaZulu-Natal,

Ihr Helmut Hermann

Nkosi sikelel' i Afrika
(God save Africa)

Inhaltsverzeichnis

TEIL I: Reisevorbereitungen

TEIL II: Land & Leute

TEIL III: Unterwegs in KwaZulu-Natal

TEIL IV: Reiseteil

1. Durban/eThekwini

2. South Coast

2. North Coast

4. Zululand

5. Elephant Coast

6. Battlefields

8. Midlands

ANHANG

Die Top-Ten KwaZulu-Natals

Hluhluwe-Imfolozi Game Park
Seite 271

Der große Park (sprich: Schlu-schluwe) im Herzen des Zululands zählt zu den Reisehöhepunkten KwaZulu-Natals

iSimangaliso Wetland Park
Seite 284

Dieser Park mit seiner besonderen Flora und Fauna entlang des Indischen Ozeans ist UNESCO-Weltnaturerbe

uKhahlamba Drakensberg Park
Seite 355

Das gewaltige, bis zu 3000 Meter hohe Bergmassiv an der Grenze zu Lesotho ist gleichfalls UNESCO-Weltnaturerbe

Zululand
Seite 241

Die Kernregion des Lebensraums des Zulu-Volks bietet kulturelle Höhepunkte und noch heute gelebte Traditionen

South Coast
Seite 189

Badespaß und Freizeitvergnügen stehen an der Südküste ganz oben

Elephant Coast
Seite 281

Im Tembe Elephant Park leben über
200 Elefanten und die anderen der „Big
Five", Büffel, Nashorn, Löwe, Leopard

Durban
Seite 148

Die größte Stadt von KwaZulu-Natal
bietet mit *uShaka World* eine neue,
vielbesuchte Attraktion

Midlands
Seite 395

In den malerischen Midlands ist die
Tourismus-Route „Midlands Meander"
Hauptanziehungspunkt

Battlefields
Seite 325

Die höchste Konzentration an historischen Schlachtfeldern in ganz Afrika.
Es kämpften Buren, Zulu, Engländer.

Sodwana Bay
Seite 301

Als schönste Dive spots Südafrikas
gelten die von Sodwana Bay

Teil I: Reisevorbereitungen

Warum nach KwaZulu-Natal?

Diese östlichste Region Südafrikas war bislang eher ein unentdecktes Reisegebiet. Südafrika-Touristen, unterwegs zu den Hauptdestinationen Krügerpark, Kapstadt oder Garden Route, passieren auf der N2 meist zügig KwaZulu-Natal oder besuchen kurz den Hluhluwe-Imfolozi Game Park mit seinen zahlreichen Nashörnern. Das ist jammerschade, denn keine andere Provinz Südafrikas bietet eine solche Fülle an Naturschönheiten und landschaftlicher Abwechslung auf relativ kurzen Distanzen wie KwaZulu-Natal. Nur hier können Sie beispielsweise an ein und demselben Tag in den Drakensbergen, den „Alpen Südafrikas", eine Bergtour machen, anschließend auf Safari gehen und zum Abschluss im warmen Indischen Ozean baden. Und mit dem traditionellen Erbe der Zulu – versäumen Sie nicht eines der *Cultural Villages* im Zululand – ist die Provinz außerdem die kulturell Vielfältigste.

Sportfans kommen voll auf ihre Kosten: Wandern in den Drakensbergen, insbesondere im *Royal Natal National Park* oder im *Giant's Castle Nature Reserve,* Tauchen im Indischen Ozean, z.B. bei *Rocktail Bay* oder an der Südküste (Aliwal Shoal/eMkhomazi, *shark diving*), Golfen auf vielen und äußerst schönen Plätzen, Reiten am Beach und im Busch. Kanu- und Kajaksportler können zahlreiche Flüsse und Stauseen befahren, Angelbegeisterte finden in den fischreichen Gewässern der Midlands und am Meer beste Verhältnisse vor. Und noch ein Pluspunkt: in Kwazulu-Natal können Sie in allen Monaten des Jahres Strandurlaub machen, weil die Wasser- und Lufttemperaturen selbst im „Winter", also in unserem mitteleuropäischen Sommer, warm und angenehm sind.

So verwundert es eigentlich kaum, dass nunmehr immer mehr Touristen direkt nach Durban fliegen, um dem teuren und manchmal überlaufenen Kap auszuweichen. Selbst der Besuch eines Weingutes, bislang die Domäne des Kaplands, ist seit 2007 nun auch in KwaZulu-Natal möglich: Das Weingut „The Stables Wine Estate" liegt inmitten der schönen Hügellandschaft der Midlands, es ist das erste Weingut KwaZulu-Natals und der Anfang einer geplanten Weinroute.

Mit Veranstalter oder selbst reisen?

KwaZulu-Natal können Sie sowohl mittels von einem Veranstalter durchorganisierten Reise als auch im Rahmen einer privat-individuellen Entdeckertour mit Mietwagen oder Campmobil kennenlernen. Die Entscheidung hängt sicherlich von Ihren persönlichen Ansprüchen, den Reiseschwerpunkten in KwaZulu-Natal und besonders der zur Verfügung stehenden Zeit ab. Selbstverständlich können Sie hinterher problemlos und schnell zu weiteren Regionen und Provinzen Südafrikas weiterreisen, Richtung Kapstadt, zum Krügerpark oder nach Johannesburg.

KwaZulu-Natal mit einem Reiseveranstalter

Neben den großen Südafrika-Reiseveranstaltern mit ihren umfassenden Südafrikareisen „von der Stange" bieten insbesondere kleinere, persönlich geführte Unternehmen maßgeschneiderte KwaZulu-Natal-Reisen (und Anschlussprogramme) an. Der Vorteil einer solchen Reiseform ist, dass alle wesentlichen Dinge, wie Fahrzeug, Übernachtungen und Ausflüge bereits fest gebucht sind. Sie lehnen sich zurück und genießen Tag und Tour und brauchen abends nur noch die Beine von sich strecken. Ein weiterer Vorteil ist die Betreuung durch deutschsprachige Reiseleiter, und dass Sie bereits bei der Planung Ihre Wünsche äußern können – der eine möchte möglichst viele Tierschutzgebiete sehen, der andere ab und zu wandern oder erholsame Strandtage einlegen, einmal Golf spielen oder die Zulu-Traditionen intensiv kennenlernen.

Auch eine in KwaZulu-Natal bzw. eine in Durban bei einem einheimischen Veranstalter gebuchte Tour ist möglich, sowohl als Rundreise oder in Form einer Ein- bis Mehrtagestour. Wer in einer Kleingruppe mit einem einheimischen schwarzen Führer die Provinz bereist, bekommt wiederum eine andere, authentische Sicht der Dinge.

Eine weitere organisierte Reiseform wäre eine vorgebuchte Rundreise, bei der Sie selbst hinterm Steuer eines Wagens sitzen, Route und Hotels jedoch von einem Reiseveranstalter ausgewählt und vorgebucht werden. Wie eine solche **Selbstfahrertour** abläuft, können Sie in einem Reiseveranstalter-Katalog nachlesen. Analog dazu gibt es auch spezielle Camping- und Safari-Reisen, bei der gleichfalls Route und Campingplätze von einem Reiseveranstalter festgelegt und vorgebucht werden.

Wenden Sie sich am besten an einen erfahrenen und fachkundigen Spezialveranstalter für das südliche Afrika mit Schwerpunkt auf Individualreisen, der bereits bei der Tourplanung Ihre Wünsche und Vorstellungen berücksichtigt, wie beispielsweise *Jacana Tours, Klipspringer Tours* u.a. (Adressen s. „Reiseveranstalter").

KwaZulu-Natal in Eigenregie

Entdeckernaturen bereisen KwaZulu-Natal logischerweise auf eigene Faust mit einem Mietwagen oder Camper. Dieses Buch enthält alle Informationen für die Planung einer solchen Tour, die Anmietung eines Wagens und Buchung von Hotels und Unterkünften in National- und Privatparks. Wo es Ihnen gefällt bleiben Sie noch einen Tag länger, wo nicht, setzen Sie Ihre Tour durch KZN fort.

In Ihre Individual-Tour können Sie organisierte Ausflüge eines örtlichen Veranstalters mit einbauen, z.B. eine Nacht- oder Walk-Safari, einen Reit-, Wander- oder Tauchausflug. Adressen solcher lokalen Veranstalter stehen bei den betreffenden Orten. Wer genügend Zeit mitbringt, kann die Angebote durchprüfen und günstige Optionen aushandeln. Je kürzer die Urlaubszeit, desto größer die Notwendigkeit einer gründlichen Planung und taggenauen Reservierungen.

Reiseveranstalter

Die „Arbeitsgemeinschaft südliches und östliches Afrika e.V.", die **ASA,** präsentiert auf **www.asa-africa.com** viele Veranstalter. Auswahl:

Afrika und mehr …, Am Taubenfelde 24, 30159 Hannover, Tel. 0511-1693040, Fax 1693041, www.afrikaundmehr.de. • **AST, African Special Tours,** 61118 Bad Vilbel, Gronauer Weg 31, Tel. 06101-499000, Fax 06101-499029, www.ast-reisen.de. • **Cruising Reise GmbH,** Hauptstr. 28, 30974 Wennigsen, Tel. 05103-700014, Fax 700070, www.cruising-reise.de. • **DSAR,** Deutsch-Südafrikanischer Reisedienst GmbH, Sandkaule 5–7, 53111 Bonn, Tel. 0228-652929, Fax 0228-658949, www.dsar.de. • **GeBeCo,** Holzkoppelweg 19a, 24118 Kiel, Tel. 0431-546570, Fax 5465757. • **Jacana Tours,** Willibaldstr. 27, 80689 München, Tel. 089-5808041, Fax 5808504, www.jacana.de. • **Jetstream Reisen,** 10715 Berlin, Bundesplatz 15, Tel. 030-2119026, Fax 2118318, jetstream@t-online.de. • **Karawane Reisen,** Schorndorfer Str. 149, 71638 Ludwigsburg, Tel. 07141-284830, Fax 284838, www.karawane.de. •

Klipspringer Tours, Römerweg 6, 71686 Remseck, Tel. 07146-285852, Fax 285853, www.klipspringer-tours.de. • **Lernidee Reisen,** Dudenstr. 78, 10965 Berlin, Tel. 030-786000-0, Fax 7865596, www.lernidee-reisen.de. • **Windrose Fernreisen GmbH,** Neue Grünstr. 28, 10179 Berlin, Tel. 030-2017210, Fax 20172117, www.windrose.de. • **Wikinger Reisen,** Tel. 02332-904741, Fax 904704, www.wikinger-reisen.de.

Schweiz: African Collection Tours, Hanspeter Zeier, Goldbacherhof, Seestraße 29, 8700 Küsnacht, Tel. 044-91238 50, Fax 044-9123830, www.africancollection.ch. • **Rotunda Tours PRZ AG,** 8010 Zürich, Geroldstraße 20, Tel. 044-3864666, Fax 044-3864688, www.rotunda.ch,

Österreich: Jedek Reisen, 1190 Wien, Döblinger Hauptstraße 23–25, Tel. 01-3696602, Fax 3696605, www.jedek.com. • **Ruefa Reisen,** 1070 Wien, Mariahilferstraße 120, Tel. 01-525550, Fax 5255514, www.ruefa.at. • **Kap tours,** Stanek & Stefan Senft Reisebüro GesmbH, Schellinggasse 7, 1010 Wien, Tel. 01-51445-0, www.poncho.at.

Mit Kindern nach Südafrika

Südafrika und damit auch KwaZulu-Natal ist ein wunderbares Familien-Reiseland, das Kindern ständig neue und unvergessliche Eindrücke bietet, besonders in den Tierschutzgebieten. In vielen Ferienresorts gibt es Babysitter stundenweise, halb- oder ganztags. Allerdings haben einige Parks, Ferienresorts, Hotels und Bed&Breakfasts eine Altersuntergrenze für die Kleinen, bitte bei Buchungen darauf achten! Es ist nicht ratsam, mit Säuglingen oder Kleinkindern in malariagefährdete Regionen zu fahren, also in den äußersten Nordosten von KwaZulu-Natal. Kinder müssen entweder einen eigenen Kinderausweis oder einen Kinderpass mit Lichtbild haben. Minderjährige, die nur mit einem Elternteil reisen, müssen eine Zustimmungserklärung des anderen Elternteils mitführen.

Reisetipps von A – Z

Nachfolgend wichtige Informationen für Ihre Reise und Reisevorbereitungen nach KwaZulu-Natal und Südafrika.

Alkoholische Getränke

Hochprozentiges kauft man in Südafrika nicht im Supermarkt (dort gibt es nur Bier und Weine), sondern in *Bottle* oder *Liquor Stores.* Alkoholische Getränke dürfen an Sonntagen nicht verkauft werden, auch in Supermärkten mit Weinabteilungen. Generell ist keine Abgabe an unter Achtzehnjährige gestattet. Nicht jedes Restaurant verfügt über eine volle Alkohollizenz (Kennzeichnung YYY– *fully licensed*). Manche dürfen nur Wein und Bier ausschenken (YY) oder Alkohol nur mit Mahlzeiten servieren (Y). Bei Restaurants ohne Lizenz und mit der Angabe BYO („bring your own") kann der Gast Bier oder Wein zu seinem Essen mitbringen (kleiner Aufschlag ist zu zahlen). Mehr über Essen & Trinken und Restaurants s.S. 89, „KwaZulu-Natal gastronomisch".

Angeln

KwaZulu-Natal mit seinen vielen Flüssen und Gewässern – zum Teil in Schutzgebieten – ist für den Angelsport geradezu prädestiniert. Beliebt ist an den klaren Gebirgsbächen der Drakensberge besonders *Fly fishing* und an der langen Küste des Indischen Ozeans Brandungs- und Hochseeangeln. Wer in großem Stil angeln bzw. fischen möchte, kann sich bei Ezemvelo KZN Wildlife (www.kznwildlife.com) eine Lizenz ausstellen lassen. Nichtkommerzielle Lizenzen gibt es in allen Post Offices.

Reisevorbereitung

Ärztliche Versorgung	Schließen Sie für die Dauer Ihres Aufenthalts in Südafrika – sofern Sie gesetzlich krankenversichert sind – vor Reisebeginn eine Auslandskrankenversicherung ab. Siehe dazu Stichwörter „Versicherungen" und auch „Gesundheit".
Apotheken	heißen in Südafrika *chemists, pharmacy* oder *apteek.* Hier können Sie vielerlei Medikamente ohne Rezept kaufen, z.B. Tabletten zur Malaria-Prophylaxe (wählen Sie nur Produkte internationaler Marken, keine Billigprodukte anonymer Fertigung!). Die meisten Apotheken sind gleichzeitig auch Drogerien mit einem entsprechenden Warenangebot, z.B. Filme.
Autovermieter	Alles rund ums Auto im Kapitel „KwaZulu-Natal mit Mietwagen"
Auskunft	s. „Information"
Bahnverkehr	Touristisches Reisen mit der Bahn hat in Südafrika – bis auf spezielle sehr teure Luxuszüge – keine Bedeutung. Bahnverkehr und Züge in KwaZulu-Natal s. „Unterwegs in KwaZulu-Natal"
Banken	siehe „Geld, Banken und Kreditkarten"
Behindertengerechtes Reisen	In Südafrika bzw. KwaZulu-Natal gibt es nur beschränkt behindertengerechte Einrichtungen und Unterkünfte. Daher vor jeder Hotelbuchung oder bei Rastlagern in Nationalparks genau nachfragen, welche Einrichtungen zur Verfügung stehen. Manche größere Mietwagenfirmen bieten auch Fahrzeuge mit behindertengerechter Ausstattung an.
Botschaften	*Embassy of the Republic of South Africa,* Tiergartenstraße 18, 10785 Berlin, Tel. 030-22073-0, Fax 030-22073-190, www.suedafrika.org, botschaft@suedafrika.org *Botschaft der Bundesrepublik Deutschland,* 180 Blackwood Street, Arcadia, Pretoria 0083, Tel. (0027)12-4278900, Fax (0027)12-3439401, www.pretoria.diplo.de, GermanEmbassyPretoria@gonet.co.za. Postadresse: Embassy of the Federal Republic of Germany, P.O.Box 2023, Pretoria 0001, Südafrika. **Österreich:** Botschaft der Republik Südafrika, Sandgasse 33, 1190 Wien, Tel. 01-3206493, Fax 1-320649351, www.saembvie.at. **Schweiz:** Botschaft der Republik Südafrika, Alpenstr. 29, 3000 Bern 6, Tel. 031-3501313, Fax 031-3501310, www.southafrica.ch.
Büchertipps	Einen Einstieg bietet das Sympathie-Magazin „Südafrika verstehen" vom Studienkreis für Tourismus und Entwicklung. Bezug über www.sympathiemagazin.de. Ein Muss für politisch Interessierte ist Nelson Mandelas Autobiographie „Der lange Weg zur Freiheit". Literarisches finden Sie z.B. auf www.afrikaroman.de, eine Gesamtübersicht über Südafrika/KwaZulu-Natal-Bücher listet www.amazon.de unter dem Schlagwort „Afrika". Historien-Romane über den legendären Zulu-Herrscher *Shaka* gibt es gleich mehrere, wie beispielsweise „Chaka Zulu" von Thomas Mofolo oder „Shaka Zulu" von Joshua Sinclair (auch als DVD). „Zulu, Volk des Himmels", von Uli von Kapff (uli@iafrica.com), 1996, Covos Day Books, ISBN 978-0620206631. In KZN an touristischen Zielen erhältlich, z.B. im Shakaland. Südafrika bietet ein gewaltiges Angebot an Büchern und Bildbänden zu vielen interessanten Themen wie z.B. die Tier- und Pflanzenwelt. Sehr schön sind die opulent ausgestatteten Kunstbände über südafrikanische Völker und Kulturen, wie z.B. die Zulu oder Ndebele. Bücher finden Sie in den Kettenläden von CNA und in den Shops der Game Parks, auch Land- und Tierparkkarten.

Busverkehr Für Touristen ist das Reisen mit öffentlichen Bussen so gut wie nicht von Belang. Fernverbindungen von/nach Durban und *Baz*-Busse für Budget-Reisende siehe Kapitel „Unterwegs in KwaZulu-Natal"

Camping & Caravaning alles darüber im Kapitel „KwaZulu-Natal mit Mietwagen", s.S. 134

Compu-ticket ist ein zentrales Buchungssystem in Südafrika, bei dem Eintrittskarten für Veranstaltungen, Konzerte, Sportereignisse, Festivals, Theater und Kinos gebucht werden können (auch Tickets für Busfahrten). Sehr hilfreich, um vorab zu wissen, was in welcher Stadt gerade geboten wird (schauen Sie mal auf www.computicket.com bei „Durban" nach). In KwaZulu-Natal kann man so z.B. die Auftritte des Drakensberg Boys' Choir nachsehen. Computicket hat viele Büros in ganz Südafrika, in Durban im Kaufhaus „The Workshop" in der Commercial Road nahe Tourist Junction, geöffnet täglich von 8.30–17 Uhr, So 10–14 Uhr. Zentrale Computicket-Auskunft: Tel. 083-9158000 oder 011-3408000.

Diplom. Vertretungen s. „Botschaften"

Drogen Für Drogen- und Rauschgiftbesitz, Konsum und Verkauf drohen in Südafrika drastische Strafen, auch für Touristen.

Einkaufen Südafrika und auch KwaZulu-Natal sind, aufgrund des derzeit günstigen Umtauschkurses, wahre Einkaufsparadiese mit einem riesigen Angebot an Waren (s.a. „Souvenirs"). Ein Extra-Bonus ist bei der Ausreise die Rückerstattung der Mehrwertsteuer (*VAT return*, s. „Mehrwertsteuer"). Lebensmittel-Einkauf und über Supermärkte s.S. 92, „Selbstversorgung".

Einreisebestimmungen Deutsche, Österreicher und Schweizer benötigen für die Einreise einen gültigen Reisepass, der über den Rückflug- oder den Ausreisetermin hinaus noch sechs Monate gültig sein muss. Der Pass muss für das „Visitor's permit" mindestens noch zwei leere Seiten haben, und zwar zwei gegenüberliegende! Kinder müssen entweder einen eigenen Kinderausweis oder einen Kinderpass mit Lichtbild haben. Maximale Aufenthaltsdauer 90 Tage. Minderjährige, die nur mit einem Elternteil reisen, müssen eine Zustimmungserklärung des anderen Elternteils mitführen.

Weitere Auskünfte erteilt die südafrikanische Botschaft in Berlin, Tel. 030-220730, Fax 030-22073190 oder sind auf der Botschafts-Website www.suedafrika.org nachzulesen. Beim Weiterreisen in die angrenzenden Nachbarstaaten (Swaziland, Lesotho u.a.) erhalten Sie das Einreisevisum direkt an der Grenze.

Elektrizität Die Spannung beträgt 220 bei 50 Hertz. Deutsche Elektrogeräte mit zweipoligen flachen Eurosteckern (Akku-Ladegeräte, Lockenwicklerstäbe, Rasierapparate) passen. Für Schukostecker braucht man einen Adapter, da die südafrikanischen Steckdosen für drei Stifte ausgelegt sind. Einen solchen Adapter erhält man in Elektrogeschäften, Supermärkten oder leihweise an der Rezeption Ihrer Unterkunft. Oder Sie kaufen sich einen solchen Adapter vor ihrem Flug noch im Flughafen. Eine kleine, leuchtstarke **Taschenlampe** (LED) ist wegen möglicher Stromausfälle notwendig und für Unterkünfte/Safaris im Busch.

**Events /
Veranstal-
tungskalen-
der**

Ein Veranstaltungskalender für KwaZulu-Natal (KZN) bietet die offizielle Tourism KwaZulu-Natal-Website, www.zulu.org.za (bei *things do see and do/events*). Dort können Sie für Ihren Reisezeitraum vorab nachsehen, wo und welche Feste, Festivals oder sonstige Events anstehen. Eine weitere Website mit Event-Daten ist www.sa-venues.com/events/kwazulu-natal-events.php

Flüge nach und in Südafrika

Südafrikas nationale Airline **South African Airways (SAA)** ist mit über 45 Nonstop-Routen und lückenlosem Zubringerservice Marktführer bei Flügen von Europa ins südliche Afrika. Direkt nach Südafrika zum Drehkreuz Johannesburg gibt es zahlreiche Nonstop-Übernachtflüge von **Frankfurt** (täglich um 20.45 Uhr, zusätzlich Mi, Fr u. So 19.30 Uhr), ab **München** täglich um 21 Uhr, Zubringerflüge von Frankfurt. **Rückflüge** gleichfalls über Nacht, von Johannesburg nach Frankfurt um 20.05 Uhr, nach München 21.10 Uhr (Zeiten können sich ändern). Flugzeit Deutschland – Südafrika ±12 Stunden, von Johannesburg nach Durban eine Stunde plus Umsteigezeit. Abflüge von Johannesburg nach Durban im Stundentakt.

Star Alliance   Dank der SAA-Mitgliedschaft in der *Star Alliance* sind die SAA-Flugzeiten optimal auf innerdeutsche Lufthansa-Zubringerflüge abgestimmt mit der Möglichkeit das Gepäck bis Südafrika durchchecken zu lassen. Rail&Fly ist in den Preisen inbegriffen. Hochsaisonzeiten (leicht variabel): 21. September bis 16. November, 21. bis 28. Dezember und 27. März bis 9. April. Die Flotte besteht durchweg aus modernen und komfortablen Airbussen.

**Internatio-
nale
Flughäfen**

Internationale Flughäfen in Südafrika sind neben Johannesburg noch Cape Town und Durban. Ein **Gabelflug** bietet sich an, wenn man außer KwaZulu-Natal außerdem die Kapstadt, den Krügerpark oder weitere südafrikanische Provinzen bereisen möchte (Rückflug dann von Kapstadt oder Johannesburg). Natürlich könnte man eine solche Gabelflug-Reise auch in KwaZulu-Natal abschließen und von Durban über Johannesburg nach Deutschland zurückfliegen.

**Destinatio-
nen in SA**

Bei **innersüdafrikanischen** Flügen hat die SAA das dichteste Streckennetz. Von Johannesburg erreicht man alle wichtigen Städte in Südafrika, nach Kapstadt gehen allein täglich 20 Flüge oder nach Port Elizabeth sieben. Inländische Partner-Airlines von SAA sind **South African Express, South African Airlink** (www.flyairlink.com) und der Billigflieger **Mango.** Von Johannesburg fliegt South African Express nach KwaZulu-Natal in die Städte *Durban, Richards Bay, Margate* und *Pietermaritzburg.* **Mango** fliegt zwischen Johannesburg, Cape Town, Durban und Bloemfontein. Reservierung +27 (11) 9781111. Callcentre Tel. 0861-162646 bzw. 0861-1MANGO, www.flymango.com, enquiries@flymango.com.

Alle weiteren Informationen auf der Website von **South African Airways**, www.flysaa.com, oder bei South African Airways, Darmstädter Landstr. 125, 60598 Frankfurt, Tel. 069-29980320, Fax 069-29980355, euhelp@flysaa.com.

Airpass   Der *South African Explorer Airpass* ist von SAA ein empfehlenswertes Ticket, um günstig in Südafrika und in den Nachbarstaaten zu fliegen. Er

Lufthansa und LTU

kann nur außerhalb Südafrikas erworben werden. Weitere Nonstopverbindungen ab Deutschland bietet die **Lufthansa** (www.lufthansa.de) an, die mehrmals wöchentlich von Frankfurt nach Johannesburg fliegt. **LTU** (Tel. 0211-9418888, Fax 9418881, www.airberlin.de) startet zweimal pro Woche von München (mit div. Zubringerflügen) nach Kapstadt über Johannesburg. Andere internationale Airlines offerieren Umsteigeverbindungen über ihre jeweiligen Heimatflughäfen nach Johannesburg und Kapstadt.

Gepäck

Gewichtsfreigrenze 20 kg (in der Business Class 30 kg). Es ist nur ein Stück Handgepäck zulässig (Business Class zwei). Maximalgewicht des Handgepäcks 8 kg. Länge max. 56 cm, Breite 45 cm, Höhe 25 cm. Informieren Sie sich auf einer deutschen Flughafen-Website über den neuesten Stand der Sicherheitsbestimmungen für das Handgepäck! Großgepäck bis maximal 15 Kilogramm fliegt auf allen internationalen SAA-Flügen sowie auf innersüdafrikanischen SAA-Anschlussflügen kostenlos mit. Preise für Fahrräder, Surfbretter oder Tauchausrüstung können beim SAA Service Center unter der Telefonnummer 069-29980320 erfragt werden.

Internet-Flug-buchungen

Hier einige Reise- und Buchungsportale: www.swoodoo.de, www.opodo.de, www.expedia.de, www.start.de, www.travelchannel.de, www.mcflight.de, www.flug.de u.v.a.

Tipp: Wochenend-Flüge sind bei Fernflügen in der Regel teurer als unter der Woche. Günstige Spezialtarife offerieren außerdem Südafrika-Touranbieter bzw. Reiseveranstalter, es gibt auch günstige Studententarife.

Flughafen Johannesburg

Der internationale Flughafen von Johannesburg heißt **OR Tambo International Airport** (ORTIA) und liegt 22 km östlich von Johannesburg. Die neue und jetzt vergrößerte internationale Ankunftshalle ist in Betrieb. „I help"-Agenten in orangefarbenen Westen helfen bei Problemen. Ein Informationsschalter ist in der inländischen Ankunftshalle, Tel. 011-9216262. Auskunft Flüge: +27 (0)86-7277888. Weitere Einzelheiten über die Website www.acsa.co.za. Für den Weiterflug nach Durban müssen Sie das Gebäude wechseln (ca. 150 m Fußweg). Transfer in die Stadt: Ein offizieller Airport-Bus fährt regelmäßig in die City. Offizielle Airport-Taxis führen das ACSA-Logo am Wagen. Autovermieter: Avis, Budget, Europcar Imperial, Sizwe, Tempest (=Sixt) und Khaya. Außerdem Geldwechsel, Bank, Post, Läden, Restaurants, Internet, Mobile phone rental. Kurz- und Langzeitparken.

Flüge in Südafrika

Möchten Sie nach Ihrem KwaZulu-Natal Urlaub von Durban in weitere südafrikanische Städte reisen kann man online bei Billigfliegern buchen. Preisvergleiche zwischen den Airlines und Online Booking Services z.B. bei www.travelstart.co.za, www.ifly.co.za oder www.cheapfares.co.za. Hier weitere Low-cost-Airlines, die neben MANGO Durban anfliegen:

Kulula.com fliegt zwischen Durban, Johannesburgs OR Tambo International Airport, Cape Town, George, Port Elizabeth, East London und Nelspruit. Callcentre Tel. 0861-585852 bzw. 0861-KULULA. Buchung von außerhalb Südafrikas: +27-11-9210111. www.kulula.com, allgem. Anfragen: info@kulula.

1time fliegt zwischen Durban, Johannesburg, Cape Town, Port Elizabeth, East London und George. Info-Tel. 0861-345345, www.1time.co.za, info@1time.co.za.

Flughafen Durban

Der internationale Flughafen von Durban heißt Durban International Airport (DIA) und liegt ca. 16 km südlich von Durban an der Küste. Zufahrt zur City über die N2. Bis zur Fußball-WM 2010 wird er ersetzt werden durch den neuen internationalen *King Shaka International Airport,* 30 km nordöstlich von Durban bei La Mercy.

Flug-Auskunft Tel. +27 (0)31-4516587, alle weiteren Flughafen-Details über die Website www.acsa.co.za.

Transfer in die Stadt/Transport: Per Taxi oder mit privaten Zubringerdiensten. Größere Hotels setzen ihre Hotel-Shuttles ein. Ein Shuttle Bus (Tel. 031-2011133) fährt zum/vom *City Air Terminal* von SAA in der Aliwal Street/Ecke Smith (neuer Name: Anton Lembede) Street. Lokale Ziele um Durban bedient *Mynah Bus.* Regulärer Bus-Service auch nach/von Umhlanga (Tel. 031-3095942).

Internationale Airlines, die Durban anfliegen, sind u.a SAA and British Airways. Domestic Airlines von Durban zu anderen Airports sind SAA und BA/Comair. Informationen darüber Tel. 031-4516667.

Vorhanden: Geldwechsel und -automaten, Bank, Post, Läden, Restaurants, Internet, Anmietung von Mobile phones, Kurz- und Langzeitparken. Mietwagen s.S. 134.

Feiertage Südafrika hat recht viele Feiertage *(public holidays).* Sollte einer auf einen Sonntag fallen, so gilt der folgende Montag als Feiertag. Darüber hinaus haben Hindus, Juden und Muslime zusätzlich ihre eigenen.

1. Januar **New Year's Day,** Neujahrstag

21. März **Human Rights Day,** Tag der Menschenrechte
Am 21. März 1960 starben beim Sharpeville-Massaker 69 Schwarze, die gegen die Apartheidpolitik protestiert hatten, im Kugelhagel der Polizei.

Karfreitag **Good Friday**

Ostern **Easter**

Ostermontag **Family Day,** Familientag

27. April **Freedom Day,** Freiheitstag
Am 27. April 1994 fanden Südafrikas erste demokratische Wahlen statt.

1. Mai **Worker's Day,** Tag der Arbeit

16. Juni **Youth Day,** Tag der Jugend
Am 16. Juni 1976 gingen Sowetos Schulkinder auf die Straße um gegen Afrikaans als einzige Unterrichtssprache zu demonstrieren; die Polizei eröffnete das Feuer auf die unbewaffneten Jugendlichen und tötete Dutzende.

9. August **National Women's Day,** Nationaler Frauentag)

24. Sept. **Heritage Day,** mit *King Shaka's Commemoration Day* zusammenfallend.
Offizielle Definition: „Heritage is the sum total of wild life and scenic parks, sites of scientific or historical importance, national monuments, historic buildings, works of art, literature and music, oral traditions and museum collections together with their documentation." Die Regierung gibt jedes Jahr ein Thema zu diesem Tag vor.

16. Dez. **Day of Reconciliation,** „Tag der Aussöhnung"
Vor 1994 war der 16. Dezember der „Tag des Gelöbnisses", *Day of the Vow,* der an die Schlacht und den Sieg der Buren über die Zulu am Blood River erinnerte (s.S. 332). Es war der höchste Feiertag der Buren.

25. Dez.   **Christmas Day,** Weihnachten
nahezu alle öffentliche Einrichtungen sind geschlossen
26. Dez.   **Day of Goodwill,** „Tag des guten Willens"

Ferienzeiten   Ferienzeiten der Schulen **sind Hochsaisonzeiten!** Die Termine sind je nach Provinz etwas unterschiedlich:
Sommerferien: Anfang Dezember bis Mitte Januar (etwa 6 Wochen)
Osterferien: vor/ab der Karwoche (ca. 2 Wochen)
Winterferien: Ende Juni bis Mitte Juli (gut 3 Wochen)
Frühjahrsferien: Letzte September- bis erste Oktoberwoche (2 Wochen)

Fotografie-ren   Grundsätzlich dürfen keine militärischen Anlagen, Gefängnisse oder Polizeistationen fotografiert werden. Fragen Sie Personen, wenn Sie sie fotografieren wollen oder deuten Sie es durch eine entsprechende Geste an. Ungern allerdings lassen sich Leute ablichten, die in Armut oder in heruntergekommener Umgebung leben. In den Zulu-Showdörfern können Sie problemlos fotografieren und filmen, doch Vorsicht bei eher privaten Zulu-Tanzaufführungen und ganz besonders bei den barbusigen Mädchen beim Reed-Tanz des Zulukönigs (s.S. 254). Es gibt dort Regeln, die es zu beachten gilt.

Geld, Banken und Kreditkarten

Mitnehmen: Nehmen Sie Euro-Noten, Ihre BankCard (EC-/bzw. Maestro-Karte), eine oder zwei Kreditkarte(n) und für den Notfall evtl. ein paar Euro-Reiseschecks mit.

Währung: Südafrikas Landeswährung heißt **Rand** (ZAR = Zuid Afrika Rand), von dem pro Person nicht mehr als 500 eingeführt werden dürfen (Sie wechseln Euro sowieso weit vorteilhafter in Südafrika). Das Mitbringen von Bar-Euronoten und anderer Fremdwährungen sowie Reiseschecks unterliegt keinen Restriktionen. Es gibt Banknoten in den Werten von 10, 20, 50, 100 und 200 Rand und Münzen in den Werten von 5, 10, 20, 50 Cent sowie zu 1, 2 und 5 Rand.

Derzeit bekommen sie für einen Euro ca. 12 Rand, aktuelle Wechselkurse erfahren Sie bei Ihrer Bank oder z.B. unter www.reisebank.de, www.reiseknowhow.de, www.nedbank.co.za u.a. Bank-Webseiten. An den Flughäfen Johannesburg, Kapstadt und Durban sind die Bankschalter zur Ankunft eines jeden internationalen Fluges geöffnet.

Geldver-sorgung   Beste Möglichkeiten sind die Geldautomaten (ATM, Automatic Teller Machine), die es fast überall gibt, auch in Supermärkten, den SPAR-Läden oder bei Tankstellen. Mit der BankCard Ihrer Hausbank mit dem Maestro-Logo können Sie an fast jedem Geldautomat Geld abheben (achten Sie auf das Cirrus-Logo), und zwar zu günstigeren Gebühren als mit einer Kreditkarte! Geld wechseln und Reiseschecks einlösen kann man außer in Banken außerdem bei großen Reiseagenturen, wie *American Express* und *Rennies Travel* bzw. *Rennies Foreign Exchange*.

Banken   Die größten Banken Südafrikas mit einem dichten Netz an Filialen und Geldautomaten sind *ABSA* (www.absa.co.za), *Standard Bank* (www.standardbank.co.za), *First Rand* (www.firstrand.co.za), First National Bank (www.fnb.co.za) und Nedbank (www.nedbank.co.za). Größere Banken wechseln ausländische Banknoten und Reiseschecks, doch die

Gebühren dafür sind hoch! Öffnungszeiten in Städten: Mo–Fr 9–15.30 Uhr, Sa 8.30–11 Uhr. In ländlichen Regionen haben die Banken Mo–Fr meist von 9–12.45 und von 14–15.30 Uhr geöffnet. Hoher Andrang herrscht teils an Freitagen und am Monatsanfang, wenn die Leute Löhne und Gehälter abheben!

Kreditkarten sind in Südafrika weithin gebräuchlich, fast jedes Geschäft – aber nicht jedes Bed&Breakfast! – akzeptiert sie. Meistverbreitet sind *MasterCard* und *VISA*, weniger *Diners* und *American Express*. An allen Geldautomaten mit dem VISA-Logo funktioniert auch die günstige „SparCard 3000 plus" der Postbank, die ersten zehn Auslandsabhebungen pro Jahr sind gebührenfrei. Geheimzahl parat haben. Je nach Bank und Standort kann man bis zu maximal 3500 Rand ziehen, z.B. bei der ABSA („Withdrawal" wählen, dann „Credit"). An den Mini-ATMs an den Tankstellen erhält man nur max. 1000 Rand. Treibstoff können Sie dort nicht mit einer Kreditkarte, sondern nur bar bezahlen.

ACHTUNG! In Südafrika ist derzeit **Kreditkartenbetrug** weit verbreitet! Die Karte **NIE** jemandem zur Bezahlung mitgeben, sondern immer den Zahlungsvorgang beobachten!

Verlorene oder gestohlene Kredit- bzw. Bankkarten müssen sofort gesperrt werden, diesbezügliche Telefonnummern Ihrer Kartenorganisation mitführen, oder im Internet nachsehen, z.B. bei www.mastercard.com oder bei www.visa.de. Die deutsche Telefonnummer des zentralen Sperr-Annahmedienstes für nahezu alle Karten rund um die Uhr und aus dem Ausland bzw. Südafrika ist 0049-1805-021021 (minimal gebührenpflichtig, per Sprachcomputer; Sie benötigen Ihre Kontonummer und die Bankleitzahl). Eine andere zentrale Sperr-Nummer für nahezu alle Karten ist die 0049-116116.

Weitere Sicherheitstipps: Bei www.kartensicherheit.de kann man einen SOS-Info-Pass runterladen, außerdem gibt es dort zusätzliche Hinweise zur Prävention, zu Schadensfällen und richtiger Kartensperrung. Bei Verlust der American Express-Karte oder Reiseschecks s. www.americanexpress.de.

Aufpassen beim Geldziehen an Automaten: Seien sie wachsam und lassen Sie zunächst jemand vor, um festzustellen, ob ein Gerät auch wirklich funktioniert. Das Geld bei Banken in den Schalterstunden ziehen, so können Sie im Fall einer Störung oder bei einer eingezogenen Karte drinnen vorsprechen. Oder rufen Sie in einem solchen Fall unverzüglich bei der gebührenfreien Telefonnummer an, die der Geldautomat anzeigt. Lassen Sie sich auf keinen Fall ansprechen, ablenken oder „helfen", auch nicht von uniformiertem Wachpersonal. Brechen Sie die Aktion ab, wenn Ihnen etwas nicht geheuer vorkommt und suchen Sie sich einen neuen ATM. Unterlassen Sie Geldabheben bei einer Warteschlange, bei Nacht oder an einsamen Orten. Vergewissern Sie sich, dass Sie Ihre Geheimnummer noch wissen.

Gepäck- und Checkliste

Nehmen Sie nicht zu viel mit, auch wenn Sie wochenlang reisen. Schmutzwäsche können Sie unterwegs in Waschsalons *(laundromat)* waschen oder im Hotel abgeben. In Südafrika bzw. KwaZulu-Natal können Sie alles nachkaufen, fast immer billiger und praktischer, besonders Kleidung, Schuhe, Toilettenartikel, Medikamente und Campingartikel.

Koffer Stabile, abschließbare und staubdichte Schalenkoffer haben sich bewährt, doch schon zwei etwas größere Modelle passen oft nicht mehr in den Kofferraum eines normalen Mietwagens. Flexible Taschen sind in Safari- und Geländewagen besser zu verstauen.

Für Geld, Pass und Kreditkarten empfehle ich statt eines Brustbeutels ein Modell, das unter der Achsel zu tragen ist (Schulterhalfter). In das Hoseninnere eingenähte Zusatztaschen bieten den besten Schutz gegen Verlust und Diebstahl.

Kleidung Die Kleidung sollte leger und zweckmäßig sein, bevorzugen Sie neutrale Farben, wie Beige, Khaki, helles Braun oder Hellgrün. Leuchtende Farben stören bei Tierbeobachtungen. Fürs abendliche Dinner sollten Sie Formelleres dabeihaben.

Da die Unterschiede zwischen Tag- und Nachttemperaturen und zwischen der tropischen Küstenregion KwaZulu-Natals und den Hochlagen im Inland beträchtlich sein können, benötigen Sie zusätzlich eine leichte Jacke und einen dünnen Pullover („Zwiebelprinzip"). Bei frühmorgendlichen oder abendlichen Wildbeobachtungsfahrten (Game drives) kann es empfindlich kühl werden, in offenen Pirschwagen bläst Ihnen der Fahrtwind ins Gesicht. Da ist ein leichter Schal sehr nützlich. Auch Restaurants oder Shopping-Center sind manchmal immens runtergekühlt, schnell haben Sie sich eine Erkältung eingefangen. Langärmlige Hemden schützen vor Sonnenbrand und Mückenstichen. Während des südafrikanischen Winters von April bis August benötigen Sie für die Drakensberge richtig warme Unterwäsche (Funktionswäsche)! Dort verfügen nur sehr wenige Unterkünfte über Heizungen.

Des weiteren: Badekleidung, Kopfbedeckung und – sehr wichtig – vor allem leichte, bequeme Schuhe sowie (Trekking-)Sandalen.

Welches *Wetter* Sie nach dem Flug in Durban und KwaZulu-Natal erwartet sehen Sie auf www.weathersa.co.za.

Papiere Pass (mit zwei gegenüberliegenden leeren Seiten) • Führerschein (national und international) • Versicherungsunterlagen (Reisekrankenversicherung) • Kleines Notizbuch mit Adressen-Anschriften, Notfall- und Handynummern, Internet- und eMail-Adressen, SMS. • Evtl. ein Bestimmungsbuch für Tiere und Vegetation (können Sie in KwaZulu-Natal in Englisch kaufen) • Evtl. Hotel-Reservierungsdokumente.

Empfehlenswert sind **Kopien** von Pass, Flugschein und Notfall-Nummern (Kreditkarten), die getrennt von den Originaldokumenten aufzubewahren sind. Sie können auch alles einscannen und die Dateien an sich selbst mailen, so dass Sie im Verlustfall alles vor Ort ausdrucken können.

Toilettenartikel Persönliche Hygiene-Artikel, kleines Handtuch. Sonnencreme mit hohem Schutzfaktor (billig in Südafrika). Insektenschutzmittel (Autan). Lippenbalsam für trockene Regionen (Drakensberge). Statt elektrischem Rasierapparat besser Einmal-Rasierer, einen Föhn können Sie in jeder Unterkunft leihen oder sind schon im Bad vorhanden.

Kleine Reiseapotheke Gegebenenfalls persönliche Medikamente. Wichtig ist eine Salbe oder ein Gel gegen Sonnenbrand. Sonnenschutzmittel mit hohem Lichtschutzfaktor sind in Südafrika billiger.

Fotokamera Nehmen Sie ausreichend Filme mit – mehr, als Sie glauben zu brauchen. Außerdem ein paar höherempfindliche für lichtarme Situationen. Frische Batterien einsetzen und welche als Reserve. Camcorder oder Digitalkamera mit Objektiven, Speichermedien, zusätzlicher Akku mit Ladegerät. Weitere Details s. „Fotografieren"

Weiteres Fernglas zum Tiere beobachten, Sonnen- und ggf. Ersatzbrille, eine kleine, leuchtstarke Taschenlampe (LED-Modell).

Geschäfts-
zeiten

Ladengeschäfte haben normalerweise werktags von 8 bis 17 und samstags von 8.30 bis 13 Uhr geöffnet. Viele Shopping Malls in den größeren Städten sind abends länger – manchmal bis 21 Uhr – sowie am Sonntag bis 15 Uhr oder vormittags geöffnet. Allgemein variieren die Öffnungszeiten von Provinz zu Provinz und von ländlichen Gebieten zu städtischen Zentren.

Gesundheit

Die medizinische Versorgung gilt für Afrika als vorbildlich, die hygienischen Verhältnisse in Hotels und auf Campingplätzen haben in Südafrika hohen Standard. Auch abseits touristischer Routen findet sich fachkundige medizinische Hilfe. Telefonnummern lokaler Krankenhäuser, Kliniken und Ärzte stehen in den Telefonbüchern (Ambulanz-Notruf: 082-911-10177). In einem Ernstfall sollten Sie aber, wenn immer möglich, privatärztliche Hilfe in Anspruch nehmen. Es muss allerdings dann sofort in bar oder per Kreditkarte bezahlt werden. Später kann dann zu Hause mit der (unbedingt empfehlenswerten) Reisekrankenversicherung abgerechnet werden.

Impfungen: Von Besuchern aus Europa verlangt Südafrika keine Pflichtimpfungen gegen tropische Krankheiten. Empfehlenswert sind aber (aufgefrischte) Impfungen gegen Tetanus und Kinderlähmung, ggf. auch gegen Hepatitis A, B und C. Prüfen Sie Ihren gelben Impfpass und konsultieren Sie Ihren Haus- bzw. einen reisemedizinisch erfahrenen Arzt, oder informieren Sie sich auf einer Website für Reisemedizin, z.B. www.fit-for-travel.de, www.crm.de, www.tropenmedizin.de oder bei www.netdoktor.de.

Die Wurmkrankheit **Bilharziose** kann in fast allen afrikanischen Binnengewässern vorkommen, und so auch in den tropischen Gewässern KwaZulu-Natals. Daher lieber, besonders in flachen oder stehenden Gewässern, auf ein Bad, auch auf ein Fußbad, verzichten. In den Flüssen und Seen der Drakensberge besteht diesbezüglich keine Gefahr.

Baden im Meer am besten nur an bewachten bzw. markierten Stränden (Haigefahr s.S. 81).

Gefahr durch **Malaria** kann in Südafrika drohen, Risikogebiete sind der Krügerpark und KwaZulu-Natals nordöstliche Landesteile, besonders die Feuchtgebiete um die Region St Lucia und Sodwana Bay (je nördlicher Richtung Grenze Moçambique, desto höheres Risiko). Über 90% der Malariaarten dort sind *Malaria tropica* (Plasmodium falciparum), ansonst *Malaria tertiana* (Plasmodium vivax). Übertragungszeit: ganzjährige Gefährdung, erhöht in der Regenzeit von September/Oktober bis Mai/Juni.

Expositionsprophylaxe: Tragen Sie, um sich vor den Stichen der Moskitos zu schützen, vor allem abends, langärmlige Hemden und lange Hosen mit Socken. Moskitos lieben Dunkles, die meisten stechen im Bereich der Fußgelenke und Kniekehlen. Unbedeckte Körperstellen mit Mückenabwehrmittel, einreiben, z.B. Autan, oder sie einsprayen. Unterkünfte: Moskitonetze verwenden, Tür zum Badzimmer geschlossen halten, Klimaanlagen tagsüber eingeschaltet lassen, denn Moskitos meiden kühle Räume.

Chemoprophylaxe, als Vorbeugung mittels Malaria-Medikamenten, nur nach ärztlicher Beratung. Mit Chemoprophylaxe muss mindestens eine Woche vor der Reise in ein gefährdetes Gebiet begonnen werden und sie bietet nicht immer hundertprozentigen Schutz! Prophylaxemedikamente gibt es in jeder südafrikanischen Apotheke rezeptfrei und deutlich günstiger als in Deutschland.

Wer keine Medikamente eingenommen hat, sollte etwa zehn Tage bis sechs Monate nach der Rückkehr aus den Risikogebieten auf Symptome wie Gliederschmerzen, Schnupfen, Erkältung, Fieber usw. achten. Treten diese auf, sofort ein Tropeninstitut konsultieren und Malariaverdacht äußern, damit schnell Gegenmedikamente gegeben werden können. In südafrikanischen Apotheken kann man einen einfachen Malaria *selftest kit kaufen*. Fällt der Test positiv aus, nimmt man die beigefügten Tabletten ein und konsultiert dann sofort einen Arzt. Weiter Wissenswertes über Malaria in Südafrika unter www.malaria.org.za.

Aids bzw. HIV ist, wie überall auf dem afrikanischen Kontinent, in Südafrika und besonders in KwaZulu-Natal weit verbreitet. Fünfeinhalb Millionen Menschen, etwa 11% der Gesamtbevölkerung, sind in Südafrika mit dem Virus infiziert, tagtäglich sterben etwa 1000 Personen an den Folgen und jeden Tag stecken sich etwa 1500 Personen neu an. In KwaZulu-Natal liegt die Infektionsrate zwischen 30 und 40 Prozent. Die südafrikanische Nicht-Regierungs-Organisation TAC („Treatment Action Campaign") kämpft seit 1998 dafür, dass allen Aids-Kranken mit bezahlbaren Medikamenten geholfen wird und leistet intensive Aufklärungsarbeit.

Haigefahr beim Baden
Die Publikumsstrände KwaZulu-Natals sind mit Netzen gegen Haie geschützt und somit sicher für Schwimmer und Wassersportler. Von Sonnenauf- bis Sonnenuntergang patrouillieren dort zusätzlich speziell ausgebildete Lebensretter. Abgelegene, einsame Strände werden nicht geschützt und nicht bewacht.

Informationsstellen
Touristen-Informationsstellen heißen in Südafrika *Publicity Association* (afrikaans: inligting), kenntlich durch das bekannte **„i"- Schild (s. Foto).**

Internet
Neben Internet-Cafés haben Sie oft auch die Möglichkeit in Ihrem Hotel an einen Computer zu kommen. Auf dem Land gibt es in KwaZulu-Natal relativ wenig Internet-Cafés, Verbindungen sind meist langsam.

Internet-Websites über KwaZulu-Natal und Südafrika

Nutzen Sie das Internet als zusätzliches Informationsmedium für Ihre Reiseplanung. Es gibt sowohl viele offizielle und private Websites sowie online Travel Guides über Südafrika und KwaZulu-Natal.

Die touristische Vertretung von KwaZulu-Natal in Deutschland ist Birgit Hüster, bhuester@tourlinkafrica.de, www.tourlinkafrica.de.

Offizielle Tourismus-Webseiten
Tourism KwaZulu-Natal: www.zulu.org.za oder **www.kzn.org.za**
South Africa Tourism: www.southafrica.net
(kostenfreie Service-Nummer 0800-1189118)
Ezemvelo KZN Wildlife: **www.kznwildlife.com** oder .org (für Reservierung von Unterkünften in den KZN-Parks)
Südafrikanische Nationalparks: www.sanparks.co.za
Battlefields: www.battlefields.kzn.org.za
KZN Kunst, Kultur und Tourismus: www.kznact.gov.za
iSimangaliso Wetland Park: www.isimangaliso.co.za
Alle staatlichen wichtigen Museen in KZN:
www.ncomemuseum.co.za/links.asp
Amafa verwaltet die *Historical sites* von KZN: http://heritagekzn.co.za

Regierungs- und offizielle Seiten
KwaZulu-Natal Provincial Government Official Site: www.kwazulunatal.gov.za
KZN Agrar- u. Umweltministerium: http://agriculture.kzntl.gov.za/portal/
South African Government Information: www.gov.za und www.info.gov.za/
Webseite des International Marketing Council of South Africa (IMC): www.southafrica.info. Die Website der **Südafrikanischen Botschaft** in Berlin, **www.suedafrika.org**, enthält einen Tourismus-Bereich, zahlreiche tourismus-

relevante Links und auch Hinweise zur Einwanderung und Arbeitsaufnahme in Südafrika.

Südafrika- u. KwaZulu-Natal Tourismus-Seiten	www.sued-afrika.org
	www.southafrica-travel.net (auf deutsch www.suedafrika.net)
	   Südafrika mit großem KwaZulu-Natal-Teil: www.suedafrika-reise.net
	Informativ für KwaZulu-Natal: www.warthog.co.za
	Zimmersuche: www.bookabedahead.co.za (BABA) u. www.sleeping-out.co.za
	www.africa-adventure.de
	   South African Information Site: www.southafrica.co.za
	www.guestfiles.co.za
	www.countryroads.co.za

Fußball-WM-Seiten	Offizielle Website der südafrikanischen Regierung zur WM 2010 lautet: www.sa2010.gov.za
	   Infos rund um die WM, deutsch: www.news2010.de
	Fußball-WM in Durban: www.2010durban.co.za/
	   Website der FIFA: www.fifa.com

Unterkünfte	und Caravan Park-Seiten s. S. 99 u. 102

Touristische, Outdoor-, Öko-, Natur- und Game Park-Seiten	Umweltschutz-Organisation: www.wessa.org.za
	   Südafrikas Vogel-Portal: www.birdlife.org.za
	Birdlife Northern Natal: www.blnn.org.za
	   Wilderness Leadership School Trails: www.wildernesstrails.org.za
	Ökotourism und Outdoor-Magazin für KZN und Südafrika von Ezemvelo Wildlife: www.wildsidesa.co.za
	   Sport- und Outdoorausrüstung gebraucht kaufen, tauschen, verkaufen: Adventure Ads, www.adventureads.co.za
	   Private KZN- und Safari-Webseite um selbstorganisiert KZN zu bereisen: www.safarikzn.com.
	   Reisen und Routen in Afrika, auch Südafrika und KZN: www.openafrica.org

Websites von KwaZulu-Natals Tourismusregionen

Durban	www.durban.gov.za/eThekwini
South Coast	www.southernexplorer.co.za • www.southcoast.co.za • www.ugu.org.za • www.hibiscuscoast.kzn.org.za •
North Coast	www.northcoast.co.za • www.dolphincoast.kzn.org.za.
Zululand	www.zulu.org.za (Tourism KwaZulu-Natal) • www.visitzululand.co.za • www.zululand-accommodation.co.za
Elephant Coast	www.elephantcoast.kzn.org.za • www.elephantcoasttourism.com • zentrale Info- u. Buchungsseite für die Elephant Coast: www.elephantcoastbookings.co.za
Battlefields	www.battlefields.kzn.org.za • www.heritagekzn.co.za • www.anglozuluwar.com • www.zuluwar.com
uKhahlamba Drakensberg Park	Offizielle Seite: http://drakensberg.kzn.org.za • Tourism Association: www.drakensberg.org.za • Südliche Drakensberge: www.drakensberg.org • www.drakensberg-tourism.com Nördlicher und Zentraler Drakensberg: www.cdic.co.za • www.drakensberg-accommodation.com (mit vielen Subseiten) • www.drakensberg-tourist-map.com • www.cathkinpark.co.za • www.mountainbackpackers.co.za • www.berg.co.za • www.bergfree.co.za
Midlands	www.midlandsmeander.co.za • www.theamble.com • Wander-Club: www.gohiking.co.za • www.midlandsreservations.co.za

Weiter mit Reisetipps A-Z

Jagdwaffen können In der Regel vor Ort geliehen werden. Persönlich mitgebrachte Jagdwaffen und Munition dürfen zollfrei eingeführt und müssen bei der Ein- und Ausreise deklariert werden. Vom südafrikanischen Zoll wird eine Einfuhrgenehmigung erteilt, vorausgesetzt, dass der Besucher den legalen Besitz der Waffe durch Waffenschein nachweisen kann. Weitere Details bei SATOUR, www.satour.de. Ein Jagdgebiet ist z.B. Thukela Wildlife CC, www.emaweni.com/de.

Karten Straßen- und touristische Karten von Südafrika und KwaZulu-Natal bekommen Sie in Südafrika bei Tankstellen, Buchhandlungen, Touristenbüros und in den Shops der Park-Unterkünfte. Ein sehr großes Sortiment an Südafrika-, Provinz- und Regionenkarten bietet *Map Studio* (www.mapstudio.co.za). Auch der südafrikanische Automobil-Club AA gibt gute Karten heraus, der *AA Road Atlas* hat für die South und North Coast sehr gute Regionalkarten. Für die Vorbereitung: Karte „Südafrika" von REISE KNOW-HOW (World Mapping Project, 1:1,7 Mio.).

Beste touristische Karte für KwaZulu-Natal ist die „KwaZulu-Natal Tourist Map" von Brabys (www.brabys.com) in zweijährlich neuer Auflage. In Deutschland erhältlich gegen einen freigemachten Rückumschlag bei der touristischen Vertretung von KwaZulu-Natal, bei: Birgit Hüster, Zum Schneckenacker 42, 59872 Meschede bhuester@tourlinkafrica.de, www.tourlinkafrica.de.

Klima und Reisezeit Bekanntermaßen liegt Südafrika auf der südlichen Erdhalbkugel und demzufolge sind die Jahreszeiten den unseren entgegengesetzt. KwaZulu-Natal erfreut sich eines ganzjährig milden, subtropischen Klimas. Die südafrikanischen Sommermonate von Dezember bis März sind besonders an der Küste sehr heiß und feucht, in dieser Zeit fällt auch der meiste Regen. Im Inland sind die Temperaturen weniger hoch, nachts kühlt es ein wenig ab. Die Wassertemperaturen des Meeres sinken im südafrikanischen Winter von Juni bis September selten unter 19 °C, im restlichen Jahr steigen sie weit über 20 °C (je nördlicher, je wärmer).

Als **Reisezeit** empfehlen sich die Monate März bis November. Wanderer lieben den kühleren Frühling im März/April und den Herbst im September/Oktober. Der Winter, von Juli bis September, wenn die Sicht in die Natur durch kein dichtes Grün behindert wird, eignet sich am besten für Wildbeobachtungen.

Wer es einrichten kann, sollte nicht während der südafrikanischen Sommerferien von Mitte Dezember bis etwa Mitte Januar (s.o., „Feiertage und Ferienzeiten") unterwegs sein, da dann viele Unterkünfte ausgebucht sind und Preise leicht erhöht.

Auf www.wetteronline.de können sie das Wetter in Südafrika/Durban nachsehen. Der *South African Weather Service* bietet auf seiner Website **www.weathersa.co.za** einen Zweitages-Vorhersagedienst für KwaZulu-Natal, nach kostenloser Registrierung, für sieben Tage. Unterwegs im Land können Sie sich telefonisch über das zu erwartende Wetter in allen Reiseregionen informieren lassen (Vorhersage bis 7 Tagen, täglich aktualisiert). Hier die Tel.-Nummern für die Regionen:

South Coast: Tel. 082-2311600 • North Coast, Maputo, St Lucia: Tel. 082-2311677 • Zululand: Tel. 082-2311615 • West & North Western Interior: Tel. 082-2311601 • Southern Interior & Midlands: Tel. 082-2311616 • Southern Eastern Escarpment: Tel. 082-2311617 • Drakensberg: Tel. 082-2311602

Knigge
Vordrängeln ist nach gutem englischen Brauch in Südafrika verpönt. In Restaurants bekommen Sie einen Tisch zugewiesen oder warten solange an der Bar bis etwas frei wird. „Oben ohne" am Strand ist nicht erlaubt, auch nicht öffentlicher Konsum von Alkohol. Öffentliche Toiletten findet man in Einkaufszentren, an Raststätten und für Kunden an Tankstellen.

Konsulate
s. „**Botschaften**"

Kreditkarten
s. „Geld, Banken und Kreditkarten"

KwaZulu-Natal-Vertretung in D
Die touristische Vertretung von KwaZulu-Natal ist Birgit Hüster, bhuester@tourlinkafrica.de, www.tourlinkafrica.de. Alles zu Land und Leuten auf der Website von Tourism KwaZulu-Natal, www.zulu.org.za.

Maßeinheiten
Südafrika misst nach dem metrischen System, nicht nach englischen Maßeinheiten. Temperaturen werden in Celsius-Graden angegeben.

Mehrwertsteuer
Die Mehrwertsteuer (VAT) beträgt in Südafrika 14 Prozent. Die TOMSA ist eine sog. *Tourist Levy,* eine 1%ige Abgabe bei Übernachtungen, manchmal ist auch eine *Community Levy* zu zahlen. Ein Schnäppchen ist die Mehrwertsteuer-Rückerstattung *(VAT return)* bei der Ausreise. Touristen bekommen die in Südafrika bezahlten 14% VAT in ihrer Landeswährung oder in Rand zurückerstattet. Doch nur für Güter, die tatsächlich ausgeführt werden, also Bücher, Kleidungsstücke, Schmuck, Diamanten, Kunsthandwerk usw., jedoch nicht für Restaurant-, Hotel- oder Mietwagenrechnungen. Die gekauften Waren müssen bei der Ausreise am Flughafen vorzeigbar sein, also nicht irgendwo im Hauptgepäck verstaut. Zurückerstattet wird ab einem Gesamt-Einkaufspreis von 250 Rand.

Bitten Sie beim Kauf einer Ware um eine steuerlich korrekte Rechnung. Auf ihr muss „Tax Invoice" stehen, die Warenbeschreibung, ihr Preis zuzüglich des Mehrwertsteuerbetrags, der Namen und die Adresse des Ladens oder Verkäufers mit zehnstelliger VAT-Registrierungsnummer (beginnt mit einer „4") sowie die Rechnungsnummer und das Datum. Bei einem Warenwert über 1000 Rand müssen Name und Adresse des Käufers auf der Rechnung erscheinen. VAT-Büros gibt es an den internationalen Flughäfen in Durban, Johannesburg und Kapstadt.

Vor dem Einchecken am Flughafen geht man mit seinen Waren und den Rechnungen zum ausgeschilderten VAT- bzw. *Tax Refund Office,* wo nach einer Warenkontrolle die Mehrwertsteuer nach Abzug einer Kommission per Scheck zurückerstattet wird, den Sie dann gleich wieder einlösen können (die Scheckgebühr ist nicht gering!). Man kann den Betrag auch seiner Kreditkarte gutschreiben lassen. Das VAT-return-Prozedere ist detailliert nachzulesen auf www.taxrefunds.co.za. Rechtzeitig da sein, da oft lange Schlangen. Kann z.B. in Kapstadt aber auch vorab in der dortigen V&A Waterfront erledigt werden.

Mietwagen
alles übers Autofahren im Kapitel „KwaZulu-Natal mit Mietwagen"

Nachbarländer
An KwaZulu-Natal grenzen die eigenständigen Länder *Lesotho, Swaziland* und *Moçambique.* Falls Sie mit Ihrem Mietwagen in eines dieser Länder wollen, so informieren Sie vorab Ihren Autovermieter, damit er Ihnen die entsprechenden Papiere ausstellt („Overbord Pass"). Einreise mit

dem Mietwagen aus Südafrika nach Moçambique nur bedingt möglich!
Swaziland: Für die Einreise bzw. Durchreise zum Krügerpark erhalten Besucher das Visum an der Grenze.

Lesotho: Deutsche, Schweizer und Österreicher benötigen bis zu einem Aufenthalt von 30 Tagen kein Visum. Infos auf Botschafts-Webseite in Berlin, www.lesothoembassy.de. Einreise von KwaZulu-Natal über den *Sani-Pass,* doch nur mit einem 4WD! Offizielle Lesotho-Website: www.lesotho.gov.ls.

Für **Moçambique** benötigen Deutsche ein Visum, erhältlich über die Botschaft in Berlin. Der Grenzübergang von Südafrika ist *Ponta do Ouro* im nordöstlichsten Zipfel KwaZulu-Natals (Visum notfalls auch dort erhältlich; Vierrad-Antrieb empfohlen). Beste Reisezeit während der kühleren Trockenzeit von Juni bis November. Weitere Moçambique-Infos auf der Botschafts-Webseite www.mosambik-botschaft.de und auf www.mosambiktourismus.de.

Notruf-Telefonnummern

Die **Polizei** (SA-Police) erreicht man in den Städten unter der **Notrufnummer 10111** (nur von Festnetz-Telefonen! Mit dem Handy: 112 und 082-911). Ambulance: 082-911-10177. AA-Pannendienst: 0800-10101. Durban Beach Patrol: 031-3684453. Mountain Rescue Service (Bergrettung): 031-3077744. Sea Rescue Service (Seerettung) 031-3618567.

Öffnungszeiten

s. „Geschäftszeiten"

Post

Briefe und Ansichtskarten per Luftpost nach Europa brauchen zwischen 5 und 7 Tagen. Pakete und Päckchen per Luftpost 1 bis 2 Wochen. Sie sind, im Gegensatz zu Sendungen auf dem Landweg/Seeweg, sehr teuer. Letztere können aber bis zu 3 Monate unterwegs sein. Eine Urlaubspostkarte per *Air Mail* nach Europa kostet R3,30, ein Brief R3,80. Die Schalterstunden der Post sind Mo–Fr 8.30–16.30 Uhr und Sa 8–12 Uhr. Briefpost kann man sich postlagernd schicken lassen *(general delivery),* an das Hauptpostamt einer Stadt. Beim Briefverkehr nach/in Südafrika immer die Post Office Box, P.O.Box, angeben (sofern vorhanden), nicht die Straßenadresse des Empfängers. Von Postämtern kann man außerdem Faxe versenden. Wertbriefe und -pakete über PostNet senden, Filialen in allen größeren Orten, Informationen unter www. postnet.co.za.

Preisniveau

Die Preise und damit das Preis-/Leistungsverhältnis liegen unter deutschem Niveau, Südafrika ist für uns Mitteleuropäer nach wie vor preiswert bis günstig. Der starke Euro und der schwächelnde Rand tragen dazu bei. **Wenn Sie über 60 Jahre sind,** kann es in manchen Museen, Theatern und bei Veranstaltungen Ermäßigungen geben („Senior"/„Veteran")

Rauchen

ist in öffentlichen Räumen in Südafrika verboten. Manche Restaurants haben Raucherzimmer.

Reise- und Sprachführer

Für die Weiterreise durch Südafrika empfehlen sich die REISE KNOW-HOW-Reiseführer „Südafrika" von Christine Philipp, „Kapstadt, Garden Route & Kap-Provinz" und „Vom Krügerpark nach Kapstadt", beide von Elke & Dieter Losskarn. Zum Erlernen südafrikanischer Sprachen gibt es die RKH-Kauderwelsch-Sprechführer „Xhosa" und „Afrikaans". „Zulu" ist in Vorbereitung.

Reisezeit

s. „Klima und Reisezeit"

Saisonzeiten

Zu den Hauptsaisonzeiten steigen nicht nur die Preise, sondern viele Unterkünfte können dann ausgebucht sein. Wer es einrichten kann, sollte deshalb nicht unbedingt während der südafrikanischen Hauptferienzeit von Mitte Dezember bis etwa Mitte Januar unterwegs sein.

Weitere Saisonzeiten sind die Ferien in der Kar- und Osterwoche, die Winterferien Ende Juni bis Mitte Juli und die Frühjahrsferien von der letzten September- bis in die erste Oktoberwoche; s.a. „Feiertage und Ferienzeiten".

Sicherheit

Es lebt sich gefährlich im Land am Kap, gespenstisch hohe „Crime"-Raten beunruhigen alle Südafrikaner, gleich welcher Hautfarbe. Das Geschäft mit der Sicherheit blüht, „my home is my castle" ist in Südafrika nicht nur ein Sprichwort. Auch und besonders Touristen müssen sich vorsehen. Hier einige elementare Sicherheits-Tipps:

Allgemein: Wichtig ist eine nüchterne Mischung aus Vorsicht, Aufmerksamkeit und vorausschauendem Verhalten, besonders in den ersten Tagen. Tragen Sie keinen Schmuck, teure Uhren und einen vollen Geldbeutel spazieren. Die Kamera am besten in eine unauffällige Plastiktasche stecken. Wertsachen und Papiere gehören in den Hotelsafe bzw. in die *safety deposit box* im Zimmer. Dieses auch bei Anwesenheit von innen abschließen. Beim Weggehen Koffer zumachen und verschließen. Reisegepäck immer im Auge behalten, mit wenigen Stücken reisen. Vorab Kopien aller Dokumente und der Kreditkarten machen und sie separat mitführen, zusammen mit den Kreditkarten-Sperrnummern. Bei einem Überfall sich nicht wehren, ein Menschenleben gilt nicht viel in Südafrika. Legen Sie sich für die Dauer des Aufenthaltes ein Mobiltelefon zu (s. „Telefonieren").

Township: In der Zeit der Apartheid für die arbeitende schwarze Bevölkerung in Nähe der Städte und Fabriken erbaute einfache Haus- und Hüttenviertel. Heute noch existent, doch mehr und mehr ersetzt durch kleine Einheitshäuschen.

Städte: Städte – besonders Durban – und ihre Einzugsgebiete sind deutlich gefährlicher als ländliche Gebiete. Meiden Sie die Innenstädte nach Geschäftsschluss und an Sonntagen. Machen Sie Stadtbesichtigungen und **Township**-Besuche organisiert oder mit ortskundiger, lizenzierter Führung. Fragen Sie bei der Hotelrezeption nach, ob es sicher ist zu Fuß wegzugehen und wohin besser nicht. Vermeiden Sie unnötige Fußwege durch die Straßen, nehmen Sie lieber ein Taxi. Für den **nächtlichen** Nachhauseweg **immer** ein zuvor **bestelltes** Taxi nehmen. Vorsicht vor Taschendieben auf Märkten. Sicherheitstipps mit einem Wagen s.S. 136.

Souvenirs

Typische Souvenirs aus KwaZulu-Natal sind filigrane Perlenarbeiten bzw. -stickereien *(beadwork),* bedruckte Stoffe als Tischdecken mit afrikanischen Motiven und kräftigen Farben, Holzschnitzereien, geflochtene Körbe, handgearbeitete Kunstgegenstände oder Skulpturen aus Speckstein. Teurer in *Curio shops,* günstiger auf Märkten und entlang der Straßen oder direkt bei den herstellenden Künstlern. Prima Kaufstellen sind die Shops von Museen, deren Angebot meist ebenso interessant ist wie das Ausgestellte. Einen Wein, Rooibos-Tee oder die schönen ge-

trockneten Proteen können Sie auch noch vor dem Abflug auf dem Airport in Johannesburg kaufen.

Etwas Besonderes ist die aus Draht und allerlei Blechabfällen gefertigte sogenannte „Township-" oder **„Wire Art",** kunstvolle Nachbildungen und phantasiereiche Kreationen und Mini-Modelle von Autos, Kofferradios, Tieren, Flugzeugen, Baobabs, Handys und sonstigen allen erdenklichen Gebrauchsgegenständen. Diese spezielle südafrikanische Drahtkunst hat ihren Hauptursprung im ländlichen, nordöstlichen KwaZulu-Natal, als dort Hütejungen begannen, in Ermangelung von Spielzeug sich aus Abfällen ihr eigenes zu basteln. Einen Eindruck und Überblick über die Werke sehen Sie auf www.streetwires.co.za, in Deutschland vertreibt www.contigo.de diese Schöpfungen.

Sprache Englisch, Afrikaans und die Sprachen der größten schwarzen Ethnien, der Zulu, Xhosa, Swazi, Ndebele, Pedi, Tswana, Sotho, Venda und Tsonga sind elf gleichberechtigte Amtssprachen in Südafrika. Die meistgesprochene Sprache ist *isiZulu,* da die Zulu den höchsten Bevölkerungsanteil stellen. Englisch ist touristische Hauptumgangssprache, und so auch in KwaZulu-Natal.

Taxis Örtliche Taxis fahren nicht auf „Kundenfang" durch die Straßen. Man muss einen Taxistand aufsuchen oder die Taxivermittlung anrufen. Kontrollieren Sie, dass der Taxameter auf Null steht oder vereinbaren Sie im Voraus einen Festpreis.

Telefonieren **Nach Südafrika:** die internationale Landesvorwahl 0027 für Südafrika wählen, danach die Vorwahl der Stadt – ohne die in Südafrika vorauszuwählende „0", z.B. 31 für Durban –, dann die Teilnehmernummer. Rufen Sie vom Ausland eine südafrikanische Handynummer an, so müssen sie bei der Rufnummer gleichfalls die „0" weglassen (Funknetz-Vorwahlen s.u.)

Von Südafrika: Die *country code* für Deutschland ist 0049 (Schweiz 0041, Österreich 0043), dann die Vorwahl der Stadt wählen – ohne die vorangestellte „0", z.B. 89 für München – und anschließend die Telefonnummer des Teilnehmers. Internationale Gespräche sind billiger von 20 Uhr bis 8 Uhr morgens von Mo–Fr und ab freitags 20 Uhr bis 8 Uhr montags.

Innerhalb Südafrikas telefonieren: Selbst in kleinen Orten findet man öffentliche Telefonzellen bzw. Telefonsäulen oder man kann von der Post aus anrufen. Die blauen Telefone nehmen nur Münzen an, die grünen nur Telefonkarten (sobald sich der Gesprächspartner gemeldet hat, TALK-Knopf drücken). Telefonkarten gibt es zu 10, 20, 50, 100 und 200 Rand bei allen Postämtern, in den Filialen der Zeitschriften- und Bücherkette CNA oder bei Schreibwarenläden. Alle größeren Hotels haben Direktwahl-Telefone, doch fragen Sie vorher nach dem Tarif!

Reisevorbereitung

Das südafrikanische Telefonnetz arbeitet mit einem Zehn-Nummern-System. Nicht nur von außerhalb, **auch innerhalb eines Orts muss grundsätzlich die Ortsvorwahl** *(area code)* vorgewählt werden, z.B. 031 für Durban oder 011 für Johannesburg, gefolgt von der siebenstelligen Rufnummer. Vorwahlnummer natürlich auch mit einem Handy wählen.

Kennziffern: Kostenlos ist der Anruf einer Tel.-Nummer mit Zahlenbeginn **0800**. Viele Geschäfte, Hotels und Firmen haben spezielle 08er-Nummern: 0860, 0861 usw. Eine 0860-Nummer kostet z.B. nur den Ortstarif, 0861 steht für einen „flat rate"-Tarif.

Telefonbücher: Die nationale Auskunft erreicht man unter Tel. 1023, das *Telkom*-Telefonbuch steht im Internet auf http://196.15.219.249 und die *Yellow Pages* bei www.yellowpages.co.za. bzw. kann man unter Tel. 10118 anrufen.

Funktelefon. Das „Handy", heißt in Südafrika *Cellular phone* („Cell phone") oder *Mobile phone*. Mein Ratschlag: mieten oder kaufen Sie sich für die Zeit Ihres Südafrika-Aufenthalts ein Cell phone mit prepaid-Funktion („air time"), sie sind nicht teuer, z.B. bei der Drogerie-Kette *Clicks*. Ein Cell phone ist hilfreich und sinnvoll, nicht nur wenn Sie in einsameren Gegenden reisen, Sie können damit von unterwegs ein Hotelzimmer reservieren oder einen Restaurant-Tisch vorbestellen. Mietbare Cell phones werden auf den internationalen Flughäfen angeboten, dazu ist eine Kaution zu leisten und es muss eine Versicherung abgeschlossen werden. Details und Kosten, auch für kaufbare Modelle, z.B. auf der Website **www.rentafone.net**. Oder Ihr Autovermieter stellt Ihnen eines beim Mieten des Wagens zur Verfügung. *Calling cards* gibt es in jedem Supermarkt wie z.B. bei SPAR, an Automaten und an vielen Tankstellen.

Handy mitbringen: Fragen Sie Ihren Mobilfunk-Provider, wie Sie Ihr deutsches Handy in Südafrika einsetzen können und welche (teure!) *Roaming*-Gebühren dabei anfallen. D1, D2 und E-plus-Handys wählen sich automatisch in eines der drei landesweiten Funknetze *(GSM mobile phone networks)* von *Vodacom* (www.vodacome.co.za), *MTN* (www.mtn.co.za) oder *Cell C* (www.cellc.co.za) ein. Die südafrikanischen Mobilfunknetze haben folgende Vorwahlen: 082 (Vodacom), 083 (MTN) und 084 (Cell C). Gebührenfreie Mobiltelefon-Helplines: MTN Tel. 0800-111 0070, Vodacom Tel. 0800-111 234.

Wesentlich günstiger ist es, bei der Ankunft bereits am Flughafen für Ihr Handy eine SIM-Card zu kaufen und eine Prepaid- bzw. Calling Card. Lassen Sie sie vom Verkäufer aktivieren. Sie können sich aber auch bereits zuhause, z.B. über Ebay, günstig eine nationale südafrikanische SIM-Card kaufen.

Trinkgeld

Tips sind in Südafrika üblich. In Restaurants gibt man 10–15% des Rechnungsbetrags, da die Bedienungen nur einen geringen Grundlohn bekommen. Taxifahrer bekommen gleichfalls einen Tip, ebenso Ranger nach einer Safari und Wanderführer. Gepäckträgern im Hotel und am Flughafen sollte man 3–5 Rand pro Gepäckstück geben.

Versicherungen

Am Wichtigsten ist eine **Auslands-Krankenversicherung,** sofern Sie nicht privatversichert sind und die Arztkosten von Auslandreisen übernommen werden.

Formulare gibt es bei Reisebüros, Banken und Sparkassen. Oder Sie suchen ein Versicherungsbüro oder machen sich im Web kundig (z.B. bei www.elvia.de, www.huk24.de, www.signal-iduna.de u.a.). Bei einem Auslandsaufenthalt über 90 Tage ist für männliche Personen z.B. die DVK günstig (www.dkv.com), für weibliche z.B. die Würzburger Versicherung (www.wuerzburger.com). Für Ältere ab 65 oder 70 Jahre gibt es gleichfalls spezielle Tarife. Eine **Reiserücktrittsversicherung** ist bei Pauschalreisen häufig im Reisepreis enthalten, eine **Reisegepäckversicherung** ist kaum sinnvoll.

Wellness   KwaZulu-Natal verfügt über eine nicht unbeträchtliche Anzahl an Spas und Wellness-Einrichtungen die sich der Einheit von Körper und Seele verschrieben haben. Deshalb lassen sich nicht wenig Reisende im Anschluss an ihre Tour oder bereits bei der Tour durchs Land und nach harten Pistenkilometern mit Bädern und Massagen in afrikanisch inspirierten Spas verwöhnen.

Informationen bietet die Website www.healthspas.co.za beim Unterpunkt KwaZulu-Natal (was ganz Besonders ist z.b. das *Fordoun* in Nottingham Road in den Midlands). Im Reiseteil wird auf jene Spas hingewiesen, die auch Übernachtungsmöglichkeit bieten, sog. *Stay over-Spas*. Eine *Spafari* kombiniert in wildparknahen Luxus-Lodges oder Luxus-Resorts mit eigenem Tierpark Unterkunft, Game Drives mit Wellness „africa like". Exklusive Adressen sind z.B. *Falaza Game Park* (www.falaza.co.za), *AmaKhozi* (über www.rhinoafrica.com), *Wetlands Earth Spa* in St Lucia (über www.healthspas.co.za), *Thanda Private Game Reserve* (www.thanda.com).

Zeitungen/   Südafrika besitzt eine große Presselandschaft mit landesweit über 20 Ta-
Zeitschriften   ges- und 13 Wochenzeitungen, die allermeisten in Englisch. In KwaZulu-Natal erscheinen: *The Mercury* (www.themercury.co.za), *Daily News* (www.dailynews.co.za), *The Witness* (www.thewitness.co.za) und *Isolezwe* (www.isolezwe.co.za), die führende Zeitung in der Zulusprache *isiZulu*.

Internationale und nationale Zeitschriften und Magazine gibt es an den Flughäfen oder bei Zeitschriftenhändlern, wie z.B. *CNA*, die überall im Land Filialen haben. Bei den südafrikanischen Reise- und Naturmagazinen ist führend *Getaway* (www.getaway.co.za). Für KwaZulu-Natal gibt es die Zeitschrift *Wildside* mit vielen Themen zu Ökotourismus, Outdoor-Leben und Naturschutz, www.wildsidesa.co.za.

Zeitunter-   Der Vorteil einer Reise nach Südafrika ist die gleiche Uhrzeit während un-
schied   serer Sommerzeit von Anfang April bis Ende Oktober – daher auch kein Jetlag. In der übrigen Zeit des Jahres ist uns Südafrika eine Stunde voraus (MEZ+1h).

Zollbestim-   **Zollfrei nach Südafrika** dürfen eingeführt werden: 1 l Spirituosen, 2 l
mungen   Wein, 400 Zigaretten, 50 Zigarren, 250 g Tabak, 250 ml Eau de Toilette und 50 ml Parfüm. Außerdem Geschenke im Wert von 500 Rand und alle Dinge zum persönlichen Ge- oder Verbrauch während Ihrer Reise.

Nach Deutschland bzw. in die EU: 200 Zigaretten oder 100 Zigarillos oder 50 Zigarren oder 250 g Rauchtabak. 1 Liter Spirituosen mit einem Alkoholgehalt von mehr als 22 Volumenprozent oder 2 Liter Spirituosen mit weniger als 22 Volumenprozent. 2 Liter Schaumweine oder Likörweine und 2 Liter Wein. 500 g Kaffee, 50 ml Parfüm und 0,25 Liter Eau de Toilette. Andere Waren für Flug- und Seereisende bis zu einem Warenwert von insgesamt 430 EUR.

Der Zoll überwacht im Reiseverkehr die Ein- und Ausfuhr von **geschützten Tieren und Pflanzen** nach den Bestimmungen des Washingtoner Artenschutzübereinkommens. Kaufen Sie also keine Souvenirs, Schmuck oder Gegenstände aus Tierprodukten wie Elfenbein, Schildpatt, Vogelfedern, Krokodil- und Schlangenleder, Korallen u.a. mehr. Die genaue Liste für Südafrika finden Sie auf www.artenschutz-online.de.

Teil II: Land & Leute

In alten Zeiten ...

„...von Vasco de Gama 1497 am Weihnachtstage (und daher von Natalis Jesu, dem Geburtstage Jesu, Natal genannt) zuerst, dann 1575 von dem Portugiesen Perastrello besucht, blieb Natal trotz seiner günstigen Beschaffenheit lange uncolonisirt. Eine 1719 gegründete holländische Colonie, deren ersten Grund die Mannschaft des 1688 an der Küste gescheiterten Schiffes Slavenus gelegt, ging bald wieder ein. Ebensowenig Dauer hatte der Colonisationsversuch des englischen Lieutenant Farewell, dem 1828 von dem Zulukönige 250 Quadaratmeilen Land abgetreten wurden ..."

■ *Vasco da Gama*

KwaZulu-Natal – eine königliche Provinz

KwaZulu-Natal ist, wie der erste Teil des Doppelnamens besagt, der „Platz der Zulu", die Heimat des Zulu-Volks. Das Stammland der Zulu – *Zululand* –, ist das Gebiet nördlich des uThukela Flusses.

Die neue Provinz entstand 1994 aus der Zusammenlegung des früheren Homelands KwaZulu und der ehemaligen südafrikanischen Provinz Natal. KwaZulu-Natal ist die einzige Provinz Südafrikas, die in ihrem Namen eine ethnische Gruppe inkorporiert. Mit rund 10 Millionen Einwohnern ist sie, hinter Gauteng (der Großraum Johannesburg/Pretoria), die bevölkerungsreichste Region Südafrikas. Südafrika insgesamt hat 48 Millionen Einwohner.

Geografisch reicht KwaZulu-Natal von allen neun südafrikanischen Provinzen am weitesten ostwärts. Sie grenzt im Norden an die unabhängigen Länder Swaziland und Moçambique und an die Provinz *Mpumalanga*, im Westen an das Königreich Lesotho und an die Provinz *Free State* und im Südwesten an die *Eastern Cape Province*. Die Küstenlinie des Indischen Ozeans ist 600 Kilometer lang.

Kleine Landeskunde KwaZulu-Natal

Größe: 92.000 qkm (Bayern und Thüringen zusammen haben 86.000 qkm). Bevölkerungsanzahl: 10 Millionen Etwa 9% Indischstämmige (Südafrika insgesamt hat 48 Millionen Einwohner, davon 80% Schwarze, 2,5% Asiaten und 9,1% Weiße – 4,4 Millionen).

Sprachen in KwaZulu-Natal: 81% isiZulu, 14% Englisch, 1,5% Afrikaans, Xhosa. Kleine deutsche Sprachinseln.

Hauptstadt: Pietermaritzburg/Msunduzi Municipality (ca. 500.000 Ew.), **größte Stadt ist Durban**, ihr Zulu-Name eThekwini bedeutet „Ort an der Bucht".

Der Großraum Durban heißt eThekwini Metropolitan. Durbans internationaler Flughafen DIA wird bis zur Fußball-WM 2010 durch den neuen King Shaka International Airport ersetzt, der derzeit 30 Kilometer nordöstlich von Durban bei La Mercy entsteht.

Die elf administrativen Verwaltungsregionen von KwaZulu-Natal sind *Amajuba, eThekwini, iLembe, Sisonke, Ugu, uMgungundlovu, uMkhanyakude, uMzinyathi, uThukela, uThungulu* und *Zululand*.

Die „Regenbogen-Nation"

Die Bezeichnungen *black*, *coloured* und *white* werden im Vielvölkerstaat Südafrika auch noch nach dem Ende der Apartheid verwendet, und es gibt keine Bestrebungen, sie durch „politisch korrekte" bzw. neumodische Wortschöpfungen zu ersetzen. Menschen nach ihrer Hautfarbe zu unterscheiden wird nicht als diskriminierend angesehen. Man spricht heute jedoch äquivalenter von weißen, schwarzen oder farbigen Südafrikanern, wobei *Coloured,* anders als in den USA, in

Südafrika keine verschämte Umschreibung für „Schwarz" ist. Coloureds sind Nachkommen aus Verbindungen von europäischen Siedler mit den kapländischen Ureinwohnern *San* und *Khoi.* Zu den Coloureds werden auch die Kapmalaien, Nachfahren ehemals verschleppter Sklaven aus Ostindien bzw. Indonesien, zugerechnet. Südafrikas multiethnische Bevölkerung zählt derzeit 46 Millionen Menschen. Etwa 79% davon sind schwarz, 9% weiß, 9% „farbig" bzw. gemischter Abstammung und rund 2,5% sind indisch-/asiatischer Herkunft.

Logischerweise haben sich in der **„Rainbow Nation"** – diesen Begriff für die bunt gemischte Bevölkerung prägte Friedensnobelpreisträger Bischof Desmond Tutu – nicht über Nacht alte Ressentiments

in Luft aufgelöst. Zum Ideal der multiethnischen Gesellschaft hat Südafrika noch einen weiten Weg vor sich, das schwierige Erbe ist noch lange nicht bewältigt, Schwarz und Weiß leben weitgehend getrennt ohne große Berührungspunkte und weiter mit Vorurteilen. So nennen manche schwarze Südafrikaner immer noch alle Weißen mit dem Wort „Buren", was als Herabsetzung gilt, und englischsprachige weiße Südafrikaner hören es nicht gerne, wenn man sie als „Engländer" tituliert …

Was bleibt, ist jedoch die früher gesellschaftliche Undenkbarkeit, dass die Südafrikaner ohne großes Blutvergießen es schafften, jahrhundertealten Rassenhass zu Gunsten einer Aussöhnung hinter sich zu lassen.

Umbenennung von Orten und Straßen

2002 begann Südafrikas ANC-Regierung landesweit mit Umbenennungen von Stadt- und Ortsnamen, die an die Epoche der europäischen Besiedlung, die Kolonialzeit oder an die Apartheid erinnerten. Gleichzeitig werden ständig neue Verwaltungsstrukturen und kommunale Distrikte geschaffen („District Municipalities").

■ *Das südafrikanische Staatswappen und das KwaZulu-Natals, gekrönt von einer Zulu-Hütte*

Zuständige Behörde für die Afrikanisierung ist das *South African Geographical Names Council,* alle Details auf http://sagns.dac.gov.za. Südafrika hatte einst vier Provinzen, *Cape Province, Free State, Transvaal* und *Natal.* 1994 wurden daraus neun: Aus dem Cape das *Eastern, Northern* und *Western Cape,* aus Transvaal – in zwei Anläufen – *Gauteng, Mpumalanga* und *Limpopo.* Pretoria heißt heute politisch korrekt *Tshwane Metropole,* East London und King Williamstown gingen in der *Buffalo Metropole* auf, Port Elizabeth und andere Städte seines Umlands in der *Nelson Mandela Bay Metropole,* und Johannesburg soll – auf isiZulu – einmal *eGoli* heißen. In allen südafrikanischen Städten und Orten tauscht man derzeit Straßenschilder von Voortrekker-Führern oder englischen Personen gegen Namen von Widerstandskämpfern oder sonstigen schwarzen Politfiguren. Selbst vor neutralen Namen, wie z.B. Olifants River oder Warmbad, macht die „Afrikanisierungsmanie" nicht halt, auch sie werden umbenannt, ohne dass sie anstößig oder rassisch beleidigend wären. Durchgesetzt wird dies ohne Zustimmung oder Billigung jener weißen Südafrikaner, die befürchten, dass damit die historische Zeit der europäischen Besiedlung und die Geschichte ihrer Vorfahren oder gar generell das weiße kulturelle Erbe Südafrikas getilgt werden soll. Andererseits protestieren auch immer wieder schwarze Südafrikaner lautstark, wenn Straßennamen ihres Viertels plötzlich anders heißen. Also nicht verwirren lassen, wenn auf Landkarten und Schildern andere Namen als erwartet stehen. Wenn immer möglich, haben wir die alten und neuen in den Karten und Ortsplänen miteinander aufgeführt. Doch bei laut Presseberichten mehr als 1000 geplanten Namensänderungen von Städten, Flüssen und Straßen, allein in KwaZulu-Natal, ist das nicht einfach. Erfreulicherweise gibt es aber auch zweisprachige Schilder in Englisch und Zulu, und bei Flussnamen ändern sich oft nur ein, zwei Buchstaben.

Beispiele Umänderungen

Amanzimtoti – eManzamtoti • Chelmsford Dam – Ntshingwayo Dam • Durban – eThekwini (hier im Text noch durchweg „Durban") • Greater St Lucia Wetland Park – iSimangaliso Wetland Park • Hluhluwe-Umfolozi Park – Hluhluwe-Imfolozi Park • Mkuze River – Mhkuze River • Mkuze Game Reserve – uMkhuze Game Reserve • Stanger – KwaDukuza • Tongaat – oThongathi • Tugela River – uThukela • Ulundi – oLundi • Umdloti – eMdloti • Umkomaas – eMkhomazi • Umlazi – eMlaza

Kleines Südafrika- und KwaZulu-Natal-Glossar

Im südafrikanischen Englisch gibt es ein Menge an „Slang" und Wortübernahmen aus Afrikaans. Hier einige Beispiele. Ein umfassendes Glossar steht im Anhang.

Berg – Drakensberge (uKhahlamba-Drakensberg Park), und auch für andere Berggebiete.

Boet – „boet" ist Afrikaans für „Bruder" und wird oft vertraulich zwischen Freunden/Kumpels gebraucht.

boma – Swahili-Wort, das Viehkral bedeutet. In Südafrika ist eine *boma* zum einen ein (eingezäuntes) Areal in Tierreservaten und zum anderen bei Lodges der Platz fürs abendliche Lagerfeuer mit Dinner unter freiem Himmel.

Braai – afrikaans für Grillen über offenem Feuer mit Freunden, Barbecue.

Café – kleiner „Tante-Emma-Laden" an der Ecke, der Milch, Brot, Zeitungen, Soft drinks und Imbisse verkauft.

CBD – Central Business District, Innenstadt mit Shops und Geschäften.

Howzit – traditioneller südafrikanischer Gruß, meint „How are you?" oder „How is it"

Game Farm – Wildfarm, Farm mit wilden Tieren im Gelände.

Kral – der innere Viehpferch eines Zulu-Gehöfts.

Lapa – traditionelles afrikanisches Versammlungshaus. Bei Unterkünften überdachte Open-air-Terrasse / Freisitz.

Lekker – Afrikaans für „lecker" und „schön": „That meal was lekker".

Liquor Store – hier gibt es Alkoholisches zu kaufen.

Now now – meint „sofort", „ich komme sofort".

Off-ramp – Ausfahrt von (National-)Straßen.

Province – Südafrika hat neun Provinzen, vergleichbar mit den dt. Bundesländern.

Rondavel – traditionelle einräumige Rundhütte.

Robot – Verkehrsampel

SAP – South African Police. **SAPS** – South African Police Service.

Veld – afrikaans für diverse Formen und Typen von Grasland: *bushveld, highveld, lowveld*.

Wildtuin – afrikaans, Tierschutzgebiet.

Tidal pool – Gezeitenbecken

Afrikaans und Apartheidpolitik

Die südafrikanische Sprache **Afrikaans** ist eine Entwicklung aus niederländischen Dialekten, die die Auswanderer von dort sprachen, die sich ab der Mitte des 17. Jahrhunderts am Kap niederließen. Durch anderssprachige Bevölkerungsgruppen erfuhr es wesentliche Vereinfachungen und integrierte gleichzeitig viele Lehnwörter. So stammen etwa 100 Worte im Afrikaans aus dem Indonesischen, viele andere aus dem Englischen und auch Deutschen. Afrikaans gleicht in linguistischer Terminologie einem vereinfachten Niederländisch, doch mit eigenständigem Lautsystem. Seit 1876 existiert Afrikaans auch als Schriftsprache, 1925 wurde es neben Englisch zweite offizielle Amtssprache in der Südafrikanischen Union. Geriet als Idiom der Apartheid weltweit in Misskredit, ist aber noch heute die zweitwichtigste Sprache des Landes sowohl für weiße als auch schwarze Südafrikaner.

Apartheid bedeutet auf afrikaans „Absonderung, Trennung", also die Politik der Rassentrennung, euphemistisch „Politik der getrennten Entwicklung". Die Apartheidsgesetze sicherten den Weißen alle Rechte und Freiheiten und schränkten die der Schwarzen massiv ein. Anfänge finden sich bereits in der Kolonialzeit Südafrikas. Die Apartheid wurde 1948 unter Premierminister Malan südafrikanische Staatsdoktrin und 1994 abgeschafft. **Foto:** *Im Apartheid-Museum in Johannesburg*

Geschichtliche Eckdaten

Abriss der Geschichte Südafrikas. Hinweis: **Wörter** in **blauer Schrift** haben direkten Bezug zu KwaZulu-Natal.

26.000 v.Chr. Älteste Höhlenzeichnungen von San und Khoi-Gruppen.

300 n.Chr. **Bantusprachige** Ethnien wandern aus dem Norden ein, besiedeln das nordöstliche Südafrika und das heutige **KwaZulu-Natal** (Südbantu). Bei ihrem Vordringen vermischen sie sich teils mit den Vorbewohnern, den *San* (Buschmänner) und den *Khoi* („Hottentotten"). Auf diese Weise gelangen die charakteristischen **Klicklaute** der Buschleute in die Zulu- und Xhosa-Sprache.

Bantu und Nguni

Bantu ist eine Sammelbezeichnung für verschiedene Ethnien im äquatorialen und südlichen Teil Afrikas und zugleich eine große afrikanische Sprachfamilie, die Hunderte unterschiedlicher Sprachen im subsaharischen Afrika einschließt (die am weitesten verbreitete Bantu-Sprache ist *Suaheli* an der Ostküste Afrikas, in allen Bantusprachen heißt *ba-ntu* „die Menschen").

Die bantusprachigen *Zulu, Xhosa, Swazi* und *Ndebele* – Sammelbezeichnung *Nguni-Völker* – stellen den südlichsten Ausbreitungszweig der Bantu dar. Um 1650, in der Zeit der Landung der Europäer am Kap, lebten im südlichen Afrika geschätzt ein bis zwei Millionen Bantusprachige. Gemeinsame wirtschaftliche Grundlage der Nguni-Völker ist Viehzucht und Ackerbau mit der Hauptnahrungspflanze Sorghum und später Mais, den die Portugiesen nach Afrika mitbrachten.

1488 Der portugiesische Seefahrer *Bartholomeu Diaz* umsegelt im Januar das Kap der Guten Hoffnung.

1497 Ein weiterer Portugiese, Vasco da Gama, umsegelt die Südspitze Afrikas auf dem Weg nach Indien. An der südafrikanischen Küste geht er am 25.12.1497 in der Bucht des heutigen Durban vor Anker und nennt das Land **Natal,** portugiesisch für „Weihnachten".

1575 Der portugiesische Kartograph Perastrello kartiert als erster die Ostküste Südafrikas, um sichere Häfen für die portugiesischen Schiffe zu fixieren. *Terra do Natal* ist bei ihm das Land zwischen den Flüssen Umtata und Tugela.

1652 gründete *Jan van Riebeeck* **(s. Abb.)** im Auftrag und für die niederländische Ostindien-Kompanie (VOC) Kapstadt als befestigte Proviantstation.

1688 Die ersten französischen Hugenotten treffen am Kap ein.

1779–1791 Erste kriegerische Auseinandersetzungen zwischen den nach Südwesten wandernden Xhosa und den nach Nordosten vordringenden weißen Siedlern.

1795 Die Briten übernehmen die Macht am Kap, die Herrschaft der Ostindien-Kompanie ist beendet.

1814 Die Niederlande treten das Kap an England ab.

1815   Neuer König der Zulu im heutigen KwaZulu-Natal wird **Shaka.**

1824   Erste kleine Niederlassungen europäischer Siedler und Abenteurer in **Port Natal** (Durban).

1818–1828 **Shaka** bricht mit Stammestraditionen, er bildet stehende Militäreinheiten und entwickelt neue Kampftechniken. Er erobert zwischen den Flüssen uThukela und uPhongolo im Norden große Landstriche, unterwirft oder vertreibt die Nguni-Stämme. Wer sich auflehnt wird getötet, Häuser und Felder werden niedergebrannt. Entwurzelte Gruppen fallen marodierend über andere Gruppen her, die, vor den Angreifern flüchtend, wiederum auf neue Ethnien stoßen die dadurch in Bewegung gesetzt werden (Domino-Effekt). Einzelne Gruppen flüchten weit nach Norden bis ins heutige Tansania und in Richtung Kap, den vordringenden Weißen entgegen. Diese Zeit der großen Völkerverschiebungen und der Fluchtwanderungen geht als **mfecane** (auf Sotho *difaqane*) in die Geschichte ein. *Mfecane* heißt auf *isiZulu* „zerschmettern" oder „Notzeiten". Beide Begriffe stehen für eine Periode von Umwälzungen und Chaos im südöstlichen Afrika zwischen 1815 und ca. 1835.

1828   Shaka wird ermordet, **Dingane** übernimmt die Zulu-Herrschaft.

1834   Die Engländer schaffen die Sklaverei ab.

25.06. 1835   **Gründung der Stadt Durban.**

■ *Blick vom Bluff auf die enge Hafeneinfahrt*

1836/37   Der **Große Trek.** Rund 10.000 *Trekburen* oder *Voortrekker* dringen dabei in Gebiete vor, die seit Jahrhunderten von Xhosa besiedelt werden. Sie treffen auch auf *mfecane*-Flüchtlinge und schließlich auf Zulu-Krieger. Bei Angriffen der Schwarzen bilden sie mit ihren Ochsenwagen einen Verteidigungsring, das *laager*.

Land & Leute

Die Buren und der Große Trek

Die Buren sind Nachfahren von holländischen (ca. 40%), deutschen (ca. 30%) und französischen (ca. 20%) Siedlern, die im 17. Jahrhundert aus Glaubensgründen nach Südafrika auswanderten und sich ab 1652 in der Kolonie der niederländischen Ostindien-Kompanie am Kap niedergelassen hatten. 1743 lebten bereits 4000 in und um Kapstadt. Das Wort *Boern* kommt aus dem niederländisch-/niederdeutschen Sprachraum und bedeutet soviel wie „Bauern". Synonym wurden diese Europäischstämmigen auch als Kapholländer, *Afrikaners* oder *Afrikander* bezeichnet. Ihr Idiom wurde mit der Zeit das mit dem Niederländischen eng verwandte *Afrikaans.*

Als die Briten 1795 die Macht am Kap übernahmen und 1834 die Sklaverei abschafften, verließen immer mehr der antibritischen Buren, die sich ohne schwarze Arbeitskräfte und repressiver britischer Gesetze ihrer ökonomischen Basis beraubt sahen, Farmen und Felder. Sie packten ihre Habseligkeiten auf Planwagen und stellten große Züge zusammen. Ab 1836 führte der **Große Trek** etwa 6000 bis 10.000 Buren in jahrelangen Wanderungen mit Ochsenwagen ins Landesinnere bis ins heutige KwaZulu-Natal und über den Oranje-Fluss bis in die heutige Region um Johannesburg („Transvaal" – über den Vaal-Fluss). Aus sesshaften Bauern und Viehzüchtern waren **Trekburen** oder **Voortrekker** geworden.

Unterwegs gab es ständig Kleinkriege und Auseinandersetzungen an allen Fronten: Mit den Khoi, Xhosa, Zulu und Ndebele. Wilde Tiere, Dürren, Hungersnöte und Krankheiten zeichneten und prägten diese Menschen. Darüber hinaus hatte der Große Trek außerdem eine religiöse Dimension, mit Gewehren bewaffnet und mit der Bibel in der Hand waren die Buren überzeugt, dass der Große Trek Gottes Wille sei, die Suche nach dem „gelobten Land", vergleichbar mit der Flucht der Israeliten aus Ägypten wie im Alten Testament beschrieben. Der spätere ausgeprägte Nationalismus des Afrikaanertums wurzelt in dieser strapazenreichen und dramatischen Zeit und in ihrem strengen calvinis-tischen Glauben. Die bedeutendsten Trekführer waren *Piet Retief, Gerrit Maritz, Andries Pretorius, Louis Trichardt* und *Hendrik Potgieter.* Heute haben rund zwei Drittel aller südafrikanischen Weißen Afrikaaner-Vorfahren.

Abb.: *Voortrekker überwinden die Drakensberge* (beachte die Hinterrad-„Bremsen")

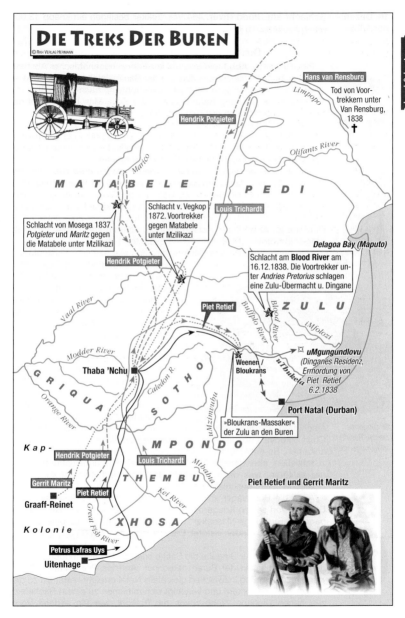

DIE TREKS DER BUREN

© RKH VERLAG HERMANN

Hendrik Potgieter

Limpopo

Hans van Rensburg
Tod von Voor-
trekkern unter
Van Rensburg,
1838
†

Olifants River

M A T A B E L E

P E D I

Marico

Schlacht von Mosega 1837.
Potgieter und *Maritz* gegen
die Matabele unter Mzilikazi

Schlacht v. Vegkop
1872. Voortrekker
gegen Matabele
unter Mzilikazi

Louis Trichardt

Hendrik Potgieter

Delagoa Bay (Maputo)

Schlacht am **Blood River** am
16.12.1838. Die Voortrekker unter *Andries Pretorius* schlagen
eine Zulu-Übermacht u. Dingane

Vaal River

Piet Retief

Buffalo River

Blood River

Z U L U

iMfolozi

Modder River

Thaba 'Nchu

G R I Q U A

Caledon R.

S O T H O

uMzimbubu

☆ **uMgungundlovu**
(Dinganes Residenz,
Ermordung von
Piet Retief
6.2.1838

uThukela

Weenen /
Bloukrans

Port Natal (Durban)

Orange River

K a p -

Hendrik Potgieter

M P O N D O

Louis Trichardt

Mlabha

»Bloukrans-Massaker«
der Zulu an den Buren

Gerrit Maritz

T H E M B U

Piet Retief

Graaff-Reinet

Kei River

Great Fish River

K o l o n i e

X H O S A

Petrus Lafras Uys

Uitenhage

Piet Retief und Gerrit Maritz

16. Dezember 1838	**Schlacht am Blood River.** 464 Voortrekker besiegen ein knapp 13.000 Mann starkes Zulu-Heer.

Die Schlacht am Blood River 1838

Piet Retief (s. Abb.), ein Voortrekker-Führer hugenottischer Abstammung, zieht 1837 mit seinem Zug von der Sammelstelle der Voortrekker, *Thaba 'Nchu* (östlich vom heutigen Bloemfontein), nach Osten über die Drakensberge Richtung Natal ins Land der Zulu. Man hatte Retief gewarnt: Er unterschätze die Zulu und ihre Schlagkraft, und die Briten errichteten in Port Natal bereits einen zweiten Stützpunkt. Er meinte aber, durch sein Verhandlungsgeschick könne er sowohl die Zulu von freundschaftlichem Nebeneinander als auch die Engländer von wirtschaftlichen Vorteilen durch die burische Besiedlung überzeugen.

Mühsam ziehen die Ochsen die schweren Wagen über die Pässe der Berge. Vom einem Lager am Bloukrans River (beim heutigen Colenso/N3) macht sich Piet Retief mit 70 Männern auf den Weg, um vorab mit den Engländern und den Zulu zu verhandeln. Die Gespräche mit den Briten verlaufen erstaunlich erfolgreich. Das Treffen mit den Zulu unter König **Dingane (s. Abb.)** findet Anfang Februar 1838 im königlichen Wohnsitz **uMgungundlovu** („Platz des großen Elefanten") statt.

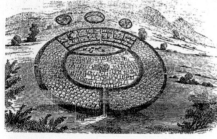

Man handelt eine große Gebietsabtretung aus, die vom Fluss uMzimvubu im Süden bis zum Fluss uThukela im Norden reicht und die ein Missionar zu Papier bringt.

Doch die Buren hatten bereits Fehler gemacht: Zum einen hatten nachziehende Trekker bereits begonnen, sich im Land niederzulassen, und zum anderen hatte Piet Retief Dingane erzählt, dass andere Voortrekker erfolgreich die Ndebele im Norden des Landes besiegt hätten. Dingane wird klar, dass mit einer Besiedelung durch die Voortrekker seine Macht im Lande grundsätzlich

■ *Dinganes riesige Residenz uMgundgundlovu*

erschüttert würde, zumal Piet Retief im November des Vorjahrs Zulu-Chief Sikonyela ausgetrickst hatte und in Port Natal immer mehr Weiße ankamen. So entscheidet er, am 6. Februar die Verhandlungen zwar abzuschließen, aber danach Piet Retief und seine 70 unbewaffneten Männer zu töten, was dann außerhalb des Dorfs auf KwaMatiwane, dem „Execution Hill", geschieht (s.S. 253).

Auch die Burenlager an den Flüssen Bloukrans und Bushmans lässt Dingane von seinen Kriegern am 16./17. Februar angreifen. Beim so genannten „Bloukrans-Massaker" werden über 500 Buren, darunter zahlreiche Frauen und Kinder, getötet. Die Zulu erbeuten 25.000 Stück Vieh und viele Pferde.

Damit schien für Dingane die Sache erledigt. Er hatte jedoch nicht mit der Hartnäckigkeit der Buren gerechnet. **Andries Pretorius (s. Abb.)**, der mit seinem Zug inzwischen gleichfalls Natal erreicht hatte, eilt zu den restlichen Voortrekkern und vereinigt sich mit ihnen zu einem Rachefeldzug gegen Dingane. Noch zuvor, am 6. April, war ein anderer Voortrekkerführer, *Petrus – „Piet"– Lafras Uys,* mit zehn Männern in einen Zulu-Hinterhalt geraten und getötet worden („Battle of Italeni").

Am **16. Dezember 1838** stehen sich die Zulu und die Voortrekker am Ncome-Fluss gegenüber. Nach einem heiligen Schwur der Buren, im Fall eines Sieges eine Kirche zu errichten und Gott dafür mit einem Feiertag für alle Zeiten zu danken, beginnt die Entscheidungsschlacht. Verschanzt hinter ihren D-förmig aufgestellten Planwagen wartet man auf Dinganes Krieger. Aufgrund ihrer überlegenen Feuerkraft besiegen die Buren dann ein fast 13.000 Mann starkes Zulu-Heer, über 3000 von ihnen verlieren ihr Leben, nur vier Buren werden verwundet. Das Wasser des Flusses färbt sich rot – daher **„Battle of Blood River"** (s.S. 332). Vier Tage später verwüsten die Buren die Zulu-Residenz uMgungundlovu und gründen anschließend ihre unabhängige **Republik von Natalia** mit der Hauptstadt Pietermaritzburg, benannt nach den Voortrekkerführern *Pieter* Retief und Gerrit *Maritz.*

■ *Schlacht am Blood River Zulu gegen die Voortrekker*

1843

Geschichtlich war die Schlacht am Blutfluss zwar ein erstaunlicher, aber kein endgültiger Sieg für die Buren. Als sie ihre Republik ausgerufen hatten, rückten die Engländer an. Zwei Jahre lang kämpfen Buren und Briten gegeneinander, nach nur vier Jahren Unabhängigkeit wird 1843 aus der Burenrepublik die **britische Kolonie Natal.** Die Buren trekken weiter ins Landesinnere und gründen dort zwei neue Republiken, *Transvaal* (1852) und den *Oranje Vrystaat* (1854).

Wie vorher in Natalia herrschte auch im Transvaal und im Oranje Vrystaat das burische Prinzip, dass es keine Gleichheit von Weiß und Schwarz geben könne. Doch zum historischen Kontext der späteren Politik der Apartheid zählt auch, dass es die Briten in Natal waren, die 1847 erstmals die territoriale Trennung von Schwarz und Weiß durch die Schaffung von Reservaten einführten. Einerseits gab es in den britischen Einflussbereichen ab 1853 ein von der Hautfarbe unabhängiges Wahlrecht, andererseits aber war dieses Recht gleichzeitig an Einkommen und Besitz gebunden. In Natal mussten Schwarze sogar zusätzlich nachweisen, dass sie Christen waren, und später wurde noch zur Bedingung gemacht, dass sie „europäisiert" sein mussten, also nicht mehr in traditioneller Art und Weise lebten. Dieses Verdikt hatte zur Folge, dass in ganz Natal zwischen 1865 und 1903 nur drei Schwarze wahlberechtigt waren.

Land & Leute

1860 Von den Briten werden **Inder** massenweise als Plantagen-Arbeiter nach Durban verschifft, die Vorfahren der heutigen indischstämmigen Bevölkerung KwaZulu-Natals.

1879 Die Briten gehen gegen die Zulu vor und werden in der Schlacht von **Isandlwana** vernichtend geschlagen. Unter Führung ihres Königs **Cetshwayo (s. Abb.)** werfen sich immer neue Wellen von Zulu gegen die britischen Rotjacken. Tausende opfern sich, bis dem Feind die Munition ausgeht. Es ist die schlimmste Niederlage der Britischen Kolonialarmee in ihrer Geschichte (s.S. 338).

■ *Schlacht unter dem Felsen von Isandlwana, Zulu gegen Briten*

1883 Der legendäre Bure *Paul Krüger* **(s. Abb.)** wird bis 1900 Präsident der Buren-Republik Transvaal.

1886 Entdeckung der größten Goldvorkommen der Welt am Witwatersrand. Gründung von Johannesburg.

1893 **Natal** wird autonom.

1893 Ein dunkler, junger Mann wird im Zug von Durban nach Pretoria in **Pietermaritzburg** vom Schaffner aufgefordert, in die dritte Klasse zu gehen. Der Mann weigert sich und wird mit Gewalt aus dem Zug geworfen. Später sagt er, dieses Ereignis hätte ihn entscheidend auf seinem politischen Weg geprägt. Sein Name: **Mahatma Gandhi.**

1899–1902 Englisch-Burischer Krieg **(2. Burenkrieg).** Die Republiken Oranjefreistaat und Transvaal kämpfen gegen England. Auf burischer Seite stehen etwa 52.000 Mann, auf englischer fast 450.000. Trotzdem erzielen die Buren einige spektakuläre Anfangserfolge. Dann annektieren die Engländer beide Buren-Republiken. Um versprengte Burenkommandos endgültig zu besiegen, startet Lord Kitchener eine Taktik der „verbrannten Erde": Burischen Farmen werden niedergebrannt, die Frauen und Kinder in *Concentration camps* interniert. Bis zum Ende des Krieges sterben dort etwa 25.000 Frauen und Kinder.

1910	Kapprovinz, Transvaal, Oranje Free State und **Natal** vereinigen sich zur **Südafrikanischen Union.**
1912	Gründung des South African National Congress (SANC), ab 1923 ANC.
1913	Schaffung der ersten *Homelands.* Durch den *Natives Land Act* wird Schwarzen der Besitz von Grund und Boden außerhalb dieser Reservate verboten.

Land & Leute

Homelands

Der schwarzen Bevölkerung zugewiesene Landesregionen und Reservate über ganz Südafrika hinweg zur Durchsetzung der Apartheidpolitik. Die größten Homelands waren *KwaZulu, Bophuthatswana, Lebowa, Transkei, Ciskei* und *Venda.*

1918	**Nelson Mandela** wird in Qunu, in der Nähe von Umtata, der Hauptstadt der Transkei, geboren. Zu diesem Zeitpunkt leben die Schwarzen, die 78% der südafrikanischen Bevölkerung ausmachen, in Homelands mit einem Gesamt-Landesanteil von nur 7,3%.
1923	*Urban Areas Act:* Trennung der Wohnviertel nach Rassen. Für Schwarze wird, außer in der Kap-Provinz, ein einheitliches Pass-System eingeführt.
1924	Wahlsieg der burischen Nationalen Partei. Premierminister J.B.M. Hertzog verankert die Rassentrennung vor allem im ökonomischen Bereich.
1925	Afrikaans wird neben Englisch offizielle 2. Amtssprache.
1948	Die National Party unter D.F. Malan siegt bei den Parlamentswahlen. Die „Politik der getrennten Entwicklung" wird Regierungsprogramm. Malan prägt dafür den Begriff der **Apartheid.** Gemischtrassige Ehen sind ab 1949 verboten.
1953	*Population Registration Act:* Die gesamte Bevölkerung wird in vier Rassengruppen aufgeteilt: Weiße, Schwarze, Mischlinge und Asiaten. Volle Rechte haben nur die Weißen. Für die übrige Bevölkerung gelten abgestufte Rechte, je nach Hautfarbe. *Reservation of Seperate Amenities Act:* Die Rassentrennung in öffentlichen Verkehrsmitteln wird eingeführt, später auf alle öffentlichen Einrichtungen ausgedehnt.
21. März 1960	Unruhen in Sharpeville. Polizistenkugeln töten 69 Demonstranten. Die Befreiungsbewegungen **ANC** und Pan African Congress (PAC) werden verboten. Sie arbeiten im Untergrund und im Exil weiter.
1961	Südafrika verlässt den Commonwealth und wird eigenständige Republik.
5. August 1962	Nelson Mandela fährt mit einem Freund, verkleidet als dessen Chauffeur, von Durban nach Johannesburg. Er wird unterwegs verhaftet und zu lebenslanger Haft auf der Kapstadt vorgelagerten Gefängnisinsel Robben Island verurteilt. Auch sein älterer Freund Walter Sisulu wird dort gefangen gehalten.
1967	Der südafrikanische Arzt *Christiaan Barnard* führt im Groote-Schuur-Krankenhaus die erste erfolgreiche Herztransplantation durch.
1983	Eine neue Verfassung räumt Indischstämmigen und Mischlingen, den Coloureds, ein beschränktes politisches Mitspracherecht ein. Schwarze sind davon ausgeschlossen.

ANC, Inkatha und Mangosuthu Buthelezi

Der **African National Congress** ist seit 1923 die älteste Partei der schwarzen Südafrikaner, die den Widerstand gegen die weiße Herrschaft am Kap organisierte. Von 1960 bis 1990 war der ANC verboten. Führer war Nelson Mandela, später der erste Präsident im demokratischen Südafrika. Der ANC stellte seit den demokratischen Wahlen im April 1994 alle Präsidenten Südafrikas. Vorsitzender seit Ende 2007 ist der Zulu **Jacob Zuma.**

Politische Gegenpartei des ANC ist die **Inkatha Freedom Party (IFP)**, als historische Zulu-Organisation *Inkatha* bis auf Zulu-König Shaka zurückgehend, in den 1920er Jahren wiederauflebend (ein *inkatha* ist ein festgeflochtener Kopfring aus Stroh oder Gras für Männer im heiratsfähigen Alter und Unterlage für das Tragen schwerer Lasten; der größere Staats-Inkatha hat tiefere symbolische Bedeutung).

1975 wurde von *Mangosuthu Buthelezi*

 die Inkatha wieder ins Leben gerufen mit Ziel und Bekräftigung einer eigenen Zulu-Identität. Seit 1990 als *Inkatha Freedom Party* firmierend unter Führung von Buthelezi.

Mangosuthu Buthelezi wurde 1928 geboren und kann in Anspruch nehmen, vom letzten unabhängigen Zulu-König abzustammen. 1972 wurde er Chief Minister von weißen Gnaden im damaligen Homeland KwaZulu. Nahezu allen Zulu ist Buthelezi Symbolfigur ihrer ethnischen Identität und Garant ihrer Interessen, anderen ein ehemaliger Büttel der weißen Apartheidsregierung.

Als sich 1989 das Ende der Apartheid abzeichnete, 1990 Nelson Mandela freikam und dieser mit seinem ANC Verhandlungen über eine Machtübergabe aufnahm, erhofften sich reaktionäre Kreise in Südafrika, den strammen Antikommunisten Buthelezi als Gegenhoffnungsträger zu Nelson Mandela aufbauen zu können. Doch Buthelezi boykottierte die schwarz-weißen Verhandlungen und rief die IFP zum Widerstand und Kampf gegen den von den Xhosa dominierten ANC auf. Die folgenden landesweiten Unruhen und brutalen Straßenschlachten kosteten rund 7000 Menschen das Leben.

Weil Buthelezi auch die ersten freien Wahlen 1994 boykottieren wollte und sich bereits 1991 im sogenannten „Inkatha-Skandal" herausgestellt hatte, dass die Inkatha im Geheimen punktuell mit der Apartheidsregierung zusammengearbeitet hatte, hält sich bis heute der Verdacht, Buthelezi habe sich damals an rechtsradikale weiße Südafrikaner verkauft, die das Land in Anarchie stürzen wollten. 1994 gelang es Nelson Mandela, die IFP ruhigzustellen und Buthelezi in die erste neue schwarze Regierung einzubinden, in der er bis zu seinem Ausscheiden 2004 glanzloser Minister für *Home Affairs* war.

1984–1986   Der ANC fordert die Jugend auf, das Land unregierbar zu machen. Über 2300 Menschen sterben bei den folgenden Unruhen, mehr als 50.000 werden verhaftet. Südafrika steht kurz vor einem Bürgerkrieg.

1986   Unter dem Druck von innen und außen Beschluss über die Aufhebung wichtiger Apartheid-Gesetze: Schwarze erhalten wieder Grundeigentumsrechte in städtischen Gebieten, Mischehen sind erlaubt, Passgesetze und Zuzugskontrollen werden abgeschafft. Erstmals nehmen Regierungsmitglieder geheime Gespräche mit dem inhaftierten Nelson Mandela auf.

1989   **Frederik de Klerk** wird Vorsitzender der Nationalen Partei und spricht sich für eine Aufhebung der Rassentrennung aus. Pieter W. Botha tritt zurück, de Klerk wird Staatspräsident und konstatiert das Scheitern der Apartheid-Politik.

2. Februar 1990 Mit seiner Rede im Parlament von Kapstadt versetzt de Klerk der Apartheid den Todesstoß.

11. Februar 1990 Nelson Mandela, der ehemalige Staatsfeind Nummer eins, wird nach 27 Jahren aus der Haft entlassen. Gründung der **Inkatha Freedom Party** (IFP) unter dem Chief Minister von KwaZulu, **Mangosuthu Buthelezi.**

20. April 1990 De Klerk kündigt die Abschaffung aller Apartheidsgesetze innerhalb von zwei Jahren an und hebt den seit vier Jahren andauernden Ausnahmezustand auf.

1991 **Die letzten Apartheid-Gesetze fallen.** EU-Ministerrat hebt alle Sanktionen gegen Südafrika auf. Nelson Mandela wird zum Präsidenten des ANC gewählt, Walter Sisulu zum Vizepräsidenten, Cyril Ramaphosa wird Generalsekretär. Schwere Zusammenstöße zwischen ANC und Mitgliedern der Zulu-Organisation Inkatha. 24 südafrikanische Parteien und Organisationen unterzeichnen ein Friedensabkommen und gründen den CODESA („Konvent für ein demokratisches Südafrika"), der den Aufbau einer Mehrparteiendemokratie unterstützen soll.

1992 In einem Referendum entscheiden sich zwei Drittel (68,7%) aller weißen Wähler für die Fortsetzung der Reformpolitik de Klerks. Massaker von Boipatong, bei dem 39 Menschen bei Auseinandersetzungen zwischen ANC und Inkatha ums Leben kommen.

1993 Mandela und de Klerk erhalten den Friedensnobelpreis. Chris Hani, Führer des radikalen Flügels des ANC, kommt bei einem Attentat eines rechtsradikalen Weißen ums Leben. Mandela fordert die Weißen auf, das Land nicht zu verlassen.

1994 Vom 26.–29. April **1994** finden die **ersten freien Parlamentswahlen statt.** Stärkste Partei ist der *ANC* mit 62,7% und 252 Sitzen. Die *Nationale Partei* de Klerks erhält 20,4% und 82 Sitze, *die Inkatha Freedom Party* 10,5% und 43 Sitze. **Am 27. April wird die neue Flagge gehisst.** 342 Jahre weißer Vorherrschaft gehen zu Ende. Am 10. Mai wird Nelson Mandela als Staatspräsident der Republik Südafrika vereidigt. Vizepräsidenten werden Frederik de Klerk und Thabo Mbeki. Südafrika wird in neun statt bisher vier Provinzen aufgeteilt, die zehn Homelands gibt es nicht mehr.

1996 Der Aussöhnungsprozess zwischen Schwarz und Weiß schreitet voran. Mit großer Mehrheit wird am 8. Mai die neue südafrikanische Verfassung verabschiedet. Die Inkatha Freedom Party boykottiert die Wahlen. Es kommt wiederholt zu blutigen Auseinandersetzungen der notorisch erhitzten Gemüter in **KwaZulu-Natal.**

1997 Mandela tritt als ANC-Präsident zurück, **Thabo Mbeki** ist sein Nachfolger. Die National Partei geht in die Opposition, Frederik de Klerk gibt seinen Vizepräsidentenposten ab und zieht sich aus der Politik zurück.

1999 Der ANC gewinnt die zweiten demokratischen Wahlen mit noch größerer Mehrheit als 1994. Thabo Mbeki neuer Regierungschef.

2004 Südafrika feiert zehn Jahre Demokratie. Bei den dritten demokratischen Wahlen im April erzielt der ANC eine Zweidrittel-Mehrheit, erringt diesmal auch in **KwaZulu-Natal** und in der Western Cape Province Mehrheiten.

Der ANC regiert nun alle neun Provinzen. Präsident Thabo Mbeki tritt seine zweite Amtszeit an. Große Begeisterung im Mai, als die FIFA Südafrika zum Austragungsland der **Fußball-WM 2010** wählt.

2006   Die deutschstämmige und politisch kampfeslustige Helen Zille – einer ihrer Vorfahren ist der unvergessene Berliner Maler Heinrich Zille – wird Bürgermeisterin von Kapstadt und 2007 Vorsitzende der *Democratic Alliance,* Südafrikas größter Oppositionspartei.

2007   Oktober: Bundeskanzlerin Merkel besucht Südafrika. 25. November: In Durban werden die Qualifikationsgruppen für die Fußball-WM 2010 ausgelost. Bei der weltweit übertragenen Zeremonie wird der WM-Slogan vorgestellt: „Ke nako. Celebrate Africa's humanity – Es ist an der Zeit, Afrikas Menschlichkeit zu feiern". Dezember: der regierende Afrikanische Nationalkongress ANC wählt den umstrittenen Zulu-Politiker **Jacob Zuma** zum neuen Vorsitzenden. Der 65-Jährige, in zahlreiche Affären verwickelt und dem linken Spektrum zugeordnet, entthront in einer Kampfabstimmung den seitherigen Amtsinhaber und südafrikanischen Präsidenten Thabo Mbeki. Die Wahl des neuen ANC-Chefs, der sich deutlich zu seiner Zulu-Tradition bekennt, gilt als wichtige Vorentscheidung für die Präsidentschaftswahl 2009.

2008   Südafrikas Volkswirtschaft, die größte Afrikas, beginnt sich nach vielen Boomjahren abzuschwächen, nicht zuletzt durch die Energiekrise mit ständigen Stromausfällen, worunter besonders die Minenunternehmen aber auch alle anderen Wirtschaftszweige und vor allem der private Sektor zu leiden haben. Die hohe Inflation, eine Arbeitslosigkeit von 25 Prozent und das Leistungsbilanzdefizit schwächen den bis dato starken Rand kontinuierlich. Im August beginnt in Pietermaritzburg der Korruptionsprozess gegen den ANC-Vorsitzenden Jacob Zuma, der bald wegen vorausgegangener Verfahrensfehler der Anklage eingestellt wird.

September: Schwerste politische Krise der Republik Südafrika seit dem Ende der Apartheid: am 21.09. kündigt Staatschef Mbeki seinen Rücktritt an, er folgt damit der Aufforderung des ANC, sein Amt niederzulegen. Der neue überraschende Mann ist der stellvertretende ANC-Vorsitzende, Kgalema Mothlanthe. Er wird vom Parlament als neuer Präsident gewählt und soll im April 2009 dem Zulu Jacob Zuma Platz machen.

Dezember: Als Folge der Machtkämpfe zwischen Anhängern des früheren Präsidenten Mbeki und der neuen Parteiführung unter Zuma werden ANC-Mitglieder ausgeschlossen. Die Dissidenten gründen unter Führung des ehemaligen Verteidigungsministers *Moshua Lekota* am 16.12. die **neue Partei COPE,** „Congress of the People". Damit ist der ANC praktisch gespalten.

KwaZulu-Natals Bevölkerung

In alten Zeiten ...

„Die Einwohner von Natal betragen etwa 112.000 Seelen, von denen jedoch kaum 7000 Holländer und Briten (auch einige Deutsche) sind, während die Hauptmasse der Bevölkerung eingeborene Kaffern (zum Theil christlich) sind. Noch im 17. Jahrh. gab es neben der herrschenden Kaffernbevölkerung Reste von Hottentotten in Natal ..."

Frühe Bewohner

Das riesige südliche Afrika wurde in Einwanderungswellen von ursprünglich zentralafrikanischen Ethnien besiedelt, der Großgruppe der Bantu-Sprecher. Die ersten Gruppen trafen auf Kleinverbände der originär südafrikanischen Ureinwohner, auf **San** (Buschmänner) und **Khoi** („Hottentotten"). Letztere hatten sich mit den San teils vermischt *(Khoisan)* und hatten bei ihrer Wanderung ihr Siedlungsgebiet am Kap erreicht.

Die mit etwa 50 Prozent anteilig größte Hauptgruppe der bantusprachigen Völker Südafrikas stellen die **Nguni** dar, Sammelbegriff für die vier Hauptvölker **Zulu, Xhosa, Swazi** und **Ndebele** (Südbantu). Die zweite bantusprachige Gruppe mit einem Anteil von etwa 35% sind die **Sotho-Tswana**, untergliedert in die drei Ethnien *Süd-* und *Nord-Sotho* und *Tswana*. Die *Basotho* leben in Lesotho und auf der Hochebene im Landesinneren (Free State).

Die einst nomadisierenden **San** haben in den Drakensbergen KwaZulu-Natals gut erhaltene **Felsmalereien** hinterlassen, die Aufschluss über ihre frühere Lebensweise geben und die bis 26.000 Jahre zurückdatieren. Später folgte ihre Vertreibung und Dezimierung durch die Nguni-Völker wie Zulu und Xhosa. Sie konnten nur überleben, weil sie sich in die unwirtlichen Regionen der Kalahari zurückzogen und dort erstaunliche Überlebenstechniken entwickelt haben. Ihre Sprache ist mit Klick- und Schnalzlauten durchsetzt, die sich in der heutigen Sprache der Zulu (und Xhosa) wiederfinden.

Mehr über die San und ihrer Kultur steht bei den Drakensbergen, s.S. 356 u. 374.

Nach den Zulu sind heute die nächst größeren Bevölkerungsgruppen die Indischstämmigen, die Nachfahren der burischen *Voortrekker* und die der englischen und auch deutschen Einwanderer. Im Norden gibt es kleine Anteile von Swazi, und an der Grenze zum Eastern Cape Xhosa.

Indischstämmige

Die Inder kamen, vornehmlich in den Jahren zwischen 1860 und 1911, auf Betreiben der Engländer als Kontraktarbeiter mit befristeten Arbeitsverträgen vom damaligen Britisch-Indien nach Südafrika. Nach Ablauf ihrer Vertragsarbeit auf den Zuckerrohrplantagen Natals zog es jedoch der überwiegende Teil vor, im Land zu bleiben anstatt nach Indien zurückzukehren. Fast alle zogen in die Städte, besonders in den Großraum Durban, und ließen sich als Händler oder als Ladenbesitzer nieder. 70% der Indischstämmigen KwaZulu-Natals sind Hindus, etwa 20% Muslime, ursprünglich aus dem indischen Staat Gujarat stammend.

Die indische Bevölkerung bildet eine Art Parallelgesellschaft, die ihre

indischen Traditionen und kulturellen Bräuche pflegt. Es ist selten, dass sie nach außerhalb heiraten. Sie leben größtenteils in eigenen Vierteln und kaufen in eigenen Geschäften ein. Der Handel ist nach wie vor ihre Stärke und Domäne, aber auch als EDV-Spezialisten, Ärzte oder Anwälte sind sie sehr angesehen und in der Oberschicht überproportional vertreten. Der berühmteste Vertreter der Inder war **Mahatma Gandhi,** der von 1893–1914 als Rechtsanwalt arbeitete. Während der Zeit der Apartheid 1948–1994 genossen die Indischstämmigen Südafrikas gegenüber den Schwarzen und Coloureds einige Privilegien.

Durban ist die Stadt mit dem weltweit größten Anteil an Indern außerhalb ihres Subkontinents, mit vielen Hindu-Tempeln und dem *Indian Market*. Zur vielfältigen südafrikanischen Gastronomie steuerten die Inder ihre einmalige Küche bei. **Foto:** *Indischer Gewürzhändler im Indian Market in Durban*

Mahatma Gandhi

Mohandas Karamchand Gandhi wurde am 2. Oktober 1869 in Porbandar (westliches Indien) geboren. Mit 19 Jahren ging er nach London, um Jura zu studieren. 1893 reiste er als Anwalt nach Südafrika. Dort erwartete ihn kein angenehmes Leben: Einmal wurde er in Pietermaritzburg aus einem Zug geworfen, weil sich ein weißer Fahrgast beschwerte, dass ein Nichtweißer 1. Wagenklasse reisen wollte.

Im Kampf um die politischen Rechte der Inder in Südafrika und gegen die rassistische Gesetzgebung in Natal und Transvaal gründete er 1894 den *Natal Indian Congress* und entwickelte seine Idee des gewaltlosen Widerstands. Durch *satjagraha* („Festhalten an der Wahrheit") und zivilen Ungehorsam *("civil disobedience")* soll der politische Gegner zur Einsicht in sein Fehlverhalten und Änderung seiner Handlungsweise angehalten werden. 1904 kaufte Gandhi nördlich von Durban eine Farm in der Phoenix-Siedlung, die zum Zentrum seiner Bewegung wurde. Hier wurde auch die Zeitschrift *Indian Opinion* herausgegeben. Gandhis Haus wurde 1985 bei den Anti-Apartheid-Unruhen zerstört und später als *Gandhi-Luthuli Peace Park* wieder aufgebaut, eine der vier Stationen der *Inanda Heritage Route,* Details darüber bei der Tourist Junction in Durban.

Als die Regierung damals den „Asiatic Registration Act", das Gesetz zur Registrierung von Asiaten in Kraft setzte, ging eine Welle der Empörung durchs Land. Gandhis Anwaltskanzlei in Johannesburg wurde zum Hauptquartier des Widerstandes. Es fing mit kleinen Demonstrationen an und gipfelte in großen Streiks vieler indischer Arbeiter. 1914 vereinbarte Gandhi zusammen mit General Jan Smuts die Aufhebung zahlreicher Restriktionen. Im Juli des gleichen Jahres verließ Gandhi Südafrika und kehrte nach Indien zurück, wo er im gewaltlosen Kampf um die Unabhängigkeit von Großbritannien als *Mahatma* – (Sanskrit „dessen Seele groß ist") – bekannt wurde.

Von einem Hindu-Fanatiker wurde er 1948 ermordet.

Deutschstämmige in KwaZulu-Natal

In KwaZulu-Natal leben die meisten Deutschstämmigen Südafrikas. Nach über 150 Jahren seit der Ankunft der ersten deutschen Missionare und Siedler haben sich die Nachkommen in die ethnische Vielfalt KwaZulu-Natals integriert, ohne dass sie ihre Wurzeln vergessen. Dieser Kulturhintergrund verleiht KwaZulu-Natal eine zusätzlich überraschende Note.

Die älteste deutsche Missionsstation in KwaZulu-Natal hieß *Emmaus* und wurde 1847 von der Berliner Mission gegründet (Emmaus liegt im nördlichen Drakensberg-Vorland, südlich von Bergville). Das Berliner Missionswerk hatte 1834 mit seiner Arbeit begonnen (die erste deutsche Missionsgesellschaft in ganz Südafrika war jedoch die *Herrnhuter Brüdergemeinde,* die 1738 etwa 150 Kilometer östlich von Kapstadt Baviaanskloof und 1792 Genadental gründete).

Im November 1847 segelte eine Gemeinschaft von Auswanderern, insgesamt 35 Familien, von Bremerhaven nach Port Natal bzw. Durban. Organisiert hatte die lange Reise ein gewisser *Jonas Bergtheil,* weshalb man später von der Bergtheil-Gruppe sprach. Die rund 200 Siedler kamen fast alle aus Norddeutschland. Sie waren Bauern, Weber, ein Lehrer, zwei Maurer, zwei Gärtner, je ein Schmied, Wagenbauer, Schreiner, Schuster und andere Handwerker. Sie bekamen von der damals bereits – seit 1843 – britischen Kolonialverwaltung Haus- und Ackerland zugewiesen. Fünf Familien ließen sich gleich außerhalb von Port Natal in *Westville* nieder, heute ein Stadtteil von Durban. Die anderen 30 Familien gründeten etwas weiter nördlich von Westville „Neu-Deutschland", das heutige *New Germany.* Ihr Versuch, sich mit dem Anpflanzen von Baumwolle eine wirtschaftliche Basis zu schaffen scheiterte, aber mit Gemüse- und Obstlieferungen in das rasch anwachsende Port Natal kamen die Neukolonisten über die Runden.

KWAZULU-NATAL
Ortsgründungen deutscher Einwanderer und Missionen
0   100 km

Der zweite Schub deutscher Auswanderer bestand aus acht Missionaren und acht Handwerkern der **Hermannsburger Mission,** die mit dem Schiff der Mission, der „Kandaze", am 2. August 1854 ins Land kamen. Viele Missionare und Kolonisten wurden während der folgenden Jahre ausgesandt. Die Neuankömmlinge kamen immer zuerst nach Hermannsburg um Zulu zu lernen – Hermannsburg mit der Hermannsburger Schule liegt zwischen Greytown und Kranskop, s.S. 422 –, bevor sie weiter ins Innere Natals oder nach Transvaal ziehen konnten um ihre eigenen Missionsstationen aufzubauen. Die meisten deutschen Siedler in diesen Gebieten sind Nachfahren dieser Siedler. Sie gaben ihren neuen Orten die Namen ihrer heimatlichen Herkunftsorte, wie *Neu-Hannover* (1858, an der Straße R33), *Lüne-*

burg (1869), *Bethanien* (1873), *Glückstadt* (1891), *Braunschweig* (1892), *Harburg* (1894), *Ülzen* (1897), *Lilienthal* (1898) u.a. Oder sie benannten die Neugründungen als fromme Lutheraner, die sie waren, nach Stätten der Reformation, wie *Wartburg* (1892), *Wittenberg* (1902) oder *Augsburg* (1923; letztere zwei liegen im heutigen Mpumalanga).

Paulpietersburg (1890) an der R33 ganz im Norden KwaZulu-Natals ist noch heute *das* Zentrum der Natal-Deutschen, in keiner anderen Region Südafrikas leben so viele Nachfahren deutscher Immigranten wie hier. Man findet dort noch vielerlei kulturelles Brauchtum, Feste und Vereinsaktivitäten. Die plattdeutsche Sprache, die noch heute dort gesprochen wird, weicht aber vom heutigen Hochdeutsch zum Teil erheblich ab, was nach so langer Abkapselung nicht weiter verwunderlich ist.

Die Kirchen der ursprünglichen Einwanderergruppen schlossen sich später zur Evangelisch-Lutherischen Kirche im Südlichen Afrika zusammen. Fast jede Kirchengemeinde gründete eigene Grundschulen, die älteren Kinder kamen in Internatsschulen wie Hermannsburg. In Westville gibt es noch heute eine Deutsche Grundschule. Hauptunterrichtssprache ist jedoch nicht mehr Deutsch – das aber gelehrt wird –, sondern Englisch, und die Schüler kommen heute aus allen Bevölkerungsschichten KwaZulu-Natals. Drei Museen dokumentieren mit Erinnerungen und Fotos die Einwanderungsgeschichte der Natal-Deutschen: das *Bergtheil Museum* in Westville (s. dort), das Missionshaus-Museum in Hermannsburg und das sehr kleine Museum in Lüneburg. Die deutschen Gemeinden und Einwanderer-Nachfahren sind mit ihren Vereinen, Kirchen, Schulen, Clubs, Gästehäusern, Farmen, Restaurants usw. ein Bestandteil der multiethnischen Kultur KwaZulu-Natals.

Alles über die Südafrika-Deutschen, Missionen, Einwanderer-Genealogien etc. auf www.geocities.com/heartland/Meadows/7589/index_de.html. Der „Afrika Kurier", das „Magazin für deutschsprechende Leser im südlichen Afrika" hat auch eine Internet-Seite: www.geocities.com/Afrika_Kurier/index.html

■ *In Hermannsburg*

Das Volk der Zulu

Mit etwa 9 Millionen Menschen sind die Zulu (Aussprache: Sulu) die größte Volksgruppe Südafrikas. Korrekterweise muss es *amaZulu* heißen (ama = Volk, Zulu = Himmel), also das „Volk des Himmels". Von Norden einwandernd erreichten die Vorfahren dieses Nguni-Volkes im 16. Jahrhundert, dabei die San-Urbewohner vertreibend, das Gebiet nördlich des uThukela-Flusses. Das alte Zulu-Kernland liegt um die Stadt **Ulundi/ oLundi** beim Fluss White iMfolozi mit dem „Tal der sieben Zulu-Könige", eMakhosini, und dem *KwaZulu Cultural Museum,* das Sie beim Besuch des Zululandes nicht versäumen sollten.

Es ist eine stolze, faszinierende Nation, deren Ruf als Kriegervolk im Anglo-Zulu Krieg nach der Schlacht von Isandlwana 1879, als über 800 britische Soldaten von nur mit Speeren bewaffneten Zulu niedergekämpft wurden, in Eilmeldungen nach London drang. Weit über Afrika hinaus berühmt wurden die Zulu durch ihren legendären König **Shaka**, ein genialer Kriegsstratege und blutiger Herrscher. Er führte seine Krieger ab 1818 von einem Sieg zum anderen und unterwarf mit seinen *impis* zahlreiche benachbarte Stämme. In nur zwanzig Jahren schuf er das große Zulu-Reich, das flächenmäßig größer war als die heutige Provinz KwaZulu-Natal.

Das Volk der Zulu ist sehr stolz auf sein Erbe und seine Geschichte, es ist noch tief in Traditionen und spirituellen Welten verhaftet, trotz Moderne und dem Drang vom Land in die Städte.

■ *Mtimuni, ein Neffe von Shaka, mit Kurzspeeren iklwa*

Nach ihren Schöpfungs- und Glaubensmythen ist *unkulunkulu*, der „Allmächtige", der Schöpfer des Universums und das höchste Wesen. Die meisten Zulu glauben an die Unvergänglichkeit der Seele. Der physische Körper ist nur ein zeitlich begrenzter Aufenthaltsort, den die Seele wieder verlässt, um auf einer anderen, spirituellen Ebene weiter zu existieren. Symbolisch wird diese Denkweise z.B. dadurch unterstrichen, dass bei Begräbnissen den Toten ihr gesamtes Hab und Gut mit auf die „Reise" gegeben wird. Verstorbene werden zu wichtigen Persönlichkeiten im Leben der Zurückgebliebenen. Die Vorfahren werden verehrt und man sieht in ih-

■ *Eine Sangoma ist an ihrem Perlen-Kopf-schmuck zu erkennen*

nen die Mittler zwischen Gott und den Menschen. Zwischen Lebenden und Verstorbenen vermitteln Schamanen, Priester, Heiler und Medizinmänner und -frauen. Bei einer **Sangoma** erhält man geistige Hilfe von den Ahnen, ein **Inyanga** befreit mit Heilkräutern von körperlichen Leiden.

Die wohl berühmteste südafrikanische Autorität als *traditional healer* ist der Zulu **Vusamazulu Credo Mutwa,** Jahrgang 1921. Er wurde von seinem Großvater ausgebildet und erreichte 1962 die höchste Healer-Kategorie eines „Sanusi". Weithin wurde er auch bekannt als *tribal historian, author, painter, sculptor* und *mystic prophet.* Seine Bücher „Africa is my Witness" und „Indaba, My Children" erzielten hohe Auflagen. Mehr über ihn ist im Internet nachzulesen.

Kennzeichnend bei den Zulu sind traditionell klare soziale Hierarchien: Das Oberhaupt der Zulu-Nation, politisch und spirituell, war der König. Um ihn scharte sich der Rat der Häuptlinge, die die einzelnen Landesteile regierten. Heute gibt es mit **Goodwill Zwelethini** zwar auch noch einen König, doch ohne politische Macht (s. Exkurs). Durch den Lauf der Geschichte, Industrialisierung, Apartheid und Landflucht sind alte Familienstrukturen und Dorfgemeinschaften weitgehend auseinandergebrochen. Längst leben die meisten Zulu nicht mehr in den von Pfahlzäunen umgebenen Dörfern, den *imizi* (sing. *umuzi*), in denen der **Kral,** der innere Viehpferch, den markanten Mittelpunkt bildet („Kral" als Bezeichnung für ein Zulu-Dorf ist deshalb nicht ganz korrekt).

Der Stolz und die Einheit der Zulu wurden nach der lähmenden Zeit der Apartheid, als ihr Land nur als sogenanntes „Homeland" oder „Bantustan" existierte, im neuen demokratischen Südafrika mit der Provinz *KwaZulu-Natal* (KwaZulu =„Platz der Zulu") wiedergeboren.

■ *Zulukönig Mpande (unterm Schild, 1798–1872) mit seinen Kriegern*

Bekannteste politische Personen sind gegenwärtig **Mangosuthu Gatsha Buthelezi,** Führer der *Inkatha Freedom Party,* und **Jacob Zuma,** seit Ende 2007 der Vorsitzende des Afrikanische Nationalkongresses (ANC), und wohl auch der nächste südafrikanische Präsident.

Monarch ohne Macht

Goodwill Zwelethini kaBhekuzulu, geboren 1948 und seit 1968 der achte Herrscher über acht bis neun Millionen Zulu, Ehemann von sechs Frauen und Vater von mindestens 27 Kindern (bis 2003) ist ein Monarch ohne Macht. Eine lange Kette von Vorfahren verbindet ihn und das heutige Königshaus mit dem historischen Shaka. Zwelethinis Königstitel und die Zulu-Monarchie werden, wie auch die von anderen traditionellen südafrikanischen Stammeskönigen und -institutionen, in der neuen südafrikanischen Verfassung anerkannt und geschützt. Das Privileg politischer Machtausübung wurde indes diesem lokalen Adel und den aristokratischen Stammesfürsten aber genommen, die *Chiefs* sollen nur noch die historischen Wurzeln, die alten Wertesysteme, die Traditionen und Bräuche repräsentieren.

Finanzielle Unterstützung bekamen die einflussreichen *Paramount chiefs* bereits vom Apartheidstaat, denn ohne ihre Hilfe und Mitwirkung wäre die Politik der südafrikanischen Homelands gar nicht durchsetzbar gewesen (neben Mangosuthu Buthelezi im Zululand tat sich für willige Apartheid-Dienste auch Kaiser Matanzima in der ehemaligen Transkei hervor). Ihre Pfründe wollten diese Herrscher aber auch im neuen demokratischen Südafrika nicht verlieren.

Zur Finanzierung seines nicht unbeträchtlichen Hofstaates erhält Zwelethini staatliche Mittel, denn außer vielen Frauen liebt der Zulu-Monarch beispielsweise schnelle Autos und kultiviert auch sonst einen aufwendigen Lebensstil, was ihm immer wieder Kritiken einträgt. Andererseits genießt er als Wortführer der Zulu-Nation Achtung und Ehrerbietung, ist eine wichtige gesellschaftliche Persönlichkeit und ein anerkannter Hüter der vielen Zulu-Traditionen. Die bekannteste davon ist das alljährlich im September stattfindende **Zulu Reed Dance Festival** bei Nongoma, wo vor dem König mehr als 10.000 junge Mädchen tanzen und singen (s.S. 256).

Kleines Zulu-Brevier

Indaba   Besprechungsrunde, Männerpalaver

indlu oder iqhugwane   heißen die charakteristischen, igluartigen **Zulu-Rundhütten.** Man baut sie in meisterhafter Weise aus langen und biegsamen Holzstangen, die zuerst durch ein Feuer gezogen wurden um Holzschädlinge zu vernichten, bindet sie zu einem Gittergewölbe zusammen und bedeckt es mit geflochtenen Matten aus *uhlongwa*-Gras. Die Grasmatten werden, obwohl bereits am Holzgestänge festgebunden, noch durch ein Außennetz von geflochtenen Grasseilen gesichert. Gestützt wird die Kuppelstruktur durch einen zentral platzierten Pfosten. Der Fußboden besteht aus einer untersten Lage Termitenhügelerde, befestigt mit einem Brei aus Ton und Kuhdung, die letzte Lage wird penibel glattgestrichen. Der rechte Hüttenbereich gehört dem Mann, der linke der Frau, der hintere – *umsano* – ist Lagerplatz für Nahrungsmittel, Sorghumbier Dinge des täglichen Gebrauchs. Die vertiefte Feuer- und Herdstelle liegt beim röhrenartigen Eingang, durch den man nur in gebückter Haltung ins Innere gelangt.

Die Position der Rundhütten zwischen dem zentralen Viehkral und dem Außenzaun entspricht der hierarchischen Rangordnung der Bewohner: Die Haupthütte des Clan-Chefs befindet sich rechts neben der größten Hütte auf dem höchsten Punkt, in der seine Mutter wohnt. Seine erste Frau bewohnt die Hütte links neben der Mutter, sein Zweitfrau die rechts neben der seinen, die dritte Frau neben der Hütte der ersten usw. Die restlichen Personen der Familiengemeinschaft belegen die übrigen Hütten des Umuzi, die unverheirateten Mädchen und Jungen leben in den Hütten links und rechts des Eingangs, der vom ältesten Sohn des Häuptlings überwacht wird.

Abb. oben: *ein Umuzi, in der Mitte der Kral (s.u.).*

induna   Eine Art Gebietsherrscher mit einen Sitz im königlichen Parlament.

inhloko   oder isicoco: Der hohe, konisch geformte und farbige Hut verheirateter Zulu-Frauen, s. **Abb. r.**

inkatha   Festgeflochtener Kopfring aus Stroh oder Gras für Männer im heiratsfähigen Alter und als Unterlage zum Tragen schwerer Lasten. Der Zulu-Staatsinkatha war so groß, dass man darauf sitzen konnte. Ihm wurden magische Kräfte zugesprochen, er symbolisierte die Einheit des Zulureichs und die Werte der königlichen Ahnen. Ableitend davon: *Inkatha Freedom Party.*

inkosi   Zulu-Häuptling, Führer, Chief, traditioneller Führer, der Dorfälteste. Plural *amakosi.*

inyanga   „Kräuterdoktor", Heilpraktiker mit einem großen Wissen an traditioneller Heilkunst und umfassender Kenntnis von Medizinalpflanzen. Kennt die Wirkungen von speziellen Blättern, Rinden und Wurzeln für heilende Tees und anderen Gewächsen, die sie in der Natur für Arzneien sammeln. Ihr Wissen wird von Generation zu Generation weitergegeben. Die Iyangas arbeiten mit den *sangomas* zusammen (s.u.).

isagila   oder iwisa: ein kurzer Holzknüppel mit einer faustgroßen, kugelförmigen Verdickung, auf afrikaans *knobkerrie.* Wurde zum Jagen und als Schleuderwaffe eingesetzt. **Abb.:** *Frühes Zulu-Leben im umuzi*

isiphapha   Langer, traditioneller, Wurf- bzw. Jagdspeer der Zulu. Shaka erfand für seine Krieger den kurzen Nahkampf- bzw. Stoßspeer *iklwa (ixhwa)*. Bei den anderen Bantu-Völkern Südafrikas heißt der traditionelle Wurfspeer *assegai*.

kral   Der Kral (afrikaans *kraal*) oder *isibaya* ist das von einer Dornenhecke umgebene und kreisförmige innere Viehpferch einer Zulu-Rundplatzsiedlung, in den während der Nacht die Rinder und Ziegen verbracht werden. Im Englischen mutierte das Wort zu *corral*, im Portugiesischen zu *curral*.

sangoma   „Seelendoktor", Wahrsager in problematischen Zeiten, Geistheiler, die Schamanen der Zulu (Männer und Frauen). Man besucht einen Sangoma, um mit den Seelen der verstorbenen Ahnen, *amadlozi*, Kontakt aufzunehmen, wobei der Sangoma zur Herstellung der Verbindung kleine Knochen, Muscheln und Steinchen wirft und daraus liest. Sangomas haben seit Jahrhunderten nichts von ihrer Autorität eingebüßt, es gibt Tausende von ihnen. Vor großen Entscheidungen oder schicksalhaften Tagen werden sie um Rat gebeten, man bittet sie um *muthi*, „magische Medizin", die für gegen alles gebraucht wird, sei es für die Gesundheit, Erfolg im Glücksspiel, bei der Brautwerbung und wieviel Kinder man von der Zukünftigen erwarten kann. Oder auch nur zur Abwehr böser Geister. Sangomas sind leicht an ihrem aufwendig drapierten, bunten Perlen-Kopfschmuck zu erkennen.

umuzi   Ein *umuzi* ist ein Zulu-Dorf (Plural *imizi*) oder die Siedlung eines Familien-Clans. Imizi haben immer Hanglage, zum einen wegen der Drainage und zum anderen wegen besserer Verteidigungsmöglichkeiten. In das von einer Palisadenbewehrung umgebene Runddorf führt nur ein einziger Eingang am untersten Punkt.

utshwala   selbstgebrautes Zulu-„Bier" aus Mais oder Hirse und Wasser und kaum alkoholhaltig. Man bekommt es in den Zulu-Dörfern zu trinken.

xawula   Der typisch doppelte Zulu-Begrüßungshandschlag mit gegenseitigem Umfassen der Daumen. **Foto:** *Ein inyanga mit muthi, Medizinalpflanzen*

Land & Leute

Brauchtum und Lebensart

Zulu-Etikette

Für den Besuch eines Zulu-Dorfes gibt es altüberlieferte Benimm-Regeln, die den Touristen zuvor erklärt werden. So muss jeder, der sich einem *umuzi* oder einer Zulu-Hütte nähert, zuerst grüßen und dann um Erlaubnis fragen, eintreten zu dürfen. Besucher werden dann mit dem Zulu-Handschlag empfangen und hereingebeten. Gegenstände und Gaben werden mit der rechten Hand überreicht, die leere linke Hand umfasst dabei den rechten Unterarm.

Rinderhaltung

Vieh- und Rinderhaltung ist in dörflichen Gemeinschaften Dreh- und Angelpunkt. Die Tiere stellen dabei nicht nur die Versorgung mit Milch und Fleisch sicher, sondern entscheiden auch über das Ansehen des Besitzers. Großer Viehbesitz erhöht seine soziale Stellung, und er spielt als Brautpreis eine wichtige Rolle. Weil Rinder für die Zulufrauen „tabu" sind, besorgen die Männer das Hüten und das Melken. Die Häute dienen zur Herstellung von Kleidung und Kriegsschilden. Schlachtung und Opferung von Vieh gehört zum Ritual um mit den Ahnen Kontakt aufzunehmen. Religiös wie in Indien werden Rinder jedoch nicht verehrt. Investitionen in diesen beweglichen Besitz hatte früher außerdem den Vorteil der räumlichen Mobilität (obwohl Zulu ausgesprochen sesshaft sind).

Ernährung

Wie bei allen Nguni-Völkern ist Viehzucht und Ackerbau mit der Hauptnahrungspflanze Sorghum und Mais, den einst die Portugiesen nach Südafrika brachten, Basis der Versorgung. Angepflanzt werden außerdem *matumbe,* ein Knollengewächs, Süßkartoffeln, Tomaten, Getreide, Gemüsesorten, Zwiebeln und Bohnen. Fleisch- und Milchlieferanten sind die vielen Rinder und Ziegen, Milch lässt man dick ansäuern.

Traditionelle Kleidung

Die traditionelle Zulu-Kleidung besteht ausschließlich aus Naturprodukten, Tierfellen und Teilen davon. Vom Bauch der Männer herab hängt ein Fellschurz *(isinene)* aus eng aneinandergebunden Fellquasten, unter den Oberarmen und unter den Knien tragen sie Büschel aus Kuhschwanzspitzen. Ein zweites Schurzfell aus weichem Leder bedeckt das Gesäß. Leopardenfelle um Schultern und über die Brust waren Königen, Häuptlingen und *indunas* vorbehalten.

Unverheiratete Frauen tragen lediglich einen kurzen Rock aus Gras oder aus mit Perlen besetzten Stoffstreifen undeinen Schmuckperlengürtel um Hüfte. Perlenketten schmücken den Hals. Der lederne Faltenrock heißt *isidwaba* ist ein, das Oberteil aus weichem Antilopenleder *isibhamba.* Nur verlobte oder verheiratete Frauen bedecken ihre Brüste und ihren Körper, man kann sie auch daran erkennen, dass sie einen *inhloko* tragen, einen Hut in Konusform, für den beim Liegen ein spezielles Holz-„Kopfkissen" erforderlich ist weil der Hut in das Haar eingenäht wurde.

Soziale Strukturen

Die Aufgaben von Männern, Frauen und Kindern sind in der traditionellen Zulugemeinschaft klar getrennt, jedes Mitglied hat seine speziellen Dienste und Arbeiten zu verrichten. Auftreten und Verhalten gegenüber sozial Höhergestellen oder Untergebenen, zwischen Männern und Frauen oder Jüngeren und Älteren richten sich nach klar definierten Regeln. Absolute Autoritätsperson ist das männliche Clan-Oberhaupt. Polygamie noch weit verbreitet, je mehr Frauen ein Mann hat, desto angesehener ist er. Die Rolle der Frauen ist untergeordnet, ihnen obliegen die allgemeinen Hausarbeiten, Kochen, Wasserholen, Brennholz sammeln, Feldarbeit,

Töpfern, Mattenflechten und Bierherstellung. Schlecht behandelt werden sie aber keineswegs, das würde auch der Zulu-Etikette des gegenseitigen Respekts widersprechen. Feiern und Riten finden statt bei der Geburt eines Kindes, zu seiner Entwöhnung von der Mutter im Alter von etwa vier Jahren *(ukulumuka),* anlässlich des Durchstechens des Ohrläppchen vor der Pubertät, zur Initiation der Mädchen *(udwa)* und der Jungen *(ukuthomba),* der Heiratsreife der Mädchen *(umemulo),* der Hochzeit *(umendo)* und bei Tod und Begräbnis *(ukufa).*

Lobola

Brautentgelt, traditionell meist in Form von elf Rindern, mit der die Familie der Braut eine Entschädigung für den Verlust der Arbeits- und Wirtschaftskraft oder der Ausbildungskosten ihrer Tochter erfährt. Je höher die Stellung der Braut desto teurer, die Töchter des Königs kosten am meisten. Aber nicht in dem Sinn, um sich eine Frau zu kaufen. Der hochzeitliche „Kuhhandel" ist nach wie vor in KwaZulu-Natal und landesweit, trotz westlichen Lebensstils schwarzer Südafrikaner, gang und gäbe. Bei der städtischen Bevölkerung meist in Form eines nicht geringen Geldbetrags. Voraus geht meist wochenlanges Feilschen. Durch allzu hohe Forderungen werden unliebsame Schwiegersöhne vermieden. Hat den Nebeneffekt, dass nicht überstürzt geheiratet wird und viele junge Männer, wenn sie nicht konsequent auf die *lobola* ansparen, erst gar in die Situation kommen.

Tänze und Stockkämpfe

Es gibt bei den Zulu viele Tanzarten, mit oder ohne Gesang, mit oder ohne Trommelbegleitung, als Einzel- oder Gruppentanz. Nach altem Brauch tanzten früher nur ledige Mädchen und junge Männer. Die beiden Gruppen wechselten sich dabei ab. Am meisten mit den Zulu assoziiert wird natürlich ihr berühmter, energiegeladener Kriegstanz, der **indlamu** (ndhlamu), bei dem die Tänzer in vollem Kriegsornat und mit lautem, kräftigem Gesang unter hämmernden, ohrenbetäubenden Trommelschlägen und schrillem Pfeifen ihre Beine synchron und artistisch bis auf Kopfhöhe hochwerfen, dann die Hände zusammenschlagen und mit lautem Fußschlag auf den vibrierenden Boden einstampfen. Man führt den *indlamu* nicht nur als Touristenprogramm auf, sondern auch z.B. bei Zuluhochzeiten.

Der **Zulu-Stockkampf** knüpft an an die Zeit, als Knüppel die ersten Waffen der Menschen waren. Einen handlichen Stock brauchte man zum Rinderhüten oder um Schlangen zu verjagen. Der Stockkampf, dessen Technik bis zu den Tagen Shakas zurückgeht, wird mit dem Kampfstock *umtshisa* (oder *isagila*) in der einen und dem Schild in der anderen ausgeführt. Auch er ist ein Teil des Zulu-Erbes, und öffentliche Aufführungen sind nach wie vor beliebt. Die großen **Schutz- oder Parierschilde** der Zulu, *isihlangu,* bestehen aus hartgetrockneter Rinderhaut. Ihr Wert bemisst sich nach der Farbe des Fells, der Musterung und den Weißanteilen. Reinweiße sind dem Zulukönig vorbehalten.

isiZulu, die Sprache der Zulu

IsiZulu gehört zur großen Bantu(baNtu)-Sprachfamilie. Es ist eine tonale Sprache, d.h., mit einer Änderung der Tonhöhe bei der Aussprache ändert sich Bedeutung eines Wortes (im Gegensatz zum Deutschen, *isiJalimane*). Eine weitere Besonderheit sind drei verschiedene, sog. „implosive Konsonanten", *clicks,* wie in der Xhosa-Sprache. Das oft vorkommende „hlu" wie in Hluhluwe-Park wird „schl" gesprochen.

In KwaZulu-Natal gibt es mehrere regionale Varianten, verstanden und gesprochen wird isiZulu auch noch in der nördlich angrenzenden Provinz Mpumalanga. Als Muttersprache von über 10 Millionen Menschen ist isiZulu die meistgesprochene Sprache Südafrikas.

Ein Merkmal sind Präfixe: Das Stammwort bleibt gleich, das Präfix indiziert die Anzahl der Personen die man anspricht.

ngi – ich • *u* – du • *u* – er, sie • *si* – wir • *ni* – ihr • *ba* – sie (Plural).

„funa" heißt wollen, *„ushukela"* Zucker:
ngifuna ushukela – ich möchte Zucker
ufuna ushukela – du möchtest Zucker
ufuna ushukela – er/sie möchte Zucker
sifuna ushukela – wir möchten Zucker
nifuna ushukela – ihr möchtet Zucker
bafuna ushukela – sie möchten Zucker
umZulu – eine Zulu-Person
amaZulu – Volk der Zulu
isiZulu – Sprache der Zulu
kwaZulu – Platz des Zulu-Volkes
iZulu – Wetter, Himmel
eZulwini – in/auf/vom/zum Himmel

Wörter/Fragen/Sätze

yebo – **ja** • *cha* – **nein** • *ngiyakucela* – **bitte**
ukhuluma isiNgisi na? – sprichst du Englisch? • *angazi* – Ich weiß nicht
Namuhla / Namhlanje – heute
Kusasa – morgen
sawubona – **„Hallo"**/ich grüße (sing., zu einer Person) • *sanibonani* – „Hallo"/ich grüße euch (pl., Gruß an mehrere) • *sanibona* – „Hallo"/wir grüßen (1. Person plural)
unjani / ninjani? – Wie geht es dir (sing.)? Wie geht es euch (pl.)? • *ngisaphila ngiyabonga* – mir geht es gut, danke
ngisaphila / sisaphila – mir geht es gut / uns geht es gut
nami ngisaphila – mir geht es auch gut
nathi sisaphila – uns geht es auch gut

ngiyabonga – **ich danke Dir**
ngubani igama lakho? – Wie ist dein Name?
Igama lami ngu ... – mein Name ist ...
siza – helfen
ngingakusiza? – kann ich helfen?
uxolo – **Entschuldigung**
ngiyaxolisa – es tut mir leid
uhlala kuphi? – wo wohnst du?
uyaphi – wohin gehst du?
eish! – Oh! (Ausruf des Erstaunens)
Hhayibo – Nein! Stopp! Niemals!
Ilanga liyashisa – Die Sonne ist heiß
Kubiza malini lokhu? – Wieviel kostet das?
Sifunda ukukhuluma isiZulu – wir lernen die Zulu-Sprache
Kunzima ukukhuluma isiZulu – Zulu sprechen ist schwierig
Sibone amabhubesi – Wir sahen Löwen
Sivakasha eSouth Africa – Wir machen Ferien in Südafrika
hamba kahle / sala kahle – **Auf Wiedersehen,** es möge Dir gutgehen
ngikufisela inhlanhla – viel Glück
ube nohambo oluhle – habe eine sichere Reise

Zahlen

1 – kunye • 2 – kubili • 3 – kuthathu
4 – kune • 5 – kuhlanu • 6 – yisithupa
7 – yisikhombisa • 8 – yisishiyagalombili
9 – yisishiyagalolunye • 10 – yishumi
11 – yishumi nanye • 12 – yishumi nambili
13 – yishumi nantathu • 14 – yishumi nane
15 – yishumi nesihlanu • 20 – amashumi amabili • 21 – amashumi amabili nanye
22 – amashumi amabili nambili • 50 – amashumi amahlanu • 100 – ikhulu
1000 – inkulungwane

Zulu-Ortsnamen werden meist mit dem lokativen „e" Präfix geschrieben, also z.B. eGoli (Johannesburg), während *i*Goli nach/von/in Johannesburg meint. Im Falle Durban wechselt auch das Wort: **eThekwini** („Ort an der Bucht", lokativ, z.B. „Ich lebe/gehe nach Durban") / *i*Theku (im non-lokativen Kontext, z.B. „Ich kenne Durban gut"). Bei Cape Town bleibt der Ortsname wieder gleich: iKapa und eKapa.

Zuluwörter, die in andere Sprachen Eingang fanden, sind z.B. *Impala* u. *Mamba.*

Zulusprache im Web: http://en.wikipedia.org/wiki/Zulu_language, Online-Wörterbuch auf http://isizulu.net.

Kunsthandwerk

Die Zulu sind für ihr mit viel Liebe und einem angeborenen Sinn für Formen und Farben gefertigtes Kunsthandwerk weit über die Grenzen Kwa-Zulu-Natals hinaus bekannt. Unübertroffen und am populärsten ist die Kunst des Glasperlenschmucks und der **Perlenstickerei** (engl. *beadwork*), sei es als Körperschmuck, zur Verzierung von Gegenständen oder als Umhüllung für alles Mögliche, von Flaschen über Streichholzschachteln und Tassen bis zu unzähligen anderen Dingen des Alltags. Alles gefertigt in geschickter und filigraner Handarbeit und gespeist durch die Kraft der Tradition. Einst waren die Kunstwerke Teil der königlichen Stammesabzeichen und es wurden als Materialien kleine bunte Steinchen, Muscheln, Elfenbein oder durchbohrte Splitter von Straußeneierschalen verwendet, bis dann eines Tages erste glitzernde Glasperlen aus dem nördlichen Afrika über die Delagoa Bay (Maputo) in Südafrika auftauchten. Ab etwa 1830 kamen die Glasperlen als perfekte Kügelchen in großen Mengen aus Europa, und durch ihr Bohrloch konnten sie von den Frauen zu langen Perlenschnüren aufgefädelt werden.

Heute bieten Geschäfte, Märkte, Galerien und Straßenmärkte Zulu-Kunsthandwerk in riesiger Auswahl an, von traditionell bis kommerziell. Besonders groß ist das Angebot an Kunsthandwerk bei Herstellungs-Kooperativen mit eigenen Shops, wie z.B. bei den Ilala-Weavers im Ort Hluhluwe. Dort finden Sie außerdem ganz Wertvolles und Unikate.

Eine kleine Besonderheit sind die sogenannten **Love letters** *(ncwadi)*, Perlenstickereien, mit denen Zulumädchen mittels selbsteingewebter geometrischer Muster und verschiedener Farbkombinationen in ihren Halsketten einem Angebeteten symbolisch Herzensgefühle und Botschaften mitteilen konnten (die Zulu hatten keine Schriftzeichen).

Man findet sie außerdem auf kleinen quadratischen Anhängern. Jede Farbe hat eine eigene Bedeutung, z.B. ist Weiß die Farbe der Reinheit, Rot symbolisiert intensive Liebe und Blau Einsamkeit. Also die farbigste Art von Liebesbriefen.

Perlenanhänger gibt es z.B. auch in Form und mit den Farben der südafrikanischen Nationalflagge, als Aids-Schleife, Perlenlatz, Krawatte, Armbändchen und vielen perlenumkleideten Gebrauchsgegenständen.

Die **Korbflechtkunst** ist eine weitere Zulu-Spezialität, die Körbe, *ukhamba,* sind von sehr hohem Fertigungsniveau. Die Farben und Dekorationselemente, wie Rauten oder Dreiecksformen, symbolisieren das weibliche oder männliche Element. Für die zeitaufwendige und viele Fingerfertigkeit erfordernde Herstellung verwenden die Zulu-Frauen zwei verschiedene Naturmaterialien, eine besonders zähe Grassorte und die Blätter der Ilala-Palme. Sie dienen als Aufbewahrungs- oder Transportbehälter oder auch, durch ein spezielles Verfahren wasserdicht gemacht, als Gefäße für Dickflüssiges, z.B. für saure Kuhmilch. Gebrauchskunst in zum Teil wertvoller Ausführung sind außerdem dekorierte Keramiken *(izinkamba)* und Lehmkrüge und -gefäße. Mit dem *ukhamba* wird das Bier angesetzt und serviert, mit dem geflochtenen *imbenge* abgedeckt oder umhüllt, und die geflochtenen *unyazi* sind flache Schalen bzw. Teller um Essen zu servieren.

Aus manchmal fantastisch gemaserten Holzarten stellen die Männer Tabletts oder Schalen her oder sie schnitzen daraus Figuren.

Wer war Shaka Zulu?

„Der berühmte Kaffernhäuptling Tschaka, mit Recht der Attila Südafrikas genannt, hatte zahlreiche Kaffernstämme unter seine Botmäßigkeit gebracht und ihnen eine kriegerische Verfassung gegeben, welche ihre Widerstandsfähigkeit gegen die Europäer um das Zehnfache vergrößerte. Dingaan, sein Bruder, überfiel und tödtete ihn, um die Herrschaft an sich zu reißen, und nun begann zwischen ihm und den Boeren eine Reihe von Kämpfen, in denen die Boeren, außerdem noch angefehdet durch die Ungerechtigkeit und Vergewaltigung der englischen Regierung, Wunder der Tapferkeit verrichteten …"

Karl May, Erzählung „Der Boer van het Roer", 1879

Shaka begründete einen mächtigen Erobererstaat und stellte dabei die stärkste Streitmacht auf, die der afrikanische Kontinent je gesehen hatte. Sein militärisches Genie und seine Grausamkeit ließen ihn zum Mythos werden, der in zahllosen Berichten, Erzählungen und Romanen und auch in einem weltweit ausgestrahlten Fernsehfilm weiterlebt. Um 1818 zur Macht gelangt, unterwarf Shaka innerhalb von zwanzig Jahren zahlreiche Nguni-Stämme im südöstlichen Afrika, die er alle in sein Reich *KwaZulu* – „Platz der Zulu" eingliederte. Seine Siege und die Expansion des Zulu-Reichs hatten weitreichende soziale und politische Umwälzungen zur Folge, nämlich umfassende Völkervertreibungen und Fluchtwanderungen, bekanntgeworden unter dem Begriff *mfecane*.

Shaka kaSenzangakhona, kürzer Shaka oder „Shaka Zulu",

■ *Zeitgenössische Darstellung von **Shaka**, ca. 1825. Ob er wirklich so ausgesehen hat, ist nicht verifizierbar. Die Zeichnung veranschaulicht seine mächtige Statur und entstand nach einer Skizze des Händlers James King um 1825. Unkorrekt ist Shakas langer Speer, assegai*

wurde 1787 geboren. Er war ein außerfamiliäres Kind seines Vaters Senzangakhona, der *inkosi* (Führer) des damals noch unbedeutenden Zulustammes war, und seiner Mutter *Nandi*, Tochter eines Langeni-inkosi. Weil illegitim und deshalb das Leben ihres Kindes bedroht war, floh Nandi zu *Dingiswayo*, König des damals mächtigen *Mthethwa*-Stammes. Dingiswayo wurde Protektor und Mentor des Heranwachsenden und in Dingiswayos Armee konnte Shaka erste militärische Erfahrungen sammeln.

Nach Dingiswayos Tod (1817, bei einem Gefecht mit den Ndwandwe) wurde Shaka sein Nachfolger und Führer der Mthethwa, und nachdem Shakas Vaters 1818 starb, auch Inkosi der Zulu. Unverzüglich begann der bei den Mthethwa zum Feldkommandanten Aufgestiegene mit Eroberungszügen. Dabei erkannte Shaka, dass der traditionelle Wurfspieß, der gegen den Feind geschleudert wurde, seine Nach-

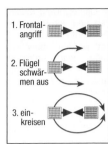

1. Frontal-
angriff

2. Flügel
schwär-
men aus

3. ein-
kreisen

■ *Shakas An-
griffstaktik in
Form eines
Büffelkopfes*

teile hatte. Er entwickelte den *iklwa* (oder *ixhwa*), einen Nah-
kampf- oder Stichspeer mit kurzem Schaft und langer, spitzer
Klinge. Hatten die feindlichen Kämpfer ihre Speere „ver-
schleudert", rannten Shakas Männer auf sie zu, schlugen deren Schutzschilde zur Seite und stachen sie mit dem *iklwa*
nieder. Shaka schulte alle seine *impi* auf diese Nahkampf-
technik, wobei jeder *iklwa* nach der Schlacht blutig sein musste. Sonst setzte sich ein Krieger dem Vorwurf der Feigheit
aus, was für ihn Konsequenzen hatte.

Shakas militärische Genialität basierte auf einer neuen, taktischen Kampfform. Seine Streitkräfte formierten sich für ein
Gefecht **in Form eines Büffelkopfes,** wobei die zentral vor-
stoßende Haupttruppe aus dem kampfstärksten Regiment
(„*isifuba*" – Brustkorb) mit erfahrenen Kriegern bestand. Diese Krieger
griffen den Feind frontal an. Flankiert wurden sie von zwei seitlichen
Kampfverbänden, den „Hörnern" *(izimpondo),* mit jungen, flinken *impis,*
die rechts und links vorrückten, den Feind von der Seite angriffen und ihn

■ *Verschieden-
farbene Kampf-
schilde*

mit einer Kreisbewegung umzingelten
um Flucht oder Rückzug zu verhindern.
Hinter der zentralen Gruppe folgten als
Reserve die „Löwen", *umiva,* langsame-
re Veteranen. Im Kampfgetümmel konnte Shaka die Regimenter anhand der
Farbe ihrer ledernen **Parierschilde** erkennen und dirigieren.

Shaka besiegte mit dieser Taktik
Stamm für Stamm – wenn diese nicht
schon inzwischen längst geflohen waren. In allen eroberten Gebieten errichtete er eine strikte Militärdiktatur. Seine

Kriegerkaste bildete das Rückgrat seiner Macht. Ab 14 Jahren mussten
männliche Zulu in *amakhanda* genannten Wehrdörfern einen zwei- bis
dreijährigen Militärdienst ableisten. Heiraten durfte ein Krieger erst, wenn
er älter als 30 war. So verfügte er über ein ständig einsatzbereites Heer.
Er verpflichtete außerdem Frauen zum Militärdienst, und er selbst war die
Personifizierung des Zulu-Imperiums.

Sein Besitz an Vieh bestand aus über hunderttausend Rinder, darunter
50.000 weiße. Seine Residenz **KwaBulawayo** zählte mehr als 1500 Hütten. Die königliche Wohnstätte befand sich abgeschottet auf einem Hügel und war nur seinem Clan und seinen Frauen vorbehalten. Der
Elfenbeinhändler Henry Francis Fynn machte von Durban aus mehrere
Reisen ins Zululand. Er konnte 1824 KwaBulawayo besuchen und notier-
te in seinem Tagebuch, die Anlage habe einen Umfang von beinahe zwei
Meilen und 12.000 Krieger wären bereit gestanden. Fynn und seine Männer waren beeindruckt von der Konstruktion der Hütten und irritiert, dass
Shakas Untertanen sich dem über 1,90 Meter großen Hünen nur am Boden ausgestreckt nähern durften. Um 1824 umfasste das Reich der Zulu
etwa 20.000 qkm und Shakas Armee war von ursprünglich 3000 auf
20.000 Krieger angewachsen.

Im Oktober 1827, ausgelöst durch den Tod seiner geliebten Mutter
Nandi, verfiel Shaka in Wahnvorstellungen. Bei ihrem Begräbnis veran-

Land & Leute

■ *Shakas Ermordung verlief anders als auf diesem zeitg. Stich*

staltete er ein Gemetzel mit tausenden von Toten und verordnete ein Trauerjahr. Es durfte weder gesät noch geerntet werden, jeder Geschlechtsverkehr war untersagt. Frauen, die in diesem Jahr gebaren, wurden mit ihren Männern und Kindern hingerichtet.

Am 22. September 1828 wurde Shaka bei KwaDukuza (früher: Stanger, etwa 70 km nördlich von Durban an der N2), mit einem *iklwa,* der Waffe, die er erfunden hatte, durch seine Halbbrüder Umthlangana (Mhlangane) und Dingane, denen beide seine Gewaltherrschaft unerträglich geworden war, getötet. Da Shaka keine Kinder hatte – wohl aber einen großen Harem, in eigenen Kindern sah er potentielle Rivalen –, wurde **Dingane** neuer Herrscher der Zulu. Schon bald sollten die Zulu gegen weitaus mächtigere Feinde in den Kampf ziehen, 1836 bei der **Schlacht am Blutfluss** gegen die Buren und gegen die britische Armee, 1879 in der **Schlacht von Isandlwana.**

Zum Aufbau und zur Schaffung einer expliziten **Zulu-Identität** wurde Shakas Lebensgeschichte und seine historische Person bereits zu Zeiten der Apartheid von Zulu-Führern vereinamt und später durch die Inkatha-Organisation für einen Zulu-Nationalismus instrumentalisiert.

Zulu-Könige seit Shaka

■ *Zulu-Könige: Dingane (o.) und Cetshwayo (u.)*

Shakas Vater hieß *Senzangakhona* (ca. 1762–1816), Zulukönig von 1781–1816. Er hatte drei Söhne, *Shaka, Dingane* und *Mpande.* Vor Senzangakhona gab es, beginnend etwa um 1620, noch vier weitere Zulu-Königsvorfahren.

Der berühmteste Zulukönig war **Shaka** (ca. 1787–1828), Zulukönig von 1816–1828

Dingane (ca. 1795–1840), ein Halbbruder Shakas, Zulukönig 1828–1840
Mpande (1798–1872), Zulukönig 1840–1872
Cetshwayo (1826–1884), Zulukönig 1872–1884
Dinuzulu (1868–1913), Zulukönig 1884–1913
Solomon (1891–1933), Zulukönig 1913–1933
Cyprian Bhekuzulu (4.08.1924–17.09.1968), Zulukönig 1933–1968
Goodwill Zwelethini, geb. 14. Juli 1948, Zulukönig seit 1968

Zulu-Schaudörfer – *Cultural Villages*

Sie können bei Ihrer Reise durch KwaZulu-Natal noch vielfach Einsichten in die traditionelle Lebensweise der Zulu bekommen, sowohl in speziellen, ständig bewohnten **Zulu Traditional Villages** als auch in kleinen Zulu-Siedlungen irgendwo draußen auf dem Land. Diese wurden nicht wie die Showdörfer als kommerzielle Unternehmen gegründet und ihre Bewohner leben noch überwiegend in alter Art und Weise. Ein solches Dorf ist z.B. *Simunye,* wo komfortabel übernachtet werden kann.

Die bis in die kleinsten Details rekonstruierten **Zulu-Dörfer** sind lebende Freilichtmuseen. Sie sehen und erfahren, wie geflochten, geschmiedet, getöpfert, geschnitzt, Bier gebraut oder z.B. eine Zulu-Hütte konstruiert wird, wie das Sozialsystem aufgebaut und die Rolle von Frauen und Männern ist oder wie Naturmedizin der *sangomas* funktioniert. Dies alles wird mit viel Engagement gezeigt und vorgetragen, und es wird meist außerdem ein traditionelles Essen serviert. Den Höhepunkt bilden die traditionellen Zulu-Tänze.

In einigen dieser Traditional Villages kann stilvoll-afrikanisch übernachtet werden, und es gibt immer Restaurants. Vor einem Besuch lohnt ein vorheriger Anruf oder ein Blick auf die jeweilige Website, um die Show-Zeiten zu erfahren oder um eine Übernachtung zu reservieren. Hier eine Übersicht der bekanntesten Dörfer, Einzelheiten dann im Reiseteil:

Etablierte und vielbesuchte Zulu-Dörfer

Shakaland. Eine große Anlage, ehemals erbaut als Kulisse für den Film „Shaka", das älteste der Zulu Cultural Villages. Vorführungen zweimal täglich, mit Hotel und Restaurant, www.shakaland.com

KwaBhekithunga Zulu Dorf und Lodge. Ländliches Dorf einer Großfamilie, eines der ältesten Zulu-Schaudörfer, Kulturprogramm, persönlich geführt, sehr schönes Übernachtungscamp, www.stewartsfarm.com.

DumaZulu Traditional Village, große Anlage mit schöner Lodge, vielbesucht von Gruppen auf dem Weg zum Hluhluwe-Imfolozi Park (liegt zehn Kilometer südlich vom Ort Hluhluwe), übliches Kulturprogramm, www.glczulu.co.za/dumazulu.html

PheZulu Safari Park, 35 Kilometer nördlich außerhalb von Durban, im „Valley of 1000 Hills", Botha's Hill, Old Main Road. Zulu Traditional Village, 4x tägl. Zulu-Tänze, mit Krokodil- und Schlangenpark, Tal der 1000 Hügel Scenic Game Drive, Restaurants und Curio Shop, alle Details auf www.phezulusafaripark.co.za.

Simunye. Traditionelles, idyllisch in einem Flusstal gelegenes kleines Zulu-Dorf mit schöner Lodge. Authentisch, typisches Out-of-Africa-Feeling! Anreise eher beschwerlich (auf Wunsch per Pferderitt) bzw. zeitaufwendig.

■ *Zulu-Dorf Simunye*

Musik, Kunst und Kultur

Tipp: Hören und sehen können Sie all die hier erwähnten Lieder und Gruppen auf www. youtube.com

Musik ist der Herzschlag Afrikas, und kaum ein anderes Land hat ein so breit gefächertes Spektrum wie Südafrika, wobei die Lieder und Tänze der Zulu in der ganzen Welt bekannt wurden. Durban ist eine Hochburg der landesweiten Musikszene mit diversen Festivals das ganze Jahr über. Es gibt in Südafrika zahllose Musikstile und Facetten, besonders im einheimischen Afro-Jazz, bei dem z.B. *Kwaito* besonders populär wurde, ein Mix von Township-Musik mit Hip-hop und Rap. Generell haben in der Zulu-Kultur Lieder, Gesänge und Tänze einen sehr hohen Stellenwert, denn sie erwecken Gefühle und können Situationen erklären, zu denen Worte nicht imstande sind. *Maskanda* (afrikaans: „Musikant") sind z.B. Zulu-Lieder, die ursprünglich nur von Männern für das auserwählte Mädchen gesungen wurden, heute auch der Begriff der Verschmelzung von traditioneller Zulu-Musik mit populärer-westlicher. Gespielt wird Maskanda sowohl mit traditionellen Instrumenten als auch mit *Igogogos,* selbstgebastelten Arme-Leute-Gitarren aus Speiseölkanistern und Stahldraht. Klangbegleitet von *Kwela*-Flöten besangen Zulu-Arbeitsmigranten damit ihr trostloses Leben in Städten wie Johannesburg.

Gruppen wie **Ladysmith Black Mambazo** oder der „weiße Zulu" **Johnny Clegg,** der seine Karriere zu Zeiten der Apartheid als Straßenmusikant begann und durch sein gemeinsames Auftreten mit Zulu-Musikern (Bands *Juluka* und später *Savuka*) ständig in Gefahr war angeklagt zu werden, haben die Musik KwaZulu-Natals und Südafrikas rund um die Welt getragen und sie in den internationalen Hitparaden populär gemacht. Die südafrikanische Standard-Bank ist ein Förderer von Jazz, Festivals und mehr (www.joyofjazz.co.za). Alles über die Musik-Szene und die Musiker Südafrikas auf der Seite www.music.org.za.

Das wesentliche Musikinstrument aller afrikanischen Völker ist die **Trommel.** Trommelklänge rufen, beschwören, verbinden und beschützen die Menschen. Bei der traditionellen *ingingu*-Trommel der Zulu spannt man Tierhäute über Kalebassen. Lautdröhnende Pauken geben bei Tänzen den Rhythmus vor.

Der Löwe schläft heut' Nacht ...

Eine spezielle Zulu-Gesangs- und Tanzform ist *mbube* („Löwe"), die Inhalte oft politischer und sozialkritischer Natur. Dazu zählt das **berühmteste der Zulu-Lieder**, dass auch Sie ganz bestimmt schon einmal gehört haben: **The lions sleeps tonight** – Der Löwe schläft heut' Nacht. Mit der Nationalhymne *Nkosi sikelel' i Afrika* ist es nicht nur die bekannteste Melodie Südafrikas, sondern gehört zu den zehn erfolgreichsten Hits aller Zeiten! Bis zu zwanzig Millionen US-Dollar soll es weltweit eingespielt haben. Doch sein Komponist, der Zulu Solomon Linda, der es 1939 aufgenommen hatte, starb bettelarm in Soweto bei Johannesburg.

1952 brachten „The Weavers" mit dem Folksänger Pete Seeger und 1959 das Kingston Trio ihre Bearbeitungen heraus („Wimoweh"). 1961 schnellte der „schlafende Löwe" an die Spitze der US-Charts und trat danach seinen Siegeszug um die Welt an. Auch Südafrikas größte Frauenstimme, **Miriam Makeba** (1932–2008), deren Wurzeln im Township-Jazz der fünfziger und sechziger Jahre liegen (ihre bekanntesten Lieder: Pata Pata und The Click Song, letzteres eine Xhosa-Weise) nahm es auf. Danach begann ein langer juristischer Streit über die Urheberrechte. Solomon Lindas drei Töchter, die heute verarmt in Soweto leben, bekamen nur einmal ein paar tausend Dollar von Pete Seeger. Sie sollen jetzt aber an den Tantiemen beteiligt sein.

Ladysmith Black Mambazo

Ein ähnliches Genre ist **Isicathamiya**, der vielstimmig nur von Männern dargeboten wird, und zwar ohne Instrumentalbegleitung, also „a capella". *Isicathamiya* bedeutet auf isiZulu „auf Zehenspitzen gehen/stehen" oder „anschleichen". Der polyphone Chorgesang spiegelt wie keine andere Klangwelt die Seele der Zulu wider. Berühmtester Interpret ist die Gruppe **Ladysmith Black Mambazo,** Ende der 1960er von Joseph Shabalala gegründet.

Er kombinierte traditionelles Zulu-Liedgut mit christlichen bzw. Gospel-Chören und kreierte so diese unglaublich harmonische Vokalkunst. Joseph Shabalala: „Im Zulu-Gesang gibt es drei Hauptklänge: ein hohes Wehklagen, ein brummender, schnaufender Klang, der beim Fußstampfen erzeugt wird, und eine bestimmte Art der Melodieführung". Ladysmith Black Mambazo wurde später durch ihre Mitwirkung auf Paul Simons Album „Graceland", besonders durch den Song „Homeless", weltberühmt. Der seltsame Gruppenname wird so erklärt: Ladysmith ist die Heimatstadt (es liegt im Nordwesten KwaZulu-Natals) von Joseph Shabalala, „schwarz" bezieht sich auf einen starken schwarzen Ochsen, und eine *mambazo* ist eine Zulu-Axt. Die Gruppe nahm bislang über 40 Alben auf. Alles über dieses Stimmenwunder auf www.mambazo.com.

Tshotsholoza

Zur afrikanischen Tradition gehört auch, bei der Arbeit zu singen, im Gleichtakt Schweres zu verrichten, sei es auf den Feldern oder bei gemeinschaftlicher Arbeit. Eine der schönsten Melodien dieses Genre und eine Mixtur aus Zulu und Ndebele ist das bekannte **Tshotsholoza,** die Melodie – ursprünglich aus Zimbabwe – und Rhythmus erinnern an das Geräusch eines fahrenden Zuges. Mit einem Vorsänger und einem Chor hört man es *a capella* bei Festen, Hochzeiten und vielerlei Anlässen:

Tshotsholoza ..., Tshotsholoza ...
I-ye-he
Kulezo ntaba – Over those mountains
Stimela siphum' eMzantsi-Afrika – The train is coming out of South Africa
Wen' uyabaleka (2x) – You are running
Kulezo ntaba – Over those mountains
Stimela siphum' eMzantsi-Afrika – The train is coming out of South Africa

Land & Leute

Ndhlamu

Zu den bekanntesten überlieferten **Tänzen** gehört der **Ndhlamu** (ind-lamu) **Stamping Dance,** bei den Zulu und Swazi in früheren Zeiten vor allem als militärische Übung getanzt. Ein stampfender Rhythmus, der im Gleichschritt die volle Disziplin bei den Tänzern voraussetzt. Später wurde der Tanz in den Goldminen um Johannesburg populär und heute gehört er zu den festen Programmpunkten aller folkloristischer Veranstaltungen in Südafrika und natürlich besonders in KwaZulu-Natal. Aufgeführt in vollem Kriegsornat mit Fellen, Speer und Schild und begleitet von lauten Schlägen mächtiger Basstrommeln stampfen die Tänzer energiegeladen auf den vibrierenden Boden ein, werfen die Beine artistisch bis über den Kopf, pfeifen und klatschen in die Hände.

■ *Nächtlicher Zulu-Tanz um das Feuer*

Weitere Tänze

Der **Isicathulo** oder **Gumboot Dance** könnte glatt als „Zulu-Schuhplattler" durchgehen. Er entstand unter den Dockarbeitern in Durban und wird mit Gummistiefeln getanzt, während man dazu laut in die Hände und auf die Stiefelschäfte klatscht. Dieser Tanz wurde besonders bei den Zulu-Minenarbeitern populär, da dort alle Gummistiefel tragen.

Der **Ingoma** ist gleichfalls ein traditioneller Tanz, vorgeführt von Jungen und Mädchen mit Gesangsbegleitung. Die jungen Mädchen tanzen gewöhnlich barbusig. **Umbholoho** sind Heiratslieder, dargeboten von den Hochzeitsgästen, die zwei Gruppen bilden und jeweils die Braut und den Bräutigam singend lobpreisen.

Dance Shows

Akustische und optische Hochgenüsse sind außerdem die südafrikanischen **Musicals** und **Dance Shows.**

Eines der ersten weltweit erfolgreichen Tanzmusicals und immer noch hörenswert ist z.B. **Ipi tombi** von Bertha Egnos – Musik, Gesang, Rhythmen und Choreographien sind ein Fest für Ohren und Sinne. **Sarafina** komponierten Mbogeni Ngema und Hugh Masakela und erzählt die Geschichte des schwarzen Schulmädchens Sarafina aus Soweto, das im Jahr 1976 an den Schülerprotesten teilnahm, die sich gegen die Anordnung der Apartheid-Regierung richteten, allen Unterricht nur noch auf Afrikaans abzuhalten.

Ein neueres mitreißendes Song-and-Dance-Spektakel ist z.B. die Bühnenshow **African Footprint** mit aufwühlenden Songs und dynamisch-akrobatischen Tanztableaus, das von Aufbruch, Hoffnung und Neubeginn der Rainbow-Nation erzählt und auch auf Deutschlandtournee war. Eine weitere Neuproduktion ist **Umoja** – „The Spirit of Togetherness". In der farbenfrohen Show feiern Tänzer, Musiker und Sänger die lange Tradition südafrikanischer Musik.

The Drakensberg Boys' Choir

Dieser Kinder- und Jugendchor ist weit über KwaZulu-Natal hinaus berühmt. Er ist im Central Drakensberg zu Hause und verfügt über ein großes Repertoire an Musik und Liedern von klassisch über afrikanisch bis zu internationaler Folklore, Kirchenliedern, Jazz und Pop. Es werden traditionelle Weihnachts- und Osterkonzerte geboten sowie das alljährliche große *Music in the Mountains Festival* Ende April/Anfang Mai. Drakensberg Boys' Choir School, Champagne Valley, Central Drakensberg. Anfahrt von Winterton auf der R600. Details und Programme auf www.dbchoir.info, Tel. 036-4681012. Tickets auch über Computicket, www.computicket.com.

„The Songs of Zululand"

In Mtubatuba an der N2 startete die örtliche Tourismus Association ein Kultur-Förderprogramm, bei dem Schulkinder für Touristen in ihren Schulen in kleinen Konzerten Zululieder und -tänze darbieten. Die ländlichen Schulen liegen an der Straße R618, die von der N2 zum Nyalazi Gate des Hluhluwe-Imfolozi Park führt. Beteiligte Schulen sind *Qubuka Primary School,* Tel. 035-5509096 (montags 12.30 Uhr), *Mehlokubeka Higher Primary,* Tel. 035-5509306 (mittwochs 13 Uhr), *Nkodibe* High School, Tel. 035-5509019 und *Mawombe High School,* Tel. 035-5509164 (donnerstags, 13 Uhr). Die Vorführungen sind kostenlos, eine Spende wird erwartet. Die Lehrer begrüßen die Gäste und führen durchs Programm. Vorbuchung nicht nötig, aber kurz anrufen. Alles informell. Keine Vorführungen in den Schulferien Juli und Dezember.

Klassik und Pop

■ *Durban, The Playhouse*

Für Liebhaber klassischer Musik sind die Konzerte des *KwaZulu-Natal Philharmonic Orchestra* ein guter Tipp. Seit über 25 Jahren eines der besten Orchester Afrikas, regelmäßige Auftritte u.a. auch in der Durban City Hall. Aktuelle Programm-Infos auf www.kznpo.co.za. Für Theaterstücke, Shows, Chöre, Ballet, Musicals ist Durbans erste Adresse *The Playhouse* (s. Foto). Programm auf www.playhousecompany.com.

Diesen Sänger aus KwaZulu-Natal kennen Sie sicherlich: *Howard Victor Carpendale,* geboren 1946 in Durban. Vor seiner großen Karriere in Deutschland machte er bereits als Siebzehnjähriger in Durban seine erste Schallplattenaufnahme mit dem Song „Endless Sleep".

Land & Leute

Große Musik-Festivals in KwaZulu-Natal

Splashy Fen
Großes Outdoor-Rock- und Pop-Spektakel mit vielen Gruppen und Solo-Künstlern auf einer Farm, zu dem Tausende kommen. **Tipp.** Jedes Jahr über die Osterfeiertage, nahe Underberg (südliche Drakensberge). Alle Daten, Details, Programm, Anfahrt auf www.splashyfen.co.za.

Southern Cross Music Festival
Im September in Mooi River (Midlands). Dreitägiges Festival in einem Tal am Ufer des Mooi River („Hidden Valley"). Nicht nur viel Musik, sondern auch zahlreiche Outdoor-Sportarten. Tausende Besucher. Alles auf www.southerncrossmusic.co.za oder www.flyfishingzanzibar.com.

White Mountain Folk Festival
Im September in Estcourt (N3). Mehrtägiges Music- und Outdoor-Festival bei der White Mountain Lodge am Fuße des Giant's Castle Nature Reserve. Schöne Lage, *food stalls,* Fassbier, Camping. Alle Detail auf www.whitemountain.co.za

Nottingham Road Pink Fest.
Ende November in Nottingham Road. Ein zweitägiges Stadt-Festival mit Musik, Tanz, Unterhaltung, Shows, Kunst und Handwerk. Details auf www.pinkfestival.co.za.

Umdwebo Lifestyle Festival
Umdwebo meint in isiZulu „Kunst kreieren", „Schönes betonen". Das sechstägige Festival findet im November in und um Ballito statt, mit Kunstausstellungen, Musik, Mode, *fine dining* u.a. mehr. Infos auf www.umdwebo.co.za.

Music in the Mountains Fest.
Alljährlich Ende April/Anfang Mai gibt der weltberühmte *Drakensberg Boys' Choir* ein Konzert in seiner Schule im Champagne Valley, Central Drakensberg. Details auf www.dbchoir.info, Tel. 036-4681012.

Mit Kunst gegen Aids, BAT Centre Durban

Kunst

Sowohl in Durban als auch draußen auf dem Lande gibt es eine lebendige Kunstszene mit vielen Galerien, Museen, Art Centres etc. Nicht versäumen sollten Sie z.B. in Durban das **BAT Centre am Hafen, African Art Centre** in der Florida Road und **Durban Art Gallery** in der City Hall. Schöne Kunst-Kollektionen präsentieren in Pietermaritzburg die **Tatham Art Gallery,** in Empangeni das **Art and Cultural History Museum,** in Newcastle die **Carnegie Art Gallery** und in Margate das **Margate Municipal Art Museum.** Nähere Details bei diesen Orten. Für einen Einblick in die Kunst- und Kulturszene Durbans, auch für Musikdarbietungen, besuchen Sie am besten das **BAT Centre** im Small Craft Harbour (Victoria Embankment, nahe Wilson's Wharf). Informationen und aktuelles Programm auf www.batcentre.co.za.

Literatur

Zu den frühen Werken über und aus KwaZulu-Natal zählen Reiseberichte und Tagebuchaufzeichnungen der ersten Siedler und Abenteurer, darunter Berichte von Missionaren, die die Erzählungen und Legenden der Ethnien im Gebiet des heutigen KwaZulu-Natal, also vornehmlich der Zulu, zu Papier brachten.

In den ersten Jahrzehnten des 19. Jahrhunderts entwickelte sich mit der Kolonisierung durch die Briten und die Entstehung einer eigenständigen Presse auch südafrikanische Literatur. Affin mit KwaZulu-Natal war z.B. **Sir Henry Rider Haggart** (1856–1925), der Abenteuerromane schrieb und besonders durch *King Solomon's Mines* (1885) bekannt wurde. Er kam 1875 nach Natal, wurde Sekretär von Sir Henry Bulwer, dem damaligen Gouverneur von Natal, und beschrieb Bräuche und Polygamie der Zulu.

Die 1937 in Pietermaritzburg geborene **Bessie Head** war die Tochter einer Schottin und eines Schwarzen. Als „illegitimes Mischlingskind" ging sie 1964 nach Botswana und vollbrachte Glanzleistungen im Genre Kurzgeschichten und Romane, die Erfahrungen ihres Lebens und Überlieferungen in Geschichten kleidete („Tales of Tenderness and Power", „When Rain Clouds Gather", „Die Schatzsammlerin" u.a.). Sie wurde nur 49 Jahr alt.

Der wohl bekannteste Schriftsteller KwaZulu-Natals ist der in Pietermaritzburg geborene **Alan Paton** (1903–1988). Sein Buch *„Cry, The Beloved Country* („Denn sie sollen getröstet werden", später verfilmt) wurde nach seinem Erscheinen 1948 ein Welterfolg und in 20 Sprachen übersetzt. Paton beschreibt, wie der alternde Zulu Kumalo aus seinem Dorf Carisbrooke bei Ixopo nach Johannesburg reist und feststellen muss, dass sein einziger Sohn, Absalom, den einzigen Sohn eines Weißen ermordet hat. Die menschliche Tragödie, die sich daraus entwickelt, spiegelt die Ungerechtigkeit der Rassentrennung wider und lässt die beiden Väter dagegen ankämpfen. Paton war einige Zeit Lehrer in Ixopo, dort können Touristen mit einer nostalgischen Schmalspur-Eisenbahnfahrt von Ixopo nach Carisbrooke die Zeit, in der der Roman spielt, nachempfinden (s.S. 223).

Ein berühmter *traditional healer,* der auch Bücher schrieb, ist der aus dem Zululand stammende **Vusamazulu Credo Mutwa,** Jahrgang 1921. Bekannte Bücher von ihm sind „Africa is my Witness" und „Indaba, My Children", letzteres eine großartige Quelle für jeden, der Afrika bzw. das Volk der Zulu und ihre Kultur, Mythen und Denkweisen verstehen möchte.

Neuere Südafrika-Bücher im Kontext mit KwaZulu-Natal sind beispielsweise **„Als der Inkosi tanzen lernte",** in der die Autorin *Andrea Jeska* vom Leben, Lachen und Leiden in den Zulu-Dörfern erzählt und vom Scheitern an der Idee, das Wesen Afrikas ergründen zu können.

In dem Buch **„Die letzte Stadt von Afrika"** beschreibt der Autor *Giles Foden* spannend die Zeit des Anglo-Buren Kriegs zwischen 1899 und 1902 in und um die belagerte Stadt Ladysmith (s.S. 347), die den Hintergrund für ein packendes Drama um Krieg und Liebe bildet, verwoben mit den damals dort auftretenden historischen Größen Winston Churchill und Mahatma Gandhi.

Land & Leute

Festkalender und kulturelle Veranstaltungen

Durban und KwaZulu-Natal bieten das ganze Jahr über zahllose Veranstaltungen, Konzerte, Kultur- und Sportfestivals, Events, landwirtschaftliche Märkte etc. Übersichten mit Beschreibungen und Terminen auf den Webseiten von www.sa-venues.com/events/kwazulu-natal-events.php, www.kzn.org.za oder auf www.zulu.org.za („things do see and do/ events"). Größere Feste übers Jahr in KwaZulu-Natal (außer Durban, s. dort) sind:

Mai   **Ncema Harvest Festival.** Das alljährliche *Ncema Harvest Festival* in St Lucia (Elephant Coast) beginnt am 1. Mai und dauert 10 Tage. Gefeiert auch in anderen Orten in KZN.

Ende Mai/ Anfang Juni   **Royal Agricultural Show.** Zehntägige landwirtschaftliche Ausstellung auf großem Festgelände mit umfassendem Rahmenprogramm in Pietermaritzburg. Wird seit 1851 begangen.

Juni   **Comrades Marathon** zwischen Durban und Pietermaritzburg mit abwechselnden Starts in beiden Städten. Streckenlänge 87,3 Kilometer!

Juni/Juli   **Sardine Festival.** Großes Unterhaltungsprogramm mit dem Auftreten des *Sardine Run* Mitte Juni/Mitte Juli in und um Port Shepstone und Margate. Näheres beim Port Shepstone Information Office, Tel. 039-6822455, www.thehibiscuscoast.co.za oder auf www.sardinerun.co.za.

September   **Zulu Reed Dance-Festival.** Alljährlich am ersten (oder zweiten) Samstag im September versammeln sich vor der traditionellen Residenz *eNyokeni* und vor Zulukönig Goodwill Zwelethini mehr als Zehntausend Jungfrauen aus der gesamten Provinz, um das traditionelle *Ncema*-Fest (Riedgras-Fest) zu begehen; eNyokeni liegt etwa 8 km nördlich von Nongoma im Zululand.

Oktober   **Shembe Religious Festival** in Eshowe, letzte drei Oktoberwochen

Dezember   **Umkhosi Wokweshwama.** Das „Fest der ersten Früchte" spielt in der Tradition der Zulu-Nation eine große Rolle. Gefeiert u.a. im eNyokeni Royal Palace nördlich von KwaNongoma und im ganzen Zululand.

Land & Leute

Sportliche Aktivitäten

In KwaZulu-Natal sind praktisch alle Arten von Freizeit-Aktivitäten und zahllose **Sportarten** möglich: Wandern, Golfen, Vogelbeobachtung, Fahrrad- und Mountainbike-Touren, Wasser-, Strand- und Dünensport (Schwimmen, Surfen, Schnorcheln, Tauchen, Wasserski, Sandboarding, Kiteboarding, Quadbiking), Reiten, Angeln (*Fly fishing* und Brandungsangeln), Bergsport (Abseiling, Kloofing, Caving, Skifahren, Snowboarding), Kanusport (River- und Sea Kayaking/Canoeing), Geländewagenfahren, Bungeespringen, Flugsport (Paragliding, Microlighting, Skydiving) – eine endlose Liste und alles ein echtes, aktives Stück Afrika. Im Reiseteil werden auf die jeweils örtlichen Sport- und Freizeitangebote hingewiesen.

Zeitschrift-Tipp: „Wildside", www.wildsidesa.co.za, ist ein Magazin für Naturerlebnisse, Outdoor-Abenteuer und Öko-Tourismus in KwaZulu-Natal und anderen Regionen Südafrikas. *Internet-Tipp*: Geben Sie bei Google eine der Sportarten (in Englisch) mit „KwaZulu-Natal" ein und Sie erhalten zahlreiche Webseiten mit näheren Informationen und Veranstaltern. Z.B. listen folgende Webseiten bei „Südafrika" bzw. „KwaZulu-Natal" die zahllosen Outdoor- und Adrenalin-Sportarten mit Veranstaltern auf: www.dirtyboots.co.za • www.infohub.co.za • www.ecotravel.co.za • www.adventuregroup.co.za • www.active-escapes.co.za

Vogelbeobachtung

Vogelfreunde finden in KwaZulu-Natal traumhafte Verhältnisse vor. Die Elephant Coast, Drakensberge und das Zululand sind wahre Vogelparadiese. Allein in den Habitaten von Ndumo und uMkhuze wurden weit mehr als 400 Spezies erfasst. Die Website von *Birdlife Northern Natal,* www.blnn.org.za, bietet alle Informationen für KwaZulu-Natal. Die *Zululand Birding Route,* die auch Orte der Elephant Coast mit einschließt, ist ein großes Non-Profit-Projekt von *Birdlife South Africa*. Mehr darüber auf www.birdlife.org.za und www.zbr.co.za.

Am und unter Wasser

Surfen: KwaZulu-Natal hat zum Surfen ideale Voraussetzungen, nämlich Wassertemperaturen von bis zu 28 °C, zum Brett- und Windsurfen reichlich Wind und stetige Wellen entlang der ganzen Küste. Bereits die Strände Durbans sind dazu bestens geeignet. An der Südküste gibt es mehr gute Surf-Spots als an der Nordküste. Beste Surf-Zeit ist früh und spät am Tag in den Monaten März bis Oktober (zwischen November und April toben an der Südostküste Afrikas manchmal tropische Zyklone, die dann auch die Küste KwaZulu-Natals in Mitleidenschaft ziehen können). Weitere Infos bieten zahlreiche Surf-Websites, z.B. www.wavescape.co.za, mit Webcams z.B. www.surf-forecast.com.

Beste Surf-Spots Nordküste	Richards Bay, Alkantstrand, Mtunzuni (Beach Resort nahe des Mlalazi River und dem Umlalazi Nature Reserve), Zinkwazi-Beach (nördl. von KwaDukuza), Blythedale (KwaDukuza), Salt Rock, Ballito Bay (Surfers), Newsel, Glenashley.
In Durban	Country Club Beach (früher African Beach), Battery Beach, Snake Park Beach, North Beach, Dairy Beach, New Pier, Wedge Beach (Beachfront Promenade), Vetchies Reef, Anstey's Beach (bei Durbans Bluff), Cave Rock (mit die größten Wellen in Durban).
Beste Surf-Spots Südküste	Green Point, Scottburgh Pipeline (südlich des Hauptstrandes), Kelso, Park Rynie, Happy Wanderers (südl. von Scottburgh), The Spot (Mfazazana, keine Hainetze), Umzumbe (südl. von Hibberdene), Banana Beach (südl. von Umzumbe), Sunwich Port (südl. vom Banana Beach), St Mikes (St Michaels), Southbroom, TO Strand (nördl. von Port Edward).
Wasserspaß bei uShaka Marine World	Statt sich „umständlich" ins Meer zu begeben, kann man die bunte Unterwasserwelt KwaZulu-Natals wesentlich zielgerichteter in Durbans uShaka Marine World erleben: Dort ist es möglich, zwischen Myriaden bunter Fische zu schnorcheln, einem der Haie ins Auge zu sehen (Xpanda Shark Dive) oder als Taucher das *Oxygen Oceanwalker Experience* zu wagen. Näheres auf www.ushakamarineworld.co.za. *Immer mit T-Shirt schnorcheln und eine starke Sonnencreme verwenden!*
(Ab-)Tauchen	KwaZulu-Natals überwältigende Tier- und Pflanzenwelt setzt sich fort unter Wasser entlang der 600 Kilometer langen Küste. Tausende verschiedener Fischarten und prächtige Korallengärten warten dort auf Taucher, ganzjährig warmes Wasser bieten beste Bedingungen. Tipp für die South Coast: *Aliwal Shoal* bei Umkomaas/eMkhomazi. Diese versteinerte Sandbank beherbergt rund 1100 Fischarten und ist eine Traumwelt an Hart- und Weichkorallen. Im August treffen sich hier Sandtiger-Haie zur Paarung. Wer Meeresschildkröten, Rochen, Fledermausfische, tropische Fischarten, Haie etc. sehen möchte, fährt nach *Sodwana Bay* (beste Tauchzeit ist Mai bis August, was die Sicht anbelangt) oder *Kosi Bay*. Beide Orte im iSimangaliso Wetland Park. Absolut einsame Spitzentauchgründe und -ziele sind dort Mabibi (Thonga Beach Lodge), Rocktail Bay Lodge und Rocktail Beach Camp.

Haigefahr KwaZulu-Natals warme Küstengewässer lieben nicht nur
Einheimische und Touristen,
sondern auch Haie, und es
gab Angriffe auf Surfer und
Schwimmer. Das **Natal
Sharks Board** (NSB) hat an
allen Publikumsstränden an
KwaZulu-Natals Küste sehr
effektive Hainetze installiert,
die das Risiko eines Haian-
griffs extrem mindern. Diese

Netze sind jeweils über 200 Meter lang und werden in parallelen Reihen
etwa 400 Meter vom Strand mit dem Seegrund verankert. In Durban
spannte man zwischen der Mündung des uMgeni und dem Hafeneingang
17 Netze, jedes 305 Meter lang. Weitere interessante Details zu Haien ist
nachzulesen auf der NSB-Website, www.shark.co.za.

Sardine Run Fast jedes Jahr Ende Juni/Anfang Juli tritt entlang der Küste KwaZulu-
Wale / Natals das Phänomen des millionenfachen **Sardine Run** auf. Es ist ab-
Schildkröten hängig von genügender Abkühlung des Indischen Ozeans bzw. wenn
kaltes Meereswasser aus den Gewässern der Eastern Cape Province das
warme Küstengewässer KwaZulu-Natals „unterkriecht". Dabei verschlägt
es riesige Schwärme Sardinen *(pilchards),* verfolgt von Delphinen, Seevö-
geln *(cape gannets)* und Raubfischen (*barracudas, yellow tails* und Haien)
aus unerfindlichen Gründen bis an den Strand. Zu Hunderttausenden
zappeln sie im niedrigen Wasser. Dann stürzt jeder, manchmal mitsamt
der Kleidung, ins Meer und fängt sein Mittagessen mit bloßen Händen,
mit Schürzen, Eimern oder Plastiktüten und Angler versuchen die Raubfi-
sche zu fangen. Während der Sardinen-Migration werden die Hainetze
vor der Küste entfernt. Wann genau die Schwärme auftauchen weiß die
Sardine Run Hotline, Tel. 082-2849495 und auch die Website des Natal
Sharks Board, www.sharks.co.za. Weitere Sardinen-Infos auf
www.kzn.org.za.

Saison für **Walsichtungen** (*whale watching*) ist von Juni bis November. Man kann die Walarten *Humpbacked* und *Southern Right* (Südlicher

Glattwal) fast an der gesamten Küste erspähen. Tour-
Operators in Küstenorten –
an der Nordküste z.B. von St
Lucia aus –, bieten Beobachtungsfahrten an. Veranstalter
müssen konzessioniert sein
und ihre Boote dürfen den
Tieren nicht näher als 50 Meter kommen. Von Ende Oktober bis Januar kommen
nächtens **Schildkröten** zur
Eiablage an die Strände. Auf
turtle tours können die Touristen das Schauspiel erleben.

Aktivsport

Südafrikaner sind extrem sportbegeistert. König Fußball hat *Rugby* inzwischen den Rang abgelaufen – wie könnte es auch anders sein hinsichtlich der Fußball-WM 2010 im Land. Beliebt ist außerdem *Cricket*, ältere weißgekleidete Südafrikaner kann man oft *Lawn ball* spielen sehen. *Tennis* ist in Südafrika eine Breitensportart, genauso wie Golf.

■ *Weiße Südafrikaner beim Lawn ball spielen*

Marathonläufe verbinden alle Hautfarben. Bei den vielen Massenläufen, die in Südafrika in zahlreichen Orten stattfinden, gehen Tausende an den Start. Der bekannteste Ultra-Marathon nicht nur KwaZulu-Natals, sondern ganz Südafrikas mit jedesmal nahezu 15.000 Läufern ist der **Comrades-Marathon** mit 87,3 Kilometer Wegstrecke zwischen Durban und Pietermaritzburg (www.comrades.com). Seit 1921 alljährlich im Juni, mit abwechselnden Starts in Durban und Pietermaritzburg.

Ein 42,2-km-Standard-Marathon ist der *Midlands Meander Marathon* alljährlich im April von Nottingham Road nach Lions River. Ein weiterer ist im Mai der *Indian Ocean Marathon* von Durban-Glenwood nach Ballito zum Zen Park.

■ *Wie Gleiten auf einem Spiegel ... iSimangaliso Wetland Park*

Bei so viel Marathons möchten auch die **Schwimmer** nicht zurückstehen: Im Februar treffen sich Tausende Teilnehmer aller Altersklassen zum gewaltig großen Wettschwimm-Festival am Midmar Dam bei Howick.

Zum **Kanu- und Kajak fahren** gibt es in KZN unzählige Gewässer.

Wandern, Trekking und Bergsteigen

Wenn später im Text von „Wanderungen" die Rede ist, so sind damit meist Vor-Ort-Rundwanderungen von maximal ein paar Stunden Dauer gemeint.

Für ausgedehntes, langes Wandern, Trekking und Bergsteigen ist die erste Wahl in KwaZulu-Natal der **uKhahlamba-Drakensberg Park:** Die 240.000-ha-Bergwelt wartet auf mit Klippen, Tälern, markierten Trails und kristallklaren Flüssen. Dazu benötigt man neben einer guten Kondition einen Rucksack und die Mitnahme von Verpflegung, Schlafsack, Kocher etc. Unter Umständen muss man außerdem sein eigenes Zelt mitbringen. Bekannte Trails haben eine maximale Teilnehmerobergrenze und erfordern eine Vorausbuchung, da die Übernachtungskapazität in den wenigen, einfachen Hütten limitiert ist. Mancherorts wird auch in Höhlen übernachtet. Mehr über Wandern, Trekking und Bergsteigen im uKhahlamba-Drakensberg Park und Website-Adressen siehe dort. Die populärste Wanderroute im **iSimangaliso Wetland Park** ist der dreitägige *Mziki Trail,* der durch Dünenlandschaften, Strandabschnitte und Feuchtgebiete innerhalb eines Wildreservats mit Großtieren führt. Nur geführt und in der Winterzeit von Juni–September ratsam. Geführte Wanderungen gibt es außerdem speziell im Hluhluwe-Imfolozi Park. Zuständig ist dafür Ezemvelo KZN Wildlife, www.kznwildlife.com (bei „Hiking and Trails"), trails@kznwildlife.com.

■ *In den Drakensbergen finden Wanderer schönste Trails*

Radtouren und Mountain Biking

Manche der bei den Reiseregionen aufgeführten Unterkünfte stellen Fahrräder und Mountainbikes zum Erkunden der Umgebung zur Verfügung. Das wird dann erwähnt. Radtouren bieten sich in KwaZulu-Natal besonders im Vorland der Drakensberge und in den Midlands an. Entlang der Nord- und Südküste müsste man sich mit Zuckerrohrfeldern, Sand- und Strandstrecken und Mangrovenlandschaften begnügen.

Mountainbiker finden in KwaZulu-Natal etliche lohnende Routen und Trails, hauptsächlich wie erwähnt in den Drakensbergen und – leicht flacher – in den Midlands. In der Nähe von Durban, auf der N3 Richtung Pietermaritzburg, gibt es im Giba Gorge Valley den *Giba Gorge Mountain Bike Park* mit MTB-Routen diverser Schwierigkeitsgrade. Mit Outdoor-Coffee Shop und Conference Centre, Tel. 031-7692881. Alles weitere, Anfahrt etc., auf www.gibagorge.co.za. – Sehr gut geeignet für Mountainbiking ist das *Oribi Gorge Nature Reserve* ganz unten an der Südküste, Details auf www.oribigorge.co.za. – Ein klein wenig südlicher, ein paar Kilometer westlich von Port Edward, liegt beim Umtamvuna Nature Reserve an der D595 die *Clearwater Farm* mit einem MTB-Trail-Netzwerk. Auf der Website www.clearwatertrails.co.za heißt es: „Facilities for the whole family. Multi-day MTB tours into the beautiful Umtamvuna region, Wild Coast and South Coast hinterland. SATOUR-registered guides."

Für den *uKhahlamba-Drakensberg Park* ist der *Drakensberg Mountain Bike Club* ein kompetenter Ansprechpartner. Die Club-Website www.drakensbergmtb.co.za ist eine Fundgrube für Strecken, Tipps und was es in den Drakensbergen zu beachten gilt. Alljährlich im April findet in der Bergkulisse auch der beliebte *Giant's Castle Mountain Bike Challenge* statt, ein Groß-Event mit einem Rennen über 75 Kilometer.

Ezemvelo KZN Wildlife (www.kznwildlife.com/cycling) bieten Touren an bei Cathedral Peak/Didima (Mike's Pass/Little Berg), im Lotheni Nature Reserve, auf den Sani Pass und im iSimangaliso Wetland Park (False Bay und St Lucia Estuary).

Der *The Freedom Trail* ist ein 2200-km-MTB-Trail von Pietermaritzburg via Ntsikeni Nature Reserve, Matatiele und Rhodes nach Cape Town. Die größte Herausforderung in KwaZulu-Natal wäre eine Tour hoch zum *Sani Pass* (Drakensberge – Lesotho). Man beginnt auf 1500 Meter Höhe und pumpt dann, entlang des Mkhomazana Rivers, hoch zum Pass auf 2873 Meter, mit beinahe 1000 Meter Höhenanstieg auf den letzten acht der über 70 Kilometer langen Bergstrecke. Der Höllenritt wird jedes Jahr als Rennen – „Sani Pass Transfrontier MTB Epic" – durchgeführt, Veranstalter ist der Drakensberg Mountain Bike Club. Die Seite www.active-escapes.co.za bietet „Cycle Tours & Mountain Bike Adventures" an, u.a. in den Midlands.

Bungee / Seilgleiten

Der Adrenalin-Kick ist in KwaZulu-Natal möglich im **Oribi Gorge Nature Reserve** an der Südküste bei Port Shepstone. Das dortige *Oribi Gorge Hotel* bietet den „Wild Swing" an, einen 100-Meter-Sprung von der Spitze des Lehr-Wasserfalls. Weniger Beherzte begnügen sich mit dem „Wild Slide". Alle Details auf www.oribigorge.co.za. Auch Abseiling, White Water Rafting, Hiking und Mountainbiking sind im Oribi Gorge möglich. Durch die Lüfte schweben bzw. durch Baumwipfel gleiten ist außerdem möglich bei **Karkloof Canopy Tours** nördlich von Howick. Ein stählernes Gleitseil verbindet sieben Aussichtsplattformen (s.S. 405). Alle Details auf www.karkloofcanopytour.co.za

Golf

Südafrikas Golfplätze zählen zu den schönsten und reizvollsten der Welt. Auch der „kleine Mann" schwingt den Schläger, das Spiel mit dem kleinen runden Ball hat in Südafrika keinen snobistischen Touch. Fast jeder halbwegs touristische Ort besitzt einen Platz, manche davon sind von internationalem Standard und von Golf-Größen entworfen. Planen Sie eine spezielle Golfreise, so lassen Sie sich am besten von einem Reiseveranstalter eine sowohl golferisch als auch touristisch interessante Reise zusammenstellen (bei einem Flug mit South African Airways ist Golfgepäck bis zu 15 kg pro Person frei). In KwaZulu-Natal ist eine gute Veranstalter-Adresse **www.zuluexperience.com.** Hier werden nicht nur außergewöhnliche Golf-Packages verschiedener Dauer angeboten, sondern außerdem Anschlussprogramme wie z.B. Golf-Safari-Kombinationen und kulturelle Programme. Eine informative deutsche Webseite über Golf, Golftipps und Beschreibungen von Plätzen in Südafrika ist **www.suedafrika-golf.de.**

Wer nicht gerade einen speziellen Golfurlaub plant, der braucht in der Regel nicht vorauszubuchen. Es ist durchaus üblich, bei einem Golfclub einfach mal vorbeizuschauen und anzurufen und zu fragen, ob man heute spielen kann oder nicht (nur mittwochs und samstags kann es manchmal eng werden, da werden öfter Clubturniere ausgetragen). Selten fragt man nach dem Handicap oder einem Mitgliedsausweis (die exklusivsten Clubs sind da die Ausnahme; hier benötigt man manchmal die Empfehlung eines südafrikanischen Mitglieds). Die Greenfees sind sehr moderat, ein 18-Loch Greenfee kostet etwa 35 Euro aufwärts. Die Broschüre „Golf in Südafrika" von SATOUR stellt die besten Golfplätze in Südafrika vor und gibt Tipps für die passenden Unterkünfte. Die nötige Ausrüstung gibt es in den meisten Pro-Shops zu mieten. Anders als bei uns ist allerdings, dass man üblicherweise von einem Caddy begleitet wird. Die Caddies sind landesweit organisiert und sehr gut ausgebildet. Der Caddy kennt seinen Platz und die Tücken und berät einen gerne bei der Auswahl der Schläger. Erkundigen Sie sich vorab, was als Bezahlung pro Runde üblich ist.

Was die Kleidung anbelangt, so liebt man es eher konservativ. Männer und Frauen werden bevorzugt in längerer Beinbekleidung gesehen. Hektik ist verpönt. Wer spielt, muss Zeit mitbringen. Nach den ersten 9 Löchern (oder der Hälfte des Kurses) ist es üblich, auf einen kleinen Drink ins Clubhaus zu gehen und darüber zu sinnieren, wie man die nächsten neun noch besser bewältigt. Nach einer Viertelstunde geht es weiter – so bleibt die Reihenfolge der Spieler auf dem Platz grundsätzlich die gleiche. Und wer Leute kennenlernen möchte, ist abends gerne im Clubrestaurant oder an der Bar gesehen.

Schöne Plätze und Resorts
(hier Wild Coast Country Club)

Es gibt etwa 75 Golfplätze in KwaZulu-Natal. Hier einige außergewöhnliche und schöne Golfhotels. Wer in **Durban** den Schläger schwingen möchte, sollte den *Durban Country Club* (www.dcclub.co.za) aufsuchen. Er gilt als der bekannteste und schwerste KwaZulu-Natals und liegt in tropischer Vegetation.

Aber Achtung: Hier wird der Ball nicht nur vom Caddy, sondern auch von ein paar frechen Affen aufgesammelt. Der zweite Kurs des Country Clubs ist der Beachwood Course. 101 Walter Gilbert Road, Durban. Der *Royal Durban Golf Club* liegt direkt in Durbans Zentrum in der Mitte der Greyville Pferderennbahn. Südlich von Durban, an der Old Main Road in Pennington, liegt ein kleines exklusives Paradies, das *Selborne Hotel Spa & Golf Estate* (www.selborne.com), begrenzt auf der einen Seite vom Meer und auf der anderen von Zuckerrohrfeldern. **Das altenglische Manor House** mit üppiger, subtropische Umgebung ist ein Erlebnis.

An der **North Coast** liegt landeinwärts von Umhlanga Rocks der *Mount Edgecombe Country Club* (www.mountedgecombe.com) mit zwei Plätzen, einer der besten Golf-Estates Südafrikas. Mit Konferenzräumen, Restaurants, Practice facilities, Tennis, Squash und Bowling Club. – Etwa 20 km von Ballito, Babu Bodasingh Avenue (von der N2 die Ausfahrt KwaDukuza/Stanger nehmen), befindet sich die Anlage des *Prince's Grant Golf Estate and Country Club* (www.princesgrantlodge.co.za). Er ist sehr beliebt, mit Privatstrand, Squash und Tennis. – Ein exklusives Top-Resort und einer der schönsten Plätze der Provinz, 40 km nördlich von Durban, ist der *Zimbali Country Club* (www.zimbali.org/golf_course.htm).

An der **South Coast** gibt es fünf Southbroom Golf-Plätze: den *Southbroom Golf Club,* 301 Captain Smith Road, www.southbroomgolfclub.co.za und den *San Lameer Estate and Golf Club* (www.sanlameer.co.za), gleich an der Main Road. Es erwartet Sie am Indischen Ozean auf einem über 160 ha großen Estate in hügeliger Landschaft ein 18-Loch-Championship Golf Course mit tropischer Vegetation, kleinen Seen und Bächen sowie ein wunderschönes Clubhaus. – Ganz im Süden, bereits über der Grenze KwaZulu-Natals, ca. 5 km südlich von Port Edward, liegt an der Main Bizana Road am Mzamba-Strand der *Wild Coast Country Club* (über www.suninternational.com). Der Platz ist Teil des ausgedehnten Sun-Resorts mit Hotels, Restaurants und dem Casino. Außergewöhnlich ist die Dünenlandschaft am Indischen Ozean. Ein Lift bringt einen über eine Düne zum 13. Loch. Die Caddies sind hier überwiegend Xhosafrauen und das legere Clubhaus liegt hoch über dem Meer.

Wunderschön liegen auch die Golfplätze in den **Drakensbergen,** wo das Spiel bei gemäßigtem Klima noch mehr Spaß macht. Zwei Tipps: *Amphitheatre Golf Club,* Hlalanathi Berg Resort, Bergville, www.hlalanathi.co.za und Cathedral Peak Hotel Golf Club, Cathedral Peak Hotel, Winterton, www.cathedralpeak.co.za.

Einige andere Golfplätze in KZN

St Cathryn's Golf Estate, R74 zwischen Greytown und KwaDukuza, www.stcathryns.co.za. – Sakabula Golf Club and Country Estate, Merrivale, Howick, www.sakabula.co.za. – Umdoni Park Golf Course, Off Minerva Road, Pennington, www.umdonipark.com. – Victoria Country Club, Duncan Mackenzie Drive, Montrose, Pietermaritzburg, www.victoria.co.za.

Golf im Internet

www.golfersinformation.com • www.completegolfer.co.za • www.womensgolfsa.co.za.

Reiten

Ausritte sind in KwaZulu-Natal vielerorts möglich: in den Drakensbergen, Midlands oder auch in Küstennähe am Strand entlang. KZN Ezemvelo Wildlife (www.kznwildlife.com) bietet Reitmöglichkeiten in den Drakensbergen im Royal Natal Park an (Rugged Glen Section) und im Spioenkop Dam Nature Reserve. Am Lake St Lucia bietet *Bhangazi Horse Safaris* an, aber man ist dort nicht nur aufs Reiten eingestellt. Mehr auf www.horsesafari.co.za.

Fußball-WM 2010 in Südafrika

„Die Fußball-Weltmeisterschaft 2010 wird der größte Sport- und Tourismus-Event aller Zeiten für ganz Afrika", sagte der südafrikanische Minister für Tourismus und Umwelt, Marthinus van Schalkwyk. Jetzt fiebert das ganz Land dem Ereignis entgegen, das zum ersten Mal auf dem afrikanischen Kontinent ausgetragen wird. Die Spiele finden vom 11. Juni bis 11. Juli statt. Die südafrikanischen Fans werden ihre Mannschaft mit ihren *vuvuzelas* anfeuern, ihren armlangen Plastik-Tröten, die einen Heidenlärm verursachen. Wie das Röhren eines Elefanten soll sie tönen. Fußball und Vuvuzelas (isiZulu für „Lärm machen) gehören in Südafrika zusammen.

Wie weit wohl aber die südafrikanische Nationalmannschaft kommen wird? Ihr Spitzname *Bafana Bafana* (isiZulu für „die Burschen") soll jetzt durch einen treffenderen ersetzt werden. „Ich glaube nicht, dass dieser zu einer nationalen Männerauswahl passt oder zu den Gastgebern der WM 2010", ließ Präsident Mbeki verlauten. Ebenso sei der Beiname der Frauen-Nationalmannschaft, *Banyana Banyana* („die Mädchen") zu überdenken.

Südafrika plagen gegenwärtig noch etliche Sorgen: dass alle Stadien rechtzeitig fertig werden, die Verkehrsinfrastruktur die Massen transportieren kann und dass es genügend Unterkünfte gibt, um die erwarteten 400.000 WM-Touristen aufzunehmen. Natürlich zusätzlich zu den acht Millionen internationaler Touristen, die jedes Jahr ins Land am Kap reisen. Erste Frühbucher haben sich ihre Zimmer für 2010 schon gesichert, so wird gemeldet.

■ *Ein Land freut sich auf 2010*

**Austra-
gungsorte**

In folgenden neun Städten finden in zehn Stadien die Spiele statt: **Johannesburg** (in zwei Stadien), **Bloemfontein (Mangaung), Polokwane, Port Elizabeth, Tshwane (Pretoria), Rustenburg, Kapstadt, Nelspruit** und **Durban.**

Das neuerbaute Stadion von **Durban,** das **Moses Mabhida Stadium,** in dem sechs Erstrundenspiele, ein Zweitrundenspiel und ein Halbfinale stattfinden, soll ein Austragungsort von Weltklasse werden. Es verfügt über 70.000 Sitzplätze und wird optisch von zwei großen Stahlbögen geprägt, die das gesamte Stadiondach in einer Höhe von etwa 100 Metern überspannen und ihm ein futuristisches Aussehen verleihen. Auch die Lage ist besonders: es liegt keinen Kilometer vom Indischen Ozean entfernt, nördlich der Innenstadt am Northern Freeway M4 (Ruth First Street). Es gibt 10.000 Parkplätze, eine Übergangsbrücke zur Snell Parade wird die Verbindung zur südlicheren Strandpromenade und damit zur Vergnügungsmeile Durbans herstellen.

Nach dem erzwungenen Rücktritt von Präsident Mbeki im September 2008 steht Südafrika vor politisch instabileren Zeiten. Der neue Präsident *Kgalema Motlanthe,* der Südafrika bis zu den Wahlen im April 2009 übergangsweise führen wird, sagte in einer Rede, er werde sicherstellen, dass die Vorbereitungen für die WM 2010 weiterhin im Zeitplan bleiben. „Wir erwarten, dass unsere Nation alle Versprechen einhalten kann, die sie an die Fußballwelt gegeben hat". Doch derzeit verströmt Südafrika leider alles andere als animierende Impulse für massenhaften Südafrika-Tourismus in der knappen Zeit bis zum ersten Anstoß.

**Confederati-
on Cup**

Im November 2008 fand in Johannesburg die Auslosung zum **Confederation Cup** 2009 statt, der als inoffizielle WM-Generalprobe gilt. Er findet vom 14. bis 28. Juni 2009 statt und die 18 Spiele werden in vier Städten ausgetragen: In Johannesburg (Ellis Park), Tshwane/Pretoria (Loftus Versfeld), Bloemfontein/Mangaung (Mangaung Stadium) und Rustenburg (Royal Bokafend Stadium). Das Turnier bestreiten die sechs Kontinental-Meister Brasilien, USA, Ägypten, Spanien, Irak, Neuseeland sowie Gastgeber Südafrika und Weltmeister Italien.

Spieltermine Auf diesen Websites können Sie den aktuellen Stand der Dinge und Spieltermine in den Austragungsstädten und Stadien nachlesen:
www.sa2010.gov.za (offizielle Website der südafrikanischen Regierung zur WM 2010)
www.news2010.de (Infos rund um die WM, auf Deutsch)
www.2010durban.co.za (Fußball-WM in Durban)
www.fifa.com (Website der FIFA)

**Kartenver-
kauf**

Der Kartenverkauf begann am 20. Februar 2009. Die Tickets für die 64 Spiele werden zunächst in den Spielorten, an Flughäfen und im Internet angeboten. Für die Vorrundenspiele liegen die Preise zwischen 58 und 116 Euro. Achtelfinalspiele 72–144 Euro, Viertelfinalspiele 109–218 Euro, Halbfinals 180–435 Euro, Finale 290–650 Euro. Die Bewohner Südafrikas – also nicht nur jene, die Staatsbürger sind – zahlen nur ein Viertel der Preise. Es ist das erste Mal, dass Einheimische eine eigene Preiskategorie bekommen. Das FIFA-Organisationskomitee sieht sich beim Ticketverkauf derzeit noch Problemen gegenüber. Über die weitere Entwicklung und das Kartenkauf-Prozedere die o.g. Internetseiten konsultieren.

KwaZulu-Natal gastronomisch

Südafrikani-
sche Küche
Südafrikas Küche ist so unterschiedlich wie sein buntes Völkerge-misch. Sie wurzelt in den Nahrungsmitteln der frühen holländischen, eng-lischen und französischen Siedler und wurde später ergänzt und verfeinert durch die Gewürze und Gerichte der Malaien am Kap und der Inder in KwaZulu-Natal. Durban ist eine Hochburg der indischen Küche. Typisch ist vor allem *Curry,* ein ragoutähnliches und nach indischer Art mit Kurkuma, Koriander, Kardamom und anderen exotischen Zutaten ge-würztes Gericht in zahlreichen Varianten mit diversen Fleischsorten oder vegetarisch. Ein Vorteil von Durban ist, dass es dort zahllose Restaurants mit Küchen vieler europäischer und asiatischer Länder gibt.

Längst hat sich in Südafrika natürlich auch die internationale Einheits-Gastronomie etabliert. Zahlreiche Kettenrestaurants bieten Pizza & Pa-sta, Fish 'n' Chips, Ham- & Cheeseburger.

Die „Arme-Leute-Küche" der schwarzen Südafrikaner ist jedoch mit nur wenigen Rezepten und überlieferten einfachen Gerichten vertreten, wie beispielsweise dem traditionellen Maisbrei, auf afrikaans *mielie pap.* Allgemein spielt **Fleisch** in Südafrika eine große Rolle, die landesweite in-tensive Vieh- und Geflügelzucht garantiert ein immer preiswertes Ange-bot aller Qualitäten. Es gibt in nahezu jedem Ort Steak-Restaurants.

Braai
Beim geradezu kultisch zelebrierten südafrikanischen Barbecue, dem **Braai,** werden Grillwürste *(boerewors)* und zentimeterdicke Stücke vom Rind, Lamm oder Schwein auf den Rost gelegt. Exotisches Wild, wie Springbok, Kudu, Büffel, Warzenschwein oder gar Krokodil schafften es gleichfalls auf die Speisekarten. Probieren Sie auf alle Fälle einmal Strau-ßensteak. Da die Tiere überwiegend in Freilandhaltung aufwachsen ist

■ *Wenn der Tag*
geht knistert das
Braaifeuer
das Fleisch besonders aromatisch, fettarm und leicht bekömmlich. Dazu einen Rotwein. Wenn Sie im Restaurant ein Steak bestellen werden Sie gefragt, wie lange es gebraten werden soll: *rare, medium-rare, medium, medium-to-well-done* oder *well-done* (letzteres lieber nicht …).

Land & Leute

Frischer Fisch

Beliebt und in KwaZulu-Natal immer frisch sind außerdem Fische und Meeresfrüchte in allen Variationen, von Austern *(oysters)* über *Kingklip* – Südafrikas bester Fisch mit festem, weißem Fleisch – bis hin zu köstlichen Felslangusten *(crayfish)*. *Snoek,* ein etwas fetterer Fisch, ist eine herzhafte und meist geräucherte Barrakuda-Art. Schmackhaft ist auch *Hake* und *Tuna*. *Linefish* ist geangelter Fisch oder allgemein fangfrischer Fisch („catch of the day"). Als Beilagen werden Gemüse, Reis, Kartoffeln oder Süßkartoffeln gereicht und fast immer und überall wie in allen früheren englischen Ländern die unvermeidlichen *chips* (Pommes frites).

Gut durch den Tag

Wenn Sie gut, günstig oder abends mal stilvoll essen gehen wollen, fragen Sie einfach Ihre Rezeption oder Einheimische um deren aktuelle Tipps. Allgemein gut isst man immer in den von Eigentümern geführten Restaurants. Aber eigentlich wird man nie enttäuscht. Einen Tisch vorzubestellen ist üblich, besonders in gehobenen Restaurants. Nur in den Restaurants der Nationalparks sollten Sie nicht zu viel erwarten.

Allgemein ist bei Hotels und Gästehäusern und natürlich immer bei Bed&Breakfasts bei der Übernachtung ein umfangreiches **Frühstück** inbegriffen. Die Bedienung nimmt als erstes Ihre Wünsche für das üblich-britische „breakfast with fried tomatos, bacon, ham or pork sausage" auf und wie Sie die *eggs* haben wollen: *fried, scrambled* (*boiled* ist weniger üblich) oder als *omelette* mit *tomatoes and mushrooms*. Oft gibt es auch ein Büffet mit frischen Früchten, Joghurt, Müsli und frischgepressten Fruchtsäften. Greifen Sie kräftig zu, dann benötigen Sie mittags nur einen leichten Lunch. Der Abend wird dann mit dem **Dinner** zwischen 18 und 20 Uhr und einem guten Wein abgeschlossen. Bei Lodges liegen die Zeiten der Mahlzeiten häufig fest. Sorgen Sie dafür, dass Sie im Auto immer Wasser dabei haben.

Online Restaurant Guides

Möchten Sie tiefer in Südafrikas Gastro- und Restaurant-Landschaft einsteigen oder wollen Sie mal was Spezielles, so sollten Sie sich im Internet kundig machen. Viel angeklickt werden **www.restaurants.co.za, www.dining-out.co.za** und **www.eatout.co.za.** Auf letzterem finden Sie für KwaZulu-Natal beispielsweise über 200 empfehlenswerte Restaurants mit Bewertungen von Gästen. Gastronomie-Führer gibt es in Südafrika außerdem gedruckt als Zeitschriften.

Spezialitäten

Eine typisch südafrikanische Spezialität ist **Biltong,** luftgetrocknetes Fleisch nach der Konservierungsmethode der Voortrekker. Für die harten, salzigen Streifen verwendet man außer Fleisch vom Rind außerdem Springbock, Kudu oder Gemsbock. Gibt es zum Knabbern unterwegs in jedem Supermarkt oder auch noch auf dem Flughafen als Reisemitbringsel. *Chakalaka* ist eine Würzsoße bzw. ein Gemüse-Relish von mild bis superscharf für Fleischgerichte, Stews, *pap* und dergleichen.

Bekannte Gerichte der **malaiischen** Küche Südafrikas sind **sosaties** (zart marinierte Fleischspieße, über heißen Kohlen gegart), **bobotie** („gemischte Reste"), ein Hackfleisch-Auflauf aus Rind- oder Lammfleisch mit Ei, Rosinen, Curcuma-Reis und vielem Currygewürz, oder **bredie,** ein Eintopf mit Gemüse und Lamm, Hühnchen oder Fisch. Ebenfalls dem malaiisch/asiatischen Spektrum entstammen **samoosas,** kleine, mit Fleisch- oder Gemüsecurry gefüllte Teigtaschen, heiß aus dem Ofen. **Waterblommetjie bredie** ist ein traditionelles Kapgericht, ein Eintopf aus Hammelfleisch, hyazinthenähnlichen Wasserblumen und Weißwein.

Auch die Engländer haben außer ihrem deftigen Frühstück ein paar „kulinarische" Spuren hinterlassen, z.B. *Meat pies, Roastbeef, Stews, Leg of lamb with mint sauce.* Ein angenehmer auf die Briten zurückgehender Brauch ist der Fünf-Uhr-Tee mit *Scones* und Sandwiches.

Weitere Spezialitäten mit *afrikaansen* Namen:

boerewors – wörtlich „Bauernwurst". Deftige Grillwürste aus Rind- oder Lammfleisch, die zu praktisch jedem Braai gehören, oft halbmeterlang und zur Schneckennudel aufgerollt.

droewors – eine traditionelle, gut gewürzte, luftgetrocknete Wurst.

geelrys – mit Kurkuma gelbgefärbter und gewürzter Reis, vielfach mit Rosinen und gekochten Eiern.

mielie – Mais, Maiskolben

Pap en sous – Maisbrei mit Tomaten-Zwiebel-Soße

patty pans – (engl.) süße Kürbisse, oft mit Zimt und Zucker und Orangeat zusammen gekocht.

Rooibos – populärer südafrikanischer Tee aus den Blattspitzen des Rotbusches.

Restaurants „Wait to be seated" ist üblich, die Bedienung weist Ihnen einen nach Ihren Wünschen (Raucher/Nichtraucher) und der Anzahl der Personen geeigneten Tisch zu.

Nicht jedes Restaurant verfügt über eine volle Alkohol-Lizenz, ein Außenschild „YYY" meint „fully licensed", also Ausschank jeglicher alkoholischer Getränke. Manche dürfen nur Wein und Bier ausschenken (YY) oder Alkohol nur mit Mahlzeiten servieren (Y). **BYO** meint „bring your own", der Gast kann seine eigene Flasche Wein mitbringen. Darauf wird meist ein geringer Aufschlag, die *Corkage fee*, berechnet, für die Gläser und das Entkorken. An Sonntagen muss man in manchen Restaurants damit rechnen, alkoholische Getränke nur in Verbindung mit einem Essen zu bekommen. Mit „the bill/the check, please" fragt man nach der Rechnung. Als Trinkgeld – *tip* – gibt man in Restaurants gut 10% des Rechnungsbetrags, wobei es sich so verhält, dass viele Bedienungen – fast immer sehr aufmerksame und höfliche junge Leute – ihre Hauptvergütung aus Trinkgeldern beziehen.

Land & Leute

■ *Fast food ...*

Südafrikanische **Ketten-Restaurants** sind beispielsweise *Mike's Kitchen, Steers* oder *Nandos,* letzterer ein Spezialist für gute Gerichte rund um Huhn & Hähnchen. Hervorragende Pizzen, im Restaurant oder zum Bestellen/Mitnehmen, bieten die Filialen von *St. Elmos'*. Spezialisten für Seafood und Fisch sind die Restaurants von *Ocean Basket*. Ein beliebtes südafrikanisches Familien- und kinderfreundliches Restaurant ist *Spur*. Die geschmackvoll eingerichteten Filialen von *Mugg & Bean* finden sich meist in den großen Einkaufszentren. Neben hervorragendem Frühstück, Lunch & Dinner gibt es dort viele kleine Gerichte, Leckereien und guten Kaffee mit kostenlosem Nachschenken.

Primi Piatti ist wohl das beste Ketten-Restaurant Südafrikas, in KwaZulu-Natal gibt es eins in Ballito (North Coast), Pietermaritzburg und im Gateway Theatre of Shopping in Umhlanga. Vegetarisches bekommen Sie in erster Linie in indischen oder in chinesischen Restaurants.

Für den kleinen Hunger oder was zum Mitnehmen geht man zu einem **Take Away,** die Fish 'n' Chips, Pies, gefülltes Pita, Hühnchen, Pizzaschnitte oder Hamburger anbieten. Nicht alltägliche und vegetarische Imbissvarianten bieten die indischen oder chinesischen Take Aways. Empfehlenswert sind auf dem Land die kleinen Lebensmittel-Läden mit einer Imbiss-Ecke, die günstige Kost, meist aus der Küche der Hausfrau, anbieten.

Selbstversorgung

Selbstversorgung ist in KwaZulu-Natal überhaupt kein Problem. Die Food-Abteilungen der Supermärkte bieten ein hervorragend sortiertes und riesiges Angebot an Lebensmitteln und Frische-Theken sowie Backwaren aller Art. Führend in Vielfalt und Qualität sind besonders die Supermärkte **Woolworths,** aber auch **Pick 'n Pay** und **Spar/Superspar.** Preiswert ist **Shoprite/Checkers.** Größere Supermärkte haben am Sonntag Vormittag geöffnet. *Delis* („Delikatessen") verkaufen eher hochwertige Lebensmittel.

Viele Supermärkte offerieren außerdem günstige, warme **(Tages-)Gerichte,** entweder zum sofort essen an ein paar Tischchen oder als *take away*. Außerdem gibt es für ein Braai Nudel-, Kartoffel- oder grüne Salate und andere Beilagen oder Sandwichs für ein Picknick. Für uns sind diese Essecken in Supermärkten an einem Reisetag die bequemere, schnellere und billigere Variante, als z.B. seinen Lunch selbst zuzubereiten oder bei der Suche nach einem genehmen Restaurant Zeit zu verlieren.

■ *... und Slow food*

Fürs bereits erwähnte **Braai** ist das Fleischangebot immens. In allen Qualitätsklassen und Abpackungsgrößen bekommt man Saftiges vom Rind, Lamm, Kalb, Schwein, Strauß oder Wildsorten. Beim Steakkauf am besten zartes Filet vorziehen. Einen Versuch wert sind vielleicht auch einmal *spare ribs,* eingelegte Schweinerippchen.

Günstig und hauptsächlich Farmfrisches und Früchte kann man unterwegs an **Farm Stalls** einkaufen, meist gleich neben der Straße. Achten Sie auf Hinweisschilder.

Für Selbstverpfleger, Camper und Selbstfahrer ist mit das wichtigste Requisit an Bord die **Cool Box.** Es gibt sie in verschiedenen Ausführungen in Supermärkten und Outdoor-Geschäften. Ruhig eine etwas größere nehmen, denn das Eis allein benötigt schon viel Platz. *Ice cubes* gibt es fast an jeder Tankstelle, im Supermarkt oder in Bottle Stores. Wer Picknick machen oder ab und zu Grillen möchte – an vielen Rastplätzen, in Naturschutzgebieten und vor allem auf Self catering-Übernachtungsplätzen gibt es Grillplätze – sollte sich mit Grillkohle *(charcoal)* oder einem Bündel Holz und einer Anzündhilfe eindecken. Kaufen Sie auch eine Rolle Alufolie in starker Qualität und bei einem Grillgitter jenen Typ, bei dem man das Fleisch zwischenspannen kann. Mit dieser Ausstattung steht einem genussvollen Braai mit kaltem Bier aus der Box nichts mehr im Wege.

Nachtisch

Die Süßspeisen der früheren holländischen Einwanderer sind besonders „lekker": Eine *melktert* („Milchtorte") ist ein delikater, süßer Kuchen mit Blätterteigboden und Eiweiß-Zimt-Soufflé zum Nachmittagskaffee, und in *koeksisters,* beinahe ein Nationalgericht, verbirgt sich geflochtenes, frittiertes Gebäck, das in Sirup getaucht wird – sehr klebrig und kalorienhaltig! *Malva pudding* ist gleichfalls ein traditionelles Dessert aus Aprikosenmarmelade und einem Spritzer Essig. Typisch britische Spezialitäten sind *scones* und *muffins.* Gebäck und Kuchen kann manchmal leicht salzig schmecken, da südafrikanische Butter und Margarine oft gesalzen daherkommt. Allerbestes Kaffee- und Kuchengebäck bekommt man in von Europäern geführten Cafés, doch die sind selten in KwaZulu-Natal.

Indische Küche

Für den Autor gilt die indische Küche als Inbegriff aller Gaumenerlebnisse. Was liegt also näher, als in Durban und KwaZulu-Natal mit seinen zahllosen indischen Restaurants sich diese wunderbare Kochkultur des öfteren zu gönnen? Hier ein Schnellkurs (s.a. S. 163):
Unter dem international bekanntesten Wort der indischen Küche, nämlich *curry,* verstehen Europäer meist eine fertige Gewürzmischung, Currypulver. Nicht so bei den Indern: Curry ist bei ihnen ein Gericht, vergleichbar mit einem Ragout, während die zahllosen Gewürzmischungen als *masala* bezeichnet werden. Besonders köstlich und variantenreich ist die nordindische Küche mit cremigen, würzigen Soßen und z.B. marinierten Hühnchen *(chicken tikka masala),* Fleisch oder Fisch. Dort haben die bekannten *Tandoori*-Gerichte (Zubereitung in einem Lehmofen) oder *kebabs,* Grill- oder Gemüsespieße, ihren Ursprung. Dazu wird im Ofen gebackenes Fladenbrot gereicht, *chappatis, roti* oder *nan.* Die Küche Südindiens ist in der Regel schärfer und eher vegetarisch mit Reis als Basis. Einige Begriffe der indischen Speisekarte:
masala: Gewürzmischung • *chai masala:* Tee mit Milch und Gewürzen, z.B. Kardamom und Ingwer • *tikka:* Huhn (*chicken tikka masala, chicken tikka tandoori*) • *dal:* Linsen • *masala dosa:* Pfannkuchen • *papadam:* dünne Linsenfladen, frittiert oder gebacken, als Appetitanreger • Bestandteil vieler Süßspeisen ist *koah,* eingekochte Milch. • *kheer:* Milchreispudding • *raita:* kalte Gerichte auf Joghurtbasis • *lassi:* Joghurt-Getränk • *toddy, fenny:* alkoholisches Palmsaft-Getränk • *bunny chow:* ein kleines halbes Weißbrot wird ausgehöhlt und mit beliebigem Curry gefüllt.

Getränke   Ein typisch südafrikanisches Getränk ist **Rooibos-Tee,** wohlschmeckend und gesund aus den Blattspitzen des Rotbusches. Rooibos-Tee ist komplett koffeinfrei und deshalb ideal für Kinder geeignet. Sie können ihn mittlerweile auch bei uns kaufen. Probieren Sie einmal einen *Apple-* oder *Grapetizer* – ist besser als Cola oder nur Wasser.

Alkoholisches

Biere   Wie bereits erwähnt, kauft man Alkoholisches in Südafrika in *Bottle Stores.* Weine gibt es außerdem in den Supermärkten.

Doch zunächst zum **Bier:** Sorry, South Africa, unter allen euren Sorten wie *Castle Lager, Black Label, Mitchell's* und anderen bevorzugen wir doch lieber aus Namibia ein *Windhoek Lager* oder ein *Hansa,* gebraut

nach dem deutschen Reinheitsgebot. Im Übrigen gibt es über südafrikanische Biere nichts Negatives zu sagen. Der geringe Alkoholgehalt kommt einem erhöhten Konsum bei den hohen Temperaturen schon mal entgegen, und es gibt auch Light-Sorten.

KwaZulu-Natal besitzt überdies einige Klein- bzw. Microbrauereien, deren Braumeister es verstehen, süffige Hausmarken zu brauen. Besuchen Sie in den Midlands in Nottingham Road das *Rawdon's Estate,* wo im altenglischen Pub eigener Gerstensaft gezapft wird. Um die Kleinbrauereien zu unterstützen, hob man die **KZN-„Bierroute"** aus der Taufe (Details auf www.zulu.org.za/routes). Sie extra abzufahren lohnt aber kaum, im Reiseteil wird auf die weiteren Kleinbrauereien hingewiesen (*Firkin Brew Pub* im Shopping Centre *Pavilion* in Durban, *Farmers Brewery* in Hattingspruit nördlich von Dundee/Endumeni und die *Zululand Company Brewery* in Eshowe).

Auf die traditionelle afrikanische „Bier"herstellung für den Eigenbedarf versteht man sich in den Dörfern der Zulu, wo mit Mais oder Hirse und

Wasser das kaum alkoholhaltige *utshwala* angesetzt wird. Dieses „Local beer" auf gleicher Hirse- oder Maisbasis gibt es außerdem in Läden in Tetrapacks zu kaufen. Vor dem Trinken muss es gut geschüttelt werden.

Probieren Sie mal eine echt südafrikanische Spezialität, **Amarula,** einen Creme-Likör aus den Früchten des Marula-Baums.

Gut und erfrischend schmeckt das trendige **Savanna,** ein Cider aus Granny Smith-Äpfeln vom Western Cape. Trinkt man mit einem Zitronenschnitz aus der Flasche. 6% Alkohol und auch in Light-Version.

Wein

Weinreben brachten in Südafrika die französischen Hugenotten mit ins Land, Weinanbau hat also eine lange Tradition. Seit Jahrzehnten produziert Südafrika hervorragende Weine, die mit weltweit großen Marken keinen Vergleich scheuen müssen. Für den Autor sind Südafrikareisen ohne einen abendlichen Pinot Noir oder Shiraz schlicht nicht vorstellbar.

Wein-Hauptanbaugebiet in Südafrika ist traditionell die Region um Kapstadt. Doch seit 2007 können Sie nun ein Weingut in KwaZulu-Natal besuchen, „The Stables Wine Estate" in den Midlands (s.S. 400). Es ist das erste Weingut KwaZulu-Natals und der Anfang einer geplanten Weinroute.

■ *Welche gute Sorte nehme ich heute nur …*

Rotweine *Cabernet Sauvignon:* sehr beliebt, viele Aromen, großartige Sorten, Ausbau oft in Eichenfässern. *Merlot:* weicher Abgang, Geschmack nach Schwarzbeeren, Pflaumen, Gewürzen. *Pinot Noir:* unser Spätburgunder, eine der großen Rotweinsorten. Wohlschmeckend und samtig. *Cinsaut:* vollmundiger, dunkler Rotwein. *Pinotage:* seit 1925 eine eigene südafrikanische Rebsorte, Kreuzung aus Pinot Noir und Cinsault. Fruchtbetont, Kirsch-, Wildkräuter- und Rote Beeren-Aromen. *Shiraz:* eine eher schwere Sorte, wohlschmeckend, mit Tiefgang, bestens geeignet zum „Absacken".

Weißweine *Chardonnay:* weltbekannt und beliebt, Ausbau im Eichenfass, Geschmack nach Zitrus, Ananas, Honig, Melone. *Chenin Blanc: beliebt, körperreich. Viele Variationen, von trocken über fruchtbetont bis süß. Sauvignon Blanc: Die weiße Schwester des roten, genauso beliebt. Benötigt kühlere Lagen. Stachelbeer-, Gras- und Paprika-Aromen. Sémillon:* körperreicher, spezieller Südafrika-Weißwein, früher weit verbreitet (bush wine). heute selten und begehrt. Außerordentliche Aromen, die jeden Weinkenner begeistern.

Unterkünfte

Wie man sich bettet ...

Wie in ganz Südafrika können Touristen auch in KwaZulu-Natal aus einer großen Vielfalt und Menge an Unterkünften wählen, deshalb hier ein etwas längeres Kapitel. Sowohl Rucksackreisende, „Normalos" wie auch Luxusverwöhnte finden Entsprechendes. Selbst kleinere Orte haben oft eine Tourist Information mit einem Verzeichnis aller örtlichen Unterkünfte und jener in der Umgebung und können dann gleich von dort aus gebucht werden. Ratsam ist es, besonders wenn man in der **Hochsaison** oder in Schulferienzeiten unterwegs ist, vorher anzurufen und sich zu erkundigen ob noch ein Zimmer frei ist. Wenn nicht, kann man Ihnen vielleicht Alternativen nennen.

Südafrikanische Saisonzeiten

Meist **erhöhen oder vermindern** sich die Unterkunftspreise **im Ablauf eines Jahres.** Manchmal gibt es auch nur einen *all year round*-Tarif.
Winter Season 1. Mai – 31. August bzw. 15./30. September
(Manche Unterkünfte haben noch einen Preis für September/Oktober = Zwischensaison, bevor dann ab 1. November meistens die neuen/höheren Preise genommen werden).
Summer Season 1. Nov. – 30. April • *Peak Season* 20. Dez. – 5. Januar
Off season, Low season – Nebensaison

Nomen est omen?

Was es nicht alles gibt: *Lodges, Bush Camps, Hotels, Country Guest Houses, Luxury Safari Lodges, Bed & Breakfast (B&B), Cottages, Motels, Inns, Traditional Zulu Huts, Rondavels* etc. Budget-Reisende haben sicherlich Vorlieben für *Youth-* und *Backpacker Hostels, Self catering Establishments, Campsites, Caravan Parks, Cave-* und *Trail Huts,* etc. Von all den vielen Bezeichnungen nicht verwirren lassen. **Es gibt in Südafrika keine verbindliche oder einheitliche Firmierung von Unterkünften.** So führen zum Beispiel etliche Backpacker-Häuser den Zusatz „Lodge".

Bed&Breakfast-Häuser sind nicht immer ausschließlich Tante-Emma-Unterkünfte, sondern es gibt sie auch in exzellenter Qualität und entsprechend hochpreisig.

Die **Bezeichnung „en suite"** hat nichts mit einer (Hotel-)Suite oder Zimmerflucht zu tun, sondern ist ein Zimmer mit angeschlossenem Bad, Dusche und WC. Das Gegenstück ist ein Gemeinschaftsbad, *communal facilities*. „Half board" heißt Halbpension, Vollpension „full board". Allgemein sind die Standards des südafrikanischen Beherbergungswesens hoch bis sehr hoch. Besonders auf dem Land sind die Zimmer immer sauber und gepflegt. Nach Erhebungen bevorzugen weiße Reisende ganz überwiegend *Bed&Breakfasts, Guest Houses* und *Self catering*-Unterkünfte.

Was in Südafrika sehr angenehm ist: In den Zimmern steht oft ein Tablett mit Teebeuteln, Pulverkaffee, Milch/Zucker und ein Wasserkocher zur Benutzung bereit (wenn nicht, gibt es meist eine Gästeküche). Manchmal ist in den Zimmern auch ein kleiner Kühlschrank vorhanden.

Tipps — Es ist durchaus üblich, das Zimmer und das Bad vor dem Einchecken anzuschauen. Achten Sie darauf, ob es eine Dusche statt der manchmal üblichen Badewanne gibt (ja, ja, die Engländer benötigen ihre Badewanne auch im Busch). Manchmal kann man wählen zwischen einem *Twin Room* (zwei Betten) und einem *Double Room* mit Doppelbett. In Stadthotels nach eventuellem Bar- oder Diskothekenbetrieb erkundigen, die die Nachtruhe stören. Halten Sie nachts immer eine Taschenlampe bereit, es kommt in Südafrika des öfteren zu Stromausfällen. Generell ist es in oberen Stockwerken – sofern vorhanden – ruhiger und auch sicherer. Sofern vorhanden, ist der schönste Raum in vielen Unterkünften der sogenannte *Honeymoon Room* bzw. die *Honeymoon Suite* – wobei man aber nicht unbedingt Flitterwöchner sein muss, um mal wieder höchst romantisch die Nacht zu verbringen.

Geld sparen — In der **Nebensaison** und auch **unter der Woche** („midweek specials") sind bei Bed&Breakfasts und anderen eigentümer- bzw. managergeführten Unterkünften oft erhebliche Rabatte erhältlich, gerade bei einer ad-hoc-Buchung. Am besten munter nachfragen: „Do you have specials" oder „What is your best price for the room?" Für die Besitzer ist es allemal besser, irgendwen zu bekommen, als die Zimmer leerstehen zu lassen. 30–50%ige Ermäßigungen oder Spezialangebote mit Dinner für zwei sind in reiseschwächeren Zeiten keine Seltenheit. Ob es Sonderpreise gibt, erfahren Sie vorab von der Website der Unterkunft („Special offers").

Rating nach TGCSA-Sternen — Das *Tourism Grading Council of South Africa* (TGCSA, *www.tourismgrading.co.za)* ist eine regierungsamtliche Instanz in Südafrika, die die Qualität einer Unterkunft durch die Vergabe von **1 bis 5 Sternen** indiziert. Dieses Council bewertet nach einem eigenen Kriterienkatalog und prüft in Abständen nach, ob der Standard eingehalten wird. Diese (bunten) TGCSA-Sterne bekommen auf Antrag nicht nur Hotels verliehen, sondern auch Lodges, Bed&Breakfasts, Self Catering-Unterkünfte, Caravanparks und Campingplätze und sogar Backpacker-Hostels. Ziehen Sie aber jedesmal einen Stern ab, dann erleben Sie bestimmt keine Enttäuschung. Es gibt aber auch Unterkünfte, die keinen Stern aufweisen und trotzdem – da persönlich geführt – tadellos sind!

Unterkünfte hier im Buch Der Auswahl der Unterkünfte in diesem Buch liegen unsere eigenen Erfahrungen und die von anderen Reisenden zugrunde oder es sind bewährte Adressen aus unseren anderen Südafrika-Reiseführern. Auf den Websites der Unterkünfte können Sie sich vorab ein Bild machen. Wenn Sie mal mit einem Haus nicht zufrieden waren oder was tolles Neues entdeckt haben – lassen Sie es uns wissen.

Wir haben fünf Kategorien erstellt, aus denen sich das Preisniveau ableitet: **Luxus, Comfort, Touristic, Budget** und **Camping (s.u.).** Ein vorangestelltes ***Sternchen** bedeutet: unsere Empfehlung.

Preisangaben / Kürzel Die Preise für eine Übernachtung (Ü) sind in diesem Buch überwiegend **pro Person (p.P.) im Doppelzimmer** angegeben, dies ist nämlich in Südafrika Usus („pp sharing"). Eine Preisangabe für ein **Doppelzimmer** (DZ) gilt für **zwei** Personen. Ist das Frühstück (F) mit im Preis eingeschlossen, was die Regel ist, lauten die Kürzel **DZ/F** (für zwei Personen) oder **ÜF p.P.** (für eine Person). Alle Preise gelten auch durchweg für die **Hauptsaison** von Oktober/November bis April. Auf der Website einer ausgewählten Unterkunft können Sie den aktuell ganz genauen Preis erfahren und ob z.B. preisreduzierte „Special offers" angeboten werden. Buchen ist natürlich auch gleich möglich. Die Angabe **„DBB"** steht in Südafrika für „Dinner, Bed & Breakfast" (hier im Buch **Dinner+ÜF**).

2009 wurden die Preise wegen der Fußball-WM kräftig angehoben – selbst bei Unterkünften, die 100 Kilometer von Durban entfernt liegen …

Preiskategorien **in diesem Buch:** An der Spitze stehen die **Luxushotels** und Nobelresorts. Ihre Preise beginnen **ab etwa R850 pro Person,** nach oben ohne Limit. In dieser Kategorie kann man das Beste erwarten, was Südafrika zu bieten hat.

Comfort: In der Comfort („upmarket")-Kategorie bewegen sich die **Preise pro Person zwischen R500 und R850.** Hier finden sich sowohl gute Hotels als auch sehr komfortable Wild- und Gästefarmen. Bei solchen Übernachtungspreisen kann man mit gutem Service, komfortabler Unterbringung und moderner Ausstattung rechnen **(s. Foto).**

Touristic: Wer pro Person für eine Übernachtung **zwischen R300 und R500** hinlegt, erhält meist einen ausgezeichneten Gegenwert. Viele noble Gästehäuser und gute Stadthotels fallen in diese Kategorie.

Budget: In der Budget-Klasse sind durchaus nicht nur die „billigen" Herbergen zu finden, auch schöne Gästefarmen und private Bed&Breakfasts. Stadthotels in dieser Preisklasse sind dagegen mit Vorsicht zu genießen. Die Preise bewegen sich **bis R200 p.P.** In diese Kategorie fallen auch **Hostels und Backpackerunterkünfte.**

Unterkünfte im Internet suchen

Im Internet finden Sie auf diversen Südafrika-Websites zahlreiche Unterkunft-Datenbanken, z.B. auf der des Automobil-Clubs AA, www.aatravel.co.za (stellen Sie „KwaZulu-Natal" ein). Die Resultate werden mit Fotos, Preisen und dem Sterne-Ranking der TGCSA vorgestellt. Andere Sammelwebsites mit Unterkunfts-Datenbanken sind z.B.:

www.accommodationsa.co.za • www.backpacking.co.za und www.backpack.co.za (für Backpacker) • www.booknowsa.com • www.bookabedahead.co.za • www.btsa.co.za (günstig reisen in Südafrika) • www.drakensberg-accommodation.com • www.ebookingssa.com • www.getaways.co.za (upmarket) • www.greenwoodguides.com (upmarket) • www.wheretostay.co.za (gut aufbereitet!) • www.ghasa.co.za • www.guestlodges.co.za • www.hotels.co.za • www.sa-venues.com.

Camping & Caravaning s.S. 102

Haben Sie etwas gefunden was Ihnen zusagt, so gehen Sie möglichst immer direkt auf die Hauptseite einer Unterkunft – sofern existent – und buchen dort. Am Beginn der Beschreibung der Tourismusregionen werden jeweils weitere Unterkunfts-Sammelwebseiten genannt.

www. suedafrika perfekt.de

Auf unserem Südafrika-Reiseportal **www.suedafrikaperfekt.de** finden Sie gleichfalls ein große Anzahl von Unterkünften, nicht nur für KwaZulu-Natal, sondern für alle Provinzen Südafrikas. Viele dieser Bed&Breakfast und andere Unterkunftsarten werden auch in unseren Südafrika-Reiseführern empfohlen.

Gedruckte Unterkunftsführer

Gedruckte Accommodation Guides – und gleichfalls mit parallelen Websites – gibt es für Südafrika einige. Bekannt sind die drei Ausgaben der Portfolio-Reihe, www.portfoliocollection.com: „The Country Places and Safari Collection", „Retreats Collection" und „Bed & Breakfast Collection" mit oft sehr schönen und stilvollen, aber teuren Plätzen. Nur solche Häuser werden aufgenommen, die Inserate in den kostenlos verteilten Broschüren schalten, das heißt, nicht alle Unterkünfte sind wirklich gut und die Führer sind redaktionell nicht unabhängig.

Ähnlich wie Portfolio bietet auch die Caraville-Gruppe zahlreiche Unterkünfte in diversen Kategorien an *(Exklusive, Private Hotels & Lodges, Town & Country Houses, Carefree Getaway)*. Es gibt drei Broschüren: *Caraville Private Collection Hotels & Lodges, Caraville Getaways* und *Caraville Guesthouses.* Informationen unter www.caravillecollection.com und www.caraville.co.za. Es gibt ein Caraville-Büro in Deutschland: Tel. 02903-41345, Fax 41346, birgit@caraville.com.

Außerdem liegen in fast allen Unterkünften in KwaZulu-Natal sowie in der Tourist Junction in Durban jede Menge kostenloser Accommodations-Broschüren und Faltblätter für KwaZulu-Natals Reiseregionen aus.

Wir empfehlen unsere REISE KNOW-HOW Übernachtungsführer von Bettina Romanjuk, die ab Sommer 2009 in zwei Bänden herauskommen werden. Bis dahin sind beide Bücher noch bei www.romanjuk.de erhältlich. Für KwaZulu-Natal ist der Band 2 der richtige, er führt Unterkünfte aller südafrikanischen Provinzen außer dem Western Cape auf. Auf jeweils rund 240 Seiten werden – mit Preiskategorien, Infos und Fotos – rund 500 Bed&Breakfasts, Guesthouses, Lodges, Hotel, Self catering-Unterkünfte etc. beschrieben.

Wissenswertes zu südafrikanischen Unterkünften

(s.a. unten, „Unterkunftsarten in den Tier- und Naturschutzparks")

Hotels, Pensionen, Lodges
Mittelklassehotels bieten manchmal unterschiedliche Zimmerqualitäten an, außer *standard* ab und zu auch *de luxe*. Manchmal werden Zimmer mit einer extra Sitzgruppe als *suite* bezeichnet, ohne über eine zusätzliche Lounge zu verfügen. Beim Preis muss man immer auch die enthaltenen Leistungen berücksichtigen. Des öfteren sind nämlich, besonders bei Tierpark-Lodges, freie Pirschfahrten, geführte Wanderungen und Frühstück/Abendessen inklusive bzw. es geht gar nicht anders, weil man in der Wildnis ist.

Hotelketten
Südafrikas größte Hotelkette heißt **Protea** und ist mit über 20 Hotels in KwaZulu-Natal vertreten, in Durban allein ein halbes Dutzend. Protea-Hotels haben meist 3–5 Sterne, darunter gibt es sehr schöne Landhotels (auch Shakaland gehört zu Protea). Auf www.proteahotels.com können Sie alle ansehen, es gibt ständig „Special offers".

Zur Gruppe **Southern Sun** (www.southernsun.com) gehören in Durban an der „Golden Mile" das Suncoast Hotel & Towers, das Elangeni, das Garden Court Marine Parade und die Garden Courts South Beach und North Beach. In Ulundi/oLundi das Garden Court Ulundi.

Formula 1 Hotels gibt es landesweit, www.hotelformule1.co.za. Konzept: supergünstige Zimmer mit supergeringem Service. In KwaZulu-Natal in Durban an der NMR Avenue 65 und in Richards Bay.

City Lodge (www.citylodge.co.za) ist eine upmarket-Hotelkette in vielen Städten Südafrikas. In KwaZulu-Natal gibt es City-Lodge-Hotels in Durban und Richards Bay.

Guest House / Country House
Ein *Guest House* ist eine Art (umgebaute) Privatpension, wobei das Frühstück häufig nicht im Zimmerpreis enthalten ist. In die *Guest House Association of Southern Africa* (GHASA) werden nur Häuser mit hohem Standard aufgenommen. Eine komplette Mahlzeit am Tag muss im Angebot sein. Außerdem muss sich jemand hauptberuflich dem Wohl der Gäste widmen. Weitere Infos mit Suchfunktion für Häuser in KwaZulu-Natal auf www.ghasa.co.za. Ein **Country House** ist ein größeres Gästehaus in schöner ländlicher Umgebung, oft in Nähe eines *Nature Reserves*.

Backpacker Hostels
Backpacker Hostels, kurz *Backpackers* genannt, haben sich längst vom muffigen Jugendherbergs-Ambiente verabschiedet und sind heute auch in Südafrika die beste Möglichkeit, um preiswert Land und Leute kennenzulernen. Sie bieten günstige Übernachtung in Mehrbett- oder Doppelzimmern mit *communal facilities,* eine Küche zur Selbstversorgung, meist einen Abhol- und Bringservice vom Bus oder Airport und sind größtenteils an das Streckennetz der **Baz-Busse** (s.S. 139) angeschlossen. Junggebliebene können also auch ohne Mietwagen Südafrika intensiv bereisen. In KwaZulu-Natal gibt es sehr viele Backpackers, allein in Durban rund zehn.

Webseiten: www.backpacking.co.za, www.btsa.co.za u. www.backpack.co.za.

Bed&Break-fast („B&B")

Diese alteingeführte Institution in englischsprachigen Ländern ist eine Unterkunft bei Privatleuten bzw. in Privathäusern, wobei im Preis immer ein zumeist warmes Frühstück enthalten ist. Eine preisgünstige Alternative zu Hotels und geradezu ideal beim Reisen durch ländliche Bereiche, wo es sie fast überall gibt. Ein hauseigenes Restaurant gibt es jedoch nicht, nur den Frühstücks- und meist auch einen Aufenthaltsraum. Es herrscht eine nette, persönliche Atmosphä-re, man kann sich mit anderen Reisenden austauschen und man fühlt sich wohl. Die Gastgeber sind oft sehr entgegenkommend und gehen auf die Wünsche der Gäste ein. Meist nur wenige Zimmer, deshalb sind B&Bs, vor allem in der Saison, oft schnell ausgebucht. Lunches und/oder Dinners gibt es manchmal optional und zu Extrakosten. Etliche B&B verlangen Barzahlung, verfügen über keine Kreditkarten-Maschine. Die Besitzer haben sich zu lokalen oder zu großen Verbänden (www.babasa.co.za) zusammengeschlossen, die die Häuser der Mitglieder jährlich auf gewisse Standards prüfen, Broschüren herausgeben oder einen gemeinsamen Internet-Auftritt haben.

Land & Leute

■ *Meistbesucht: das klassische Bed & Breakfast*

Self catering (SC)

Self catering Accommodation oder Self catering Unit ist ein weiterer Begriff, der nichts über die Kategorie der angebotenen Unterkunft aussagt, sondern nur darüber, dass es sich um Übernachten auf der Basis von Selbstversorgung handelt. Das kann sein: ein ganzes Haus, Apartment, Chalet, Cottage, Bungalow, Rondavel, Zeltunterkunft. In der Stadt, in Ferienresorts, in National- oder anderen Naturparks, eine Ferienwohnung auf einer Farm oder in Apartmenthäusern an der Küste. Also die richtige Übernachtungsart für diejenigen, denen günstige Preise, Unabhängigkeit und Privatheit wichtig sind.

Generell kann man beim Buchen davon ausgehen, dass jedesmal eine voll eingerichtete Küche mit Herd, Kochgeschirr, Besteck und Töpfen vorhanden sind. Bettwäsche sollte auch gestellt sein.

**Camping &
Caravan-
Plätze**

Am schönsten campt man in KwaZulu-Natals **Provincial Parks** und **Nature Reserves**. Generell ist zu unterscheiden zwischen öffentlichen – *public/community/municipal* – und *private campgrounds*. Die privaten sind fast immer in einem besseren Zustand als öffentliche bzw. städtische, wobei letztere manchmal sogar kostenlos benutzt werden können. Aus Sicherheitsgründen sollte man nur auf bewachten bzw. privaten Campingplätzen nächtigen, und auch nicht „wild"! Auf vielen Campgrounds gibt es außerdem die Möglichkeit, eine Hütte oder ein Chalet zu mieten. Die Übernachtungspreise sind moderat, doch in der Hauptsaison können sie sich verdoppeln oder verdreifachen. Ein gedruckter Camping & Caravan-Führer ist *„The Camp & Live Guide",* der über 800 Caravan- und Camping Resorts von *„basic"* bis *„5-Stars"* im südlichen Afrika listet. Einsehbar und bestellbar über www.sa.caravanparks.com.

**Websites v.
Camping &
Caravan-
Plätzen**

www.sa.caravanparks.com listet bei „KwaZulu-Natal" nahezu alle Plätze auf – es sind weit über 200 – und stellt sie detailliert vor. Übersichtlicher ist die Seite *www.trekkersclub.co.za*. Listungen und Beschreibungen von Campingplätzen in KwaZulu-Natal und in ganz Südafrika bietet die Seite *www.essentialtravelinfo.com/campcaravan/south_africa.html* an.

Unterkünfte in KwaZulu-Natals staatlichen Provincial Parks, Nature- und Game Reserves

**Reservierung über
Ezemvelo**

KwaZulu-Natals Wildlife- und Naturschutzpark-Behörde heißt **Ezemvelo KZN Wildlife** (mehr über diese staatliche Organisation s.u.). Sie verwaltet und reserviert alle Unterkünfte in den Wild- und Naturparks der Provinz. Die Art der Unterkunft, ihre Größe und Ausstattung ist von Park zu Park verschieden wie auch die Übernachtungspreise (Hoch- und Nebensaison). **Möchten Sie eine Unterkunft** – oder z.B. eine geführte Wanderung – **buchen,** so wenden Sie sich telefonisch, per Fax, eMail oder brieflich an:

> **KZN Wildlife Reservations**, Telefon +27 (0)33 8451000, Fax +27 (0)33 8451001, P.O.Box 13069, Cascades 3202, KwaZulu-Natal / Südafrika. Die Website ist **www.kznwildlife.com** (oder -.net), die eMail bookings@kznwildlife.com.
> Telef.-Reservierungszeiten: Mo–Do 8.15–18 Uhr, Fr 8.15–16.15 Uhr, Sa 8–13 Uhr, So/Feiertag 9–12 Uhr (nicht am 24.12. und 1.1.). *General Information* Tel. + 27 (033) 8451002, webmail@kznwildlife.com

Am einfachsten reserviert man von Deutschland aus per Fax oder eMail. Anzugeben ist der volle Name, gewünschter Platz, Personenzahl, Kategorie, Zeitraum. Bei **Kreditkartenzahlung** ist nötig: Kartennummer, Ablauf der Gültigkeit und die dreistellige sogenannte CV-Nummer (bei VISA/ MasterCard auf der Kartenrückseite im Schreibfeld). Außerdem die Nummer Ihres Passes. Als Sicherheit wird die Gebühr für die ersten drei Nächte verlangt. Alternativen bezüglich der Übernachtungskategorie oder der Tage angeben. Auch sollte man alle Parks angeben, die man in KwaZulu-Natal besuchen möchte, manchmal bieten die Sachbearbeiter Alternativen an.

Stornierungen bereits bestätigter Reservierungen sind kostenpflichtig (zeitlich gestaffelt, innerhalb 14 Tage vor dem reservierten Termin wird der volle Übernachtungspreis fällig). R10 werden beim Ranger als Deposit für Übernachtungen in Wanderhütten und Höhlen hinterlegt. Kinder unter drei Jahren zahlen nichts, Drei- bis Zwölfjährige die Hälfte des Übernachtungspreises. Achtung: In Bush Camps, Bush Lodges, Tented Camps und auf Wilderness Trails sind Kinder manchmal nicht erlaubt! Details auf www.kznwildlife.com.

Unterkünfte in Tier- und Naturschutzgebieten

Tier- und viele Naturschutzgebiete verfügen über schön angelegte Restcamps, in denen in Rondavels, Bungalows oder Hütten übernachtet werden kann. Dabei sind die englischen Definitionen manchmal etwas verwirrend: So kann ein **Camp** zum einen ein Übernachtungsplatz bestückt mit Zelten sein (Biwak), aber auch bestehend aus einer Anzahl von Bungalows, Rondavels, Chalets, Huts oder Cottages. Ein solches Camp mit festen Bauten wird dann als „**Hutted Camp**" bezeichnet – zur Unterscheidung von einem **Campground** (Zeltplatz), wo man auf ausgewiesenen **Campsites** sein eigenes Zelt aufbaut oder in seinem Wohnmobil, Campervan oder Caravan übernachtet. **Bush Camps** liegen irgendwo abgeschieden in der Wildnis, weg von den formalen Rest Camps.

Self catering ist, wie erwähnt, Selbst- bzw. Eigenversorgung mit mitgebrachten Lebensmitteln (ein Teekocher ist bei solchen Unterkünften aber meist immer vorhanden). Bei *non-self-catering Units* nimmt man die Mahlzeiten im Restaurant des Camps ein. Die Bezeichnung *en-suite* meint ein Zimmer/eine Unit mit eigenem bzw. angeschlossenem Bad.

■ *Außergewöhnliche Gestaltung: Die Unterkünfte des Didima Camps in den Drakensbergen*

Bungalow	festes Haus mit mehreren Betten in ein oder zwei Schlafräumen mit einem Bad und Aufenthaltsraum. Bettwäsche, Kühlschrank, Geschirr und Besteck und manchmal Elektroplatte sind vorhanden bzw. stehen zur Verfügung.
Chalet	Chalets sind separate Häuschen mit oft traditionellem Rieddach, meist in einem Naturreservat (oder zu einem B&B oder Guest House gehörend) mit ein bis mehreren Schlafzimmern *(family chalets)*, Lounge/Esszimmer, Bad und vollausgestatteter kleiner Küche. Bettwäsche ist vorhanden. Gäste kochen/versorgen sich selbst und erledigen den Abwasch. Mit allgemeinem Service.
Cabins	Cabins sind vollausgestattete Übernachtungshütten mit einem oder mehreren Schlafräumen, Kitchenette, Bad und Aufenthaltsraum. *Dormitory cabins* sind

Land & Leute

Mehrbett- bzw. Hütten mit Stockbetten für bis zu 20 Personen. Bettwäsche wird jeweils gestellt. Die Gäste versorgen sich selbst.

Log Cabins Log cabins sind eine Art Blockhäuser mit gewöhnlich zwei oder drei Schlafräumen mit 5 oder 8 Betten oder Stockbetten. Mit Bad, Aufenthaltsraum, voll eingerichteter Küche. Bettwäsche wird gestellt. Gäste kochen/versorgen sich selbst und erledigen den Abwasch. Mit allgemeinem Service.

Cottage Ein Cottage ist ein alleinstehendes Häuschen mit 1–3 Schlafzimmern für bis zu 6 Personen *(family cottage),* Bad, Lounge/Essraum und einer voll eingerichteten Küche mit Kühlschrank. Bettwäsche und Handtücher werden gestellt. In einer zentralen Küche werden von Köchen Ihre mitgebrachten Lebensmittel zubereitet. B&Bs oder Guest Houses haben oft noch ein Garten-Cottage.

Rustic Cottages *Rustic cottages* sind, wie der Name sagt, die rustikalere Version der Cottages. Gäste bringen Bettzeug und Handtücher selbst mit. Unterschiedliche Anzahl von Schlafräumen und Betten, Bad, eingerichtete Küche mit Kühlschrank. Selbstversorgung. In manchen Rustic cottages in den Drakensbergen gibt es keinen Strom, aber zur Beleuchtung Gaslampen.

Guest Houses liegen meist an schönsten Stellen eines Parks, sind voll mit allem eingerichtet und mit mehreren Schlafzimmern. Für *eine* Mehrpersonengruppe oder größere Familie.

Rondavels *Rondavels,* die bekannten afrikanischen Rundhütten mit ihren riedgras- oder palmblattgedeckten Kegeldächern*) sind die meistverbreiteten *Rest huts* (mit rechteckigem Grundriss heißen sie übrigens *Squaredavels*). Sie haben nur einen runden Raum mit 1–4 Betten mit Bettwäsche, Kühlschrank, Geschirr und Besteck. Versorgung in Gemeinschaftsküche *(communal kitchen),* Sanitäranlagen gleichfalls gemeinsam. Luxuriöse Rondavels haben Privatbad, Kitchenette und Kühlschrank.
    *) die manchmal farbenprächtige Bemalung im geometrischen Design geht auf die Ndebele im Norden der Provinz Mpumalanga zurück.

Rustic Huts Sind rustikale 4- oder 8-Bett-Hütten mit Geschirr, Besteck und Kochutensilien. Handtücher und Bettzeug werden nicht gestellt. Kein Herd, kein Kühlschrank. Gekocht wird vor der Hütte auf offenen Feuerstellen.

Mountain oder Trail Huts Bergwanderer-Hütten mit 4, 8 oder 15 (Stock-)Betten. Einzelbelegung nicht möglich. Nur einfache Toilette, Gaskocher und kaltes Wasser. Selbstversorgung.

Lodges Lodges sind aus natürlichen Materialen erbaut (Holz), afrikanisch-stilvoll eingerichtet und verfügen über mehrere Doppelzimmer mit Privatbad, kleinem Kühlschrank und Kaffee- und Teekocher. Außerdem vorhanden ist eine Lounge, oft mit Bar, eine Küche mit Koch und ein Speiseraum. Das Dienstpersonal kümmert sich um alles. Es gibt auch einfache, rustikale Lodges für Selbstversorger mit dazu allem Nötigen. **Game-** oder **Bush Lodges** liegen abgeschieden in Tierschutzgebieten oder in herrlichen Naturlandschaften und bieten z.B. *Game drives* oder geführte Wanderungen mit Rangern.

Tented Camps In einem *tented camp* schläft man in großen Steilwand- bzw. Safarizelten aus starkem Segeltuch (Canvas) etwas erhöht auf Holzplattformen, oft mit einem festen Überdach. Die Zelte sind ausgestattet mit zwei Betten, Schrank, Tisch, Stühlen und meist auch mit Moskitonetz und Kochnische/Gaskühlschrank sowie Toilette. Dusche ist meist Open-air.

Caves Übernachtung in Höhlen auf vorgebuchten Wanderwegen. Es muss alles mitgebracht werden. Toiletten sind vorhanden. Im uKhahlamba Drakensberg Park sind manche große Höhlen als Übernachtungsplätze für Wanderer ausgewiesen, die Schlafsack und Verpflegung mitführen müssen. Feuer machen ist verboten, es gibt auch keine Toiletten. Aller Abfall muss wieder mitgenommen werden.

■ *Tented Camp (Kosi Forest Lodge*

Land & Leute

Camp-grounds und Caravan Sites

Fast alle KZN-Game Parks und Nature Reserves verfügen über Zelt- und Caravanplätze *(Camping sites)*. Manche sehr rustikal mit nur dem Notwendigsten, andere mit allem Komfort wie Wasser- und Stromanschlüssen für Caravans, Sanitäranlagen mit heißen Duschen, Waschmaschinen, Grillstellen und Gemeinschaftsräumen. Wildes Zelten ist verboten. Zelte und Equipment auszuleihen ist nicht möglich. Plätze gibt es in („**zR**" = zentrale Reservierung):

Cape Vidal **(zR),** Cathedral Peak, Charter's Creek **(zR),** Chelmsford Dam/ Ntshingwayo Dam, Cobham, False Bay, Fanie's Island **(zR),** Garden Castle, Harold Johnson, Injisuthi **(zR),** Ithala **(zR),** Kosi Bay, Lotheni, Maphelane **(zR),** Midmar, uMkhuze, Monk's Cowl, Mount Currie, Ndumo **(zR),** Oribi Gorge, Phongolo N.R., Royal Natal National Park, Sodwana Bay **(zR),** Spioenkop Dam Nature Reserve, St Lucia, Umlalazi, Wagendrift, Weenen, Vergelegen.

(Zentrale Reservierung ist möglich oder nötig beim zentralen Reservierungsbüro, www.kznwildlife.com. Alle anderen direkt beim individuellen Park/ Nature Reserve buchen oder dort bei der Ankunft beim Officer-in-Charge, sofern noch Plätze frei).

■ *Campground im Royal Natal National Park*

Ezemvelo KwaZulu-Natal Wildlife

Ezemvelo ist ein Wort der Zulusprache und meint das Konzept des umfassenden Schutzes von Flora und Fauna in KwaZulu-Natal, also Naturschutz. Träger ist die staatliche **Ezemvelo KZN Wildlife** (www.kznwildlife.com), die Behörde ist zuständig für alle Provincial- bzw. Nationalparks und für sonstige Schutzgebiete in KwaZulu-Natal. Insgesamt gibt es in KwaZulu-Natal über 60 staatliche *Game Parks, Game Reserves, Wilderness Areas, Wildlife Parks, Nature Reserves, Marine Reserve* und *Wilderness Areas.* Also nicht nur reine Game Parks, sondern auch geschützte Strände, Berge, Seen, Dämme, Wälder oder Unterwasser-Schutzgebiete an der Küste.

■ *Das Logo von Ezemvelo*

Ezemvelo ist praktisch die KwaZulu-Natal-Version der großen Organisation *South Africa National Parks* (SANParks, www.sanparks.org). Ezemvelo KZN Wildlife organisiert alle touristischen Angebote in den Parks und man reserviert über sie alle Unterkünfte. Das Platzangebot umfasst insgesamt 2500 Betten und etwa 10.000 Camp-Plätze.

Park-Eintrittspreise

Sie variieren in KwaZulu-Natal zwischen R10 und R30 (Hluhluwe-Imfolozi Park R80) pro Person zuzüglich einer Gebühr für den Wagen. *Overnight Visitors* müssen keine Eintrittsgebühr bezahlen, außer im iSimangaliso Wetland Park. Wanderer, die übernachten, bezahlen eine *overnight hiking fee* in Höhe von R30 plus dem Park-Eintrittspreis.

Durch eine Mitgliedschaft im *Rhino Club* (s. Website www.kznwildlife.com) erhält man mit der RHINO GOLD CARD freie Tageseintritte in alle Parks und weitere „benefits". Kostenpunkt der Karte derzeit R495 für ein Jahr und gültig für alle Insassen eines Wagens. Die Senioren-Version der Rhino-Karte für über 60-Jährige ist nur gültig für Südafrikaner.

Wer noch andere Gebiete Südafrikas bereisen und dort weitere Nationalparks besuchen möchte, ist allerdings mit der Jahreskarte *Wildcard* von SANParks (Details auf www.sanparks.org, reservations@sanpark.org, Tel. von D: 0027-12-4289111) evtl. besser dran. Ezemvelo KZN Wildlife anerkennt WILDCARDS in allen KZN-Parks mit **Ausnahme** des iSimangaliso Wetland Park (mit Kosi Bay, uMkhuze, Sodwana, Cape Vidal, St Lucia Crocodile Centre, Maphelane, Charter's Creek, Fanie's Island und False Bay). Die *Rhino Club Gold Card* von KZN Wildlife berechtigt dort aber zum freien Eintritt.

■ *Das Logo der südafrikanischen Nationalparks (SanParks)*

Derzeit kostet die internationale Form („All Clusters") für ausländischen Touristen für eine Einzelperson R940, für ein Paar R1640 und für eine Familie R2210.

Öffnungszeiten der Parks

Im Sommer (1. Oktober–31. März) von 5–19 Uhr, im Winter (1. April–30. September) von 6–18 Uhr, wenn nicht anders angegeben. **Der Hluhluwe-Imfolozi Park ist vom 1. Nov. bis 28. Febr. von 5–19 Uhr geöffnet,** in den anderen Monaten 6–18 Uhr.

Im iSimangaliso Wetland Park sind Maphelane, Cape Vidal, Charter's Creek und False Bay am Freitagabend und an Tagen vor langen Wochenenden für Besucher mit Buchungen bis 21 Uhr offen. Der Royal Natal Park in den Drakensbergen bis 22 Uhr.

Tierschutzgebiete in KwaZulu-Natal

Die größten und sehenswertesten Tierschutzgebiete in KwaZulu-Natal sind: **Hluhluwe-Imfolozi, Ithala, uMkhuze** und **Tembe Elephant Park.** Sie liegen fast alle in der subtropischen Region entlang der Küste. Ihre Größe variiert von sehr klein, wie z.B. Weenen in den Battlefields, bis zum größten, dem 96.000-ha-Doppelpark *Hluhluwe-Imfolozi,* der bereits 1895 gegründet wurde und damit zu den ältesten Tierparks Afrikas überhaupt gehört. Man kann in Parks sowohl Tagesbesuche machen als auch übernachten, je nach Park von einfach bis luxuriös. Details zu den Unterkunftstypen und deren Kapazität stehen bei den Parkbeschreibungen.

Es ist zu unterscheiden zwischen den **staatlichen** Wildlife Parks, die *Ezemvelo KZN Wildlife* betreut, und den **privat betriebenen,** *Private Game Reserves.* Die Lodges dort werden vielfach familiär geführt, sind mit viel Schick und im afrikanischen Ethno-Stil eingerichtet und befinden sich zudem an landschaftlich schönsten Plätzen. Dort können Sie jene glücklichen Afrikamomente erleben, an die man später mit großer Sehnsucht zurückdenkt. Eine Übernachtung dort kommt wesentlich teurer, doch wegen der meist kleinen Wildreservatsfläche bekommen Sie eine fast 100%ige Garantie der Sichtung aller großen Tierarten.

Pirschfahrten (Game drives) gehören zu den Höhepunkten Ihrer Reise. Wer ein eigenes Auto hat, kann dieses Erlebnis selbst gestalten. Auf den Pirschfahrten mit offenen Geländewagen oder mit Ihrem Wagen werden Sie zahlreiche Tiere aus allernächster Nähe sehen. In den Büros der Nationalparks und Naturschutzgebiete bekommt man bei der Einfahrt und an den Rezeptionen ausführliche Informationen, Parkkarten und Flyer mit Auflistung der im jeweiligen Park heimischen Tiere. Wer keinen Wagen hat, kann vielerorts Tagestouren mit Rangern buchen.

■ *Gut gebrüllt, Löwin …*

Die Tierschutzgebiete von KwaZulu-Natal bieten fast das ganze Spektrum der afrikanischen Tierwelt mit ihren typischen Arten: Löwen, Geparden, Hyänen, Gnus und Büffel, Impalas, Springböcke, Kudus, Wasserböcke etc., auch Flusspferde, Krokodile, Paviane, Warzenschweine und ein paar Hundert Vogelarten, je nach Park und Vegetationszone. Zentrum für Nashörner ist der Hluhluwe-Imfolozi Park (s. dort).

Mit „Big Five" sind nicht jene wilden Tiere gemeint, die von der Statur her am größten sind, sondern jene fünf Tierarten, die am schwersten und gefährlichsten zu jagen waren. Nämlich **Löwe, Leopard, Nashorn** (Rhino), **Büffel und Elefant.** Alle fünf bei nur einem Game drive oder in nur einem Game Park zu beobachten ist selten.

Game Walks und Nachtsafaris

Außer der Eigenerkundung eines Parks mit einem Fahrzeug können diejenigen, die Afrika mit allen Sinnen erleben möchten, mit erfahrenen Guides **Wilderness Trails** begehen. Einige Naturschutzgebiete und Parks bieten solche *Fuß-* bzw. *Walk Safaris* oder *Wilderness Trails* an – bekannt dafür ist besonders der Süden des Imfolozi-Parks. Hierfür muss man safari

mäßig ausgerüstet sein: Lange Hosen, Sonnenschutz, feste, halb- oder knöchelhohe Stiefel, kleiner Rucksack mit Wasserflasche. Ein Erlebnis ist eine **Nachtpirsch** mit Geländewagen und Suchscheinwerfern. Details dazu bei den einzelnen Parks. **Foto:** *Red Duiker (Rotducker)*

Kleines Safari-Brevier

Allgemeine Tipps

- Immer die Vorschriften des Tierschutzgebiets beachten.
- Fahren Sie so zeitig wie möglich los, je früher es ist, desto mehr Chancen bestehen, Tiere zu sehen (Frühstück z.B. auf einem Picknickplatz einnehmen). Auch der Spätnachmittag ist eine gute Zeit. Elefanten suchen in der Zeit der größten Hitze oft Wasserlöcher oder Flüsse auf.
- Fenster offen lassen, mit allen Sinnen die Natur aufnehmen. Kamera und Fernglas bereithalten. Ein Tuch oder dünner Schal schützt vor Zugluft und Staub auf Kamera und Objektiven.
- Mit Ihrem Fahrzeug langsam fahren, am besten nicht mehr als 20–30 km/h. Bleiben Sie auf dem Wegenetz. Die Autohupe nicht benutzen.
- Verlassen Sie den Wagen nie bzw. unterwegs nur an den Punkten wo es erlaubt ist, z.B. an Toiletten- oder Picknickplätzen, bei Hides oder Self-guided trails. Werfen Sie keinen Müll aus dem Wagen.
- Stehen Sie in einem offenen Pirschwagen nicht auf, Tiere nehmen ein Fahrzeug als ganze Silhouette war. Nicht nach Zweigen greifen und ducken, wenn der Wagen herunterhängende Äste streift, es können spitze Dornen dran sein.
- Denken Sie an Andere, ziehen Sie Ihren Wagen zur Seite, damit Sie niemanden die Sicht versperren und diese vorbeifahren können. Fragen oder teilen Sie es Entgegenkommenden mit, wenn Sie Außergewöhnliches gesehen haben. Immer vor Dunkelheit im Camp zurück sein.

Verhaltens-regeln
– Nicht zu nahe an Tiere heranfahren, speziell an Elefanten, Nashörner, Hippos und Büffel. • Nicht in Flüssen baden oder schwimmen – dort können Krokodile und Hippos leben. • Auf Fuß-Safaris niemals wegrennen, dies animiert Raubkatzen zum Nachstellen. Immer auf dem markierten Weg bleiben, bei Annäherung von Tieren strikt den Anweisungen des Guides folgen.

Elefanten: Nicht zwischen eine Herde fahren, besonders nicht zwischen Elefantenkühe und deren Junge. Keine Früchte im Wagen mitführen.

Büffel: Im Fahrzeug besteht keine Gefahr.

Flusspferde: Nicht zwischen Tiere und Wasser geraten. Keine Gefahr, wenn ein Flusspferd nachts vor dem Safari-Zelt grast. Keinen Fotoblitz, nicht aus dem Zelt gehen.

Affen: Können an Picknickplätzen angrifflustig werden, weil sie Essenreste gefunden haben oder gefüttert wurden.

Krokodile: Vorsicht an seichten Gewässern und flachen Ufern. Nachts bleiben Krokodile im Wasser, sie marschieren nicht durch ein Camp.

Schlangen: Achten wo man hintritt. Nicht unhörbar durchs Gelände schleichen, Schlangen registrieren Erschütterungen und verziehen sich (Ausnahme: Puffottern). Vorsicht bei und unter Felsen und Steinen.

Safari-Sprache
Game drive – Tierbeobachtungsfahrt/Pirschfahrt • *Night drive* – Pirschfahrt bei Dunkelheit mit Suchscheinwerfern • *Sundowner* – tagesabschließender Drink; in privaten Parks und Lodges zum Abschluss eines nachmittäglichen Game drives • *Ranger* – Wildhüter • *Staff* – Bedienstete in einem Camp • *Tip-box* – Trinkgeld-Kasten • *Early morning tea* – nach alter englischer Sitte der Aufsteh-Tee • *Tracker* – Spurenleser, der bei einem offenen Safari-Wagen auf einem Sitz an der Stoßstange sitzt und bei einer Fuß-Safari vorangeht • *Droppings* – Losung • *a kill* – der Riss oder Beuteschlag eines Raubtiers • *Mess* – das Essenszelt, Aufenthaltsbereich • *Pad* – südafrikanische Bezeichnung für Piste, Weg • *Carnivor* – Tiere, die sich überwiegend von Fleisch ernähren • *Herbivor* – Pflanzenfresser • *Predator* – Tiere, die andere Tiere jagen (Raubtiere).

Land & Leute

■ *Elefanten haben immer Vorfahrt!*

Artenreiche Tier- und Pflanzenwelt

In alten Zeiten ...

...Die Vegetation ist reich und mannigfaltig. An den Küsten findet sich dichter Tropenwald, während die Hügelterrassen offene Savannen mit Mesembryanthemum Stopelia, Aloe, Zwiebelgewächsen und der meterhohen Amaryllis Belladonna bilden. Die Küstenregion erzeugt tropische Producte: Zuckerrohr, Reis, Kaffee, Tee, Indigo, Tabak, Baumwolle, Ananas, Orangen, Bananen etc. Die erste Terrasse ist reiches Grasland, wo Mais, Hafer, Gerste, Kartoffeln gedeihen, die zweite dichtbewachsenes Hügelland, beide mit vortrefflichen Weiden. Die wenigen Wälder bestehen aus Gelbholz (Taxus elongata), Stink-, Eisen- u. Assegaiholz. Von der letzten und höchsten Bergregion fließen die Gewässer dem Indischen Ozean zu, meist goldhaltig, aber nicht schiffbar...

Die Thierwelt Natalias ist der von Südafrika überhaupt ähnlich, es gibt Antilopen, Affen, Flußpferde, Warzenschweine, Vögel in großer Mannigfaltigkeit. Löwe und Elefant sind verschwunden, nur der Leopard ist vorhanden; ferner Goldmull (zu den Insektenfressern gehörig), giftige Schlangen (besonders Echidna); Termiten und die Blutwanze (Tiek der Kolonisten) können zur wahren Landplage werden. Europäische Hausthiere gedeihen gut, in nördlichen Distrikten besonders die Schafe (vortreffliche Wolle).

Fauna

Der allergrößte Vertreter der südafrikanischen Landsäugetiere ist der **Afrikanische Elefant** *(elephant)*, wobei der Tembe Elephant Park und der Hluhluwe-Imfolozi Park die wohl am leichtesten aufzuspürenden Herden besitzen. Wegen seiner Stoßzähne wird er immer noch von Wilderern gejagt. Ausführlicher Exkurs über Dickhäuter s.S. 314

■ *Einfach majestätisch ...*

Für beide Nashornarten, das seltene **Spitzmaulnashorn** *(black rhinoceros)* und das **Breitmaulnashorn** *(white* oder *square-lipped rhinoceros)* sind Hluhluwe-Imfolozi und auch uMkhuze die besten Parks, um diese einst vom Aussterben bedrohte Tierarten zu beobachten.

**Breitmaul-
nashörner**

können eine Schulterhöhe von 1,80 Meter erreichen. Bullen wiegen zwischen 2000 und 2300 Kilogramm, Kühe etwas weniger. Charakteristisch sind ihre zwei unterschiedlich langen Hörner auf dem Nasenrücken, das vordere ist größer, es kann bis zu einen Meter lang werden. Eine tödliche Waffe. Die Bullen markieren ihr Revier durch riesige, breitgetretene Kothaufen und kämpfen oft heftig um die Vorherrschaft in der Gruppe. Beim Kampf abgebrochene Hörner können nachwachsen.

Breitmaulnashörner leben gesellig in kleinen Gruppen in feuchten Graslandschaften und leicht bewaldeten Savannen. Am besten findet man die Tiere am frühen Morgen an den Wasserlöchern. Tagsüber halten sie sich gerne unter Bäumen im Schatten auf.

Im Gegensatz zu ihren Vettern, den Spitzmaulnashörnern, sind Breitmaulnashörner Grasfresser. Sie gelten in der Regel nicht als besonders aggressiv. Sollten sie allerdings in Rage geraten, ist Vorsicht angesagt. Weglaufen nützt nichts, die plump wirkenden Tiere sind recht behende auf den Beinen und können eine Spitzengeschwindigkeit von 40 km/h erreichen. Ihr Sehvermögen ist, im Gegensatz zu ihrem Geruchs- und Gehörsinn, nicht sehr ausgeprägt. Außer dem Menschen hat ein gesundes Nashorn keine natürlichen Feinde. Leider werden die urzeitlich wirkenden Tiere immer noch wegen ihrer Hörner von Wilderern getötet.

■ *Breitmaul-
nashörner sind
Grasfresser*

Vor allem impotente Männer aus Fernost versprechen sich (vergeblich!) von dem Horn, das meist zu Pulver verarbeitet und mit Wasser eingenommen wird, eine aphrodisierende Wirkung.

Land & Leute

Spitzmaulnashörner *(black rhinoceros)* haben in der Tat ein deutlich „spitzeres" Maul als ihre breitmauligen Artgenossen. Man trifft sie in der Regel alleine an – mit Ausnahme von Kleinfamilien, die sich für kurze Zeit zusammenschließen. In der Wahl ihres Habitats sind sie nicht so abhängig wie Breitmaulnashörner. Man findet sie sowohl in der Savanne als auch im Busch oder in bewaldeten Bergregionen. Sie ernähren sich von Blättern und Ästen von Bäumen und Sträuchern. Sie lieben Schlammbäder. Der trockene Schlamm schützt sie vor Insekten und Zecken und vor zu starker Sonnenstrahlung, täglich kann man sie an Wasserlöchern beobachten.

Spitzmaulnashörner erreichen eine Schulterhöhe von bis zu 1,6 Meter und ein Gewicht zwischen 800 und 1100 Kilogramm. Wenn sie marschieren, tragen sie ihren Kopf hoch. Sie gelten als aggressiver als ihre Artgenossen und erreichen eine Laufgeschwindigkeit von bis zu 40 km/h. Bullen kämpfen heftig um ein Weibchen, das in der Regel recht uninteressiert dem Geschehen beiwohnt. Im Gegensatz zum Breitmaulnashorn laufen die Kleinen den Müttern hinterher. Beide haben eine innige Verbindung, die bis zur Geschlechtsreife anhält. Weitere Details über Nashörner und wie sie vom Aussterben gerettet wurden s.S. 270.

Büffel

Gefährlich sind **Büffel** *(African buffalo)*, vor allem ältere und von ihrer Herde nicht mehr akzeptierte Bullen. Man sollte sich durch ihr Aussehen, das an ein großes Rind erinnert, nicht täuschen lassen. Ein Bulle erreicht ein Gewicht zwischen 600 und 800 Kilogramm. Diese Masse, erst einmal in Bewegung gesetzt, kann mit einer Geschwindigkeit von 50 km/h vorwärts donnern. In Rage geraten sind sie fast nicht mehr zu stoppen, da hilft nur noch die Flucht auf einen Baum oder ins Fahrzeug, was sie merkwürdigerweise nicht als Bedrohung sehen. Büffel bevorzugen Graslandschaften und Flusstäler und halten sich gerne nah am Wasser auf. Es sind typische Grasfresser, allerdings bevorzugen sie die Kühle der Nacht um sich zu stärken. Tagsüber ziehen sie sich gerne unter Bäume in den Schatten zurück.

■ *Nicht ganz so friedlich wie sie aussehen …*

Löwe

Die Lieblingstiere aller Touristen sind Raubkatzen, an erster Stelle natürlich der „König der Wildnis", der Löwe *(lion)*. Er zählt zu den faszinierendsten Tieren Afrikas. Löwen zu sehen ist der Höhepunkt jeder Safari. Chancen bestehen ganz früh am Morgen oder kurz vor Sonnenuntergang an Wasserlöchern. Während des Tages halten sich Löwen bevorzugt im Schatten auf, verdösen den Tag und können nur schlecht ausgemacht werden. Hauptsächlich in den kühleren Wintermonaten kann man ihnen jedoch auch tagsüber begegnen.

In etliche Game Parks KwaZulu-Natals wurden Löwen wieder erfolgreich eingeführt. Ihr kilometerweit zu hörendes Gebrüll während einer nächtlichen Pirschfahrt gehört zu den aufregendsten Geräuschen einer Afrikareise. Löwen gibt es im Hluhluwe-Imfolozi Park und in Privatparks, wie z.B. im Mkuze Falls Private Game Reserve.

◼ *Beste Übersicht von oben*

Leopard

Der **Leopard** *(leopard)* ist ein Einzelgänger und Nachtjäger. Unverwechselbar ist sein wunderschönes, glänzendes Fell mit kleinen gelb-schwarzen Flecken am ganzen Körper. Nur Weibchen leben mit ihrem Nachwuchs, bis dieser erwachsen ist.

Land & Leute

Leoparden sind die Meister der Tarnung unter den Raubtieren, selten bekommt man sie zu Gesicht. Sie sind sehr anpassungsfähig und können in waldigen Gebieten, Savannen, Steppen, Sumpfland und Bergregionen leben, bevorzugt in dichter Buschlandschaft. Die Größe eines Reviers hängt hauptsächlich vom Nahrungsangebot ab und variiert von 10 qkm bis zu mehreren hundert qkm. Haben sie ihr Opfer gerissen, schleppen sie es zum Schutz vor anderen Raubtieren auf einen Baum. Leoparden können dem Menschen gefährlich werden. Das *Ithala Game Reserve* besitzt eine Leoparden-Population.

Gepard

Der **Gepard** *(cheetah)* ist kleiner, schlanker und erheblich „länger" als der Leopard. Mit bis zu 115 km/h sind die eleganten Geparden die schnellsten Säugetiere der Erde. Sie bevorzugen offenes, flaches Gelände als Jagdgebiet. Ihre Krallen lassen sich, im Gegensatz zu allen anderen Katzen, nicht ganz einziehen, dienen ihnen bei der Hatz als Spikes. Ihre bevorzugte Beute sind mittelgroße Antilopenarten, vor allem Impalas. Es werden aber auch Warzenschweine, Stachelschweine und Laufvögel verspeist. Entweder versucht der Gepard seine Beute in voller Jagdgeschwindigkeit durch Stöße aus dem Gleichgewicht zu bringen, oder er lässt das andere Tier stolpern, indem er mit seinen Pfoten zwischen die Läufe fährt. Dann wird die Beute am Hals gepackt und stranguliert. Das kann bis zu 25 Minuten dauern. Allerdings ist das Jagdglück eines Geparden nicht besonders groß: Nur zehn Prozent der Versuche sind erfolgreich.

■ *Die schönsten und schnellsten*

In freier Wildbahn kann ein Gepard etwa 15 Jahre alt werden. Zu seinen gefährlichsten Feinden zählt der Mensch, der dieses schöne Tier – trotz Artenschutz – bis heute wegen seines kostbaren Fells jagt. Ansonsten droht noch Gefahr von Löwen, Leoparden und großen Hyänen. Es gibt übrigens keinerlei Berichte über Zwischenfälle zwischen Geparden und Menschen, die auf Seiten des Zweibeiners tödlich endeten.

Zu der großen Familie der Hornträger (Bovidae) gehören folgende Antilopenarten:

Blessbock Einen **Blessbock** *(blesbok)* erkennt man, im Gegensatz zum Buntbock *(bontebok)*, dem er fast zum Verwechseln ähnlich sieht und der zu den seltensten Antilopen Südafrikas gehört, an seinem rotbraunen Fell, das aber keinerlei Glanz aufweist. Die Blesse im Gesicht ist – durchbrochen von dunklen Partien – weiß. Blessböcke sind tagaktive Graser, die sich aber auch bei Bedarf wie Buntböcke von Blättern und Zweigen ernähren können. Wie die Buntböcke stehen sie bei direkter Sonnenbestrahlung mit gesenkten Häuptern da.

Über das **Bleichböckchen** bzw. **Oribi** gibt es einen Exkurs, s.S. 204.

Elenantilope Die **Elenantilope** *(eland)* ist mit ca. 1,70 Meter Kopfhöhe die größte der afrikanischen Antilopen. Das mächtige Tier, das wegen einer großen Wamme unterhalb des Halses und eines kleinen Rückenhöckers stark an ein Hausrind erinnert, liebt trockenes Klima und Bergregionen. Fellfarbe ist in der Regel beige mit einigen vertikalen Streifen. Elenfleisch gilt als besonders schmackhaft. Chancen, Elenantilopen zu sehen, hat man im Tembe Elephant Park, Ndumo Game Reserve und ganz besonders in gesamten Gebiet der Drakensberge. In Urzeiten verehrten sie die dortigen San und verewigten ihr Abbild tausendfach in Höhlen und unter Felsüberhängen. Elenantilopen waren für sie Sendboten für Wasser, Kraft und Überleben **(Foto: *Elen-Skulptur in Didima*)**.

Kronen-ducker Einen **Kronenducker** *(grey duiker)* erkennt man an seiner grau-braunen Farbe und dem typischen schwarzen Strich, der von der Nase bis zwischen die Augen führt. Er gehört zu den am weitesten im südlichen Afrika verbreiteten Antilopen und überlebt sogar sehr nahe an menschlichen Wohn- oder landwirtschaftlichen Nutzgebieten. Er kommt in allen Vegetationsgebieten vor, von Meereshöhe bis 1800 Meter. Bei Alarm stößt der Kronenducker ein scharfes Schnauben aus. Er steht zunächst wie angewurzelt da, bevor er sich mit hohen Sprüngen aus dem Staub macht und ins Dickicht „abtaucht". Daher der afrikaans-Name „Duiker". Der Rotducker ist rotbraun gefärbt, er lebt in den Schutzgebieten KwaZulu-Natals.

Spießbock Spießböcke *(oryx, afrikaans gemsbok)* lieben offene Trockengebiete, Salzpfannen und Baumsavannen. Anhand ihrer sehr langen und spitzen Hörner sind die imponierenden, scheuen Tiere sehr leicht zu bestimmen.

Streifengnu Das mächtige **Streifengnu** *(blue wildebeest)* lebte einst in riesigen Herden im südlichen Afrika. Streifengnus bevorzugen, im Gegensatz zu Weißschwanzgnus (black wildebeest), offene Ebenen und Savannen mit kurzen Gräsern. Ihr südafrikanischer Name „Wildebeest" stammt von den Buren und er bedeutet nichts anderes als „wildes Rind". Bullen erreichen eine Schulterhöhe von 1,40 Meter und ein Gewicht von 250 Kilogramm. Beide Geschlechter tragen Hörner, ihr Fell ist dunkelbraun mit fast schwarzen Streifen, die vornehmlich am Hals vertikal nach unten führen. Sie haben eine dunkle Mähne am Hals

und im Gesicht, einen Bart und einen langen schwarzen Schwanz. Streifengnus sind ausgesprochene Herdentiere, die in großen Verbänden oftmals in Begleitung anderer Tiere, wie Zebras, Giraffen und Impalas gesehen werden. Bullen zeigen sich laut und territorial während der Brunftzeit. Bei der geringsten Gefahr stoben sie davon, halten jedoch nach kurzem Sprint an, um sich zu orientieren. Das macht sie sehr berechenbar für Jäger. Obwohl sie durch ihr ständiges Schnauben auch sehr aggressiv wirken, so sind sie in der Regel nicht angriffslustig.

Kuhantilope Die **Kuhantilope** *(hartebeest)* kann man an ihren seltsam geformten Hörnern identifizieren. Es gibt zwei Arten von ihr, die Rote und die Lichtenstein's-Kuhantilope. Signifikant für beide Arten ist der abfallende Rücken und der leichte Buckel nach dem Hals. Kuhantilopen ernähren sich von Gras und leben in offener

Savanne und Parklandschaften. Sie bewegen sich in einem festumgrenzten Territorium in kleinen Herden. Nur in Trockenzeiten schließen sie sich zu großen Gruppen zusammen und können weit zu neuen Futterplätzen wandern.

Klippspringer **Klippspringer**, „Felsenhüpfer", findet man in allen Berggebieten Südafrikas (Drakensberge), obwohl die gedrungenen Tiere mit 50–60 Zentimeter Schulterhöhe zum Fressen durchaus in angrenzendes Grasland abwandern. Man muss sich schon mächtig anstrengen, um sie in ihrem natürlichen Territorium auszumachen. Ihre graubraune Farbe ist eine ideale Tarnung. Häufig sieht man sie wie angewurzelt auf steilen Klippen stehen. Im nächsten Moment springen die Tiere über Felsen und überwinden Steilhänge, die man nicht für möglich gehalten hätte. Ihre Hufe sind speziell felsigem und scharfkantigem Terrain angepasst. Am aktivsten sind sie in der Mittagszeit. Zu den Hauptfeinden zählen Leoparden, Felsenpythons und große Adler.

Kudu

Der majestätische **Große Kudu** *(kudu)* ist in vielen Natur- und Tierschutzgebieten des südlichen Afrikas vertreten. Wunderschön sind bei den erwachsenen Männchen, die eine Schulterhöhe von 1,40 Meter erreichen können, die korkenzieherartig aufragenden Hörner, die bis zu 1,50 Meter lang werden können. Kudus haben ein erstaunliches Sprungvermögen. Selbst zwei Meter hohe Zäune sind kein Problem, sie werden locker aus dem Stand bewältigt. Kudus lieben bewaldete Savannen oder Hügellandschaften in der Nähe von Wasserstellen, können sich aber durchaus auch trockenen Gebieten anpassen.

Nyala

Nyalas *(nyalas)* zählen zu den besonders schönen Antilopenarten. Man findet sie fast ausschließlich in trockener Savannenlandschaft und entlang von Wasserläufen. Gewöhnlich sieht man kleine Herden mit etwa fünf Tieren. Die Männchen erreichen eine Schulterhöhe von 1,10 Meter und ein Gewicht von bis zu 110 Kilogramm. Schön sind die bis zu 80 Zentimeter langen, geschwungenen Hörner mit hellen Spitzen. Charakteristisch sind außerdem strumpfartige, gelbbraune untere Beinhälften, eine lange Halsmähne, vertikale weiße Streifen im dunkelbraunen Fell und vereinzelte weiße Flecken sowie zwei weiße Streifen im Gesicht. Weibchen haben ein helleres Fell und ebenfalls weiße Streifen, aber weder eine Zeichnung im Gesicht noch Hörner. Nyalas sind in fast allen Wildlife-Parks KwaZulu-Natals vielfach anzutreffen.

Moschusböckchen

Die kleinste Antilopenart, die **Moschusböckchen** *(suni)* wird man kaum zu Gesicht bekommen. Ihr Lebensraum ist der undurchdringliche afrikanische Busch oder eine dichte Waldlandschaft entlang von Flussläufen. Sie erreichen eine Schulterhöhe von gerade mal 33 bis 38 Zentimeter und ein Gewicht von etwa fünf Kilogramm. Das Fell ist kastanienbraun. Nur die Männchen haben acht Zentimeter lange Hörner. Der Schwanz ist lang und dunkelbraun mit einer weißen Spitze. Er ist unermüdlich in Bewegung. Man trifft Sunis allein, paarweise und selten auch als Kleinfamilie an. Sie kommen in manchen Sektoren des iSimangaliso Wetland Parks (uMkhuze) und im Tembe Elephant Park vor.

Pferdeantilope

Die **Pferdeantilope** *(roan antelope)* ist die zweitgrößte Antilope Afrikas. Sie sind ausgesprochen rar und fühlen sich im offenen oder leicht bewaldeten Grasland mit Zugang zu Wasser am wohlsten. Die Bullen erreichen bis zum Hornansatz anderthalb Meter Höhe und ein Gewicht von 250 Kilogramm. Das Fell um die Schnauze ist hell, ebenso zwei Längsstreifen zwischen den Augen. Pferdeantilopen verdanken ihren Namen dem pferdeähnlichen Schnauben, das sie bei Gefahr ausstoßen.

Rappenantilope

Einen majestätischen Anblick bietet die schwarze **Rappenantilope** *(sable antelope)*, deren bis zu 1,20 Meter langen und nach hinten geschwungenen Hörner eine beliebte Jagdtrophäe darstellen. Die Fellfarbe des Tiers ist zunächst braun und wird mit zunehmenden Alter immer schwärzer. Rappenantilopen bevorzugen trockene, offene Buschsavanne mit mittelhohem bis hohem Gras.

Riedbock

Der **Riedbock** *(reedbuck)* liebt Flussebenen, sumpfige Gebiete mit Riedgras, Schilfzonen oder langem Gras. Ausgewachsene Tiere erreichen eine Schulterhöhe von bis zu einem Meter und ein Gewicht von 70 Kilogramm. Tagsüber liegen sie im tiefen Riedgras, meist in der Nähe von einem Gewässer. In den Sommermonaten sind sie vorwiegend nachtaktiv. Bei Alarm stoßen sie Pfeifgeräusche aus und hüpfen mit steifen Beinen gerade nach oben. Die **Bergriedböcke** *(mountain reedbucks)* bevorzugen bergiges Land, in dem sie sich unter Felsen und Klippen in Sicherheit bringen können.

Schirrantilope

Die **Schirrantilope** *(Buschbock, bushbuck)* bevorzugt Wälder und Buschlandschaften in Wassernähe. Die Böcke werden bis zu 80 Zentimeter Schulterhöhe groß und haben ein haselnussbraunes Fell. Deutlich erkennbar bei den Männchen sind die weißen Streifen im Gesicht, am Hals und an den Beinen und weiße Flecken im Fell. Die wendelförmig gedrehten Hörner können bis zu 30 cm lang werden. Untereinander verständigen sie sich durch Grunzlaute. Nur bei Gefahr wird eine Art Signalbellen ausgestoßen. Als Fluchtweg wird oft das Wasser gewählt, denn Schirrantilopen sind ausgesprochen gute Schwimmer.

Schwarzfersenantilope

Schwarzfersenantilopen *(impalas)* sind die mit am häufigsten vorkommende Wildart in Südafrika. Sie sind typische Herdentiere, die in Verbänden von 10 bis 50 Tieren auftreten. Das Fell der tag- und nachtaktiven Tiere ist dreifarbig, geht von einem kräftigen Braun am Rücken in ein helleres Braun an den Seiten und Beinen in eine Cremefarbe am Bauch über. Nur die Männchen tragen Hörner. Am charakteristischsten sind jedoch die schwarzen Haarbüschel oberhalb der Hufe und ein senkrechter schwarzer Fellstreifen an jeder Hinterbacke. An natürlichen Feinden mangelt es den Impalas nicht. Neben Löwen, Leoparden, Geparden und Hyänenhunden müssen sie sich bei ihrem täglichen Gang ans Wasser auch vor Krokodilen in acht nehmen.

Springbock Der **Springbock** *(springbok)* wird von Touristen oft mit dem Impala verwechselt, weil er ebenfalls in größeren Herden vorkommt und ungefähr die gleiche Größe hat. Charakteristisch ist die Dreifärbung seines Fells: zimtbraune Oberseite, dunkelbrauner, breiter Seitenstreifen und weißer Bauch. Sowohl weibliche als auch männliche Springböcke tragen Hörner.

Springböcke zählen zu jenen Antilopen, die am wenigsten von Wasser abhängig sind. Farmer in Dürre- und in Trockengebieten sehen darin die Zukunft, Rinderherden durch Springböcke zu ersetzen. Das Fleisch ist delikat und ist das Wild, das in den Restaurants Südafrikas am häufigsten auf den Tisch kommt.

Wasserbock Der kräftig gebaute **Wasserbock** *(waterbuck)* lebt in wasserreichen Gebieten. Charakteristisch ist der runde weiße Kreis an seinem Hinterteil. Die Markierung dient bei der Flucht als Orientierung für nachfolgende Herdenmitglieder. Wasserböcke sind beliebte Beute vor allem bei Löwen und Krokodilen. Kühe und Kälber

werden auch von kleineren Raubtieren gejagt. Oftmals retten sich die Tiere erfolgreich ins Wasser, da sie exzellente Schwimmer sind.

Weitere Säugetiere

Giraffe

Giraffen *(giraffe)*, die höchsten Landsäugetiere Afrikas, bevölkerten einst den gesamten Kontinent. Heute findet man sie in Südafrika nur noch in Naturschutzgebieten und auf privaten Wildfarmen mit lichtem Akazienbestand. Sie ernähren sich fast ausschließlich von Dornakazien, mit ihrer bis zu 45 Zentimeter langen Zunge rupfen sie die Blätter ab. Offensichtlich scheinen sie die langen Dornen dabei nicht zu stören. Zwischen 15 und 20 Stunden täglich sind sie beim Fressen. Giraffen können es über einen längeren Zeitraum ohne Wasser aushalten. Aber wenn sie trinken, nehmen sie bis zu 25 Liter auf. Dabei machen sie eine recht ungelenk wirkende Grätsche am Wasserloch, da es ihre Halsmuskulatur nicht zulässt, den Kopf ganz nach unten zu beugen.

Dank ihrer Höhe können sie das Gelände, in dem sie sich aufhalten, besser beobachten. Starrt eine Gruppe von Giraffen gebannt in eine bestimmte Richtung, sind garantiert Raubkatzen in der Nähe, ihre Hauptfeinde. Sieht man nur den Kopf einer Giraffe, kann man an den blanken Hörnern einen Bullen, an dem Haarschopf an der Spitze ein Weibchen erkennen. Ausgewachsene männliche Tiere erreichen eine Gesamthöhe von fünf Metern und ein Gewicht von 1200 Kilogramm, Kühe werden bis zu 4,40 Meter groß und wiegen 900 Kilogramm.

Löwen wenden zum Jagen von Giraffen eine spezielle Technik an: Ein Rudel treibt die Herde auf unwegsames Gebiet. Dort verlieren die Giraffen leicht die Balance. Sind sie erst einmal gestolpert, haben sie große Schwierigkeiten, schnell aufzustehen, und es ist für die Löwen ein Leichtes, ein gefallenes Tier zu bespringen und in den Hals zu beißen. Fast die Hälfte ihrer Kälber werden von Löwen gerissen.

Im Hluhluwe-Imfolozi Park, Ithala Game Reserve und im Tembe Elephant Park lassen sie sich gut beobachten.

Zebra

Immer werden Ihnen in praktisch allen Tierschutzgebieten KwaZulu-Natals die schönen **Zebras** begegnen, von denen es zwei Arten gibt, das **Steppenzebra** *(Burchell's zebra)* und das deutlich seltenere **Bergzebra** *(Hartmann's mountain zebra)*. Bei Steppenzebras, die weites, offenes Gelände mit kurzen Gräsern lieben, laufen die Streifen an den Beinen zu den Hufen hin aus bzw. werden heller, bei der Bergzebras sind sie bis dahin stark gestreift. Bei beiden Arten fungiert das Streifenmuster als eindeutiges Identifizierungsmerkmal. Jedes Muster ist anders, und neugeborene Fohlen werden von ihren Müttern einige Tage von der Herde auf Abstand gehalten, damit das Jungtier sich in Ruhe das individuelle Streifenmuster seiner Mutter einprägen kann. Nach vier Wochen ist es meist so weit.

Steppenzebras scheinen nie zur Ruhe zu kommen. Unaufhörlich streifen sie herum. Sie leben in kleineren Familienverbänden. Man sieht sie oft zusammen mit Gnus, Impalas, Wasserböcken und Kudus. Die unterschiedlichen Arten nutzen jeweils den besten Sinn der anderen zum rechtzeitigen Entdecken von Raubtieren. Besonders Löwen haben es auf Zebras abgesehen. Etwa 90% aller gerissenen Tiere fallen ihnen zum Opfer. Andere Raubtiere wie Hyänenhunde, Leoparden, Geparden und Hyänen wagen sich nur an Jungtiere und kranke Zebras heran.

■ *Steppen-*
zebra-Familie

Tüpfel-
hyäne

Tüpfelhyänen *(spotted hyena)* erkennt man, wie der Name bereits sagt, an ihren schwarzen Tupfen auf braungrauem Fell. Im Gegensatz zur Schabrackenhyäne, besser bekannt als Braune Hyäne *(brown hyena)* haben Tüpfelhyänen kurze Haare. Typisch ist der abfallende Rücken. Landläufig assoziiert man mit Hyänen Aasfresser. Weniger bekannt ist, dass sie auch gute Jäger sind. Sind sie auf Beutezug, gehen sie im Rudel vor. Meist lauern sie dann ihren Opfern, gut versteckt im dichten Gras, an Wasserlöchern auf. Auch lieben sie es, andere Tiere anzugreifen, die sich gerade in Schlammlöchern suhlen oder im Wasser baden. Auf ihrer Fangliste stehen Gnus, Zebras, Impalas, Wasserböcke und Kudus, die oft von über 40 Hyänen gleichzeitig angegriffen werden. Mit ihren mächtigen Kiefern knacken sie Knochen wie Nüsse. Ihre Lieblingsjagdzeit ist bei Mondschein oder in den frühen Morgen- und

Abendstunden. Mit 50 km/h sind sie keine schnellen, aber sehr ausdauernde Läufer. Wer in einem Camp übernachtet und in die Nacht hinaushört, kann Hyänen gut an ihrem typischen, heiseren „Lachen" erkennen. Während weiße Farmer Hyänen meist jagten, um das Vieh zu schützen, wurden sie von den Schwarzen getötet um Knochen, Schwanz, Ohren,

Genitalien und Lippen für spirituelle und medizinische Rituale zu verwenden.

Die **Schabracken-** oder **Braune Hyäne** *(brown hyaena)* ist etwas kleiner und kein so guter Jäger. Das inzwischen selten gewordene Tier hält sich daher mehr an Aas und andere Futterquellen, wie Früchte, Insekten, Vögel und Eier.

Hyänenhund Der **Hyänenhund** *(wild dog)* ist heute stark gefährdet. Hyänenhunde leben in Rudeln von 6 bis 15 Tieren plus der Jungen. Sie sind tagsüber aktiv und haben keine ausgeprägten Reißzähne. So bleibt ihnen nichts anderes übrig, als ihre Beute im Rudel zu Tode zu hetzen und sie zu zerfetzen. Ein bis zwei Tiere scheuchen das Wild auf, die anderen folgen in einer Linie. Das Wild schlägt meist einen zickzackförmigen Fluchtweg ein, der den Jägern nun erlaubt, durch gerades Laufen den Weg zu ihrem Opfer zu verkürzen.

Schabrakenschakal Die Heimat des **Schabrakenschakals** *(black-backed jackal)* ist die offene Savannenlandschaft. Man findet ihn aber auch in anderen Regionen, denn er ist ausgesprochen anpassungsfähig. In erster Linie Aasfresser, folgt er den Spuren jagender Löwen oder anderer Raubtiere. Bei Bedarf jedoch erbeutet er selbst kleinere Säugetiere, Reptilien oder Vögel. Schabrakenschakale sind unverwechselbar. Man erkennt sie an ihrem rötlichen Fell und der grauweißen Decke. Bauch, Hals und Beininnenseiten sind weiß. Die großen Ohren stehen stets aufrecht. Der Schwanz ist buschig und schwarz auslaufend. Die aktive Zeit liegt nach Sonnenuntergang, und es ist ein Erlebnis, ihr wolfsähnliches Heulen in einer  afrikanischen Nacht zu erleben. Die **Streifenschakale** *(side-striped jackal)* unterscheiden sich von Schabrakenschakalen hauptsächlich durch ihr dunkelbraunes Fell, das keine hellen Partien an Hals und Bauch aufweist.

Löffelhund **Löffelhunde** *(bat-eared fox)* erkennt man unverwechselbar an ihren überproportional großen Ohren. Sie sehen von der Statur ähnlich wie ein Schakal aus, nur sind sie kleiner mit silbergrauem, buschigem Fell. Ihr Lebensraum ist das trockenere Busch- und Grasland.

Stachelschwein Die **Stachelschweine** *(porcupine)* sind reine Vegetarier, die sich an Wurzeln, Knollen und Baumrinde halten, wobei letzteres zu großen Flurschäden führen kann. Farmer mögen sie gar nicht, da sie gerne über Kartoffel-, Melonen- und Maisfelder herfallen. Deshalb werden sie auch oft gejagt. Ihre langen und schwarz-weiß gebänderten Stacheln, die die Tiere von Zeit zu Zeit abwerfen, kann man im Busch finden oder auch kaufen, denn sie werden gerne als Deko-Elemente verwendet. Das nachtaktive Tier ist relativ schwer zu beobachten.

Land & Leute

Warzen-schwein

Das **Warzenschwein** *(warthog)* ist im Gegensatz dazu tagsüber auf Nahrungssuche, deshalb recht häufig zu sehen. Ihr Name kommt von den beiden Warzen unterhalb der Augen. Andere unverwechselbare Kennzeichen sind die langen weißen Hauer und der beim Laufen wie eine Antenne kerzengerade nach

oben aufgerichtete Schwanz. Mit besonderer Vorliebe wälzen sie sich in Schlammlöchern. So können sie sich von Parasiten befreien und gleichzeitig durch die Schlammschicht vor der starken Sonneneinstrahlung schützen. Warzenschweine sehen aggressiv aus, sind in freier Wildbahn aber eher scheu und verschwinden beim ersten Anzeichen einer Gefahr. Ihr Fleisch ist eine Delikatesse, die manchmal in den privaten Wildniscamps auf den Tisch kommt. Mittlerweile findet man Warzenschweine auf vielen Campingplätzen von Tierschutzgebieten, weil sie von uneinsichtigen Besuchern gefüttert werden. Beim (dünnflüssigen) abkoten lassen sie ihren Schwanz wie einen Propeller kreisen, was diesen dann weithin verteilt. Also Vorsicht, wenn Ihnen in einem Zoo ein Warzenschwein sein Hinterteil zuwendet und keine Lust hat nett zu sein!

Bärenpavian Bärenpaviane *(chacma baboon)* gehören zur Familie der Primaten und sind in nahezu allen Ökosystemen heimisch. Sie leben in Gruppenverbänden bis zu Hundert Tieren zusammen, da ihnen das enge Sozialgefüge Schutz bietet. Paviane gelten als schlau und intelligent, ihre Bewegungen und Verhaltensweisen haben oft einen menschlichen Anschein. Sie verständigen sich untereinander mit bestimmten Lauten und einer ausgeprägten Körpersprache. Ihre Hauptfeinde sind vor allem Leoparden, aber auch Löwen werden bei der Affenjagd beobachtet. Um sich zu schützen, ziehen sich die Paviane nachts auf hohe Bäume oder in Höhlen zurück, die von anderen Tieren nur schwer zu erreichen sind. Ganze Horden können auf Campingplätze einfallen, um sich aus dem Abfall zu bedienen. Sie sind äußerst geschickt und machen auch nicht vor einer verschlossenen Kühlbox Halt. Überall ist es verboten, Paviane zu füttern, sie können ausgesprochen aggressiv reagieren, wenn sie sich bedrängt fühlen!

Erdmänn-chen

Die geselligen **Erdmännchen** *(suricate)* zählen zu den possierlichsten Tieren des südlichen Afrikas und zu den fotogensten. Ihr Schwanz ist fast halb so lang wie der Körper und dient als Stütze, wenn das Erdmännchen „Männchen" macht. Ähnlich sehen die **Erdhörnchen** *(ground squirrel)* aus, die in kargen Regionen Höhlensysteme mit verschiedenen Ausgängen anlegen. Auch sie leben in großen Verbänden zusammen.

Mangusten   Mangusten *(herpestidae)* sind eine Säugetierfamilie aus der Ordnung der Raubtiere. Sie umfassen viele Arten, in Südafrika kommen **Fuchsmangusten** *(yellow mongoose)*, eine kleine Art von 40–60 Zentimeter Länge, vor. Charakteristisch ist die rötliche Farbe des Fells (die allerdings auch gräulich sein kann) und der buschige Schwanz mit einer weißen Spitze. Die tagaktiven Tiere leben in lockeren Verbänden mit durchschnittlich fünf bis zehn Tieren. Fuchsmangusten graben sich unterirdische Bauten, man findet sie aber auch oft einträchtig mit Erdhörnchen und mit Surikaten lebend. Ihre Nahrung besteht überwiegend aus Insekten und Würmern, sie machen außerdem Jagd auf kleine Nagetiere, Amphibien und Reptilien.

        Wassermangusten *(water mongoose)*, verwechselt man eher mit Ottern als mit anderen Mangustenarten. Mit einer Länge von 80 bis 100 Zentimetern, einer Schulterhöhe von 22 Zentimetern und einem Gewicht von bis zu fünf Kilogramm sind sie große Tiere mit länglichem Kopf. Ihr einfarbig schwarz-braunes Fell wirkt struppig. Wassermangusten findet man meist entlang fließender Gewässer, Seen oder an Dämmen. Wie ihre Vettern haben sie festgelegte Futterwege entlang der Ufer des Gewässers an dem sie leben. Sie können schwimmen und ernähren sich von Krebsen, Fischen, aber auch von Nagetieren, Vögeln und Reptilien.

        Zebramangusten *(banded mongoose)* bevorzugen die offene Savanne, doch brauchen sie Anschluss an eine Wasserversorgung. Oftmals findet man ihre Bauten in verlassenen Termitenhügeln. Sie werden 50–65 Zentimeter lang und zu ihren natürlichen Feinden zählen vor allem Raubvögel und Schakale. Die tagaktiven und geselligen Tiere findet man in Gruppen von etwa 20, manchmal sogar 50 Exemplaren. Man kann des Öfteren beobachten, wie sich die ganze Gruppe, Manguste hinter Manguste, wie ein Band durch das Gras schlängelt.

        Zwergmangusten *(dwarf mongoose)* werden nur etwa 40 Zentimeter lang und sind die kleinste Mangustenart. Sie sind durchgehend braun und haben ein glänzendes Fell. Sie leben in Gruppen von 10 bis 30 Exemplaren vorwiegend in trockenen Savannengebieten, sind nicht sehr scheu und beliebte Fotomotive, da sie geduldig posieren.

Klippschliefer   Die murmeltiergroßen, putzigen **Klippschliefer** *(rock dassie)*, kurz „Dassies" genannt, leben in bergiger Felslandschaft und auf steinigen Hügeln in trockenen Landesteilen. Vor allem in den Drakensbergen sind sie häufig zu sehen. Ihre Nahrung ist rein pflanzlich und besteht aus Blättern, Rinde, Gras und Wildfrüchten. Sie leben in Kolonien von 20–50 Exemplaren. Ähnlich wie Erdmännchen stellen sie Wachposten auf, wenn der Rest der Gruppe auf Nahrungssuche geht. An manchen Orten, wie z.B. auf dem Tafelberg in Kapstadt, haben sie sich so an den Menschen gewöhnt, dass man sich ihnen auf wenige Meter nähern kann.

Am und im Wasser

Nil- oder Flusspferde

Nil- oder Flusspferde *(hippopotamus),* „Hippos", lebten früher in nahezu allen Gewässern Afrikas. Heute ist ihre Population in Südafrika größtenteils auf die Wild- und Naturschutzgebiete beschränkt, obwohl die Hinweise steigen, dass ihr Vorkommen in freier Wildbahn, speziell an Staudämmen, wieder zunimmt. Im Ort *St Lucia* spazieren Hippos nachts bis in die Vorgärten der Anwohner. Eine der besten Plätze um sie zu sehen ist der *St Lucia Estuary Channel.* In größerer Zahl anzutreffen sind sie außerdem im *Ndumo Game Reserve* ganz im Norden KwaZulu-Natals.

Die harmlos wirkenden Tiere gelten als die gefährlichsten Säugetiere Afrikas! Sie sind angriffslustig, auch wenn sie nicht provoziert werden. Am gefährlichsten sind sie, wenn sie vom nächtlichen Grasen zurückkommen und zwischen sich und dem Wasser jemanden entdecken, der sie bedrohen könnte. Extrem wird die Situation, wenn man zwischen ein Weibchen und sein Junges gerät. Weglaufen wird nicht viel nützen, die tonnenschweren Kolosse sind an Land erstaunlich schnell!

Nilpferde verbringen die meiste Zeit des Tages im Wasser oder, wenn es bewölkt oder kühler ist, auf Sandbänken. Die Anatomie ihres Kopfes ist so angelegt, dass Augen, Ohren und Nüstern aus dem Wasser ragen. Bis zu 12 Minuten können die Tiere unter Wasser verbringen. Ihre rosarote Haut ist äußerst empfindlich für UV-Strahlung. Bei zu viel Hitze kann das Tier eine rötliche Körperflüssigkeit absondern die vor Sonnenbrand schützt. Die Tiere ernähren sich fast ausschließlich von Gras, das sie mit ihren Lippen abzupfen. Hin und wieder fallen sie auf bebaute Felder ein. Bis zu 30 Kilometer legt ein Nilpferd in der Nacht zurück, um sein Futter zu suchen. Dabei vertilgt es bis zu 130 Kilogramm.

Bullen erreichen eine Schulterhöhe von 1,50 Meter und ein Gewicht von 1500 Kilogramm, Kühe sind etwas kleiner. Gewaltig sind ihre Hauer. Was sie an Artgenossen anrichten können, zeigen die großen Narben, die man an fast jedem Bullen deutlich sehen kann. Das Wasserterritorium eines Leitbullen wird lautstark durch Grunzen und erbitterten Kampf verteidigt. Das dauernde Gegähne der Bullen ist ein aggressiver Akt, man zeigt einem Eindringling die Größe der Zähne und wo's lang geht.

■ *Happy Hippos*

Krokodile leben in vielen tropischen und subtropischen Regionen Südafrikas, in Fluss- und Seengebieten und an Dämmen. Da ein ausgewachsenes Krokodil durchaus Löwen, Zebras und Giraffen angreift, lässt sich daraus die Lebensgefahr für den Menschen ableiten. Große Krokodile mit einer Länge von etwa 4 Metern benötigen alle 2–3 Wochen einen Beutefang, kleinere Exemplare von 1,50 Meter Länge fressen einmal wöchentlich. Krokodile zerkauen ihre Nahrung nicht, sondern schlucken sie ganz hinunter. Nur große Beutetiere werden in Stücke gerissen. Krokodile können blitzschnell vorspringen und ihre Beute ins Wasser zerren und, sich dabei um die eigene Achse drehend, ertränken. Obwohl ihre Hauptjagdzeit bei Dämmerung oder in der Nacht liegt, sind sie zu jeder Tageszeit gefährlich.

In nicht wenigen „Croc-Parks" in KwaZulu-Natal kann man die urweltlichen Echsen in jeder Größe und aus nächster Nähe sehen und fotografieren, z.B. an der Südküste im *Croc World* bei Scottburgh (s. dort).

Ihre Körpertemperatur ist von der Umgebung abhängig. An heißen Tagen liegt sie bei etwa 38 °C, an kalten Tagen bei 5 °C. Um die Temperatur zu regeln, sieht man Krokodile oft mit aufgerissenem Maul daliegen. Eine besondere Membran im Maul nimmt die Wärme der Sonne auf und verteilt sie über das Blutkreislauf im gesamten Körper.

Die gelb-grünen Augen haben senkrechte Pupillen. Im Maul finden sich 70–75 Zähne, die lebenslang ausfallen und wieder ersetzt werden. Krokodile leben gesellig in großen Gruppen. Männchen haben ein fest umrissenes Revier, während Weibchen sich zwischen Paarungsgebieten und Brutstätten hin- und herbewegen. Bis zu 90 Eier werden meist im Oktober in eine Kuhle gelegt, die das Krokodil 30 cm tief mit den Hinterbeinen gegraben hat, bevor wieder Erde oder Sand darüber kommt. Nach 90 Tagen schlupfen die Kleinen mit schirpenden Geräuschen – ein Zeichen für die Mutter, sie auszugraben. Dann werden die Jungen im Maul der Mutter ins Wasser transportiert.

■ *Im südlichen Afrika ist das Krokodil noch relativ gut vertreten und es kann sehr alt werden. Hier Exemplare einer Croc-Farm.*

Kap-Fingerottern
Die **Kap-Fingerottern** *(Cape clawless otter)* kommen, entgegen der Namensgebung, nicht nur am Kap, sondern in den meisten Savannengebieten Afrikas vor, vorausgesetzt, sie haben Zugang zum Wasser. In den Kanälen und Gewässern des iSimangaliso Wetland Park sieht man sie oft. Sie ernähren sich von Krebsen, Fröschen, Muscheln und Fischen, aber auch von kleinen Nagetieren und Insekten. Ein erwachsener Kapotter wird einschließlich Schwanz bis zu 1,60 Meter lang und wiegt 10 bis 18 Kilogramm. Sein glänzendes Fell ist dunkelbraun. An Land bewegt er sich auf seinen kurzen Beinen und mit einem leicht gekrümmten Rücken vorwärts. Kapottern sind ausgezeichnete Schwimmer, dennoch wird diese Gattung, im Gegensatz zu anderen Ottern, manchmal weitab von Gewässern angetroffen. So können sie ihre Jungen im schützenden Dickicht des afrikanischen Busches bekommen.

Land & Leute

Reptilien, Schlangen

Hier nur eine kleine Auswahl:

Zur Gattung der Echsen gehören die kleinen durchsichtigen **Geckos,** die überall im Land, besonders nach Einbruch der Dämmerung, an Zimmer- und Hauswänden anzutreffen sind. Sie sind harmlos und nützlich da sie Moskitos vertilgen.

Die größten Echsen des Landes sind **Nilwarane** *(nile monitor),* die sich in Wassernähe aufhalten **(s. Foto).** Sie sind gute Jäger und ernähren sich von Fischen, Schalentieren, Vögeln und ihren Eiern. Der Weißkehl- oder Kapwaran *(rock monitor)* ist ein kräftiges Tier und in trockenen Steppen beheimatet.

Von Südafrikas **Schildkröten** leben 12 Arten auf dem Land. Mit fünf Arten sind die *Meeresschildkröten* vertreten. Die Lederschildkröte *(leatherback turtle),* die ein Gewicht bis zu 700 Kilogramm erreichen kann, ist die bekannteste Spezies dieser Art. Von Ende Oktober bis Januar legen *Leatherback-* und *Loggerhead*-Schildkröten (unechte Karettschildkröten) nachts an geschützten und erhöhten Strandstellen ihre Eier ab, die Kuhlen „betonieren" sie anschließend mit ihrem Urin zu, um Eiräuber am Plündern des Geleges zu hindern. Sind die Eier nach etwa 70 Tagen ausgebrütet, eilen die Kleinen zurück ins Meer – doch von 1000 erreichen nicht mal 10 das rettende Wasser. An der Elephant Coast (Kosi Bay, St Lucia) gibt es zum Ritual der nächtlichen Eiablage spezielle Touren.

Nicht zu überhören in der Nacht ist der afrikanische **Ochsenfrosch,** der eher ruft als klassisch quakt.

Ganz besondere Tiere sind die unverwechselbaren **Chamäleons,** die Meister der Anpassung, die mit zwei Gattungen vertreten sind: eine Art ist lebendgebärend, die andere eierlegend.

Über 130 **Schlangenarten** kommen in Südafrika vor, darunter 34 giftige, 14 können durch Bisse den Tod verursachen. Vorweg: Die allermeisten Touristen haben keine Begegnungen mit ihnen, können aber alle Arten in den Schlangenparks sehen.

Afrikanische **Felsenpythons** lieben das Wasser, können aber geschickt auf Bäume kriechen. Mit 3,5–4,5 Meter Länge sind sie die größten Schlangen Afrikas. **Baumschlangen** *(boomslang)* findet man nur in waldigen Gebieten. Mal findet man sie hellbraun gefärbt, dann wieder grün. Ihre Länge beträgt durchschnittlich 1,40 bis 1,50 Meter. Das Gift einer Baumschlange ist hochtoxisch!

Puffottern *(puffadder,* **s. Foto)** sind der Schrecken aller Wanderer in Südafrika, hochgiftig und zudem die meistverbreiteten Schlangen Afrikas. Über 70% aller Schlangenbisse im

südlichen Afrika gehen auf ihr Konto! Sie liegen tagsüber gern zusammengerollt auf ausgetretenen Wegen. Viele Menschen werden gebissen, nachdem sie aus Versehen auf eine Puffotter getreten sind! Deswegen gilt bei allen Wanderungen höchste Vorsicht und die Regel, während des Laufens nie den Blick vom Untergrund zu nehmen und feste, knöchelhohe Schuhe zu tragen! Ihren Namen verdankt die dicke Puffotter dem Umstand, dass sie sich mit Luft aufpumpt und als Warnsignal laute Atemstöße von sich gibt – „auspufft" –, wenn sie angegriffen wird.

Schwarze Mambas findet man in Südafrika auch in KwaZulu-Natal. Diese Giftschlangen bevorzugen, im Gegensatz zu den Grünen Mambas, die auf Bäumen des Regenwaldes leben, trockenere Gebiete und offenes Buschland. Obwohl Schwarze Mambas vorwiegend auf dem Boden leben, sollte man sie auch auf Bäumen oder großen Sträuchern suchen. Schwarze Mambas hauen ihre Giftzähne in ihre Opfer, lassen sie aber gleich wieder los. Grundsätzlich suchen Schwarze Mambas keinen Konflikt mit dem Menschen, stellen sich aber prompt der Gefahr, ohne den Versuch zu machen, zu fliehen. Dann stoßen sie ohne Warnung zu. Es sind immens schnelle Schlangen, die nahezu jedes Terrain problemlos überwinden können. Schwarze Mambas sind selten schwarz, eher grau- oder olivgrün. Was wirklich schwarz ist, ist die Innenseite des Mauls, was sehr ungewöhnlich für Schlangen ist.

Die etwa einen Meter langen **Speikobras** findet man in der Nähe von Gewässern in Savannenlandschaften. Sie bevorzugen alte Termitenhügel oder Baumstümpfe als Unterkunft. Eine Speikobra identifiziert man an ihrem grünbraunen oder dunkelbraunen Körper mit einem wesentlich helleren Bauch. Aus zwei Kanälen am Kopf spritzt das Gift zielgenau aus einer Entfernung von 2–4 Meter in der Regel in die Augen des Opfers. Wer mit dem Gift einer Speikobra in Berührung gekommen ist, muss sich unverzüglich in ärztliche Behandlung begeben. Speikobras sind sehr angriffslustig und setzen sich sofort zur Wehr, wenn sie sich bedroht fühlen. Dabei können sie sich fast zu zwei Drittel ihrer Länge aufrichten und ihren Kopf aufblasen. Als nachtaktive Tiere sind sie nur sehr selten zu sehen.

Auch **Uräusschlangen** zählen zu den hochgiftigen Kobraarten. Die Grundfarbe variiert zwischen gelb- bis grau- und dunkelbraun. Die Haut ist mit breiten schwarzen Bändern verziert. Uräusschlangen können sich bis zu 60 Zentimeter aufrichten und ihren Kopf fächerartig aufblasen. Sie sind zwar vorwiegend nachtaktiv, aber auch tagsüber unterwegs und leben in trockenen Savannengebieten.

Südafrikas bunte Vogelwelt

Für Vogelfreunde ist Südafrika – und ganz besonders KwaZulu-Natal – ein wahres Paradies (s.S. 79). Die Artenvielfalt reicht von mächtigen Adlern (**Foto: Schreiseeadler**) und Geiern über See- und Watvögeln bis hin zu sehr seltenen Arten, wie z.B. den bedrohten *Rosenseeschwalben, Hottentotten-Laufhühnchen (Hottentot Buttonquail)* und den seltenen *Natal-Nachtschwalben (nightjars).* Beliebtes Fotomotiv in den Tierschutzgebieten sind die *Gelbschnabelmadenhacker* mit ihren gelbroten Schnäbeln, die häufig auf dem Rücken von Büffeln und Nashörnern sitzen, um sie von Parasiten zu befreien. Außerdem dienen sie diesen Tieren als Alarmposten, denn mit ihrem lauten und heiseren „Kuss-Kuss"-Ruf kündigen sie nahende Raubtiere an.

Im Bereich von **Salzpfannen**, oft das einzige Oberflächengewässer in einem großen Umkreis, findet man eine große Artenvielfalt von Vögeln, die ans Wasser gebunden sind, wie *Enten, Ibisse (ibis), Reiher (heron), Blesshühner, Teichhühner (common moorhen), Regenpfeifer, Schnepfen (snipe)* und andere Watvögel und natürlich oft *Flamingos.* Aber auch *Turakos, Webervögel, Turteltauben* und andere Vögel kommen vorbei um zu baden oder zu trinken.

Im Bereich von Gezeiten-Mündungen von Flüssen mit ihren Sandbänken, Lagunen und Schlammlöchern findet man ebenfalls viele Watvögel, außerdem *Pelikane (pelican)* und *Austernfischer (oystercatcher), Fregattvögel (frigate birds)* und die fischfressenden *Kormorane (cormorants).* Versteckt im Busch der **Küstenregionen** leben Vögel wie *Tamburintauben, Erzkuckuck, Natalröteln, Rudds Feinsänger* und der seltene *Grüne Tropfenastrild,* der trotz seines merkwürdigen Namens ein hübscher kleiner Vogel ist, erkenntlich an seinem olivgrünen Körper mit dem schwarzweiß gesprenkelten Bauch. Mit bis zu 1,25 Meter auffallend groß sind die *Sekretäre (secretary bird),* die auf der Suche nach Schlangen und Kriechtieren immer paarweise durch Wiesen und Felder stolzieren. Altvögel haben leuchtend orangefarbene Gesichter, Jungvögel gelbe.

In den **Mangrovengebieten** verstecken sich neben Watvögeln der wunderschöne, türkisgraue *Mangroveneisvogel,* den man am ehesten durch seinen roten Schnabel erspäht; vor allem findet man hier die Brutkolonien der Seevögel.

In **Dünenwäldern,** die sich entlang von Lagunen erstrecken, leben in den Baumkronen Vogelschönheiten wie *Knysna Louries,* die mit ihrem roten Bauch und grünen Gefieder unverwechselbaren *Narina-Trogons,* der grüngelbe *Smaragdkuckuck* und die musikalischen *Halsbandfeinsänger (barthroated apalis).* Im unteren Geäst halten sich *Sternrötel, Kap-Grünbülbüls (sombre bulbul)* und *Fleckengrunddrosseln* auf. Die Lagunen selbst werden von *Kormoranen, Eisvögeln, Fischadlern* und *Möwen* besucht.

Im **Bushveld,** einer Landschaft mit Bäumen, die kaum höher als zehn Meter werden und vereinzelt stehen, leben zahlreiche Baum- und Bodenbewohner. Hier findet man erstaunlicherweise die meisten *Eisvogelarten (kingfisher),* die sich hauptsächlich von Insekten ernähren. Auch *Nashornvögel* **(s. Foto),** jene unverwechselbare Spezies mit ihren gebogenen Schnäbeln, auf denen manchmal ein

„Horn" zu finden ist, bevorzugen dieses Terrain. Eine besonders kurios aussehende Art ist der *Hornrabe,* ein schwarzer Nashornvogel mit roter Augenumrandung und Kehlsack. Er wird etwa 90 cm groß und lebt in Gruppen von vier bis zehn Exemplaren. Auf der Nahrungssuche geht er meist langsam und schwerfällig wirkend umher, kann sich aber bei Gefahr fliegend auf Äste retten.

Der *Gaukler ((bateleur eagle),* einer der schönsten Adler, bietet einen wunderbaren Anblick, wenn er in nicht allzu großer Höhe über die Buschsavanne kreist. Er gehört zur Unterart der Schlangenadler, die sich durch ungefiederte Beine, flauschige lose Kopffedern und gelbe Augen von anderen Arten unterscheiden. Den Gaukler erkennt man an seinem schwarzen Gefieder, braunschwarzen Flügeln und typisch rotem Schnabel und roten Beinen.

Im **Thorn Veld** dagegen, einer Landschaft mit kleinwüchsigen Akazien und meist sandigem Boden, ist die Auswahl der Avifauna schon geringer. *Kalahariheckensänger, Weißkehlrötel, Rotbauchwürger* und rotgefiederte *Amarante* haben hier ihren Lebensraum. Einige dieser Arten findet man außerdem im Dickicht, neben *Buntfinken* und *Senegaltschakras.*

Im bergigen Grasland der Drakensberge gibt es *Frankoline, Stahlschwalben, Malachitnektarvögel* und *Erdspechte,* ungewöhnliche kleine und am Bauch schwach rötliche Vögel, die sich nie auf Bäumen aufhalten und von Ameisen ernähren. Besonders sollte man hier nach den *Knarr-* und den *Riesentrappen* Ausschau halten. *Lilac-breasted roller* (Grünscheitel-

racken, **s. Foto)** erkennt man an lilafarbenem Brustgefieder und grüner Kopfkuppe.

In den Bergen selbst sind *Adler, Habichte, Bussarde* und *Geier (vultures)* zuhause. Vom Aussterben bedroht ist der *Bart-* oder *Lämmergeier (Lammergeyer).* Er kann vielfach nur durch Zufütterung überleben. Der Lämmergeier hat die Angewohnheit, seine Beute aus luftiger Höhe auf den Boden fallen zu lassen, um dann an das Knochenmark der aufgesplitterten Knochen zu kommen. Auch Südafrikas **Nationalvogel**, der *Paradieskranich (blue crane)*, kommt in den Drakensbergen gut zurecht und wird im *Hlatikulu Crane Sanctuary* nachgezüchtet, obwohl er sich außerdem in hügeliger Graslandschaft, auf Farmland oder an Seeufern heimisch fühlt.

Land & Leute

Pflanzenwelt

Südafrika ist die Heimat von mehr als 20.000 verschiedenen Pflanzen. Im Westkap ist in der Flora mit der *Fynbos-Region* gleich ein ganzes Pflanzenreich endemisch, nur dort vorkommend. Die Nationalblume Südafrikas, die schöne **Protea (s. Foto)**, stammt von dort.

In KwaZulu-Natal mit seinen vielfältigen ökologischen Zonen dominiert in den humiden Küstenebenen entlang des Indischen Ozeans subtropische Vegetation, in den Höhenlagen sind immergrüne Hartlaubgewächse bestimmend. Im Landesinnern ist Grasland mit verschiedenen Gräserarten und niedrigen Sträuchern vorherrschend.

Der ursprüngliche **Waldbestand,** wie von den europäischen Siedlern bei ihrer Ankunft vorgefunden, wurde weitgehend abgeholzt. Die südafrikanischen Hartholzbäume, wie *Yellowwood* (Breitblättrige Steineibe), *Stinkwood, White Milkwood* (aus dem die Voortrekker ihre Planwagen und Holzräder bauten) oder *Black Ironwood* sind heute selten und teils geschützt.

Unter dem Begriff „Bosveld" oder „Bushveld" werden Savannen bezeichnet mit Mischvegetation aus Grasland und Baum- und Strauchbewuchs, der abhängig ist von der Niederschlagsmenge. Im trockenen Maputaland an der Grenze zu Moçambique wachsen *Ilala-Palmen (Hyphaene coriacea),* Aloen, Euphorbien und Akazien. Akazien, besonders die Schirmakazien der Steppenlandschaft, gehören zum typischen Landschaftsbild Afrikas. Sie haben eine besondere ökologische Bedeutung, da sie Tieren Nahrung, Behausung und Schutz bieten.

Charakteristisch für trockenere Zonen sind *Affenbrotbäume* **(s. Abb.),** der typischste Baum Südafrikas. Er ist leicht an seinem dicken, tonnenförmigen Stamm zu erkennen, in dem er Wasser speichert. Baobabs können mehrere hundert Jahre alt werden und sind in hohem Alter innen meist hohl. Aus den weißen Blüten entwickeln sich lange, gurkenähnliche Früchte.

Zu den am schönsten blühenden Bäumen zählen zweifelsohne die *Jacarandas,* die im Süd-Frühjahr über und über lila blühen (sie stammen ursprünglich aus Brasilien). Der *Flammenbaum* beginnt im April rot zu blühen, und der *Korallenbaum* entwickelt in der blattlosen Zeit zwischen Juli und November korallenrote Blütenstände.

Als „Fieberbaum" bekannt ist die *Acacia xanthophloea (fever tree).* Früher dachte man, dass er Malaria verursachen könne. Das war zwar ein Trugschluss, aber ganz so falsch lag man nicht, denn er wächst in malariagefährdeten Gebieten, oft an feuchten Stellen, an denen sich bevorzugt Moskitos aufhalten. Fieberbäume werden bis zu 15 Meter hoch und sind durch ihren gelbgrünen Stamm unverwechselbar.

■ *Fever tree mit gelbgrünem Stamm*

Bei der Wilden Gummifeige *(Ficus polita)* weisen einige Unterarten drei Blütensorten auf: weibliche, männliche und Gallblüten, die den Feigengallwespen als Brutstätte dienen, die sie wiederum befruchten. Die Früchte sind essbar, schmecken aber schrecklich bitter.

Farbenpracht entfalten in Hausgärten und Parks Hibiskus, Bougainvilleas, der Rosa Trompetenbaum, Strelitzien, Weihnachtssterne und andere blühende Vertreter einer großen floralen Vielfalt. Die blaue Tagblume *(Commelina benghalensis)* hat oberirdisch drei Blütenblätter, unterirdisch geschlossene Blüten – wertvolle Erdfrüchte, von den Zulu als Medizin verwendet.

Der Natal-Flaschenbaum *(Greyia sutherlandia)* ist auf den Bergflanken des Gebirges vertreten. Die Blüten hängen in tiefroten Trauben herunter. Aus dem weichen Holz werden gerne Figuren und Haushaltsgegenstände geschnitzt.

Teil III: Unterwegs in KwaZulu-Natal

KwaZulu-Natal mit Mietwagen

Südafrika und KwaZulu-Natal verfügen über kein überzeugendes öffentliches Transportsystem. Nur als Selbstfahrer können Sie Land und Leute richtig kennenlernen, und nur mit eigenem Wagen ist es z.B. möglich, in die Tierschutzgebiete zu gelangen. Öffentliche Busse verkehren dorthin keine. Backpacker können auf den Baz Bus ausweichen, s.u.

Welche Wagenkategorie? Wählen Sie nicht das kleinste Modell, sondern eine Kategorie höher als gedacht. Bei kleinen Wagen haben Sie meist schon Mühe zwei Reisekoffer im Kofferraum zu verstauen. Sie sollten darin das Gepäck immer verschlossen halten. Kombis mit für jedermann sichtbaren Gepäckstücken könnten Langfinger einladen. Ein Allrad-Fahrzeug (*four wheel drive,* 4WD) ist für KwaZulu-Natal nicht nötig, eine Klimaanlage aber immer.

Papierkram Führerschein Eine Kreditkarte ist zur Anmietung immer obligatorisch, außerdem Ihr Führerschein. Für Südafrika wird der Internationale benötigt, allerdings gilt er nur zusammen mit Ihrem nationalen. Für die Anmietung eines Wagens genügt der nationale, und wenn Sie in keine Kontrolle geraten, ginge auch das. Für Österreicher wird empfohlen eine englische Übersetzung mitzuführen, welche der ÖAMTC (österreichische Automobilclub) kurzfristig erledigt. Das Mindestalter um einen Wagen zu mieten beträgt 21 Jahre (es gibt aber auch Angebote ab achtzehn Jahren, z.B. bei www.driveafrica.co.za).

Wo mieten? Wo buchen, erst in Südafrika oder noch vor dem Flug zuhause? Beides hat vor und Nachteile. Vermieter in Südafrika sind etwas günstiger als Buchungen zuhause, andererseits haben Sie bei einem hier geschlossen Vertrag (eingeschränkte) Rechtssicherheit. Auch die Reisekataloge von Pauschalreise-Anbietern listen Mietwagenfirmen und nennen Preise, so haben Sie eine erste Übersicht. Tipp: www.car-rental.co.za ist ein sog. Car-broker, der mit allen großen Autovermietern zusammenarbeitet. Auf der Website bei "rates" / „International visitors" können Sie sich einen Überblick über Fahrzeugklassen und -typen und Mietpreise verschaffen. Fotos und Wagentypen sehen Sie gleichfalls auf anderen südafrikanischen Autovermieter-Websites. Interessant ist auch das Mietwagenangebot in Verbindung mit einem Flug mit der South African. SAA-Reise-Infos unter www.saa-tours.de.

Man könnte zum Beispiel außerdem – für eine lange Reise – einen Wagen mit Rückkaufgarantie kaufen, z.B. bei www.driveafrica.co.za.

Vermietfirmen In KwaZulu-Natal gibt es mindestens zwei Dutzend größere *car hire* oder *car rental companies.* Am Flughafen von Durban sind folgende Firmen vertreten:

Mietwagen: **Avis,** Tel. +27 (0)31-4081777, www.avis.co.za. – **Budget,** Tel. +27 (0)31-4081888, www.budget.co.za. – **Dollar Thrifty,** Tel. +27 (0)31-4690667, www.thrifty.co.za. – **Europcar,** Tel. +27 (0)31-4690667, www.europcar.co.za. – **Hertz,** Tel. +27 (0)31-4694247, www.ecom.hertz.co.za. – **Holiday Autos,** Tel. 082-3734314, http://south-africa.holidayautos.com. – **Imperial,** Tel. +27 (0)31-4690066, www.imperialcarrental.co.za. – **Khaya,** Tel. +27 (0)31-4694057. – **National Alamo** (= First Car Rental), Tel. +27 (0)31-4691732, www.nationalcar.co.za. – **Tempest** (= dt. Sixt), Tel. +27 (0)31-4690660, www.tempestcarhire.co.za. – **Woodford,** Tel. +27 (0)31-4081009.

Firmen mit Stadtbüros in Durban	**Avis,** 10 Pascoe Road, Reunion. Mr Griffin, Tel. 031-4089900/9990, Fax 031-4693177, mcarlese@avis.co.za. – **Budget,** 108 Ordnance Road. Barbara/Kim Thompson, Tel. 031-3049023, 0860-016622/082, Fax 031-4081894, kzn.ops@budget.co.za. – **Hertz,** 1st Floor Williams Hunt Delta, 20 Hunter Street. Hayley Fernandez, Tel. 031-3352580, Fax 031-3320005, hayley@hertz.co.za. – **Holiday Autos,** 356 Rivonia Boulevard, Rivonia. Bonnie Retief, Tel. 082-3734314, res@holidayautos.ih.co.za.

Drive Africa, www.driveafrica.co.za, ist eine interessante Firma, sie bietet günstige *short term* und *long term rentals* sowie *buy back*-Fahrzeuge. Auch Wohnmobile (Motorhomes).

Übernahme oder Bring-Service	Sie können nach Ihrem Flug auf dem Flughafen in Durban gleich in Ihren vorgebuchten Wagen steigen und losfahren, z.B. die Südküste runter. Oder Sie begeben sich zuerst nach Durban zu Ihrem Hotel und lassen sich nach ein paar Tagen einen Mietwagen vor die Tür stellen. Wagenauswahl und Vertrag haben Sie zuvor auf dem Airport erledigt, wo es ein großes Angebot gibt. Aber auch noch ein späterer Anruf bei einem Mietwagen-Stadtbüro ist möglich.
Fahrzeug-Checkliste	Bevor Sie bei der Vermietstation einen Wagen annehmen und durch Unterschrift bescheinigen, dass an ihm alles in Ordnung ist, geht das Vermietpersonal mit Ihnen eine Checkliste durch. Achten und kontrollieren Sie besonders folgende wichtige Punkte:

– Existenz und Zustand (Luftdruck!) des Reserverads und wie man es ausbaut
– Zustand und Profiltiefe der Reifen
– Bordwerkzeug und gesetzlich Notwendiges vorhanden (funktionierender Wagenheber, Radkreuz, Warndreieck, Verbandskasten, evtl. Abschleppseil)
– Finden sich im Handschuhfach alle wichtigen Papiere wie Bedienungsanleitung, Not-Rufnummern des Autovermieters, Tel.-Nrn. von Pannenhilfen?
– Sind alle Scheiben ohne Sprünge (Haarrisse)?
– gibt es versteckte Karosserie-Beschädigungen?
– funktioniert die Klimaanlage?
– vierradangetriebene Fahrzeuge ausführlich erklären lassen
– evtl. eine Proberunde drehen
– bei Campmobilen sofort die Funktion der Betten, der Küche, der Toilette etc. prüfen
Penibel checken und achten auch auf
– die Füllstände des Motorenöls, des Kühl- und Scheibenwischwassers und der Bremsflüssigkeit
– die gleiche Größenangabe aller Reifen
– funktionierende Beleuchtungsanlage/Bremslicht/Blinker

KwaZulu-Natal mit Wohnmobil

Südafrika ist kein so typisches und ideales Wohnmobil-Reiseland wie die USA oder Australien, obwohl es dafür in den Nationalparks und mit mehr als 800 öffentlichen Campingplätzen – denen zumeist ein Caravanpark angegliedert ist – eine entsprechende Infrastruktur gibt. Die allgemeinen Sicherheitsbedenken überwiegen jedoch, festzumachen daran, dass es relativ wenige Anbieter und Vermieter von Wohnmobilen gibt und dass Wildcampen oder Übernachten im Wohnmobil in freier Natur untersagt ist.

Wohnmobil-Anbieter sind z.B. *Drive Africa,* www.driveafrica.co.za, *African Autos Camper Hire,* www.aacamperhire.co.za, *Campers Corner,* www.campers.co.za (in Johannesburg mit Niederlassung Durban), *Bobo*

Campers, www.bobocampers.com (Webseite auch auf deutsch). Große Internationale Wohnmobil-Vermieterfirmen sind *Britz, Maui, KEA Campers* (Preisvergleiche auf www.south-africa-motorhomes-and-campervans.com). Über die deutsche Seite www.camperboerse.de, einem Vermittler von Wohnmobilen, können Sie gleichfalls Camper mieten und Preisvergleiche anstellen.

Für Fahrten in abgelegene Gebiete sind neben der üblichen Wohnmobil-Ausstattung zusätzlich erforderlich: Abschleppseil, Luftpumpe, Schaufel, Spaten, Axt, Wasserkanister, Sicherungen, allgemeine Reparaturhilfen u.a. mehr.

Alles über Caravan- und Campingplätze und ihre Webseiten s.S. 102.

Sicherheit, Straßen und Verkehr

Sicherheitstipps mit Mietwagen

„Car hijacking", das Auto dem Fahrer zu entrauben, ist in Südafrika groß „in Mode", z.B. durch vorgetäuschte Unfälle. Den Wagen immer abschließen, auch wenn man sich nur ein paar Meter vom Wagen entfernt. Und nie den Motor laufen lassen und sich vom Auto entfernen.

Die Klimaanlage benutzen und Fenster geschlossen halten, die Türen verriegeln, **auch während der Fahrt,** besonders in Städten wegen der dortigen Gefahr von Fahrzeugentführungen und sogenannter „smash-and-grab"-Überfälle. Handtasche, Fotoapparate und Wertvolles nicht sichtbar im Auto liegen lassen, weder beim Parken noch beim Fahren. Das Tagesziel noch bei Helligkeit erreichen (ca. 18 Uhr). Unterwegs nicht an dubiosen Orten und Plätzen anhalten. Auch bei einem Stopp an einer Ampel die Umgebung im Auge behalten, notfalls bei Rot weiterfahren. Vorsichtig sein an einsamen Aussichtspunkten und Straßenrastplätzen, nach dem Anhalten 1. Gang zur sofortigen Weiterfahrt einlegen und aus dem Auto heraus zunächst die Umgebung checken. Nie vor offensichtlich aufgebauten Straßenhindernissen anhalten und aussteigen, besser zurückfahren.

Erscheint ein Unfallort oder ein liegengebliebener Wagen vor Ihnen suspekt, ohne anzuhalten zur nächsten Polizeistation, Tankstelle oder einem Haus fahren und um Hilfe bitten. **Straßensperren durch Polizei und Militär werden als solche vorher angekündigt,** Uniformierte und Polizeiwagen stoppen Autofahrer mit Warnblinklichtern.

Bei Schwierigkeiten mit dem Auto versuchen, den nächsten Ort oder die nächste Tankstelle zu erreichen. Nicht anhalten und aussteigen wenn jemand anzeigt, dass was mit dem Wagen nicht stimmt, weiterfahren und später nachsehen. Nie Anhalter mitnehmen.

Weitere allgemeine Sicherheitstipps s.S. 35 sowie ganz ausführlich auf der Webseite des Automobilclubs, www.aa.co.za, und außerdem auf der Seite www.arrivealive.co.za.

Grundregeln in ernsten Situationen

Bei einer Motorpanne sofort versuchen, das nächste Auto anzuhalten. Besser: mit dem Handy Hilfe anfordern. Dazu die südafrikanischen Notrufnummern parat haben (s.S. 34). Generell: Im Wagen befindet man sich immer in größerer Sicherheit als außerhalb. Bei einem Überfall die Anweisungen des Angreifers befolgen, ein Menschenleben ist in Südafrika nicht viel wert. Besser das Auto weg als das Leben. Hat man selbst einen Unfall verursacht, keine Unfallflucht begehen, die Polizei anrufen.

Achtung, Linksverkehr!

Linksverkehr ist natürlich eine Herausforderung an die Konzentration. Es bedeutet für den Fahrer nicht nur auf der linken Fahrbahn zu fahren, er sitzt außerdem plötzlich rechts und muss mit der linken Hand schalten. Den Blinkerhebel werden Sie anfänglich des öfteren mit dem Scheibenwischerhebel verwechseln. Die Ausfahrten von den Schnellstraßen sind links. Prinzipiell wird auf der linken Fahrspur gefahren und auf der rechten überholt. Besonders aufpassen muss man beim Losfahren, an Ein- und Ausfahrten und beim Abbiegen, damit man da nicht unbewusst rechtsrüber steuert! Der Beifahrer sollte immer „mitfahren" und auf Schilder, Ampeln und Fußgänger achten.

Überholen: Straßen haben fast immer einen breiten Seitenstreifen. Es ist gängige Praxis, bei langsamerem Reisetempo auf den linken breiten Seitenstreifen auszuweichen, um schnellere Fahrzeuge überholen zu lassen. Der Passierende bedankt sich anschließend mit der Warnblinkanlage.

Auch als Fußgänger muss man sich umstellen, weil man beim Überqueren einer Straße zur Beobachtung herannahender Autos den Kopf nun zuerst **nach rechts und in der Straßenmitte nach links** wenden muss!

Straßen

Das Straßennetz ist gut ausgebaut, übersichtlich und ausgeschildert (Ausnahme sind manche ländliche Regionen, wo man mit tiefen Schlaglöchern in dichter Folge rechnen muss). **Nationalstraßen** haben ein vorangestelltes „N", sie sind nur zu geringen Teilen zu vollwertigen Autobahnen ausgebaut. Die wichtigste Nationalstraße KwaZulu-Natals ist die N2 entlang der Küste. Normale Straßen beginnen mit einem „R" (Regional), Landstraßen mit einem „D" (District). Sie sind häufig nur Schotterpisten. Schnellstraßen in Stadtbereichen werden mit „M" (Motorway) klassifiziert. Einige Abschnitte der Nationalstraßen sind gebührenpflichtig und werden als **„Toll Route"** mit einem „T" in gelbem Kreis angezeigt (z.B. die N2 bei Port Shepstone und die N2 zwischen Durban und Richards Bay sowie die N3 zwischen Durban und Johannesburg). Die Gebühren werden vorher angezeigt und sind nicht teuer. Ein **„A"** in einem gelben Kreis bedeutet, dass man sich entweder auf einer **Alternativroute** zur Mautstrecke befindet, oder man kann auf diese Alternative ausweichen. Maut-Zahlenstellen heißen *Toll Plazas* oder *Toll Ramps,* Ausfahrten *Off Ramps.* Die erlaubte **Höchstgeschwindigkeit** beträgt auf Autobahnen (Freeways) 120 km/h, auf Landstraßen 100 km/h, in Ortschaften 60 km/h, wenn kein anderes Limit angegeben wird. Radarfallen oder Geschwindigkeitskontrollen per Radarpistole sind gar nicht mal so selten und bei Verstößen drohen hohe Bußgelder.

Rechnen Sie unterwegs und auf dem Land immer mit dem nicht Erwarteten: Mit sehr lang-

■ Toll- bzw. Mautstelle mit Hinweis darauf („T" im Kreis)

Unterwegs

sam fahrenden Lkw, rasenden Sportwagen, plötzlich haltenden Minibus-Taxis, Fahrradfahrern, unachtsamen Fußgängern, spielenden Kindern, alkoholisierten Autofahrern (besonders an Wochenenden!), streunendem Vieh und vielleicht auch mal einem Hippo – selbst auf der Autobahn. Kreisverkehr hat Vorfahrt. Achten sie auf *speed bumps,* Huckel auf der Straße und meist vor Ortschaften, damit Autos ihre Geschwindigkeit reduzieren!

Wichtige Verkehrsregeln

Es herrscht Gurtpflicht. Die Alkoholgrenze beträgt 0,5 Promille. **Ampeln** (robots) stehen in Südafrika meist – und Mitteleuropäer irritierend – *hinter* der Kreuzung. Eine weitere Besonderheit sind 4-Way-Stops: Jeder muss anhalten, danach fährt derjenige als Erster weg, der zuerst angekommen ist, dann der zweite usw. Ist ein Stop-Schild nicht mit dem Zusatz „4-way" versehen, muss man auf jeden Fall anhalten und warten, bis alle Fahrzeuge der Vorfahrtsstraße vorbeigefahren sind. Linksabbiegen ist trotz roter Ampel an vielen Kreuzungen erlaubt. Telefonieren im Auto nur mit einer Freisprechanlage gestattet. Bei Straßenbauarbeiten regeln oft flaggeschwenkende Arbeiter den Verkehr.

Parken und „Parkwächter"

Dazu in der Stadt immer am besten einen bewachten Parkplatz aufsuchen, Parktickets bei Parkwächtern lösen. Eine durchgezogene rote Linie am Straßenrand bedeutet Parkverbot. Ein Halteverbotsschild erkennt man an einem durchgestrichenen „S", ein Parkverbotsschild an einem durchgestrichenen „P". Ein „B" bedeutet „Halten nur für Busse".

Jugendliche wollen sich für das Aufpassen auf (Touristen-)Wagen einige Rand verdienen. Geben Sie ihnen eine Anzahlung und versprechen Sie den Rest nach der Rückkehr. Manche (selbsternannte) Parkwächter tragen eine gelbe Weste. Der Wächter spricht Sie an und er überreicht einen Zettel mit seinem Namen. Bei Rückkehr zum Wagen gibt man dem Wächter den Zettel mit einem Trinkgeld zurück. Restaurants heuern für ihre Kundschaft oft Parkwächter an. Manchmal bietet man auch eine Autowäsche aus dem Eimer während Ihrer Abwesenheit an, was man dann gleichfalls entlohnen sollte.

Tankstellen

auch *garage* genannt, weil sie meist über eine Werkstatt verfügen. Das Tankstellennetz ist nicht allzu dicht, immer rechtzeitig auffüllen. Tankstellen entlang der Nationalstraßen haben alltäglich 24 Stunden geöffnet und haben einen Shop, Restaurant oder Café, Geldautomaten und Toiletten. Geben Sie dem Tankwart den Schlüssel für den Tankdeckel und sagen Sie wieviel Sprit er reinfüllen soll (es ist noch verbleites Benzin erhältlich, neuere Wagen benötigen „Unleaded").

Fürs Bezahlen brauchen Sie nicht aussteigen, der Tankwart nimmt Ihr Geld entgegen und bringt das Rückgeld. Mit Kreditkarten kann nicht bezahlt werden (und wenn, dann meist nur mit einem Aufschlag). Fürs Scheibenputzen und den Ölcheck gibt man ein Trinkgeld.

Automobil-club

Der „AA" („Automobile Association of South Africa") ist das südafrikanische Pendant zum deutschen ADAC. Hauptsitz ist in Johannesburg, Tel. 011-7991000, Fax 011-7991960, www.aa.co.za. Landesweite 24-Stunden-AA-Notrufnummer (Rescue Service Number): 083-84322 (merkbar als 083-THE AA). Gebührenfreie AA-Pannenhilfe-Nummer 0800-10101. Medizinische AA-Notrufnummer 0800-033007. ADAC-Mitglieder erhalten in den Geschäftsstellen unter Vorlage ihres Mitgliedsausweises kostenloses Kartenmaterial.

Weitere praktische Reisehinweise

Starten Sie möglichst früh. Teilen Sie Ihren Gastgebern ihr nächstes Ziel mit und fragen Sie nach den Straßenverhältnissen dorthin. Kalkulieren Sie den Zeitbedarf für das anvisierte Etappenziel realistisch. Nachtfahrten vermeiden. Sonnenauf- und Sonnenuntergang sind die „deadlines" der Park Gates, im Sommer wie im Winter. An langen Reisetagen fällt der Lunch schon mal aus, kaufen Sie was an Tankstellen oder preiswerter in Supermärkten, die oft am Beginn oder am Rand von Orten liegen. Sind Sie in abgelegenen Gegenden unterwegs, wo man sich verfahren kann, verschiedene Leute besser zwei- oder dreimal nach Ihrem Zielort fragen.

KwaZulu-Natal preiswert –
Tipps für Studenten und Backpacker

Übernachten in Backpacker-Hostels (www.backpacking.co.za) und den *Baz Bus* nehmen ist die preisgünstigste Art KwaZulu-Natal zu bereisen. Die Zahl der Backpacker-Unterkünfte hat sich in den letzten Jahren in Südafrika vervielfacht, allein in KwaZulu-Natal gibt es nun über 50. Viele dieser Hostels bieten in Zusammenarbeit mit kleinen Veranstaltern Ausflüge in die Umgebung oder Touren durchs Land an. Anschließend kann man mit dem BAZ-Bus zum nächsten Hostel weiterfahren, ein Tür-zu-Tür-Service durch ganz Südafrika.

Mit der Gründung von **Backpacker Tourism Southern Africa** (BTSA) ist es nun noch einfacher geworden, preiswert und individuell Südafrika zu bereisen. Ein Blick auf die Seite **www.btsa.co.za** zeigt die ganze Bandbreite an preiswerten Reiseangeboten. Andere etablierte Internet-Quellen mit Informationen zur Reiseplanung und mit online-Buchung, Transport- und Tourangeboten sind die Webseiten: www.alternativeroute.net • www.hostelworld.com • www.active-escapes.co.za • www.dirty-boots.co.za • www.adventuregroup.co.za und www.coastingafrica.com.

Coastingafrica bringt das Büchlein *Coast to Coast* heraus, das in vielen Backpackern ausliegt und geballte Infos zum günstigen Reisen und Übernachten enthält (von der Website als pdf ausdruckbar). Auch www.alternativeroute.net, eine gleichfalls gute Adresse zur Reiseplanung und für Hostels, gibt eine ähnliches Broschüre heraus, *Alternative Route.*

Baz Bus

Der Backpacker Bus-Service von **Baz Bus** ist in Südafrika das ideale Transportmittel für Rucksackreisende und Leute mit schmalem Geldbeutel. Das System des „hop-on hop-off" und „door to door" vereint größte Reise-Flexibilität in einem großen Streckennetz mit nahezu 200 direkt angefahrener Backpacker-Hostels, die größtenteils einen Abhol- oder Hinbring-Service bieten (**„Pick-up & Drop-off"**).

Passagiere kaufen vom Startpunkt ein Ticket zum Zielpunkt und können unterwegs so oft und wie lange sie wollen ihre Reise unterbrechen. Die Hauptroute der Kleinbusse verläuft zwischen Cape Town und Johannesburg/Pretoria, entweder über die Drakensberge oder Swaziland. Verbindungsstrecken gibt es nach Swaziland, Lesotho and Moçambique. Fahrpläne, Kosten, Tickets (es gibt Travel-Pässe von 7, 14 und 21 Tagen Gültigkeit und auch *Flexi-Tours*) sowie alle weiteren Informationen auf der Website **www.bazbus.co.za.**

Von Durban fährt der BAZ-Bus über Port Elizabeth nach Cape Town und auch nach Johannesburg/Pretoria, entweder über Swaziland oder die Drakensberge. Das Büro von Baz Bus in Durban ist im Tourist Junction Building, 160 Pine Street, Tel. 031-3049099, info@bazbus.com.

Andere Buslinien

Greyhound: Moderne Fernbusse bieten Verbindungen zwischen den Hauptzentren Südafrikas und somit auch nach/von Durban an: *Greyhound*, *Intercape* und *Translux Express*. Günstig sind die diversen Buspässe. Informationen, Fahrpläne, Reisedauer und Tickets über die Website des Busunternehmens, bei Computicket (s.o. „Reisetipps von A – Z"), Reisebüros oder beim Info-Kiosk beim Tropicana-Hotel an der Marina. Zeitig reservieren. Greyhound Terminal in Durban: Motor Coach Terminal, New Durban Station, N.M.R. Avenue, Tel. 031-3349702/09 oder 083-9159000, Mo–So 4.30–23 Uhr, www.greyhound.co.za. Greyhound-Strecken ab Durban:

Durban – Empangeni – Johannesburg – Pretoria • Durban – Newcastle – Johannesburg – Pretoria • Durban – Swineburne – Johannesburg – Pretoria • Durban – Bloemfontein – Cape Town • Durban – Port Elizabeth – Cape Town.

Intercape: Intercape Mainliner-Busse sind moderne, oft zweistöckige Reisebusse mit guter Panoramasicht. Intercape Durban, Tel. 0861-287287, www.intercape.co.za. Infos s.o. Abfahrt vom Intercape Office, Motorcoach Terminal, Durban Station. Intercape-Strecken:

Durban – Bloemfontein • Durban – Cape Town via Bloemfontein • Durban – Pretoria/Johannesburg.

Translux: Translux setzt gleichfalls moderne Reisebusse ein, oft als Doppeldecker. Zentrale Reservierung Tel. 0861-589282, www.translux.co.za. Infos s.o. Terminal in Durban: Translux New Durban Station. Translux-Strecken:

Durban – Pietermaritzburg – Montrose – Harrismith – Johannesburg –Tshwane (Pretoria). • Durban – Port Shepstone – Kokstad – Umtata – Buffalo City (East London) – Grahamstown – Port Elizabeth • Durban – Pietermaritzburg – Harrismith – Bethlehem – Bloemfontein – Beaufort West – Paarl – Kapstadt.

Trans State: Trans State-Busse werden fast ausschließlich von schwarzen Südafrikanern benutzt. Keine zentrale Reservierungsstelle. Streckenbeispiele:

Durban – Pietermaritzburg – Bethlehem – Ficksburg – Ladybrand – Maseru (Lesotho). • Durban – KwaDukuza (Stanger) – Eshowe – Melmoth – Ulundi/oLundi – Nongoma – Mtubatuba.

Bahnverkehr Südafrika/KwaZulu-Natal

Generell entspricht der öffentliche Schienenverkehr Südafrikas nicht europäischem Standard. Wenn, dann sollte nur 1. Klasse gebucht werden, und zwar mindestens 24 Stunden im Voraus. Der Nachtzug *Shosholoza Meyl* fährt von Johannesburg jeden Donnerstag, Freitag und Samstag um 18.20 Uhr in knapp 14 Stunden über Newcastle, Ladysmith und Pietermaritzburg nach Durban. Von dort zurück nach Johannesburg freitags, samstags und sonntags um 17.30 Uhr.

Ein anderer Shosholoza Meyl fährt mittwochs von Kapstadt über Bloemfontein und Kimberley nach Durban und von dort freitags zurück nach Kapstadt. Abfahrt jeweils 18 Uhr, Fahrtzeit ca. 38 Std. Zentrale Reservierung Tel. 0860-008888, internat. 0027-11-7744555, www.shosholozameyl.co.za.

Luxuszüge und Dampflok-Fahrten

Zwei der drei südafrikanischen **Nostalgie- und Luxuszüge** stoppen bei ihren Touren in **Durban:** Der extravagante *Rovos* (www.rovos.com) bei seiner Dampflok-Safari von Pretoria nach Durban und der *Shongololo* (www.shongololo.com) bei seiner „Tour Good Hope Adventure" von Kapstadt nach Pretoria.

Die Dampflok-Bummelfahrt des **Banana Express** von Port Shepstone an der Südküste Natals nach Izotsha wurde eingestellt. Eine andere nostalgische **Schmalspur-Dampfeisenbahnfahrt** ist die sonntagmorgendliche Fahrt von Ixopo nach Carisbrooke und zurück (s.S. 223). Details auf www.futurenet.co.za/pcngr/

■ *Ausrangiert. Lok im Talana-Museum in Dundee*

Inlandsflüge

Mehrere Fluggesellschaften (South African Airways und Partner-Airlines und auch Low-Cost-Fluggesellschaften) unterhalten ein dichtes innersüdafrikanisches Flugnetz. Alle wichtigen Flughäfen werden mindestens einmal täglich angeflogen. Der **South African Explorer Airpass** ist ein sehr empfehlenswerter Kauf, um günstig im Land und in Südafrikas Nachbarstaaten zu fliegen. Gekauft werden kann nur außerhalb Südafrikas. Weitere Details s. Reisetipps von A – Z / Flüge nach und in Südafrika.

■ Unterwegs

Tourismusregionen in KwaZulu-Natal

KwaZulu-Natal hat sieben Reise- bzw. **Tourismusregionen,** ergänzt mit Durban und seinem Umland sind es acht. Nachfolgend werden sie hier kurz vorgestellt und dann später ausführlich beschrieben.

1. Durban/ eThekwini   Die größte Stadt KwaZulu-Natals, gestreichelt von den warmen Wellen des Indischen Ozeans, *melting pot* der Kulturen mit indischen Märkten und dem Strand- und Vergnügungspark *uShaka Marine World*.

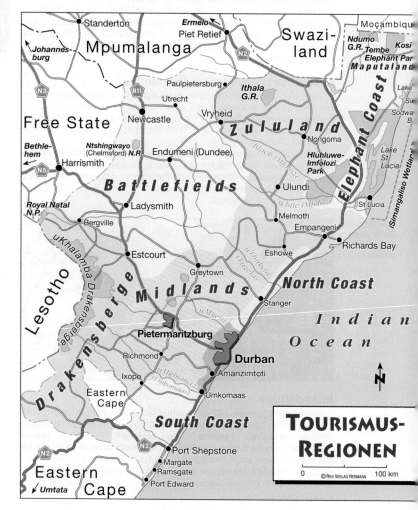

2. South Coast	Küste und Strandorte südlich von Durban. Die „Hibiscus Coast" ist die beliebteste Ferienküste Südafrikas mit zahllosen Unterkünften und einem großen Angebot für Aktiv-Touristen sowie Ausflügen ins Hinterland.
3. North Coast	Küstenorte nördlich von Durban zwischen feinen Sandstränden und weiten Zuckerrohr-Landschaften in subtropischem Klima.
4. Zululand	Das historische Kerngebiet der „Menschen des Himmels" mit authentischen Zulu Cultural Villages und Zulu-Museen. Großartiger Hluhluwe-Imfolozi Park mit artenreicher Tierwelt und den „Big Five".
5. Elephant Coast	Der *iSimangaliso Wetland Park* ist das drittgrößte Wildschutzgebiet Südafrikas und UNESCO Weltnaturerbe. Viel Wasser und endlose Strände, Land- und Bootssafaris. Maputaland im Norden: Afrika im Kleinformat mit Elefantenparks und magische Unterwasserwelten an der Küste.
6. Battle-fields	Vergangenheit trifft Zukunft. Die größte Konzentration an historischen Schlachtfeldern der Briten, Buren und Zulu in Südafrika. Im Norden frühe Ortsgründungen durch deutsche Einwanderer.
7. uKhahl-amba Dra-kensberg	Eine über 250 Kilometer lange Gebirgskette, die größte Bergwildnis Südafrikas mit Gipfeln über 3000 Metern. Einsames Gebirgs-Afrika, UNESCO Weltnaturerbe.
8. Midlands	Das fruchtbare Vorland der Drakensberge in gemäßigter, mittlerer Höhenlage. Die Touristenroute *Midlands Meander* bietet ländliche Idylle mit vielen B&B-Unterkünften, Kunsthandwerk, Antiquitätenläden, Töpfereien und gemütliche kleine Restaurants.

Überblick über KwaZulu-Natals Naturschönheiten

KwaZulu-Natal bietet umfassende Naturattraktionen. Die Vielfalt der Landschaften auf vergleichsweise kleinstem Raum ist einzigartig: Berge, Forstgebiete, Buschland, Hochgebirge, gemäßigte Mittellagen, Urwälder, Feuchtgebiete mit mehreren Ökosystemen und eine 600 Kilometer lange Küstenlinie, gesäumt von hohen Dünen und schönsten Sandstränden am ganzjährig badewarmen Indischen Ozean. Flora und Fauna und spektakuläre Naturszenerien bieten echtes Afrika. Der Hluhluwe-Imfolozi mit seinen „Big Five" zählt zu den schönsten und größten Tierschutzgebieten Südafrikas. Zwei UNESCO-Weltnaturerbe-Stätten besitzt KwaZulu-Natal: den *iSimangaliso Wetland Park* und den *uKhahlamba-Drakensberg Park*.

Tier- und Naturparks in KwaZulu-Natal	**Ezemvelo KZN Wildlife** (www.kznwildlife.com), zuständig für alle *Provincialparks* (die im restlichen Südafrika „Nationalparks" heißen) und für sonstige Schutzgebiete in KwaZulu-Natal, listet in ihren Broschüren und auf ihrer Website über 60 *Game Parks, Game Reserves, Wilderness Areas, Wildlife Parks, Nature Reserves, Marine Reserve* und *Wilderness Areas*. Meistbesucht ist der Hluhluwe-Imfolozi Park, ein Tipp ist der Elephant Game Park ganz im Norden. Ausweichen kann man in einen der nicht wenigen *Private Game Parks*. Besucher, die an der afrikanischen Tierwelt tieferes Interesse haben, sollten in den Wildparks geführte Wanderungen machen.
Feuchtge-biete / Strände	Wassersportfreunde finden an KwaZulu-Natals Küste zahllose Attraktionen. Taucher und Schnorchler erleben an Korallenriffen und Felsen die bunte Unterwasserwelt des Indischen Ozeans. Hochseeangler stechen

Unterwegs

von kleinen *coastal resorts* in See. Auf Wanderwegen durch Küstenwälder begegnet man einer reichen Vogelwelt. Das riesige, 332.000 ha große Gebiet des **iSimangaliso Wetland Parks** mit seinen verschiedenen Öko-Systemen, Seen, Inseln und Flussmündungen ist Heimat für mehr als 800 Flusspferde, für zahllose Krokodile, Wassertiere und Vogelarten. Der Ort *St Lucia* am St Lucia Estuary ist Ausgangspunkt für Bootstouren zur Hippo-Beobachtung und zum nördlichen Cape Vidal. Küstenziele im Norden sind Sodwana Bay, Lake Sibaya, Mabibi und Kosi Bay. Das Korallenriff vor Sodwana Bay zieht ganzjährig Taucher an.

Schöne Badestrände gibt es an der **South Coast** in vielen kleinen Strandorten bis runter nach Port Edward. Auch an der **North Coast** gibt es zahlreiche Strände. Zwischen Umdloti/eMdloti und der Mündung des Flusses uThukela heißt die Küste „Dolphin Coast", weil dort das ganze Jahr über *bottlenose dolphins* auftreten. Die größeren *humpback dolphins* kommen gleichfalls vor, werden aber kaum gesichtet.

Seen und Stauseen

KwaZulu-Natal besitzt nicht wenige Seen, besonders entlang der Nordküste und im *iSimangaliso Wetland Park.* Dessen größter See ist der mit dem Meer verbundene *Lake St Lucia,* ein sogenannter *estuary lake,* wie auch der ganz im Norden an der Grenze zu Moçambique befindliche *Kosi Lake.* Die zwischen beiden Seen liegende Küste mit endlosen Sandstränden ist durch ein fünf Kilometer breites und 160 Kilometer langes *Marine Reserve* geschützt. Gleichfalls in der Nordostregion liegen die Süßwasserseen *Sibaya* – KwaZulu-Natals größter –, *Ngobezeleni, Bhangazi North* und *Bhangazi South* sowie der *Jozini-Stausee,* der vor allem Angler anzieht. Um die Stauseen bzw. Staudämme im Inland, wie *Chelmsford/Ntshingwayo Dam, Spioenkop Dam, Midmar Dam* und *Wagendrift Dam* wurden *Nature Reserves* eingerichtet mit vielen Wasser- und Outdoor-Sportmöglichkeiten. Übernachten kann man in diversen Unterkünften.

Berge und Gebirge KwaZulu-Natal besitzt etliche Berggebiete, wie beispielsweise die Lubombo Mountains an der Grenze zu Swaziland.

Am berühmtesten aber ist der **Ukhahlamba Drakensberg Park,** der sich mit mehr als 50 Kilometer Breite halbmondförmig und mit über 3000 Meter hohen Gipfeln entlang der Grenze zu Lesotho hinzieht. Er ist ein erstrangiges Öko-Tourismusziel und das erste „gemischte" Welterbe in Südafrika, nämlich für Natur und Kultur. Die einzigartige Flora und Fauna mit Bergadlern und Antilopen und dazu beeindruckende Beispiele der zahllosen San-Felsmalereien in Höhlen und unter Überhängen verleihen dem Park seinen außergewöhnlichen Status. Viele gut markierte Wanderwege entlang eindrucksvoller Felslandschaften und durch Täler und Schluchten mit kristallklaren Bergbächen machen es zu einem Paradies für Wanderer und Naturliebhaber. In nur zwei Stunden Fahrzeit von Durban ist man dort.

Planung einer großen KwaZulu-Natal-Rundreise

Hier Vorschläge zweier Varianten einer großen Rundreise **ab Durban,** für die man insgesamt etwa je vier Wochen benötigt. Persönlich würde der Autor die **„Große RUNDREISE 2"** vorziehen. Besuch der Südküste und zurück nach Durban entweder gleich nach der Landung auf dem Durban-Airport oder nach Abschluss der Rundreise mit Rückgabe des Mietwagens am Airport.

Wer vom Krügerpark, Johannesburg oder vom Eastern Cape kommt muss sich an der betreffenden Stelle in die Tour „einfädeln"

Große RUNDREISE 1 ab Durban, im Uhrzeigersinn

Von Durban fahren Sie auf der N2 (alternativ R102) Richtung Süden bis **Port Shepstone.** Auf der Strecke gibt es viele Orte mit Strandleben, schön ist der südliche Abschnitt. Machen Sie zuvor einen Abstecher zur **Oribi Gorge** und/oder fahren Sie weiter runter bis Port Edward. Von da auf einer Nebenstraße entlang des Umtamvuna Nature Reserves zurück zur N2 und über die R56 nach **Pietermaritzburg** (Abstecher Albert Falls und Wartburg). Auf der N3 nun entweder zurück nach Durban und die North Coast hoch (s. Rundreise 2), oder von Pietermaritzburg in die **Drakensberge,** im Süden evtl. zunächst nach *Garden Castle*. An der N2 beginnt ab Howick die R103 bis Mooi River, das ist die **Midlands Meander Route.** Von Mooi River über Nebenstraßen nach *Giant's Castle* und später *Didima*. Eventuell im Norden der Drakensberge den *Royal Natal National Park* besuchen. Danach über Bergville und Ladysmith in die **Battlefields** mit Besuch von *Rorke's Drift* und *Isandlwana*. Über Dundee (Endumeni) zur Schlacht am *Blood River*. Über Vryheid weiter zum **Ithala Game Reserve** und zum **Phongolo Nature Reserve/Lake Jozini** östlich der N2. Danach entweder auf der N2 Richtung Süden oder weiter nach Nordosten zum Tembe Elephant Park. Von Kosi Bay nach Süden über die R22 zum Hluhluwe-Imfolozi Park und in den iSimangaliso Wetland Park nach St Lucia. Entlang der North Coast auf der N2 zurück nach Durban, mit der Schleife Empangeni – Eshowe.

Große RUNDREISE 2 ab Durban, gegen den Uhrzeigersinn

Von Durban geht es auf der N2 entlang der North Coast bis Dokodweni zur Ausfahrt R66 nach Eshowe. Dann die R44 bis Ulundi/oLundi und auf einer kleinen Straße zum *Cengeni Gate* des Hluhluwe-Imfolozi Parks. Nach dem Parkbesuch auf der R618 in den iSimangaliso Wetland Park nach St Lucia. Anschließend zurück auf die N2 und ab dem Ort Hluhluwe auf der R22 nach Nordosten nach Kosi Bay. Über den Tembe Elephant Park zum **Phongolo Nature Reserve/Lake Jozini.** Über die N2 und R66 zur R69 zum **Ithala Game Reserve.** Danach geht es über Vryheid zu den **Battlefields** mit den Schlachtfeld-Stationen *Blood River, Isandlwana* und *Rorke's Drift.* Anschließend über Ladysmith und Bergville in Richtung **Drakensberge.** Ganz im Norden liegt der *Royal Natal National Park.* Danach *Didima* und *Giant's Castle.* Auf Nebenstraßen nach Mooi River oder Nottingham Road zur **Midlands Meander Route** entlang der R103. Howick – Albert Falls Dam – Wartburg – **Pietermaritzburg.** Danach nach Durban, entweder durchgehend auf der N3 oder durchs „Tal der 1000 Hügel". Anschließend zur Südküste und auf der N2 wieder zurück nach Durban.

Unterkünfte reservieren

Sie müssen nicht alles tag- oder stundengenau vorausplanen, ein wenig Treiben lassen hat auch seinen Reiz. Wenn Sie während der südafrikanischen Schulferien bzw. in der Hochsaison reisen (s.S. 26) sollten Sie aber Ihre Unterkünfte lieber vorbuchen. Dies setzt voraus, dass Sie sich genau an Ihren Plan halten. Rechnen Sie Reserven und Pufferzeiten ein. Wollen Sie in den Parks übernachten, sollten Sie immer frühzeitig reservieren.

Beachten

Fast alle Straßen sind in gutem Zustand und asphaltiert, doch nicht alle in der *Battlefields Region.* Überdies ist die Ausschilderung schlecht. Im Vorland der Drakensberge gibt es viele Pisten statt asphaltierter Straßen. Dort ist es manchmal besser, längere Strecken auf guten Straßen zu wählen als nichtasphaltierte Direktverbindungen.

Weiterreise von KwaZulu-Natal in andere Regionen von Südafrika

Von Durban nach Kapstadt

Die Straßenlänge auf der N2 durchs Eastern Cape nach Kapstadt beträgt knapp 1700 Kilometer. Unterwegs können Sie Abstecher zu den Orten der *Wild Coast* machen.

Von Durban nach Johannesburg

Zwei Hauptrouten führen von Durban nach Johannesburg. Die schnellste Verbindung ist die N3 (600 km) mit Gelegenheit, *Pietermaritzburg,* die *Midlands* und die *Drakensberge* zu besuchen. Die längere Strecke ist auf der N2 Richtung Norden über Piet Retief nach Ermelo.

Von Durban zum Krüger Park

Am schnellsten auf der N2 (Gelegenheit zum Besuch des Hluhluwe-Imfolozi Parks) durch Swaziland, Grenzübergänge Golela/Lavumisa und Mananga/Border Gate, dann Komatieport – Crocodile Bridge Gate/Krüger Park.

TEIL IV: Reiseteil...

1. Durban / eThekwini

In alten Zeiten ...

   „... eine neue Ansiedelung von Engländern, welche 1834 unter Capitän Gardiner ankamen und von dem Kaffernhäuptling Dingaan 515 Qudaratmeilen Boden abgetreten erhielten, dann eine Republik unter dem Namen Victoria constituirten und die Hafenstadt Port D'Urban gründeten, gedieh ebenfalls nicht, da sie von der britischen Regierung keine Unterstützung fand. Um sich daher zu verstärken, forderten die englischen Colonisten die holländischen Boeren auf, über die Quathlambapässe an die Küste zu kommen und sich mit ihnen zu vereinigen ..."

   Mit über **drei Millionen** Einwohnern ist Durban mit seinem Einzugsgebiet nicht nur die größte Metropole KwaZulu-Natals, sondern – nach Johannesburg –, auch die zweitgrößte Stadt Südafrikas. Der Zulu-Name **eThekwini** bedeutet „Ort an der Bucht".

   Nach dem Verständnis der Tourismusbehörden übertrieben als „Miami Südafrikas am Indischen Ozean" und „South Africa's Playground" apostrophiert, war Durban aber schon immer eine eigenwillige Mixtur aus Urlaubs- und Vergnügungszentrum einerseits und Hafenmetropole und hässlicher Industriestadt andererseits. Aber sie ist nicht einmal Hauptstadt der Provinz, die liegt hundert Kilometer entfernt im Landesinneren und heißt Pietermaritzburg.

Größte indische Stadt Afrikas

Jedoch ist Durban wiederum die größte indische Stadt Afrikas, die meisten der über einer Million Indischstämmigen KwaZulu-Natals leben hier und prägen das Bild der Stadt nach wie vor enorm mit. Die multiethnische Bevölkerung – mit 68 Prozent stellt die *African community* die große Mehrheit, gefolgt von der indischen mit 20 Prozent, der weißen mit 9 Prozent und der *Coloured community* mit 3 Prozent – übt sich in urbanem Miteinander.

■ *Blick auf Durban mit Hafen. Im Hintergrund die Drakensberge*

**Urbanes
Strand-
Dorado**

■ *Durbans
„Golden Mile"*

1 Durban

Durban ist die „afrikanischste" Großstadt Südafrikas, doch längst nicht
so demoralisierend wie Johannesburg und weitaus weniger europäisch
wie Kapstadt, aber mindestens so lebenslustig und aufregend wie andere große Beach-Metropolen der Welt. Die sogenannte **„Golden Mile",**
Durbans sechs Kilometer lange Beachfront mit Fußgänger-Strandprome-
nade, einfallsloser Hotel-Skyline und Schnellrestaurants, aber besten
Surfwellen, steht ganz im Zeichen von Vergnügungs- und Badespaß. Die
ganzjährig tropisch-subtropischen Temperaturen und das warme Wasser
des Indischen Ozeans locken in den Wintermonaten Strand- und Sand-
süchtige selbst von Kapstadt und Johannesburg hierher ans urbane
Strand-Dorado. Doch schon in der zweiten Reihe dahinter wird es
schmuddelig, und den Hotelgästen wird geraten, den Weg zur Innenstadt
im Taxi zurückzulegen.

Geschichte

Die Geschichte der Entstehung Durbans ist so wechselhaft und bunt
wie die heutige Stadt.

Portugiesen 1497 macht der portugiesische Seefahrer *Vasco da Gama,* nachdem er
die Landmarke *Ponta de Pescaria* (die Bluff-Hafeneinfahrt) und die breite
„Mündung" des *Rio de Natal* (in Wirklichkeit die Natal-Bay) entdeckt hatte, die ersten Aufzeichnungen. Und da es gerade Weihnachten ist, tauft
er den Landstrich **„Terra do Natal",** Weihnachtsland. 1575 kartiert sein
Landsmann Perastrello als erster die Ostküste Südafrikas. Als *Terra do
Natal* bestimmt er das Land zwischen den Flüssen Umtata und Tugela
(uThukela). Die Portugiesen zeigen danach kein weiteres Interesse an der
idealen Hafenbucht, da sie bereits mit der *Delagoa Bay* (heute Maputo/
Moçambique) rund 500 Kilometer nördlich über einen solchen Zwischen-
hafen für ihre Schiffe nach Indien und Ostasien verfügen.

Holländer Im Januar 1689 sendet der Gouverneur der niederländischen Ostindien-
Kompanie am Kap, *Simon van der Stel,* das Schiff „Noord" nach Natal,
um dort Handelsmöglichkeiten und neues Siedlungsland ausforschen zu
lassen. Kapitän Pieter Jan Timmerman wird bei einer weiteren Fahrt im
Dezember des gleichen Jahres mit dem lokalen Häuptling *Inyangesi* ei-

nig: Gegen 1000 Gulden und diverse Handelswaren tritt er die Bucht – danach die *Natal Baai* – an die Holländer ab. Hundert weitere Jahre tut sich aber nicht viel, von Zeit zu Zeit wird die Bucht Anlauf- und Rettungsziel gestrandeter Seeleute, deren Schiffe, überwiegend britische, an der untiefenreichen Küste Natals havarierten.

Briten

1823 sucht die britische *Salisbury* unter Kapitän *James Saunders King* vor einem Sturm Schutz in Port Natal und geht vor Anker. Zur Mannschaft gehört auch Leutnant **Francis George Farewell (s. Abb.),** der im darauffolgenden Jahr 1824, zusammen mit der englischen Handelsgesellschaft J.R.Thompson & Co die Absicht verfolgt, mit dem mächtigen Zulu-König **Shaka,** der sein Reich in jener Zeit vom Zulu-Herzland bereits nach Süden ausgedehnt hatte, einig zu werden zur Errichtung eines britischen Handelspostens.

■ *F.G. Farewell und H.F. Fynn*

Mit von der Partie ist außerdem der Abenteurer und der Elfenbeinhändler **Henry Francis Fynn (s. Abb.),** der bereits Kontakte zu Shaka und den Zulu geknüpft hatte (die Zulu ernannten 1831 Fynn zu einem Zulu-Unterhäuptling und später zu einem „Großen Häuptling"). Im August 1824 wird mit Shaka ein Vertrag geschlossen, der den Verkauf der Bay of Natal mit zusätzlichem Land 10 Meilen südlich und 25 Meilen nördlich sowie 100 Meilen weit ins Inland besiegelt – inklusiv Besiedelungsrechten. Bereits zuvor hatten Farewell und Fynn vom Kap mit ihren Schiffen 18 britische Siedler nach Port Natal gebracht, von denen dann letztlich sechs endgültig bleiben. 1827 macht sich der fünfzehnjährige Schotte *John Ross* mit Zulu-Begleitern auf den 500 Kilometer langen Weg zur Delagoa Bay, um dringend benötige Medikamente zu holen, und kehrt bereits nach wenigen Wochen erfolgreich zurück. 1835 wird beschlossen eine Stadt anzulegen, die einen neuen Namen bekommt – **Durban,** nach dem damaligen britischen Gouverneur der Kapprovinz, *Benjamin D'Urban.*

Buren

Im Verlauf des Großen Treks der Voortrekker vom Kap erreicht **Piet Retief** 1837 Durban. Nach der siegreichen Schlacht der Buren am Blutfluss 1838 über die Zulu gründen die Buren ihre freie Republik **Natalia** mit der Hauptstadt Pietermaritzburg und erheben Anspruch auf Durbans Hafen. Sie besiegen die schwachen britischen Kräfte in Congella an der Bay und belagern wochenlang das *Old Fort* (an der heutigen Old Fort Road), in dem sich die Briten verschanzen.

Abb.: Durban in den ersten Jahren, Blick auf Hafenbucht und Bluff

■ *Dick King*

Als die Lage prekär wird, unternimmt im Mai 1842 **Dick King (s. Abb.)** – anfangs in Begleitung des Zulu Ndongeni –, jenen legendären Marathon-Ritt über 1000 Kilometer in nur zehn Tagen nach Grahamstown im Kapland, um Verstärkung anzufordern. Das Husarenstück gelingt, im Juni trifft die britische *Concha* mit Verstärkung ein. Die Buren ziehen sich vor der Übermacht zurück und trekken in der Folge weiter Richtung Norden zum Oranje. Nach nur vier Jahren Unabhängigkeit wird 1843 aus der Burenrepublik Natalia die britische Kolonie **Natal.** Ein Jahr später kommt sie zur *Cape Colony.*

Einwanderer aus Indien

Mit dem nun einsetzenden Zustrom englischer Siedler und ab 1860 indischer Arbeitskräfte für die Zuckerrohrplantagen folgt eine lange Zeit kontinuierlichen Aufschwungs. 1845 zählt Durban 1200 Einwohner. 1860 wird die erste kurze (Transport)-Eisenbahn vom Hafen zum Bahnhof und 1895 die Bahnlinie von Durban nach Johannesburg gebaut. Nach der Ausbaggerung des seichten Hafenbeckens 1904 können in der Bucht große Überseedampfer festmachen, Durban wird wichtigste Hafenstadt des gesamten britischen Kolonialreichs in Afrika.

Orientierung

Zentrum und Stadtteile

Durbans City und sein **historisches Zentrum** um die **City Hall** (Rathaus) wird im Süden von der *Bay of Natal* und im Osten von den Stränden entlang der **Golden Mile** begrenzt. Die lange Landzunge zwischen der Bay of Natal und dem Ozean heißt **The Point.** Einst verkommenes Hafenviertel, wird jetzt das gesamte Areal renoviert und revitalisiert, die Baukräne drehen sich um die Wette. Größte Attraktion dort ist der große Themenpark **uShaka Marine World.** Der *Bluff,* auf dem der Millennium Tower aufragt, markiert die enge Einfahrt in die Hafenbucht.

Haupt- und Einkaufstraßen in der Innenstadt *(CBD, Central Business District)* sind die **Smith-** (neu: **Anton Lembede**) und **West Street.** Zwischen Commercial Street (Dr AB Xuma Street) und Pine Street befindet sich beim Einkaufszentrum *The Workshop* im historischen alten Bahnhof die Touristen-Information, die **Tourist Junction.** Stolz ist man auf das große Kongresszentrum, das *International Convention Center* (ICC) zwischen den Straßen Commercial und Ordnance. Nordwestlich davon befindet sich an der Umgeni Road der Bahnhof mit den Busterminals.

Westlich des Stadtzentrums liegt um die Grey Street (Dr Yusuf Dadoo St) und Victoria Street sowie um die Juma-Moschee das pulsierende **Indische Viertel** mit Straßenbasar-Flair, vielbesucht ist das Marktgebäude **Victoria-Street Market.**

Südlich der Innenstadt verläuft entlang des Hafens das **Victoria Embankment** (oder *Esplanade* bzw. jetzt *Margaret Mncadi Avenue*), dort sind **Wilson's Wharf** und **BAT Centre** beliebte Ziele sowohl für die *locals* als auch für Touristen. Durbans neuestes Wahrzeichen ist die futuristische Silhouette des **Fußball-WM-Stadions Moses Mabhiba** im Norden, nicht weit vom Meer entfernt.

Der graue Häuserbrei Durbans wuchert in Form zahlloser Vorstädte weit nach Norden, nach Süden und ins Inland. Die wohlhabenden Viertel *Morningside, Essenwood, Berea* u.a. sind vorwiegend Wohngebiete weißer *durbanites,* während die schwarzen überwiegend in den alten Townships des Umlands wie Greater Inanda, KwaMashu, Lindelani oder

Richmond Farm leben. Die N3 ist die große Ein- bzw. Ausfallstraße ins Landesinnere nach Pietermaritzburg, die N2 führt entlang des Ozeans Richtung Süden und Norden.

Die in ganz Südafrika übliche Umbenennung britischer oder burischer Ortsnamen machte auch vor Durban nicht halt, in der Innenstadt hängen die neuen Straßenschilder neben den alten (in den Durban-Karten bereits berücksichtigt); *eThekwini* im Sinne der „City of Durban" ist außerdem Zentrum des neugeschaffenen riesigen Großverwaltungsbezirks *eThekwini Metropolitan Municipality* (2297 qkm), der von Umkomaas/eMkhomazi im Süden bis Tongaat/oThongathi im Norden und bis Cato Ridge im Inland reicht.

Tapetenwechsel

Südafrika und Durban rüsten sich für die Fußball-Weltmeisterschaft 2010, und wenn die Welt zu Gast ist, soll natürlich alles in urbanem Glanz erstrahlen. Neben der Ausrichtung der acht WM-Spiele stehen auf Durbans offizieller WM-Agenda u.a. Eindämmung der Kriminalität, sicherere Straßen, keine herumlungernden Straßenkinder und Obdachlose, mehr Polizisten sowieso und notfalls Einsatz des Militärs um alles sicher über die Bühne zu kriegen. Eine neue Transport-Infrastruktur mit modernen Bussen (*Durban People Mover,* s.u.) ist bereits Realität. Im Hafen sollen an einem neuen Pier große Kreuzfahrtpötte festmachen können, um das relativ knappe Zimmerangebot der Stadt zu ergänzen. Der Stadionvorplatz *(Stadium precinct)* wird zu einem ganzjährig nutzbaren *Event Center* gestaltet, mit Shops, Restaurants, Amphitheater, *Cable car, People's Park* u.a. Dingen mehr.

Sicherheit

Ein paar Hinweise zur Sicherheit: Auch in Durban ist **immer Vorsicht angeraten,** selbst entlang der Golden Mile und an den dortigen Stränden! Gehen Sie nicht alleine zu Fuß auf Stadtbesichtigung, buchen Sie lieber eine Tour bei der *Tourist Junction.* Dort ist ein ausführliches Merkblatt mit detaillierten Sicherheits-Ratschlägen erhältlich.

Tragen Sie Ihre Kamera und Wertsachen nicht offen spazieren, seien Sie im Gedränge der Straßen und Märkte vor Taschendieben auf der Hut, Pass und Wertsachen im Hotelsafe lassen. Ein abendlicher Spaziergang in den Straßen der City oder gar durch Parks …? Bloß nicht! Schließen Sie eigene Besichtigungen noch vor Einbruch der Dunkelheit ab, abends sind die Straßen in der Innenstadt wie ausgestorben. Sehr unsicher sind die Gegenden um die Minibus-Taxistände in der Umgeni Road beim Bahnhof und in der Berea Train Station sowie das desolate Point-Hafenviertel. Bestellen Sie auch für kürzere Wege besser ein Taxi, und immer eines in der Nacht.

Ihren Wagen sollten Sie über Nacht möglichst bewacht parken bzw. im mauerngeschützen Hof ihrer Unterkunft. Eine sichere nächtliche Ausgehstraße mit Unterkünften, Restaurants, trendigen Lokalen und Läden ist die *Florida Road* mit ihren Nebenstraßen in Morningside.

Touristen-Infobüro „Tourist Junction"

Besuchen Sie die **Tourist Junction** an der Pine Street/Ecke Gardiner Street im historischen *Old Station Building,* Durbans früherer Bahnhof. In dem viktorianischen Backsteinbau erwartet Sie ein großes Angebot an Prospekten und sonstigen Unterlagen und kompetente, freundliche Leute. Hier können Sie z.B. Stadtführungen buchen und erfahren, was gerade in der Stadt aktuell los ist (diesbezügliche Broschüren: „What's on in Durban", „101 Things to do", „Leisure Guide Durban", u.a.; sie liegen aber auch in Hotels und Unterkünften aus). Tourist Junction Öffnungszeiten: 8–16.30 Uhr, Sa 9–14 Uhr, **Tel. 031-3044934.**

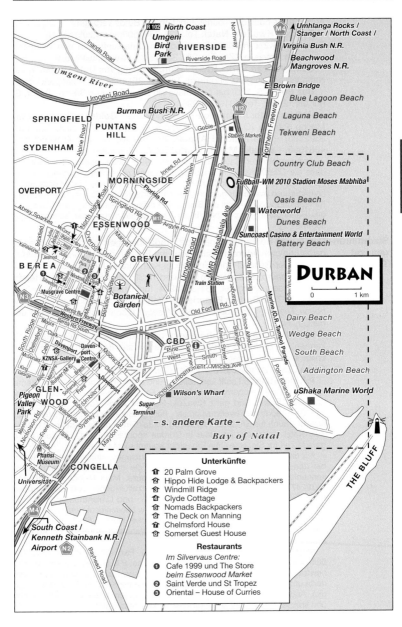

1 Durban

DURBAN

0   1 km

Unterkünfte

- 🛏 20 Palm Grove
- 🛏 Hippo Hide Lodge & Backpackers
- 🛏 Windmill Ridge
- 🛏 Clyde Cottage
- 🛏 Nomads Backpackers
- 🛏 The Deck on Manning
- 🛏 Chelmsford House
- 🛏 Somerset Guest House

Restaurants

Im Silvervaus Centre:
- ❶ Cafe 1999 und The Store
  beim Essenwood Market
- ❷ Saint Verde und St Tropez
- ❸ Oriental – House of Curries

Außerdem sind in der Tourist Junction mit Büros vertreten:

Tourism KwaZulu-Natal: Tel. 031-3367500, www.zulu.org.za.

Ezemvelo KZN Wildlife, Buchung von Unterkünften in den Wildparks und auch Hotels in KZN, Tel. 031-3044934, www.kznwildlife.com.

South African Parks Reservation, Buchung von Unterkünften in den Nationalparks in ganz Südafrika, Tel. 031-3044934, www.sanparks.org.

Baz Bus (s.S. 139) hat gleichfalls ein Büro. Mo–Fr 8.30–16.30 Uhr, Sa nur bis 12 Uhr, Tel. 031-3049099.

Weitere Visitor Information-Büros in Durban: **Golden Mile,** 137 Lower Marine Parade (O.R. Tambo Parade), Joe Kool's Building, Tel. 031-3322595. – **International Airport,** Arrival Hall, Tel. 031-4516950 oder 4081000. – **uShaka Marine World,** Tel. 031-3288000.

Anzumerken zur Baugeschichte des 1892 fertiggestellten Bahnhofs ist, dass die Dachkonstruktion notfalls auch eine meterhohe Schneelast tragen kann – und dies im heißen Durban …? Des Rätsels Lösung: Das Londoner Architekturbüro plante zur gleichen Zeit einen identischen Bahnhof für Toronto in Kanada und verwechselte die Baupläne. Logischerweise brach dann das Dach des Bahnhofs in Toronto bereits im ersten Winter unter einer Schneelast zusammen …

Stadtführungen und Touren

Das Tourist Board bietet geführte **Stadtführungen** an, z.B. den zweieinhalbstündigen **Oriental Walkabout** mit Besuch des *Victoria-Street Market* und der Gegend dort (Emmanuel Kathedrale, Juma Moschee) sowie *Sari Emporium.* Alltäglich um 9.30 und 13.30 Uhr, R50 pro Person, telefonische Reservierung Tel. 031-3044934, funinsun@iafrica.com.

Bei der Tour **Durban Experience Walkabout** besichtigt man das *Playhouse Theater, Old Court House Museum* (Local History Museum) und die *City Hall.*

Beim **Historical Walkabout** lernt man Durbans koloniale Geschichte kennen, die *St. Paul's Cathedral,* Durbans erster Bahnhof, Winston Churchills *Memorial tablet, Francis Farewell Garden, Dick King Statue, Da Gama Clock, John Ross Story, Old Court House Museum.*

Privatführung: Ein sehr verlässlicher und erfahrener Tourist-Guide (ehemaliger Lehrer und moderner Südafrikaner, RKH-Verleger-Empfehlung) für Durban, das Umland und ganz KwaZulu-Natal ist **Zweli Xaba,** Tel. +27 (0)83-4393914, edutravel@webmail.co.za. Für größere Touren (Fahrzeug vorhanden), auch für Gruppen, rechtzeitig kontaktieren, da Zweli sehr oft in KwaZulu-Natal unterwegs ist. Oder in Durban spontan anrufen, vielleicht hat er gerade Zeit für Sie, eine City-Tagestour kommt nicht teuer.

Für diverse andere geführte Halb- oder Ganztagestouren in und um Durban, bei denen man z.B. auf Township-Touren die dortigen Lebensverhältnisse kennenlernt, eine Empfehlung: **Meluleki Tours,** Mark Mgobhozi, Tel. 031-2078247, www.meluleki.anglozulu.co.za; Einzelführungen und Kleingruppen. Auch **Tekweni Ecotours** macht Durban City- und Umlandtouren (169 Ninth Avenue, Morningside, Tel. 031-3320575, www.tekweniecotours.co.za). Außerdem bieten manche Hotels und die Backpacker-Hostels Stadt- und Umlandtouren an bzw. vermitteln diese. Weitere Touranbieter-Adressen bei Adressen & Service, „Touranbieter".

Marianne Ryley, Tel. +27 (0)31-2671550, Fax +27 (0)880-2671550, Cell 083-6502832, North South Tourist Marketing cc, P.O.Box 917, Westville 3630, newtraveller@worldonline.co.za bietet mit dt.-spr. Reiseleitung maßgeschneiderte und öko-kulturelle Erlebnistouren durch ganz KwaZulu-Natal und Südafrika. Außerdem Buchung preisgünstiger Mietwagen, anerkannter Unterkünfte und spezielle Packages, wie Golf-Reisen, Wellness-Safaris u.a.m.

Für **Durbans indische Kultur und Geschichte** in Halb- oder Tagestouren ist eine gute Adresse *City of Choice Tours,* Brenda Roopai, Tel. 031-4640920, Cell 084-5827976, brenda@cityofchoicetours.co.za, www.cityofchoice-tours.co.za.

Herumkommen

Im Stadtzentrum in erster Linie mit **Taxis** *(cabs).* Sie fahren nicht frei umher, sondern müssen telefonisch bestellt werden. Preis nach Taxameter. Folgende Unternehmen sind verlässlich:

Mozzie Cabs, Tel. 0860 MOZZIE (086-0669943), Office Tel. 031-3035787, www.mozzie.co.za. *Bunny Cabs,* Tel. 031-3322914. • *Eagle Taxis,* Tel. 031-3378333. • *U-Cabs,* Tel. 031-5611846, Cell Tel. 082-4541577, www.ucabs.co.za. • *Zippy Cabs,* Tel. 031-2027067/8, www.zippycabs.co.za.

Busse

Die blauen *Mynah*-Busse bedienen Florida Road bis Mitchell Park, Berea (Musgrave Centre), Botanic Gardens, Central und die Beachfront (South Beach, uShaka Marine World, North Beach mit Suncoast Casino). Sie fahren bis in die Vororte. Terminal im Zentrum vor der Shopping Mall *The Workshop.*

Außerdem gibt es noch *Aqualine-Busse,* sie fahren zum Beispiel nach Umhlanga Rocks zum Gateway Shopping Centre (Abfahrtstelle beim Restaurant Nandos in der West Street, Route 716/705), oder zur Pavilion Mall (Aqualine Bus 853 vom Workshop-Terminal). Auch nach Westville (Westwood Mall) und Pinetown.

Durban People Mover

Durbans neues Commuter-Bussystem **Durban People Mover** ist integraler Bestandteil des Personentransports für die WM 2010 in Durban. Derzeit fahren 10 komfortable und klimatisierte Hi-Tech-Busse in der City und entlang der Beachfront im 15-Minutentakt von 6.30 Uhr bis 23 Uhr. Die Busse haben ein spezielles Design und leicht erkennbare, besondere Haltestellen. Ein digitales Videoüberwachungssystem (CCTV, *Closed Circuit Television*) sorgt sowohl während der Fahrt als auch an den Haltestellen für die Sicherheit der Fahrgäste (Routen der drei Linien s. Stadtplan Durban). Info-Tel. 031-3095942, www.durbanpeoplemover.co.za. Tickets: Eine *single journey* kostet R4, ein *day pass* R15. *Packages* sind auch bei Hotels und *Tour Companies* erhältlich.

Die Busse der **Western Route** fahren einen Rundkurs entlang der Straßen Commerical – Smith (neu: Anton Lembede St) – Field St bzw. Russel Street (letztere nur von 9–18 Uhr). Haltestellen: W1 City Hall und Playhouse, W2 Smith- bzw. Anton Lembede Street, W3 Victoria-Street Market, W4 Grey Street Mosque, W5 Tourist Junction und Workshop, W6 ICC, W7 Field Street.

Busse der **Northern Route** fahren vom Interchange in der östlichen West Street Richtung Norden über die Boscombe St und Playfair Rd bis hoch zum Suncoast Casino. Haltestellen: N1 Ocean Sports, N2 North Beach, N3 Elangeni-Hotel, N4 Playfair Park, N5 Suncoast Casino.

Busse der **Southern Route** fahren vom Interchange in der östlichen West Street Richtung Süden über die Gillespie St und Prince St zu uShaka Marine World. Haltestellen: S1 The Wheel, S2 Addington, S3 Prince St, S4 uShaka Marine World. Bei den Betriebszeiten wird unterschieden zwischen *Morning-* (6.30–9 Uhr) und *Afternoon Peak* (16.30–18 Uhr), *Off-Peak* (9–16.30 Uhr) und *Night* (18–23 Uhr).

Riksha Bus

Oben offene Doppeldecker-Busse, die Durban-Besichtigungsfahrten machen. Di, Do, So ab 9 Uhr, zwei Rundtouren (2,5 h), R50, Zustieg bei der Point Waterfront, South Beach (Tropicana Hotel), North Beach u.a. Tel. 083-2890509.

1 Durban

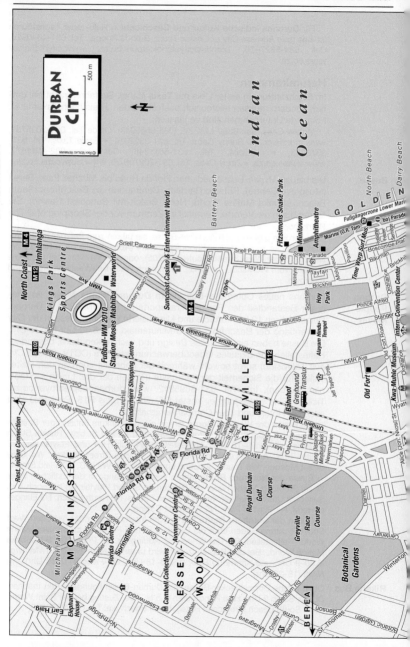

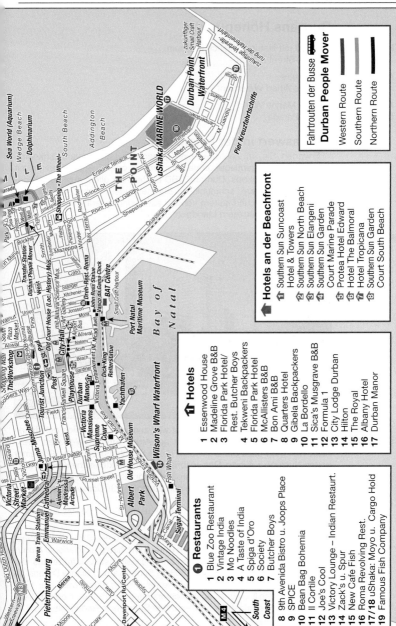

1 Durban

Durban People Mover

Fahrtrouten der Busse

Western Route
Southern Route
Northern Route

Hotels an der Beachfront

1. Southern Sun Suncoast Hotel & Towers
2. Southern Sun North Beach
3. Southern Sun Elangeni
4. Southern Sun Garden Court Marine Parade
5. Protea Hotel Edward
6. Hotel The Balmoral
7. Hotel Tropicana
8. Southern Sun Garden Court South Beach

Hotels

1. Essenwood House
2. Madeline Grove B&B
3. Florida Park Hotel/ Rest. Butcher Boys
4. Tekweni Backpackers
5. Florida Park Hotel
6. McAllisters B&B
7. Bon Ami B&B
8. Quarters Hotel
9. Gibela Backpackers
10. La Bordello
11. Sica's Musgrave B&B
12. Formula 1
13. City Lodge Durban
14. Hilton
15. The Royal
16. Albany Hotel
17. Durban Manor

Restaurants

1. Blue Zoo Restaurant
2. Vintage India
3. Mo Noodles
4. A Taste of India
5. Spiga d'Oro
6. Society
7. Butcher Boys
8. 9th Avenida Bistro u. Joops Place
9. SPICE
10. Bean Bag Bohemia
11. Il Cortile
12. Joe's Cool
13. Victory Lounge – Indian Restaurt.
14. Zack's u. Spur
15. New Cafe Fish
16. Roma Revolving Rest.
17/18. uShaka: Moyo u. Cargo Hold
19. Famous Fish Company

Durbans Höhepunkte

Innenstadt	City Hall mit Natural Science Museum Victoria-Street Market
Am Hafen	BAT Centre Wilson's Wharf Waterfront
Am offenen Meer	uShaka Marine World Marine Parade

Sehenswert in der Innenstadt

Erwarten Sie im Zentrum keine glitzernden Ladenzeilen, funkelnde Shopping Malls, gepflegte grüne Einsprengsel oder Fußgängerzonen mit trendigen Coffeeshops. Durbans CBD besteht vor allem aus indisch geführten Kaufhäusern, schmucklose Bürogebäuden, menschenüberfluteten Bürgersteigen und lautem Verkehr sowie der basarähnlichen Victoria Street mit gleichnamigem Marktgebäude.

■ *Durban, Innenstadt. Im Hintergrund der Uhrenturm des Post Office*

The Workshop
Von der Tourist Junction ist es nicht weit zum davon nördlich gelegenen Einkaufszentrum *The Workshop* an der Aliwal Street. „Werkstatt" deshalb, weil man dazu die ehemalige große Bahnhofswerkstatt 1986 einer neuen Nutzung zuführte. Das viktorianisch-architektonische Kleinod wurde 1860 erbaut und bietet ein großes europäisch-afrikanisch-indisches Warenangebot in zahlreichen kleinen Läden. Auch Computicket hat ein Büro, Parkdeck ist vorhanden.

Mo–Fr 8.30–17 Uhr, Sa 9–17 Uhr, So 10–16 Uhr (Pubs und Restaurants haben auch nach Geschäftsschluss noch auf).

Post Office
In Richtung Süden erreicht man über die Gardiner Street/Ecke West Street die **Post.** Der Bau mit einem Uhrenturm, heute ein *National Monument,* gilt als eines der bedeutendsten klassischen Gebäude aus der Epoche Queen Victorias (1837–1903) in Südafrika und diente Durban ab 1885 als erstes Rathaus. Eine Gedenktafel erinnert daran, dass hier 1899 Winston Churchill – als Kriegsberichterstatter gerade aus einem Buren-Gefängnis in Pretoria entflohen – auf den Stufen eine Rede hielt.

St. Paul's Church   Östlich gegenüber der Post steht am *Church Square* die neugotische **St. Paul's Church.** Sie war die erste anglikanische Kirche Natals (1853). 1906 wurde sie durch einen Brand fast völlig zerstört und 1909 neu erbaut. Die schönen Glasfenster lassen sich am besten von innen bewundern.

Heftiger Architekturmix

Sehr vieles von Durbans früherer viktorianischer Bausubstanz konnte nicht bis in die heutige Zeit hinübergerettet werden, dennoch bietet die Stadt einige schöne Beispiele, verstreut im trostlosen Betoneinerlei der Innenstadt. Zu den ältesten historischen Gebäuden zählen das *Elephant House* aus dem Jahr 1850 in der Ridge Road 745 und das *Britannia Hotel* in der Umgeni Road 1299 aus dem Jahr 1877. Das *Durban Manor*, Victoria Embankment/Margaret Mncadi St 93–96, ist ein schönes Beispiel gediegener britischer Architektur und heutiger Hotelkultur. Großbauten aus den Gründerjahren im britischen Imperialstil sind *City Hall* und *Post Office*. **Art dèco**-Schönheiten, wie z.B. das *Victoria Mansions* am Victoria Embankment, *Surrey Mansions* in der 323 Currie Road, *Enterprise Building* in der 47–53 Aliwal Street oder das *Suncoast Casino & Entertainment World* an der nördlichen Beachfront aus heutiger Zeit vervollständigen den Architekturmix. Indisch-orientalische Bauten finden sich um den Victoria-Street Market (Juma-Moschee), während im Zentrum aus trostlosen Straßenblocks und zwischen verwaschenen Fassaden nüchtern-moderne Glas- und Stahlkonstruktionen emporwachsen, wie z.B. der ABSA-Tower.

Abb.: Post Office

Luthuli/ Farewell Square   Zwischen Post und City Hall liegt der *Luthuli/Farewell Square,* der Platz mit den meisten Personen- und Gedenkskulpturen Südafrikas. Darunter auch – unvermeidlich – Queen Victoria. Albert Luthuli (1898–1967) war ANC-Präsident 1952–1967 und 1960 erster afrikanischer Friedensnobelpreisträger. *Francis George Farewell* (1793–1829) war 1824, zusammen mit *Henry Francis Fynn* (1803–1861) einer der Gründerväter Durbans (s.o., „Geschichte").

City Hall mit Natural Science Museum und Durban Art Gallery

Das Herzstück Durbans ist sein imposantes Rathaus mit einer 50 Meter hohen Kuppel (Eingang z. Natural Science Museum ist in der Smith- bzw. Anton Lembede St). Das 1910 eingeweihte Gebäude im Renaissance-Stil ist ein exaktes Stein-für-Stein-Replikat der nordirischen Belfaster City Hall. Das *National Monument* beherbergt neben einer Bücherei (mit Internet-Café) das sehenswerte und vielbesuchte **Natural Science Museum** mit naturkundlichen Sammlungen zur Ökologie und Fauna KwaZulu-Natals. Sehenswert sind das lebensgroße Modell eines Dinosauriers, die 2300 Jahre alte ägyptische Mumie, Skelett und Zeichnungen des ausgestorbenen Dodo-Vogels und die diversen Dioramen. Mit dem Gründungsjahr 1887 zählt das Museum zu den ältesten des Landes.

Mo–Sa 8.30–16 Uhr, So 11–16 Uhr, freier Eintritt, Tel. 031-3112256.

Im 2. Stock befindet sich die **Durban Art Gallery** (DAG), die teils außergewöhnliche Werke gegenwärtiger und früherer südafrikanischer Künstler zeigt. Die europäische Sammlung umfasst britische, französische und niederländische Gemälde und Kunstgegenstände aus Keramik, Glas und Bronze. Ausstellungsschwerpunkt sind aber zeitgenössische Kunstobjekte, sie spiegeln die multiethnische Diversität Südafrikas und KwaZulu-Natals. Durch das Oberlicht der Kuppel kommen die Werke gut zur Geltung. Jeden ersten Freitag im Monat ist *Red Eye Art Evening*, ein Treffen für zahlreiche Künstler und Kunstinteressierte.

■ *Buntes Kaleidoskop: Durban Art Gallery*

The Playhouse

Gleichfalls in der Smith bzw. Anton Lembede Street, gegenüber der City Hall, liegt das Gebäude des Theaters *The Playhouse* mit einer Pseudo-Tudorfassade. Es ist eine Top-Entertainment-Einrichtung mit vier voll ausgestatteten Theatern und Räumlichkeiten, in denen von Show, Unterhaltung und regelmäßigen Konzerten bis hin zu europäischen Opern und internationalen Musicals alles geboten wird (Führungen möglich, Tel. 031-3699555, 8–23 Uhr, www.playhousecompany.com.

Old Court House Museum (Local History Museum)

Von der Smith bzw. Anton Lembede Street die Aliwal Street nördlich erreicht man das *Old Court House Museum* im einstigen Gerichtsgebäude von 1866. Das älteste Gebäude des Zentrums ist heute gleichfalls ein *National Monument,* das mit Objekten und Dokumenten aus der Kolonial- und der Shaka-Zulu-Zeit bis in die Gegenwart ausführlich über die Geschichte Durbans informiert. Hier in diesem Gerichtsgebäude hatten die Schwarzen früher ihre jährliche *poll tax* (Kopfsteuer) zu entrichten, und Gandhi wurde damals des Raums verwiesen weil er einen Turban trug. Die Durban-Abteilung zeigt u.a. das Cottage von Henry Francis Flynn und die Clairmont Sugar Mill.

Old Court House Museum, 77 Aliwal St, Mo–Sa 8.30–16 Uhr, So 11–16 Uhr, Tel. 031-3112229.

Indisches Viertel

Victoria-Street Market

Wenn Asien auf Afrika trifft, ist quirliges Straßen- und Markttreiben wie im indischen Viertel um die Grey Street (Dr Yusuf Dadoo St) und Victoria Street die Folge (Hinweis: Das Tourist Board macht durch diese Gegend zweieinhalbstündige Rundgänge, s.o. bei „Stadtführungen"). Nachdem dort das alte und wesentlich größere Gebäude des *Indian Market* 1973 abgebrannt war, erbaute man 1984 zwischen Grey- und Russell Street den neuen **Victoria Market,** in dem die zahlreichen kleinen Geschäfte und Stände der indischen Händler wieder ein Zuhause fanden (Eingang Queen Street, Mo–Sa 6–18 Uhr, So 10–16 Uhr). Dort können Sie in über 170 Shops stöbern und einkaufen. Das Angebot umfasst tausenderlei Dinge, wie Stoffe, Lebensmittel und Früchte, Textilien, Schmuck, CDs und DVDs, afrikanisches Kunsthandwerk, Korb- und Lederwaren, Antiquitäten, Schnitzereien, Schuhe und und und … Handeln ist hier immer angesagt!

Besonders zahlreich vertreten sind die Gewürzhändler. Die Aromen und Düfte ihres Currypulver-Sortiments und exotischer Gewürze für die Zubereitung der köstlichen indischen Speisen durchzieht die Luft. Ob die farbenprächtigen Anhäufelungen der Curries dann mild oder höllisch scharf ausfallen, können Kunden praktischerweise an den Namen der Mischungen ablesen: „Medium Masala", „Hell Fire", „Hot-Hot Peri Peri", „Lemon Pepper" oder „Atom Bomb" lauten die Bezeichnungen. Böse Schwiegermütter kann man mit „Special Mother-in-Law Exterminator" vermutlich ins Jenseits befördern, und „Honeymoon Curry" gestaltet anstehende Flitterwochen möglicherweise „schärfer". *Joe's Corner Shop* (Shop 41/42) wirbt sogar auf Deutsch: „Wir haben die besten Gewurte mit den herausragendsten Eigenschaften dieser Stadt" (Versand nach Deutschland ist möglich).

Eindrucksvoll ist außerdem, wie in den gegenüberliegenden Hallen an den Fisch- und Fleischständen Marktschreier die Vorzüge ihrer Tierteile und Frisches aus dem Meer laut durch die Gänge brüllen.

■ *Von mild bis höllenscharf: Curry-Mischungen*

Orientalisches und Bazartreiben gleich um die Ecke bietet die **Madressa Arcade,** die sich von der *Juma Masjid Moschee* bis zur *Emmanuel Cathedral* hinzieht: Ein schmaler Gang, gesäumt von Ständen und Shops mit einem großen Warenangebot.

Warwick-Triangle

Noch authentischer brodelt Afrika im wilden Straßenhändlerchaos des *Warwick-Triangle* – Besuch am besten nur mit einem Führer. Auf dem **Muthi Market** wird traditionelle Zulu-Medizin, *muthi*, verkauft. *Inyangas,* Naturheiler, bieten ihr Wissen und Können an. Gegen diese und jene Krankheitssymptome ihrer Laufkundschaft helfen bestimmte Wurzelsorten, Kräuter, Pülverchen und Salben nur ihnen bekannter Zusammensetzung aus Pflanzen- und Tierteilen wie Schlangenhäuten, Krokodilzähnen oder Vogelklauen. Bei seelischen Problemen kann man Rat und Hilfe bei *Sangomas,* den Schamanen und „Seelendoktoren" erbitten, aus hingeworfenen Tierknochen und Muscheln bei gleichzeitiger Anrufung der Vorfahren finden sie wirksame Therapien.

Tipp: In den kleinen Lokalen der Gegend um den Victoria-Street Market und in der Grey Street (Dr Yusuf Dadoo St) lässt sich aufkommender Hunger mit indisch-/orientalischen Speisen gut und günstig stillen, z.B. in der *Victory Lounge – Indian Restaurant,* 187 Grey Street, oder in der gleichen Straße bei *Patel Vegetarian Refreshments,* Rama House; gute *bunny chows.*

Durban, die südafrikanische Curry-Hauptstadt

Was wir unter Curry verstehen, eine gelbpulverne Würzmischung, ist in Südafrika ein **Ragout-Gericht,** geschmacklich so verschieden wie Indiens Regionen, woher *kari* stammt (soviel wie „Soße"). Gewürz-Mischungen heißen bei Indern *masala,* das man vor oder während des Kochens frisch zubereitet. Currymischungen gibt es in Aberdutzenden Kompositionen und Schärfevarianten (südindische sind schärfer als nordindische). Hauptzutaten sind Kardamom, Zimt, schwarzer Pfeffer, Chili-Schoten, Gewürznelken, Sesam, Kreuzkümmel (Cumino), Lorbeerblätter u.a.m. Gelbwurz, *Kurkuma,* sorgt für die gelbe Farbe.

Für ein typisches Durban-Curry werden in einer schweren Pfanne Zwiebeln in Öl angeröstet, danach *masala* hinzugefügt, anschließend Knoblauch und Ingwer. Die Mischung lässt man köcheln, bevor Fleisch vom Lamm, Rind, Huhn oder Fisch zugegeben wird und alle anderen nicht notwendigen Gewürze. Beim langsamen Weiterkochen unter dem Deckel entfalten alle Zutaten ihre Aromen und gehen ineinander auf. Zuletzt kommt zur Geschmacksabrundung noch frischer Koriander dazu. Ein

Curry wird gewöhnlich mit Reis, *chutney, sambals* und *papadams* serviert. Chutney (vom indischen Wort *chatni*) ist eine auf Früchte- und Zwiebelgrundlage hergestellte Mixtur in marmeladeähnlicher Konsistenz, gewürzt mit scharfen Chili-Schoten. *Sambals* sind kleine Beilagen aus gehackten Erdnüssen, geraspelter Kokosnuss, verschiedenen Früchte-Chutneys und geschnittenen Bananen. *Papadam* ist hauchdünnes indisches „Brot" aus gemahlenen Linsen und Kichererbsen, frittiert oder gebacken.

Durbans populäres **Bunny chow** ist ein kleines halbiertes Weißbrot, das ausgehöhlt und mit einem beliebigem Curry gefüllt wird. „Bunny" hat aber nichts mit englisch für „Häschen" zu tun, sondern leitet sich von dem indischen Wort *bania* für Händler ab. Die *bunny chow*s entstanden während der Zeit der Apartheid, als Schwarzen der Zutritt in „Whites-only"-Restaurants verwehrt war. Stattdessen reichte man ihnen das Essen ohne Teller und Besteck als *take away* auf die Straße raus – und aus der Hand isst man *bunny chow*s heute noch.

Juma Masjid Moschee   Die **Juma Masjid Moschee** in der Queen St/Ecke Grey- bzw. Dr Yusuf Dadoo St mit ihren beiden vergoldeten Turmkuppeln ist die größte Moschee Südafrikas, wenn nicht der gesamten südlichen Hemisphäre. Durch eine Vergrößerung 1927 kann sie heute bis zu 6000 Gläubige fassen. Nach dem Hinduismus ist der Islam zweitwichtigste Religion der südafrikanischen Inder. Besichtigung ist möglich, Eingang Queen Street, Schuhe sind auszuziehen. Ihr christliches Gegenstück in westlicher Nachbarschaft, die katholische **Emmanuel Cathedral,** wurde bereits 1904 in neugotischem Stil erbaut.

Indien in Afrika

Durban ist die Stadt mit dem größten Anteil an Indern bzw. Indischstämmigen außerhalb des indischen Subkontinents (s.a. S. 93). Die Einwanderer waren nach ihrem Glauben größtenteils Hindus (heute über 60%), nordindische Muslime in geringer Zahl auch Buddhisten. Dies erklärt die Anzahl der nicht wenigen Hindutempel und Moscheen in Durban und Umgebung. Sari und Kaftan in Koexistenz. Der *Shree Ambalavaanar Alayam Temple* in Cato Manor, heute ein *National Monument,* war der erste Hindu-Tempel in Afrika. In der City liegt in der Somtseu Road östlich des Bahnhofs der *Alayam Temple.* Der prachtvolle *Temple of Understanding* ist der größte Tempel, er liegt im südlichen Stadtteil Chatsworth (s.u.). Hindus feiern alljährlich zahlreiche Feste mit Umzügen, die geprägt sind durch einen besonders tiefen spirituellen Sinn (s. „Feste und Festivals" bei „Adressen & Service").

Das *Cultural and Documentation Centre,* Ecke Epsom St/Derby Road, Tel. 031-3097559, bietet eine Innenansicht in die Geschichte der indischen Einwanderer und ihr Wirken und Einfluss auf Durban und KwaZulu-Natal. Eine kleine Ausstellung zeigt traditionelles indisches Kunsthandwerk, Bilder, Kleidung, von *Mahatma Gandhis* Leben in Südafrika, Arbeit auf den Zuckerrohrplantagen u.a.m. Mo–Fr u. So 9–17 Uhr, Tel. 031-3097559, culturalndr@telkomsa.net. Der größte indische Laden für *ethnic Indian products,* besonders Lebensmittel und bergeweise exotische Gewürze und viele Indien-Importe ist *Spice Emporium* in der Pine Street/Ecke John Milne Street, www.spiceemporium.co.za.

Durbans westliche Vorstadt *Cato Manor,* früher geschäftiges Wohngebiet einer großen *African and Indian community,* besitzt mit dem *Cato Manor Heritage Centre* (750 Francois Rd, Tel. 031-2613216, Mo–Fr 8.30– 16 Uhr) ein interaktives und sehenswertes Museum, das das Leid der Bevölkerung während der Zeit der Apartheid dokumentiert. Aufgrund der Apartheidsgesetze wurden damals die Menschen zwangsumgesiedelt, ihre Häuser und die Geschäfte der Inder dem Erdboden gleichgemacht, mit Ausnahme des dortigen *Alayam Tempels.*

Exkurs über **Mahatma Gandhi** mit *Inanda Heritage Route* s.S. 56.

■ *Historische Ansicht der Grey Street*

▌1 Durban

Florida Road

Die Florida Road in **Morningside** ist Durbans Ess-Meile. Allabendlich bevölkern in den fast ganzjährig milden Temperaturen junge und junggebliebene *durbanites* die schmalen Bürgersteige für einen Platz in einem der über zwanzig Restaurants, Pubs und Take Aways, die sich bis hoch zum Mitchell Park reihen. Touristen aus den umliegenden Bed&Breakfasts oder Hostels haben es nicht weit und können auch noch zu später Stunde sicher zu Fuß heimgehen. Ein Nutzen, der den Nachteil der vielbefahrenen Straße wettmacht. Die viktorianischen Häuser, meist denkmalgeschützt, wurden von umtriebigen Leuten in Studios, Läden oder zu trendigen Restaurants umgewandelt, in denen sie meist selbst hinter der Theke oder in der Küche stehen.

Hier nur einige von vielen Möglichkeiten auf der Florida Road: Das familiäre *Spiga d'Oro,* Florida Rd 200, erinnert an ein typisch italienisches Gehsteig-Bistro, immer knackevoll von früh bis spät (Reservierungen werden nicht entgegengenommen); schon die *Pasta di Casa* ist himmlisch.

Das *Spice* zog von einem Hofdurchgang gleich beim Spiga d'Oro um in die Windermere Nr. 362 (s. Durban-Karte). SPICE Restaurant & Bar Lounge, Tel. 031-3036375 o. 084-2507042, Mo geschlossen. Ideenreiche Kombinationen und raffiniert verfeinerte Alltagsgerichte machen Lindas Speisen zu einem Gaumenerlebnis bei moderaten Preisen. Geschätzt werden die *Light lunches, Salads, Curries* und die *Desert*-Versuchungen. Speisekarte auf www.dining-out.co.za.

Oder doch lieber indisch? Unser Tipp ist das Open-air-Restaurant **A Taste of India,** die Florida Road vom *Spiga d'Oro* etwas weiter hochgehen, nach der Lambert Street rechter Hand. Auf der Terrasse kann man gemütlich sitzen und unter zahllosen Gerichten wählen (andere indische Restaurants in Durban s.S. 183).

Bean Bag Bohemia, 18 Windermere Road, Tel. 031-3096019, ist Szene-Restaurant, Kunstgalerie und Podium für Live-Musikauftritte. Angeschlossen ist das kleine Gästehaus *La Bordello.*

■ *Straßen-restaurant in der Florida Street*

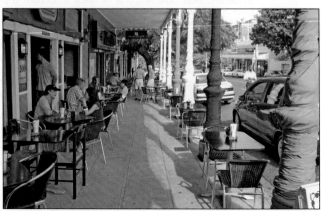

African Art Centre	In der Florida Rd 94 (Ecke Argyle Rd), verkauft der Laden von *African Art Centre,* einer Nonprofit-Organisation, sehr schöne traditionelle und zeitgenössische Zulu-Kunst und andere Produkte: Holzarbeiten, Beadwork, Skulpturen, Textilien, Keramiken etc. Produkte kann man auf www.afriart.org.za ansehen. Mo–Fr 8.30–17 Uhr, Sa 9–15 Uhr, So 10–15 Uhr, Tel 031-3123804/5.
Bookbase	ist einer der interessantesten und größten Buchläden Durbans, zu finden ganz oben, Florida Road Nr. 275. Alles was Bibliophile wünschen, viel Africana, Historisches, Reise, Zulu-Kriege und auch gebrauchte Bücher. Tel. 031-3123555, www.bookbase.co.za.
Alliance Française	Das nonkommerzielle französische Sprachinstitut, 22 Sutton Crescent, Morningside, gibt lokalen Künstlern Gelegenheit zur Ausstellung ihrer Werke. Ab und zu Musikgruppen. Tel. 031-312 9582, www.alliance.org.za.

1 Durban

Glenwood/Davenport Road

Ein weiteres kleines Zentrum mit Bed&Breakfast-Unterkünften, Lokalen, Shops, Boutiquen und Restaurants ist das **Davenport-Viertel** im **Stadtteil Glenwood** zwischen Bulwer- und Umbilo Road und in den Straßen um das *Davenport Shopping Centre* (letzteres eher eine nüchterne Angelegenheit). Entlang der Bulwer Road gibt es etliche Antiquitätenläden, ein Restaurant-Tipp ist *Yossis Cafe,* 127 Davenport Road. Unterkommen könnte man z.B. im *Somerset Guest House* (s. „Adressen & Service" / „Unterkunft").

In der Bulwer Road 166, Ecke Davenport Road, befindet sich das Gebäude von *KwaZulu-Natal Society of the Arts* (KZNSA), eine bereits 1905 gegründete Nonprofit-Organisation, die Jugendlichen und Nachwuchskünstlern Ausbildungen ermöglicht, Projekte aller Art fördert und im Haus Ausstellungen organisiert. Der KZNSA Shop bietet eine große Auswahl an Kunsthandwerk von zahlreichen lokalen Künstlern, die von der KZNSA gleichfalls unterstützt werden. Di–Fr 9–17 Uhr, Sa bis 16 Uhr, So bis 15 Uhr, Tel. 031-2023686. Das angeschlossene *Arts Café* bietet gute Gerichte und ist beliebter Treffpunkt.

Berea/Musgrave

Zahlreiche Unterkünfte, Lokale, Shops und Restaurants finden sich außerdem im Ausgeh-Stadtteil **Berea** um das **Musgrave Centre** (Musgrave Road 115; Shops, Supermarkt, ein halbes Dutzend Kinos, Buchhandlung, gute Restaurants und andere diverse Einrichtungen; sicheres Parken). Das *Dockyard Supper Theatre* im Musgrave Centre bietet auf zwei Bühnen Unterhaltung, Musicals, Shows, internationale Musikgruppen, Tanzveranstaltungen, Restaurant und zwei Bars. Aktuelles Programm auf www.dockyardtheatre.co.za.

Weitere Details zu den dortigen Unterkünften und Restaurants s.u. bei „Adressen & Service" bei „Unterkunft" und „Essen & Trinken".

Weitere Museen und Einrichtungen

KwaMuhle Museum

Das empfehlenswerte KwaMuhle Museum in der Ordnance Road zeigt die Entwicklung Durbans aus (unvoreingenommener) schwarzafrikanischer Sicht mit Korrekturen unzutreffender Darstellungen und Behauptungen in der Apartheid-Ära bis 1994. Zu sehen sind zahlreiche Dokumente und Fotos zu Durbans Stadtgeschichte, zur afrikanischen Gewerkschaftsbewegung und anderer schwarzer kultureller Organisationen. Das Gebäude war in der Kolonial- und später in der Apartheidszeit Sitz des *Native Administration Department,* des Systems zur Repression der schwarzen Bevölkerung.

KwaMuhle Museum, 130 Ordnance Road, Mo–Fr 8.30–16 Uhr. So 11–16 Uhr, Tel. 031-3112237.

Old Fort

Das Alte Fort an einem kleinen Park an der Old Fort Road ist ein Nationaldenkmal. Hier hatten sich 1842 die Engländer vor den Buren verschanzt, die es belagerten. Das danebenliegende **Warrior's Gate MOTH Museum** (*Memorable Order of Tin Hats,* Verband ehemaliger Kriegsteilnehmer, www.moth.org.za), befasst sich mit Südafrikas Militärgeschichte, besitzt eine Militaria-Sammlung und Battlefields-Relikte. Zugang über NMR Avenue (Masabalala Yengwa Avenue).

Old Fort, Di–So 11–15 Uhr, Sa 10–12 Uhr, Mo geschl., Tel. 031-3073337.

Time Warp Surf Museum

Kleines Museum zur Surf-Geschichte. Ocean Sports Centre, 190 Marine Parade (North Beach).

Tel. 031-3685842, Mo–So 10–16 Uhr.

Bergtheil Local History Museum

Dies ist das Museum der ersten deutschen Natal-Einwanderer im westlichen Stadtteil Westville, benannt nach Jonas Bergtheil, dem Organisator jener Gruppe, die 1847 von Bremerhaven nach Südafrika aufbrach (s.S. 57). Untergebracht in einem kleinen historischen Farmhaus des 19. Jahrhunderts (ein *National Monument*) zeigt es mit zahlreichen Erinnerungsstücken, Fotos und Dokumenten die Ankunft der Deutschen und ihre turbulenten Anfangsjahre in der neuen Heimat. Außerdem später ihre Rolle in der Zeit der südafrikanischen Kriege und in den beiden Weltkriegen. Weitere Details auf der Website www.thewestvilleco-op.co.za/Museum.shtml

Bergtheil Local History Museum, 16 Queen's Avenue, Westville, Mo–Fr 8.30–16.45 Uhr, Sa 8–12 Uhr, Tel. 031-2037107.

Phansi Museum

Das private Phansi Museum (s. Übersichtskarte Durban, südlich), Besichtigung nur nach Voranmeldung, beherbergt eine der größten Kollektionen traditioneller südafrikanischer Kunst und Artefakte aus KwaZulu-Natal. Es befindet sich im *Roberts House,* einem viktorianischen und stilgerecht restaurierten *National Monument* aus dem Jahr 1898. Höhepunkte der Ausstellung sind u.a. lebensgroße Figuren in traditionellen Gewändern verschiedener Ethnien-Gebiete Südafrikas, historische Perlenarbeiten *(beadwork)* aus KwaZulu-Natal und der Ndebele, Gebrauchs- und Kunstgegenstände der Zulu sowie *telephone wire art*. Ab und zu Veranstaltungen (Termine s. Website), Café.

Phansi Museum, 41 Cedar Rd, Glenwood, Mo–Sa 8–16 Uhr, Eintritt. Tel. 031-2062889, Fax 2061590, www.phansi.com (m. Anfahrtsbeschreibung).

Botanical Gardens

Durbans Botanischer Garten wurde bereits 1849 zur Erforschung tropischer Gewächse angelegt. Den Besucher erwartet eine große Fülle Kwa-

Zulu-Natal-typischer Pflanzen, einheimischer Baumarten und Palmen. Im Orchideenhaus wetteifern über 500 verschiedene Orchideen mit Farben und Formen. Außerdem Herbarium, Kräutergarten für Blinde, Teegarten. An bestimmten Sonntagnachmittagen finden am See Live-Konzerte statt, an Samstagen kann man Hochzeitspaaren beim Fotoshooting zusehen, und im September ist auf der *Indigenous Plant Fair* viel los.

Visitor-Komplex Tel. 031-3091170. Auch *guided tours.* Tgl. 7.30–17.45 Uhr (winters 17.15).

The Campbell Collections
In Essenwood, 220 Marriott Road/Ecke Essenwood Road, steht „Muckleneuk", das kapholländische Haus der Familie Campbell mit wertvollen Archiven und Sammlungen. Mit *Dr. Killie Campbell Africana Library, Mashu Museum of Ethnology, William Campbell Furniture and Picture Collection* und *Jo Thorpe Collection of African Art.* Besichtigung nur nach Voranmeldung, Tel. 031-2601722, Eintritt.

Hafen und Victoria Embankment (M. Mncadi Avenue)

Durban besitzt den größten und geschäftigsten Hafen Afrikas. Alljährlich werden über 4000 Schiffe an nahezu 60 Terminals und Kais abgefertigt. Am Nadelöhr der Hafenein- und Ausfahrt am Bluff kommt es regelmäßig zu Schiffstaus. Der schmale Meereskanal soll nun aufs Doppelte verbreitet werden, so dass zukünftig größere Schiffe gleichzeitig ein- und ausfahren können. Planen Sie ein paar Stunden ein bzw. statten Sie zumindest **Wilson's Wharf** und dem **BAT Centre** einen Besuch ab.

Hauptverkehrsstraße entlang der *Bay of Natal* ist das **Victoria Embankment** (Margaret Mncadi Avenue), auch bekannt als *Esplanade,* eine der ältesten Straßen der Stadt. Einst lagen hier die ruhigen Badestrände der Stadt, später entstanden Terminals für den immer mehr wachsenden Schiffsverkehr mit Piers und Verladekränen.

Beginnen wir im Westen, wo das Victoria Embankment wieder stadteinwärts dreht. Dort liegt an der Maydon/Canal Road unübersehbar das imposante **Sugar Terminal.** Bis zu 520.000 Tonnen Rohrzucker können hier in drei Silos gelagert werden, bevor sie in alle Welt verschifft werden. Die geführten Touren der *South African Sugar Association* dauern etwa eine Stunde (8.30, 10, 11.30 und 14 Uhr). Nach einem zwanzigminütigen Film über die Zuckerverarbeitung begibt man sich auf einen Rundgang. Infos und Buchung über Tel. 031-3658100.

Östlich des Sugar-Terminals gelangt man zur **Fish Wharf,** Anlegestelle der Hochseefischerei. Planen Sie für die nächste Attraktion, für die Waterfront von **Wilson's Wharf** mit gemütlichen Restaurants und Pubs genügend Zeit ein. Parkplätze sind reichlich vorhanden.

Wilson's Wharf
An der beliebten Wilson's Wharf, Boatman's Road, kann man auf einem Boardwalk am Wasser entlang schlendern, die Schiffe beobachten und in einem der über sechs Restaurants gut und nicht teuer essen und das Hafentreiben beobachten. Vielleicht finden Sie eine nette Kleinigkeit in den Shops und Boutiquen, oder besuchen das dortige *Catalina Theatre* mit seinem interessanten Programmangebot (www.catalinatheatre.co.za). Auf www.wilsonswharf.co.za können Sie Wilson's Wharf schon mal ansehen. Ein gutes Ziel für einen Abend mit anschließender Taxi-Hotelheimfahrt.

1 Durban

■ *Wilson's Wharf*

Hafenrundfahrten und Sundowner auf See

Was liegt näher, als mit einer Hafenrundfahrt den ganzen riesigen Hafen abzufahren. Das kleine hölzerne Restaurantschiff **Allen Gardiner** – einst ein Rettungsboot der Marine Südafrikas – bietet sich dazu bestens an. Es legt täglich von Wilson's Wharf ab. Die Tour führt durch das gesamten Hafengebiet bis zur engen Bluff-Hafeneinfahrt und wieder zurück zu Wilson's Wharf.

Dabei passiert man u.a. Sugar Terminal, Maydon-Werft, Trockendocks, Silt Canal, Pelican Island, Container Terminal und Yacht Marina. Preis für die zweieinhalbstündige Tour: R75, Abfahrt 16 Uhr, Anmeldung Tel. 084-4564000. Es gibt auch eine Morgentour mit Mittagessen um 9 Uhr sowie den *Champagne Sunset Cruise* (19–22.30 Uhr, R125) vor Durbans Küste. Weitere Einzelheiten auf www.allengardiner.co.za. • Auch das Schiff **Isle of Capri** bietet täglich Touren durch das Hafengebiet oder hinaus aufs offene Meer. Auskunft gleichfalls an der Wilson's Wharf, Tel. 031-3063099 o. 031-3377751.

Geschichtsnotiz: **Allen F. Gardiner (s. Abb.)** war Missionar und zugleich Captain der britischen Royal Navy. Er kam 1835 ins damalige Port Natal und wollte die Zulu zum christlichen Glauben bekehren. Doch König Dingane hatte stattdessen nur Interesse an englischen Gewehren. Zusammen mit Francis George Farewell, Henry Francis Fynn und der damaligen Handvoll englischer Siedler und Seeleute gründete er am 25. Juni 1835 Durban, benannt nach dem damaligen Gouverneur der Kapkolonie, *D'Urban.*

Stadteinwärts auf der Russel Street und in die erste Querstraße rechts, St Andrews Street, gelangt man zum **Old House Museum.** Ein Nachbau des originalen Hauses von George Robinson aus dem Jahr 1850 mit typischer Veranda und eingerichtet mit Möbeln und Hausrat jener Zeit. Weitere Details stehen auf der Erklärungstafel.

Old House Museum, Tel. 031-3112261, Mo–Sa 8.30–16 Uhr, So 11–16 Uhr.

Am Hafen entlang   An der großen **Yacht Marina** kann man luxuriöse Yachten aus aller Welt sehen. Wenn Sie die Mole vorgehen, gelangen Sie zum eleganten **New Café Fish,** Tel. 031-3055062, das Seafood in allen Variationen bietet. Relaxte Atmosphäre, Aussicht auf den Yachthafen, Lunch 11.30–15 Uhr, Dinner 18.30–22 Uhr.

Auf der anderen Seite des Victoria Embankment, auf Höhe des Yachthafens, steht das **Victoria Mansions,** ein zehnstöckiges Apartmenthaus von 1935 im Art déco-Stil.

Weiter vorne befindet sich das **Durban Manor,** ein viktorianisch/edwardianischer Stadtpalast und gediegenes Hotel.

Gegenüber der Einmündung der Gardiner Street steht das Reiterdenkmal von **Dick King,** der 1842, als die Buren britische Einheiten im Old Fort belagerten, in einem 1000-km-Marathon-Ritt in nur zehn Tagen nach Grahamstown im Kapland aufbrach um Verstärkung anzufordern (s.o., „Geschichte"). Am Wasser liegt die *Gardiner Street Jetty,* die Landungsbrücke für Ausflugsschiffe („Pleasure Cruises").

Auf dem Victoria Embankment Richtung Osten passiert man das **Vasco da Gama-Uhrentürmchen,** ein Geschenk Portugals an Durban 1897 zur Erinnerung an den großen portugiesischen Seefahrer, der 1497 als erster die *Bay of Natal* entdeckte. In Sichtweite die **John Ross Statue,** zum Andenken an den jungen Schotten, der 1827 mit einem 500-Kilometer-Gewaltmarsch zur portugiesischen Delagoa Bay im heutigen Moçambique medizinische Hilfe für die ersten Siedler holte.

Für eine Pause vor dem Besuch des Port Natal Maritime Museums und des BAT Centre bietet sich das **Roma Revolving Restaurant** auf dem 32. Stock des *John Ross House* zwischen Jonsson- und Mills Lane an. Aus dem Drehrestaurant hat man schöne Blicke über Hafen, Schiffe und Stadt. Mo–Sa, Tel. 031-3682275, Lunch 12–14.30, Dinner 18–22.30 Uhr, italienisch u.a. Gerichte.

Am *Small Craft Harbour,* von dem kleine Schlepper, Lotsenschiffe und Vergnügungsboote ablegen, befinden sich zwei besuchenswerte Dinge:

Port Natal Maritime Museum

Dieses maritime Museum an einer Service Road parallel zum Victoria Embankment besitzt drei alte Schiffe bzw. die Schlepper *Ulundi, JR More* und das Minensuchboot *SAS Durban.* Die *Britannia Exhibition Hall* zeigt Geräte zur Nautik und Navigation, historische Fotografien zur Seefahrerstadt Durban sowie eine audiovisuelle Vorführung.

Port Natal Maritime Museum, Bay End, Aliwal St, Mo–Sa 8.30–15.45 Uhr, So 11–15.45 Uhr, Tel. 031-3112231.

The BAT Centre

Das BAT Centre *(Bartel Art Trust)* ist eine 1995 gegründete Nonprofit-Organisation, die alle Kunstrichtungen und Nachwuchstalente fördert. Es befindet sich in einem umfunktionierten Werftgebäude und ist eines der „coolsten" und buntesten Zentren der Kunst- und Künstlerszene Dur-

bans. In den Studios kann man Malern und Kunstschaffenden bei ihrer Arbeit zusehen, in einem Laden hochwertige Zulu-Souvenirs erstehen oder vom **Café & Bar Transafrica Express** Richtung Hafen blicken. Ausstellungen, Workshops, Musikbands und viele Aktivitäten mehr sorgen für ständige Abwechslung dieser innovativen Community. Freitags und sonntags oft Live Jazz. Aktuelles Programm auf der Webseite www.batcentre.co.za.

The Bat Centre, 45 Maritime Place, Small Craft Harbour, Tel. 031-332 0451.

„Golden Mile" Beachfront

Marine Parade
(neuer Name O.R. Tambo Parade)

Durbans langer Hauptstrand entlang der Fußgängerzone **Marine Parade**, marketingpoetisch **„Golden Mile"** genannt, erstreckt sich über sechs Kilometer Länge. Mit ihrem *beach amusement* war sie viele Jahre lang alleinige Hauptattraktion Durbans, doch heute hat ihr **uShaka Marine World** (s.u.) den Rang abgelaufen. Je nach Jahreszeit ist diese Flaniermeile mehr oder weniger dicht bevölkert (Höhepunkt um Weihnachten), und zum Gucken gibt es immer was: Gut geölte Beach-Boys führen ihre Beach-Girls aus, vermummte Muslimas hüten Kinderscharen, Skateboard- und Rollerskater kratzen vorbei, Jogger traben über den goldenen Sand, schnittige Surfer stoßen mit wehendem Haar ihre Bretter in die Wellen, und Inderinnen mit bonbonbunten Saris sind schillernde Farbtupfer. Und mittendrin zwischen Straßencafés, Beach-Leben und Andenken verkaufenden Zulu-Frauen unübersehbar Durbans berühmte **Rikscha-Fahrer.** Die kuriose asiatisch-afrikanische Mixtur ist seit langem ein touristisches Markenzeichen Durbans, 1893 soll ein südafrikanischer Zuckerbaron die Karren eingeführt haben. Mit ihren Fantasie-Perlenkostümen und gigantisch-bizarrem Kopfschmuck sind die *riksha puller* prächtige Fotomotive – doch wagen Sie ja nicht, sie ohne Entlohnung abzulichten! Gerne will man Sie herumziehen, Preis Verhandlungssache. Nur hier an der Promenade sind die Paradiesvögel zu finden.

Haischutz

Vor den breiten Stränden, von denen mehrere lange Piers weit ins Meer hinausragen, hat das Natal Sharks Board zur Sicherheit der Schwimmer und Surfer zwischen der Mündung des uMgeni River im Norden und der Hafeneinfahrt im Süden 17 Hainetze gespannt, jedes 305 Meter lang. Etwa 400 Meter von der Strandlinie entfernt sind sie mit dem Seegrund verankert. Von 8–17 Uhr sind die Lebensretter auf ihren Posten. Es gibt Umkleidekabinen und Süßwasserduschen.

Sport & Festivals

Durbans Strände sind auch Schauplätze für Sport und Entertainment, für internationale Beach Soccer-Turniere (FIFA Beach Soccer World Cup 2009), Surfer-Festivals, für die alljährliche riesige Silvester-Party oder das gigantische *Durban Beach Africa Festival* am North Beach, das Hunderttausende anzieht.

Von Süd nach Nord passiert man etliche familien- bzw. kinderfreundliche kleine *Amusement Parks* mit Pools, Wasserrutschen und Planschbecken, wie z.B. *Fun World,* über dem eine Mini-Drahtseilbahn schwebt.

Der ausgeprägten Surfer-Szene Durbana und seiner Geschichte ab 1930 an der „Golden Mile" huldigt am North Beach das **Time Warp Surf Museum** (Ocean Sports Centre, 190 Lower Marine Parade, Mo–So 10–16 Uhr, Tel. 031-3685842).

Für Freunde der Wellenbretter ein Muss. Machen Sie Pause bei **Joe Kool's,** einer „coolen" Bierkneipe mit Restaurant und Rockmusik, jungem Publikum und Blick aufs Meer, schön für einen Sundowner (137 Lower Marine Parade; im Gebäude ist eine Zweigstelle der Tourist Information).

Durban im Mini-Format   Ganz im Norden, kurz vor der Einmündung der Lower Marine in die Snell Parade, liegt **Minitown,** Durban im Maßstab 1:25. Schon seit Jahrzehnten lassen sich hier viele von Durbans bekanntesten Sehenswürdigkeiten auf kleinem Raum betrachten. Mit viel Liebe sind die einzelnen Gebäude zusammengesetzt, auch der naturgetreu nachgebildete Hafen. Die Anlage wird von einer Behinderten-Organisation betreut.

Schlangen-park   Gleich in Fußnähe liegt das rote Gebäude des **Fitzsimons Snake Park,** wo man zahllose Schlangen sehen kann (Boomslang, Puffotter, Black Mamba & Co …), etwa 250 Arten, nicht nur afrikanische, auch von der ganzen Welt, wie z.B. Anakondas. Außerdem noch Schildkröten, Warane, Spinnen und Krokodile. Den *Adventure Walk* nicht versäumen! Tägl. 9–16.30 (in der Saison bis 17) Uhr. Vorführungen in der Hauptsaison um 10, 11.30, 13, 14.30 und 15.30 Uhr. Fütterung Sa/So. Eintritt R25. Schnell noch vorbeisehen, denn dem Schlangenpark droht das Aus: Er soll zur Fußball WM 2010 einem Parkplatz für das Stadion weichen! (Stand Mitte 2008).

Suncoast Casino & Entertainment World   Weiter entlang den Beach-Straßen Richtung Norden passiert man das vielbesuchte **Suncoast Casino & Entertainment World.** Der riesige Komplex im Art-déco-Baustil bietet unter einem Dach „sun & fun" für die ganze Familie, nämlich zunächst 2800 Parkplätze, ein großes Spielkasino, 18 Restaurants, Fast-food-Läden, Cafés und Bars (Tipp: *Havana Grill & Wine Bar,* sehr stilvoll, Blick übers Meer, Fotos und Menü-Karte auf www.havanagrill.co.za). Dazu noch viele Shops, acht Kinos, ein Konferenz- und Showzentrum und das Hotel *Suncoast Hotel & Towers* (www.southernsun.com). Der Strand ist herrlich. Information Desk-Tel. 031-3283777, www.suncoastcasino.co.za.

Gleich nördlich davon schließt sich der Wasserpark **Water World** an (wünsche guten Rutsch), und dort liegt bereits in Sichtweite das neue **Fußball-WM-Stadion Moses Mabhida.**

Wollen Sie noch den schönen Vogelpark **Umgeni River Bird Park** besuchen, so fahren Sie auf der M4 (Ruth First Street) weiter und nehmen gleich nach Überquerung des uMgeni River die Ausfahrt Riverside Road (M21), die direkt zum Vogelpark führt (ausgeschildert). Er liegt in natürlicher Umgebung und besitzt 3000 Vogelarten, viele davon in Großgehegen (Avarien), die begangen werden können. Außerdem Flamingos, Pfauen, Kraniche, Störche, Hornbills u.v.a.m. Beste Gelegenheiten für bunte, formatfüllende Vogelfotos aus nächster Nähe. Weitere Details auf www.umgeniriverbirdpark.co.za.

Foto: *Hagedasch-Ibis*

1 Durban

The Point mit uShaka Marine World

The Point   Die Landzunge südlich der Marine Parade, an deren Ende der *Bluff* mit dem Millennium Tower aufragt, der die enge Einfahrt in die Hafenbucht markiert, heißt **The Point.** Ein quadratkilometergroßes Areal, wo derzeit mit Millionen von Investmentsummen gebaut, renoviert und Neues hochgezogen wird, damit aus dem einst völlig heruntergekommenen Hafenviertel Durbans neues Vorzeigestück wird, die **Point Waterfront.** Noble Apartment-Gebäude und modernste Büro- und Shoppingkomplexe wachsen im Schatten verrosteter Lagerhallen empor, palmengesäumte Wasserkanäle durchziehen das Areal, der neue Kai für Kreuzfahrtschiffe ist fertiggestellt. Im zehnstöckigen *The Quays* (www.quays.co.za) am Timeball Square kann in Luxus-Apartments übernachtet werden (Self catering). Vorhanden sind weiterhin ein gutes Restaurant und Läden. Exzellente Point-Waterfront-Restaurants sind hier außerdem *Ocean Basket* in mediterranem Ambiente und *The Cape Town Fish Market* (CTFM).

uShaka Marine World

Katalysator der *Durban Point Development Area* und Touristenmagnet ist **uShaka Marine World,** ein sehr attraktiver, weitläufiger *Marine Theme Park*, der seit seiner Eröffnung 2004 bereits Millionen Besucher begeisterte – vor allem wegen seines gigantischen **Aquariums** in Schiffswrack-Optik, perfekt integriert in den Bauch eines dafür extra nachgebauten verrosteten Frachtschiffs von 1920. Beileibe keine kitschige Angelegenheit, die Unterwasserwelt wird hier perfekt in Szene gesetzt, das Gesamtkonzept könnte selbst Amerikaner neidisch machen.

In dem Schiff hat man das Gefühl, durch ein gesunkenes Wrack zu wandeln. Es ist dunkel, die Böden sind schief, alles ist rostig und es knackt und knirscht hinter Schotten und Stahlpfeilern. Durch dicke Scheiben blickt man direkt „nach draußen ins Meer", in sieben Tanks mit zahllosen Meeresbewohnern. Außer Schwarmfischen stehen Sie auch gesichtsnah Haifischen aller Größen gegenüber.

■ *Zum Greifen nah: Die Fische im uShaka-Aquarium*

Mit einer Fläche von über 15 Hektar ist uShaka Marine World Afrikas größter Meerespark, die vielen Attraktionen inmitten tropischer afrikanischer Landschaft bieten Spaß und Freude für locker einen ganzen Tag. Weitere Höhepunkte sind das **Delphinarium-**Amphitheater mit 1200 Sitzplätzen und Shows mit den cleveren Tieren, der **Seehund-Pool** und das **Pinguin-Gehege** *(Penguin rookery)*. **Wet'n Wild** ist Afrikas höchste Wasserrutschbahn mit Steilabfahrten durch Kurven, Röhren und Kanäle in Pools hinein.

■ *Das große Delphinarium*

1 Durban

Der bewachte und eingezäunte Strandabschnitt von **uShaka Beach** bietet diverse Möglichkeiten für Strand- und Wassersport. Souvenir-Einkäufe können Sie in den zahlreichen, gut sortierten Shops des **Village Walk** tätigen. Internet-Cafés sind gleichfalls vorhanden.

Zum Abschluss empfiehlt sich ein Essen in einem der beiden Restaurants des **Phantom Ship,** am besten im **Cargo Hold Restaurant** mit Neptun-Interieur, wo Sie beim Anblick vorüberziehender gewaltiger Haie hinter einer wandhohen Glaswand vielleicht vergessen Ihren Kingklip zu kauen. Delikat zubereitetes aus dem Meer und Fleischgerichte, Lunch 12–15 Uhr, Dinner 18–22.30 Uhr, Eintritt (wird angerechnet), Reservierung erforderlich, Tel. 031-3288065.

uShaka Marine World, Tel. 021-3288000. Auf der ausführlichen Webseite www.ushakamarineworld.co.za werden alle Bereiche, die Events, Restaurants etc. näher vorgestellt. Geöffnet tgl. 9–18 Uhr. Eintrittspreise: uShaka Sea World R98, Wet'n Wild R74, Kombiticket 143. Diverse *specials* s. Website.

Restaurant-Tipps

Moyo
Die Kette **Moyo** bietet in Südafrika in diversen Städten (Stellenbosch, Johannesburg) Top-Erlebnisgastronomie mit Stil und Ambiente. Das Moyo am **uShaka-Pier** verzaubert durch Africana-Optik und -Dekor, fantasievoll gekleidete Bedienungen und superben Gerichten mit auserlesenen Weinen. Sie haben freie Sicht auf Ozean und die Skyline von Durban, besonders schön bei Sonnenuntergang. Die Dinner umrahmen Musik-, Gesangs- und Tanzdarbietungen mit besonderen Highlights am Freitag, Samstag und Sonntag. Mit die schönste Möglichkeit, Afrika gastronomisch zu erleben. Lunch 11–18 Uhr, Dinner ab 18.30 bis spät. Reservierung Tel. 031-3320606, Fax 031-332 0662, bianca@moyo.co.za, www.moyo.co.za

Famous Fish Company
Fahren Sie von uShaka Marine World Richtung Point-Spitze bzw. *Kings Battery,* wo das Restaurant *Famous Fish Company* mit besten Meeres-Spezialitäten aufwartet. Nicht ganz billig, dafür ist die Lage und die Aussicht auf den Hafeneingang mit ständig ein- und ausfahrenden Schiffen unschlagbar. Gegenüber auf dem Bluff grüßt der Millennium Tower. – Famous Fish Company, Tel. 031-3681060, ab 12 Uhr bis spät.

Sehenswertes außerhalb von Durban

Durban eignet sich gut als Ausgangspunkt für halb- bis mehrtägige Ausflüge in diverse Stadtteile, zu Umgebungszielen und ins landschaftlich schöne Hinterland.

Natal Sharks Board

Das Haifisch-Forschungszentrum **Natal Sharks Board** in Umhlanga nördlich von Durban befasst sich mit allem, was mit den gefürchteten Großfischen zu tun hat. Man kann der Sezierung eines Hais beiwohnen. Weitere Details s.S. 230, Tel. 031-5660400, www.shark.co.za.

GROSSRAUM DURBAN

0   4 km

Hare Krishna Temple of Understanding

Der opulente und sehenswerte **Hare Krishna Temple of Understanding** im südlichen Stadtteil Chatsworth ist ein spirituelles Zentrum der Hindu und der größte Hare Krishna-Tempel in Afrika. Erbaut 1985 in Form einer Lotusblüte. Tägl. 10–20.30 Uhr, Tel. 031-4033328, Führungen, Gartenanlage, sehr gutes vegetarisches Restaurant Govinda.

Er liegt etwa 20 km südwestlich außerhalb, Anfahrt zunächst über die N3, dann abbiegen auf die N2 Richtung Süden, Ausfahrt 154 nehmen, auf der M1 Richtung Norden, nach Chatsworth, Bhaktivedantawami Circle Nr. 50. Wer ihn durch geführte Tour, zusammen mit anderen Zeugnissen indischer Kultur und Geschichte im Großraum Durban, in Halb- oder Tagestouren kennenlernen will wendet sich an *City of Choice Tours,* Brenda Roopai, Tel. 031-4640920, Cell 084-5827976, brenda@cityofchoicetours.co.za, www.cityofchoicetours.co.za.

Nature Reserves

Es empfiehlt sich, Ausflüge in die Nature Reserves mit einem Site Guide zu unternehmen, die extra dafür ausgebildet wurden. Kontakt über Tel. 031-3091170 oder übers Tourism Office, Tel. 031-3044934.

Im Großraum Durban gibt es zusammen mehr als 50 *Nature Reserves* und Parks (Lage s. Karten). Zu den größeren und bekannteren zählen: **Burman Bush Nature Reserve** (Küstenbusch-Landschaft), **Pigeon Valley Park** in Glenwood (seltene Bäume, bunte Vogelwelt, Tel. 031-2051919), **Beachwood Mangroves Nature Reserve** (Mangroven-Ökosystem an der nördlichen Mündungsseite des uMgeni-Flusses; in der Nähe liegt auch *Umgeni River Bird Park,* siehe Abschnitt „Golden Mile Beachfront"). **Kenneth Stainbank Nature Reserve,** 253 ha großes Natur- und Tierschutzgebiet an der N2 Richtung Süden (14 km vom Zentrum) mit Zebras, Impalas, Ried- und Buschböcken, vielen Vogelarten sowie Yellowwood-Bäumen, 13 Kilometer langen Wanderwegen und Shop; Eintrittsgebühr, Tel. 031-4692807. Gleich südwestlich von Kenneth Stainbank liegt das 220 ha große **Silverglen Nature Reserve** mit Buschland-schaft und Küstengrasland und mit über 150 Vogel- und 120 Baumarten; außerdem Baumschule, Gärtnerei und Heilpflanzen. Besucherzentrum Tel. 031-4045628. Mit der Hauptanfahrt N3 Richtung Pietermaritzburg können folgende Nature Reserves besucht werden:

Paradise Valley Nature Reserve, Buschgelände und Grasland mit Wanderwegen am uMmbilo River, kleines Info-Zentrum, Tel. 031-7023443. Nördlich davon, über die N3 hinweg, liegt zwischen Westville und New Germany das **New Germany Nature Reserve.** 110 ha groß, Gras- und Buschlandschaft, diverse Tierarten, Wanderwege, kleiner Damm. Visitor Centre Tel. 031-2628239.

Valley of a Thousand Hills

Das „Tal der Tausend Hügel" erstreckt sich zwischen Durbans nordwestlicher Vorstadt Kloof entlang der **Old Main Road** (M13) bis **Inchanga** bzw. bis Cato Ridge. Dort können Sie wieder über die N3 auffahren oder, von Pietermaritzburg kommend, die N3 für das „Valley of a Thousand Hills" verlassen. Die „rolling hills"-Landschaft zwischen uMgeni-Fluss im Norden mitsamt Nebenflüssen und der N3 im Süden in Höhenlagen zwischen 600 bis 800 Metern ist seit Jahrzehnten ein Nahziel von Durban aus und touristisch voll „erschlossen" bzw. durchkommerzialisiert. Es gibt zahllose Vergnügungsangebote, Läden, *Craft Villages,* einige *Nature Reserves,* zwei *Zulu Cultural Villages* sowie entlang der

1 Durban

kurvenreichen Streckenführung schöne Aussichtspunkte sonder Zahl auf Flusstäler, Kliffs und Zulu-Dörfer.

Die **Hauptroute T1** (Comrades Route) ist identisch mit der Straße R103. Von ihr zweigen vier weitere Touristenrouten ab: T2 (Krantzskloof Tour Route), T3 (Assegay Alverstone Tour Route) und T4 (Isithumba Tour Route). Die T5 (M551) führt von der T3-Route Richtung Süden zum *Shongweni Dam.*

Am besten vorab die Broschüre **„1000 Hills Experience"** besorgen, dort sind alle Tour-Routen, Attraktionen und die ganze Palette der Gastronomie und Hotellerie aufgelistet und in einer detaillierten Karte verzeichnet (das Heft kann auch als pdf von www.1000hills.kzn.org.za runtergeladen werden).

Das Valley of a Thousand Hills Tourism & Information Centre befindet sich an der T1-Route in **Botha's Hill** an der Old Main Road, Tel. 031-7771874, tägl. 8–16 Uhr, Sa/So 10.30–13.30 Uhr. (Die Old Main Road, also die R103/M13, ist die alte Straße zwischen Durban und Pietermaritzburg, auf der der *Comrades Marathon* gelaufen wird, s.S. 412).

Anfahrt aus Durban ins „Tal der 1000 Hügel": Auf der N3 in Richtung Pietermaritzburg bis zur Ausfahrt 13 („Old Main Road/Dawncliffe Road"), dort in die M13 wechseln. Hinter Kloof beginnt das Herzstück des Valleys. Oder von Durban auf der N3 bis Ausfahrt *Mariannhill* (Exit 23) und dann nach Pinetown zur M13.

Attraktionen Vielbesucht sind die beiden *Zulu Cultural Villages* **Phezulu Safari Park** nördlich von **Botha's Hill** (Zulu-Tänze um 10, 13.30, 14 u. 15.30 Uhr, Krokodil- und Schlangenpark, Scenic Game Drive, zwei Restaurants, Curio Shop, www.phezulusafaripark.co.za, Tel. 031-7771000, Eintritt) und **Isithumba Village** (Route T4), das wegen seiner abseitigen Lage etwas weniger frequentiert wird (Abzweig D1004 von der R103 zwischen Monteseel und Inchanga, Tel. 031-7777167). Das schöne **Krantzskloof Nature Reserve** mit Wanderpfaden zu Schluchten und einem Wasserfall durch Gras- und Hügelland erreicht man von Kloof aus über die T2-Route (Karte des Reserves am Eingang erhältlich, Tel. 031-7643515).

Der **Choo-Choo-Dampfzug** (uMgeni Steam Railway) folgt jeden ersten und letzten Sonntag im Monat den Spuren der Ochsenwagen der Burenzeit von *Kloof* (Stokers Arm Tavern) bis *Botha's Hill Station.* Die Bahnlinie wurde 1877–80 erbaut. Unterwegs tolle Aussichten. Abfahrten um 8.45 und 12.30 Uhr, Vorbuchung erforderlich, Tel. 082-3536003.

Will man übernachten, stehen dazu rund 60 Unterkünfte aller Preisklassen entlang und abseits der Hauptstrecke zur Verfügung, einige Adressen s.u.

Stauseen Zwischen Inchanga und Cato Ridge führt die D1004 Richtung Norden zum **Nagle Dam and Game Reserve,** in Sichtweite des 960 Meter hohen Tafelbergs *emKhambathini* – „Platz des Giraffendornbaums". Der flache Berg war einst Zufluchtstätte der Debe, die sich nach Kämpfen mit den von Norden eingefallenen Zulu unter Shaka hierher zurückgezogen hatten. Die ruhige Gegend um den Stausee ist ideal zum Picknicken, für Wassersport, zum Angeln oder zum Beobachten von Antilopen, Zebras und anderen Tierarten in einem kleinen Game Reserve. Kontakt-Tel. 031-7828085. Übernachten ist möglich, s. Website www.msinsi.co.za, Tel. 033-5691202.

Südlich der N3 liegt das **Shongweni Dam and Game Reserve,** ein 1700 Hektar großes Gebiet mit artenreicher Flora und Fauna (Rhinozeros, Büffel, Giraffe, Wasserbock, Gnu, Kudu, Strauße u.a.) sowie reicher Vogelwelt. Sandsteinformationen, Kliffs, Schluchten, Wälder und Wasserfälle prägen das von Fahr- und Wanderwegen durchzogene Gebiet. Möglich sind (nicht motorisierte) Wassersportarten, Camping, Canoeing, Angeln und Reiten. Drei schöne Picknickplätze. Eintrittsgebühr. Kontakt-Tel. 031-7691283. Übernachten ist möglich, s. Website www.msinsi.co.za, Tel. 033-5691202. Anfahrt von der N3: Exit 32 Summerveld, M55 (in Shongweni findet jeden Samstagmorgen zwischen 6 und 9 Uhr der große Shongweni *Farmer's Market* statt, Ecke Alveston/Kassia Roads).

Inanda Dam & Resort Der umGeni füllt diesen riesigen Stausee an der Nordseite des Valley of a Thousand Hills. See und Umland bieten ähnliche Freizeit- und (motorisierte) Wassersportmöglichkeiten wie die beiden erstgenannten Stauseen. Sehr populäres Ziel von Durban aus (45 Minuten). Caravaning und Camping. Alle Details wieder auf www.msinsi.co.za, Tel. 031-7669946.

Orte im Valley of a Thousand Hills Nahe **Pinetown** befindet sich das katholische Kloster **Mariannhill Monastery** von 1882, Tel. 031-7002704 (Art Gallery, Teegarten, Gästehaus). **Hillcrest** ist bekannt für sein Shopping & Lifestyle Centre *The Heritage* im pittoresken viktorianischen Stil mit zahlreichen Läden, Lokalen und dem *Heritage Theatre* für Veranstaltungen und Shows aller Art (Details auf www.heritagehillcrest.co.za). Ruhe findet man im *Springside Nature Reserve,* Tel. 031-7655706. Restaurant-Tipp: *Aubergine & Lemongrass,* Main Road, Tel. 031-7656050; gelungene Kombination aus thailändischer und französischer Küche (Lunch Mo–Fr und So, Dinner Mo–Sa). Gute Übernachtungsmöglichkeit: *Thogusi,* 48 Hilltop Road, Tel. 031-7674926, theoasis@iafrica.com. Gartenlage, moderne Zimmer, Frühstücksbuffet, Pool, deutschsprachig. Schön ist auch *Warren's Guesthouse,* 15 Mill Road, Tel. 031-7655470.

Botha's Hill ist für seine Aussichten übers Valley of a Thousand Hills bekannt. Der Name geht zurück auf den einst hier lebenden Voortrekker Philip Rudolph Botha, Großvater des ersten Premierministers (von 1910–1919) der neugegründeten Südafrikanischen Union.

Sie können das *Valley of a Thousand Hills Tourism & Information Centre* an der Old Main Road aufsuchen oder shoppen gehen im *1000 Hills Craft Village.* Restaurant-Tipp: *Sala Thai,* Falcon Crest, Old Main Rd, asiatische bzw. Thai-Küche, Tel. 031-7655419. Lunch So, Dinner Di–Sa. Klein und familiär übernachten im *Chantecler Hotel,* 27 Clemont Stott Rd, Tel. 031-7652613. Gehoben: *Rob Roy Hotel,* Tel. 031-7771305, Fax 7771364, 37 DZ. Ein komfortables, zentrales Drei-Sterne-B&B (oder SC) in Gartenlage und mit Pool ist das *Longacre B&B,* 160 Old Main Rd, Tel. 031-7771335, www.longacre1000hills.co.za, DZ/F R275 p.P.

Auch in **Drummond** ist der Blick ins Tal wunderschön, dazu bietet sich das Restaurant *Ravens Croft* an der Hauptstraße an. **Monteseel** ist bekannt für *rock climbing* an seinen Kliffs. **Inchanga** liegt wie Drummond und Cato Ridge am steilen Südhang. **Cato Ridge,** wichtige Bahnstation, wurde nach George Cato benannt, einem der Pioniere des Landes und 1839 erster Bürgermeister von Durban.

1 Durban

Adressen & Service Durban

Touristen-Information

Tourist Junction, Old Station, Pine Street/Ecke Gardiner Street, 8–16.30 Uhr, Sa 9–14 Uhr, Tel. 031-3044934. **Tourism KwaZulu-Natal:** 031-3367500, www.zulu.org.za.

Gleichfalls in der Tourist Junction: **Ezemvelo KZN Wildlife,** Tel. 031-3044934, www.kznwildlife.com. • **South African Parks Reservation,** Tel. 031-3044934, www.sanparks.org. • **BAZ-Bus,** Tel. 031-3049099, www.bazbus.com.

Weitere Touristen-Büros in Durban: **Golden Mile,** Lower Marine bzw. O.R. Tambo Parade, Tel. 031-3322595. • Internationaler **Airport,** Arrival Hall, Tel. 031-4516950 oder 4081000. • **uShaka Marine World,** Tel. 031-3288000. • **Notrufnummern:** Polizei 10111, Ambulanz: 10177

Durban-Websites

www.durban.gov.za (offizielle Website der Stadt Durban, für Einwohner und Touristen; praktisch alles über die Stadt) • www.durban.kzn.org.za • www.durban.co.za • www.durban-venues.co.za; u.a.

Unterkunft

Wie erwähnt, ist eine gute Basis eine Unterkunft in den Stadtteilen *Morningside* (Florida Road), *Berea* oder *Glenwood* im Davenport-Viertel, weil es dort außerdem eine Restaurant- und Nightlife-Szene gibt. An der *Marine Parade (O.R. Tambo Parade)* findet man in erster Linie Hotelklötze für Geschäftsleute und Pauschaltouristen.

Für eine Millionenstadt ist Durbans Hotel- und Bettenangebot erstaunlicherweise nicht gerade überwältigend. Mittelklasse-Hotels und so gut wie alle Bed&Breakfasts sind besonders in den Tagen der Tourismusmesse Indaba (Ende April/Anfang Mai) schnell ausgebucht, desgleichen anlässlich großer Sportveranstaltungen wie wichtige Spiele der lokalen Rugby-*Sharks* (www.sharksrugby.co.za). Hotel- und B&B-Websites listen das Angebot, recht gut und speziell als Überblick für Durban (und auch für ganz KwaZulu-Natal) ist www.bookabedahead.co.za. Verlässliche Buchungen außerdem über die Website von Zulu Kingdom, www.durban.kzn.org.za/accommodation. Fliegen Sie nach Durban und möchten eine Unterkunft vorab reservieren, so fragen Sie nach, ob Ihre Abholung vom Flugplatz im Preis miteingeschlossen ist.

Marine Parade bzw. O.R. Tambo Parade

Comfort

Tropicana Hotel, 85 Marine Parade, Tel. 031-3374222, www.goodersonleisure.co.za. Ein nüchterner Hotelkasten mit ebensolchen 168 Zimmern; von Vorteil ist die Lage an der Ecke zur Smith Street. DZ/F R485 p.P.

Luxus

The Balmoral, 125 Beach Rd, Ecke Palmer Street, Tel. 031-3685940, Fax 3685955, www.raya-hotels.com. Das historische Beachfront-Hotel mit seinen 95 (plüschigen) Zimmern mit Blick über North Beach ist das einzige mit einem Hauch kolonialen Charmes in der langen Reihe der Betonkästenhotels an der Marine Parade. Zimmer mit Meerblick sind ein wenig teurer, lohnen aber. Freundlicher Service, großes Frühstücksbuffet, Restaurant mit hervorragender indischer Küche und schöner Außenterrasse. Bewachtes Parken (kostenpflichtig). Ohne Pool, aber jene in der Entertainment Promenade (Fun World) und auch das Meer sind in Fußnähe. DZ/F ab R550 p.P., variierend je nach Saison.

Protea Hotel Edward, 149 O.R. Tambo Parade, Tel. 031-3373681, Fax 3373628, www.proteahotels.com. Mit seiner Art déco-Fassade von 1911 ist dieses vier-Sterne-Traditionshaus in viktorianischer Eleganz eine gute Wahl. Hier stiegen bereits Prinzen, Präsidenten und große Filmstars ab. Geschmackvoll eingerichtete Zimmer, delikate Menüs in relaxter Atmosphäre im Brasserie- oder Terrace-Restaurant. Bar und Rooftop-Pool. 101 Zimmer, Standard-DZ ÜF R1700, Seaview R1950.

Southern Sun-Hotels Die Hotelgruppe *Southern Sun* ist an der Beachfront mit gleich 5 Hotels vertreten: ganz im Norden befindet sich das teuerste, das **Suncoast Hotel & Towers** (20 Battery Beach Road, Tel. 031-3147878), gefolgt vom *Southern Sun* **Elangeni** (63 Snell Parade, Tel. 031-3621300).

Die drei weiteren Hotels an der Marine- bzw. an der O.R. Tambo Parade sind: **Southern Sun North Beach** (83/91 Snell Parade, Tel. 031-3327361), *Southern Sun* **Garden Court Marine Parade** (167 Marine Parade, identifizierbar an seiner Art-déco-Fassade, Tel. 3373341) und *Southern Sun* **Garden Court South Beach** (73 Marine Parade, Tel. 031-3372231).

Alle Southern Sun-Hotels sind beschrieben auf der Website der Hotelgruppe, www.southernsun.com; bessere Informationen der vier südlichen Southern Sun-Hotels mit Videos und Preisen bietet jedoch die Website http://cybercapetown.com. Zimmerpreise jeweils auf Anfrage, **wobei die Garden Courts-Hotels die günstigeren sind.** So kostet eines der 346 Zimmer im hochaufragenden **Garden Court Marine Parade** mit Frühstück in der Standard-Kategorie für zwei Personen R1390 (sehr gutes indisches Restaurant, *Saagries,* nur Dinner). Noch günstiger ist ein DZ im Turm des **Garden Court South Beach,** R953.

Innenstadt (CBD) / Victoria Embankment/M. Mncadi Ave

Touristic **Formula 1,** 10 Jeff Taylor Road (65 Masabalala Yengwa) beim Bahnhof bzw. beim Translux- und Greyhound Terminal, Tel. 031-3011551, Fax 3011552, www.hotelformula1.co.za. Ein Zimmer für 1–3 Personen kostet R339.

Comfort **The Albany Hotel,** Smith/A. Lembede St, Tel. 031-3044381, www.albanyhotel.co.za. Zentral gelegen gegenüber der City Hall und neben dem Natal Playhouse Theatre. Moderne Bauweise, wird gerne von Geschäftsreisenden und Gruppen aufgesucht. 77 komfortable Zimmer mit schönen Bädern und allen Annehmlichkeiten sind für diese Art von Hotels Standard. Business Centre mit WiFi. Sicheres Parken 50 Meter vom Hotel. Frühstücks-Büffet, Dinner à la Carte, Pub mit Satelliten-TV. DZ/F 329 p.P.

City Lodge Durban, Ecke Ordnance/Old Fort Rd, Tel. 031-3321447, Fax 3321483, www.citylodge.co.za. Zentrale Lage, zufriedenstellende Unterkunft, DZ/F R460 p.P.

Luxus **Durban Manor,** 93–96 Victoria Embankment, Tel. 031-3660700, Fax 3660733, www.durbanmanor.co.za. Der koloniale viktorianisch/edwardianische Stadtpalast ist nach einer umfassenden und stilgerechten Renovierung ein wunderschönes und elegantes Hotel mit noblem „Durban Club" und Blick über den Hafen. Die Wilson's Wharf Waterfront kann man zu Fuß erreichen. Zimmerpreise variieren nach Aussicht: *Bay facing* DZ/F R670, *City facing* R610 p.P. Weitere Infos und Fotos auf der Hotel-Webseite.

The Royal Hotel, 267 Smith- bzw. Anton Lembede Street, Tel. 031-3106000, Fax 3336002, *www.threecities.co.za.* Wie der Name bereits sagt – königlich (fünf Sterne). Ein 160 Jahre altes, modern umgebautes Gebäude in schönem Design mit 271 Zimmern, sechs Restaurants – darunter das indische *Ulundi,* zwei Bars und dem *Royal Café* – bestens für einen nachmittäglichen „High tea". Königlich auch die Preise: DZ 1240 p.P. – ohne Frühstück!

In der ähnlichen Preisklasse spielt auch das **Hilton**, direkt neben dem internationalen Konferenzzentrum ICC, Walnut Road. Es werden jedoch von Zeit zu Zeit Specials angeboten, s. Website www.hilton.de.

1 Durban

Morningside: Florida Road und Nebenstraßen

Backpacker

*Gibela Backpackers Lodge, 119 Ninth Ave, in Fußnähe zur Florida Rd, Tel. 031-3036291, www.gibelabackpackers.co.za (m. Anfahrtsbeschreibung). Dekoriert im Ethno-Stil, super Frühstück, lockerer Gastgeber Elmar Neethling, der auch viele Tipps für die Weiterreise geben kann. Eine Institution, definitiv unser TIP. Dorm-Bett R150–220 p.P., DZ R200–350 p.P.

Tekweni Backpackers Hostel, 169 Ninth Ave, Morningside, Tel. 031-3031433, Fax 3034369, www.tekwenibackpackers.co.za. Travelinfos, international, Bar, Pool, des öfteren Gäste-Parties. Dormitory R95, DZ ab R290

Bed & Breakfast

*McAllisters, 11 8th Ave, Tel. 031-3034991/2, Fax 3125711, www.8thave.co.za (m. Anfahrtsbeschreibung). Vier schöne Zimmer um eine Pool, persönliche Atmosphäre (Elize), sicheres Parken im Hof. Beste, ruhige Lage, nur 2 Min. zur Florida Rd mit vielen Lokalen. Mittlere Preislage, je nach Zimmer und Saison a.A. In Saisonzeiten meist ausgebucht.

Bon Ami, 208 9th Ave, Tel. 031-3032009, www.bonami.co.za. Nettes, persönlich geführtes B&B in ruhiger Seitestraße der Florida Rd (Einbahnstraße, nicht zugänglich von der Florida Rd, Anfahrt über die Windermere Rd). Kleiner Pool, 5 Zimmer im Haupthaus oder im Hof. DZ/F R780.

Apartments zur Selbstversorgung

Madeline Grove, 116 Madeline Grove, Tel. 031-3035425, Fax 031-3033748, www.madeline.co.za. Mansion-Anwesen, aufgeteilt in vier verschiedene Garten-Apartments zur Selbstversorgung mit voll eingerichteter Kitchenette. Zeitgemäße Einrichtung, Pool. Ideal für Familien oder Kleingruppen, sicheres Parken. ÜF R285 p.P.

Gleich in der Nähe und ähnlich, Ecke 10. Avenue/Madeline Road Nr. 201: **Erlesmere Guesthouse;** zwei SC-Apartments mit jeweils drei bzw. zwei Schlafzimmern, Tel. 031-3031292.

Comfort

La Bordello, 18 Windermere Rd, Tel. 031-3096019, Fax 3094015, www.bean-bagbohemia.co.za. Dieses zweistöckige und denkmalgeschützte kleine Haus rechtsseitig des Anstiegs zur Florida Road ist keinesfalls ein ehemaliges Bordell, sondern ein ausgefallenes Gästehaus in üppig-marokkanischem Stil und farbenreichem Dekor. Die nur sieben Zimmer des Mini-Hotels bieten alle Annehmlichkeiten. Mit Restaurant *Bean Bag Bohemia,* Szene- und Künstlertreff. DZ/F R550–650.

Florida Park Hotel, 170 Florida Rd, Tel. 031-3031146, Fax 3124355. Bereits mitten drin im Trubel der Florida Road, nachteilig ist der Straßenlärm. DZ/F R590–R670. Mit *Restaurant Butcher Boys,* diese Restaurant-Kette ist bekannt für saftige, dicke Steaks („upmarket Steakhouse"), Tel. 031-3128248, www.butcherboysgrill.co.za.

Luxus

Quarters Hotel, 101 Florida Rd (Ecke Argyle Rd), Tel. 031-3035246, Fax 3035269, www.quartes.co.za. Stilvolles Boutique-Hotel, vier viktorianische ehemalige Wohnhäuser wurden restauriert und zu einem Komplex mit 24 Zimmern (15 Standard, 9 Superiors) zusammengefasst. Modernes Innendesign, Terrasse, Bar und Restaurant *Brasserie,* das Frühstück, Lunch und Abendessen serviert. Zuvorkommender Service (das Management besteht nur aus Frauen). Die ruhigsten Zimmer sind Nummer 6, 7, 10, 11, 12, 14, 22, 23 und 24. DZ/F R1274.

Essenwood House, 630 Essenwood Road, Tel./Fax 031-2074547, www.essenwoodhouse.co.za (m. Anfahrtsbeschreibung). Elegantes 5-Sterne-Anwesen mit Stadt- und Meerblick, tropischer Garten, Pool, 7 geschmackvoll eingerichtete Zimmer. Alles sehr sauber, nette Besitzerin, super Frühstück. Auf Wunsch Dinner. DZ/F R795–995 p.P.

Berea/Musgrave

Backpacker *Nomads Backpackers, 70 Essenwood Rd, Berea (s. Durban-Übersichtskarte), Tel./Fax 031-2029709, www.nomadsbp.com. Recht gemütlich, Pool, Bar, Baz Bus. Dormitory R75, DZ ab R180.

Hippo Hide Lodge and Backpackers, 2 Jesmond Rd, Berea (s. Durban-Übersichtskarte), Tel./Fax 031-2074366, www.hippohide.co.za. Relaxte Atmosphäre, sehr sauber, Baz Bus. Dormitory R85, DZ R110 p.P., mit eigenem Bad R140 p.P.

Bed & Breakfast **Windmill Ridge,** 81 Windmill Road, Musgrave, Tel./Fax 031-2014972, Cell 082-4622927, www.windmill-ridge.co.za, Des & Monique James. Drei TGCSA-Sterne, altes Kolonial-Haus mit freundlicher, relaxter Atmosphäre, nicht weit zum Musgrave Centre und in Gehnähe zu ca. 20 Restaurants der Gegend, sicheres Parken. Drei DZ mit Bad o. Dusche und 3 Garten-SC-Apartments sowie ein Cottage. English/Continental-Frühstück, *dining- & lounge area, patio, laundry service.* Preise je nach Zimmer ab ca. R250 p.P.

Clyde Cottage, 23 Clyde Ave, Berea, Tel. 031-2027577, Fax 2018420, Cell 082-4396482, jhooper@saol.com (s. Durban-Übersichtskarte). Ruhiges und viktorianisch-charmantes B&B, nur drei Minuten vom Musgrave Centre entfernt. Vier komfortable AC-DZ mit Bad, davon zwei mit Kitchenette für SC sowie ein EZ. *Guest lounge, full english breakfast.* DZ/F ca. R200 p.P.

Comfort **20 Palm Grove,** 367 Ridge Rd, Berea, Tel. 031-2409140, Fax 2409142, www.20palmgrove.co.za (m. Anfahrtsbeschreibung, s. Durban-Übersichtskarte). Schönes Garten-Anwesen mit Sicht über Durban, nette Gastgeber, zwei Pools, sicheres Parken. Insges. 10 diverse Zimmer/SC-Cottages/Loft mit insgesamt 16 Betten. DZ/F ab R650, aktuelle Preise auf der Website.

Sica's Musgrave B&B, 27 Winter Ave, Tel. 031-2612768, www.sicamusgrave.co.za (m. Anfahrtsbeschreibung). Schönes Anwesen mit zehn sehr distinguiert ausgestatteten Zimmern, einige mit voll eingerichteter Küche zur Selbstversorgung. Das üppige Frühstück wird in der Dinner-Area oder auf der Veranda serviert. Sicheres Parken. DZ/F ab R680 p.P.

Glenwood/Davenport

Bed & Breakfast **Chelmsford House,** 1 Princess Alice Ave, Tel./Fax 031-2057072 (6.30–18.30 Uhr), Cell 083-6310889, www.chelmsfordbb.co.za. Gemütlich und persönlich, Charisse & Anita Shepherd reisten selbst lange Zeit durch die Welt. *Facilities* lt. Website: Continental/full English breakfast (the best in town!) – Internet access, card phone, fax facilities – Secure off road parking – Airport/Bus station transfers – Baggage holding – Access to joining shower and toilet – Assistance with car hire, tours, bus/accommodation bookings – On all main bus routes – A very large pool – Braai/barbecue facilities – Laundry service – A lock up safe – Card Phone Service. Es gibt 4 B&B-Zimmer und 2 SC-Zimmer. DZ/F ab ca. R650. Günstiger ist die angeschlossene große *Self catering Unit* **Afrique Backpackers** mit Platz für bis zu 10 Personen.

Somerset Guest House, Somerset Rd, Tel. 031-2014659 u. 082-8541909, www.somersetguesthouse.co.za (mit Anfahrtsbeschreibung). Persönlich geführtes, gemütliches Gästehaus und B&B. Bar, Wäsche-Service, kleiner Pool, Garten, sicheres Innenparken, eingerichtete Küche für Gruppengäste, Airport-Transport auf Anfrage möglich. Ein Einzel- und fünf DZ in unterschiedlicher Ausstattung mit AC oder Ventilator. ÜF R265 p.P. (keine Kreditkarten).

Touristic **The Deck on Manning,** 452 Manning Rd, Glenwood, Tel. 031-2058463 u. 083-7937724, Nicoline Vogel, www.thedeckonmanning.co.za. Schönes, gepflegtes älteres Anwesen (4 TGCSA-Sterne), gegenüber einer Bäckerei und in Uni-Nähe, 6 AC-Zimmer mit Bad (davon vier mit Veranda), sicheres Parken,

1 Durban

Pool. Frühstück auf dem Deck mit Sicht über den Hafen, Wäsche-Service, Airport-Transfer, Tages-/Besichtigungstouren nach Wunsch und auch (fast) alles andere Durban betreffend kann arrangiert werden (Theaterbesuch, zu Bargain-Shops etc.). DZ/F R350 p.P.

Beim Flug-
hafen

Dolphin Point, 31 Wavecrest Rd, Athlone Park, Tel. 031-9043592, Cell 082-3724506, Fax 9043066. Fünf Minuten südlich des Flughafens, auf der N2 die 2. Ausfahrt nach dem Flughafen nehmen, Exit 146, Joyner Rd – Prospecton Rd – links in die Wavecrest Rd/Schild – dann rechter Hand. Idealer Ausgangs- oder Abschiedspunkt, Meerblick, schöne Anlage, Airport-Transfer möglich.

Essen & Trinken

Durban verwöhnt seine Gäste mit einem gewaltig breiten Spektrum an asiatisch-/indisch-/europäisch-/afrikanischen Speisen, dazu noch *seafood* jeglicher Art frisch aus dem nahen Meer. Allein in der Florida Road – s. dort – können Sie unter ca. 20 Restaurants wählen. Eine Original-Durban-Spezialität sind die *Bunny chows* (s.o., „Durban, die südafrikanische Curry-Hauptstadt"). Auf www.dining-out.co.za und teils auch auf www.restaurants.co.za können Sie Fotos und Speisekarten vieler der hier vorgestellten Restaurants vorab einsehen, Lage s. Durban-Karten.

Morningsi-
de: Florida
Road und
Umgebung /
Greyville

*****Spiga d'Oro,** 200 Florida Rd (s. Stadtplan Durban City), immer auf, immer voll. *Italian, Mediterranean, Pizzas, Pastas.* • **Baanthai,** Florida Rd 138/Ecke Eight Ave, tägl. 12–14.30 und ab 18 Uhr, Tel. 031-3034270, gehoben. *Authentic Thai & Indonesian.* • **Butcher Boys,** 170 Florida Rd (s. Stadtplan Durban City), Morningside, Tel. 031-3128248, 12–15 u. 18–22.30 Uhr. Kettenrestaurant mit hervorragenden, saftigen Steaks und noch anderen wohlschmeckenden Gerichten der umfangreichen Karte. • **Society,** 178 Florida Rd (s. Stadtplan Durban City), Tel. 031-3123213/11, Di–Sa 12–14.30 Uhr u. 18 Uhr bis spät, www.southislandsociety.com. *Fine dining, International, Asian.* • **Mo Noodles,** Florida Centre, Shop 5A, 275 Florida Rd (s. Stadtplan Durban City), Tel. 031-3124193, So geschl. Populär, gut und günstige Nudelgerichte. *Thai, Japanese, Light Meals.* • **Blue Zoo Restaurant and Tea Garden,** 6 Nimmo Rd (s. Stadtplan Durban City), Morningside, Tel. 031-3033568, 8–17 Uhr, Di–Sa 18–22.30. Schöner Tea Garden im Mitchell Park, günstig. *Light Meals, Grills, South African, Seafood.*

9th Avenue Bistro, Shop 2, Avonmore Centre, 9th Ave (s. Stadtplan Durban City), Tel. 031-3129134, Lunch Di–Fr 12–14.30 Uhr, Dinner Mo–Sa 18–22 Uhr. Unser Autor Dieter Losskarn schreibt in seinem Reiseführer „Vom Krügerpark nach Kapstadt" dazu: „Kleines Bistro in schrecklicher Lage mit Blick auf einen Parkplatz, dafür aber fantastisches Essen. Das Restaurant wurde 2004 von der International Food and Wine Society zum besten in KwaZulu-Natal gewählt! Die Speisekarte wechselt je nach Saison, bestimmte typische Gerichte sind immer erhältlich, wie: Salat mit Gorgonzola, Birne und kandierten Pecan-Nüssen *(Gorgonzola pear and candied pecan nut salad),* hausgemachte Kürbis-Ravioli *(home-made butternut ravioli)* oder die knusprige, mit Zimt-Orange glasierte Ente mit Ingwer, Süßkartoffel- und Kürbisbrei *(crispy duck with ginger and sweet potato and butternut mash with a cinnamon-orange demi-glacé).* Etwa 50 verschiedene Weine zur Auswahl. – Gleichfalls im Avonmore Centre ist **Joops Place,** Shop 14, Tel. 031-3129135, bekannt vor allem für allerbeste Steaks! (So geschl.)

Winder-
mere Road

Bean Bag Bohemia, 18 Windermere Rd (s. Stadtplan Durban City), Greyville, Tel. 031-3096019, ab 10 Uhr bis spät. Relaxtes Ambiente, gutes Preis-/Leistungsverhältnis. *Mediterranean, International.*

*SPICE Restaurant & Bar Lounge, 362 Windermere Rd (s. Stadtplan Durban City), Morningside, Tel. 031-3036375 o. 084-2507042, Mo geschl. Eines des besten in Morningside! *Fusion, South African, Seafood, Vegetarian.*

Il Cortile, 41–47 Marriot Rd (s. Stadtplan Durban City), Morningside, Tel. 031-3094160, täglich. *Italian, Vegetarian, Pasta, Pizza.*

Indische Restaurants

Florida- und Windermere Road und Stadtgebiet

Es gibt in Durban zahlreiche kleinere und größere indische Restaurants. Hier ein paar Empfehlungen:

Florida Road: Nach der Lambert Street rechter Hand: **A Taste of India,** 258 Florida Rd (s. Stadtplan Durban City), Tel. 031-3036049, gemütliche Open-air-Terrasse. • *Windermere Road:* **Vintage India,** 20 Windermere Rd (s. Stadtplan Durban City), Tel. 031-3091328, tägl. 12–15 u. 18–22.30 Uhr; *upmarket, North & South Indian, Vegetarian, Asian, Traditional.* • **Indian Connection,** 485 Windermere Rd, Tel. 031-3121440.

Victoria Market: **Victory Lounge – Indian Restaurant,** 187 Grey bzw. Dr Yussuf Dadoo St, Tel. 031-3061906. • *Innenstadt:* **The Ulundi,** sehr fein und teuer, im The Royal Hotel, 267 Anton Lembede Street. • *Marine- bzw. O.R. Tambo Parade:* Das Hotel *Garden Court Marine Parade* besitzt ein sehr gutes indisches Restaurant, **Saagries House of Curries,** nur Dinner 18.30–22 Uhr, Tel. 031-3373341; *Northern and Southern Tandoori Indian cuisine & Seafood.* • Im *Southern Sun Elangeni,* 63 Snell Parade, heißt der Edel-Inder **Jewel of India,** Tel. 031-3621300 (Lunch 12–15, Dinner 18–22.30 Uhr). Äußerst gute Curries und Tandooris, die Gäste speisen wie in einem indischen Palast vor silbernen Untertellern. • *Berea:* **Amaravathi Palki,** Tinsley House in der Musgrave Road 225, Berea, Tel. 031-2010019, Mo–So 12–15 u. 18–22.20 Uhr. Authentische nord- und südindische Küche in indischer Raumdekoration, klassische Curries, Tandoori, Kebabs. Auch große Auswahl an vegetarischen Gerichten, sicheres Parken beim Eingang in der St Thomas Road. Gleich in der Nähe: **Orientals – House of Curries,** Ecke St Thomas Rd/Musgrave Rd, Tel. 031 563 1322. Der Name ist Programm.

Berea / Musgrave

Saint Verde, Ecke Essenwood Rd/Thomas Rd, Berea, Tel. 031-2019176, tägl. 7–21.30 Uhr, So 7–16 Uhr. Untergebracht in einem alten Elektrizitäts-Umspannungswerk, einer der trendigsten Plätze in Durban, Mischung aus Restaurant, Café, Patisserie und Küchen-Shop. Leckere kleine Gerichte, Pasta, Salate. Nahebei das gleichfalls immer gut besuchte Sidewalk-Café **St Tropez** mit Jazzmusik an Sonntagnachmittagen.

Im **Musgrave Centre,** 115 Musgrave Rd, gibt es etliche gute Restaurants und Take Aways, u.a. auch ein **Mugg & Bean** für Breakfast, Brunch, Lunch und Dinner (Shop 316, Level 3). Das Restaurant und die zwei Bars des dortigen *Dockyard Supper Theatre* sind zumindest einen Blick wert (www.dockyardtheatre.co.za). Grill und Biergarten, sonntags günstiger und traditioneller *Sunday Roast Lunch.*

Im **Silvervause Centre** Ecke Silverton-/Vause Road: **The Store,** Shop 2. Breakfast nur Sa 8.30–11.30, Lunch Di–Fr ab 11.30 Uhr, Dinner Mo–Sa ab 18.30 Uhr. Spezialisiert auf *Slow food, Contemporary, Fusion, Global/International.*

Café 1999, Shop 2, vom Eat-Out-Magazin mehrfach ausgezeichnet, Tel. 031-2023406, Mo–Fr Lunch 12.30–14.30 Uhr, Mo–Sa Dinner 18.30–22.30 Uhr. Beliebtes Bistro mit innovativer Küche, wirbt mit *contemporary to fusion and Mediterranean, daily specials.*

Indisch essen: s.o., *Amaravathi Palki.*

1 Durban

Glenwood / **Davenport**	**Hemingway's Bistro and Cafe,** 131 Davenport Rd, Tel. 031-2024906. *Grills, Breakfast, Contemporary, Light Meals, Pastas.* • **Pizzetta,** 139 Davenport Rd, Tel. 031-2011019. *Italian, Light Meals, Pizzas, Vegetarian.* • Unser **TIP** ist **Yossis Cafe,** 127 Davenport Rd. Gemütliches Sitzen, schmackhafte Vor- und Hauptspeisen. *Moroccan, Middle Eastern & Mediterranean.* Leckerer Starter: *mezze.*
Restaurants **am Hafen**	**Wilson's Wharf** hat über ein halbes Dutzend Restaurants, darunter ein familienfreundliches **Spur.** Das größte, **Zack's & The Oyster Bar,** liegt direkt am Wasser und hat immer geöffnet. • **The New Cafe Fish,** 31 Yacht Mole, Victoria Embankment, Tel. 031-305 5062/3, täglich geöffnet, upmarket-Restaurant. *Seafood, Fusion, Vegetarian, Light Meals.* • Auch das **TransAfrica Express Jazz Café** im BAT Centre (s.o.) ist am Hafen eine Möglichkeit, manchmal spielt eine Live-Band. • Gleich gegenüber am Victoria Embankment liegt das **Roma Revolving Restaurant,** 22 Victoria Embankment/Margaret Mncadi Ave (Ecke Jonsson Lane), auf dem 32. Stock des *John Ross House.* Seit Jahrzehnten eine Durban-Institution, hierher kommt man nicht nur wegen guter (und bezahlbarer) Gerichte, sondern auch wegen der ständig wechselnden Aussicht auf Stadt, Hafen, Land und Meer. Mo–Sa, Tel. 031-3682275, www.roma.co.za. Lunch 12–14.30, Dinner 18–22.30 Uhr. Italienisch u.a. Gerichte.

uShaka /
The Point
Waterfront
	Das **Cargo Hold Restaurant** serviert im Bauch des **Phantom Ship** mit Neptun-Interieur und unter den starren Augen vorüberziehender Haie hinter einer Glaswand Delikates aus dem Meer und Fleischgerichte. Lunch 12–15 Uhr, Dinner 18–22.30 Uhr (der Eintritt wird angerechnet). Reservierung erforderlich, Tel. 031-3288065.
	    ***Moyo** am uShaka-Pier. Top-Erlebnisgastronomie in Stil und Ambiente: Wunderbares Dekor, fantasievoll gekleidete Bedienungen, superbe Gerichte, abends Live-Musik, freie Sicht auf Ozean und die Durban-Skyline. Zum Dinner Musik- und Gesangsdarbietungen. Lunch 11–18 Uhr, Dinner ab 18.30 Uhr bis spät, Reservierung Tel. 031-3320606, Fax 031-332 0662, bianca@moyo.co.za, www.moyo.co.za.
	    Exzellente Restaurants an der Point Waterfront sind außerdem **Ocean Basket** mit mediterranem Ambiente und **The Cape Town Fish Market** (CTFM) mit Meeresspezialitäten.
	    Famous Fish Company: von uShaka Marine World Richtung Point-Spitze bzw. Kings Battery vorfahren. Bestes aus dem Meer mit Aussicht auf den Hafeneingang mit ständig ein- und ausfahrenden Schiffen. Tel. 031-3681060, ab 12 Uhr bis spät.

Marine-/
O.R. Tambo
Parade
	Alle großen Hotels an der Marine- bzw. O.R. Tambo Parade haben ein Restaurants oder gleich mehrere. Stilvoll und sehr gut (Eigenwerbung: „The ultimate destination for the meat & seafood lover") zu noch moderaten Preisen mit schönem Blick über den Strand und das Meer speist man im *Suncoast Casino & Entertainment World* im dortigen **Havana Grill & Wine Bar.** Tel. 031-3371305, Fotos und Speisekarte auf www.havanagrill.co.za.
	    Im *Garden Court Marine Parade* verlockt das **Saagries House of Curries,** nur Dinner 18.30–22 Uhr, Tel. 031-3373341. Spezialitäten: *Northern and Southern Tandoori & Seafood.*
	    Joe Kool's, 137 Lower Marine bzw. O.R. Tambo Parade, Bierkneipe mit Innen- und Außenrestaurant und Rockmusik, junges Publikum. In der Nähe:
	    The Deck, 139 Lower Marine Parade, North Beach. Beliebt bei Surfern und Beachfreunden. Grills, Burger, Seafood. Täglich von früh bis spät.

Unterhaltung und Nightlife

Der Puls Durbans schlägt auch nachts heftig. Bars, Pubs, Nightclubs, Jazz-kneipen, Kinos und Events gibt es sonder Zahl. Die Broschüren „What's on in Durban" und „Leisure Guide Durban" listen Aktuelles und Altbewährtes sowie Programmpläne von Veranstaltungen. Tickets dafür bei *Computicket,* Büro im „The Workshop" nahe Tourist Junction, zentrale Computicket-Auskunft Tel. 083-9158000.

Im Zentrum/ Beachfront
Sehen Sie sich mal das Programm vom **The Playhouse Entertainment Complex** in der Smith- bzw. A. Lembede Street bei der City Hall an, vielleicht wird gerade was Ansprechendes geboten (Tel. 031-3699555, www.playhousecompany.com). Das **KwaZulu-Natal Philharmonic Orchestre** (KZNPO) gibt regelmäßig Konzerte (*Tea and Symphony Concerts* Do 10 Uhr in der City Hall). Aktuelles Programm und Infos auf www.kznpo.co.za.

Der angesagte Nightclub **Tilt** befindet sich in der 11 Walnut Road an der südöstlichen Ecke des International Convention Centre. Musik aller Richtungen, Tel. 031-3069356.

Joe Kool's, 137 Lower Marine Parade, täglich allnächtliche Rockmusik und DJs. Ein upmarket-Nightclub ist das **Café Vacca Matta** im *Suncoast Casino & Entertainment World.*

Casinos
Wer eine Schwäche für Roulett-Tische und Slot Machines hat, kann wählen zwischen dem *Suncoast Casino & Entertainment World* an der Beachfront und dem *Sibaya Casino & Entertainment Kingdom* bei Umdloti Beach nördlich außerhalb. Spielkasinos in Südafrika sind lange nicht so elitär wie europäische!

Jazz
Die **Zulu Jazz Lounge** im Untergeschoss des Playhouse Theatre, Smith (Lembede) St, Tel. 031-3042377, ist eines der Zentren von Durbans Jazz-Szene; neue Talente und große Stars spielen auf. • In **Morningside** befindet sich in der Goble Rd 93 der gediegene **Jazzy Rainbow,** Tel. 082-9586214, mit Soul und Jazz. • In **Berea,** Ecke Essenwood Rd/St Thomas Rd, befindet sich das trendy Sidewalk Café **St Tropez** mit Jazzmusik an Sonntagnachmittagen. • **Renaissance Café Bar and Restaurant,** John Ross House, Victoria Embankment (im gleichen Gebäude wie das Roma Revolving Restaurant), angesagter Treffpunkt für Live-Musik, Rapper, Rastas und Poeten. • Vielbesucht ist **The Centre for Jazz and Popular Music** in der *University of KwaZulu-Natal,* Tel. 031-2603385, wie auch der **Rainbow Restaurant & Jazz Club** im Vorort Pinetown (8 km westlich). Der ist seit den 1980er Jahren eine Institution, großartige Musik und gutes Essen (23 Stanfield Lane, Tel. 031-7029161). • Im Dezember findet Durbans großes **MTN Durban Jazz Festival** statt.

Florida Road u. Umgebungs-straßen
Zeta Bar/Monkey Bar, 258 Florida Road, 21–4 Uhr, Eintritt, Tel. 084-6887888. – **Roxy's Café,** 42 Marriot Rd, Morningside, Tel. 031-3091837, Mo–So 18–3 Uhr. Stilvolles Nachtcafé mit guter Musik. • **Bean Bag Bohemia** (BBB), 18 Windermere Road, Tel. 031-3096019, Szene-Lieblingslokal vieler *durbanites,* ab und zu Live-Musik. • **ThunderRoad Rock Diner,** 136 Florida Rd, Tel. 031-3033440. • **Skybar,** 25 Silver Ave, Morningside, bekannt und beliebt, immer wieder Gruppenauftritte.

Berea
Das *Dockyard Supper Theatre* im Musgrave Centre bietet auf zwei Bühnen Unterhaltung, Musicals, Shows, internationale Musikgruppen, Tanzveranstaltungen, Restaurant und zwei Bars. Das aktuelle Programm kann man nachsehen auf www.dockyardtheatre.co.za.

Hafen
Bei der **Wilson's Wharf** (s.o.) gibt es etliche Kneipen, gute Restaurants und Pubs, die bis spät in die Nacht offen haben. Beliebt ist **Zack's,** Tel. 031-3051677. • Im **BAT Centre** gibt es regelmäßige Konzerte und Auftritte, aktuelle Infos unter www.batcentre.co.za oder Tel. 031-332 0451.

1 Durban

Einkaufen

Durbans frühere innerstädtische Einkaufszentren wie „The Wheel" nahe der Marine Parade (Gillespie Street, unsicheres Gebiet!) oder „The Workshop" bei der Tourist Junction (immer noch einen Besuch wert) wurden von neuerbauten Shopping Malls in Durbans Außenbezirken der Rang abgelaufen. Die gigantischen Konsumtempel US-amerikanischen Zuschnitts bieten „alles unter einem Dach".

Shop till you drop ...
Das größte ist das **Gateway Theatre of Shopping** in Durbans nördlicher Vorstadt Umhlanga (s.S. 231). Wegen seiner zusätzlichen Attraktionen wie 60 kleineren und größeren Restaurants, Indoor-Kletterwand, Skaterpark, Minigolfanlage, Kinos, Theater etc. auch für Touristen durchaus besuchenswert (www.gatewayworld.co.za).

Ein ähnlich stilvolles Shopping-Mekka mit über 200 Läden und Entertainment unter einem Dach ist außerdem **The Pavilion** in Westville an der N3, und zwar an der Kreuzung mit der M32. Wenn Sie Ihren Tag mit Bierschaum krönen wollen: Frisches Fassbier gibt es dort im *Firkin Brew Pub,* Shop 401, Etappe der KwaZulu-Natal Bierroute, s.S. 94. Weitere Einzelheiten über *The Pavilion* auf www.thepav.co.za.

Das **Musgrave Centre** liegt an Musgrave Road 115 in Berea. Shoppen kann man in über 100 Geschäften und Boutiquen (Mo–Sa 9–15, Fr 18, So 10–16 Uhr). Die vielen kleinen afrikanisch-asiatisch-indischen Shops im **Victoria-Street Market** wurden bereits oben beschrieben.

Straßen-märkte
Der **Amphimarket** ist ein allsonntäglicher Flohmarkt bei den schönen *Sunken Gardens* am North Beach/Golden Mile. Noch weiter nördlich, nach dem Fußball-Stadion südlich der Goble Rd am Jacko Jackson Drive (s. Stadtplan Durban), findet der **Stables Lifestyle Market** statt, Mi u. Fr 18–22 Uhr u. So 10–17 Uhr (Familientag). • In der City versammeln sich sonntags von 9 bis 14 Uhr Käufer und Verkäufer auf dem großen und populäre Open-air **South Plaza Market,** Walnut Rd, gegenüber vom ICC (dort sicheres Parken), über 500 Stände, teils unter Palmenschatten. • Jeden Samstag wird von 8–14 Uhr an vielen Ständen des **Essenwood Craft Market** im Essenwood Park (Ecke Essenwood Rd/St. Thomas Rd) in Berea alles Mögliche verkauft, von Antikem über Kleidung und Haushaltwaren bis zu Trödel und Tand.

Durban von A–Z

Automobil-club (AA)
AA House, 33 St. George's St, Tel. 031-3010341. *Shop 317,* Musgrave Centre, Tel. 031-2015244. *Shop 255,* Westville Pavilion, Spine Rd, Westville, Tel. 031-2650437.

Deutsche Kontakt-adressen
(Konsulate s.u.) Dt. Ev.-Lutherische Gemeinde, Tel. 031-2058175. Dt. Kath. Gemeinde Mariannhill, Tel. 031-7003413. Dt. Schule, Tel. 031-2671307. Dt. Seemannsmission, 21 Renshaw Rd, Tel. 031-2054953. German Club, 7 Barham Rd, Westville, Tel. 031-867489. Südafrikanisch-Deutsche Kulturvereinigung (SADK) Durban, Tel. 031-815137 (privat).

Feste und Festivals
Das ganz Jahr hindurch finden in Durban Feste aller Art statt, nachfolgend nur die Wichtigsten. Genaue und aktuelle Informationen beim Tourism Office. Eine Quelle für Daten und Veranstaltungen ist außerdem *Centre for Creative Arts,* www.cca.ukzn.ac.za. So findet z.B. das 11. Jomba-Festival mit internationalen Tanzwochen in den Theatern dieses Jahr vom 21. April–3. Mai 2009 statt.

Ende April/Anfang Mai: *Indaba.* Größte Tourismus- und Reisemesse des afrikanischen Kontinents im ICC (International Convention Centre), Infos auf www.indaba-southafrica.co.za.

Juni: *Comrades Marathon* zwischen Durban und Pietermaritzburg mit abwechselnden Starts in Durban und Pietermaritzburg entlang der *Old Main*

Road (R103/M13). Streckenlänge 87,3 Kilometer. Sehr populär, bereits seit 1921 stattfindend. Infos auf www.comrades.com.

Ende Juni/Anfang Juli: *Mr Price Pro* ist Südafrikas wichtigstes Surf-Event und eines der größten Strandfestivals weltweit (www.mrpricepro.com). Das zehntägige Championship geht einher mit Live Bands, Beach Soccer, Miss-Wahl, Flohmärkten und 100 Dingen mehr.

Juli: Am ersten Samstag im Juli findet alljährlich der *Durban July* statt, das größte Pferderennen Südafrikas, ein Äquivalent zum Royal Ascot in England. Ort: Greyville Race Course. Motto: Sehen und gesehen werden.

August: *The South African Women's Arts Festival,* im Playhouse Entertainment Complex, Smith- (Lembede) Street, gegenüber der City Hall. Tanz, Drama, Musik, Kunst, Kinder und Konferenzen. Tel. 031-3699444.

September: Das *Awesome Africa Music Festival* findet alljährlich in der City Hall und im Albert Park statt. Viele Künstler und Musikgruppen aus Südafrika und aus dem ganzen Kontinent. Im Durban Botanical Gardens spielt zum Frühlingsanfang *(Spring Serenade)* das KZN Philharmonic Orchestre.

Oktober: *Last Night of the Proms,* Durban City Hall.

Indisch-hinduistische Feste

Davon gibt es in und um Durban durchs Jahr Dutzende. Ein Hauptfest ist das zweimal jährlich begangene **Kavadi** im *Januar/Februar* und im *April/ Mai,* u.a. mit Feuerlaufen und *devotees,* die sich die Wangen durchgestochen haben. Findet statt an vielen Hindu-Zentren, in Durbans Zentrum im Mak-Tempel in der Umgeni Road und besonders auch im Sri Shiva Tempel in Mount Edgecombe bei Umhlanga.

Im *April* oder *Mai* zieht sich das **Draupati** über 18 Tage hin, gleichfalls mit *firewalks* beim Bellair Road Tempel. Im April wird gleichfalls das **Hare Krishna Festival of Chariots** begangen, Pavilion Site, Snell Parade, North Beach (Kontakt Tel. 031-3372721).

Das **Mariamman** („Porridge-Festival") zu Ehren der Mariamman-Gottheit dauert im *Juli* und *August* zehn Tage. Bester Tempel dafür bei Isipingo Rail.

Das große, dreitägige **Deepvali** oder *Diwali* ist ein Lichter- und Feuerwerksfest, das auf die letzten drei Tage der Phase des abnehmenden Mondes im *November* fällt; Durban Beachfront.

Das **Ratha Yatra,** „Festival of Chariots", wird im *Dezember* gefeiert. Dabei ziehen Hare-Krishna-Anhänger eine große rote Kutsche die Beachfront entlang. Beim Amphitheatre Essen, Tänze und Ausstellungen.

Genaue Termine und Informationen zu den Schauplätzen der Feste und den Umzügen bei der Touristeninformation oder auf diversen Durban-Internetseiten.

Flughafen   Der internationale Flughafen von Durban heißt Durban International Airport (DIA) und liegt ca. 16 km südlich von Durban an der Küste. Zufahrt zur City über die N2. Bis zur Fußball-WM 2010 wird er ersetzt werden durch den neuen internationalen *King Shaka International Airport,* 30 km nordöstlich von Durban bei La Mercy. Auskunft Tel. +27 (0)11-9216262. Alle weiteren Flughafen-Details über die Website www.acsa.co.za.

Transfer in die Stadt/Transport: Per Taxi oder mit privaten Zubringerdiensten. Größere Hotels setzen ihre Hotel-Shuttles ein. Ein Shuttle Bus (Tel. 031-2011133) fährt zum/vom *City Air Terminal* von SAA in der Aliwal Street/Ecke Smith- bzw. Lembede Street. Lokale Ziele um Durban bedient *Mynah Bus*. Regulärer Bus-Service auch nach/von Umhlanga (Tel. 031-3095942).

Internationale Airlines, die Durban anfliegen, sind u.a SAA and British Airways. Domestic Airlines von Durban zu anderen Airports sind SAA und BA/Comair. Informationen darüber: Tel. 031-4516667.

Vorhanden sind: Geldwechsel und -automaten, Bank, Post, Läden, Restaurants, Internet, Anmietung von Mobile phones. Kurz- und Langzeitparken.

Mietwagen   s.S. 134

Foto, Video,   *Camera Clinic,* 135 Musgrave Road, Standard Bank Centre, Shop 4, Tel. 031-
Kamera-Re- 2025396, www.cameraclinic.co.za. Alteingeführte Reparaturstelle und Ver-
paratur   kaufsladen von analogen und digitale Kameras (neu und gebraucht) sowie optischen Geräten, dt.-spr.

Geld   Für alle Geldangelegenheit ist führend **Rennies Foreign Exchange,** www.renniesbank.co.za, aufgegangen in der Bidvestbank, www.bidvestbank.co.za. Hauptbüro in der 333 Smith (A. Lembede) Street, Durban Bay House, Tel. 031-3055722, Fax 031-3052497, Mo–Fr 8.30–16.30 Uhr, Sa 8.30–12.30 Uhr. – In *Morningside:* Windermere Centre, 163 Windermere Road, Shop L27, Tel. 031-3122701/2/3/4, Mo–Fr 8.30–16.30 Uhr, Sa 9–13 Uhr. – In Westville: *Westville Pavilion,* Spine Rd, Shop 252, Upper Level, Banking Mall, Tel. 031-2650751, Fax 031-2650756, Mo–Fr 8.30–16.30 Uhr, Sa 8.30–12 Uhr, So 10–14 Uhr. – In Berea: *Musgrave Centre,* 115 Musgrave Road, Shop 311A, Tel. 031-2027833, Mo–Fr 9–17 Uhr, Sa 9–13 Uhr. – Und außerdem noch im *Gateway Theatre of Shopping,* 1 Palm Boulevard, Umhlanga Ridge, Shop F154, First Floor, Entrance Seven First.

Helicopter-   Air Safaris, Tel. 084-2570835, www.airandoceansafaris.com. Auch **Tauchen**
Flüge   und Boat Cruises von uShaka.

Internet-   findet man in den Einkaufszentren (The Workshop, Musgrave Centre u.a.), in
Cafés   Post Offices, in der City Hall Library. Auch Hotels und Unterkünften bieten Gelegenheiten.

Konsulate   Deutscher Honorarkonsul Horst Achtzehn, 9 Kensington Drive (gegenüber des Westville Einkaufszentrums, Caraville Travel Premises), 3629 Westville (Postanschrift: P.O.Box 1166, Westville, Durban 3630), Tel. +27 (0)31-2663920, Fax +27 (0)31-2663925, germanconsulatedbn@caraville.com. Bürozeiten: Mo–Fr 8.30–12 Uhr. • **Österreichischer Honorarkonsul** Gerald Seitter, 10A Princess Anne Place, Glenwood, Durban 4001, Tel. 031-2616233, Fax 031-2616234, Bürozeiten Mo–Fr 9–13 Uhr. • **Schweizer Konsulat:** 216 Cozumel, 33 Northbeach Road, Umdloti Beach 4350 (Postanschrift: Consulate of Switzerland, P.O.Box 312, Umdloti 4350, South Africa), Tel./Fax +27 (0)31-5682457.

Parken   Zentrale, gute Möglichkeiten in der Shopping Mall „The Workshop" und im Musgrave Centre in Berea.

Post   Main Post Office, West/Gardiner St, 8–16.30 Uhr.

Tour-   **Tekweni Ecotours,** 169 Ninth Ave, Morningside, Tel.-Zentrale 031-3320575,
anbieter   Nachfragen/Reservierungen Tel. 082-30391112, www.tekweniecotours.co.za. Durban- und Umlandtouren. • **Meluleki Tours,** Mark Mgobhozi, Tel. 031-2078247, www.meluleki.anglozulu.co.za; Einzelführungen und Kleingruppen, Halb- oder Ganztagsstouren in und um Durban, Township-Touren. • **Durban Ferry Services,** am Maritime Museum, Tel. 031-3618727. Ausflüge per Schiff, Abendfahrten, Bordrestaurant.

2. South Coast

Einführung KwaZulu-Natals **South Coast** erstreckt sich von Durban bis Port Edward. Ab Umkomaas (jetzt eMkhomazi) heißt sie **Hibiscus Coast,** Teil des Großgebiets „UGU District Municipality" (*ugu* heißt auf isiZulu „Küste"). Sitz der Administration ist Port Shepstone.

Bis etwa Mitte des 19. Jahrhunderts besaß die South Coast unberührte Strände, ausgedehnte Wälder und schöne Dünenlandschaften. Heute sind die Bäume fast alle abgeholzt, das Grasland musste Zuckerrohr- und Bananenplantagen weichen, und unzählige Ferienresorts und Siedlungen ließen von der ursprünglichen Landschaftsidylle nicht mehr viel übrig. Zukünftig soll weiter verstärkt in die Tourismus-Infrastruktur investiert werden.

In den Sommermonaten von Dezember bis März und speziell in den Schulferienwochen sind die Unterkünfte voll belegt, denn die South Coast ist ein Haupturlaubsziel der Südafrikaner mit einem Einzugsgebiet bis rauf nach Johannesburg. Sehr viele besitzen hier Ferienhäuser.

Außer Beach, Sun & Fun bietet die knapp 200 Kilometer lange Küste beste Voraussetzungen für Sport- und Freizeitaktivitäten. Alle Arten von Wassersport sind möglich, vor allem Surfen und Tauchen. Sie können aber auch auf einem der 11 Golfplätze den Schläger schwingen (drei davon zählen zu Südafrikas Top Ten, s.S. 85), Wanderungen am Strand und im Hinterland machen, Rad fahren oder Tennis spielen und noch viele andere Outdoor-Sportarten betreiben.

Die South Coast endet hinter Port Edward am Fluss Umtamvuna, wo nach Überfahren der Brücke die „Wild Coast" der *Eastern Cape Province* beginnt. In schöner Landschaft liegt dort das *Wild Coast Sun Casino,* eine Hotel- und Golfanlage mit Spielbank.

Reisetipps Hauptstraße entlang der Küste ist die gebührenpflichtige N2 South. Wer es nicht eilig hat, nimmt von Durban kommend nach dem Flughafen die **R102,** die näher ans Meer ranführt und alle Strandorte miteinander verbindet. Zur schnellen Rückfahrt nach Durban später die N2 nehmen.

Die touristischen Fahrten des *Banana Express,* einer Schmalspur-Dampfeisenbahn, die viele Jahre von Port Shepstone nach Izotsha und Paddock durch die üppige Natur dampfte, wurden eingestellt.

Ein kleines städtisches Zentrum im Norden ist Scottburgh, im Süden das nüchterne Port Shepstone, von wo es zum **Oribi Gorge Nature Reserve** geht. Statten Sie aber zunächst, kurz vor Scottburgh an der R102, dem sehr sehenswerten *Crocworld* einen Besuch ab (gut ausgeschildert). Das Muschel-Museum in **Shelly Beach** sollte man gleichfalls nicht verpassen, außerdem nicht **St Michael's on Sea** und **Uvongo. Margate** ist der größte Resort-Ort und Haupturlaubszentrum. Netter und ruhiger sind das benachbarte **Ramsgate** und die nachfolgenden kleinen Strandorte bis Port Edward.

Im küstennahen Inland liegen einige **Naturreservate,** das bestimmt schönste ist das erwähnte *Oribi Gorge Nature Reserve* mit seinem riesigen Fluss-Canyon. Dort können Sie sich einige Adrenalin-Kicks holen, das *Oribi Gorge Hotel* bietet Bungee an (näheres auf www.oribigorge.co.za). Auch Wandern, Mountainbiking, Vogelbeobachtung und Ausritte sind in diesem Reservat möglich.

2 South Coast

Von **Port Edward** kann man ins nahe gelegene Umtamvuna Nature Reserve fahren, wo die *Clearwater Farm* ein MTB-Trail-Netzwerk unterhält und andere Outdoor-Sportarten anbietet.

Ende Juni bis etwa Mitte/Ende Juli bricht an der South Coast das **Sardine Fever** aus, riesige Sardinenschwärme migrieren von Süden Richtung Norden und verirren sich an den Strand. Alles rennt und versucht, die *pilchards* zu fangen (s.S. 81). Wann genau das Schauspiel ansteht, weiß die *Sardine Run Hotline,* Tel. 082-2849495, und auch die Website des Natal Sharks Board, www.sharks.co.za. *Tour operators* fahren für das Schauspiel dazu mit Booten von diversen Küstenorten raus aufs Meer. Dann steigen die *Sardine Festivals* mit großem Unterhaltungsprogramm in und um Port Shepstone und in Margate. Näheres dazu beim Port Shepstone Information Office, Tel. 039-6822455, www.thehibiscuscoast.co.za.

Whale watching – in erster Linie *Humpbacked-* und *Southern Right-*Wale – ist an der Südküste möglich in der Zeit von Juni – November.

Bootlenose Dolphins zu sehen ist das ganze Jahr über möglich, in Populationen von 30–50 Exemplaren durchflügen sie die nahen Küstengewässer. Von Shelly Beach und anderen Orten bieten *Tour operators* Beobachtungsfahrten an (Mindestabstand muss eingehalten werden).

Das **Unterkunftsangebot** ist an der ganzen Küste auf hohen Besucheransturm eingestellt, alle Preiskategorien und Qualitäten sind vorhanden. In praktisch jedem Ort gibt es Caravan- und Camping sites.

Southern right whale • Humpback whale

Southern Right-Wale (Südliche Glattwale) sind vom Aussterben bedroht. Ihr rundlicher Körper hat keine Rückenflosse, daher „Glattwal". Sie kommen nur in den Ozeanen der Südhalbkugel vor und waren früher die bevorzugte Beute von Walfängern, weil sie sehr langsam schwimmen (8 km/h), nahe ans Ufer kommen, große Mengen Walöl liefern und nach dem Erlegen, im Gegensatz zu anderen Walarten, an der Wasseroberfläche treiben – daher waren sie für die Walfänger die „rechten". Sie wurden bereits 1935 unter Schutz gestellt, doch weiterhin von der internationale Walfangindustrie signifikant dezimiert. Nach Schätzungen gibt es in den südlichen Meeren noch etwa 5000 Glattwale, davon etwa 500 in südafrikanischen Gewässern.

Glattwale werden bis zu 17 Meter lang, 80 Tonnen schwer und etwa 50 Jahre alt. Ihr Maul ist mit hornigen Seepocken besetzt. Vom Juni bis September führt sie ihre Migration aus antarktischen Gewässern an die warmen Küsten des südlichen Afrikas zur Geburt und Aufzucht ihrer Jungen.

Humpbacked-Wale (Buckelwale) zählen zu den Furchenwalen. Sie werden 12–15 Meter lang, bis zu 30 Tonnen schwer und haben im Vergleich zu andern Walarten deutliche größer Flossen. Seit 1966 stehen sie unter Artenschutz. Bekannt sind sie wegen des Gesangs der Männchen in der Brutzeit. Auch sie ziehen aus kalten Gewässern an den Küsten Kwazulu-Natals vorbei in ihre Brutgebiete um Moçambique und Madagaskar, alljährlich bis zu 8000 km.

Karten, Infos, Unterkunftsverzeichnisse

Die besten Regionalkarten und Stadtpläne für das manchmal unübersichtliche Straßen- und Ortsgewirr entlang der Küste von Durban bis nach Port Edward bietet der **AA Road Atlas.** Holen Sie sich aber auch vorab in einem Tourist Office, z.B. in Scottburgh (weitere Büros in Hibberdene, Port Shepstone, Shelly Beach, Margate, Ramsgate und Port Edward) das kostenlose Magazin **„Southern Explorer",** dann sind Sie über alle touristischen Belange an der Südküste bestens informiert.

Das Heft enthält praktische Informationen über Unterkünfte, Restaurants, Blue Flag Beaches, Nature Reserves, Adventure-Veranstalter, Arts & Crafts-Studios, gute Surfspots, Golfplätze, einfache Stadtpläne usw.

Führen und leiten lassen kann man sich durch die Southern **Explorer-Hinweisschilder T1 bis T9,** die entlang der Straßen stehen und neun ausgearbeitete Routen entlang der Küste beschreiben, von Illovo Beach bis zur Wild-Coast-Grenze. Schilder mit einem Affen und einer Nummer im Kreis korrelieren mit den im Southern Explorer-Heft beschriebenen Unterkünften oder weisen auf Geschäfte, Restaurants und andere touristisch relevante Dinge hin. Weitere Infos auf www.southernexplorer.co.za.

Zweckmäßig und mitnehmenswert ist das **Unterkunftsverzeichnis** der *Hibiscus Coast Tourism Association,* „Likeable Local", mit zahllosen Adressen. Außerdem liegen in den Information Offices noch ganze Stapel von Prospekten, von einzelnen Unterkünften und Werbeflyer aus. Erkundigen Sie sich dort gleich über eventuell anstehende Festivals auf Ihrer Route.

Notrufnummern

AA-Pannendienst: 0800-10101
Ambulance: 082-911-10177
Polizei: 10111 (Festnetz), Handy: 082-911

Internet

www.southernexplorer.co.za • www.hibiscuscoast.kzn.org.za
www.southcoast.co.za • www.ugu.org.za •
www.margate.co.za bietet Livebilder von den Stränden in Hibberdene, Shelly Beach, St Michael's on Sea, Uvongo, Margate, Ramsgate und Glenmore.

Websites von Unterkünften

www.bandbnetwork.co.za ist eine (relativ kleine) Vereinigung von eigentümergeführten B&B an Küstenorten von Umzumbe/Banana Beach bis nach Munster, Tel. 083-3540709. Die Website bietet gute und schnelle Orientierung. Unterkünfte von einfach bis luxuriös, freundliche und nette Besitzer, bei denen man bestens aufgehoben ist und die ihren Gästen mit Rat & Tat weiterhelfen. In Information Offices ist meist auch der Prospekt vom B&B Network erhältlich.

Weitere: www.wheretostay.co.za/kzn/sc/ • www.accommodationsa.co.za/province •

Camping & Caravaning: www.linx.co.za/camps/

2 South Coast

Information Offices / Tourism Bureaus

Hibberdene Information Office, Tel. 039-6993203, Fax 039-6993203

Margate Information Office, Tel. 039-3122322/3/4, Fax 039-3121886, margate@hibiscuscoast.org.za

Port Edward Tourism Bureau, Tel. 039-3111211, Fax 039-3111211, portedward@hibiscuscoast.co.za

Port Shepstone I.O. Tel. 039-6822455, Fax 039-6827337, portshepstone@hibiscuscoast.org.za

Tourism Umdoni Coast & Country, Scottburgh, Tel. 039-9761364/9760606, Fax 039-9783114, publicity@scottburgh.co.za, www.scottburgh.co.za

Hibiscus Coast T.O., Shelly Beach, Tel. 039-3174630, sctourism@venturenet.co.za

Southbroom/Mpenjati I.O., Southbroom, Tel. 039-3166140, Fax: 039-3166140, southbroom@hibiscuscoast.org.za

Eco-Label „Blue Flag"

„Blue Flag Beach" ist ein Gütesiegel einer internationalen Umweltinstitution (www.blueflag.org) für erstklassige, schöne Badestrände, wo das Wasser sehr sauber ist und auch alle Voraussetzungen für sicheren und guten Badebetrieb vorhanden sind, also z.B. Hainetze, Duschen, Toiletten und Rettungsposten. Acht südafrikanische Strände bekamen das Label bislang verliehen, an der South Coast *Hibberdene Beach, Ramsgate Beach, Marina Beach/San Lameer* und *Lucien.*

Wetter und Klima

Das Klima an KwaZulu-Natals South Coast ist subtropisch mit warmen bis heißen Sommermonaten von Dezember bis März (21–30 °C) und milden Wintermonaten. „Kältester" Monat ist der Juli mit einer Minimumtemperatur von knapp 13 °C. Der meiste Regen fällt im März, der wenigste im Juni/Juli. Im Inland wird es nachts kühler als am Meer. Die Südküste ist malariafrei.

Sicherheit am Meer und beim Baden

Vergewissern Sie sich, ob am Strand Lifesaver patrouillieren, erkennbar an ihrer rot-gelben Badebekleidung. Gehen Sie nur zwischen den roten und gelben Baken ins Meer. Von Felsen und scharfen Riffen fernhalten. Ablandige Strömungen nicht unterschätzen! Nach Mahlzeiten nicht schwimmen.

Tidal pools, Gezeiten-Schwimmbecken, wurden an der ganzen Küste an den Badestränden in die Strandfelsen gebaut. Sobald sie die tägliche Flut überspült, haben sie wieder frisches Wasser.

Lagunen können manchmal mit Bakterien belastet sein.

Seeigel: Diese halten sich gerne in Rock pools auf, also besser Schlappen tragen. Wenn man in einen getreten ist, muss der Fuß für etwa 10 Minuten in heißes Wasser, was das (nicht gefährliche) Gift neutralisiert. Anschließendes Desinfizieren ist wichtig!

Quallen heißen in Südafrika **„Blue bottles".** Das von ihren Nesselzellen abgesonderte Sekret kann einen brennenden Schmerz verursachen. Dagegen gibt es in Pharmacies das Mittel „Stingrose", als Erste Hilfe hilft auch Essig oder der Saft der dicken Blätter der Sukkulenten die auf den Dünen wachsen. Besser nicht baden, wenn Quallen am Strand liegen.

Sonnenbrand: Immer Sonnencreme mit hohem Schutzfaktor auftragen!

Krankenhäuser: Margate Hospital (privat) Tel. 039-3173201, Hibiscus Hospital (privat) 039-6824882. Der nationale **Seenotrettungsdienst** *(National Sea Rescue Institution, NSRI)* mit 24-Stunden Bereitschaft ist in Shelly Beach stationiert, Tel. 10177.

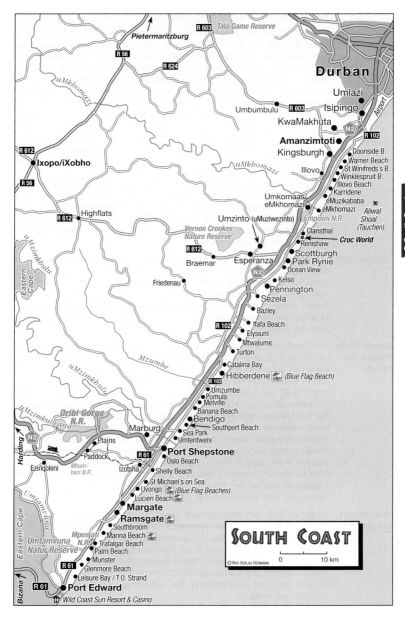

2 South Coast

Amanzimtoti/eManzamtoti

Amanzimtoti, heute eManzamtoti (oder nur kurz „Toti" genannt), liegt gleich südlich von Durban. Der Name soll auf einen Ausruf Shakas zurückgehen, der hier das *amanzi mtoti* – „süße Wasser" – des Manzimtoti-Flusses trank, der in Durbans Strandvorstadt ins Meer mündet. Die Stadt besitzt Industrie, sieht sich jedoch selbst gerne als Ferienort, seine Hochhausbauten passen aber nicht so recht ins Bild. Kehrt man ihnen den Rücken, sieht es besser aus: An der **Beach Road** *(Promenade),* der Hauptstraße entlang den Stränden *Inyoni Rocks* und *Pipeline Beach,* reihen sich Vergnügungszentren, Picknickplätze, Shops, Bootsvermieter, Restaurants und Hotels sowie ein Salzwasserpool. Die Strände sind hainetzgesichert und haben Rettungsposten. Fürs Freizeitvergnügungen gibt es das Spielparadies „Funland", eine Superrutsche und jede Menge Spaßaktivitäten mehr wie Kanu- oder Tretbootfahren.

Die touristische Infrastruktur ist bestens: Zahlreiche Restaurants (empfehlenswert ist das beliebte Familienrestaurant *Coco-Mo's Restaurant,* 2 Leslie Way, Doonside Beach), Banken, Einkaufszentren, Pubs usw. eManzamtoti ist nicht gerade ein „heißer Tipp", aber vielleicht eine Übernachtungsalternative zu Durban, wenn man gerade angekommen ist oder in Kürze abfliegen möchte.

Sehenswert Das **Umdoni Bird Sanctuary,** Umdoni Road, ist ein kleines Reservat an der R33 unterhalb der Feuerwehr, mit Unterständen zur Vogelbeobachtung. Tierfütterung um 7 und um 15 Uhr, Eintritt frei, am Wochenende Tee-Kiosk. Nicht weit davon – von der Umdoni Road geht es zur Fynn Road –, kann man einen **Japanese Garden** besichtigen. Das *Dick King Homestead,* das ehemalige und restaurierte Haus von Dick King, belegt jetzt die lokale Verkehrsbehörde.

Ilanda Wilds Nature Reserve Am Stadtrand liegt ein schönes, 20 ha großes Naturschutzgebiet, benannt nach „iLanda", dem Zuluwort für Kuhreiher, der das Stadtwappen ziert. Die Vogelwelt spielt mit über 100 Arten die Hauptrolle im Reservat, das in einem Gelände mit überwiegender Strauch- und Dornbuschvegetation liegt. Die Trails *Lourie, M'piti* und *Mongoose* sind insgesamt zwei Kilometer lang, man kann sie für einen Spaziergang zusammen abgehen. Bei Hochwasser des Flusses muss man beim Überqueren mit Schwierigkeiten rechnen. Anfahrt: über den Isundu Drive, links in die Hutchinson Road und erneut links in die Riverside Road, Nähe River Gardens Hotel. Jeden ersten Sonntag ab 9 Uhr findet der *Amanzimtoti Flohmarkt* statt (Rogies Park, Beach Road). Bei der Touristeninformation gibt es einen Plan für die *Shongololo Crawl Arts & Crafts Route* (sonntags, Kunst und Handwerk, ein Teil der Route ist auch der Amanzimtoti/eManzamtoti Bird Sanctuary Trail. Infos unter Tel. 031-9037498).

Weiterfahrt auf der R102 weiter südlich von eManzamtoti liegen an der R102 *Doonside Beach, Warner Beach* (3 km), *St. Winifred's Beach, Winklespruit Beach, Illovo Beach* und *Karridene Beach.* Zusammengenommen bilden diese relativ kleinen Seaside-Resorts die Stadt **Kingsburgh.** Alle bieten sicheres Baden und breite Sandstrände. **Illovo Beach** liegt recht pittoresk um eine ruhige Lagune, und Karridene hat schöne Unterkünfte. Hinter eMuzikababa und nach der Überquerung des *uMkhomazi River* wird **eMkhomazi** (Umkomaas) erreicht.

Information   **eManzamtoti Area Tourism,** 95/97 Beach Rd (nicht weit von Inyoni Rocks), Tel. 031-9037498, Fax 9037493, www.amanzimtoti.kzn.org.za. Geöffnet 8–12.30 und 14–16.30 Uhr; kostenloser Stadtplan.

Unterkunft   *Budget:* ***Angle Rock Backpackers,** 5 Ellcock Rd, Warner Beach, Tel. 031-9167007, www.anglerock.co.za. Leger und direkt am Beach, ideal für Wasserratten. Rob ist Taucher und hat gute Tipps. Dormitory R80, DZ ab R180, Camping R50. • **The Sand Castle,** 25 Rockview Rd, Tel./Fax 031-9034820. B&B mit schönem Blick auf den Indischen Ozean. Die Gastgeberin Trienie ist sehr nett.

Touristic: ***The View,** 9 Hillside Rd, Doonheights, 4125, Tel. 031-9031556, Fax 9038820, www.theviewguestlodge.com (m. Anfahrtskizze). Schöner Meerblick, Terrasse mit Pool, geschmackvoll. Lunch und Dinner möglich. • Empfehlenswert ist das attraktive Gästehaus ***La Difference,** 97/99 Kingsway, Warner Beach 4/26, Tel. 031-9166736, Fax 9166735. Preise a.A. Individuell eingerichtete EZ und DZ mit gutem Frühstück.

Comfort: **Karridene Protea,** Old Main South Coast Road, Illovo Beach, Tel. 031-9167228, Fax 9167237, www.proteahotels.com/karridene. Gehobenes, angenehmes Standardhotel, 20 Min. vom Airport. DZ ab R550 p.P.

Camping: **Ocean Call Caravan Park,** Winklespruit, Tel. 031-9162644, R20/40 p.P. (Neben/Hauptsaison). • **Natalia Resort,** Karridene, Tel. 031-9164545, R30/60 (Neben-/Hauptsaison). • **Villa Spa,** Illovo Beach, Tel. 031-9164939, Fax 9164455, info@villaspa.co.za. Chalets, Stellplätze, Shop, Schnellrestaurant.

eMkhomazi (Umkomaas)

Der 2000-Einwohner-Ort an der Mündung des *uMkhomazi River* liegt 45 Kilometer südlich von Durban. Zur Verschiffung von Zuckerrohrprodukten versuchte man 1861 an der Flussmündung einen Hafen zu bauen, was aber scheiterte. 1897 konnte von Durban erstmals eine Eisenbahn bis Umkomaas fahren, bis dahin lag die Siedlung an der Südgrenze des damals kolonialen „Zulu Reserves". Die offizielle Stadtgründung erfolgte 1902, und mit der Bahn kamen wirtschaftlicher Fortschritt und die ersten Touristen.

Der Golfplatz liegt ausgesprochen schön. Die felsige Küste ist fürs Baden weniger geeignet, doch es gibt ein Gezeitenbecken. Surfer kommen auf den gewaltigen Brechern am **Greenpoint** voll auf ihre Kosten. Hierher zieht es Sportfischer und vor allem Taucher, die in dem der Küste vorgelagerten Sand- und Riffbank **Aliwal Shoal** ihr Paradies finden. Die meisten der etwa zwei Dutzend Unterkünfte sind auf Taucher eingestellt. Ecke Harvey/Reynold Street verkauft der alternative *Hope Shop* schöne Kleidung und ungewöhnliche Souvenirs. Im **Hidden Reef Pub & Grill,* 1 MacLean St, Tel. 039-9730979, bekommt man beste südafrikanische Gerichte und Fischplatten gut und günstig. Die frischen Calamares sind der Hit! Töpferwaren, Körbe und Webarbeiten verkauft das *Umnini Zulu Crafts Centre* nördlich der Stadt an der N2.

Die Küstenregion von eMkhomazi über Scottburgh und Park Rynie, Kelso, Pennington, Bazley, Ifafa Beach, Elysium und das alte Umzinto (uMuziwezinto) im Inland bis hin zum Küstenort Mtwalume, ca. 40 Kilometer weiter südlich gelegen, ist der Verwaltungsbezirk *Umdoni.*

2 South Coast

Aliwal Shoal

Der versteinerte und langgezogene Riffkomplex liegt 5 km vor der Küste und nur ganz knapp unter dem Meeresspiegel. In der Vergangenheit wurden diese Untiefen einigen Schiffen zum Verhängnis, 1849 versank hier der Dreimaster *Aliwal,* 1884 die *Nebo* und 1974 die *Produce* – zum Wohlgefallen der Taucher, die heute die Reste in tauchbaren Tiefen begutachten können. 1905 baute man zur Warnung der Schiffe den Greenpoint-Leuchtturm.

Aliwal Shoal ist Heimat für über 1000 Fischarten und eine bunte Traumwelt von Hart- und Weichkorallen. Zu sehen sind riesige Stachelrochen, Muränen und Mantas, Kartoffelbarsche und Korallenwächter, Lippfische und zahllose weitere tropische Rifffische mehr. Im August treffen sich hier Sandtiger-Haie zur Paarung, sie ruhen in Höhlen und unter Überhängen oder ziehen gelassen ihre Bahnen, weil sie sich an die Taucher gewöhnt haben.

Tauchen   Es gibt etliche *Dive operators,* z.B. *Aliwal Dive Charters,* www.aliwalshoalscubadiving.co.za oder *Lala Manzi Dive Charters,* www.divealiwal.co.za. Beide an der Hauptstraße hinter dem Ort (Unterkunft von Lala Manzi bei www.aliwalinn.co.za). *The Whaler Dive Centre,* Tel. 039-9731562, Fax 9731564, macht Fahrten zum Aliwal Shoal und gibt Padi-Kurse, vermietet Ausrüstung und arrangiert Übernachtungen.

Unterkunft   *Budget:* ***Lala Manzi,** 1 Reynolds St/Ecke Moodie St, direkt gegenüber dem Golfplatz und der Tauchbasis Aliwal Dive Charters, Tel. 039-9730161, Fax 9730633, www.lalamanzi.co.za. Ein renoviertes Hotel aus den 30er Jahren und der absolute Tipp für Taucher, Golfer und Backpacker. Mit Restaurant. R60 Backpacker, R130 DZ, Suite R300.

Touristic: **Aliwal Cove,** 1 MacLean St, Tel. 039-9731002, Fax 9730211. Beliebt bei Tauchern. • ***Ocean View Guest Lodge,** 4 Brad St, Tel./Fax 039-9732628, www.oceanviewlodge.co.za (m. Anfahrtskizze). Lodge mit 4 Betten und 4 DZ. Sehr sauber, Pool. Besitzer ist Maler.

Camping: **Clansthal Caravan Park,** Tel. 039-9730211. Chalets, Zeltplätze.

Weiterfahrt   Machen Sie auf der Weiterfahrt nach Scottburgh einen Abstecher zu *Croc World.*

■ *Flamingos beim Synchronschlafen in Croc World*

Croc World

Dies ist nicht nur eine große, sehenswerte Reptilienfarm mit tausenden Krokodilen und Alligatoren, darunter etlichen Monsterexemplaren, sondern auch ein 30 ha großer botanischer Garten mit einheimischer Flora. Außerdem Schlangen, Süßwasser-Aquarium, viele Vogelarten und sonstiger Fauna. Man kann leicht ein, zwei Stunden verbringen. Täglich geöffnet 8.30–16.30 Uhr, Krokodil-Fütterungen um 11 und 15 Uhr (außer Mo außerhalb der Saison). Zu diesen Zeiten auch geführte Touren. Eintritt R35, Tel. 039-9761103. Näheres auf www.crocworld.co.za.

Empisini Nature Reserve

Das kleine Reservat (300 ha) mit Küstenwald und Marschland erstreckt sich entlang des *uMkhomazi River,* einem der saubersten Flüsse des Landes, auf einem ehemaligen Zuckerrohranbaugebiet, das seit langem verwildert ist. Es beherbergt über 100 Vogelarten, Wasser-Mangusten, Ducker und Schirrantilopen. In der Nähe des Picknickplatzes findet man „Job's Tränen" *(Coix lacrima-jobi),* eine Grasart mit schimmernden, tiefblauen Samen, die von Zulu-Frauen für Ketten benutzt wurden. Der *Main Trail, River Trail* und *Hillside Trail* können mühelos allesamt in 3–4 Stunden begangen werden. Sie treffen sich flussaufwärts an den Kaskaden, dem schönsten Aussichtspunkt. Für eine Tageswanderung ist der 14 Kilometer lange *Lighthouse Trail* der Richtige, er führt vom Empisini Reserve zum Greenpoint Lighthouse und zu Crocworld und weiter bis zum TC Robertson Nature Reserve in Scottburgh.

Anfahrt von der R102: Auf Hinweisschilder achten. **Von der N2:** Ausfahrt 117 Umkomaas/Craigieburn nehmen; dann 4x links: nach 150 m in Richtung Umkomaas, am Schild SAICCOR, an der T-Junction bei der Zufahrt zum Park, am ausgeschilderten Eingang durch den Zaun.

Information/Unterkunft: Kleines Informationszentrum, Picknickplätze, Baumhausübernachtung, Cabins und Camping, Selbstversorgung. Reservierung Tel. 039-9730093, www.empisini.co.za.

Scottburgh

Ist eine sehr populäre und familienfreundliche Ferienstadt, der Ort liegt an einer Landspitze über der Mündung des *Mpambanyoni River* und wurde 1860 gegründet. Namensgeber war der damalige Gouverneur von Natal. Nachdem der Ort vergeblich versuchte Hafenstadt zur Verschiffung des Zuckerrohrs aus dem Hinterland zu werden setzt man heutzutage auf Tourismus. Immer mehr Besucher aalen sich auf dem grasbewachsenen, 2,5 Kilometer langen Strand und genießen haisicheres Schwimmen im Ozean und im Gezeitenschwimmbecken.

Das gut sortierte Tourism Office finden Sie gleich beim Reinfahren linker Hand an der Scott Street. Hier gibt es alle Infos zur Stadt und Umgebung. Fragen Sie nach dem Flyer des oben erwähnten B&B Networks und nach dem kleinen Heftchen „The Pulse", das von fast allen Küstenorten Ortspläne enthält. Es ist eine Beilage zum „The SouthCoaster".

2 South Coast

■ Hauptstraße von Scottburgh

Das TC Robertson Nature Reserve   Das TC Robertson Nature Reserve liegt an den Ufern des Mpambanyoni River in einer Hügellandschaft mit Küstenwald, Palmen und üppiger Ufervegetation: 200 Vogelarten, 15 Säugetierarten, 28 verschiedene Reptilien und 20 Fischsorten. Angelegte Wanderwege, Picknick- und Braaiplätze. An *Shakas Spring* – Zulukönig Shaka und seine Mannen waren hier einst die allerersten „Touristen"– befindet sich eine riesige Wasserrutsche, die *Supertube.* Anfahrt ins Reserve von der R102, die Einfahrt ist nördlich der Mpambanyoni-Brücke.

Information   Tourism Umdoni Coast and Country, Scott St, Tel. 039-9761364/9760606, Fax 039-9783114, publicity@scottburgh.co.za, www.scottburgh.co.za.

Unterkunft   *Touristic:* **Cutty Sark Protea Hotel,** Tel. 039-9761230, Fax 9762197. Direkt am Strand, Familienhotel, schöne Zimmer, Golfplatz.
     Camping: **Scottburgh Caravan Park,** Main Beach, Tel. 039-9760291, Fax 9762148, www.scottburghcaravanpark.co.za. Am Strand, gute Sanitäranlagen.

Einkaufen   Pick 'n Pay Centre, viele Shops. Jeden Samstag Flohmarkt in den Library Gardens, Scott Street.

Weiterfahrt   *Park Rynie* ist ein Ziel vornehmlich für Taucher, *Rocky Bay* Ausgangspunkt für Hochseefischen mit Bootsrampe, *Kelso* gut zum Schwimmen und Angeln. Ein Abstecher von Scottburgh aus ist das **Vernon Crookes Nature Reserve.**

Vernon Crookes Nature Reserve

Um 1970 vermachte der Zuckerbaron *Vernon Crookes* das 2189 ha große Reservat inmitten von Zuckerrohr- und Eukalyptusplantagen dem Staat. Offenes Grasland, sanfte Hügel, tiefe Schluchten, fünf verschiedene Waldsysteme und grünes Dickicht – man kann dort gut einen ganzen Tag verbringen. Allerdings sind einige Fahrwege für einen normalen Pkw recht rauh, hohe Bodenfreiheit ist vonnöten!

An den kleinen Dämmen blühen Wasserlilien, man findet viele Orchideen und im Herbst Felder rosaroter Watsonien *(Watsonia densiflora).* Die Höhenlage variiert zwischen 150–610 Meter. Vom Hochplateau geht der

Blick weit über Land und Meer. Drei Flüsse sorgen für üppige Vegetation und reiche Tierwelt: sehr viele Zebras, Gnus, Impalas, Oribis und *Nyalas,* Schakale, Ginsterkatzen, Mangusten und Wiesel, Stachelschweine und jede Menge Meerkatzen und Paviane, dazu noch 300 Vogelarten. Zwölf Kilometer Fahrstrecke und Wanderwege zwischen 0,3 und sechs Kilometer Länge. Zecken- und Insektenschutzmittel parat halten.

Anfahrt   Über Park Rynie – R612 – Umzinto bzw. uMuziwezinto (Umzinto war der erste Handelsposten in der Region und ist es bis heute geblieben; ein Gewusel mit unzähligen Läden, Gelegenheitshändlern und Straßenmärkten). **Von der N2:** Von Norden kommend Off ramp 104 nehmen, Park Rynie / Umzinto. Rechts auf die R612 Richtung Highflats und Ixopo; einige Kilometer hinter Umzinto Zufahrt rechts zum Reservat, ausgeschildert. Auf Schotterstraße 6,5 km zum Eingang. Beste Zeit im Frühling, wenn die Wiesen blühen.

Vernon Crookes Nature Reserve   Geöffnet Okt–März 6–18 Uhr, Apr–Sept 6–17 Uhr. Office: Mo–Fr 8–13 Uhr, So 8–12 Uhr. Vom Gate zum Camp 6 km. Camp-Tel. 039-9742222. Check out 10 Uhr, Check in 14 Uhr. Eintritt R10. Kinder die Hälfte. Picknickplätze. Camping ohne Voranmeldung.

Camp	Übernachten in …	Preis p.P.	Minimum
Direktbuchung Tel. s.o.	5 2-Bett Tree house	R120	R180
	1 7-Bett Tree house	R120	R480

Mit Küche und sanitären Einrichtungen. Selbstversorgung. Weitere Details auf www.kznwildlife.com. Buchung bei: The KwaZulu-Natal Nature Conservation Service, P.O.Box 13069, Cascades, Pietermaritzburg 3202, Tel. 033-8451000, Fax 033-8451001, bookings@kznwildlife.com.

Pennington

Die Familie Pennington betrieb eine kleine Farmwirtschaft, als das Familienoberhaupt einem Leoparden zum Opfer fiel. Die Söhne übernahmen 1865 den Hof und fingen an Ochsenwagen herzustellen. Der Grundstein für eine Handelsstation war gelegt. Ein Teil des Anwesens wurde an den Zucker-Magnaten Frank Reynolds verkauft und **Umdoni Park** getauft. Man errichtete einen komfortablen Feriensitz, als *Botha-Haus* bekannt, und offerierte ihn kostenlos dem jeweilig amtierenden südafrikanischen Premierminister. Der Park mit einem Golfplatz liegt zwischen Meer und der R102 in Graslandschaft und Küstenwald mit schönen Bäumen, Büschen und Lianen und mit einem Netz von Spazierwegen (Umdoni Park Golf Course, Off Minerva Road, www.umdonipark.com).

Am Strand gibt es Picknickplätze und einen Gezeitenpool. Im Palm Shopping Centre, Sardine Road, bietet das *Pennington Community Centre* schöne Produkte eines Selbsthilfeprogrammes an. Äußerst gemütlich sitzt man in der *Yellowwood Nursery* (R102 in Richtung Süden, linker Hand, kurz nach Ortsende) bei Kaffee, Kuchen oder Light Lunch.

Unterkunft   *Budget:* **Corian's Pennington Caravan Resort,** Tel. 039-9751107, www.caravanparks.co.za/corianspennington. Gartenlage, 90 Meter vom Strand, Pool.

Touristic: **Ironwood Lodge,** 7 Fig Tree Lane (in Pennington von der R102 links in den Pennington Drive bis runter zum Meer, vor Bahngleis links, danach in einer Linkskurve gleich links in den Weg rein, dann auf der rechten Seite), Tel. 039-9751895, www.ironwood.co.za (m. Anfahrtskizze). Hanglage mit tro-

2 South Coast

pischem Garten, 8 Zimmer, Meerblick, Pool, zum Strand 200 m. Relaxte Atmosphäre, der herzliche Jim zaubert super Lobster-Dinner! ÜF R245–350 p.P.

Luxus: **Selborne Hotel Spa and Golf Estate,** Tel. 039-6881800, Fax 9751811, www.selborne.com. 16 Suiten in englischem Landhaus, alle mit wertvollen Antiquitäten, für Golfspieler privater Platz mit Profilehrern, absolute Luxusklasse.

Weiterfahrt Die R102 verläuft nun ein längeres Stück im Inland, Stichstraßen führen zu den Beaches *Bazley, Ifafa, Elysium* und *Mtwalume.*

Hibberdene

Jetzt beginnt der schönste Teil der Südküste, und gleich mit einem „Blue Flag Beach". Fahren Sie kurz nach dem Ladenzentrum „Superspar" nach links in den Parkplatz vor dem Meer rein und informieren Sie sich auf Schautafeln, beim Freiluftrestaurant *Jolly Roger* kann man was zu sich nehmen. Am Beach gibt es einen kleinen Info-Kiosk. Der weite, teilweise schattige Strand nahe der Mündung des *Umzimai River* bietet gesicherte Badefreuden, außerdem Picknickstellen und Felsenbecken. Das Gezeitenschwimmbecken weiter nördlich ist 82 Meter lang.

Einige interessante kleine Wanderungen führen ins Küstenland. Lohnenswert ist ein kleiner Ausflug in die *Mathulini Tribal Area* (6 km westlich). Im dortigen *Shosholoza Boshongweni Studio* bekommt man Kunsthandwerk der Region und frische Produkte.

■ *Strand-Szene in Hibberdene*

Information Hibberdene Information Office, Tel. 039-6993203, Fax 039-6993203, hibberdene@hibiscuscoast.org.za.

Unterkunft Man hat die Wahl unter ungefähr 35 Unterkünften.

Budget: **Alexander Hotel,** Tel. 039-6992309. Kleines Familienhotel am Strand, keine Kreditkarten. • **The Beach,** von Durban N2 nach Hibberdene, nach 12 km links in die Melville Station Road, dann links in die Esser Lane, Nr. 50 (von Port Shepstone R102, ca. 12 km), Tel. 039-6846216, the_beach@iafrica.com. Ideal für Backpacker.

Touristic: **Marhaba Beachfront Chalets,** 662 Barracuda Boulevard, Tel. 039-6993464, Fax 6993464, www.marhaba.co.za. 8 Chalets um einen Pool am Strand. Ab R200 p.P.

Umzumbe

Der Ferienort **Umzumbe** inmitten subtropischer Landschaft zwischen den Flüssen *Umzumbe* und *Ingambili* lädt zu gesicherten Badefreuden und zu kleinen Wanderungen ins nahezu unberührte Umland ein. Einer der besten Angel-Spots an der Hibiscus Coast ist *Stieble Rocks.*

Einst lebten in Umzumbe, dem „unheilvollen Kraal", die Hlonga, der Schrecken der Region. Die Kannibalen verfolgten gnadenlos jede menschliche Beute in ihrer Nähe. **Shaka** bereitete ihnen 1828 ein blutiges Ende.

Fährt man westlich auf der D453 zehn Kilometer landeinwärts und geht 500 Meter zu Fuß eine Anhöhe hinauf, trifft man auf eine Anhäufung kleiner Steine, die bis heute von den Zulu als *isivivane,* „Pyramide des Glücks", hoch verehrt wird. Hier stand Shaka und bat seine Vorfahren, ihn beim Kampf gegen die Hlonga zu unterstützen: Mit den Zehen des linken Fußes griff er einen Stein, führte ihn zur rechten Hand, bespuckte ihn und warf ihn anschließend neben den Weg, den er einschlagen wollte. Jeder einzelne Krieger tat es ihm nach und so entstand der Steinhaufen …

Unterkunft   *Budget:* ***The Mantis and Moon Backpackers,** 7/178 Station Rd (abgehend von der R102), Tel./Fax 039-6846256, travelsa@saol.com, www.mantisandmoon.net. Mehrbett- und DZ, Camping, Baz Bus-Stopp, preisgünstige Services von/nach Durban, kostenloses Frühstück, Surf- und Boogieboards, kostengünstige Tauchkurse. Pool und Jacuzzi. Sehr nette Besitzer und Manager mit guten Tipps für die Umgebung. Abendessen möglich. 100 Meter entfernt ein Pub mit guter Musik.

Touristic: **Pumula Beach Hotel,** s.u., „Pumula".

Camping: **Prairie Park,** Bendigo Rd bei Southport, Tel./Fax 039-6812013.

Strandorte zwischen Umzumbe und Umtentweni

Pumula   Nettes kleines Resort für entspannte Stunden am schönen Sandstrand mit Küstenvegetation. Infos zu Pumula: Tel. 039-6993203. Unterkunft *Touristic: Pumula Beach Hotel,* sehr große und kinderfreundliche Hotelanlage direkt am Strand (nach Überquerung des Mzumbe River den Umzumbe/Fairview Mission-Abzweig nehmen und von dort den Pumula Beach Hotel-Schildern folgen), Tel. 039-6846717, www.pumulabeachhotel.co.za. 22 Familienzimmer und 40 DZ, VP-Preise, außerhalb der Saison ermäßigte Tarife für mehrtägige Aufenthalte.

Melville   Schöner, sauberer Strand für lange Strandspaziergänge und zum Schnorcheln. Viele Felsenpools, ideal für Angler. Infos Tel. 039-6822455. In Gehweite liegt der nächste Strand, der **Banana Beach:** Beach und *tidal pools.* Vorgelagertes Riff.
Unterkunft: *Aurora,* 61 Beach Rd, Tel. 039-6846101, über www.bandbnetwork.co.za. Self catering Units, 2 Min. zum Strand. Massagen.

Southport Beach   Populärer Strand, sicheres Schwimmen.
Unterkunft: *C-View,* 25 Pumula Terrace, Tel. 039-6951606, über www.bandbnetwork.co.za. B&B, zwei vollausgestattete Units, günstig, Meerblick, auf Wunsch Frühstück, sicheres Parken. • ***Thandulula,** 14 Mhlangankulu Drive, Tel. 039-6813755, www.thandulula.com. R450/2 Personen. Voll ausgestattete Safarizelte am Fluss in ruhiger Lage, 1,5 km zum Beach. Was Besonderes.

Umtentweni

Wohlhabende Südafrikaner wählten den ruhigen Ort, der sich zwischen den Flüssen *Mtentweni* und *uMzimkhulu* erstreckt, früher gerne als Alterssitz. Am schönen, breiten Strand versammelt sich jung und alt, es gibt große und kleine Rock pools, der Strand ist netzgesichert. Sehr gute Konditionen zum Surfen. Schöne Spaziergänge durch die überwachsene Dünenlandschaft. Info-Tel. 039-6822455.

Unterkunft   *Budget:* **The Spot Backpackers,** North Beach, 23 Ambleside Rd, Tel. 039-6951318, Fax 6950439, www.spotbackpackers.com. Mehrbett- und DZ, Camping, Baz Bus-Stopp, gemütlicher Ausgangspunkt zum Surfen, Wandern und Relaxen.

Touristic: **Venture Inn Hotel,** Commercial Rd, Tel./Fax 039-6950110. Sehr kinderfreundlich.

Comfort: **Umdlalo Lodge,** Rethman Drive, Tel. 039-6950224, www.umdlalolodge.co.za. ÜF R500 p.P. 9 gepflegte Zimmer. Unbedingt im ZiZi's Restaurant essen! • **Sea View B&B,** 19 Old St. Faiths Rd, Tel. 039-6950664, über www.bandbnetwork.co.za. Attraktive, erhöhte Lage über dem Meer, schöne Zimmer mit Balkon, Lounge, TV, Self catering facilities, Pool, sicheres Parken, nahe des Port Shepstone Country Clubs (Golf, Tennis etc.). • **Mdoni House Guest Lodge,** 10 Norwood Rd, Tel./Fax 039-6951215, Cell 082-8294132, www.mdoni.co.za. 8 Zimmer und 1 SC-Cottage in großem, subtropischem Garten. Pool, gemütlich, o.k. Gleich bei der R620, 500 m zum Strand und 3 km nach Port Shepstone.

Port Shepstone

Port Shepstone hat 30.000 Einwohner und ist die größte Stadt der South Coast. Sie ist Verwaltungshauptstadt der neugeschaffenen *Hibiscus Coast Municipality,* die ungefähr 90 Kilometer Küstenlinie mit über 20 schönen Stränden umfasst und rund 30 Kilometer tief ins Inland reicht. Nachdem man über die Brücke des *uMzimkhulu River* gefahren ist, liegt links das große Einkaufszentrum *Oribi Plaza* mit vielen Läden.

Die Geschichte des Orts reicht weit zurück: 1635 retteten sich 300 portugiesische Schiffsbrüchige der *Nossa Senhora de Belem* an Land. Sie bauten sich aus Schiffsresten Boote und segelten zurück bis nach Angola an die Westküste Afrikas. Erst gegen 1850 nahmen weiße Siedler das Gebiet um die Mündung des uMzimkhulu River in Besitz, gründeten 1867 einen Ort und benannten ihn nach Theophilus Shepstone, einem hohen englischen Beamten für „Native affairs". Danach machte man sich an den Bau eines Hafens, um Rohrzucker, Marmor und Kalkstein zu verschiffen. Mit Bau der Eisenbahn verlor der Hafen ab 1901 an Bedeutung.

Am Meer ragt das **Port Shepstone Lighthouse** auf, eine in England gegossene und 1890 hierher verschiffte Eisenkonstruktion, heute ein *National Monument.* Das **Information Office** befindet sich in der naheliegenden *Station.* Etwas weiter südlich liegt am Athlone Drive das **Port Shepstone Maritime Museum** mit Ausstellungen über Meereskunde, Wracks und die Geschichte des alten Hafens (Mo–Fr 12–16 Uhr).

Port Shepstones Tourismus kam erst in den letzten Jahren in die Gänge. Die felsigen Strände wurden für Schwimmer und Surfer gesichert und ein Gezeitenpool angelegt. Interessant sind Bootsausflüge den Fluss landeinwärts oder der Besuch des bekannten Golfplatzes (auch für Gäste zugänglich). Ab Port Shepstone südlich wird aus der R102 die R620. Auf der N2 kann man zum *Oribi Gorge Nature Reserve* fahren.

Information Port Shepstone Information Office: Tel. 039-6822455, Fax 039-6827337, portshepstone@hibiscuscoast.org.za. Hibiscus Coast Municipality, www.hcm.gov.za

Banana Express Die Fahrten der Schmalspur-Dampfeisenbahn Banana Express, der von Port Shepstone nach Izotsha fuhr, wurden eingestellt.

Unterkunft Es gibt mindestens 60 Möglichkeiten das Haupt zu betten. Ruhiger unterkommen kann man weiter südlich in Oslo Beach oder nördlich in Umtentweni (s.o.).
Budget: **Club Tropicana**, Nähe Anerley, Tel. 039-6813547. Jugendhotel mit Zeltplätzen, gute Verpflegung. Man kann in dem gemeinnützigen Projekt auch als Hilfskraft zum Aufbau von Sozialeinrichtungen mithelfen.

Touristic: **Kapenta Beach Resort** (auch Kapenta Bay), 11/12 Princess Elizabeth Drive (nach Überquerung uMzimkhulu River ausgeschildert), Tel. 039-6825528, Fax 6824530, www.kapentabay.co.za. Ferienanlage und Hotel, manchmal Busgruppen. Ausschließlich Wohnungen mit drei Schlafzimmern, zwei Bädern, kleiner Küche, Aufenthaltsraum und Balkon.

Oslo Beach Lodge, Oslo Beach, 5 Hillside Crescent (auf der R620 ca. 4 km südlich, rechts hoch, auf Hinweisschilder „Hill Billion" u. „Oslo Beach Lodge" achten), Tel. 039-6854807, www.beach-house.co.za. Sieben Zimmer diverser Größe mit Patio oder Veranda und Kitchenette. Zusätzlich gibt es Mehrbett-*Timber Homes.* Pool, Pub, Restaurant, Sundeck, sicheres Parken. DZ je nach Saison ab ca. R500.

Geschichtsspuren

„Marburg" westlich von Port Shepstone klingt vertraut und hängt mit deutschen Einwanderern zusammen, die 1847 von Bremerhaven im damaligen Port Natal angekommen waren (s.S. 57). Die Siedler waren Protestanten trieben in der Gegend des heutigen Marburgs und auch um Paddock und *Izotsha* Landwirtschaft, gründeten *Bethanien*. Existent sind noch die *Marburg Mission* an der N2 Richtung Oribi Gorge und die „German Settler's Church" an der Straße Shelly Beach – Izotsha. Heute noch gibt es eine „Evangelisch-Lutherische Gemeinde Bethanien" und die „Evangelisch-Lutherische Gemeinde Shelly Beach" (Tel. 039-3150539). 1882 gingen 246 norwegische, 175 englische und weitere 112 deutsche Siedler in Port Shepstone an Land, was die Zahl der Europäer nach zwei Jahren von 100 auf über 600 anwachsen ließ. „Oslo" und „Oslo Beach" erinnert an die Skandinavier, es gibt noch eine „Norwegian Settler's Church" an der N2. Aber auch Shaka war hier: 1828 waren er und seine Krieger im Zuge des Mpondoland-Feldzugs (ehem. Transkei) durch das heutige Marburg gekommen.

Der besondere Tipp

Oribi Gorge Nature Reserve

Zu den schönsten Natursehenswürdigkeiten der Südküste zählt das **Oribi Gorge Nature Reserve.** Es ist eine vom Fluss *uMzimkulwana* über 300 Meter tief eingeschnittene, eindrucksvolle Schlucht, ein paar Kilometer breit und 27 Kilometer lang, gesäumt von senkrechten Felsklippen und dichtbewaldeten Abhängen. Eine asphaltierte Querungsstraße führt runter zur Sohle und wieder hoch zur N2, wo zuvor noch das Camp von Ezemvelo KZN Wildlife liegt.

2 South Coast

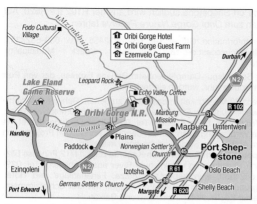

Dieses Paradies für Naturliebhaber, Fotografen und Adrenalin-Junkies (Abseiling, Bungee, Wildwasserfahrten u.a.) liegt von Port Shepstone etwa 25 km im Inland. Man nimmt dazu die N2 Richtung Harding/Kokstad und biegt hinter Marburg nach rechts ab (ausgeschildert, Oribi Flats East). Die Straße führt abwärts, nach etwa sieben Kilometern liegt linker Hand das **Tourism Information Office Ezinqoleni** (Tel. 039-6877561, ezinqoltourism@telkomsa.net). Bedienen Sie sich am reichhaltigen Prospektangebot, man hilft bei der Suche nach einer Übernachtung, z.B. im Oribi Gorge Hotel, in der Oribi Gorge Guest Farm, in einem Chalet am Lake Eland oder im Hutted Camp von Ezemvelo KZN Wildlife.

Man sollte aber vor der Abfahrt zum Fluss runter zuvor das **Lake Eland Game Reserve** besuchen und außerdem vorher noch nach rechts zum Aussichtsfelsen **Leopard Rock** abbiegen.

Hinweis: In der Schlucht das Wasser des uMzimkulwana River meiden, auch das seiner kleinen Zuflüsse, es besteht **Bilharziose-Gefahr!**

Oribi – Bleichböckchen

Bleichböckchen *(Ourebia ourebi)* sind in KwaZulu-Natal sowohl in den meisten Naturschutzgebieten als auch in freier Wildbahn heimisch. Sie leben im offenen Grasland oder anderen feuchten Regionen. Obwohl sie sich hauptsächlich von Gras

ernähren, können sie außerdem Blätter und Zweige fressen. Sie gehören zu jenen Tieren, die genügend Flüssigkeit aus der Nahrung verwerten können und so von Wasserquellen unabhängig sind.

Bleichböckchen sind braun und haben eine helle Bauchseite. Nur die Männchen tragen spitze, gerade Hörner, die bis zu 10 cm lang werden. Ihre kurzen Schwänze sind buschig und haben eine schwarze Spitze. Man findet sie paarweise oder in kleinen Gruppen. Bei Gefahr laufen sie mit blitzartigem Speed los und beginnen mit allen Vieren gleichzeitig in die Luft zu springen, um den Angreifer zu verwirren.

Flora und Fauna

Benannt wurde der Canyon nach der größten der sogenannten „kleinen Antilopen“, dem **Oribi**. Das Reservat hat eine Größe von 1837 ha, wurde 1950 gegründet und steht unter dem Management von Ezemvelo KZN Wildlife. Vielfältig und reichhaltig ist die Flora und Fauna. Insgesamt wurden 40 verschiedene Säugetier-, 250 Vogel- und 21 Reptilienarten, 14 verschiedene Amphibien und 6 Fischsorten gezählt. Hauptblütezeit für viele Blumen ist nach den Regenfällen im September. Es gibt eine ganze

Reihe seltener Bäume, wie den Natal-Flammenbaum, Wilden Pfeffer, den schmalblättrigen Safranbaum oder Korallenbäume. Der uMzimkulwana, von etlichen Zubringern gespeist, bezaubert durch seine kleinen Wasserfälle, Stromschnellen, Pools, Höhlen und Auswaschungen.

Wandern   Genaue Wegbeschreibungen beim Ezemvelo-Camp Manager. Wer länger als vier Stunden wandern möchte, muss sich beim Ranger abmelden. Es gibt fünf Hauptwanderwege, zwei beginnen beim Ezemvelo-Camp, der *Baboon View Trail* und der *Mziki Trail*, die anderen unten in der Talsohle wo die Straße den uMzimkulwana quert **(s. Foto)** und am Parkplatz eine Tafel mit dem Trailverläufen steht. Der *Baboon View Trail* ist nur 1 km lang. Er führt auf die Felsklippen, ein ausgezeichneter Platz, um Habichte und Adler auf ihren Beuteflügen zu beobachten.

Der 1,5 km lange *Samango Falls Trail* windet sich steil hinauf zum Fuß des

Samango-Wasserfalls (Trailbeginn: vom Parkplatz an der Talsohle über die Brücke gehen. Am Brückenende Stufen hinaufgehen). Der Weg durchstreift die dichte Waldlandschaft, von den mächtigen Bäumen sieht man meist nicht mehr als Wurzeln und Stämme. Hier tummeln sich eventuell die seltenen Samango-Affen, Namensgeber des idyllisch gelegenen Wasserfalls.

Der *Nkonka Trail* (6 km) folgt vom Picknickplatz dem Flusslauf in östlicher Richtung.

Der **Hoepoe Falls Trail* (7 km, ca. 3 h) beginnt ebenfalls dort und führt am Westufer des uMzimkulwana flussaufwärts zu einem kleinen Nebenfluss, dem man bis zum Hoopoe-Wasserfall folgt. Langschwanzstelzen hüpfen über Felsen, Natalspechte bearbeiten unüberhörbar die Bäume auf der Suche nach Nahrung oder verständigen sich mit schrillen „heeee"-Rufen.

Der *Mziki Trail* ist der längste (9 km, 4–5 h), er führt vom Hutted Camp auf einen Gratweg die hohen Felsklippen entlang. Nach rund 3 km geht ein steiler Weg zum Samango Falls Trail hinab (später folgt man dem Nkonka Trail).

2 South Coast

Ezemvelo-Camp   Das Camp liegt oben direkt am Ende der uMzimkulwana-Schlucht mit Blick auf die Oribi-Schlucht. Gate geöffnet von 6.30 bis 19.30 Uhr, das Office von 8 bis 12.30 und 14 bis 16.30 Uhr, Camp-Tel. 039-6791644. Check out 10 Uhr, Check in 14 Uhr. Tagesbesucher R10.

Kleiner Laden mit Kohle, Holz, Getränken an der Rezeption. Große Küche und Aufenthaltsraum. Pool. Weitere Läden etc. im 4 km entfernten Paddock.

Weitere Details auf www.kznwildlife.com. Buchung: The KwaZulu-Natal Nature Conservation Service, P.O.Box 13069, Cascades, Pietermaritzburg 3202 KwaZulu Natal, Tel. 033-8451000, Fax 033-8451001, bookings@kznwildlife.com.

Übernachten: Essen und Getränke mitbringen, Grillplätze vorhanden. Camping ist auf Wiese möglich.

Camp	Übernachten in …		Preis p.P.	Minimum
	1	7-Bett Chalet	R146	R584
	6	2-Bett Rest huts	R130	R195
	5	Campsites	R66	R99

In die Schlucht

Hinter dem Information Office steigt nach Querung des uMzimkulwana River die Straße wieder an. Fünf Kilometer sind es bis zum **Oribi Gorge Hotel,** zu dem man die nach links wegführende Stichstraße nimmt, nachdem man zuvor an einem großen Wegweiser vorbeigekommen ist.

Das Landhotel ist im rustikalen Western-Stil erbaut und ist ein beliebtes Ausflugsziel für Wochenendler. Zur Verfügung stehen Restaurant, Bar, Garten, Curio Shop und 18 komfortable Zimmer (DZ/F ca. R850). Tel. 039-6870253, www.oribigorge.co.za. Alle weiteren Details auf der Website.

Vom Hotel aus kann man zu acht diversen *View sites* und Felsformationen gelangen, die Namen tragen wie *The Overhanging Rock, The Chimney, Needle, Lehr's Waterfall* etc.

Adrenalin Attraktion sind jedoch die **„Wild 5 Extrem Adventures":** Beim „Wild Swing" fällt man 100 Meter tief von der Spitze des Lehr-Wasserfalls (R300). Der 110 Meter tiefe *Wild Abseil* kostet R200, der *Wild Slide,* Gleiten entlang eines 120 Meter langen Stahlseils 160 Meter über Grund R180, *Horse Riding* R150, *Wild Water Rafting* R395 (Nov–April), *River Rafting* (2 Tage) R800. Was man sich im Einzelnen darunter vorzustellen hat und wie die Sachen ablaufen zeigt ein Dauervideo im Curio Shop.

Beim Hotel ist auch **Thembela Tours** mit einer sicherlich interessanten 4-Stunden-Kulturtour zu Zulu-Dörfern mit Zulu-Traditionen (Sangoma, Handwerker, Dorfleben, Beadworks etc.). Mit eigenem Wagen R180 p.P. oder 250 p.P. im Minibus (mind. 6 Pers.). Tel. 082-2655718, Mandla.

Leopard Rock Fahren Sie zurück zur Hauptstraße und setzen Sie den ursprünglichen Weg fort. Bald kommt nach rechts der Abzweig zum **Leopard Rock,** wo ein Felsensporn frei in die gähnende Tiefe ragt und Sie sich gerne draufstellen dürfen! Toller Rundblick! Der Aussichts-Coffee-Shop bietet *Breakfast & Light meals* sowie Kuchen. Di–So 8.30–17 Uhr.

Lake Eland Game Reserve Bei der Straßengabelung *Oribi Flats* führt die Straße runter zum Fluss. Geradeaus geht es zum **Lake Eland Game Reserve** (Eintritt R20), das besonders für Vogelliebhaber interessant ist, denn dort kommen etwa 250 Arten vor. Das etwa 3000 ha große Gebiet umfasst verschiedene Vegetationszonen. Unbedingt in 200 Meter Höhe die 80 Meter lange Hängebrücke über den Fluss zum „Eagles Nest" überqueren! Am Ende der Brücke stehen zwei Rondavels. Von hier aus kann man hervorragend die hier lebenden Kapgeier und Lannerfalken beobachten. Man beachte das Nest der Fischadler, das seit Jahrzehnten von den Vögeln benutzt wird. Wanderungen sind möglich. Es gibt viel Wild, Zebras und Giraffen, aber keine großen Raubtiere.

Übernachten: Self Catering Log Cabins am See, R225 p.P., Camping R70 p.P., Backpackers Flat R150 p.P. Alle Details auf der Website www.lakeeland.co.za. Außerdem vorhanden: Restaurant, Tea Garden, Picknick- und Braaiplätze, Kinderspielplatz. Angeboten werden auch Mountainbiking und Ausritte.

Wenn Sie zurückfahren und in die Schlucht runter, so vergessen Sie nicht, unten einen der oben beschriebenen Wander-Trails zu laufen. Trinkwasser nicht vergessen. Man kann aber auch vom Lake Eland Reserve zur N2 fahren.

Mbumbazi Nature Reserve

31 Kilometer von Port Shepstone und 5 Kilometer von Paddock entfernt liegt auf dem Gelände der Kranskloof-Farm das 2125 ha große Naturreservat. Es soll dem Studium einheimischer Heilpflanzen und -wurzeln für die Schüler der umliegenden Schulen dienen. Heute schon ist das Areal Sammelgebiet für lokale Heiler, aber auch Holz- und Grasreservoir für die Bevölkerung. Bei Interesse an medizinischen Pflanzen und Projektunterstützung: *Mbumbazi Nature Reserve,* Tel. 039-6791738 (Anfahrt erfragen, Übernachtung möglich).

Weiter die Küste entlang

Shelly Beach

An den wunderschönen Strand dieses Ferienortes spült es zahllose Muscheln. Wer sammelt oder gerne die schönsten Prachtexemplare sehen möchte – auch die „Pink Lady" –, muss ins **Shell Museum** gehen. Es ist das größte seiner Art in Südafrika und befindet sich gleich über der Straße beim *Shelly Centre Shopping Mall* (s.u.). Außerdem ist Shelly Beach die größte Wasserski-Basis der Südküste. Gute Fish 'n' Chips auf der Restaurant-Terrasse des Bootclubs.

Shelly Beach ist außerdem ein Shopping-Eldorado, es gibt zwei Zentren: die *Shelly Centre Shopping Mall* an der Hauptdurchgangsstraße R620 in Richtung St Michael's on Sea, rechts, bietet zahlreiche Shops und Restaurants, die *South Coast Mall* befindet sich an der Straße nach Izotsha noch vor der R61 rechts mit guten Restaurants.

■ Terrasse des Bootclubs

Information   Tourist Office, Tel. 039-3174630, sctourism@venturenet.co.za. Im Shelly Centre (Eingang vom Roof Parking Nr. 5), Tel. 039-3157065, Fax 3150492; Auskünfte, Prospekte, Videos.

2 South Coast

Unterkunft Es gibt etwa 15 B&Bs und Self caterings, allein www.bandbnetwork.co.za bietet sieben Adressen.

Touristic: **Shelly Lodge,** 699 Seige Lane (an der Kreuzung Marine Drive/Albert Mayer vom Super Spar auf der Retreat St landeinwärts fahren, an der Bugle rechts, dann links in die Seige), Tel. 039-3157280, Fax 3155117, www.shellylodge.co.za. Schöne, sauber Zimmer mit Bad in Aussichtslage, Strand und Einkauf-Center sind in wenigen Minuten zu Fuß erreichbar, die großzügige Gastgeberin Lottie kocht jeden Morgen etwas anders zum Frühstück. DZ/F ab R270 p.P.

Greyfare, an der Meerseite des Marine Drive, Tel. 039-3157446, Fax 9751523, Cell 082-7851529, www.greyfare.co.za. B&B und SC, 7 Units diverser Größe und Belegungszahl, 200 m vom Beach, Arlene & Eddie Heher. Pool, sicheres Parken. ÜF R275 p.P., Self catering kostet weniger.

Comfort: **Tropical Beach,** 763 Shepstone Rd (vom Marine Drive links in die Somer St und nochmals links in die Shepstone Rd), Tel. 039-3150573, Fax 3151918, Cell 083-3002190, www.tropicalbeach.co.za. Sehr schönes upmarket-Gästehaus inmitten alten Baumbestands mit direktem Zugang durch den Garten zum Privat-Beach. Ruhig und stilvoll, Pool. Falls erwünscht, auch Beauty treatments und Massagen. 5 geschmackvoll eingerichtete Zimmer im Toskana-Stil, üppiges Frühstück. ÜF R320–360 p.P.

Emerald Cove, Manaba Beach, 1286 Marine Drive (1 km südl. der *Shelly Shopping Mall*), Tel. 039-3155284, Fax 039-3151639, Cell 083-6287945, www.emeraldcove.co.za. 7 schöne, riedgedeckte Self catering Chalets für jeweils mehrere Personen. Direkter Beachzugang, Pool, sicheres Parken. Ein Ein-Schlafzimmer-Chalet kostet R450 p.P.

Tauchen Vor Shelly Beach liegt 7 km draußen im Meer das herrliche *Protea Banks Reef,* ein Geheimtipp für Haisichtungen. Mindestens fünf verschiedene Arten tummeln sich dort: Hammerhaie, Bullenhaie (Zambezi), Tigerhaie, Sandtigerhaie und Schwarzspitzenriffhaie. Dazu mehrere Tage einplanen. Tauchtiefe 30–38 m, für Anfänger aber absolut ungeeignet! Tauchgänge organisiert *African Dive Adventures,* Cell 082-4567885, www.africandiveadventures.co.za. Tauchgang ca. R400, inklusive allem (Anmeldung über eine Unterkunft kommt günstiger). Tauchguide ist der dt.-spr. Roland Mauz. Infos außerdem beim Boat Club.

Weiterfahrt Zwischen Shelly Beach und Ramsgate erstrecken sich nun über 10 Kilometer abwechslungsreiche Strände.

Strand von St Michael's on Sea

St Michael's on Sea

Ein Ferienort mit guten Schwimm- und allerbesten Surfverhältnissen. Breiter Sandstrand mit einem Tidal pool, außerdem Boot- und Kanuvermietung. Orts-Informationen unter Tel. 039-3155168.

Im **Skyline Nature Reserve** (15 ha, Grasland, Sumpf- und dichte Buschlandschaft mit kleinen Dämmen) finden Besucher an einem kleinen Naturlehrpfad Pflanzen, die der Zivilisation der Südküste zum Opfer gefallen sind. Im Palmengarten wachsen 38 verschiedene Palmenarten. Kleiner Supermarkt, Post. Fangfrischen Fisch fürs abendliche Braai verkauft *Pick-a-Fish,* Main Road.

Unterkunft   *Touristic:* **Mountjoy,** 12 Crown Rd, St Michael's on Sea 4265, Tel. 039-3150482, www.mountjoylodge.co.za. Am Strand, kinderfreundlich. Dinner+ÜF ab R250 p.P.

*Nolangeni Lodge, 3 Nolangeni Ridge (vom Marine Drive rechts in Knoxgore Rd, oben links in die Nolangeni Ridge, danach gleich scharf links), Tel. 039-3157327, Cell 082-6609045, www.nolangenilodge.co.za. Schönes Gästehaus, 4 TGCSA-Sterne, dt.-spr. Gastgeber Bev & Herbert Hirschboek. Zimmer sind individuell eingerichtet mit, eines SC, plus romantischer Honeymoon Suite. Meerblick, Pool mit Palmen, üppiges Frühstück auf der Terrasse, Dinner möglich, Massagen, sicheres Parken. Kinder nur nach Absprache. Preis a.A.

Uvongo

Uvongo liegt zwischen dichtbewachsenen Klippen mit herrlichen Stränden und zählt zu den aufsteigenden Feriengebieten. *Manaba Beach,* der zur Gemeinde gehört, bedeutet treffend „Platz der Erholung". Der Ivungu River ergießt sich aus 23 Meter Höhe in die Vungu-Lagune, die man bei der Einfahrt auf der R620 über eine Brücke überquert. Orts-Infos unter Tel. 039-3122322. Jeden Samstag/Sonntag findet auf dem Douglas Mitchell Sports Ground ein Flohmarkt statt.

Die Strände sind durch Hainetze geschützt, für die Furchtsamen gibt es einen Gezeitenpool. Außerdem Bootsvermietung, Fishing Pier, Restaurant. Im *Uvongo Bird Park*, knapp zwei Kilometer südlich, geht man durch große Volieren (Tel. 039-3174086).

Uvongo River Nature Reserve   Die kleine Naturschutzlandschaft liegt an den Ufern des Ivungu River. Sie ist bekannt für ihren Küstenwald mit über 100 Baumarten, ihre Orchideenvielfalt und für über 100 Vogelspezies. Der *Colett Trail* beginnt am Parkplatz und führt am Südufer flussaufwärts bis zum Hippo-Pool mit Flusspferden. Um zum *Nicholson Trail* zu kommen, muss man wieder über die Brücke am Marine Drive laufen und zweimal links abbiegen. Am Nordufer geht es vorbei an Palmen und Stromschnellen und auf einem Rundweg wieder zurück (beide Wege zusammen 1,5 Std.). Picknick- und Braaiplätze. Informationen unter Tel. 039-3151222, Broschüre in den Drogerien von Uvongo, Shelly Beach und Margate. Picknickplätze. **Anfahrt:** Nach der Brücke über den Ivungu River rechts in die Edward Avenue und nach 200 Meter rechts auf den Parkplatz.

Unterkunft   *Touristic:* **Costacabana Guest Lodge,** Tel. 039-3151203, Fax 3167114. Familiäres Gästehaus, Strandnähe. • **The Bakery B&B,** Tel. 039-3121003 oder 3121614. Gemütlich, 1 km zum Strand. • **Uvongo Beach Lodge,** Tel. 039-3150013, Fax 3151748. Am Uvongo Nature Reserve, Handtücher mitbringen.

2 South Coast

Weiterfahrt **Südlich von Uvongo,** entlang des Lillecrona Boulevards am Meer, gelangt man nach **Manaba** mit dem **Lucien Beach,** ein Strand mit *Blue Flag*-Status.

Margate

Margate ist *die* Ferienhauptstadt der Südküste. Hinter dem breiten, ansteigenden Sandstrand mit mehr oder minder schönen Attraktionen und der nachts beleuchtet wird, ragen Aberdutzende von Ferien- und Apartmenthäuser in den Himmel. Hier am Beach, auf der Superrutschbahn, in den Spielkasinos, Restaurants, Diskotheken, im Golfclub oder im Freizeitpark ist in der Saison Jubel, Trubel, Heiterkeit angesagt. Entlang des Marine Drive, der Hauptstraße durch den Ort, reihen sich Supermärkte, Banken, Post, Restaurants und Souvenirläden. Sehenswert ist die Ausstellung lokaler und nationaler Künstler im **Margate Art Museum,** Civic Centre, Dan Pienaar Square, Di–Fr 8.30–16.30, Sa 8.30–14 Uhr.

Information Margate Information Office, Panorama Parade, Main Beach, Tel. 039-3122322/3/4, Fax 039-3121886, margate@hibiscuscoast.org.za. Infos für B&B und Camping. Täglicher Zubringer zum Flughafen Durban und zum Wild Coast Casino ab R40 p.P., Buchung unter Tel. 039-3121406.
Internet: www.margate.co.za.

Unterkunft Es gibt weit über 150 Unterkünfte aller Kategorien.
Budget: **Margate Backpackers,** 14 Collis Rd, Tel./Fax 039-3122176, über www.backpack.co.za, ulrika@venturenet.co.za. Mehrbett- und DZ, Camping. Klein und fein. • **Sunlawns,** Uplands Rd, Tel. 039-3121078. Familienhotel, Strandnähe.
Touristic: **Kenilworth on Sea,** 127 Marine Drive, Tel. 039-3120504. Gartenlage am Strand, kinderfreundlich. • **Margate Hotel,** 71 Marine Drive, Tel. 039-3121410, Fax 321410, www.margate.co.za/margatehotel.htm. 68 Zimmer, Gartenlage, Diskothek. DZ/F je nach Saison ab R850. • **The Beach Lodge Hotel,** Ecke Marine/Lagoon Drive, Tel. 039-3121483, Fax 039-3171232. Subtropischer Garten, Pool. • ***Treetops Lodge,** 3 Poplar Rd, Tel. 039-3172060, Fax 3172061, www.treetopslodge.co.za (m. Anfahrtskizze). Klassisches B&B mit Doppel- und Mehrbett-Zimmer (SC). Pool in schönem Garten.

Comfort: **Ingwe Manor,** 38 Hibiscus Rd, Tel. 039-3171914, Fax 3172964, www.ingwemanor.com. Auf einer Anhöhe gelegenes Gästehaus mit schönem Pool. Ruhige Lage in Strandnähe. Mit Spa.

Camping: Mehrere Caravanparks. **De Wet,** St. Andrew's Avenue, Tel. 039-3121022. Am Strand, sehr beliebt, oft voll.

Restaurants   gibt es sonder Zahl für jeden Geschmack und Geldbeutel. Tipp: **Friar Tuck,** Marine Drive, Tel. 039-3121084. Mit Abstand mit das qualitativ beste mit sehr leckeren Fleisch- und Fischgerichten. Sehr frische Zutaten, extrem freundliche Bedienung und obendrein nicht teuer.

Einkaufen   *Hibiscus Mall,* Wartski Road zwischen R620 und N2.

Feste und Festivals   Margate leistet sich einen eigenen Schönheitswettbewerb, im Dezember findet in der Hauptstraße mit vielen Ständen und einem Unterhaltungsprogramm ab 18 Uhr *Margate Mardi Gras* statt, an Ostern das *Margate Big Easter Magic Festival* und Ende April/Anfang Mai gibt's die *Margate Air Show.*

Flughafen   SA Airlink hat tägliche Flüge nach und von Johannesburg zum International Airport.

■ *Farbenfrohes Margate*

Der besondere Tipp

Ramsgate

Das nur ein paar Kilometer weiter südlich gelegene und langgezogene Ramsgate ist ein gemütlicher Ferienort und ideal für den Anfang oder das Ende Ihrer Urlaubsreise (N2 zum Flughafen Durban 120 km). In subtropischer Umgebung gelegen besitzt er sichere und saubere Strände mit „Blue Flag"-Auszeichnung und einen Gezeitenpool. In der *Blue Lagoon* kann man Kanufahren oder ein Tretboot mieten.

Unterhaltung und Nightlife   **S'Khumba Crafts** sind längst nicht nur bekannt für ihre guten Lederwaren (Di–So 9–17 Uhr, Tel. 039-3168212), man nennt sie heute die Heimat für „South Africa's Homegrown Musicians". Jeden Donnerstagabend spielen erstklassige Musiker auf, unbedingt ansehen! Öffnungszeiten erfragen. Ein witziger Western-Pub ist der **Pistol's Saloon,** außerhalb Richtung Southbroom, Tel. 039-3168463.

Unterkunft   *Budget:* **Bellevue Lodge,** Ramsgate 4285, Tel. 039-3168444. ÜF, 6 Zi., subtropisches Wäldchen. • **Rock Inn Lodge** (Rock Inn Luxury Backpackers), 835 Tekwan Rd (abgehend v. Marine Drive), Tel. 039-3149726, Cell 083-5607880.

2 South Coast

Self Catering: **Braes Lodge,** Richtung Southbroom, 1151 Glenmarkie Drive (Straße zum Ramsgate Bowling Club), Tel./Fax 039-3149854, Cell 073-3149586. Schöne Anlage, diverse voll eingerichtete Units für 2–8 Personen, ab R275 per Unit/Low Season.

Touristic: **Ilanga Ntaba Guest Lodge,** Oribi Rd, Tel./Fax 039-3149070, www.ilangantaba.co.za. Ab R275 ÜF p.P. Schönes Gästehaus mit fünf Zimmern in Gartenlage mit spektakulären Blicken auf Hibiskusküste und Umland. • **Kaiserhof,** 1474 Lynne Ave (vom Marine Drive die schmale Penshurst Road hoch, oben halbschräg rechts), Tel./Fax 039-3149805, Cell 072-3748236, www.kaiserhof-collection.co.za. *Ruth und Siggie Kaiser,* Nachfahren dt. Missionare und Farmer in der 4. Generation, bieten beste dt.-südafrik. Gastfreundschaft. 2 DZ mit gutem Frühstück 230–300 p.P. Self catering-Cottage für 4 Pers. im Garten, Blick aufs Meer. • **Beachcomber Bay** B&B, 75 Marine Drive, Tel. 039-3174473, Fax 3174498, www.beachcomberbay.co.za. 6 Zimmer, Hügellage, Panoramasicht, Pool. ÜF ab R290 p.P. • ***Positano Lodge,** 7 Hartcourt St, Tel. 039-3121745, Fax 3174061, www.positanolodge.co.za. Etwa 10 Minuten zum Strand, Pool, supernette Pension. Ab R250 ÜF p.P.

Comfort: ***Wailana Beach Lodge,** 436 Ashmead Drive, Reny & Rene, Tel./Fax 039-3144606, Cell 082-3790922, www.wailana.co.za (m. Anfahrtskizze). Luxuriöse Lodge, nur 200 m vom Strand entfernt, fünf komfortable Designer-Zimmer, Sundeck, herrlicher Blick aufs Meer, subtropischer Garten, Pool, In- und Outdoor-Bar, sicheres Parken. Herzhaftes Frühstück, auch vegetarisch. Um R400 ÜF p.P., je nach Zimmer und Saison.

Restaurants Berühmt ist das **Waffle House** (9–17 Uhr, Tel. 039-3149424) an der Lagune/Marine Drive für leckere belgische Waffeln und andere Gerichte. Ruhige Lage, angeschlossen ist die *Gaze-Gallery* mit Töpferwaren und Gemälden. Sehr gut ist **The Bistro** am südlichen Marine Drive bzw. am Ortsausgang rechts, Teil des kleinen Komplexes **Bistro Village,** wo es einen Italiener und das sehr gute Restaurant *Flavours* gibt. „The Bistro" bietet Lunch Mo–Fr 12–14, Dinner Mo–Sa ab 18 Uhr (u.a. *Rack of lamb, Beef Wellington, Curries, Steaks, Ostrich, Seafood*); gehobene Preise, Reservierung sinnvoll, Tel. 039-3144128.

■ *Sonnenaufgang in Ramsgate*

Die besten Spare ribs gibt es im ***Crayfish Inn,** Marine Drive, das zu den besten der Region zählt (Tel. 039-3144720).

Mit die beste Seafood-Adresse am Marine Drive ist **The Lobster Pot Restaurant,** Tel. 039-3149809, Exquisite Seafood-Platte unter R200, dazu feine Weine. Ein guter Italiener Nähe/Richtung Margate ist **La Capannina.**

Weiterfahrt   Jetzt, 130 Kilometer südlich vom Stadtdschungel Durbans, beginnt langsam ein Szeneriewechsel. Es kommen keine größeren Städte mehr, die Häuser und Cottages verteilen sich noch mehr in der Landschaft und die Natur und ihre Farben scheinen noch intensiver. Auch die *Fruit stalls* entlang der Straße werden zahlreicher und ihr Angebot in der Saison größer: Bananen, Ananas, Orangen, Papayas, Avocados und Macadamia-Nüsse.

Southbroom

Von Ramsgate auf der R620 weiter unterfährt man die Hauptstraße R61. Gleich danach liegt in einer langen Linkskurve die **Riverbend Crocodile Farm** mit mehr als 200 Nil-Krokodilen. Tägl. 9–17 Uhr, Tel. 039-3166204, Fütterung So 15 Uhr. Außerdem Schlangenhaus, Art Gallery, Curio Shop, Weinhandlung und ein Café/Restaurant.

■ *Urechsen*

Für das von bewaldeten Parkanlagen umgebene und durch keine Hochhäuser oder Apartmentblocks verunstaltete *upmarket* Southbroom an der folgenden Ampel die R61 queren. Die Southbroom Avenue führt runter zum Meer und zum *Southbroom Country Club,* einem Golfplatz in wirklich herrlicher Lage entlang dem Meer.

Der Hauptstrand liegt an der Lagunenmündung des *Mbizane River.* Er ist netzgeschützt und bei Schwimmern und Surfern beliebt. Außerdem sind zwei Tidal pools vorhanden. Das gute **Restaurant** *Riptide* liegt direkt am Main Beach, Tel. 039-3166151. Eine andere Empfehlung ist *Trattoria La Terrazza,* etwas schwierig zu finden, Tel. 039-3166162, Blick auf die Umkobi Lagoon, köstlich Italienisches.

Am Hauptstrand kann man parken und bis zum südlichen *Kobi Beach* wandern, vorbei am *Frederika Nature Reserve* und an den *Black Rocks,* wohin es Angler zieht.

2 South Coast

Information   Tel. 039-3166140, Fax: 039-3166140, southbroom@hibiscuscoast.org.za, www.southbroom.org. Infos zum *South Coast Wildabout Arts and Crafts Trail* beim Town Board, Tel. 039-3166125.

Unterkunft   *Budget und Camping:* **Paradise Holiday Resort,** Tel. 039-31340655, Fax 3130766, www.paradise.caravanparks.com. Chalets und Camping, Pool. • **Southbroom Backpackers Lodge,** 11 Cliff Rd, Tel. 039-3168448, www.southbroombackpackers.com.

    Touristic: **Figtree Lodge,** 30 North Ridge Rd, Tel. 039-316 6547, Fax 3168211, www.figtreelodge.co.za. Drei sehr schöne Unterkünfte fünf Minuten vom Strand: Figtree Loft (unter einem alten Feigenbaum, 3 Schlafzimmer, bis zu 6 Pers.), Kingfisher (EZ, Pool) und Swallow's Nest. R250 (SC, 4 Zi. bis zu 8 Pers.), R290 ÜF p.P. • ***Sunbirds,** 643 Outlook Rd, Tel. 039-3168202, www.sunbirds.co.za. Schönes und elegantes 5-Sterne-B&B in herrlicher Lage mit tollen Zimmern. Kleiner Pool, Meerblick, drei Minuten vom Beach und von einem guten Restaurant. DZ/F R475 p.P. • **Nature's Cottage Guest House,** Ecke Southbroom Ave/College Rd, Southbroom-North, Tel. 039-3168533, Cell 083-4540448, www.naturescottage.co.za. 2 Self-contained Logwood-houses (R350 p.P) und 3 Luxury B&B suites, ÜF R400 p.P. Alle Units 5 TGCSA-Sterne.

Marina Beach

    Marina Beach, das größte unberührte Strandjuwel an der Südküste, wurde als *Blue Flag-Beach* ausgezeichnet. Selbst bei Flut ist der Sandstrand 150 Meter breit und lädt auf fünf Kilometern zu ausgedehnten Spaziergängen ein. Subtropische Vegetation ergänzt die Idylle. Geruhsame Ferien, sicheres Baden, Gezeitenpool, Lagune. Für Leute, die die Ruhe schätzen. Essen im schönen Open-air-Strandrestaurant *Mariners,* bestes Seafood, Tel. 039-3130448.

Unterkunft   *Touristic:* **Marina Beach Country Hotel,** Tel. 039-3130022, Fax 3130070. Kleines Familienhotel, Chalets, Transport wird organisiert.

    Comfort: **The Hooting Owl Self Catering,** 13 Mars Road, im ruhigen Marina Beach Village, 1,5 km vom Strand, Tel. 039-3135425, Cell 082-4083519, John & Birgit Skene (dt.-spr.), jbskene@telkomsa.net, www.bandbnetwork.co.za (Fotos). Vier TGCSA-Sterne. Schönes, riedgedecktes Anwesen in Garten-Hanglage mit Aussicht, 4 liebevoll gestaltete Zimmer mit unterschiedlicher Bettenzahl und Ausstattung, gruppiert um den zentralen Pool. Das schönste ist das Honeymoon-Zimmer (R500–R700). Im Cottage (bis 4 Pers.) Self catering.

San Lameer

    San Lameer Estate ist eine private Hotel- und Villenanlage mit fantastischem Golfplatz gleich an der R61. Hochgesichert mit Kameras, Bewegungsmeldern, einem 24-Stunden-Wachdienst mit scharfen Hunden und einem alles umgebenden, sieben Kilometer langen Hochvolt-Elektrozaun – Ferien machen und wohnen für Reiche à la South Africa. www.sanlameer.co.za.

Trafalgar Marine Reserve und Trafalgar Beach

Das 1500 ha große Trafalgar-Meeres-Reserve soll besonders die hier gefundenen fossilen Ablagerungen schützen. Der Schutzbereich geht 500 Meter ins Meer raus mit einer drei Kilometer langen Küstenlinie vom Centre Rocks im Norden bis zum Mpenjati River im Süden, wo sich dann das *Mpenjati Nature Resort* anschließt. Sehr gutes Schnorcheln, und bei Westwind gilt es als bestes Windsurfgebiet der Küste.

Der kleine **Trafalgar Beach** hat einen öffentlichen Süßwasser-Swimmingpool mit Dusche.

Ein wenig weiter nördlich, ans Trafalgar Marine Reserve angrenzend, liegt der sehr schöne, schattige *Port O'Call Camping & Caravan Park,* www.portocall.co.za, Tel. 039-3130511.

■ *Immer wieder Strandidyllen …*

■ **2 South Coast**

Mpenjati Nature Reserve

Kurz danach geht es über den Fluss Mpenjati, der mit einer Lagune ins Meer mündet. Durch das relativ kleine Reservat (66 ha) führen Spazierwege, eine Aussichtsplattform ermöglicht eine schöne Sicht über Lagune, Dünenwälder und Gras- und Feuchtgebiete, die miteinander verbunden sind. Reiches Vogelleben. Zwei Picknick- und Braaiplätze, Toilette, ein Chalet zum Übernachten, Tel. 039-3130531.

Wer in großem Stil Angeln/Fischen möchte, kann sich im dortigen **KZN Wildlife** Office eine Bewilligung ausstellen lassen. Mo–Fr 8.15–11 Uhr, Tel. 09-3130531. Nichtkommerzielle Lizenzen gibt es in allen Post Offices.

Palm Beach

Ist bestens geeignet für Windsurfing, besitzt einen Tidal pool und ein Beachfront-Restaurant. Jeden Samstag findet ein kleiner Arts & Crafts-Flohmarkt auf dem Rasen zwischen dem Restaurant und dem Strand statt.

Munster Beach

Kein richtiger Ortskern, weit-
läufig zersiedelt, die Orientierung
ist nicht immer einfach.

Unterkunft Eine ruhige, schöne und empfehlenswerte Unterkunft hoch über
dem Meer ist das ***Guesthouse
Ocean Grove (s. Foto).** Sehr netter
Gastgeber, *Arthur Flascas.* 740 Von
Baumbach Avenue, Tel. 039-
3191798, Fax 3191793, Cell 072-
3984577, www.oceangrove.co.za.

Hinter Palm Beach den Munster-Turn-off
nehmen, nochmals links in die Baumbach Avenue, vorbei am „Mittenwald
Caravan Park", dann linker Hand, nach
dem Schild „Ocean-Grove". Haus in großem Garten mit Pool, Tennisplatz, Bar
und Weg zum Strand. 3 schöne Zimmer,
R325 und 375 p.P., inkl. sehr gutem (!)
Frühstück.

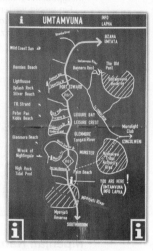

Sithela Guests House, 816 Monty
Sawyer Drive, Munster, Tel. 039-
3192773, Fax 3192239, www.sithe-
la.co.za. Nach dem Munster Turn-off
gleich rechts in den Monty Sawyer Drive,
noch ca. 600 Meter, rechter Hand. Große Zimmer in individuellem Haus inmitten einer kleinen Bananenplantage.
Gastgeber geben gute Tipps. DZ R350.

Glenmore Beach

1878 strandete am Glenmore
Strand das Schiff *Ivy* mit einer ganzen
Schiffsladung Schnaps. Rasend
schnell sprach sich das Ereignis herum und es begann die größte Sauf-
Orgie, die die Region je gesehen hatte ... Glenmore Beach bietet Hai-
Netze, Lifeguard und gute Bedingungen, um die Fischerboote des *An-
gling & Ski Boat Club* ins Wasser zu
lassen. Lohnend auch zum Schwimmen und Surfen, idyllische Lagune,
schöner Spaziergang zur Mündung
des Tongazi River.

Unterkunft *Touristic:* **Glenmore Sands,** Voortrek-
kerstrand, Tel./Fax 039-3192312,
www.wheretostay.co.za/glenmore-
sands. In Strandlage, nur mit Vorbuchung

Leisure Bay / T.O. Strand

Beim Schild „Leisure Bay" führt die Torquay-Straße zu den Stränden **Peter Pan** und **Kids Beach.** Kids Beach ist, wie der Name ahnen lässt, ein populärer Familienstrand mit Hainetzen und Lifeguard-Hütte.

Unterkunft   **Plumbago**, www.plumbagokzn.co.za, 546 St. Ives Ave (Ausfahrt Torquay Ave/ Leisure Bay nehmen, nach links der Torquay Ave folgen, oben nach links in die St Ives Ave einbiegen, nach ca. 200 Meter rechts), Tel. 039-3192665, Cell 082-5616993. 3 sehr schöne DZ, ÜF R275–R320 p.P., Mahlzeiten a.A.

T.O. Strand liegt südlich von Peter Pan (gleiche Leisure Bay-Ausfahrt von der R61 nehmen). Das dortige **Holiday Resort** bietet über 90 Self catering-Chalets und 130 Camping/Caravan sites. Wassersport, ruhiger Strand, Swimmingpool, Shop, Restaurant und viele andere Dinge mehr. Im Web über www.wheretostay.co.za/tostrand.

Weiterfahrt

Restaurant- und Info- Tipp   Richtung Port Edward befindet sich nach der Ausfahrt „Leisure Bay" rechts der R61 auf einer Anhöhe (auf Hinweisschild achten) ein kleines **Hibiscus Coast Information Office** und der „Cowshed Coffee & Pottery Shop". Dort gibt's gute Snacks, Lunches und Kuchen.

Bis Port Edward sind es noch ca. 3 km.

Kap-Archi- tektur in KZN   Etwa zwei Kilometer vor Port Edward liegt links, an der Lagune des Ku-Boboyi Rivers, das wunderschöne **Estuary Country Hotel (s. Foto)**. Es wurde 1941 als ein *Manor House* im kapholländischen Baustil für eine reiche Familie erbaut. Stilgerecht renoviert ist es heute ein Landhotel mit edlem Ambiente in subtropischer Umgebung. Machen Sie Teepause auf der Terrasse und genießen Sie den Blick über den Pool zum Meer und zum *Tragedy Hill*.

Zum Übernachten gibt es 24 Balkon-Zimmer und eine exklusive Honeymoon Suite. Das *Fish Eagle Restaurant* bietet Exzellentes. Wellness, Beauty Spa, eine Bar und viele Freizeitmöglichkeiten in der Umgebung werden gleichfalls angeboten. An Wochenenden oft ausgebucht wegen Hochzeitsfeiern. Tel. 039-3112675, www.estuaryhotel.co.za, ÜF R495 p.P., Dinner+ÜF R625.

2 South Coast

Port Edward

Der südlichste Ferienort der Südküste besitzt als Kulisse einen subtropischen Küstenwald. Der *Tragedy Hill,* der hinter dem populären *Silver Beach* aufragt, war 1831 Schauplatz eines Massakers: Henry Fynn und seinen Leuten kam ein Gerücht zu Ohren, dass die Briten Dinganes Zulureich angreifen wollten. Aus Angst verwickelt zu werden, ergriffen sie die Flucht nach Süden. Zulus bei Port Edward glaubten, Viehdiebe vor sich zu haben, und metzelten fast alle nieder. Als Dingane davon erfuhr, ließ er den Anstifter des Blutbads von einem der überlebenden Weißen töten und schenkte ihm hinterher fünf Kühe.

Heute erfreut sich die Stadt, die nach vielen vorherigen Namen 1952 endgültig nach dem Prince of Wales benannt wurde, einer beschaulichen Ferienatmosphäre mit großem Freizeitangebot und gesicherten Stränden.

Blickfang am Meer ist das weiße, 24 Meter hohe **North Sand Bluff Lighthouse** (Ramsay Avenue – Milford Rd), der bestiegen werden kann und eine Panorama-Aussicht auf Land und Küste ermöglicht. Unten gibt es ein Café und ein interessantes kleines Maritim-Museum, das angeschwemmte Relikte des portugiesischen Segelschiffs *São João* zeigt, das vollbeladen aus Fernost kommend 1552 hier vor der Küste versank. Auch ganz gut übernachten könnte man hier, in den Cottages *Shad Rock* und *Sardine Run.*

Populär in **Port Edward** ist Fischen und Angeln. In der Umgebung wird in höheren Lagen Kaffee angebaut. Sehr schön inmitten einer Felsenlandschaft mit Blick aufs Meer isst man im **Ematsheni Restaurant,** 183 Ezinqoleni Road, Tel. 039-3112313.

■ *Auch am Strand von Port Edward branden Wellen*

Touren   *Amadiba* organisiert von Port Edward aus Touren zu Fuß oder Pferd entlang der **Wild Coast** mit der Dauer von 4–6 Tagen. Es wird für alles gesorgt und ist ein Erlebnis! 4 Tage komplett ca. 130 Euro. Infos Tel. 039-3056455, amadiba@euwildcoast.za.org. – Ein anderer Anbieter– nicht nur für Touren zur Wild Coast – ist die Schweizerin Ruth Hagen mit ihrem Unternehmen *Aurora Tours,* Tel./Fax 039-3111353, Cell 082-4421042, auroratours@telkomsa.net. Staatlich zertifizierte Spezialistin für Kleingruppen von 2–6 Personen in die nähere und weitere Umgebung von Port Edward nach individuellen Wünschen und auch Rundtouren durch ganz KwaZulu-Natal. Persönliche Reiseleitung in Deutsch. Einzelheiten auf der Website www.aurora-tours.ch.

Information Port Edward Tourism Bureau: Tel. 039-3111211, Fax 039-3111211, portedward@hibiscuscoast.co.za

Unterkunft Es ist zu überlegen, ob man nicht besser nördlich eine bessere Alternative findet als hier in der Stadt.

Budget: ***Ku-Boboyi River Lodge,** 4 km nördlich von Port Edward, Ausfahrt Leisure Bay South, danach ausgeschildert, Tel. 039-3191371, www.ku-boboyi.co.za. Auf einem Hügel gelegen, einfache, saubere Zimmer mit Gemeinschaftsbad. Das beste Essen weit und breit, aber auch Selbstversorgung ist möglich.

Touristic: ***Windsor Guest House,** 180 Harrow Ave, Tel. 3132839, www.windsorguesthouse.co.za. Sehr liebenswürdig, geräumige, gemütliche Zimmer, Pool, sehr gutes Restaurant. • **Umtamvuna River Lodge,** Old Pont Road, Tel. 039-3111261, www.boardalign.co.za. Schöne Lage am Umtamvuna River. Restaurant & Pizzas, Swimmingpool, Bar, Bootsfahrten u.a.m. ÜF R395 p.P. (s. Website). • **Shad Rock & Sardine Run Cottages,** beim North Sand Bluff Lighthouse, einfach und sauber, R550 für 2 Personen. – In Munster, 8 km nördlich von Port Edward, gibt es zwei schöne B&B, s. dort.

Comfort/Luxus: **Estuary Country Hotel,** s.o.

Camping: **Old Pont,** Tel. 039-3132211, Fax 3132033. Schöner Platz. Oder **T.O. Strand,** s.o.

Ausflüge von Port Edward

Hinweis Eine Fahrt in das Umtamvuna-Reserve können Sie mit zwei weiteren Zielen verbinden. Nehmen Sie für alle drei die Straße Port Edward – Ezinqoleni, die an der Ampel-Kreuzung an der R61 beginnt. Die Old Pont Road zweigt nach links weg und führt mit einem weiteren Abzweig zur **Umtamvuna River Lodge** (Restaurant & Pizzas, Swimmingpool, Bar, Bootsfahrten, Water- und Jet-skiing). Am Ende der Old Pont Road gibt es einen Caravan Park mit Boots-Jetty, und dort ist auch der Eingang zum

Umtamvuna Nature Reserve

Das südlichste Nature Reserve in KwaZulu-Natal ist ein kleines botanisches Paradies. Unter Naturschutz steht ein 30 Kilometer langer Schluchtenabschnitt des **Umtamvuna River,** von dem es seinen Namen bekam. Der Umtamvuna River, der südlich von Port Edward mit einer Trichtermündung ins Meer fließt, begrenzt das Reservat im Westen und stellt gleichzeitig die Grenze zur Eastern Cape Province dar. Das 3247 ha große Umtamvuna-Reservat beginnt etwa acht Kilometer nördlich von Port Edward und ist zugänglich über die Straße Port Edward – Ezinqoleni, von der es zu einem *South Gate* und zu einem *North Gate* geht. Im Reservat fließt dem Umtamvuna-Fluss der *Bulolo River* zu.

Flora und Fauna 1300 verschiedene Pflanzen, darunter mehr als 30 Orchideenarten, konnten in ihm klassifiziert werden, über den Sandsteininformationen wuchern Flechten. Pflanzen, die bereits als ausgestorben galten, wurden wiederentdeckt. In den Bäumen und am Flusslauf zwitschern 258 Vogelarten, darunter Wanderfalken, Fahlgeier *(Cape Vulture)* und Kronenadler. Im Gebüsch halten sich Oribis, Blauducker, Riedböcke, Paviane, Ginsterkatzen, Stachelschweine und sogar Leoparden auf. Ein halbes Dutzend Hiking Trails von einer bis mehreren Stun-

2 South Coast

den Dauer (0,5 bis 12 km) durchzieht das Gebiet. Wunderschön sind die Blicke in die 240 Meter tiefe Schlucht mit dem Umtamvuna von *Iron Crown* in den westlichen Anhöhen oder vom *Gorge Viewing Deck.*

Information Umtamvuna Nature Reserve, Tel. 039-3132383. Beim North Gate gibt es ein kleines Office mit Karten, der Field Ranger kann Auskünfte geben. Eintrittsgebühr. Keine Übernachtungen und keine Wohnwagen- oder Campingplätze.

Beaver Creek Coffee Estate & Café

Etwa 4,5 Kilometer nach dem Start von der R61 kommt nach links der Abzweig zu dieser Kaffeefarm. Ein alter Familienbetrieb, wo Sie sehen können, wie unser geliebtes schwarzes Getränk heranwächst und blüht, wie die roten Kaffeekirschen gepflückt, getrocknet, verlesen und schließlich geröstet werden. Tägliche Touren um 12 Uhr. Verkostung der diversen Kaffeesorten. Light lunches im *Estate Café* von 8–16 Uhr.

■ *Kaffeebohnen müssen verlesen und getrocknet werden*

Clearwater Farm

Fährt man von der Straße etwa zwei Kilometer weiter hoch, so zweigt nach links die D595 zur *Clearwater Farm* ab, einem kleinen Zentrum für Naturliebhaber und Familien (Gäste willkommen). Fantastischer Ausblick in die Umtamvuna Gorge von einem Aussichtsdeck, zu dem ein Boardwalk führt.

Angesagt ist Mountainbiken (Verleih), Wandern, *birding,* Angeln oder einfach Nichtstun in friedvoller Umgebung. Übernachten ist möglich in Cabins und in einem Cottage. Alle möglichen Outdoor-Aktivitäten. Preise, schöne Fotos und Reservierung über die Clearwater-Website.

Clearwater Trails, Jan & Natalie Abbott, Tel. 039-3111130, Fax 039-3112684, Cell 083-5496710, clearwater@venturenet.co.za, www.clearwater-trails.co.za.

Wild Coast Sun Resort and Casino

Bis zur Wende 1994 war Port Edward der letzte südafrikanische Badeort an der Südküste Natals, nur wenige Kilometer vor der Grenze des ehemaligen „Homelands" Transkei. Glücksspiel und Prostitution waren im puritanischen weißen Südafrika offiziell „gebannt". Clevere Geschäftsmänner verlegten daher Lasterhaftes in „nicht-südafrikanische" Gebiete, in die Homelands. So entstanden nordwestlich von Johannesburg in Bophuthatswana *Sun City* und das Spielkasino *Wild Coast Sun* in der Transkei.

Fahren Sie auf der R61 Richtung Süden, auf einer mächtigen Bogenbrücke überquert man den Umtamvuna-Fluss. Zum luxuriösen Kasino-Hotel, vorbei am Golfplatz, können Sie sich nicht verfahren. Die ganze Anlage thront hoch über dem Indischen Ozean und umfasst insgesamt 750 ha.

Vom Parkhaus kann man direkt ins kühle Innere gehen. Daddelautomaten und über 400 „Slot machines", die man heute mit „Smart cards" füttert, jaulen, kreischen und blinken. In einem separaten großen Saal wird Roulette, Blackjack und Poker gespielt. Nur gucken geht auch, kostet aber was. Das Ganze ist familiengerecht konzipiert, es geht locker zu, doch zum Spielen muss man 18 sein. Wer seine Kinder los sein möchte, schickt sie ins *Aloha Village*. Abends amüsiert man sich im *Tropical Nights Theatre* oder in der *Wild Orchid Showbar*. Vom vielen Geldausgeben müde, kann man sich in die Wogen des Ozeans stürzen oder sich am Pool was Kühles servieren lassen. Das Resort ist ein wichtiger Arbeitgeber in der Region.

Man kann runterfahren Richtung Umtamvuna-Fluss („Water World"), von einem Parkplatz führt ein Fußweg zum Flussufer mit Sicht auf den großen Bogen der Umtamvuna-Brücke **(s. Foto)**. Auf dem Umtamvuna fahren Boote, die weiter flussaufwärts ihre Ablegestelle haben.

2 South Coast

Unterkunft   **Wild Coast Sun Hotel, Casino & Country Club,** Main Bizana Road, Wild Coast, Tel. 039-3059111, Fax 039-3052778, www.suninternational.de. Täglich geöffnet. 246 diverse Zimmer und Suiten, ein Dutzend Restaurants und Bars, Shops und Läden, 18-Loch Championship Golfplatz, Bowlingbahnen, Strände, Squash, Reiten, Tennis usw.

■ *Badewannen bis zum Horizont: Der Pool des Wild Coast Sun Hotels*

Straße R61 nach Port St. Johns

Die R61 von Port Edward nach Port St. Johns an der Wild Coast ist landschaftlich abwechslungsreich und wunderschön, wenngleich die Straße über viele Abschnitte teils gewaltige Schlaglöcher „zieren". Man bekommt jede Menge Eindrücke vom Alltagsleben der Menschen. Lehmrundhütten tupfen die hügelige Landschaft, Vieh und Hunde laufen frei herum, Kinder starren dem Auto nach. Jetzt sind Sie wieder vollständig im Afrika der schwarzen Südafrikaner. Von Port St. Johns können Sie hochfahren zur N2 und dann geht es über Buffalo City (East London) nach Port Elizabeth bis ans Kap.

Sie können aber auch von Port Edward die Straße nach Ezinqoleni nehmen und dort auf die N2 – entweder gleichfalls bis ans Kap oder Richtung Drakensberge oder nach Pietermaritzburg.

Für die Fahrt durch die ehemalige Transkei mit Beschreibung der Orte an der Wild Coast empfehlen wir unsere Reiseführer „Vom Krügerpark nach Kapstadt" und „Kapstadt, Garden Route & Kap-Provinz".

Weiterfahrt auf der N2 Richtg südl. Drakensberge (Himeville)

Harding

Ist der nächst größere Ort an der N2, wenn man von der Küste ins Inland fährt. Er liegt im Tal des uMzimkulwana und bietet nichts Außergewöhnliches. Nach Port Shepstone führt eine Bahnlinie. Als die Briten 1873 das Griqualand besetzten, diente es im damaligen „No-man's-Land" als militärischer Vorposten. Benannt wurde es nach dem damaligen ersten englischen Justizbevollmächtigten für Natal, *Walter Harding*.

Westlich von Harding führt eine Zufahrt zum *Weza State Forest,* Heimat für etliche Antilopenarten und eine große Varietät an Vögeln – für

Vogelbeobachter ein Paradies. Ein Netzwerk an kürzeren und längeren Wegen durchzieht den Forst. Info-Tel. 039-3122322.
Tourist Information: 039-4331205. Wer übernachten muss: **Green Acres B&B,** 2 Willowdene Ave, 1 km vom Zentrum, Tel. 039-4332792. ÜF R230 p.P.

Auf der Straße R56 nach Pietermaritzburg

Stafford's Post – TAL – Pietermaritzburg
17 Kilometer nördlich von Harding, in Stafford's Post, biegt die R56 nach Pietermaritzburg ab (ca. 150 km). Hinter Umzimkulu kommt *Carisbrooke,* Station des *Paton Express* von Ixopo, s.u.

Ixopo/iXobho

Der kleine Farmort, Höhenlage 1000 Meter, in friedlicher und sicherer Gegend, leitet seinen Zulu-Namen vom Geräusch eines Fußes ab, der durch sumpfiges Gelände stapft. Von Ixopo aus kann man mit dem *Paton Express* eine nostalgische Eisenbahnfahrt unternehmen, Teil eines Tourismus-Förderprogramms in dieser abgelegenen Region, s.u.

Besuchen sollten Sie im ehemaligen Trappisten-Kloster das *St. Isidore Museum* mit Maismühle und Schmiede und die *St Isidor Chapel* mit einer bayerischen Glocke von 1876. Eine eindrucksvolle Anlage in herrlicher landschaftlicher Lage mit gepflegtem Klostergarten.

Die Wohneinheiten der Mönche wurden umgebaut zum stilvollen 4-Sterne **King's Grant Country Retreat** mit zehn komfortablen Zimmern, ca. R400 p.P., auch günstigeres SC. Tel. 039-8342730, Cell 076-9095606, Fax 086-6873297, www.kingsgrant.co.za. Aktivitäten-Programm, Country-Küche im Restaurant (Voranmeldung nötig), Picknick-Korb für den Paton Express. Anfahrt: Von der Ortsmitte von der Kreuzung R56 mit R612 auf der R612 nach Südosten (Richtung Meer), nach 2,7 km links ab, noch 2,5 km, ausgeschildert.

Übernachtungs-Alternative: **Amble Inn Ixopo,** Lodge Farm, ca. 2 km außerhalb an der R56 Richtung Pietermaritzburg, *Guest House* mit 6 Zimmern.

Weiter sehenswert sind: *Mat Louwrens Art Studio* und die *Weaving School* in der Centecow-Mission. Auskunft erteilt die **Ixopo Tourist Information,** Tel.-Nr. 083-2700403.

Buddhist Retreat Centre
5 km nördlich Richtung Pietermaritzburg und dann 7 km westlich an der D64 (ausgeschildert) befindet sich das *Buddhist Retreat Centre* (Besucher willkommen, Tel. 039-8341863, Cell 082-5793037, www.brcixopo.co.za). Ein großer Zen-Garten lädt zu Meditation und beschaulichen Spaziergängen ein, der übergroße Buddha blickt in das Tal des uMkhomazi River. Übernachtungsgäste halten Regeln ein: Kein Alkohol und Nikotin, vegetarische Mahlzeiten und entspannende Ruhe für alle.

Bahnfahrt mit dem Paton Express
Alan Paton (1903–1988), Autor des großartigen Werks *„Cry, The Beloved Country* („Denn sie sollen getröstet werden", s.S. 77) war einige Zeit Lehrer in Ixopo – wo er auch heiratete – und er siedelte in der Gegend hier seinen ergreifenden Roman an. Auf einer Schmalspur-Eisenbahnfahrt von Ixopo nach Südwesten Richtung Umzimkulu mit dem *Paton Express* über *Carisbrooke* nach *Ncalu* und zurück können Sie die Zeit des Romans nachempfinden. Die nur 60 Zentimeter breiten Bahngleise wurden 1912 ganz von Hand verlegt, der Verkehr wurde 1985 eingestellt und im Jahr 2000 wieder mit drei kleinen Dampfloks reaktiviert, darunter eine deutsche Lok von Krupp. Auf der Fahrt durchfährt man schöne Landschaften mit tollen Ausblick über das Tal des uMzimkhulu River. Die Carisbrooke-Schule war ein originaler Filmort von Patons Buch.

2 South Coast

Abfahrt ist sonntags um 10.30 Uhr vom Bahnhof Allwoodburn in Ixopo, Rückkehr um 14 Uhr. Lunchpause in der Ncalu-Station (mitbringen oder dort erhältlich). Vorausbuchung erforderlich, Tel. 083-2738037, 082-3741417 oder 039-8342963, Fax 039-8341461, kznrail@futurenet.co.za. Alle Details auf www.futurenet.co.za/pcngr. Freitagabends ist der Pub in der Allwoodburn-Station geöffnet.

Es gibt noch andere Bahnfahrten von Ixopo aus, und außerdem noch die Fahrt mit dem *Eshayamoya Express* von Creighton nach Riverside (Creighton liegt 25 Kilometer im nordwestlich von Ixopo, Anfahrt übe die R612). Abfahrt samstag um Mittag. Details wieder auf der o.g. Website.

Weiterfahrt   Wer noch vor Richmond in Richtung Durban fahren oder in Nähe der N3 übernachten möchte, fährt über Rosebank auf der R624 weiter. Nach Einmündung in die 603 nach links abbiegen, nach ca. sechs Kilometern liegt rechts die *Tala Lodge & Game Reserve* (s.S. 415).

Richmond

Richmond, 1850 von englischen Siedlern gegründet, liegt idyllisch im Tal des *Illovo River*. Die St. Mary's Anglican Church von 1856 mit dem angeschlossenen College (1869) war die erste Höhere Schule für Mädchen in Natal. Die *Freemasons Lodge* (1884) und das *Bombay House* stammen von 1902. Im *Richmond, Byrne and District Museum,* Ecke Victoria/Chilley Street, gibt es eine kleine Ausstellung über die lokale Siedlungsgeschichte (Mi, Sa 9.30–12.30 Uhr, So 10.30–12.30 Uhr). Prächtig geschmückte Frauen des Bhaca-Stammes kommen ab und zu in den Ort, um ihre Heirat einzutragen.

Information   *Richmond Publicity Association,* Settler Cottage, Shepstone St, Tel. 033-212476 (Di–Sa 8.30–12.30 Uhr). Info-Material über Ort, Umgebung und Unterkünfte.

Unterkunft   *Budget:* **The Manor and Oakford Cottage B&B,** 6 Pall Mall, 15 km außerhalb, Byrne 3781, Tel./Fax 033-2123204. Cottages in einem historischen Weiler, Ausritte. Sehr zu empfehlen.

Comfort: **The Oaks Hotel at Byrne,** Tel. 033-2122324, Fax 2122211, ww.oaksatbyrne.co.za. Landhotel, Restaurant, schöne Lage. Ab R480 ÜF p.P.

Abstecher: Game Valley Estates

Die **Game Valley Estates** liegen außergewöhnlich schön in wildem, zerklüftetem Gebiet (550–1250 Meter Höhe) mit reicher Flora und Fauna. Wanderwege führen zu schönen Aussichts- und guten Wildbeobachtungspunkten. Abenteuerlustige gleiten in Kanus oder Schlauchbooten über die Stromschnellen des uMkhomazi River, Schwimmern bieten sich tiefe Felsbecken. Vogelfreunde können über 205 Arten sehen, darunter die seltenen und geschützten Stahlschwalben und drei Kranichspezies.

Anfahrt   Durch Richmond fahren, dann nach links in eine Straße mit der Beschilderung Hella Hella; 14 Kilometer Asphaltstraße, dann über den Hella-Hella-Pass auf Schotterstraße; nach der Brücke über den uMkhomazi River noch 1,8 km bis zur Beschilderung, die links zu den Game Valley Estates weist.

Information/
Unterkunft   Game Valley Estates, Tel. 033-2123171. Lodge mit 4 DZ, voll eingerichtet, Selbstversorgung. *Camping:* Feuerholz, Grillstellen, Tische, gute sanitäre Anlagen.

Zurück zur N2 ins East Griqualand und Kokstad:

East Griqualand

East Griqualand liegt in der südwestlichsten Ecke von KwaZulu-Natal, zwischen der Eastern-Cape-Province-Enklave und dem Eastern-Cape-Grenzverlauf. In diese Region im südlichen Vorland der Drakensberge verirren sich nur selten europäische Touristen. Wer hier unterwegs ist, hat vom Ausgangspunkt Kokstad meist Underberg zum Ziel, das man auf der R617 über Franklin und Swartberg erreicht. Von Kokstad könnte man aber auch auf der R56 über Cedarville und Matatiele hoch zum Lesotho-Grenzort *Qacha's Nek* fahren, Ausgangspunkt für den Sehlabathebe National Park in Lesotho. Eine Abkürzung wäre Cedarville – Ramatseliso's Gate. Beide Strecken sind rauh und erfordern einen 4WD-Wagen oder zumindest ein geländegängiges, hochrädriges Auto.

Zwischen Cedarville und Matatiele liegt südlich der R56 das Schutzgebiet *Mountain Lake Nature Reserve.* Wenn der Mountain Lake vollgelaufen ist nimmt er eine Fläche von etwa 30 ha ein und bietet beste Möglichkeiten zum Angeln von Forellen vor dem Panorama der Drakensberge. **Informationen:** Tourist Information Offices gibt es in Kokstad, Swartberg und Matatiele.

2 South Coast

Kokstad

William Dower von der London Missionary Society suchte sich 1872 diesen am Umzimhlava River gelegenen Ort zwischen dem Mount Currie und den Ingeli Mountains für seine Missionsstation aus und be-

nannte ihn nach **Adam Kok III. (s. Abb.)**, Anführer der Griqua, die seit 1863 in der Nähe siedelten. Kokstad entwickelte sich zur Hauptstadt des East Griqualandes und ist mit seinen breiten, von Eichen gesäumten Straßen und besonders wegen des gesunden Klimas auf 1335 Meter Höhe ein aufstrebender Ort mit Restaurants und Supermärkten.

Sehenswert ist die *Griqua National Independence Church,* Hope Street, aus dem Jahre 1877 und das *East Griqualand Museum,* aus dem Jahr 1907 (Main Street, Mo–Fr 8–13 u. 14–16 Uhr).

Das originale Rathaus stammt aus dem Jahr 1910, ist heute ein *National Monument* und fungiert als Bibliothek. Das Mausoleum von Adam Kok III. findet sich in der Main Street zwischen den Straßen Barker und Barcley.

Information   East Griqualand Tourist Information, Tel. 039-7274444, www.eastgriqualand.kzn.org.za. Gateway Tourism Information auch im Mount Currie Inn.

Unterkunft   *Touristic:* ***Ingeli Forest Lodge,** An der N2 Richtung Harding, Tel. 039-5530600, Fax 5530609, www.ingeliforestlodge.com. Landschaftlich wunderschön, Wandern, Mountainbikes, Ausritte. Fine Dining. DZ/Dinner+F R959, ÜF R800; am Wochenende günstiger.

Comfort: **Mount Currie Inn,** Hope St (am Ortseingang N2), Tel. 039-7272178, Fax 7272196, www.mountcurrie.co.za. Sauber, vorwiegend Geschäftsleute. R468 p.P., Frühstück R75.

Camping: **Municipal Caravan Park,** Tel. 039-7273133. Nahe Zentrum, schattige Plätze.

Mount Currie Nature Reserve

Dieses 1800 ha große Schutzgebiet wurde 1981 gegründet. Die ehemaligen Viehwege und Pfade sind für Allein-Wanderer begehbar. Sie führen an den Hängen des *Mount Currie* durch Gras- und Buschland und Proteenfelder und unten am *Crystal River* durch üppigere Vegetation. Es gibt über 220 Vogelarten. Erfolgreich wurden Ried-, Bless- und Buschböcke, Ducker und Rehböcke angesiedelt. Der *Crystal Dam Trail* führt entlang des Dammufers. Wassersport ist im Sommer möglich. Im gesamten Reservat ist Feuermachen nur an den ausgewiesenen Stellen erlaubt! Es gibt Picknickplätze, Campsites und SC-Unterkünfte. Eine Rundfahrt dauert etwa 5 Stunden.

Anfahrt

Von Kokstad auf der R617 Richtung Franklin/Swartberg fahren, bis zur Abzweigung zum Reserve (Schotterstraße). Dann noch ca. 4,5 km zum Haupteingang, vorbei am Adam Kok Memorial Gate.

Adam Kok Laager Site

Adam Kok III., ein Griquaführer aus Philippolis im Oranje Freistaat, machte sich 1859 auf den Weg, um im „Niemandsland" eine neue Heimat für sein Volk zu suchen. Begleitet wurde er auf der Expedition von Walter Currie. Erfolgreich wieder zu Hause, verkaufte Adam Kok III. sein Land und zog mit 2000 Menschen, 30 Ochsenkarren und 20.000 Rindern in die neue Heimat. Am 12. Mai 1863 traf der Trek am Fuß des Mount Currie ein. Das erste Lager wurde zum National Monument deklariert (Zufahrt über das Adam Kok Memorial Gate).

Information/ Unterkunft

Tagesbesucher R10. Weitere Details auf www.kznwildlife.com. Buchung: The KwaZulu-Natal Nature Conservation Service, P.O.Box 13069, Cascades, Pietermaritzburg 3202 KwaZulu Natal, Tel. 033-8451000, Fax 033-8451001, bookings@kznwildlife.com.

Geöffnet das ganze Jahr 6–18 Uhr, das Gate dient auch als Office, seine Tel. ist 039-7273844.

Camp	Übernachten in ...	Preis p.P.	Minimum
Direktbuchung Tel. s.o.	1 2-Bett Room	R110	
	10 open Campsites		
	mit Stromgebrauch	R56	R84
	ohne Stromgebrauch	R50	R75

Weiterfahrt

Kokstad – Franklin – Swartberg – Coleford Nature Reserve – Underberg.

Von Kokstad bis Underberg, Ausgangsort für Touren in die südlichen Drakensberge, sind es etwa 120 Kilometer. Rund 35 Kilometer südlich von Underberg führt von Kingscote eine Zufahrt zum privaten *Coleford Nature Reserve*. Beschreibung der Underberg-Region und der südlichen Drakensberge s.S. 390.

3. North Coast

Auf der N2 und R102 von Durban Richtung Norden

Überblick KwaZulu-Natals touristische Region **North Coast** beginnt gleich mit den nördlichen Vororten Durbans. Der Abschnitt zwischen Umdloti Beach und der Mündung des uThukela heißt **Dolphin Coast,** weil dort im Meer das ganz Jahr über *bottlenose dolphins* beobachtet werden können. Hauptverkehrsader ist die gebührenpflichtige N2. Westlich und parallel von ihr verläuft als Alternative die R102, die hinter Empangeni in die N2 mündet.

Man fährt überwiegend durch Gebiete mit endlosen **Zuckerrohr-** und **Ananasplantagen,** etliche Flecken ursprünglicher Natur blieben dennoch erhalten. An der Nordküste ließen sich einst die ersten Inder Natals nieder, was sich noch heute mit fernöstlich angehauchten Märkten, mit Hindu-Tempeln und Moscheen darstellt. So besitzt uThongathi (Tongaat) etliche Hindu-Tempel. 1854 wurde dort zum ersten Mal Zuckerrohr angebaut. Noch heute brennt man die Felder vor dem Schneiden ab, weil zum Auspressen nur der Stengel – der Zuckersaft konzentriert sich im unteren Rohrdrittel – und nicht die Blätter gebraucht werden, und weil sich im Feuer giftige Schlangen vor den Arbeitern davonmachen.

■ *Harte Arbeit Zuckerrohr schneiden*

Reisetipps Das Schönste an der North Coast sind die Strände. Badeorte wie *Umhlanga Rocks, Umdloti Beach, Tongaat Beach* oder *Ballito* bieten sich an für entspannte Strandtage. **Ballito, Salt Rock** und **Umhlanga Rocks** gelten als Hauptferienorte und sind in den Saisonzeiten entsprechend überlaufen. Dennoch geht es im Allgemeinen ruhiger zu als an Durbans Südküste.

Eilige, die zum **Hluhluwe-Imfolozi Park** und zum **iSimangaliso Wetland Park** wollen, wählen die N2. Wer Einiges sehen möchte, nimmt die R102 und pendelt zwischen den Küsten- und den Inlandsorten. Der nachfolgende Routenverlauf ist so aufgebaut.

Fahren Sie von Durban zuerst nach **Umhlanga Rocks,** entweder auf der N2 oder aus dem Zentrum Durbans auf der M4 (Ruth First Street) am Meer entlang. In Umhlanga Rocks können Sie das *Gateway Theatre of Shopping* und *Natal Sharks Board* besuchen oder schon mal den Sand der Nordküste inspizieren.

Karten

Der **AA Road Atlas** enthält gute kleine Regionalkarten und Stadtpläne für das Straßen- und Ortsgewirr nördlich von Durban bis nach KwaDukuza (Stanger).

Internet

www.northcoast.co.za
www.dolphincoast.kzn.org.za.

Umhlanga Rocks

20 Kilometer nördlich von Durban liegt der Ferienort Umhlanga Rocks (Aussprache: Umschlanga). Hier befand sich ein kleines Dorf, das seinen Namen dem Riedgras „hlanga" verdankte, das nach Hochwasser am Ufer des Umhlanga River wucherte. Heute zählt Umhlanga Rocks über 100.000 Einwohner, es ist mit Durbans nördlichen Stadtteilen zusammengewachsen, und statt Riedgras wuchern nun jede Menge upmarket-Hotels, Restaurants, Diskotheken und Einkaufszentren. Weil schnell erreichbar und ein vielfältiges Unterhaltungsangebot wartet, ist es der Lieblingsstrandort der *durbanites.*

Die steil abfallenden Strände werden durch parallele Reihen Hainetze geschützt, die jeweils 214 Meter lang und 400 Meter draußen im Meer verankert sind. Sie reichen 6 Meter in die Tiefe und haben einen Lochdurchmesser von etwa 50 cm. Außerdem wachen Rettungsschwimmer. Der drei Kilometer lange **Promenade-Path** ist ideal für einen Walk, dabei kommt man am rot-weißen Leuchtturm vorbei. Die unübersehbare, 21 Meter hohe Landmarke wurde 1954 erbaut und warnt Schiffe vor den „Umhlanga Rocks". Nördlich von ihm liegt **Granny's Pool,** eine geschützte, natürliche Badezone zwischen zwei Felsformationen und auch Ablegestelle zum Wasserski fahren.

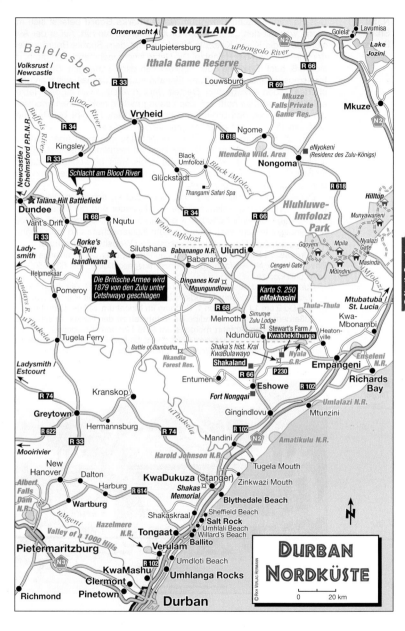

Natal Sharks Board

Das Haifisch-Forschungszentrum **Natal Sharks Board** befasst sich mit allem, was mit den gefürchteten Großfischen zu tun hat. Außer der Aufsicht über die Küste KwaZulu-Natals obliegt dem Sharks Board außerdem die Wartung der Hainetze. Die Netze sind zunehmend umstritten, da sich z.B. auch Delphine oder Schildkröten darin verfangen. Der Strandtourismus ist aber eine wichtige Einnahmequelle, deshalb will man gesichertes Baden ermöglichen. Derzeit werden Alternativen zu den Netzen entwickelt und man hofft auf eine Lösung mittels elektrischen Impulsen, die die Haie von den Stränden vertreiben sollen. Es gibt bereits einen Surfbrett-Prototyp mit einer entsprechender Technik.

Eine 25-minütige audiovisuelle Präsentation informiert über den Küstenschutz und über die Rolle der Haie im maritimen Ökosystem. Anschließend kann man der Sezierung eines Hais beiwohnen. Was abstoßend klingt, ist durchaus sehenswert. Man erfährt viel über ihren Körper und das Verhalten der Tiere.

Der Ausstellungsraum zeigt u.a. einen 892 kg schweren Weißen Hai und der Curio Shop verkauft allerlei aus Haileder und die beliebten Haizähne. Lebende Haie beherbergt das Natal Sharks Board nicht. Details und Neuigkeiten zur Haiforschung, zum Küstenschutz und zum Phänomen des **Sardine Run** auf der interessanten Website des Instituts.

Adresse: 1a Herrwood Drive (etwas außerhalb, über den Umhlanga Rocks Drive. Von der N2 Ausfahrt 182 nehmen, ausgeschildert), Tel. 031-5660400, www.shark.co.za.

Curio Shop und Ausstellungsraum haben auf Mo–Fr 8–16 Uhr, feiertags geschlossen. 25 Min. dauernde audiovisuelle Präsentation mit Hai-Sezierung Di, Mi und Do 9 um 14 Uhr, jeden 1. Sonntag im Monat um 14 Uhr. Eintritt R25.

Außerdem täglich zweistündige **Bootsfahrten** zu den Netzen einschließlich Hafenfahrt Durban. Abfahrt morgens um 6.30 Uhr vom Anlegeplatz Wilson's Wharf (Carpark No. 1) nahe des Point Yacht Clubs/Victoria Embankment Esplanade. R200, Anmeldung nötig, Tel. 082-4039206.

■ *Shopping-Tempel „Gateway"*

Gateway Theatre of Shopping   Das nicht weit vom Sharks Board liegende **Gateway Theatre of Shopping** ist gleichfalls einen Besuch wert. In einer der größten Einkauf-Malls Südafrikas ist in zahllosen Läden auf vier Ebenen nicht nur „Shop till you drop" angesagt, es gibt viele Restaurants und ein großes Entertainment-Angebot. So z.B. eine 24 Meter hohe Indoor-Kletterwand, eine Surfanlage mit künstlichen Wellen, einen 4000 qm großen Skaterpark, Minigolfanlage, etliche Kinos u.v.a. mehr. Anfahrt über die N2 (Ausfahrt Umhlanga/Mt. Edgecome), oder auf der M12 oder M4 (Ruth First St). Jeweils Ausschilderungen beachten, www.gatewayworld.co.za.

Information   **Umhlanga Tourism Information Centre,** Lighthouse Mall, Chartwell Drive, Tel. 031-5614257, Fax 5616943, www.umhlanga-rocks.com.

     Feste/Märkte: Ende Dezember wird groß Umhlangas *Summer Carnival* gefeiert. Ostern: Easter Festival. Jeden Sonntag: *Sugar Coast Art & Crafts*-Markt, Umhlanga Festival Grounds.

Unterkunft   Eine detaillierte Listung der zahllosen Unterkünfte der Stadt bietet die Website www.umhlanga-rocks.com. Das *Umhlanga Guest House Network,* www.umhlangaguesthousenetwork.co.za, ist ein Zusammenschluss von eigentümergeführten drei- bis fünf Sterne B&Bs und upmarket-Gästehäusern entlang der Umhlanga-Küste.

     Touristic: *****Presbury Lodge,** 16 Chestnut Crescent (in der Nähe des Sharks Board und des Gateway Theatre of Shopping, Autumn Drive, Preston Drive), Tel. 031-5661013, Fax 5661014, www.presburylodge.com. Laut der Website ein „Premier B&B Establishment", tropischer Garten, Pool, dt.-spr., Preise a.A. • **Honey Pot Cottages B&B,** 11 Hilken Drive, Tel./Fax 031-5629252. Zentrale Lage. Preise a.A. • **Cathy's Place,** Stanley Grace Crescent, Tel. 031-5611286/3286, www.cathysplace.co.za. „Home away from Home", stadt- u. strandnah (nahe ist leider auch die laute M4). Selbstverpflegung oder ÜF, DZ ab R600.

     Comfort: **Anchor's Rest,** 14 Stanley Grace Crescent, Tel. 031-5617380, www.anchorsrest.co.za (m. Anfahrtskizze). Sehr schönes Gästehaus, Pool. DZ/F ab R325 p.P. • **Umhlanga Sands Sun,** 44 Lagoon Drive, Tel. 031-5612323, Fax 5612333, www.southernsun.com. Ferienhotel, Garten, Zimmer mit Küche. Preise a.A.

     Luxus: **Beverly Hills Sun Intercontinental,** Lighthouse Rd, Tel. 031-5612211, Fax 5613711, www.southernsun.com. Elegantes Strandhotel.

Essen   **Angelo's,** 13A Granada Centre, Tel. 031-5613245; italienische Küche, Di–So. • **Spur Steak Restaurant,** Umhlanga Sands Hotel, Tel. 031-5614565; die größten *spare ribs* weit und breit, wechselnde Spezialitäten, ganztägig ab 7 Uhr. • **Golden Lagoon,** Lagoon Drive, im Umhlanga Country Club, Tel. 031-5613779; Fisch- und Steakspezialitäten. • **Ming Bow Chinese Restaurant,** Hillcon Centre, Tel. 031-5613789, täglich geöffnet; mittags und am Sonntagabend kostenlose Flasche Wein ab 2 Hauptgerichten.

Umhlanga Lagoon Nature Reserve   Nördlich der Stadt liegt, nicht weit vom Meer, das 26 ha große **Umhlanga Lagoon Nature Reserve** mit unberührten Küstenwäldern- und Dünenlandschaften.

     Der *Umhlanga Trail* (Rundwanderweg, 2 km, 1,5–2 h) durchquert das Reservat und führt über einen Steg in das Sumpfgebiet mit einigen kleinen Fischen, wie Guppies *(Poecilia reticulata)* und verschiedenen Garnelenarten. Am Ende des Stegs links hat man unter einem Dach vom Sumpf-Hibiskus die beste Möglichkeit, die kleinen und seltenen Schwarzkehl-Lappenschnäpper zu beobachten. Im Frühling und Sommer ist der Waldboden übersät mit roten und gelben trompetenförmigen Blumen. An der Lagunen-Mündung sind die Überreste eines steinzeitalten Muschelhaufens zu sehen.

     Man erreicht den Dünenwald und hört das Konzert der regenbogenfarbigen

3 North Coast

Natalzwergfischer, der Tamburintauben und der gelbschwarzen Goldbürzel-bartvögel. Der Boden zwischen den Bäumen und Sträuchern ist nahezu kahl-gefressen von den zahlreichen Buschböcken und Duckern. Pinselohrschweine wühlen nach Wurzeln. An einem großen Feigenbaum gabelt sich der Weg: Rechts geht es hinunter zum südlichen Arm der Umhlanga-Lagune und auf ei-nen etwas maroden Steg, wo man die seltenen Braunkehlwebervögel in Aktion sieht. Im Sommer öffnet sich die Lagune ins Meer und viele Stelzvögel suchen nach Fröschen und kleinen Fischen. Bei Ebbe findet man nicht selten Fußspu-ren kleiner Wassermangusten. Nach dem Steg kommt das Dünengebiet. Dort blühen Wald- und Schlangeniris sowie Dünenfarne.

Anfahrt: Das Reservat liegt am Südufer der Umhlanga River-Mündung. Von Umhlanga Rocks aus Richtung Norden an der Küste entlang zum Breakers Hotel; unmittelbar danach rechter Hand ist die Zufahrt. Von Durban 18 km, die M4 North bis Ausfahrt Portland Drive; hier rechts in den Portland Drive, dann links in den Newland Drive; am Vorfahrtsschild 200 Meter weiter erneut links, vorbei am Breakers Hotel. Tgl. 6–18 Uhr.

Das benachbarte **Hawaan Forest Nature Reserve** zeichnet sich durch ei-nen sehr gut erhaltenen Küstenwald mit reichem Wildbestand aus. Es leben in ihm Buschböcke, Pinselohrschweine und Ducker, aber auch Affen, Mangusten und die seltenen Haubenperlhühner. Der Park befindet sich in Privatbesitz. Die Wanderwege von 1 bis 3 Kilometer Länge können bei Voranmeldung (Conser-vation Officer, Umhlanga Rocks 4051, Tel. 031-5664018) in Begleitung began-gen werden. Sehr lohnenswert.

Anfahrt: Von Durban Ausfahrt Portland Drive; rechts, nach einem scharfen Linksknick, geht er in den Herald Drive über. Einfahrt dann rechter Hand.

Weiterfahrt Von **Umhlanga Rocks** kann man auf der M4 die Küste entlang nach **Umdloti Beach** und dann weiter nach **Tongaat Beach** fahren. Dabei liegt links, kurz vor der M27-Zufahrt nach Umdloti Beach, in freier Land-schaft das *Sibaya Casino,* das man sich kurz ansehen könnte.

Alternativ könnte man von Umhlanga Rocks auf der M41 ins Inland nach **Verulam** fahren und danach auf der M27 wieder zurück an die Kü-ste nach Umdloti Beach. Auch die M27 führt am Sibaya Casino vorbei.

Sibaya Casino & Entertainment Kingdom

Ein Kasino der Superlative ist das **Sibaya Casino & Entertainment Kingdom,** das in einer Hügellandschaft liegt und sicherlich nicht nur für Spielernaturen besuchenswert ist. Besucher erwartet modernes neo-afrikanisches Design und eine Skulptur kämpfender Zulu vor dem Eingangsportal.

Der gigantische Komplex bietet Räumlichkeiten für große Konferenzen, es gibt Restaurants, Bars, Nightclubs und ein Spa sowie ein umfangreiches Unterhaltungsangebot inklusive der unvermeidlichen Zulu-Folkloreshow. Übernachten kann man in der *Sibaya Lodge.* Die 110 Zimmer blicken auf den Indischen Ozean oder auf den zentralen Swimmingpool.

Gehört zum Konzern *Sun International,* der Südafrikas Tourismuszentren mit Luxushotels, Feriendomizilen und Spielerparadiesen überzieht. Tel. 031-5805500, Fax 031-58055046, www.suninternational.com.

Umdloti Beach/eMdloti Beach

Umdloti Beach bzw. *eMdloti Beach,* sieben Kilometer nördlich von Umhlanga Rocks und kleiner als jenes, hat recht schöne, gesicherte Strände, gutes Schwimmen und Schnorcheln. Nähere Infos auf www.umdloti.org. Nördlich von Umdloti Beach folgt *La Mercy Beach.*

Essen   **The Bambus House** an der Strandpromenade (Billard-Café), **La Casa Nostra,** neben Spar, Whitesands Centre, Shop 4, 1 Main Rd (Pizza & Pasta nach Familientradition und frisches Seafood). Das gleichfalls gute **Bel Punto** im Umdloti Centre, South Beach Rd, Tel. 031-5682407, wird vom Bruder des Casa Nostra-Patrons geführt.

Unterkunft   *Touristic:* ***The Dune,** 45 Bellamont Rd, Umdloti Beach, Tel. 031-5682089, www.thedune.net (m. Anfahrtsskizze u. Fotos). Schöne Lage auf einem Hügel am Meer, gut Wale und Delphine beobachten, tropischer Garten, Pool, 4 hochwertig eingerichtete Zimmer ab R300 p.P. • **The Sea Villa,** 81 North Beach Rd, Tel./Fax 031-5681839. Einmalige, isolierte Lage an einem Sandstrand, umgeben von einheimischem Gehölz, Ozeanblick, 6 großzügige DZ mit Ozeanblick. Gutes Restaurant in Fußnähe. ÜF 210–350 p.P. im DZ.

Verulam

Der Ort wurde bereits 1850 gegründet und ist benannt nach dem *Earl of Verulam.* Zuvor war es eine Station der Wesley-Missionare. Der Markt mit einem exotischen Angebot an Gewürzen und Lebensmitteln sowie die Hindu-Tempel erinnern ein wenig an Indien in Afrika.

Nach Norden auf der R102 Richtung Tongaat/oThongathi weiterfahrend liegt linker Hand (ausgeschildert) das *Hazelmere Nature Reserve.* Östlich der Straße entsteht bei La Mercy Durbans neuer internationaler Flughafen, *King Shaka.*

Hazelmere Nature Reserve   Dieses Reserve nördlich von Verulam um einen Stausee ist eher für Wasserratten als für Naturliebhaber und an Wochenenden heillos überfüllt. Es gibt eine markierte Zone für Schwimmer und am Ostufer ein bisschen Natur mit typischem Bushveld. Zum Ausgangspunkt einer 3 km langen Wanderung (3 Stunden hin und zurück, Wasser mitnehmen!) muss der Damm überquert werden.

In der felsigen, feuchten Sektion des Weges sieht man Schlangenlilien. Der im Reservat wachsende Baum Umzimbeet *(Millettia grandis)* blüht im Sommer lila. Später verwandeln sich die Blüten in Kapseln, die mit feinen Härchen in der Sonne schimmern. Mit hörbarem Knacken explodieren sie im Herbst und werfen ihre Samen weit weg – zur Freude der zahlreichen Vögel.

Anfahrt: von Durban 33 km. N2 bis Ausfahrt La Lucia/Phoenix; 16 km auf der R102; an der Ausfahrt Caneland/Ndwedwe/Hazelmere nach links; dann ausgeschildert.

Information/Unterkunft: Hazelmere Nature Reserve, Tel. 032-5332315, www.msinsi.co.za (oder www.nature-reserve.co.za/hazelmere-nature-preserve.html). Infos über Boot- und Kanufahren, Windsurfing und Wasserski Mo–Fr 8–12.30 Uhr, Sa/So 8–13 und 14–16.30 Uhr. Angellizenzen im Reservat, Ausrüstung selbst mitbringen. Eintritts- und Parkgebühren.

Der Campingplatz hat 22 Plätze, z.T. mit elektrischem Anschluss, Reservierung über den Officer-in-Charge oder online (s.o.). Außerdem Chalets/Cottages und eine Game Lodge, Details s. Website.

Tongaat/oThongathi

In Tongaat, heute oThongathi, benannt nach dem *Tongati River,* wurde 1854 auf der Plantage *Compensation* von Edmund Morewood das erste Zuckerrohr angebaut. Einige der alten Gebäude des Städtchens datieren aus dieser Zeit. Der hohe indische Bevölkerungsanteil und etliche reichverzierte Hindu-Tempel erinnern an Fernost. Der *Jagganath Puri Tempel* in der Wadd Street wurde 1920 erbaut und ist heute ein *National Monument.*

Richtung Norden fahrend geht es bald danach rechts ab zum **Crocodile Creek,** einem privaten Tierpark mit tausenden Krokodilen und anderen Reptilien, Kleintieren, Vogelarten und Schlangen. Täglich geöffnet, Fütterung um 11 und 15 Uhr, Tel. 032-9443845. Acht Kilometer weiter weist von der R102 ein Schild nach links zur *Maidstone Sugar Mill,* der ersten Zuckerfabrik des Landes (1851, Besichtigung der alten Maschinen möglich). Nebenan ist ein Textilladen und der *Morewood Memorial Gardens* erinnert an das Leben dieses Mannes.

Wer komfortabel übernachten will, fährt von hier die Esenembi Road westlich weiter und erreicht nach sieben Kilometern die ***Holland Anthurium Farm** (ausgeschildert, Farm Nr. X7, Tel. 032-9429042, Fax 9422045, www.hollandfarm.co.za. Preise a.A.). 5 luxuriöse Zimmer, subtropischer Garten, Pool, auf Hügel mit Aussicht, umgeben von Anthurien-Feldern (Besichtigung). Auf Wunsch Dinner, herzliche Atmosphäre.

Südlich von Tongaat/oThongathi führt die Straße M43 ans Meer nach **Tongaat Beach.** Weiter nördlich fahrend folgt bald eine ganze Reihe von Stränden, beginnend mit *Zimbali* und dem gleichnamigen großen Golf-Resort. Die **Zimbali Lodge** ist die exquisiteste Unterkunft und ist eine Investition des Hotelkonzern *Sun International.* Dass der gesamte Komplex mit einer hohen Zaunanlage, Drahtsperren und Bewegungsmeldern gesichert ist, versteht sich von selbst. Nach Zimbali folgt das Ferienzentrum Ballito.

Unterkunft direkt am Meer in Tongaat Beach: **Beachbums Backpackers Lodge,** 65 Casuarina Beach Road (M4, Ausfahrt Casuarina Park), Tel. 088-5648310, Fax 9431132.

Dolphin Coast

Wie erwähnt, liegt zwischen den Mündungen des *Umdloti River* und des *uThukela River* die „Dolphin Coast". Das ganze Jahr über tummeln sich hier Delphine in Sichtweite, besonders häufig im Juni und Juli, wenn sie den nordwärts ziehenden Sardinenschwärmen folgen. In manchen Jahren kommt es auch hier zum unglaublichen **„Sardine Run":** Die Sardinen verschlägt es aus unerfindlichen Gründen bis an den Strand, zu Hunderttausenden zappeln sie an der Meeresoberfläche. Dann stürzt jeder ins Meer und fängt sein Mittagessen mit bloßen Händen, mit Schürzen, Eimern oder Plastiktüten. Informationen dazu auf www.dolphincoast.kzn.org.za, www.sardinerun.co.za oder über die *Sardine Run Hotline* 082-2849495.

Weitere Infos über die Orte und Strände der Dolphin Coast auf www.thedolphincoast.co.za

Ballito und die Strandorte nördlich davon

Ballito ist ein großes Ferienzentrum mit langen, sicheren Stränden und einem großen Angebot an Freizeitmöglichkeiten und Unterkünften. Die Strände sind außerhalb der Saison und unter der Woche manchmal menschenleer. Läden, Hotels und Restaurants gibt es reichlich, in Konzentration „mit allem" (auch Post Office, Postnet und Telkom Direct sowie diverse Banken) im Einkaufszentrum **Lifestyle Centre** in der Main Road, Ecke 398/445.

Südlich zwischen Clark Bay und Salmon Bay gibt es einen Tidal pool. Der **Compensation Beach** liegt in der Mitte und **Willard's Beach** im Norden. Danach folgen **Shaka's Rock** (Tidal pool), **Salt Rock** (Tidal pool), **Umhlali Beach** und **Sheffield Beach**.

Im Inland, über die N2 hinweg, kann man auf dem 18-Loch-Kurs des *Umhlali Country Club* Golf spielen.

Umdwebo Lifestyle Festival   *Umdwebo* meint in isiZulu „Kunst kreieren", „Schönes betonen". Das sechstägige Festival findet im November in und um Ballito statt, mit Kunstausstellungen, Musik, Mode, *fine dining* u.a. mehr. Infos auf www.umdwebo.co.za.

Information   Tourism Centre, M4, Ecke Ballito Drive/Link Road, Tel. 032-9461256. Internet: www.northcoast.org, www.ballitoaccommodation.co.za, www.ballito.net, www.ilembe.gov.za.

Unterkunft   Es gibt über 40 Möglichkeiten sein Haupt zu betten, das Tourism Centre hilft gerne bei der Suche. Oder man geht auf www.ballitoaccommodation.co.za. Die zahlreichen Ferienwohnungen werden nur wochenweise vermietet (Infos über *Coastal Holiday Letting,* Tel. 032-9462155).

Comfort: **Hotel Izulu,** Rey's Place, Tel. 032-9463444, www.hotelizulu.com (m. Anfahrtsbeschreibung). Exklusiver 5-Sterne-Mix aus toskanischer Architektur, afrikanischen Elementen und balinesischem Ambiente. Restaurant und Impilo-Spa. Preis a.A.

Camping: **Dolphin Holiday Resort,** 10 Compensation Rd (Willard Beach), Tel. 032-9462187, Fax 9463490, info@dolphinholidayresort.co.za. Chalets, Safarizelte und sehr gepflegte Rasenplätze. Supermarkt gegenüber.

Restaurants   Empfehlenswert in Ballito: **Al Pescadore Restaurant,** 14 Edward Place, Tel. 032-9463574; italienische Küche (leckere Pizzen und Nudeln), sehr gute Fischgerichte. Um den Abend gemütlich ausklingen zu lassen, setzt man sich am besten anschließend zu den Einheimischen in die *Keg and Dolphin Bar* ein Stockwerk tiefer. • Das **Mariners** im Ballito Shopping Centre, Compensation Beach Road, ist bekannt für Köstlichkeiten aus dem Meer (Tipp: Seafood curry). Die schöne Aussicht im 1. Stock eines Eckhauses bekommt man gratis dazu. • Im **Lifestyle Centre** sind versammelt: *Wimpy, Mugg & Bean, Nandos, Butcher Boys, Primi Piatti* (Shop 73), *Mozarts Ice-Cream* u.a. Unser Tipp ist das ***Beira Alta,** ein gutes und nettes portugiesisches Restaurant, Shop 6, Tel. 032-9462388, www.beiraalta.co.za. Preiswert, qualitativ hervorragendes Seafood und sehr netter Service.

Shaka's Rock

Ist ein populäres Beach-Ziel. Ein natürlicher Felsenpool in der Thompson Bay soll Shakas bevorzugter Badeplatz gewesen sein.

Unterkunft　　**Lalaria,** 25A Dolphin Crescent (von der N2 die Off ramp 212 nehmen, über die Brücke in die Shakas Rock Rd, am Ocean Drive links und am ersten Stop-Schild links), Tel. 032-5255789, Fax 5258869, Cell 082-5005789, www.lalaria.co.za. Subtropischer Garten, Ozeanblick, Pool. DZ/F ab R530 p.P.

In der gleichen Straße, nun rechts, liegt das ***Sundance Guest House,** 18 Dolphin Crescent, Tel. 032-5255342, Fax 5258976, www.sundanceguesthouse.co.za. Preise a.A. Villa im spanischen Stil, Pool, Terrassen-Meerblick, gastfreundlich, üppiges Frühstück, Mietautos.

The Guesthouse, 17 Ipahla Rd (von der N2 Ausfahrt 212, von Ballito auf den Ocean Drive, hinter dem Tidal pool links in die Main Rd, dann 2. rechts), Tel. 032-5255683, Fax 5255685, www.theguesthouse.co.za. 5 Zimmer. Kolonialhaus, ruhig, strandnah. ÜF ab R395 p.P. Auch Selbstversorgung.

Salt Rock

Hier sollen Frauen in Shakas Zeit Salz aus den Gezeitengumpen gesammelt haben. Der Strand ist gesichert. Ein angenehmer Ort mit vielen Freizeitmöglichkeiten.

Unterkunft　　*Touristic:* **Seaside Lodge B&B,** 33 Peter Hulett Place, Tel./Fax 032-5254103, Cell 072-2405230, www.wheretostay.co.za/seasidelodge. Nettes Haus mit bunten Zimmern, Pool, Strand in Sichtweite. DZ R500. • **Nalsons View,** 10 Fairway Drive (von der N2 Ausfahrt 214, beim Salt Rock Country Club), Tel./Fax 032-5255726, www.nalsonsview.co.za. Angenehmes Gästehaus, 5 Zimmer, Veranda, Meerblick. Preise a.A. • **Seaforth,** Seaforth Farm, N2 Ausfahrt 214, Tel. 032-5255217. Farm im Kolonialstil, Pool.

Comfort: **Salt Rock Hotel and Beach Resort,** 21 Basil Hulett Drive, Tel. 032-5255025, Fax 5255071, www.saltrockbeach.co.za. 80 Zimmer, Strandlage • **Petite Provence,** 7 Mdoni Rd (4 Min. vom Strand entfernt), Tel. 032-5255316, Fax 5255316, www.sa-venues.com/visit/petiteprovencebandb/. Anfahrt: N2 von Durban, Ausfahrt 212 (Chaka's Rock), rechts in die Old Main Road Richtung Beach, an der T-Junction links in den Ocean Drive, nach 1,5 km links in die Mdoni Road (kurz vor Salt Rock's Main Beach und dem Salt Rock Hotel). Petite Provence liegt nach dem Park links und es ist ein nettes, sehr sauberes und ruhiges B&B mit schönem Garten und kleinem Pool. Die Betreiberin Fanny ist sehr freundlich. Super Frühstück. Fünf verschieden ausgestattete Zimmer, ÜF R330 p.P.

Camping: Zelt-/Caravanpark, dem **Salt Rock Hotel** angeschlossen; gleich am Meer, unterhalb mit Tidal pools.

Restaurant　Auf der schönen Terrasse des **Beira Mar,** Mall 505, Basil Hulett Drive, Tel. 032-5258505, kann man bei portugiesischer Küche das Meer aus der Ferne genießen (Mo geschl.).

Weiterfahrt

Von Salt Rock oder auch noch von Sheffield Beach aus müssen Sie zurück ins Inland zur N2 bzw. nach Umhlali-Village an der R102. Auf den nächsten Seiten dreht sich nun vieles um den legendären Shaka und seine Zulu.

Shakas-kraal und Groutville　Shakaskraal ist ein unbedeutender Ort an der R102. Er soll früher der Platz von Shakas militärischem Quartier *KwaHlomendlini* gewesen sein. Sechs Kilometer weiter nördlich kommt **Groutville,** eine alte Missionsstation von 1842.

In Groutville lebte **Albert Luthuli** (1898–1967), ANC-Präsident 1952–1967 und erster afrikanischer Friedensnobelpreisträger 1960. Er war vom Apartheid-Regime „gebannt" und unter Hausarrest gestellt worden. Sein Haus, heute das *Chief Albert Luthuli Museum* (Nokukhanya Luthuli Street, abgehend von der R102, ausgeschildert), war Stätte heimlicher Treffen mit anderen Freiheitskämpfern. Di–So 9–16 Uhr, Internet. Luthulis Grab findet man bei der *Congregational Church* an der R102.

Vom Felsen **Shaka's Rock** soll Shaka das Exerzieren der taktischen Manöver seiner Truppen beobachtet haben. Heute ein *National Monument.*

KwaDukuza (Stanger)

KwaDukuza ist ein Eisenbahnknotenpunkt und ein industrielles Zentrum des Zuckerrohranbaus in dieser Region. Sehr unattraktiv, aber sehr geschichtsträchtig: **Shaka** bestimmte 1825 den Ort als königliche Residenz und Hauptstadt, bestehend aus etwa 2000 igluförmigen Zuluhütten, deren Arrangement mit den zahllosen Durchgängen so verwirrend war, dass er „Platz der verlorenen Person" – kwaDukuza – benannt wurde.

Alle Versammlungen wurden unter einem großen, schattenspendenden *mkuhla*(Mahagoni)-Baum abgehalten, dem *Indaba-Tree,* noch heute zu sehen in der Roodt Street bei den Municipal-Offices. 1873 gründeten englische Siedler an gleicher Stelle *Stanger,* der 1998 seinen ursprünglichen Namen KwaDukuza zurückerhielt.

Albert Luthuli (s.o.) wohnte in Groutville.

In der Haupteinkaufsstraße Couper Street, beim „Pick and Win Supermarkt & Bakery", liegt in einem kleinen Park **Shakas Grab.** Auf einem Stein sitzend, dem „throne", wurde Shaka am 22. September 1828 durch seine Halbbrüder *Umthlangana* (Mhlangana) und *Dingane* getötet. Die Leiche warf man in eine Mahlgrube, 1934 wurde der Gedenkstein aufgestellt („Tshaka" ist die damalige Schreibweise). Dukuza wurde nach Shakas Tod niedergebrannt.

Alljährlich am 24. September, am *King Shaka's Commemoration Day,* versammeln sich hier viele Menschen und in vollem Zulu-Ornat *traditional leaders* sowie die politische Klasse der Zulu mit König Goodwill Zwelethini, um der Vaterfigur der Zulu-Nation zu gedenken.

Am Rande des Parks, 5 King Shaka Road, befindet sich das **Dukuza Interpretive Centre** mit Informationen und Schaubildern zum Leben

Shakas und zur Geschichte der Zulu (Mo–Fr 8–16 Uhr, Sa/So 9–16 Uhr). Gleich gegenüber ist das **Dukuza Museum** mit historischen Exponaten, auch über die ersten europäischen Siedler. Das **Natal North Coast Museum,** Gledhow Mill Street, informiert über Zuckerrohranbau. **Shaka's Memorial** befindet sich an der R74.

Wer zum letzten Mal vor dem Zulu-Inland zu einem Badeort ans Meer möchte, muss zum kleinen **Blythedale Beach** fahren, der haigeschützte Strand ist populär zum Schwimmen und Angeln. Es gibt SC-Unterkünfte und Chalets sowie den schönen *La Mouette Caravan Park* (69 Umvoti Drive, Tel. 032-5512547, Pool, Rasenstellplätze).

Elf Kilometer nördlich von KwaDukuza liegt **Darnall,** von dort führt eine Stichstraße nach **Zinkwazi.** Vorhanden sind an der Lagune und am hochhausfreien, langen Strand diverse Unterkünfte, Spazierwege, Wassersport-möglichkeiten und in der Küstenvegetation ein reiches Vogelleben.

Nördlich von KwaDukuza liegt zwischen der R102 und der N2 das *Harold Johnson Nature Reserve.*

Harold Johnson Nature Reserve

Dieses 100 ha große Nature Reserve, das von KZN Wildlife verwaltet wird, liegt am Südufer des uThukela River, sechs Kilometer vor seiner Mündung. In den hügeligen Gras- und Buschlandschaften mit Felsklippen und Schluchten findet man hier seltene Baumarten, Orchideen und Farne. Zur Fauna zählen Zebras, Impalas, Ducker, Buschböcke, Mangusten, Affen, Stachelschweine sowie 200 Vogel- und 114 Schmetterlingsarten. Der *Remedies and Rituals Trail* ist 1,8 Kilometer lang und führt als Rundweg am *Cultural Museum* mit einer Ausstellung über die traditionelle Kleidung der Zulu vorbei. Der *Bushbuck Trail* (etwa 5 Kilometer, 2–3 h) durch hügelige Landschaft ist frühmorgens am schönsten (Vorsicht, Schlangen!). Beide Wege lassen sich verbinden, Karten gibt es beim Ranger.

Die *National Monuments Fort Pearson* und den *Ultimatum Tree* (s.u.) erreicht man über zwei separate Einfahrten.

Information Harold Johnson Nature Reserve   Geöffnet 6–18 Uhr, Office 7–16 Uhr. Vom Gate zum Camp 0,5 km. Camp-Tel. 032-4861574, Fax 4861574. Eintritt R10, Kinder die Hälfte. Ist der Eingang nicht besetzt, wird der Eintritt von den Rangern im Park kassiert. 6 Campsites, jeder R60 (Minm. R120). Wer bis 15.30 Uhr seinen reservierten Platz nicht erreichen kann, muss seine verspätete Ankunft telefonisch melden, sonst wird der Platz anderweitig vergeben. Geschlossen zwischen Sonnenunter- und Sonnenaufgang. Essen, Getränke und Insektenschutzmittel mitbringen. Kein Laden, nächste Versorgungsmöglichkeit in KwaDukuza. Gute sanitäre Einrichtungen, aber nur kaltes Wasser. Weitere Details auf www.kznwildlife.com.

Fort Pearson und der Ultimatum Tree

Anfahrt: 25 Kilometer nördlich von KwaDukuza. Von der N2 die Ausfahrt Zinkwazi/Darnell nehmen, dann auf die R102, später rechts ab (ausgeschildert).

Das Fort wurde nach Colonel Charles Pearson benannt, 1879 Kommandant der britischen Invasionstruppen im Zululand. Es liegt auf einem hohen Hügel, überblickt das Tal des uThukela und war von einem dicken Erdwall umgeben. Rund 5000 Soldaten waren hier zeitweise stationiert. Die Anlage war von großer strategischer Bedeutung im Anglo-Zulu Krieg 1879.

Bereits 1856 hatte am uThukela-Norddufer, in Sichtweite von Fort Pearson, die Schlacht von **eNdondakusuka** stattgefunden. Hintergrund war der familiäre und dann blutig ausgetragene Konflikt zwischen **Cetshwayo** und seinem Bruder **Mbuyazi** um die Nachfolge ihres Vaters, König **Mpande**. Dem Kampf auf dem kleinen Hügel am 2. Dezember 1856 fielen schätzungsweise 23.000 Zulu zum Opfer, darunter Mbuyazi und fünf seiner Söhne. Die Armee Mbuyazis wurde innerhalb weniger Stunden völlig vernichtet, Kinder und Frauen in den uThukela getrieben – *mtambo*, „Fluss der Knochen", hieß er danach. Es war die verlustreichste Schlacht in der Geschichte des Zululandes. Als Mpande 1872 starb, wurde **Cetshwayo** neuer König und erbaute seine Residenz *Ondini* (s.S. 251).

■ *Cetshwayo, unten sein Vater, König Mpande*

Unweit des Forts stehen die Überreste eines ehemals mächtigen Feigenbaumes *(Ficus sycomorus)*, der **„Baum des Ultimatums":** Am 11. Dezember 1878 hörten sich Cetshwayos Unterhändler das unerfüllbare Ultimatum eines Mr. Bartle Frere an, vorgetragen von John Wesley Shepstone. Das Dokument forderte neue Grenzen für das Zululand, Strafen für Viehdiebstahl, die Entwaffnung der Krieger, erneuten Zugang für Missionare in das Land und sofortige Einstellung von Überfällen auf Siedler. Die Verlesung dauerte Stunden, Satz für Satz wurde übersetzt und man erwartete, dass die *inkosi* sich den Inhalt wörtlich merkten, um ihn **König Cetshwayo** zu berichten.

Eine Farce: Nachdem, wie erwartet, in den Tagen danach keine Reaktion von Cetshwayo kam, stießen die Briten unter Lord Chelmsford nach Ablauf des 30tägigen Ultimatums am 11. Januar über den uThukela-Fluss ins Zululand vor. Der Anglo-Zulukrieg hatte begonnen, doch Cetshwayo wollte nie einen Krieg mit den Briten. Drei Wochen später fügten die Zulu den Briten in der Schlacht von **Isandlwana** eine verheerende Niederlage bei (s.S. 338). Die Gefangennahme Cetshwayos im August 1879, nach der Schlacht von Ulundi (s.S. 350), beendete den Krieg. Das Zululand wurde in 13 Häuptlings-Distrikte aufgeteilt mit der Folge bürgerkriegsähnlicher Wirren.

3 North Coast

Weiter auf der N2 Richtung Norden

Amatikulu Nature Reserve

1987 bekam das 1476 ha große Gebiet an der Mündung der Flüsse *Nyoni* und *Amatikulu* den Status eines Reservats. Strand- und Dünen-landschaften, Sumpfgebiete, Akazienwälder, Strände und offenes Gras-land wechseln sich ab, zu sehen gibt es Giraffen, Schirrantilopen, Ducker, Wasserböcke, Zebras. Neben Angeln (Lizenzen vor Ort) im Mün-dungsgebiet werden Pirschfahrten und Wanderungen angeboten. Vor-sicht: giftige Schlangen und Krokodile, wegen Bilharziose-Gefahr keine Gewässerberührung, Malariaprophylaxe empfohlen. Der Park ist bei Ka-nuten beliebt, die das Mündungsgebiet befahren. Kanus sind mietbar, R50 per Tag. Außerdem 4x4-Trails.

Zum leichteren Beobachten von Walen errichtete man den *Whale Watch Tower*. Die Küstenlinie des Reserves ist 17 Kilometer lang. Der **Si-yaya Coastal Park** verbindet das Reservat mit dem 42 Kilometer weiter nördlich gelegenen *Umlalazi Nature Reserve*.

Anfahrt

Von der N2 Ausfahrt Nyoni nehmen, nach rechts über die N2, noch 3 km bis zum Gate. Geöffnet Okt–März 5–21 Uhr, Apr–Sept 5.30–21 Uhr. Office: 8–13 u. 14–16 Uhr. Camp-Tel. 032-4530155. Check out 10 Uhr, Check in 14 Uhr. Ein-tritt R10, Kinder die Hälfte. Self catering-Bushcamp. Kein Laden, nächster Ver-sorgungspunkt in Gingindlovu, 15 km.

Übernach-ten

Zangozolo Camp: Auf einer Holzplattform, Aussicht auf den Fluss Amatikulu und das Meer. Gemeinschaftliche Sanitäranlagen, Grillplätze, Gemeinschafts-küche mit Kühlschrank.

Amatikulu-Camps	Übernachten in …	Preis p.P.	Minimum
Tented Camp	6 2-Bett Zelte auf Holzdeck	R110	R165
Camping	5 Campsites (o. Strom)	R35	R105

Weitere Einzelheiten s. www.kznwildlife.com. Buchung: The KwaZulu-Natal Nature Conservation Service, P.O.Box 13069, Cascades, Pietermaritzburg 3202, Tel. 033-8451000, Fax 033-8451001, bookings@kznwildlife.com.

Weiterfahrt

Nach der **Dokodweni Toll Plaza** können Sie die N2 verlassen und auf der R66 über Gingindlovu in Richtung Eshowe und ins Zululand fahren.

Wer weiter auf der N2 Richtung Norden fährt, sollte möglichst die Schleife über Eshowe nach Empangeni fahren, denn auf ihr gibt es einiges zu sehen.

4. Zululand

Sawubona, welcome to Zululand, the home of the amaZulu, the people of heaven ...

Die Kernregion des Lebensraums der Zulu ist das große Gebiet nördlich des uThukela-Flusses bis zur Grenze von Swaziland und Moçambique, Richtung Osten erstreckt es sich über die N2 hinweg bis zum Indischen Ozean. Der Nordosten, das einstige *Maputaland,* ist Teil der Tourismusregion **„Elephant Coast".** Im Westen grenzt das Zululand an die Tourismusregion „Battlefields". Im zentralen Zululand liegen um Ulundi/oLundi die Residenzen der früheren Zulukönige *uMgungundlovu* und *Ondini* sowie der *eMakhosini Ophahte Heritage Park,* die historische Wiege des Zulu-Imperiums.

Das auf den nachfolgenden Seiten alles durchdringende und prägende Element ist die Kultur und die Geschichte des Zulu-Volks. Dabei ist das *Kingdom of Zulu* keineswegs verblichene Ahnenzeit, sondern höchst präsent, die Vergangenheit lebt authentisch in der Gegenwart fort.

Das Zululand ist das Herz und der Puls von KwaZulu-Natal, die Region bietet dermaßen viele historische Höhepunkte, Naturschönheiten und Geheimnisvolles, dass man Wochen unterwegs sein müsste, um alles zu sehen und zu verstehen. Informieren Sie sich vorab schon mal auf der sehr guten Website von Tourism KwaZulu-Natal, **www.zulu.org.za**.

Wer direkt von der Küste mit ihren europäisch wirkenden Ferienorten kommt, ist oft überrascht, jetzt das „wirkliche" Afrika betreten zu haben. Der Anteil der weißen Bevölkerung ist hier verschwindend gering. Kleine Dörfer, in denen die Menschen noch traditionell wohnen, versuchen mit ihrem Erbe Anschluss an die moderne Zeit zu finden, und Touristen können an dieser Entwicklung teilhaben. Sie werden eine herzliche Gastfreundschaft erleben.

Topografisch wird die überwiegend hügelige Landschaft beherrscht von Zuckerrohrplantagen, Baumwoll- und Maisfeldern, Gemüseanbau und großen Weideflächen im Landesinneren.

Historische Karte des Zululands

4 Zululand

Reisetipps   Schlachtfelder und Museen, Zuludörfer und Zulu-Ausstellungen, Tierschutzgebiete und Öko-Abenteuer – das Zululand bietet alles, was das Touristenherz begehrt. **Nicht versäumen** sollten Sie:
– den Hluhluwe-Imfolozi Game Park mit seinen „Big Five"
– ein Zuludorf, wie KwaBhekithunga, DumaZulu oder Shakaland
– das KwaZulu Cultural Museum und Ondini bei Ulundi/oLundi
– Eshowe mit dem Vukani Museum und Dlinza Forest
– zwei traditionelle Höhepunkte im Zululand sind der alljährliche *Zulu Reed Dance* (Anfang September bei Nongoma, s.S. 254) und *King Shaka's Commemoration Day,* am 24. September in KwaDukuza an der N2 (s.S. 237).
– das große *Shembe-Festival* im Oktober in Judea bei Eshowe

Internet   www.zulu.org.za (Tourism KwaZulu-Natal) • www.visitzululand.co.za • www.zululand.org.za •
Websites von Unterkünften:
www.zululand-accommodation.co.za/index.php
www.zululandreservations.co.za

Gingindlovu

Nachdem man die N2 bei der **Dokodweni Toll Plaza** verlassen hat, ist **Gingindlovu** das erste Städtchen an der R66. Im April 1879 fand in Ortsnähe ein Gefecht zwischen den Briten und Cetshwayos *impis* statt. Die englischen Soldaten hatten Schwierigkeiten, den Namen **Gingindlovu** („der Elefantenschlucker") richtig auszusprechen und machten daraus „Gin, Gin – I love you".

Übernachten: vier Kilometer außerhalb, R102 Richtung Empangeni, liegt das schöne *Mine Own Country House,* Tel. 035-3371262. Bis nach Eshowe sind es 22 Kilometer, unterwegs markieren Gedenksteine die Gefechtsplätze *Gingindlovu* und *Nyezane* (linke Straßenseite).

Eshowe

Eshowe („Wind, der seufzend durch die Bäume streicht") hat etwa 15.000 Einwohner und ist mit die älteste Siedlung im Zululand. Sie war die alte Hauptstadt des Zulureichs und diente sowohl Shaka, Mpande, Cetshwayo und Dinuzulu als Hauptquartier. Nach Ende des Anglo-Zulu Kriegs im August 1879 steckten die Engländer alles in Brand und errichteten 1883 das mit zinnenbewehrten Ecktürmen versehene **Fort Nongqayi.** Die neuen Herren hatten nach ihrem Sieg zu ihren Diensten die barfüßige Zulu-Polizeischutztruppe *Nongqayi* aufgestellt, das Fort war ihre Garnison. Heute ist darin das **Zululand Historical Museum** untergebracht, Teil des dortigen **Museum Village.**

Das sehr interessante Museum zeigt Exponate von Kriegsschauplätzen, lokale Kuriositäten, Ausstellungsstücke aus dem kulturellen Leben der Zulu und auch Dokumente der norwegischen Mission **KwaMondi** (1860 hatte es norwegische Siedler und Missionare bis nach Eshowe verschlagen). Erwähnenswert ist der legendäre Schotte **John Dunn,** Südafrikas einziger offizieller weißer Zulu-*Inkosi* (Häuptling). Er lebte in der Zeit von Cetshwayo, war Händler und Elfenbeinjäger und freite 48 Zulufrauen, die ihm 117 Kinder schenkten!

Im Außenbereich kann man im Restaurant oder im Tee-Garten eines anderorts abgebauten und hier wiedererrichteten Siedlerhauses aus dem 19. Jahrhundert was zu sich nehmen **(Adam's Outpost Restaurant).**

Zululand Historical Museum, Windham Rd, Tel. 035-4742281, Mo–Fr 7–16 Uhr, Sa/So 9–16 Uhr.

Sehenswert ist nebenan im ***Vukani Museum** die große Ausstellung an Korbflechtkunst der Zulu, einige Exponate sind käuflich (Di–Fr 10–16 Uhr, Sa 9-12.30 Uhr).

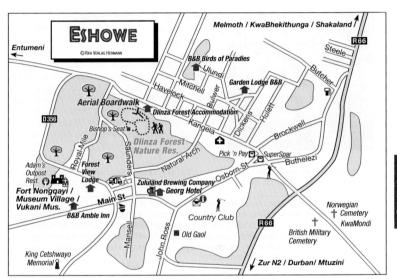

An der **Main Street** kleine Shopping Malls, Supermärkte, Tankstellen und Restaurants. Echtes Highlight für Bierfreunde ist ein Besuch bei der **Zululand Brewing Company,** 36 Main Street, den frischen Gerstensaft schenkt die Bar des dortigen **George Hotel** aus. Das *Ultimatum Pilsner* und *Zulu Blonde* sind nur noch durch das *Broken Paddle IPA* zu übertreffen! Die Zululand Brewing Company ist Teil der *KwaZulu-Natal Brew Route* bzw. der **KwaZulu-Natal Bierroute** (s.S. 94). In der *Thothotho Brewery* in Samungu in der Nähe von Eshowe können Sie traditionelles Zulu-Bier probieren.

Der **Ocean View Game Park** liegt am Südeingang von Eshowe (dem Schild „Businesses" folgen). In der Wald- und Buschlandschaft wurden Zebras, Gnus und Antilopen angesiedelt. Es gibt Wanderwege und Pick-nickplätze.

Dlinza Forest Nature Reserve

Der Dlinza Forest Nature Reserve ist ein 250 ha großes Reservat, das zu besuchen sich wirklich lohnt (Kangela Street, Hinweisschildern folgen). Hauptattraktion ist dort die 125 m lange **Aerial Boardwalk,** eine Stegkonstruktion, die zwischen 10 und 15 Meter Höhe unter und entlang den Wipfeln mächtiger Bäume zu einem 20 Meter hohen stählernen Aussichtsturm führt. Der Wald ist Heimat für sehr viele Schmetterlinge und Brutgebiet von 65 Vogelarten, darunter auch die seltene Fleckengrunddrossel (zu erkennen am schwarzgepunkteten weißen Bauch) und des Gelbstreifen-Grundbülbül. Mit etwas Glück sieht man Kronenadler oder Habichte. Im Busch leben kleine Antilopen, Ginsterkatzen, Affen und Mangusten. Vom Visitor Centre starten und enden auch zwei Forest-Trails. Kleines Visitor Centre mit Broschüren, täglich von 6 bis 18 Uhr (Mai–Aug. 7–17 Uhr), geringer Eintritt, Tel. 035-4744029, www.zbr.co.za/boardwalk.

Information   Eshowe Tourism Office bzw. uMlalazi Tourism Association, Osborn Street, Tel. 035-4733359, mit 24-h-Info-Kiosk. Webseite über www.visitzululand.co.za.

> **Ein guter, kompetenter Veranstalter mit sehr großem Tourangebot** (Guides: Graham Chennells, Walter Cele, Victor Mdluli und Daryn Watkins) und einer erschöpfenden, vollgepackten Website bezüglich der Zulu-Kultur ist **Zululand Eco Adventures,** Tel. 035-4744919, www.eshowe.com, info@eshowe.com. **Kontakthotel: The George Hotel. Internet:** www.visitzululand.co.za/eshowe.html

Unterkunft   Es gibt etwa 15 Unterkünfte im Ort.

Budget: ****The George Hotel / Zululand Backpackers,*** 38 Main St, Tel. 035-4744919, Fax 4742894, www.eshowe.com. Baz Bus-Stopp. In einem Seitenflügel des George Hotels, idealer Ausgangspunkt für Exkursionen ins Umland, viele Programmangebote! Dormitory R80, DZ R200, Camping R55.

Touristic: **Birds of Paradise B&B,** 49 Ulundi St, Tel. 035-4744430, Fax 4744431, Cell 082-5324627, www.birdsofparadise.co.za. Ruhige Lage nahe des Dlinza Forest, sicheres Parken, Pool, Dinner möglich. DZ/F R500.

Camping: **Eshowe Caravan Park,** Saunders St, Tel. 035-4741141; nahe des Dlinza Forest Reserves (Site R30). Unbewacht.

Essen   Wer zur Mittagszeit auf dem Weg nach Shakaland oder Melmoth (an der R66 rechtsseitig) ist, sollte einen Stopp im **Fleurdale Farm Stall & Tea Garde**n einlegen. Herzhafte Gerichte, Teegarten, Curio Shop (auch gute Übernachtungsmöglichkeit), auf Wunsch Dinner. Tel. 035-4742604.

Shembe-Festival in Judea   Das große **Shembe Festival** findet die letzten drei Oktoberwochen in **Judea** statt, 15 Kilometer östlich von Eshowe. Zehntausende weißgekleidete Anhänger dieser Baptisten-Kirche, bei der sich Zulu-Traditionen teils mit christlichem Glauben verbinden, versammeln sich, feiern Open-air-Gottesdienste – barfuß wie Jesus –, lauschen Predigern, singen, tanzen und blasen die „Trompeten von Jericho". Manche der Pilger reisen von sehr weit an. Gründer der *Nazareth Baptist Church* war im letzten Jahrhundert *Isaiah Shembe,* ein Zulu-Heiler. Seine Anhänger glauben, dass er Afrikas Messias war. Mit etwa vier Millionen Gläubigen und 7000 Tempeln ist die Bewegung eine der größten Kirchen im südlichen Afrika. Gegenwärtiger Prophet ist Mbusi Vimbeni Shembe. Die Höhepunkte finden samstags/sonntags statt (Saturday prayer, Sunday traditional ceremonial dance, aber auch unter der Woche einige). Zu verfehlen ist der Versammlungsplatz bestimmt nicht … Geführte Touren mit Zululand Eco Adventures, Tel. 035-4744919 (s.o.)

Abstecher KwaBulawayo Gleich nördlich von Eshowe geht von der R68 Richtung Osten die Schotterstraße P230 ab der man 20 Kilometer folgt. Nichts deutet auf die blutige Geschichte dieser Region hin, stattdessen Zitrusplantagen und Zuckerrohrfelder, kleine Zuluhütten an den sanften Hügeln, rote Aloen. Von der im futuristischen Stil erbauten **Mandawe Church** (linke Straßenseite) ergibt sich ein weiter Blick übers Land. Auf der gleichen Straßenseite, hoch über dem Tal des *Mhlatuze River,* kommt bald danach Shakas Kral **KwaBulawayo** („Ort der Verfolgten"). Von der militärischen Zitadelle ist nichts mehr übrig, es steht nur noch ein kleines Denkmal. Am **Coward's Bush Memorial** (rechte Seite) soll Shaka seine Krieger auf Tapferkeit getestet und feindliche Krieger getötet haben.

Die 66 nördlich weiterfahrend erreicht man bald den Abzweig zum **Shakaland.**

Shakaland

Shakaland, „The Greatest Zulu experience in Africa", wurde als künstliches Dorf und heute für den Film „Shaka Zulu" und die Fernsehreihe „John Ross" in einer pittoresken Landschaft mit Aloen und Mimosenwäldern inmitten der Entembeni-Hügel geschaffen. Besucher können in diesem „Living Museum" erleben, wie traditionelles Bier gebraut wird, Speermacher am Werk sind, wie getöpfert, gewebt, geflochten **(s. Foto)** oder Perlenschmuck hergestellt wird.

Lassen Sie sich die Symbole und Farben der Schmuckstücke erklären.

Kierie nennt man die Stabgefechte, bei denen junge Männer ihre geschickte Kampftechnik demonstrieren.

4 Zululand

Shows
Nandi-Experience ist eine zweimal tägliche, dreistündige Führung mit Schau von 11–14 Uhr oder von 12–15 Uhr. Kosten: ca. R200, inklusive *Cultural Tour* (Bier-Zeremonie, Sangoma, Nyanga etc.) und Lunch. Sie beginnt mit einer audiovisuellen Präsentation über das Leben Shakas, gefolgt von einer geführten Tour durch Shakaland und abschließendem Zulu-Tanz.

Das **Shaka-Programm** ist für Übernacht-Gäste mit eigenem Programmablauf. Reservierung nötig. Abendlicher Höhepunkt ist der Tanz der Zulu im größten „Bienenkorb" des Krals im Schein von Fackeln, begleitet von kraftvollem Trommelrhythmus.

Information
Shakaland, Tel. 035-4600912, Fax 4600824, www.shakaland.co.za. 14 km nördlich Eshowe an der R66/68. Tagesbesuch möglich, Eintritt ca. R200, inkl. Lunch. Programminfo per Telefon ratsam. Restaurant mit Seeblick (probieren Sie die Zulu-Spezialitäten). Floßfahrt auf dem Umhlatuze-Stausee möglich. Treffen mit einem Heilkundigen können arrangiert werden.

Unterkunft
Comfort: **Shakaland Protea Hotel.** Halbpension. Unterbringung in luxuriösen, aber traditionellen Hütten mit ethnischem Interieur (Reservierung für Wochenende und Ferien unbedingt erforderlich). Auf der Website gibt es ab und zu ermäßigte „Special offers".

Übernachtungs-Tipp
Gleich nebenan, am Goedertrouw-Stausee, befindet sich ***iPhiva Floating Chalets and Bush Lodge,** Tel. 035-4600000, Fax 031-5635974, www.wheretostay.co.za/iphiva.htm. Fünf „Floating" Chalets (R750 für vier Personen, Selbstversorgung, Essen kann auch bestellt werden) und acht schöne Chalets an Land (R450 für vier Personen, Selbstversorgung). Wanderwege. Hervorragend für Vogelbeobachtung.

Weiterfahrt
Von Shakaland weiter auf der R66 nach Norden Richtung Melmoth.

Für **KwaBhekithunga** in Nkwalini rechts auf die R34 abbiegen und nach sieben Kilometern wieder rechts; ab der Überquerung der Schienen noch 5 km; gut ausgeschildert.

--------- *Abstecher KwaBhekithunga und Weiterfahrt nach Empangeni* -------

Der besondere Tipp
KwaBhekithunga/Stewarts Farm
Das kleine Dorf **KwaBhekithunga** im Nkwaleni Valley wurde von der Zulufamilie des Chief Mbhangcuza (Thomas) Fakude als persönliches Zuhause gebaut, mit dem Hintergrund, außerdem Gäste einzuladen und sie an den traditionellen Gebräuchen der Zulu teilhaben zu lassen.

Es ist eines der ältesten Zulu-Schaudörfer der Region. Besuchern wird das Leben in einem „Umuzi" (Zulu-Dorf) erklärt, die früher gebräuchlichen und von den Älteren auch heute noch getragene Bekleidung vorgeführt sowie Handwerkskünste wie Hüttenbau und das Korbflechten gezeigt. Es wird ein guter Einblick in die Strukturen eines Familienclans vermittelt. Verschiedene Tänze zu Trommelklang zeugen von der Lebensfreude und dem Temperament der Dorfbewohner, die, nachdem die Gäste sie nach einem sechsgängigen, typischen Zulumahl in einer großen Rundhütte mit selbstgebrautem Bier verlassen haben, wieder ihre Arbeit auf der Farm oder in den Werkstätten aufnehmen. Anmeldung ist unbedingt erforderlich.

Stewarts Farm, auf der sich auch das Restcamp befindet, wurde von Roy & Sonja Newlands übernommen. Es ist das Verwaltungszentrum eines bemerkenswerten Selbsthilfeprojektes, das Handwerk aus dem Umland aufkauft und vermarktet. Der Curio Shop ist gut sortiert.

Anfahrt von Empangeni aus Auf der R34 Richtung Nkwalini. Ca. 6 km vor der Einmündung in die R66 links in eine Naturstraße abbiegen (ausgeschildert), dann noch ca. 5,5 km (Tipp: Auf dieser Strecke lohnt sich ein Stopp beim *Jabulani Craft Centre,* einer Behindertenwerkstätte mit sehr schönen Souvenirs).

Information/ Unterkunft *KwaBhekithunga/Stewarts Farm,* Tel./Fax 035-4600929, Cell 082-3211254, Roy & Sonja Newland, info@stewartsfarm.com, www.stewartsfarm.com. Auf dem Gelände gibt es ein **sehr schönes Restcamp** mit geschmackvollen Rondavels. Noch besser untergebracht ist man in „Beehive Huts", originalen Zuluhütten. Restaurant, Pool. Unterkunft: DZ/F R330 p.P. Dinner+ÜF R450 p.P., SC R200 p.P.

Reservierung/Anmeldung unbedingt erforderlich. Tagesbesucher sind willkommen, sollten sich jedoch vorher nach Zeiten der Vorführung erkundigen, Morning Shows mit Lunch/Getränken R180, Nachmittag- und Abend-Show R150 (o. Essen).

Weiterfahrt *Reisende mit Hauptrichtung **Ulundi/oLundi** fahren zurück nach Nkwalini und auf der R 66 in Richtung Norden/Melmoth. Richtung Empangeni liegt nördlich der R34 die*

Nyala Game Ranch

Diese Ranch liegt nördlich der R34. 1962 gründeten Ian und Richard Scott die erste private Wildranch in Natal. Sicherungszäune wurden um das 500 ha große Gebiet gezogen. Ducker, Schirrantilopen, Warzenschweine und Nyalas gab es bereits, neu angesiedelt wurden u.a. Pinselohrschweine, Impalas, Kudus, Streifengnus und Riedböcke. Breitmaulnashörner durchbrachen immer wieder die Umzäunung und wanderten zurück in ihre Heimat, ins nördliche gelegene Imfolozi Game Reserve. Der Besucher kann von den Fahrwegen Wild beobachten, geführte Wanderungen durch den Busch unternehmen sowie Landschaft und Tierwelt erforschen.

Anfahrt von Empangeni: auf der R34 22 km Richtung Nkwalini. Hinter dem Jabulani Rehabilitation Centre rechts in die D130. Ab da ausgeschildert.

Information Nyala Game Ranch: Tel./Fax 035-7928185. ÜF. Auf Wunsch Mittag- und Abendessen. Tagesbesucher willkommen, Picknickplätze.

Unterkunft: *Mbondwe* und *Hlati Camp:* komfortable, voll eingerichtete Rondavels, kochen über offenem Feuer oder in der Küche (man kann kochen lassen), Pool. *Umvumvu Bush Camp:* in Wildnisgebiet eingerichtete Rustic Huts, wahlweise Selbstversorgung.

4 Zululand

Der exklusive Tipp

Thula Thula

Im Tal des Enseleni River liegt eingebettet **Thula Thula** („friedlicher Ort"). Hier sollen sich Shaka und sein Vater zum ersten Mal begegnet sein.

Dichter Busch, offenes Waldgebiet, Grasland und Savanne bieten ideale Bedingungen für Giraffen, Impalas, Kudus, Wasserböcke, Nyalas, Blessböcke und Schirrantilopen. Einige Breitmaulnashörner wurden angesiedelt, seit 1999 **Elefanten**. Unter den Raubtieren findet man **Leoparden,** Hyänen und Zibetkatzen. 350 Vogelarten besuchen das Naturreservat. Auf 60 km Fahrstraße kann man den 1300 ha großen Park im offenen Pirschwagen oder zu Fuß mit erfahrenen Rangern durchqueren.

Anfahrt von der R34: über Heatonville. Dort weiter geradeaus, über die Eisenbahnlinie; ab da die letzten 10 km ausgeschildert. **Von Empangeni:** Auf der R34 8 km Richtung Melmoth; am Autokino rechts, dann 9 km nach Heatonville; s.o.

Information/ Unterkunft

Thula Thula, Heatonville, Zululand 3881, Tel. 035-7928322, Fax 7928324, www.thulathula.com; francoise@thulathula.com. R140/ Game Drive, R230 oder 265/Game Drive inkl. Mittag- bzw. Abendessen. Tagesbesucher willkommen. **Elephant Safari Lodge,** 7 Luxuschalets der feinsten Art. Ab R1300 inkl. VP und zwei Aktivitäten, wie z.B. Elephant tracking. Hervorragende Küche. Pool, Bar, Lapa mit Blick auf ein Wasserloch.

-------------------------------- *Abstecher Ende* --------------------------------

Weiterfahrt auf der R34 von Eshowe nach Ulundi/oLundi:

Simunye

Simunye („wir sind eins") liegt abgelegen etwa 14 Kilometer östlich der R68 zwischen Ndundulu und Melmoth. In die tief in einem Tal des Mfule River gelegene Zulu-Siedlung mit gutem (Protea)-Hotel gelangt man nur mit einem Geländewagen, per Ochsenkarren oder auf dem Rücken eines Pferdes. Bei letzterer einstündigen Tour fühlt man sich wie in den Pioniertagen Südafrikas. Das eigene Auto bleibt bewacht am Trading Store an der Hauptstraße zurück. Abholung von dort runter ins Dorf täglich um 15.30 Uhr.

Vorherige Anmeldung unbedingt nötig bei *Protea Hotel Simunye Zulu Lodge,* Tel. 086-1119000, reservations@proteahotels.com, www.proteahotels.com. Simunye in Melmoth: Tel. 035-4503111

■ *Das Flusstal von Simunye*

Die 18 riedgedeckten Steinbungalows schmiegen sich an die Hanglage und sind stilvoll-afrikanisch ausgestattet, jeder besitzt als Bad einen eigenen klei-

nen Felsenpool. Der in Fußnähe über dem flachen Fluss gelegene kleine Zulu-Umuzi mit den netten Bewohnern des hier schon lange siedelnden Biyela-Clans bietet bei einem Abend- und Morgenprogramm authentische Einblicke sowohl in die traditionelle wie auch gegenwärtige Kultur der Zulu.

Essen unter dem Sternenzelt, Zulutänze, Trommelklänge und ein Lagerfeuer lassen ein altes Stück Afrika auferstehen.

Simunye-Foto s.S. 71

Das zentrale Zululand

Historisches Das alte Reich der Zulu mit König Cetshwayo und seiner Residenzstadt Ondini fand am **4. Juli 1879** in der Schlacht von Ulundi sein Ende. Etwa 4000 schwerbewaffneten britischen Rotjacken standen schätzungsweise 15.000 Zulu gegenüber. Drei Kilometer vom heutigen Ulundi/oLundi entfernt erlitten Cetshwayos *impis* eine vernichtende, endgültige Niederlage (s.u). Nach ihrem Sieg legten die Briten Ondini in Schutt und Asche, tagelang soll es gebrannt haben.

König Cetshwayo gelang die Flucht nach Norden zum Ngome Forest. Einen Monat später wurde er von den Briten gefangengenommen, nach Kapstadt gebracht und im Kastell gefangengehalten. Nach der bewährten „Teile-und-herrsche"-Methode zerlegten die Briten dann das Zululand in dreizehn separate Häuptlingsdistrikte unter ihrer Oberaufsicht, mit der Folge, dass es 1882

zwischen Anhängern und Feinden Cetshwayos zu einem Zulu-Bürgerkrieg kam. Aus Sorge um die sich verschlimmernden Zustände ließen die Briten Cetshwayo frei und erlaubten ihm nach London zu reisen. Seine Audienz bei Königin Viktoria im August 1882 glich einer Sensation. Cetshwayo bat um Rückkehr ins Zululand als König, was ihm im Januar 1883 mit der Verpflichtung erlaubt wurde, Frieden zu wahren und nur in einem

■ *Der von den Briten gefangengenommene Zulu-König Cetshwayo*

begrenzten Gebiet zu regieren. Im Februar 1884 wurde er in Eshowe von seinen eigenen Leuten vergiftet, sein fünfzehnjähriger Sohn Dinuzulu folgte ihm als neuer König. 1887 wurde das Zululand zur britischen Kronkolonie erklärt.

Melmoth

Der kleine Ort am Mfule River ist eine britische Gründung und hat seinen Namen nach *Melmoth Osborn.* Es ist eine kleines land- und forstwirtschaftliches Zentrum. Die Umgebung bietet einige Outdoor-Aktivitäten wie Reiten, Wandern oder Jagen. Die *Tourist Information* ist in der Reinhold Street, Tel. 035-4507572. Es gibt ca. 10 Unterkünfte, z.B. die *Golf View Lodge B&B,* Leitch Drive, Tel. 035-4502476.

Hinter dem Ort zweigt die R68 in die Battlefields ab. Bleiben Sie auf der R34.

Ophathe Game Reserve

Dieses wildreiche Reservat passiert man bei der Anfahrt nach Ulundi/ oLundi, der Eingang ist ausgeschildert. Es umfasst ein Gebiet von über 8000 ha am südlichen Ufer des White iMfolozi. Gegründet wurde es 1991 zum Schutz des Spitzmaulnashorns. Erkunden kann man es auf 28 km Gravel-Straßen, der östliche Teil nur für 4x4-Fahrzeuge (8–17 Uhr, R15). Im Reserve liegt auch die Stätte des Schlachtfelds von Ophathe 1838.

4 Zululand

Ulundi/oLundi

Das gesichtslose und wirklich unattraktive, weit auseinandergezogene oLundi war in Zeiten der Apartheid Hauptstadt des Homelands KwaZulu. Nach der demokratischen Wende 1994 wurde sie Hauptstadt der neuen Provinz KwaZulu-Natal mit Sitz von Parlament und Regierung, doch alle politischen Funktionen gingen alsbald voll auf Pietermaritzburg über. Nach wie vor ist sie aber Heimstatt des derzeitigen Zulu-Königs *Goodwill Zwelethini* (s.S. 61, „Monarch ohne Macht").

Westlich der Straße R66 befindet sich auf einer Anhöhe das ehemalige *Legislative Assembly Building* mit einer **Shaka-Statue.** Im Innern sind die kunstvoll gewebten Wandteppiche, die die Geschichte des Zuluvolkes erzählen, sehenswert. Nicht weit davon entfernt befindet sich mit *Nodwengu* das Grab des Zulu-Königs *Mpande,* Vater von Cetshwayo.

Information: *oLundi Tourism,* Princess Magogo Street/Ecke King Zwelethini St, Tel. 035-8700034, und *Zululand Tourism,* gleiche Straße, Tel. 035-8700812; oLundi hat einen Airport.

Wesentlich sehenswerter ist das **KwaZulu Cultural Museum im Ondini Historic Reserve.** Deshalb erst gar nicht nach oLundi reinfahren, sondern nach der Shell-Tankstelle rechts auf der R66 bleiben, nach ca. 3 km rechts abbiegen, Richtung Hluhluwe-Imfolozi Park (P700).

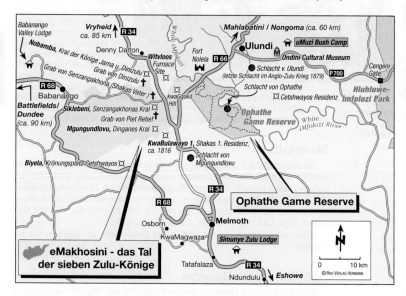

Battle of Ulundi 1879	Man passiert das **Ulundi Battlefield-Denkmal** (linke Seite), ein kleines mit einer Kuppel und einem Kreuz versehenes Steingebäude. Inschriften und eine Erklärungstafel erinnern es an die ungleiche Schlacht am 4. Juli 1879, die keine Stunde dauerte. Die 4165 Briten unter *Lord Chelmsford* hatten von den Buren gelernt: Zusammen mit ihrer 1152 Mann starken

schwarzen Hilfstruppe formierten sie sich zu einem engen Rechteck und hielten mit ihren mit Schrot geladenen Kleinkanonen voll auf die anstürmenden Zulu. Ein berittener Ausbruch streckte den Rest der Flüchtenden nieder. Die Briten verloren nur 12 Mann und hatten 70 Verletzte, beim etwa 20.000 Mann starken Zulu-Heer fielen 1000 bis 1500 Krieger.

Nach ca. vier Kilometern kommt links das Gate zum Ondini Site Museum (mit privatem *uMuzi Bushcamp*, s.u.)

KwaZulu Cultural Museum u. Ondini Historic Reserve

Es erwarten Sie zwei interessante kleine Museen sowie die Rekonstruktion der Residenzstätte von König *Cetshwayo kaMpande*, **Ondini** („kam"meint „Sohn des Mpande"). Beide Museen sind Mo–Fr 8–16 Uhr geöffnet, Sa/So 9–16 Uhr, gesch. Weihnachten und Karfreitag, Eintritt R15, Curio Shop, Tel. 035-8702050.

Das **KwaZulu Cultural Museum** widmet sich ganz der Geschichte, Kunst und Kultur der Zulu, zeigt interessante Displays, Karten, Bilder und Dokumente. Interessante Addo-visuelle Vorführung. Erhältlich sind Broschüren und Souvenirs. Kaufen Sie sich für den Rundgang von Ondini einen kleinen Führer, es gibt ihn auch auf Deutsch. Die Nummern in dem Heft entsprechen denen auf den Tafeln vor den Hütten.

Das nicht weit entfernte **Ondini Site Museum** beschäftigt sich gleichfalls mit der Zulu-Geschichte, mit Cetshwayo (Regierungszeit 1872–1884) und seiner Residenzstadt Ondini. Für deren Besichtigung müssen Sie einen kurzen Fußmarsch antreten. Beachten Sie zuvor das Ondini-Modell bei Cetshwayos Statue **(s. Foto)**, das die Ausmaße und Größenverhältnisse Ondinis veranschaulicht.

Der „erhabene Platz", was Ondini bedeutet, wurde 1873 errichtet, aber wie erwähnt, nach der Schlacht von Ulundi am 4. Juli 1879 von den Briten niedergebrannt. Eine große Anzahl der gewaltig großen, igluförmigen Zuluhütten sind fertiggestellt. Was rekonstruiert ist, umfasst aber nur Cetshwayos *umuzi* (Wohnbereich), den Kälberpferch und den oberen Teil des Bezirks der Kriegerhütten.

4 Zululand

■ *Gewaltig große Zuluhüten in Ondini*

Durch das Feuer verbackten die Lehmböden der Hütten, was es den Archäologen leicht machte, die Grundrisse zu erkennen und Funde zu sichern. Alles blieb über hundert Jahre unberührt, da die Zulu-Tradition es verbietet, königlichen Grund ein zweites Mal zu überbauen.

Ondini wurde in seiner Gesamtheit in ovaler Form errichtet, umschlossen und geschützt durch Dornensträucher-Palisaden. Das durch einen weiteren Zaun abgetrennte Gebiet des Königs heißt *isigodlo*. Das im unüblich rechteckigen Stil erbaute schwarze Haus im Zentrum, *indlu mnyama*, wird flankiert von Cetshwayos privater *indlunkula* und vom Haus für Staatsgeschäfte, *eNkatheni*. Das *isigodlo* war heilig und zugleich tabu für andere Bewohner.

Unterkunft   *Touristic:* Holiday Inn Garden Court, Princess Magogo St, Tel. 035-8701012, Fax 8701220. Mit Restaurant.

Budget: Das empfehlenswerte ***uMuzi Bushcamp** befindet sich im Gelände der Ondini Heritage Site und liegt somit ideal (Hinweisschild beachten). Diverse Rundhütten in traditionellen Zulu-Bauformen. Buchung/Infos Tel. 035-8702500, Fax 086-6067025, Cell 082-4617860, www.tintasafaris.co.za. Hütte mit 2 Betten, Bad u. TV, R495 mit Frühstück. Dinner zu empfehlen, R75. Auch Durchführung von Touren zu Umgebungszielen.

Anfahrt mit Baz Bus: Von Durban Mo, Mi und Do bis Eshowe (George Hotel), dann Abholung möglich. Greyhound bis Melmoth.

eMakhosini Ophahte Heritage Park

Emakhosini, das „Tal der Könige", liegt 20 Kilometer südwestlich von oLundi (Anfahrt: von der Gabelung R34/R66 ca. 3 km auf der R34 hügelaufwärts zum „Spirit of Emakhosini Monument").

Dem 20.000 ha große „Heritage Park" (2001 kam der 8000 ha große Ophahte Game Park dazu) messen viele patriotisch gesinnte Zulu – wie schon der Parkname „Heritage/Erbe" impliziert – schicksalhafte, wenn nicht gar eine heilige Bedeutung zu, weil im Emakhosini-Tal zahlreiche historische Zulu-Stätten, Residenzen und Gräber von sieben Zulukönigen zu finden sind. All diese kleinen Gedenkstätten zu besichtigen – meist nur einfach Grabsteine und kleine Steindenkmäler – erfordert viel Zeit und gegebenenfalls auch einen Führer, noch ist vieles nicht ganz fertiggestellt bzw. zugänglich.

Eindrucksvoll ist jedenfalls die 2003 errichtete Skulptur **„The Spirit of Emakhosini",** ein großer, traditioneller und symbolischer Zulubier-Behälter aus Bronze auf einem Ring ruhend, umgeben von sieben mächtigen Tierhörnern und Stoßzähnen, die die sieben Zulukönige symbolisieren. Schöne Sicht ins Emakhosini-Tal (8–16 Uhr, Toiletten).

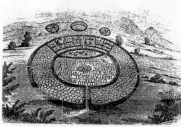

Sehenswert ist weiterhin das rekonstruierte **uMgungundlovu (s. Abb),** Dinganes königliche Residenz („Platz des großen Elefanten"). Sie hatte eine Größe von etwa 500 Meter Breite und 600 Meter Länge und bestand aus über 1500 bienenkorbförmigen Zuluhütten, in denen bis zu 7000 Menschen lebten. Nach der Niederlage der Zulu am

Blutfluss 1838 und seiner Flucht danach ließ Dingane uMgungundlovu niederbrennen. Heute ist sie in Teilen als ein Freiluft-Museum ausgegraben und restauriert und besitzt ein **Interpretation Centre** mit einer eindrucksvollen Multimedia-Show über Aufstieg und Niedergang der Kultur der Zulu im 19. Jahrhundert (Mo–Fr 8–17 Uhr, Sa/So 9–16 Uhr, geschl. Weihnachten u. Karfreitag. Eintritt R15, Führungsblatt fürs Tal, Curio Shop, Toiletten, Guides. Info-Tel. 035-8705000).

Im Emakhosini-Tal wurde **Shaka** ca. 1875 geboren. Gräber gibt es von seinen königlichen Vorfahren Nkosinkulu, Phunga, Mageba, Ndaba, Jama und Senzangakhona. Senzangakhona war der Vater der drei berühmtesten Zulukönige Südafrikas, nämlich *Shaka, Dingane* und *Mpande.* Es war auch in diesem Tal, wo Shaka seine erste königliche Residenz erbaute, *KwaBulawayo.* **Dingane (s. Abb.),** Shakas Halbruder und sein späterer Mitmörder, erbaute sich hier das oben erwähnte *uMgungundlovu. Dinuzulu,* Nachfolger von Cetshwayo und König von 1884–1913, liegt gleichfalls im Tal begraben. Es existiert außerdem die Grabstätte bzw. das 1922 auf dem „Hill of Execution" erbaute Monument für den auf Geheiß von Dingane im Februar 1838 ermordeten Voortrekkerführer **Piet Retief.** Am Fuße des Denkmals liegen in einem Massengrab Retiefs Leute. (Der Execution Hill heißt auch *KwaMatiwane,* weil dort der Führer der Ngwane-Zulu, *Matiwane,* 1829 mit seinen Leuten zum Tode befördert wurde.)

■ *Dingane*

Weitere Zulu-Stätten sind *Siklibeni* (Senzangakhonas Grabstätte), *Nobamba* (Grabstätte der Könige Jama und Phunga – es ist die heiligste im Tal), *kwaGqokli Hill* (Kampfstätte, wo Shaka 1818 seinen Erzrivalen Zwide von den Ndwandwe besiegte) und *Nolela,* ein Fort aus dem Anglo-Zulu Krieg. Auf www.heritagekzn.co.za können Sie sich alles ansehen.

Weiterfahrt Nach dem Besuch oLundis eröffnen sich für die Weiterfahrt drei Hauptmöglichkeiten: Die nächstliegende wäre die Weiterfahrt **zum Hluhluwe-Imfolozi Park,** zum Westtor *Cengeni Gate,* bis dahin sind es auf guter Straße nur 30 Kilometer. Hluhluwe-Imfolozi Park s.S. 271.

Möchten Sie noch zusätzlich ländliches Zululand erleben, fahren Sie auf der R66 hoch nach **Nongoma,** was sich besonders im September empfiehlt, wenn dort in der Gegend das Reed Dance Festival ansteht. Danach zum **Ithala Game Reserve** und über Vryheid und Blood River nach Dundee (Endumeni).

Dritte Möglichkeit, zu den **Battlefields:** von oLundi durchs eMakhosini Valley zur R68 (Piste) bis **Babanango,** in Nqutu abbiegen zu *Isandlwana* und *Rork's Drift* oder weiter nach Dundee (Endumeni) für Blood River.

Der exklusive Tipp

Babanango Nature Reserve

Zwischen den Hügellandschaften westlich von oLundi, die sich eher durch eintönige Zuckerrohr- und Eukalyptusplantagen auszeichnet, liegt völlig unerwartet ein kleines Paradies von außergewöhnlicher Schönheit, nämlich das *Babanango Private Nature Reserve.* Das 8000 ha große Reservat umfasst das Babanango Valley, ein Tal, das liebliche Hügel flankieren. 20 Kilometer lange Wanderwege durchziehen das Gebiet, auf dem viele Tiere, wie Antilopenarten – darunter Kudus, Nyalas, Gnus und

4 Zululand

Bergriedböcke –, eine Heimat gefunden haben. 255 Vogel- und 152 verschiedene Baumarten gibt es hier. Beliebte Aktivitäten hier sind Wandern und Reiten (auch für Anfänger geeignet).

Sehr zu empfehlen ist ein Besuch im Zuludorf, in dem man einen ganzen Tag inmitten der Dorfbewohner verbringen und an ihrem traditionellen Leben teilhaben kann.

Anfahrt: Von Süden (Melmoth) auf der R68 kommend, 4 km hinter/westlich Babanango, Abzweigung D139, ausgeschildert. Noch 12 km auf sandiger Farmstraße Richtung Norden.

Information/Unterkunft: Babanango Valley Lodge, Tel. 035-8350062, Fax 8350160, www.babanangovalley.co.za. Sehr komfortabel, gute Küche (HP und VP), Pool. Eine günstigere Alternative ist das *Rockpool Camp (Safarizelte) direkt an einem kleinen Bach gelegen. Ebenfalls HP oder VP.

Im nördlichen Zululand

Nongoma

Nongoma wurde 1888 gegründet und war Sitz eines Friedensrichters im Grenzgebiet der sich damals heftig bekriegenden Zulustämme der *uSuthu* and *Mandlakazi*. Er sollte zwischen den beiden Gruppen vermitteln, mit dem Resultat, dass eine der beiden Kriegsparteien die kleine Siedlung niederbrannte. Heute ist Nongoma ein geschäftiges Handelsstädtchen. 30 km westlich liegt die *Ntendeka Wilderness Area* (Ngome Forest), s.u. Die **Tourist-Information** ist in der Main Street, Tel. 035-8310004.

Zulu Reed Dance-Festival (Ncema Festival)

Alljährlich am ersten (oder zweiten) Samstag im September (2009: 5. Sept.) versammeln sich vor der königlichen Residenz *eNyokeni* und vor Zulukönig Goodwill Zwe-

lethini mehr als zehntausend Jungfrauen aus der gesamten Provinz, um das traditionelle *Ncema*-Fest (Riedgras-Fest) zu begehen (auf isiZulu: *Umkhosi woMhlanga*). Höhepunkt ist das Defilee der barbrüstigen *maidens,* bei dem sie mit hochgehaltenem Schilfrohr, angeführt von der Prinzessin des Könighauses – Mädchen mit roten Federn im Haar zählen zur Königsfamilie – vor dem König tanzen und singen, bis dieser schließlich selbst mittanzt. Zuvor wurden die Mädchen von älteren Frauen des königlichen Hofes ausführlich auf ihre zukünftige Rolle als Frau und Mutter vorbereitet und sie in die Regeln und Gebote der Zulu-Tradition eingeführt. Frühere Zulu-Könige erwählten sich dabei eine neue Frau. Es ist das farbenfrohste und authentischste Fest der Zulu-Nation. Weiße Touristen sollten an diesem Tag auf Shorts besser verzichten.

Geführte Touren zum Reed Dance-Festival arrangiert *Zululand Eco Adventures* in Eshowe, Kontakthotel *The George Hotel,* Tel. 035-4744919, www.eshowe.com (s.S. 244). Tagestour ca. R500. Bei Anfahrt mit eigenem Pkw und Treffen vor Ort reduziert sich der Preis.

Unterkunft **Nongoma Lodge,** Lot 21, Masson Street, Tel. 035-8310667 od. 8313022, Fax 8310002, www.nongomalodge.co.za (mit Infos über das Reed-Festival, Ngome Forest u.a.). Große, schöne Anlage mit 10 Rondavels und 10 modernen Zimmern, gute Küche. Preise a.A.

Weiterfahrt Etwa 8 km nördlich liegt an der R66 **eNyokeni,** einer der Sitze des Zulukönigs. Dort findet das inzwischen weit über die Grenzen KwaZulu-Natals hinaus bekannt gewordene **Zulu Reed Dance-Festival** statt (s. Kasten).

Ntendeka Wilderness Area (Ngome Forest)

Wer mit Zelt die üblichen Touristenrouten verlassen möchte, Einsamkeit sucht und auf Komfort verzichten kann, ist in der *Wilderness Area* von Ntendeka richtig. Auf zahlreichen Trampelpfaden erobert man abenteuerlich die Landschaft vom Campingplatz aus. Der Wald zählt zu den bedeutendsten Naturschutzgebieten seiner Art. Er kombiniert Küstenwald mit tropischen Arten (sehr selten). 19 der 42 Orchideenarten Südafrikas kann man hier entdecken, ebenso wie 200 Vogelarten. In diesem Wald versteckte sich einst Chief *Mzilikazi,* vor Shaka. Shaka nahm die Verfolgung auf und Mzilikazi floh mit seinen Leuten weit nach Norden in den späteren Transvaal, wo er das Reich der *Matabele* begründete.

Anfahrt: Liegt zwischen Nongoma und Vryheid an der R618, ausgeschildert. **Information, Unterkunft:** *Ngome State Forest,* The State Forester, Private Bag X9306, Vryheid, 3100, Tel. 034-9671883. Campingplatz für maximal 24 Personen, Toilette, kalte Dusche, Wassertank, Grillstellen mit Feuerholz.

Weiter westlich der Ntendeka Wilderness Area liegt das *Thangami Mineral Spa und Game Reserve,* Beschreibung s.S. 329.

Mkuze Falls Private Game Reserve

Das 8500 ha große, private und sehr teure *Mkuze Falls Private Game Reserve* (nicht zu verwechseln mit dem *uMkhuze Game Reserve* östlich der N2) ist Heimat von Löwen, Elefanten, Breitmaulnashörnern, Büffeln, Flusspferden, Geparden, Krokodilen, Hyänen, Giraffen und jeder Menge Antilopen, die man auf morgendlichen Safaris oder Pirschfahrten oder in den späten Nachmittags- und frühen Abendstunden beobachten kann. 400 verschiedene Vogelarten leben in den Feuchtgebieten. Sehr pittoresk sind im Park die Mkuze Falls.

Anfahrt: über die R66 zwischen Pongola (uPhongolo) und Nongoma, Zufahrt ausgeschildert. Ab der Abzweigung Richtung Westen noch 2 km auf Schotterpiste bis zum Haupteingang.

Information, Unterkunft: *Mkuze Falls Private Game Reserve,* Tel. 034-4141018, Fax 4141021, www.mkuzefalls.com. Übernachten in der *Mkuze Falls Game Lodge,* auf einem Hügel oberhalb der Wasserfälle, in Chalets oder in *Luxury East African Style Safari Tents* im „Hemingway-Stil". R2580 p.P., inkl. VP und aller Aktivitäten. Pool, sehr gute Küche.

Übernach- **Tugam Game Farm,** an der R69 Richtung Louwsburg, bald nachdem die R69
tungs-Tipp von der R66 abgezweigt ist nördlich der Straße, Tel. 034-4131405, Cell 082-
auf der 9909807, Quartus & Cobie Botha, www.tugam.co.za.
Fahrt zum Selbstversorgung in diversen schönen Räumlichkeiten im Hauptcamp oder
Ithala Game den zwei Buschcamps. 75 Kilometer 4x4-Strecke. 900 ha großes Wildgebiet
Reserve am Fuß der Magudu Hills.

4 Zululand

**Der beson-
dere Tipp**

Ithala Game Reserve

  Das fast 30.000 Hektar große *Ithala Game Reserve* im Norden KwaZulu-Natals gilt als ein Juwel unter den südafrikanischen Parks. Die beeindruckenden Landschaftsformen bestehen aus hügeligem Grasland, tiefen Tälern, zerklüfteten Flusseinschnitten und offenem Bushveld. Letzteres nimmt etwa ein Viertel der Parkfläche ein. Bedingt durch die Höhenlage zwischen 400 und 1400 Meter können die Temperaturen im Winter recht tief absinken. Neun kleinere Flüsse entspringen in Reservatsnähe und fließen in den *uPhongolo River,* der die Nordgrenze des Reserves bildet. Weil etwas abgelegen, ist der Besucherandrang weit weniger stark als beim Hluhluwe-Imfolozi Park.

■ *Restaurant-
Terrasse des
Hauptcamps
Ntshondwe.
Die Wand zeigt
die bunten Stein-
arten des Parks*

  Die geologische Vergangenheit dieser Region kennzeichnen Schiefer- und Quarzitschichten die von den späteren Karoo-Formationen überlagert wurden (zu sehen auf dem *Ngubhu Loop*). Erdverschiebungen und Erosion brachten so eine Landschaft hervor, die durch weißgebänderte Sandstein-, dunkle Dolorit- und Granitklippen, bunte Felsen, eisenhaltige und verwitterte Steinansammlungen und riesige Quarzblöcke einzigartig ist. Durch die unterschiedliche Bodenbeschaffenheit entwickelten sich über 900 Pflanzenarten, darunter 320 der knapp 800 Baumarten KwaZulu-Natals.

Im Park leben vier der Big Five: Büffel, Elefanten, Breit- und Spitzmaulnashörner, Leoparden – aber keine Löwen. Besonders häufig sieht man Antilopen (Impalas bzw. Schwarzfersenantiliopen), Giraffen, Kudus, Streifengnus, Zebras und Warzenschweine. Des weiteren finden hier Oribis, Halbmondantilopen (Tsessebe), Elands, Hyänen und viele andere Spezies, inklusiv etwa 100 Amphibien und Reptilien, ideale Lebensbedingungen. Es gibt 310 Vogelarten, darunter Afrikanische Binsenrallen, fünf verschiedene Adlerspezies, Schwarz- und Sattelstörche, Nachtreiher und Frankoline.

Historisches San haben Zeichnungen im östlichen Teil des Reservates hinterlassen. Auf ihrem Rückzug vor den Kriegern Shakas suchten die Flüchtlinge Schutz in Ithalas Klippenhöhlen, Spuren ihrer Anwesenheit sind noch heute zu sehen. Seit 1884 besiedelten Buren das Land, im gleichen Jahr hatte Zulukönig Dinuzulu mehr als eine Million Hektar den Buren überlassen, für die Dienste seiner 115 Mann starken burischen Söldnertruppe, die er engagiert hatte. Mit diesem Land gründeten die Buren anschließend ihre „Nieuwe Republiek" mit der Hauptstadt Vryheid (s.S. 328).

Intensive Jagd und die Rinderpest 1896 rotteten das Wild nahezu aus, nur wenige Farmen überlebten. Anfang des 20. Jahrhunderts fand man Gold in den heute geschlossenen Wonder- und Ngotshe Mines. 1973 übernahm Natal Parks Board die Aufsicht. Bodenerosion durch Überweidung hatte weite Teile zerstört, der Tierbestand war auf 25 Säugetierarten geschrumpft. Der heutige Zustand des Reservates ist eine großartige Leistung der Naturschützer. Einige Geschichtsstationen und andere interessante Dinge zu Fauna und Flora im Park zeigt das kleine Museum bei der Rezeption.

Unterwegs im Park

Vom Hauptcamp aus beginnen ausgeschilderte **Wanderwege,** ebenso ein 10 Kilometer langer Trail vom *Ngubhu Loop* aus, die man alle auf eigene Faust erkunden darf. Empfehlenswert ist eine geführte Wanderung, die, wenn man Glück hat, recht nah an Nashörner heranführt.

Auf den angelegten Fahrstraßen sind besonders lohnenswerte Punkte in der **Broschüre** für Autofahrer markiert, erhältlich im Curio Shop. Beste Beobachtungsstellen: Die Umgebung des *Airstrips* mit den seltenen Halbmondantilopen und Breitmaulnashörnern.

Auf dem nördlichen Teil des 30 Kilometer langen *Ngubhu Loop* trifft man auf Gnus, Zebras, Elands, Warzenschweine und manchmal auf Nashörner. Im westlichen Teil des Loops leben Giraffen, die Wahrzeichen des Parks. Das Gebiet des *Amphitheatre* im südlichen Teil dieses Rundfahrwegs bietet meist Spitzmaulnashörner, Kudus und Riedböcke. Mit einem Fernglas lassen sich Klippspringer, Adler und Glattnacken-Ibisse ausmachen, die in den Felsen ihre Nester bauen.

Interessant auf dem Ngubhu Loop ist ein **Marula-Baum** *(Sclerocarya birrea),* um den sich viele Geschichten ranken. Die Frucht wird zur Herstellung alkoholischer Getränke verwendet (Marula-Likör ist eine südafrikanische Spezialität), aber auch Elefanten, Affen und andere Tiere lieben die Früchte, besonders wenn sie angefangen haben zu gären. Dann kommt es mitunter zu ulkigen Szenen. Auch die Nüsse sind essbar und für die Tierwelt eine wichtige Nahrungsquelle. Dem Menschen dient der

4 Zululand

■ *Immer die beste Übersicht*

Baum als Heilpflanze. Die Zulu glauben, dass man mit seiner Hilfe das Geschlecht der Nachkommen bestimmen kann, dazu bedient man sich der Rinde eines männlichen oder weiblichen Baumes. Für sie symbolisiert der Marula Fruchtbarkeit, Einfühlungsvermögen und Sanftmut.

Ein näherer Blick lohnt sich auf einen der großen **Termitenhügel**. Termiten gehören der Familie der Küchenschaben an. Jede Kolonie ist ein eigenständiges Gebilde und beherbergt vier Arten von Bewohnern: Arbeitstermiten sorgen für den Bau, Nahrung und Fütterung der anderen. Soldaten sind ausschließlich für den Schutz vor Feinden – vor allem Ameisen – zuständig. Nymphen kennen wir als „fliegende Ameisen", sie schwirren aus und gründen neue Kolonien. Der König lebt mit der Königin, die 12 Zentimeter Größe erreichen kann und täglich über tausend Eier legt, tief im Termitenbau.

Punkt 17 der o.g. Broschüre kennzeichnet einen großen Sandsteinhügel, einst Teil des Berges, die Abbruchstelle ist noch zu erkennen. Er wird von den Einheimischen „mVankali" genannt, denn dahinter verbirgt sich ein großer natürlicher Schacht, in den man einst Bösewichte geworfen hat. Heute leben dort Fledermäuse.

Information   Geöffnet Nov–Febr (Sommer) 5–19 Uhr, März–Okt (Winter) 6–18 Uhr. Office: 8–19.30 Uhr. Distanz vom Gate zum Camp: 8 km/15 Min. Camp-/Reception-Tel. 034-9832540, Fax 9832566, ntshondwe@kznwildlife.com. Check out 10 Uhr, Check in 14 Uhr. Eintritt *Day visitor* R40, Kinder R20, Wagen R30. *Late entry*-Gebühr R200 pro Wagen. Sie erhalten ein Faltblatt mit Camp-Plan und allen wichtigen Hinweisen, z.B. dass Schwimmen im uPhongolo River wegen Krokodilen nicht gestattet ist.

Gut sortierter Laden (dennoch ratsam, sich mit Lebensmittel und Feuerholz außerhalb des Parks einzudecken, nächster Versorgungsort Vryheid, 70 km). Wohnwagen sind im Park nicht zugelassen.

Anfahrt   Von der R69, Louwsburg, ausgeschildert. Nur eine Zufahrt, Entrance Gate *Mvunyane*.

Hauptcamp   Das Hauptcamp heißt **Ntshondwe** mit Information Centre und einem kleinen Naturkundemuseum (im Gebäude zuvor). Restaurant geöffnet 7–9 u. 18.30–21 Uhr, Abendessen reservieren, Bar, Coffee Shop 10–18 Uhr (Bar ab 16.30, Sa/So auch 12–14.30 Uhr). Benzin und Diesel erhältlich.

Walks & Drives   **Guided Walks,** 2–3 Std. Dauer, sommers 6–8 u. 15–18 Uhr, winters 7–9 u. 14–15 Uhr, an der Rezeption zu buchen, einen Tag im Voraus.

Day and night drives, Tag- und Nachtpirschfahrten, werden mit offenen Geländewagen durchgeführt, beim Ntshondwe Camp Office zu buchen.

Mit dem eigenen Wagen   Ithala kann auf den sog. *Self-guided Auto Trails* auf einem etwa 70 km langen Straßennetz erkundet werden (bei Regen Vierradantrieb vorteilhaft). Unterwegs gibt es an interessanten Punkten Marker. Die *Picnic Sites* liegen an schönen Stellen und eignen sich gut zur Tierbeobachtung. Sie haben alle Grillstellen und Toiletten.

Unterkunft

Reservierungen (außer Camping) über KZN Wildlife, The KwaZulu-Natal Nature Conservation Service, P.O.Box 13069, Cascades, Pietermaritzburg 3202, Tel. 033-8451000, Fax 033-8451001, www.kznwildlife.com, bookings@kznwildlife.com (mit Fotos der Unterkünfte).

Hinweise: Im Winter Chalet mit einem Heizkamin buchen. Ist alles belegt, könnte man auch außerhalb des Parks in den vier, fünf Hotels in *Louwsburg* unterkommen.

Ntshondwe Camp
Ithalas Main Camp liegt schön am Fuße der Ngotshe Mountains. Insgesamt 67 Chalet-Arten mit diverser Bettenzahl, SC und Non-SC, rund um das Visitor Centre und sich die Anhöhe hinaufziehend. Mit Pool und Conference Centre. Die exklusive *Ntshondwe-Lodge* liegt fantastisch, hat Platz für 6 Gäste in drei Schlafzimmern mit Bädern. Kleiner Pool, Sun deck und Barbecue-Bereich. Self catering, aber mit Service durch einen Attendant und einen Koch, der Ihr Mitgebrachtes zubereitet.

Mhlangeni Bushcamp
Das Mhlangeni Bushcamp liegt im Osten des Parks, 5 Zweibett Units für 10 Gäste. Schöne Aussicht vom Sun deck. Selbstversorgung, Guide für Game walks vorhanden (Voranmeldung).

Mbizo Bushcamp
Mbizo, Thalu und *Doornkraal Campsite* liegen zusammen im Westen des Parks. Nahebei fließen die Flüsse Ngubhu und Mbizo zusammen, Baden erlaubt. Zwei hölzerne Bush Chalets für je vier Gäste, jeweils mit Küche und Aussichtsdeck. Preis einschließlich Services und einem Tour Guide.

Thalu Bushcamp
Thalu liegt am Thalu-Fluss mit großem River-Pool, Schwimmen erlaubt. Für vier Gäste in zwei Schlafzimmern, Küche, Lounge und Viewing deck. Preis einschließlich Services und einem Tour Guide.

Camping
ist möglich in der *Doornkraal Campsite,* Reservierung über die Ithala-Reception (Tel. und eMail s.o.), dort müssen sich Campierende bis spätesten 16 Uhr anmelden.

Camp	Übernachten in …	Preis p.P.	Minimum
Ntshondwe	1 6-Bett Luxury Lodge	R660	R1980
	4 2-Bett Chalets	R420	R420
	21 2-Bett Chalets	R420	R420
	12 4-Bett Chalets	R420	R840
	1 6-Bett Chalets	R420	R1260
	28 2-Bett non-self-catering Units, Dinner/ÜF-Option auf Anfrage	R392	R392
Thalu Bushcamp	1 4-Bett Bush camp	R340	R680
Mbizo Bushcamp	1 8-Bett Bush camp	R340	R1360
Mhlangeni	1 10-Bett Bush camp	R340	R1700
Doornkraal Campsite	für max. 20 Personen, nur kalte Duschen. Camping-Gebühr + Gate entry	R60	

Hinweis: Fortsetzung der **Großen Rundreise 2** bei Vryheid, s.S. 328.

---------------------- *Ende zentrales und nördliches Zululand* ----------------------

4 Zululand

Hinweis: Hier beginnt die Fortsetzung der Reise entlang der N2 Richtung Norden ab der Dokodweni Toll Plaza (s.S. 242):

Mtunzini und Umlalazi Nature Reserve

emthunzini meint auf isiZulu „Ein Platz im Schatten", der für diesen netten Ort auf einer Anhöhe beim Meer und innerhalb eines unberührten Küstenwaldes passend ist. Hier lebte einst der Schotte *John Dunn*, erster Europäer in diesen Gefilden, ein Händler und Elfenbeinjäger, der von König Cetshwayo Land bekam. Dunn integrierte sich so in das Leben der Zulu, dass man ihn als eine Art Häuptling anerkannte, und so wurde er Südafrikas einziger weißer Zulu-*Inkosi.* Er freite 48 Zulufrauen, die ihm 117 Kinder schenkten. 1895 starb er mit 61 Jahren. Seine Nachkommenschaft soll heute über 6000 Personen zählen, wie Internetseiten wissen, wenn man nach seinem Namen sucht.

Es ist hier viel mehr an Freizeit-, Sport- und Unterhaltungsmöglichkeiten vorhanden, als man von einem kleinen Ferienort erwarten würde. Das *Umlalazi Nature Reserve* liegt nur anderthalb Kilometer weiter östlich.

■ *Der legendäre John Dunn*

Zum Übernachten stehen anderthalb Dutzend Unterkünfte zur Verfügung. Das Restaurant *The Clay Oven* in der Hauptstraße Hely Hutchinson Road hat ein Internetcafé. Das beste Restaurant – mit kleinem Supermarkt, der auch am Wochenende geöffnet hat – ist *The Hearty Meal,* in der gleichen Straße ein wenig weiter vorne (außerdem Frühstück und *take aways,* die Burger munden!).

Unmittelbar vor dem Parkeingang zum **Umlalazi Nature Reserve** führt eine Straße rechts zum **Raffia Palm National Monument,** ein Hain aus *Raphis-unifera*-Palmen, die bis zu 18 Meter hoch werden und Blätter bis zu 9 Meter Länge entfalten. Die Palmen wurden hier 1916 angepflanzt mit der Idee, die Wedel zu Besen zu verarbeiten. Die seltenen *Palmnut vultures* haben auf den Palmen ihre Nester und lieben die ölhaltigen Früchte.

Information   **Mtunzini Tourism Information,** Hely Hutchinson Road, Tel. 035-3401421, Fax 3401847, über www.visitzululand.co.za. Ein 24-h-Info-Kiosk befindet sich gegenüber SPAR in der Hutchinson Road. Oder: uMlalazi Tourism Association, Tel. 035-4733359.

Unterkunft   Etliche B&Bs entlang der Hutchinson Road. Auf www.mtunzini-accommodation.co.za sind alle mit Fotos und ihren Facilities versammelt.
Touristic: **The Forest Inn,** 5 km außerhalb an der R102 nach Empangeni, Tel. 035-3401431, Fax 3401363. Ruhig, am Waldrand. • **Trade Winds,** Tel. 035-3401411, Fax 3401629. Zimmer, Rondavels, Terrasse mit Meerblick. • **Mtunzini B&B,** 5 Barker St, Tel. 035-3401600. 1 Loft-Zimmer, 2 DZ, 1 Self catering Unit. Schöne Gartenlage, Pool, angenehm.
Camping: **Xaxaza,** unmittelbar am Ortseingang, Mimosa Drive, Tel. 035-3401843. 80 Plätze für Caravan und Zelte. Shop und Waschautomat.

Umlalazi Nature Reserve

Das über 1000 Hektar große Naturreservat wird durchflossen vom **Umlalazi River.** Seine Ufer und Mündungslagune säumen Mangrovensümpfe. Im salzhaltigen Wasser bilden weiße, rote und schwarze Mangroven ein undurchdringliches Geflecht, enthalten Schlupfwinkel für Frösche, Kröten, Krebse, Aale, Fische und Schlangen. Insgesamt 310

Vogelarten leben im Park, darunter Adler, Geier, Bussarde, Austernfischer, Spechte und Nachtreiher. Brutgebiet für Wollhalsstörche. Auf festerem Boden blühen seltene Orchideen. Zu den Säugetieren zählen Schirrantilopen, Ducker, Kap-Fingerottern, Pinselohrschweine, die scheuen Nachtäffchen und Großflecken-Ginsterkatzen. In der Lagune kann man Angeln und Boot fahren, das Meer eignet sich für Schwimmer und Windsurfer. Doch Vorsicht: Im Flusslauf und in der Lagune gibt es Nilpferde, Krokodile und Haie!

Wanderwege durchziehen das Reserve, ein 15-Minuten-Trail beginnt am Hauptparkplatz und führt am *John Dunn's Pool* vorbei (hier hatte der Schotte seinen Frauen das Schwimmen gelehrt; am *Indaba-Tree* hielt er Versammlungen ab). Der längere und schöne *Siyaya Coastal Dune Forest Trail* beginnt gleichfalls am Parkplatz und ist als Rundwanderweg angelegt. Der Trail zur Lagunenmündung des Umlalazi River ist etwa acht Kilometer lang. Am Wochenende ist das Naturreservat stark frequentiert. Der 42 Kilometer lange **Siyaya Coastal Park** verbindet es mit dem südlich gelegenen *Amatikulu Nature Reserve*.

Anfahrt   Von der N2, Ausfahrt Mtunzini; an der Straßengabelung links bis zum Hinweisschild; bei der Steinkirche im Ort rechts abbiegen.

Geöffnet ganzjährig 5–22 Uhr. Office: tägl. 8–16.30 Uhr. Camp-Tel. 035-3401836. Check out 10 Uhr, Check in 14 Uhr. Eintritt R10, Kinder die Hälfte. Gutbestückter Shop: Snacks, Cool drinks, Bier, Wein etc. Picknickplätze an der Lagune.

Weitere Details auf www.kznwildlife.com. Buchung: The KwaZulu-Natal Nature Conservation Service, P.O.Box 13069, Cascades, Pietermaritzburg 3202, Tel. 033-8451000, Fax 033-8451001, bookings@kznwildlife.com.

Umlalazi-Camps	Übernachten in …	Preis p.P.	Minimum
	13 5-Bett Log cabins	R290	R870
Inkwazi	36 Campsites (m. Strom)	R76	R228
Indaba	14 Campsites (m. Strom)	R6	R228

Empangeni/uMhlathuze

Das hügelige Land um **Empangeni** ist Heimat der Mthethwa-Zulu. Hier wuchs König Shaka auf. Die weiße Besiedlung begann 1841 mit dem Bau einer norwegischen Mission. Zusammen mit **Richards Bay**, Nseleni und zehn weiteren kleinen Orten der Region ist Empangeni seit 2001 ein Teil der neuen **City of uMhlathuze.** Nach Richards Bay sind es auf der R34 von Empangeni 18 Kilometer. Empangeni ist außerdem eine wichtige Stadt für die Zuckerrohr-Plantagen des Umlands, die außerhalb liegende *Felixton Mill* ist eine der größten Zuckermühlen Südafrikas.

An der Durchgangsstraße R34 liegt, Ecke Turnbull Street, die 1916 erbaute und 1996 zum **Art & Cultural History Museum** renovierte Old Town Hall (Di–Fr 10–16 Uhr, Sa 9–12.30 Uhr, Tel. 035-9011617/8). Gezeigt werden Exponate aus Geschichte und Kultur der Mthethwa-Zulu und der ersten Zuckerrohrfarmer sowie ständige und wechselnde zeitgenössische Kunst aus KwaZulu-Natal. Der „Raum der Pioniere" ist der Lokalgeschichte gewidmet. Beim Museum befindet sich auch die **Tourist-Information** (eine weitere Stelle ist in Richards Bay).

4 Zululand

Information Empangeni Tourism Office, Empangeni Arts and Crafts Centre, Shop 1 & 2, Turnbull Street, Tel. 035-9075018, www.tourismassociation.org.za. Vogelfreunde wenden sich an *Bird Life South Africa*, Ecke Hibberd/Davidson Lane, Meersee Mall, Tel. 035-7535644, 7.30–16 Uhr, www.birdlife.org.za (s.a. bei „Information" bei Richards Bay).

Unterkunft *Budget:* **Cockoo's Nest,** in KwaMbonambi (s.u.). – **Golf View Lodge,** Tel. 035-7723949. 5 von 13 Zimmern mit eigenem Bad, Abendessen möglich, Wochenendangebote.

Touristic: **Amble Inn,** 93 Main Rd, Tel. 035-7924693. – **Imperial Hotel,** 52 Maxwell St, Tel. 035-1921522. 52 Zimmer. – **Raptor's Rest,** 22 Weightman Ave, Tel. 035-7726181, Cell 086-692 6434, www.raptorsrest.co.za (m. Anfahrtsbeschreibung). Sehr persönlich geführtes B&B, 7 schöne Zimmer in Gartenanlage. Pool, Bar. Voranmeldung nötig, Preise a.A.

Richards Bay/uMhlathuze

Ab dem 16. Jahrhundert strandeten hier an der Küste immer wieder portugiesische Schiffe auf dem Weg zur Delagoa-Bucht (Maputo, Moçambique). Sie verzeichneten das Gebiet in ihren Karten als *Rio dos Peixes* – „Fluss der Fische". Nach der verlorenen Schlacht der Briten gegen die Zulu bei Isandlwana 1879 machte sich der britische Kommandeur *Frederick William Richards* auf, das Zululand zu „befreien": Mit 250 Mann nahm er 1879 Eshowe ein, erkundete die Küste und zeichnete die uMhlathuze-Lagune als **Richards Bay** in seine Karte. Der Ort entwickelte sich zu einem kleinen Fischereihafen, 1928 baute man das erste Hotel, angesagt war Hochseefischen. 1965 beschloss die Regierung, eine Güterzuglinie an die Küste zu bauen und Richards Bay in einen Groß- bzw. Tiefseehafen zu verwandeln. Seit 1976 ist Richards Bay nach Durban nun der zweitgrößte Hafen. Rund um die Bucht haben sich kleinere und größere Industrien angesiedelt, es ist vor allem das Zentrum der Aluminium-Industrie Südafrikas. Richards Bay meint dennoch, auch ein Ferienort zu sein – es gibt Schöneres.

Sehenswert Im **Mzingazi-See,** umgeben von subtropischer Landschaft, gibt es Krokodile, Nilpferde und viele Fische. Außerdem sind Fischadler, Flamingos und Pelikane heimisch. Der See ist teilweise Naturschutzgebiet. Ein weiteres Naturschutzgebiet ist das *Richards Bay Game Reserve*.

Das **Bay Crocodile Sanctuary** liegt gegenüber dem Small Craft Harbour in einem Sumpfgebiet (Eintritt R15, Fütterung Sa 14 Uhr und So 11.30 Uhr). Ein 500 Meter langer Holzsteg führt unmittelbar zu den großen *Nilkrokodilen,* die hier ein gesichertes Dasein führen. Angeschlossen ist das *Poachers Grill Restaurant* und der Croctales Curio Shop. Das **Sanctuary** ist auch gut zur Vogelbeobachtung.

Die **Thulasihleka Pan,** Tel. 083-5068682, ist ein Teil der *Zululand Birding Route* (www.zbr.co.za) und ein Eldorado für Freunde des *birding*.

Boardwalk beim CBD ist ein großes Einkaufs- und Vergnügungszentrum (120 Läden, Kinos, Restaurants, Spezialitäten). Viele Einheimische besuchen das Restaurant **Porky's.** Mi und Sa Livemusik.

„Industrie-Tourismus" Mit der Überschrift „Industrie-Tourismus" wirbt die Region für eine Neuheit: Man will einen Blick hinter die Kulissen einiger Industriezweige ermöglichen. Die Betonung liegt auf „Umweltschutz". *Richards Bay Minerals RBM,* Tel. 035-9013444 (Elsabé Linde) bietet 3 Touren an (von der Problematik des Mineralabbaus in Dünenlandschaften über Umweltaspekte bis zur rein technischen Besichtigung der Anlagen). Die *Indian Ocean Fertilizer Ltd.,* eine Düngemittel-fabrik, hat Mi und Fr um 10 Uhr und um 12 Uhr Besichtigungen (ab 10 Personen; Tel. 035-9023111). Weitere Touren vermittelt die Publicity Association.

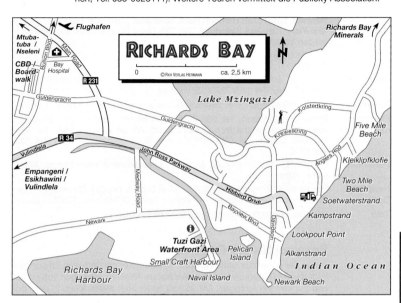

Information   Richards Bay Tourism Office, Municipal Buildings, 5 Mark St, CBD, Tel. 035-9075018, www.tourismassociation.org.za. Mo–Fr 8–16, Sa/So 10–14 Uhr. Weiteres Büro: Tuzi Gazi Waterfront, Small Craft Harbour. Stadtplan, B&B-Vermittlung. – Birdlife South Africa / Zululand Birding Route, Office beim Crocodile Sanctuary (Schild beachten), Tel./Fax 035-7535644, Cell 083-2255960, Richardsbay@birdlife.org.za oder über www.birdlife.org.za.

    Notrufe: Polizei, Tel. 10111 (vom Handy: 082-911). Ambulanz, Tel. 10177

Unterkunft   *Budget:* **YMCA,** Greenhill, Meerensee, Tel. 035-7531749. Einzel- und Doppel-zimmer, Vollverpflegung, günstig, Pool. Reservierung empfehlenswert.

    Touristic: **Duck Inn,** 3 Dageraad, Meerensee, Tel. 035-7534147, Fax 7898354, www.duckinn.co.za. Diverse Zimmer und Cottage, Garten mit Pool. • **Formula 1,** 6 White Pear Rd, Tel. 035-7891001, www.hotelformula1.co.za. R200 p.p., sehr gutes Preis-/Leistungsverhältnis. • **Mike's Bed'n Breakfast,** 3 Diuker Draai, Wildenweide, Tel. 035-7897490, Fax 7897490. 2 DZ, 1 EZ, Pool. • ***The Ridge Guest House,** 1 Jack's Corner, Meerensee 3901, Tel. 035-7534312, www.jackscorner.co.za. DZ ab R300 p.P. Spektakuläre Aussicht auf Bucht und Meer.

    Comfort: **Richards Hotel,** Hibberd Drive, Meerensee, Tel. 035-7531111, Fax 7532334, www.richardshotel.co.za. Großes Hotel mit gehobenem Standard. Mossel-Restaurant und Delagoa-Bar.

    Camping: **Richards Bay Caravan Park,** Tel. 035-7531971, Fax 7531897, www.richardsbaycaravanpark.co.za. Hibberd Drive, am Strand, schattige Stellplätze auf Gras, Pool. Tauchen möglich.

Restaurants **Anchors Cast Waterfront Tavern,** Small Craft Harbour; Fisch, beliebt. • **Alexandre's Restaurant,** 29A Bay Centre; spanisch, Unterhaltung am Freitagabend. • **Fish Eagle** Cruises & Restaurant, Small Craft Harbour; an Bord der Fish Eagle, Cocktail-Deck, Hafenrundfahrten. • **McGinty's Irish Pub,** 29 A/30 The Boardwalk; gemütlich, irische Atmosphäre. • **1001 Islands Seafood Restaurant,** Small Craft Harbour; Fisch, Spezialität „Languste Thermidor". • **The Grill-Fish**; Tuzi Gazi Waterfront, Tel. 035-7880110; vom Deck aus gute Sicht auf den Yachthafen, auf Fisch spezialisiert.

Richards Bay von A–Z

Autovermietung *Avis,* Tel. 035-7896555, Fax 7893344. *Budget,* Tel. 035-7897011, Fax 7897001. *Key,* Tel. 035-7895655. *Imperial,* Tel. 0800-118898.

Busse *Interport Passenger Lines* zweimal tgl. von und nach Durban, über Empangeni.

Fluginformation Richards Bay Airport, Tel. 035-7899630, 6 km vom Zentrum, tgl. Johannesburg, zweimal wöchentlich Durban. *South African Airways SAA,* Tel. 035-7891040. *Comair,* Tel. 035-7891361. Kein Zubringerbus, nur Taxis (Tel. 035-7893564).

Fotoladen *Kit's Photo,* The Boardwalk, Shop 37; Entwicklung in einer Stunde, Ausrüstung, Filme.

Hospital / Optiker Bay Hospital, Krugerrand Central Comfort District, Tel. 035-7891418, 24-Stunden-Service. Central Apteek, 7 Checkers Centre. Optometrist, The Boardwalk.

Taxi RT's Taxi, Tel. 035-7892937, auch Besichtigungsfahrten.

Enseleni Nature Reserve

Auf der N2 weiter nach Norden: 15 Kilometer nördlich von Empangeni liegt das 1948 gegründete *Enseleni Nature Reserve,* umgeben von endlosen Zuckerrohrplantagen. Mit 293 ha ist es aber relativ klein. In dem botanischen Paradies kann man Stunden mit dem Studium der Vegetation verbringen. Die Landschaft wird bestimmt durch das Grasland der Küste mit versprengten Ilala-Palmen *(Hyphaene coriacea)* und subtropischer Flussvegetation mit dichten Papyrusbetten, Farnen, Hibiskus und Sumpfgräsern entlang dem Ufer des Enseleni River. Bei günstigen Wetterbedingungen sprießen die seltenen Wasserhyazinthen. Tierwelt: Wasservögel, Krokodile und Nilpferde, Giraffen, Zebras, Wasserböcke, Antilopen, Nyalas und Pinselohrschweine, Kap-Fingerotter, Großflecken-Ginsterkatzen und Mangusten, Störche und Fischadler. Der *Nkonkoni Trail,* 7 km lang, beginnt am Environmental Awareness Centre und führt in vogelreiches Sumpfgebiet, zum Teil durch Stege begehbar. Der *Mvubu Trail* ist 2 km lang und liegt im östlichen Teil (beide Rundwanderwege).

Anfahrt und Information 13 km nordöstlich Empangeni, 15 km nordwestlich Richards Bay an der N2, die das Reservat in zwei Teile schneidet. Eingang auf der Westseite der N2, täglich 6–18 Uhr (winters 6.30–17.30). Eintritt frei. Kein Camp, Field Ranger Tel. 035-7920034. Picknickplätze und Wanderwege auf der Südseite. Bilharziose-Gefahr.

Krokodile Eines der größten **Krokodile** im Zululand wurde tot im Enseleni River gefunden – mit furchterregenden 5,40 Meter Länge! Als noch keine Brücke den Fluss überspannte, gab es eine Fähre. Und da in der Gegend gerne Marula-Wein getrunken wurde, kam es öfter vor, dass die Passagiere ziemlich angetrunken auf die Fähre torkelten. Entgegen der ausdrücklichen Warnung des Fährmanns legten sich einige hin und ließen ihre Arme aus dem Boot baumeln.

Darauf hatten die Krokodile nur gewartet. Mit einem Ruck holten sie sich ihre Beute aus dem Boot und verschwanden mit ihr auf dem Grund des Flusses.

Weiterfahrt   Von **KwaMbonambi** zweigt eine 45 Kilometer lange und teils enge Sandstraße ab nach **Maphelane**, südlichster Punkt im iSimangaliso Wetland Park. Achtung, Ihr Wagen muss hohe Bodenfreiheit haben!

Günstig Übernachten in KwaMbonambi: **Cockoo's Nest**, 28 Alibizia St, Tel. 035-5801001, Fax 5801002, cuckoos@mweb.co.za oder über die Website www.backpack.co.za. Mehrbett- und DZ, Baumhaus, Camping in ältester Backpacker-Lodge des Zululandes. Fahrradvermietung, viele Ausflugsmöglichkeiten.

Maphelane

Teil des iSimangaliso Wetland Park   Das 900 ha große Maphelane-Reserve mit dem südlichsten Camp im *iSimangaliso Wetland Park* liegt auf der Südseite der Mündung des iMfolozi River. Die Südafrikaner gehen hier ihrem beliebten Sportfischen nach.

Es gibt zwei Self-guided Trails, einer führt auf die höchsten bewachsenen Dünen des gesamten iSimangaliso-Parks, die hier über 180 Meter hoch sind. Die Unterwasserwelt bietet Langusten, Muscheln und Austernbänke, der Küstenstreifen ist bewaldet (schöne Spaziergänge, der Umphafa Trail dauert ca. 2 Stunden). Fast 200 Vogelarten bevölkern das Gebiet. Säugetiere wie Ducker, Pinselohrschweine und Wasserböcke halten sich bevorzugt in der dichteren Vegetation auf. Achtung: Besonders in den Wintermonaten sammeln sich im Fluss Krokodile, auch Nilpferde sind nicht ungewöhnlich! Sicheres Schwimmen im Meer bei Ebbe. Das Baden im Fluss ist aber strengstens untersagt, Kinder sollten nicht in Ufernähe spielen. Zudem gibt es Speikobras, Puffottern, Grüne Mambas und Seeschlangen!

Anfahrt   Über die N2, Ausfahrt KwaMbonambi, St Lucia Lighthouse; 45 km Sandstraße zum Camp. Geöffnet Okt–März 6–19 Uhr, Apr–Sept 6–18 Uhr. Office: 8–12.30 u. 14–16.30 Uhr. Tel. 035-5901407, Fax 5901039. Check out 10 Uhr, Check in 14 Uhr. Eintritt R24, Kinder die Hälfte. Kleiner Laden, nächster Versorgungsort KwaMbonambi. Malaria-Gebiet.

Weitere Details auf www.kznwildlife.com. Buchung: The KwaZulu-Natal Nature Conservation Service, P.O.Box 13069, Cascades, Pietermaritzburg 3202, Tel. 033-8451000, Fax 033-8451001, bookings@kznwildlife.com.

Unterkunft   Die Log cabins im Maphelane Camp sind voll eingerichtet mit Kitchenettes und Lounge/Dining Rooms sowie Grillplätzen.

Camp	Übernachten in …	Preis p.P.	Minimum
10 5-Bett Log cabins (die renovierten sind etwas teurer)		R220	R660
40 Campsites		R60	R120

Mtubatuba

Ist ein kleiner Verkehrsknotenpunkt östlich der N2. Hier findet jedes zweite Jahr im Juni – abwechselnd mit Hluhluwe – Afrikas größte Wildtier-Versteigerung statt. Benannt ist der Ort nach dem Nkosi *Mtubatuba* vom Mkhwanazi Clan, der hier siedelte. Ihr Chief Mtubatuba war einer der „dienstältesten"-Zulu-Häuptlinge. Er war sehr reich und besaß tausende

4 Zululand

Rinder, von denen er wegen seines phänomenalen Gedächtnisses angeblich jedes einzelne identifizieren konnte. Hundertjährig starb er 1955.

Auf der R618 gelangt man nach 25 Kilometern zum Ort **St Lucia** bzw. zum **iSimangaliso Wetland Park,** und auf der R618 nach Nordwesten zum Nyalazi Gate des **Hluhluwe-Imfolozi Parks.** St Lucia (s.S. 290) und der gesamte iSimangaliso Wetland Park mit der Küste werden ab Seite 286 beschrieben.

Tipp: Fahren Sie zuerst zum Ort St Lucia, machen Sie dort die Bootsfahrt und die Tour nach Cape Vidal, dann zurück nach Mtubatuba und dann evtl. auf der R618 zum **Nyalazi Gate** des Hluhluwe-Imfolozi Parks. Sie könnten auch von Mtubatuba auf der N2 zum Ort Hluhluwe weiterfahren und von dort aus in den Hluhluwe-Imfolozi Park.

Information　Mtubatuba Tourism Association, Jan Smuts Ave/Ecke St Lucia Rd, Tel. 035-5500721, Fax 5504019, mtubatuba@uthungulu.co.za

Unterkunft　***Mtuba Manor Guesthouse,** Es & Merle Rautenbach, Tel. 035-5501058, Fax 550057, Cell 083-6355371, www.mtubamanor.co.za (m. Anfahrtskizze). Von der N2-Mtubatuba-Ausfahrt Süd in die Stadt, 2. rechts auf die R618 Richtung St Lucia, nach Überquerung einer Eisenbahnbrücke nach rechts abbiegen (dort Mtuba Manor-Schild beachten), bis zum Stop-Schild – gegenüber ist wieder ein Mtuba Manor-Schild – und nach links. Nächste rechts in die Mimosa Lane, nach ca. 400 Meter am Mtuba Manor-Schild links rein, letztes Haus links. Von der N2-Mtubatuba-Ausfahrt Nord dto. Richtung St Lucia und über die Brücke. Schönes, gastfreundliches 4-TGCSA-Sterne-Gästehaus von Familie Rautenbach, großzügige und komfortable Zimmer, äußerst reichhaltiges Frühstück, Gartenlage, Pool, Bar. DZ/F 325 p.P.

Wendy's B&B Country Lodge, 3 Riverview Drive, Riverview (von Mtubatuba auf R618 südlich Richtung Illovo Sugar Mill, dann rechts in Riverview Drive, Tel. 035-5500407, Cell 083-6281601, www.wendybnb.co.za. DZ/F 295 p.P.

Weiterfahrt　Auf der Strecke R618 von Mtubatuba zum Nyalazi Gate können Sie in Schulen ein wenig Zulu-Kultur erleben:

The Songs of Zululand

In Mtubatuba startete die örtliche Tourismus Association ein Kultur-Förderprogramm, bei dem Schulkinder in ihren Schulen für Touristen in kleinen Konzerten Zululieder und -tänze darbieten. Die ländlichen Schulen liegen an der Straße R618, die zum Nyalazi Gate des Hluhluwe-Imfolozi Park führt. Beteiligte Schulen sind *Qubuka Primary School,* Tel. 035-5509096 (montags 12.30 Uhr), *Mehlokubeka Higher Primary,* Tel. 035-5509306 (mittwochs 13 Uhr), *Nkodibe* High School, Tel. 035-5509019 und *Mawombe High School,* Tel. 035-5509164 (donnerstags, 13 Uhr). Die Vorführungen sind kostenlos, eine Spende wird erwartet. Die Lehrer begrüßen die Gäste und führen durchs Programm. Vorbuchung nicht nötig, aber kurz anrufen. Alles informell. Keine Vorführungen in den Schulferien Juli und Dezember.

Noch vor dem Nyalazi Gate liegt das Zulu Cultural Village *Nkolokotho.*

Von Mtuba-tuba auf der N2 weiter nach Norden　Von Mtubatuba auf der N2 weiter Richtung Norden fahrend kommt etwa 20 Kilometer hinter Mtubatuba die Ausfahrt nach **Charter's Creek** am Lake St Lucia (s.S. 298). Wollen Sie das Zulu-Schaudorf **DumaZulu** besuchen, können Sie bereits an dieser Ausfahrt die N2 verlassen und auf einer N2-Parallelstraße über Nyalazi River und Mfekayi DumaZulu erreichen. Ansonsten weiter auf der N2, Ausfahrt „Bushlands / DumaZulu", der Ausschilderung folgen.

DumaZulu Traditional Village & Lodge

■ *Haus in Dumazulu, bemalt im Ndbele-Stil mit britischer und dt. Flagge*

DumaZulu heißt „donnernder Zulu" und ist ein *Traditional Village* mit schöner Luxus-Lodge. Die bienenkorbförmigen Hütten, bewohnt von etwa 50 Zulu, wurden nach traditioneller Weise kreisförmig angelegt. Gezeigt und demonstriert wird die Kultur der Zulu mit alten Handwerkstraditionen wie Töpfern, Korbflechten, Speer- und Schildfertigung oder Herstellung von Perlenarbeiten.

Auch ein Sangoma (Schamane) ist vertreten, alles wird durch Guides erklärt. Eindrucksvoll wie immer sind die abschließenden Tänze mit Trommel- und Gesangsbegleitung. Führungen um 8.15, 11 und 15.15 Uhr. Angeschlossen ist außerdem ein Schlangen- und Krokodilpark. **Preise** (p.P.): Traditional Lunch R95, Cultural Show R105, Schlangen- und Krokodilpark R25.

Anfahrt — DumaZulu liegt 39 km nördlich von Mtubatuba und 10 km südlich von Hluhluwe, östlich der N2. Braunes Hinweisschild „Bushlands/DumaZulu" beachten.

Unterkunft — *Comfort:* Die DumaZulu Lodge besteht aus 23 Wohneinheiten für 2–4 Personen, die sowohl innen als auch außen geschmackvoll afrikanisch dekoriert sind. Mit dem Zulu-Village sind sie mit Bohlenwegen verbunden. Pool ist vorhanden. ÜF R595 p.P.

Reserv. Tel. 31-3374222, Fax 031-3682322, dumares@goodersons.co.za, www.glczulu.co.za/dumazulu.html oder www.goodersonleisure.co.za.

Alternative Unterkunft — *Comfort:* Bushlands Game Lodge, 4 km entfernt, Tel. 035-5620144, Fax 5620205, Dinner+ÜF R900. Kleines, exklusives Reservat mit eigenem Wasserloch für Tierbeobachtungen. Pool. Nyala Trail ca. 1 Stunde Gehzeit. Abends hervorragendes Buffet.

Budget: **Bushbaby Lodge,** 14 km außerhalb N2 Richtung Mtubatuba (Ausfahrt Bushlands), 5 km von DumaZulu, Tel. 035-5620021, www.bushbaby-lodge.co.za. DZ R240, Camping R55. Holzhütten, Selbstversorgung oder Essen in einem kleinen Restaurant. Einfach, aber nett. • **Isinkwe Backpackers,** 14 km außerhalb N2 Richtung Mtubatuba (Ausfahrt Bushlands, dann 1 km), Tel./Fax 035-5622258, www.isinkwe.co.za. Dormitory R85, DZ R220. Kleine Häuschen und Zuluhütten, Camping. Selbstversorgung, aber auch gute Hausmannskost (Dreigängig für R55). Gute Safaris, Bush Pool.

Emdoneni Lodge and Game Farm

Cheetah and Serval Project — Besucher finden ein sehr interessantes Projekt vor, das verwaisten oder verwundeten Geparden, Servals, Wildkatzen und Luchsen eine neue Heimat bietet. Es dient als Rehabilitations- und Zuchtprojekt. Um 16.30 Uhr ist Fütterung. Daneben erhält man interessante Erläuterungen über die Tiere durch einen erfahrenen Ranger.

Information / Unterkunft — *Emdoneni Lodge and Game Farm,* Tel. 035-5627000, Fax 5627001, www.emdonenilodge.com (m. Anfahrtskizze). Die Farm mit ihrer Lodge liegt 1 km von DumaZulu entfernt bzw. ca. 500 m nach der N2-Ausfahrt. Eine Übernachtung

4 Zululand

in sehr geschmackvollen Chalets und Rondavels kostet R650 p.P. Restaurant und Pool.

Weiterfahrt   Die N2-Parallel-Nebenstraße bringt Sie zum nächsten nördlichen Ort, nach **Hluhluwe**. Schneller geht es über die N2.

Hluhluwe (Ort)

Hluhluwe östlich der N2 profitiert von der Nähe des Hluhluwe-Imfolozi Parks, zum Memorial Gate des Parks sind es 17 Kilometer. Er eignet sich statt des Parks als gute Übernachtungsalternative, das Angebot an Unterkünften ist groß. Die Touristen-Information befindet sich nach der Ausfahrt von der N2 linker Hand gleich bei der Engen-Tankstelle.

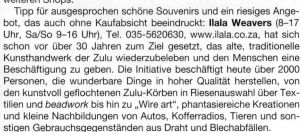

Entlang der breiten Hauptstraße reihen sich Läden, Banken, Post und eine weitere Tankstelle, für ein Internet-Café müssen Sie ganz runterfahren und nach links wenden, dort gleich rechter Hand bei weiteren Shops.

Tipp für ausgesprochen schöne Souvenirs und ein riesiges Angebot, das auch ohne Kaufabsicht beeindruckt: **Ilala Weavers** (8–17 Uhr, Sa/So 9–16 Uhr), Tel. 035-5620630, www.ilala.co.za, hat sich schon vor über 30 Jahren zum Ziel gesetzt, das alte, traditionelle Kunsthandwerk der Zulu wiederzubeleben und den Menschen eine Beschäftigung zu geben. Die Initiative beschäftigt heute über 2000 Personen, die wunderbare Dinge in hoher Qualität herstellen, von den kunstvoll geflochtenen Zulu-Körben in Riesenauswahl über Textilien und *beadwork* bis hin zu „Wire art", phantasiereiche Kreationen und kleine Nachbildungen von Autos, Kofferradios, Tieren und sonstigen Gebrauchsgegenständen aus Draht und Blechabfällen.

Zu den im Grünen gelegenen Verkaufs- und Ausstellungsräumen die Hauptstraße ganz runterfahren, dann links, die Bahngleise entlang, dann linker Hand (ausgeschildert).

Touren   **Afrika authentisch:** Siphile Mdaka bietet mit **Mbonise Cultural Concepts** Touren der besonderen Art an: Seine *Walking tour* führt durch die ländliche Nompondo-Gemeinde, die an das Hluhluwe Reservat angrenzt. Sie beginnen Mo–Fr um 9 Uhr am Memorial Gate. Dauer 4 Stunden, ca. R180 p.P.

Bei der zweitägigen Tour übernachtet man im *umuzi* der Familie von Siphile Mdaka in traditionellen Rondavels und erlebt Einblicke ins ländliche Leben. Mit musikalischem Abendprogramm R375 p.P. Treffpunkt beim Hluhluwe Tourism Office oder am Memorial Gate um 17 Uhr.

Weitere Touren und Angebote auf www.mbonise.com. Kontakt: Tel. 035-5621329, Fax 5620949, Cell 082-9535601, info@mbonise.com.

Information   Hluhluwe Tourism Association, Main St, gleich neben der Engen-Tankstelle, Tel. 035-5620353/-966, Fax 5620351, hluhluwe@uthungulu.co.za. Infos zu Übernachtungen und kulturellen Ereignissen.

Unterkunft   *Budget:* ***Hluhluwe Backpackers & Dinizulu Safaris,** 1,5 km vor dem Memorial Gate (von der N2 Ausfahrt Hluhluwe nehmen, nach 12 km auf linker Seite), Tel. 035-5620357, Fax 086-5243405, hluhluwebackpackers@lantic.net, www.safarinow.com/go/hluhluwebackpackers. Schlafsäle und Chalet, gut eingerichtete Küche und „Park Pub". 24-Stunden-Check-in. • **The Orchard,** Farm Cottages, gleich hinter Ilala Weavers (s.o), Tel. 035-5620630, Cell 082-4941047. B&B und SC, günstig, nette Atmosphäre. Das Figtree à la carte-Restaurant hat von 9–16 Uhr geöffnet. • **Kleinbegin Guest House,** 14 km Richtung False Bay, Tel. 035-5620487, Fax 5620489. 4 Zimmer mit Gemeinschaftsbad.

Touristic: **Protea Hotel Hluhluwe & Safaris,** Bush Rd 104, 4 km von der N2 (am ersten Kreisverkehr nach links, dann 2. Zufahrt rechts), Tel. 035-5624000, Fax 5624001, www.proteahotels.com/Protea-Hotel-Hluhluwe-Safaris.html. Gute Mittelklasse, 76 schöne Zimmer, gutes Restaurant mit Buffet, Pool, Bar, Laden, an manchen Abenden Zulu-Tänze, täglich Game drives. • **Hluhluwe Guest House,** Higgs Street, von der N2 kommend nach der Engen-Tankstelle links abbiegen, danach links und dann rechts. Tel./Fax 035-5620838, Cell 082-9288628, Gerrie de Wet. 10 gemütliche Zimmer mit Bad für 24 Gäste, Pool. Organisierte Tagesausflüge, Abendessen kann bestellt werden, Pool. DZ/F R370 p.P., mit Dinner R470. • ***AmaZulu Guest House,** Tel. 035-5623132, Cell 072-8676525, Maralize oder Llewellyn, www.amazuluguesthouse.co.za. Von der N2 gleich nach der Engen-Tankstelle links, am Yield-Straßenschild rechts, an der T-Junction links in die Nyala Street, an deren Ende auf der linken Seite. Dieses kleine Gästehaus hat zwar nur drei Zimmer, die aber geschmackvolles afrikanisches Interieur bis ins Detail bieten. Super sauber, sehr nette Besitzerin, wirklich gutes Preis-/Leistungsverhältnis (a.A.). Continental-/English breakfasts, Dinner a.A., Pool, Jacuzzi, Braai facilities, Laundry service, Kinder willkommen. Auf Wunsch Day Trips und kulturelles Aktivitäten-Programm.

Luxus: **Zululand Tree Lodge,** Tel. 035-5621020, Fax 5621032, www.zululandtreelodge.co.za. 24 luxuriöse Chalets im Ubizane Wildlife Reserve (s.u.), VP mit 2 Pirschfahrten. R1790 p.P. im DZ. Schwesterlodge ist die größere **Zululand Safari Lodge,** www.zululandsafarilodge.co.za. • **Hluhluwe River Lodge,** Anfahrt über N2, Ausfahrt Hluhluwe, durch den Ort, am letzten Kreisverkehr links, dann rechts übers Bahngleis auf die R22 Richtung False Bay, nach einer kleinen Brücke links in die D540 abbiegen, noch 5 km auf Schotter, dann rechter Hand. Tel. 035-5620246, Fax 5620248, www.hluhluwe.co.za. Traumhafte Lodge, den See St Lucia überblickend, für 24 Gäste, diverse stilvolle „Out of Africa"-Chalets, Figtree-Restaurant. Zahlreiche Aktivitäten, wie Paddeltouren, Pirschfahrten, Wanderungen. In 25 Minuten zum Memorial Gate des Hluhluwe-Imfolozi Parks. HP und VP, ca. R600–1200 p.P. im DZ.

Weiterfahrtoptionen von Hluhluwe Von Hluhluwe haben Sie die Möglichkeit, **auf der R22 zu den Zielen der Elephant Coast** zu fahren. Die Straße bringt Sie bis zum nordöstlichen Ort KwaZulu-Natals, nach Kosi Bay. Beschreibung der R22-Route ab S. 299.

Von Hluhluwe-Ort Richtung Norden zum uMkhuze Game Reserve entweder auf einer N2-Parallelstraße über *Bayala,* dabei etwa 35 Kilometer hinter Hluhluwe Richtung Osten zum uMkhuze Game Reserve abbiegen (ausgeschildert), oder auf der N2 bleiben und über den Ort Mkuze zum uMkhuze Game Reserve fahren (s.S. 277, „Von Hluhluwe auf der N2 nach Norden zur Grenze Swazilands").

Wenn Sie zum Memorial Gate des Hluhluwe-Imfolozi Park fahren, liegt über der N2-Brücke links das private **Ubizane Game Reserve.** Auf 1500 ha lebt dort eine Vielzahl von Wildtieren mit reicher Vogelwelt.

Unterkunft bieten die zwei luxuriösen und teuren Lodges *Zululand Tree Lodge* (www.zululandtreelodge.co.za) und *Zululand Safari Lodge* (www.zululandsafarilodge.co.za), beide zur Three Cities-Kette gehörend, Details auf www.threecities.co.za.

4 Zululand

Kleine Geschichte des Natur- und Tierschutzes in KwaZulu-Natal

Der Respekt vor der Natur und den Tieren war bei den Zulu tief verankert und Teil ihrer Kultur. So waren z.B. die Bezeichnungen für „Elefant" und „Löwe" Bestandteile der heiligen Namen ihrer Könige. Doch bereits Ende des 18. Jahrhunderts lieferte König Dingiswayo von den Mthethwa (im Gebiet des heutigen Imfolozi Game Reserve) den Portugiesen Zähne und Horn von Nilpferden, Nashörnern und Elefanten im Tausch gegen die begehrten Glasperlen. Auch Shaka lernte die Vorliebe der Weißen für Elfenbein kennen. Nachdem er König geworden war und die Engländer 1823 in Port Natal landeten, handelte er bevorzugt mit ihnen. Raubtierfelle, die ursprünglich die Schultern der Zulukönige schmückten, lagen plötzlich in Londoner Salons als Fußabstreifer, Kuduhörner wurden zu Spazierstöcken verarbeitet und Krokodilhäute zu Schuhen und Handtaschen. Vorbei war die Zeit, als die Trophäen allein dem König, den Medizinmännern und den Ratsältesten vorbehalten waren. Imfolozi war das exklusive Jagdgebiet der Zulu-Könige, nur sie durften dort Tiere erlegen.

Ab 1838 drängten die Voortrekker ins Land. Aus den traditionellen Jagdgebieten wurde Farmland der Weißen, wobei der Handel der Zulu sich noch immer auf Elfenbein und Raubtierfelle stützte. 1866 traten die ersten Wildschutzgesetze in Kraft, die Regierung wollte der unkontrollierten Jagd ein Ende bereiten. Ausfuhrzahlen belegen, dass 1861–1866 269.249 kg Elfenbein exportiert wurden, 1871 2470 Hörner von Nashörnern, 1872 417.014 Felle, 1875 allein 4444 Büffelfelle. Der Tierbestand war rapide zurückgegangen, südlich des Tugela River gab es bereits keine Nashörner mehr. Weitere Schutzgesetze wurden 1887 verabschiedet, doch allein 1917 wurden 20.000 Gnus getötet. Nur Nyalas, Nashörner und Nilpferde wurden jetzt verschont.

Die ersten Wildreservat-Gründungen waren in KwaZulu-Natal *Phongolo* 1894 und *Hluhluwe* 1895, meist vor dem Hintergrund, dass den Großwildjägern langsam die Beute ausging. Das Breitmaulnashorn bzw. das „White Rhino" galt in dieser Zeit als praktisch ausgerottet.

1939 wurde das *Zululand Reserves and Parks Board* ins Leben gerufen, das 1947 in das *Natal Parks, Game and Fish Preservation Board* überging, kurz *Natal Parks Board* genannt. Es hatte den Bestand an Wild, Vögeln, Fischen und Flora zu überwachen. Doch sehr oft kollidierten die Interessen der Naturschützer mit denen der Farmer und Großgrundbesitzer, und auch die schwarze Bevölkerung wollte nicht so recht einsehen, dass ihnen – nachdem sie fast ihr gesamtes Land verloren hatten – nun noch die letzten ergiebigen Jagdreviere und Sammelgebiete genommen werden sollten. *uMhkuze* und Imfolozi als Agrar- und Weideland und *Ndumo* ganz im Norden als Lebensraum der Thonga waren besonders umstritten.

1929 wurden im Imfolozi Zählungen durchgeführt, die Zahl der Breitmaulnashörner war auf 120 Exemplare angestiegen, um 1960 waren es bereits 700. Doch die Angst blieb, dass z.B. eine Tierseuche den ganzen Bestand schlagartig auslöschen könnte, und auch eine zukünftige Überbevölkerung galt es zu verhindern. Deshalb begann man 1962 die „Operation Rhino". Durch weiterhin gute Reproduktionsraten und einer verbesserten Fangtechnik war es nun erstmals möglich, andere Game Parks in KwaZulu-Natal und in allen Provinzen Südafrikas (Krügerpark) sowie Afrikas mit Hunderten gesunder Tiere zu versorgen. Gegenwärtig ist mit dem „Black Rhino Range Expansion Project", in Zusammenarbeit mit dem World Wildlife Fund (WWF) zur Sicherung des *Spitzmaulnashorns* eine ähnliche Aktion im Gange.

1998 wurde aus Natal Parks Board *KwaZulu-Natal Nature Conservation Services*, jetzt als **Ezemvelo KZN Wildlife** firmierend. Die größten Schutzgebiete unter Ezemvelo-Verwaltung sind *Hluhluwe-Imfolozi*, *Ukhahlamba Drakensberg*, *Ithala*, *Ndumo* und *Tembe Elephant Park*. Ezemvelo KZN Wildlife ist auch Conservation Manager des iSimangaliso Wetland Parks unter Schirmherrschaft der iSimangaliso Wetland Park Authority.

Derzeit schützt und verwaltet Ezemvelo 12% der Landesfläche KwaZulu-Natals. Damit hat der Naturschutz in KwaZulu-Natal eine Dimension angenommen, von der die Gründerväter nur träumen konnten. Mehr über Ezemvelo s.S. 106.

Der beson-
dere Tipp

Hluhluwe-Imfolozi Park

Der Hluhluwe-Imfolozi Park (sprich: Schlu-schluwe, der Name leitet sich vom Zuluwort „iHluhluwe" für eine Lianenart ab) liegt im Herzen des Zululands. Er zählt zu den Höhepunkten KwaZulu-Natals. Nicht nur, weil man hier am ehesten die „Großen Neun" zu Gesicht bekommt – Elefanten, Büffel, Breit- und Spitzmaulnashörner, Giraffen, Löwen, Leoparden, Geparden und Hyänenhunde –, es ist auch die typisch afrikanische Landschaft und das Ambiente, die den Park zu einem festen Programmpunkt fast aller KwaZulu-Natal-Touristen werden ließ.

Die Parkgröße beträgt insgesamt 96.000 ha, wobei der nördliche Sektor **Hluhluwe** und der südliche **Imfolozi** heißt. Dazwischen liegt „The Corridor" mit der 27 Kilometer langen „Nahtstraße" R618, die rechts und links abgezäunt ist. Hluhluwe-Imfolozi wurde 1895 gegründet und gehören damit zu den ältesten Naturschutzgebieten Afrikas. Hier leben neben vielen anderen Tieren etwa 20.000 Impalas, 1900 Zebras, 2400 Kudus, 1300 Wasserböcke, 620 Giraffen, 7800 Büffel, 7900 Nyalas und 170 Elefanten, 60 Löwen und 20 Hyänenhunde. Hippos sieht man nur im Hluhluwe-Sektor. Der Park ist vor allem berühmt als Heimat der **größten Spitzmaulnashorn-Population in Afrika,** und weil hier das Breitmaulnashorn (White Rhino) vor dem Aussterben gerettet wurde. Beide vermehrten sich so erfolgreich, dass man sie in andere Wildparks Südafrikas umsiedeln konnte und sie auf Auktionen an private Tierreservate und an Zoos in alle Welt verkaufte.

Die Fahrstraßen im Park sind von guter Beschaffenheit, aber nur die Nord-Südverbindung besitzt eine Asphaltdecke. Während der Regenzeit kann es an einigen Flussfurten zu Problemen kommen.

Spitz- und Breitmaulnashorn

Bei den Nashörnern gibt es zwei Hauptarten, doch es ist relativ leicht, die grauen Kolosse zu unterscheiden, bereits die Namen verraten es: Erkennungsmerkmal des **Spitzmaulnashorns** *(Diceros bicornis)* ist seine vorstreckbare Oberlippe, mit der es die Blätter von Sträuchern und niedrigen Bäumen zupft **(Abb. oben).** Es ist kleiner als das Breitmaulnashorn, tritt alleine oder in Kleingruppen auf.

Das **Breitlippen- oder Breitmaulnashorn** *(Ceratotherium simum)* ist ein Weidegänger, hat breite, kantige Lippen, mit denen es mit gesenktem Kopf gut das Gras ausreißen kann. Es kann bis zu 2300 Kilogramm wiegen und lebt in Herden. Der Name „White Rhino" stammt aus dem Niederländischen und hat mit einer diesbezüglich weißen Hautfarbe des Tieres nichts zu tun. „Wyd mond" (Aussprache: Weidmond) bedeutet „Breitmund" und wurde nur unkorrekt übersetzt.

Ende des 19. Jahrhunderts gab es als Folge hemmungsloser Bejagung in Afrika vielleicht noch 50 Breitmaulnashörner, nach Zählungen der Internationalen Naturschutzunion IUCN 2008 etwa 18.000 Stück. Doch eine Unterart, das Nördliche Weiße Nashorn *(Ceratotherium simum cottoni)*, konnte nicht von den Schutzanstrengungen profitieren, es ist fast ausgerottet. Das Spitzmaulnashorn erholt sich langsamer: 1996 war es auf ca. 2400 Tiere dezimiert, heute hat sich seine Zahl auf mehr als 3500 vergrößert.

Der Hluhluwe-Imfolozi Park beherbergt etwa 400 Spitzmaul- und 1200 Breitmaulnashörner.

4 Zululand

■ *Hilltop Camp, Empfangsgebäude und Restaurant*

Beste und größte Übernachtungsmöglichkeit ist das **Hilltop Camp,** das auf einem Hügel liegt und von dem man auf ein herrliches Panorama mit Tiersichtungen blickt, direkt aus dem Restaurant oder von der Terrasse aus.

Bekannt unter Trail-Wanderern ist der Süden des Imfolozi-Parks, wo man auf langen Wilderness Trails (s.u.) die Natur erkunden kann.

Unterwegs im Hluhluwe-Sektor

Die Erosion hat in Millionen Jahren die Basis für die reiche Formations- und Vegetationsvielfalt der Region geschaffen: Waldlandschaften, Farnwälder, Hügel und Täler in einer Höhe von 540 Metern bis hinab zu 80 Metern. Immer wieder erreicht man Aussichtspunkte bzw. *Lookouts.* Man findet seltene Orchideen, Moosbetten und Flechten. Die Wasserversorgung übernehmen der Hluhluwe River und viele Zuflüsse, wie Nzimane und Manzimbomvo River. Sandbänke, Wasserbecken, Auswaschungen und eine artenreiche Uferböschung bestimmen ihr Bild.

Die Vegetation der Täler besteht aus dichtem Gestrüpp und Akaziensavannen, zu den typischen Bäumen gehören auch Marula, *knob thorn* und Tamboti. Auf den Hügeln wächst vorwiegend Kurzgras. Man kann deshalb viele Tiere schon von weitem ausmachen. Die Länge der Fahrstraßen beträgt ca. 100 Kilometer. Viele Tiere kommen zum *Hidli Vlei Areal* hinter der Einfahrt Memorial Gate. Spannend ist eine Fahrt zu den *Hippo Pools* mit grandioser Aussicht über den Nzimane. Für die kleine Fahrtschleife im Norden braucht man etwas Nerven, weil man öfter den Fluss queren muss (vor Fahrtbeginn nach Wasserstand und Passierbarkeit erkundigen).

Weitere gute Tierbeobachtungsplätze liegen an der Strecke zum *Seme Lookout* am *Thiyeni Hide* vorbei. Beste Zeit früher Vormittag.

■ *Löwe und Nashörner – zwei der „Big Five"*

4 Zululand

Unterwegs in Imfolozi-Sektor

Der südliche Parkteil **Imfolozi** ist etwas flacher und trockener. Die Höhenlage variiert von 60 bis 650 Meter.

Hauptcamp und Parkbüro ist das **Mpila Camp** (Office 8–16 Uhr). Buchbar sind *Guided Natur Walks, Guided Vehicle Drives* und *Guided Night Drives*. Im Laden (8–16 Uhr) bekommen Sie Softdrinks u.a. Kleinigkeiten, aber keine Lebensmittel. Es gibt kein Restaurant. Kaufen Sie sich die Broschüre, die die nummerierten Wegmarken bei der Fahrt durch den Imfolozi erklärt (auch im Masinda Camp erhältlich). Wem das Benzin ausgegangen ist, kann nachtanken.

Imfolozi war einst exklusives Jagdgebiet der Zulu-Könige, am Zusammenfluss von Black iMfolozi und der White iMfolozi gibt es noch die Zulu-Tierfallen (keine Fahrstraße dorthin). Beide Flüsse mäandern behäbig durch die Landschaft. In den Sommermonaten fluten sie die Pfannen *Ladegutes* und *eMquisweni*. Neben ausgeprägter Ufervegetation und Waldlandschaft mit breitblättrigen Bäumen und Akazien gibt es weitläufige Savannen mit tiefem, dichtem Gestrüpp und Grasland. Die Länge der Fahrstraßen beträgt 60 km. Bestes Gebiet für Wildbeobachtung ist der *Sontuli Loop*. Juni bis Oktober kommen am *Mphafa Hide* zu jeder Tages- und Nachtzeit Tiere zu den Wasserstellen (beste Zeit 9–12 Uhr). Vom *Bhejane Hide* überblickt man eine *watering pan* (Toiletten vorhanden).

Das **Centenary Centre** (8–16 Uhr) nahe des Nyalazi Gate fungiert als Transitstation für Tiere, die umgesiedelt oder bei den jährlichen Auktionen versteigert werden. Als *guided tour* können große *animal bomas* besichtigt werden. Light meals, Picknickplatz, Infostelle, kleines Museum. Der *Vulamehlo Craft Market* verkauft Zulu-Kunsthandwerk der eziMambeni-Community. Die Erlöse kommen den lokal Ansässigen zugute.

Self-guided Walking Trails: Es gibt zwei kurze Trails, der *Mpila Trail* beginnt im Mpila-Camp und führt den Mpila Hill hoch. Der *Emoyeni Trail* startet 2 km westlich vom Mpila-Camp und überblickt eine Wilderness Area. Begehung auf eigene Gefahr. Über beide gibt es in den Läden der Camps kleine Guide books.

Wilderness Trails: Ganz im Südbereich des Imfolozi befindet sich eine spezielle, 24.000 ha große *Wilderness Area*. Dorthin führen keine Straßen, aber durch das Gebiet diverse Trails. Der geführte *Weekend Trail* beginnt freitags um 14.30 mit zwei Übernachtungen in Bush Camps, der *Traditional Trail* und Primitive Trails dauern jeweils 5 Tage mit 4 Übernachtungen. Durchführung nur von Mitte März bis Mitte Dezember. Nur möglich per Vorbuchung bei **KZN Wildlife**, Tel. 033-8451067, trails@kznwildlife.com, www.kznwildlife.com. In den Preisen, s. Website, ist alles inbegriffen.

Information Hluhluwe-Imfolozi Park

Geöffnet 1. Nov–28. Febr. (sommers) 5–19 Uhr, März–Okt 6–18 Uhr. Office: 7–19 Uhr. Distanz vom Memorial-Gate (Haupt-Gate) zum Hilltop-Camp (Haupt-Camp): 15 km/45 Min (vom Nyalazi Gate 31 km, 1 h). Camp-Tel. 035-5620848, Fax 5620113. Check out 10 Uhr, Check in 14 Uhr.

Am Gate ist statt des Eintritts eine „Conservation levy" in Höhe von **R90 p.P./Tag** zu bezahlen, Kinder von 3–12 die Hälfte. Sie erhalten die kleine Broschüre „Entry and Activities" mit Plänen vom Park und des Hilltop-Camps, wichtigen Hinweisen sowie Erläuterungen zu den Guided Walks und Game Drives etc.

Hilltop-Camp

Rezeption, à la carte-Restaurant (Frühstücks-Buffet 7–9.30 Uhr, Mittagessen 12 (So 12.30)–14.30 Uhr, Dinner 17.45–21 Uhr, So Buffet. Pub und Lounge, Münzwaschsalon, Benzin- und Diesel-Tankstelle. Der Laden (8–19 Uhr) ist gut sortiert, nächster Versorgungsort Hluhluwe, vom Memorial-Gate 17 km. Internet an der Reception. Pool. Low-risk Malaria-Gebiet.

Kurzwanderungen

Geführte **Kurzwanderungen** von etwa zwei Stunden Dauer starten von Hilltop und vom Mpila Camp (Imfolozi) aus und können an den dortigen Rezeptionen gebucht werden. Der *Morning walk* beginnt sommers um 5.30 Uhr und winters um 6 Uhr, der *Afternoon walk* sommers um 15 Uhr, winters um 15.30 Uhr. Allein begehen können Sie im Hilltop den 2–3 km langen *Mkhombe Trail* und den kurzen *Forest trail* mit Besuch des *Hlaza Hide* mit Wasserloch und Nachtbeleuchtung.

Tag- und Nacht-pirschfahrten

Day and night drives, werden mit offenen Geländewagen durchgeführt. Sie dauern 3 Stunden und starten 5, 11 und 17 Uhr (Zeiten können sich ändern!). Die einstündigen Bootstouren auf dem Hluhluwe-Damm beginnen um 9 und 15 Uhr – aber nur bei genügendem Wasserstand.

Verschaffen Sie sich am besten gleich bei Ankunft einen Überblick bzw. fragen Sie nach, was noch möglich ist, die Walks und Pirschfahrten werden stark nachgefragt (Walks max. 8 Personen). Buchungen geschehen auf der Basis „first come, first serve". Sie können sich aber auch schon vorab telefonisch erkundigen und gegebenenfalls vorbuchen. *Wilderness Trails* s.o. bei Imfolozi, an der Rezeption gibt es die Broschüre *Wilderness Trails.*

Picknick-plätze

5 ausgewiesene Plätze im Hluhluwe-Sektor, 3 im Imfolozi (meist nicht umzäunt, Auto darf man auf eigene Gefahr verlassen, Toiletten vorhanden).

Buchungen

The KwaZulu-Natal Nature Conservation Service, P.O.Box 13069, Cascades, Pietermaritzburg 3202, Tel. 033-8451000, Fax 033-8451001, bookings@kznwildlife.com. Weitere Details und Fotos der Unterkünfte auf www.kznwildlife.com.

Anfahrtsmöglichkeiten

zum Hluhluwe-Imfolozi Park: Über die N2, Ausfahrt Hluhluwe. Oder N2-Ausfahrt Mtubatuba, über die R618 auf 27 Kilometern zum Nyalazi Gate (beachten: das Nyalazi Gate ist zwischen Sonnenunter- und -aufgang geschlossen). Gleichfalls von Nordwesten, von Nongoma, über die Straße R618, die den Park in die zwei Sektoren trennt, zum Nyalazi Gate. Dritte Einfahrmöglichkeit: Von oLundi auf 30 Kilometern zum *Cengeni Gate* in den südwestlichen Imfolozi (Cengeni Gate – Hilltop Camp 79 km, 3 h).

Weitere Entfernungen: Memorial Gate – Mpila Camp 68 km (2 h). Nyalazi Gate – Mpila Camp 21 km (50 Min.). Cengeni Gate – Mpila Camp 27 km (1 h).

Unterkunft Bereich Hluhluwe

Kein Camping im gesamten Hluhluwe-Imfolozi Park! Die Hilltop Chalets und Rest Huts haben einen kleinen Kühlschrank und Tee/-Kaffeetablett, man isst im Hilltop-Restaurant. Kleingruppen und Familien kommen sehr komfortabel in den Bush Lodges unter: Die *Mtwazi Lodge,* einst das Haus der ersten Park-Ranger, befindet sich gleich in der Hilltop-Nähe in schöner Lage. Drei Doppelzimmer mit Bad, Lounge, Veranda etc. Die *Muntulu Bush Lodge,* südlich von Hilltop, ist gleichfalls eine luxuriöse Un-

4 Zululand

terkunft mit Blick auf den Hluhluwe River, wo sich täglich Elefanten und Rhinos einfinden. Vier Doppelzimmer mit Bad, zentrale Lounge und Essbereich. Ein Koch bekocht die Gäste, Verpflegung und Getränke müssen mitgebracht werden, ein Ranger führt durch den Busch. Für die nahebei liegende *Munyawaneni Lodge* trifft das gleiche zu.

Zur Beachtung: Bis auf Hilltop ist im gesamten Park kein Lager umzäunt. Nach Sonnenuntergang nicht mehr weit von den Unterkünften entfernen.

Hluhluwe-Camps	Übernachten in ...	Preis p.P.	Minimum
Mtwazi	1 8-Bett self catering luxury Lodge	R550	R2975
Hilltop	7 2-Bett Chalets	R550	R825
	22 4-Bett Chalets	R550	R1650
	20 2-Bett Rondavels	R276	R414
	20 2-Bett non-self-catering Units	R550	R825
Muntulu	1 8-Bett Bush Lodge	R595	R3570
Munyawaneni	1 8-Bett Bush Lodge	R595	R3570

Unterkunft Bereich Imfolozi

Die 29 Cottages, Chalets und Rest huts des Mpila Camps verfügen insgesamt über 114 Betten. Die Gäste bereiten sich ihr Essen in einer zentralen Küche selbst zu. Bei den zwei 7-Bett-Cottages geht ein Koch zur Hand. Das Safari Tented Camp (SC) besteht aus sieben 2-Bett und zwei 4-Bett Einheiten, alle mit Bad, Strom und einer angeschlossenen und voll eingerichteten Küche mit Grillplatz. Wie im Bereich Hluhluwe können Kleingruppen und Familien in den drei luxuriösen Bush Lodges unterkommen, alle in sehr schönen Lagen: *Masinda* hat drei Doppelzimmer (mit Attendant und Koch, der Ihr mitgebrachtes Essen zubereitet), *Gqoyeni* Hlatikulu am Black iMfolozi River haben vier DZ. Auch hier kann ein Koch das Essen zubereiten. Das *Nselweni Bush Camp,* 20 Minuten vom Mpila Camp und gleichfalls am Black iMfolozi, besteht aus vier 2-Bett Units, zentraler Lounge, Küche und gemeinsamen Sanitärräumen. Service-Personal und ein Field Ranger sind zu Diensten.

Imfolozi-Camps	Übernachten in ...	Preis p.P.	Minimum
Masinda	1 6-Bett self catering Lodge	R550	R2200
Mpila	2 7-Bett Cottages	R346	R1384
	6 5-Bett Chalets	R310	R930
	6 2-Bett Chalets	R310	R310
	12 4-Bett Rest huts	R230	R460
	13 2-Bett Safari camp	R310	R620
	2 4-Bett Safari camp	R310	R930
Gqoyeni	1 8-Bett Bush Lodge	R595	R3570
Hlathikhulu	1 8-Bett Bush Lodge	R595	R3570
Nselweni	4 2-Bett Bush Lodge		

Von Hluhluwe auf der N2 nach Norden zur Grenze Swazilands
(uMkhuze Game Reserve – Pongolapoort Dam/Lake Jozini)

Abfahrt vom Ort Hluhluwe auf der N2 Etwa 20 Kilometer nördlich von Hluhluwe kommt die Ausfahrt nach Westen in die D242. Nach fünf Kilometern auf Gravel liegt rechts das Gate zum super-exklusiven **Thanda** (www.thanda.com) mit dem *Thanda Private Game Reserve.* Angeschlossen ist das **Vula Zulu Cultural Experience**, ein traditionelles Zulu Living Museum mit üblichen Programmpunkten. Lunch-Tanzshow R235 p.P., Dinner Show R275, nur Show R105 p.P. Restaurant, Craft Centre und Curio Shop.

Nach dem Ort Bayala liegt linker Hand das **Zululand Rhino Reserve,** wo *Ezemvelo KZN Wildlife* Wildtiere heranzieht, besonders Breit- und Spitzmaulnashörner. Exklusiv sind dort die Lodges *Bayete Zulu Boutique Lodge* und *Rhino River Lodge.* Rechts runter von der N2 geht es zur *Banghoek Lodge* (Tel. 035-5731302, www.banghoeklodge.co.za, B&B, SC, günstig) und weiter auf Gravel zum **uMkhuze Game Reserve.** Wer zuvor noch seine Vorräte auffrischen möchte fährt weiter nach Mkuze und von da ins uMkhuze Game Reserve oder besucht zuvor das *Abu Madi Game Reserve.*

Abu Madi Game Reserve

Abstecher von der N2/ Mkuze westlich Die private Abu Madi Game Reserve befindet sich innerhalb des *Zululand Rhino Reserve.* Die Fahrstrecken durch das Gelände sind für normale Autos möglich, besser wäre ein Geländewagen. Das Reserve ist ein guter Stopp auf dem Weg nach Norden. Familiäre Atmosphäre. Hier leben u.a. Zebras, Streifengnus, Nyalas, Kudus, Warzen- und Stachelschweine, Breit- und Spitzmaulnashörner, Elefanten, Büffel und Leoparden. Interessant sind drei Hides an Wasserbecken (man darf dort die ganze Nacht verbringen). Wanderer sollten die ausgewiesenen Wege mit einem Ranger begehen, der viel über Flora und Fauna vermittelt. Tages- und Nachtfahrten im offenen Geländewagen, diverse Aktivitäten-Programme.

Anfahrt: Von der N2 Ausfahrt Nongoma/Mkuze. Nach Westen Richtung Nongoma bzw. Bangonomo (auch Bongonongo). Nach ca. 1 km nach links in die Naturstraße D240, nach 6 km kommt rechts das Gate.

Information/ Unterkunft *Abu Madi Game Reserve,* Tel. 035-5731233, Cell 083-4416424, www.abumadi.com. Angemeldete Tagesbesucher willkommen, man wird am Gate abgeholt. Zimmer und Rondavels R285 p.P., Bushcamp R175 p.P., Camping R65 p.P. Alles mit oder ohne Selbstversorgung (Breakfast R60, Dinner R80). Pool.

Mkuze

Mkuze ist ein kleines Handelszentrum am Mhkuze River. Tanken Sie hier vor der Weiterfahrt ins Maputaland (Ndumo Game Reserve, Tembe Elephant Park, Kosi Bay). Infos bei Mkuze/Maputaland Tourism, Old Main Rd, Tel. 035-5731025/6/7, Fax 5731025, ghostinn@iafrica.com.

Mkuze ist Ausgangsbasis zum uMkhuze Game Reserve. Auf dem Weg dorthin ragt aus der Landschaft der 529 Meter hohe **Ghost Mountain** oder *uTshaneni* hervor. Oben liegt eine geheimnisvolle Grabstätte verschiedener Shangaan-Könige des Ndwandwe-Stammes, der 1819 vor

4 Zululand

Shaka nach Norden ins heutige Moçambique geflohen war. Nach dem Tod ihres Königs Soshangane wurde seine Leiche und alle seiner Nachfolger hierher verbracht. Seither spukt es für die Zulu hier, Geister treiben ihr Unwesen.

Auf der *Ghost Mountain Battle Site* wurde viel Blut vergossen: 1884 besiegten hier die Usutu unter **Zulukönig Dinuzulu,** Sohn von Cetshwayo, mit Hilfe seines burischen Söldnerkommandos, die Mandlakazi unter Zibhebhu. Tausende Krieger starben an den Hängen des Geisterberges.

Unterkunft

Touristic: **Overwin Country Lodge,** Ubombo, ca. 18 km Schotterstraße nordöstlich von Mkuze Tel. 035-5951019, Cell 083-269 9211, long20@saol.com, Dawn & David. Fünf stilvoll eingerichtete Bungalows, ÜF R295 p.P., Dinner R70. Idealer Ort zur Erkundung der Umgebung. Besitzer ermöglicht Rundflüge mit den Piloten der Flying Doctors (R1000/Std.). Geführte Wanderung (Elephant Tracking). Gute Einführung in die Kultur der Zulu.

Comfort: **Ghost Mountain Inn,** Tel. 035-5731025, Fax 5731359, www.ghostmountaininn.co.za. 38 Zimmer, am Fuße der Lubombo Mountains, geführte Touren zu allen umliegenden Reservaten. DZ/F R930.

Weiterfahrt

Weiter auf der N2 in Fahrtrichtung Norden erreichen Sie nach zehn Kilometern den Stausee *Pongolapoort Dam/Lake Jozini* mit dem *Pongola Game Park,* s.S. 319.

Der besondere Tipp

uMkhuze Game Reserve

uMkhuze stand schon immer ein wenig im Schatten des Hluhluwe-Imfolozi Parks und gilt bei Kennern als Tipp für ein ursprüngliches Game Reserve. Das 40.000 ha große Gebiet wurde bereits 1912 unter Schutz gestellt und ist heute Teil des iSimangaliso Wetland Parks. Nördlich und östlich wird es vom gleichnamigen uMkhuze-Fluss begrenzt, im Westen von den Hängen der Lubombo-Berge und im Süden vom Umsunduzi River bzw. vom Phinda Munyawana Conservancy.

Anfahrt: Zum westlichen **Emshopi Gate** sowohl von Süden und Norden auf der N2, Ausfahrt uMkhuze-Town, dann der uMkhuze-Reserve-Beschilderung zum Emshopi Gate folgen (von der Stadt 18 km). Von Hluhluwe führt auch eine N2-Parallelstraße über Bayala in Richtung Norden, etwa 35 km hinter Hluhluwe östlich abbiegen, gleichfalls ausgeschildert.

Seit 2006 gibt es im Osten das **Ophansi Gate** mit Anbindung an die R22. Wer anschließend nach Sodwana weiter möchte oder von dort kommt, kann das uMkhuze Reserve dort verlassen oder dort einfahren.

Reisezeit

Die trockenen Monate von April bis Oktober sind für einen Besuch am besten. Im Sommer wird es unerträglich heiß und durch den Regen sehr schwül. **Achtung:** Extrem lange Dürren, wie letztlich bis in den September 2008, können zur Schließung des Mantuma Camps und des Campgrounds führen. In solchen Zeiten die zentrale Reservierung für aktuelle Informationen anrufen, Tel. 033-8451000, oder auf www.kznwildlife.com nachsehen.

Beschaffenheit

Das Gebiet zählt zum Küstenflachland. Viele der Pfannen werden nur saisonal mit Wasser gefüllt, trocknen in Dürrezeiten vollständig aus. Flussläufe mit üppigem Bewuchs und Riedgrasbänke werden beschattet von mächtigen Mahagonibäumen. Wilde Feigenbäume, darunter besonders die *sykomore* (Ficus sycomorus), nehmen eine besondere Stellung ein. Sie werden 25 Meter hoch und dienen als traditionelle Heilpflanze und Nahrungsmittel. In angrenzenden Sumpfgebieten stechen die seltsam gelbgrünlichen Stämme der *fever trees* heraus. Man war früher der Meinung, sie wären Urheber der Malaria. Das stimmt zwar nicht, aber sie wachsen meist in Flussniederungen mit Moskitovorkommen heran. Daneben gibt es große, sandige Waldlandschaften, dichtes Gestrüpp und Grasflächen, auf denen besonders die Schirmakazien beeindrucken.

Das Areal weist 420 Vogelarten auf, darunter seltene Afrikanische Fischeulen, Sattelstörche, Nimmersatts und Trauerkiebitze. Der Wildbestand ist sehr vielfältig: Giraffen, Nilpferde, Kudus, Streifengnus, Wasserböcke, Elands, Zebras, Nyalas, 120 Breitmaulnashörner, 70 Spitzmaulnashörner, Suni-Antilopen (die kleinste ihrer Art, nur 5 kg schwer, nicht leicht zu entdecken, da sie das Dickicht bevorzugt), Leoparden, Geparden, Hyänen, Echsen und Warane.

4 Zululand

Unterwegs im Park   Unter den Fahrstrecken (insgesamt 100 Kilometer Länge) ist der exzellent ausgearbeitete uMkhuze Auto Trail eine informative Reise durch das Ökosystem. Eine Broschüre mit vielen Erklärungen und genauen Kilometerangaben ist beim Parkbüro erhältlich.

Beste Tierbeobachtungsstellen sind die Hochsitze an den Pfannen *Kukube, Kumasinga, Kwamalibala* und *Kumahlala,* die Fahrt auf dem Loop und der ehemalige Airstrip. Vögel findet man besonders in der *Nsumo Pan.*

Den *Fig Forest Walk* im 1400 ha großen Feigenbaumwald bei der Nsumo-Pfanne ist sehr zu empfehlen und sollte man mit einem Ranger erkunden – großartige Vogelwelt! Eine Tafel vor der Rezeption zeigt täglich die aktuellen geführten Wanderungen (2 Stunden, zu den besten Vogel- und Wildbeobachtungsstellen, um 6 Uhr im Sommer und 15 Uhr im Winter). Auch Nachtfahrt möglich (und empfehlenswert). Vom Mantuma Camp geht der kurze *River View Walk* hinunter zu einem Aussichtspunkt am Fluss. Östlich des Mantuma Camp liegt das Cultural Village des Kwa-Jobe-Stammes mit einem kleinen *Craft Market.*

Information Geöffnet Okt–März 5–19 Uhr, Apr–Sept 6–18 Uhr. Office: 8–16.30 Uhr. Distanz vom Emshopi Gate zum Mantuma Camp: 9 km. Camp-Tel. 035-5739004/-01, Cell 082-7991491 Fax 5730031. Check out 10 Uhr, Check in 14 Uhr. Eintritt R20 p.P., Wagen R15. Kleiner Laden mit einer Auswahl an Proviant und Getränken, nächster Versorgungsort Mkuze, 27 km. Malariaprophylaxe empfohlen, Zecken- und Insektenschutz ratsam, Taschenlampe wichtig. Weitere Details auf www.kznwildlife.com. Night Game Drives, Wilderness Trail: viertägige Wanderung, inkl. Verpflegung R740 p.P., Voranmeldung erforderlich.

Weiteres: Pool, kleines Restaurant mit *take aways,* Curio Shop und Picnic Sites gibt es bei der Nsumo Pan und beim Nxwala Game Viewing Hide. Jagen in der *Control Hunting Area* (CHA).

Unterkunft uMkhuze Es steht eine breite Palette von Unterkünften zur Verfügung. Das Self catering Tented Safari Camp im Mantuma Camp hat z.B. zehn 2-Bett und drei 4-Bett Einheiten, jedes mit Sanitäranlage, kalt-/heißen Duschen und einer offenen Küche mit Kühlschrank und Strom. Bewohner der sechs einfachen Rest Huts können sich in einer zentralen Küche versorgen (Proviant mitbringen). Gemeinsame Sanitäranlagen. Gleichfalls nur *basic* ist die Nhlonhlela Bush Lodge. Emshopi Camping & Caravan ist 1 km vom Main Gate bzw. 9 km vom Mantuma Camp entfernt, Reservierung direkt am Emshopi-Gate.

Camp	Übernachten in ...	Preis p.P.	Minimum
Mantuma	2 6-Bett Cottages	R320	R1280
	4 2-Bett Chalets	R320	R480
	5 4-Bett Chalets	R320	R640
	6 2-Bett Rest huts	R190	R380
	10 2-Bett Safari camp	R286	R429
	3 4-Bett Safari camp	R286	R858
Nhlonhlela	1 8-Bett Bush Lodge	R325	R1950
	Environmental Camp (30 Betten)		
Emshopi	45 Campsites (m. Strom), max. 100 Personen	R70	R170

5. Elephant Coast

Überblick   KwaZulu-Natals Tourismusregion **Elephant Coast** liegt im Nordosten der Provinz und erstreckt sich von der Nationalstraße N2 zum Indischen Ozean und vom Ort St Lucia im Süden bis zu den Grenzen von Swaziland und Moçambique. Namensgeber waren die hier einst vielen wildlebenden Elefanten, deren Wanderrouten das ganze Land kreuz und quer durchzogen. Vor gut 100 Jahren war der letzte für den lukrativen Elfenbeinhandel getötet worden. Nach ihrer erfolgreichen Wiederansiedlung sind die Dickhäuter hier von neuem zuhause.

Das größte Naturschutzgebiet und die Hauptattraktion der Elephant Coast sind die kleineren und größeren Bereiche und Gebiete des **iSimangaliso Wetland Park** (früherer Name Greater St Lucia Wetland Park). Das riesige, 332.000 ha große Areal und die Mannigfaltigkeit seiner Öko-Systeme formieren sich zu einem einmaligen Naturerbe, das zu den ökologisch wertvollsten ganz Südafrikas gehört.

Vielförmige Landschaften   Der Norden der Elephant Coast, das frühere **Maputaland,** in dem die Tembe leben, wird westlich von den Lubombo-Bergen begrenzt. Ansonst beherrschen flaches Gras- und vielfach sandiges Ödland das Bild. Ertragreiche Landwirtschaft ist wegen hoher Sommertemperaturen und wegen den mageren Böden nur bedingt möglich. Im Süden wird Eukalyptus-Nutzholz produziert, Zuckerrohr angebaut und im Gebiet um Hluhluwe gibt es große Ananas-Plantagen. An der etwa 280 Kilometer langen Küste beherrschen Marschland, Salzpfannen, Küstenwälder, Mangroven und teils sehr hohe Sanddünen das Landschaftsbild. Die vor der Küste liegenden Korallenriffe sind prallvoll mit submaritimen Lebensformen.

Gewässer   Mit Wasser und Gewässern ist die Elephant Coast reich gesegnet: von Westen mäandern aus dem Inland die Flüsse iMfolozi, Nyalazi, Hluhluwe, uMkhuze in Richtung Meer und im Nordwesten speist der uPhongolo einen riesigen Stausee, den *Pongolapoort Dam* oder *Lake Jozini.* In der Landesmitte und im Süden zählen die zwei große Seen *Lake St Lucia* und *Lake Sibaya* zu den Highlights des iSimangaliso Wetland Parks.

Attraktionen   Fast alle touristischen Attraktionen der gesamten Elephant Coast, wie der Ort *St Lucia,* das *Cape Vidal,* das Tierreservat *uMkhuze, Sodwana Bay* und *Kosi Bay* sind gleichfalls Bestandteile des iSimangaliso Parks, während der *Tembe Elephant Park* und das *Ndumo Game Reserve* isoliert an der Grenze zu Moçambique liegen (Hinweis: das älteste Tierreservat Südafrikas, der Hluhluwe-Imfolozi, zählt zwar noch zur Elephant Coast, wurde aber in diesem Buch dem Zululand zugeordnet). Besuchenswert sind auch einige kleinere, private Tierparks oder *Community Game Reserves,* wie beispielsweise die *Phinda Munyawana Conservancy.* Zu den wenigen kulturhistorischen Attraktionen zählen *Border Cave* an der Grenze zu Swaziland (wissenschaftlich äußerst bedeutsame archäologische Fundstätte menschlicher Fossilreste), *Ghost Mountain* bei Mkuze (Grabstätte und Schlachtfeld) und *Dinganes Grab* nördlich des Pongolapoort-Damms. Auch die traditionelle Art und Weise des Fischfangs mit Wasserzäunen aus Holzstecken am Kosi Lake zählt zum kulturellen Erbe der Region.

Fazit: Keine andere Tourismusregion KwaZulu-Natals bietet solch pri-

5 Elephant Coast

ma Kombinationsmöglichkeiten von Tierschutzgebieten, Ökotourismus, maritimen Attraktionen und urwüchsigem Afrika wie die Elephant Coast.

Geschichtliches, Bevölkerung, Kultur und Gegenwart

Zwei Haupt-ethnien

Vor etwa 60 Millionen Jahren lag die ganze Region noch unter Ozeanwasser. Als sich das Meer zurückzog, entstanden im endlosen Takt der Gezeiten Lagunen, Dünen, sandiges und sumpfiges Terrain, Süß- und Salzwasserseen.

Besiedelt wurde das Land in Wellen von zwei Hauptethnien, den *Tembe* (Thonga) von Norden her und den *Zulu*. Die Tembe hatten im heutigen Südosten Moçambiques ein mächtiges Königreich gegründet und wanderten im 17. Jahrhundert Richtung Süden bis etwa Sodwana Bay. Ihr König *Mabhudu,* nach dem später Moçambiques Hauptstadt *Maputo* ihren Namen bekam, kooperierte im 19. Jahrhundert mit Shaka Zulu. Durchs Maputaland gelangte Elfenbein zur *Delagoa*- bzw. Maputo Bay, wo es nach Europa und Asien verschifft wurde. Bereits früher, im 18. Jahrhundert, war das nördliche Tembe-Königreich dem Kolonialbesitz Portugals und der südliche Teil Großbritannien zugeschlagen worden.

Tradition u. Moderne

Die Elephant Coast liegt in KwaZulu-Natals offiziellem Verwaltungsdistrikt *Umkhanyakude* (www.umkhanyakude.org.za) mit der Hauptstadt **Mkuze.** Die Mehrzahl der etwa 600.000 hier lebenden Menschen spricht *IsiZulu,* im Norden leben neben den Tembe auch Swazi. Tradition und Moderne existieren parallel nebeneinander. Bei den Einheimischen in den Dörfern bestimmen nach wie vor überkommene Lebensweisen den Alltag. Das alljährliche, gemeinsame Schneiden der *ncema*-Riedgräser im fruchtbaren Marschland im April/Mai für die Herstellung von Matten, Körben und Kunsthandwerk ist z.B. eine kulturelle überregionale Tradition. Musik, Gesang und anderes künstlerisches Schaffen sind gleichfalls tief verwurzelt. Nennenswerte Industrie gibt es so gut wie keine, wirtschaftlicher Schlüsselzweig ist neben dem Staat als größtem Arbeitgeber vor allem der Tourismus. Damit die Menschen daran partizipieren können, bezieht das Management des iSimangaliso Wetland Parks zahlreiche *communities* in die strukturelle Entwicklung mit ein.

■ *Straßen-Souvenirmarkt in St Lucia*

Wenn Sie durchs Land fahren, werden Sie viele Straßenmärkte passieren. Samstags oder sonntags sehen Sie vielleicht weißgekleidete Mitglieder der Shembe-Kirche beim Gottesdienst auf freiem Feld (s.S. 244).

Noch mehr über Land und Leute und die Kultur der Zulu können Sie in einem der **Cultural Villages** erfahren (s.S. 287).

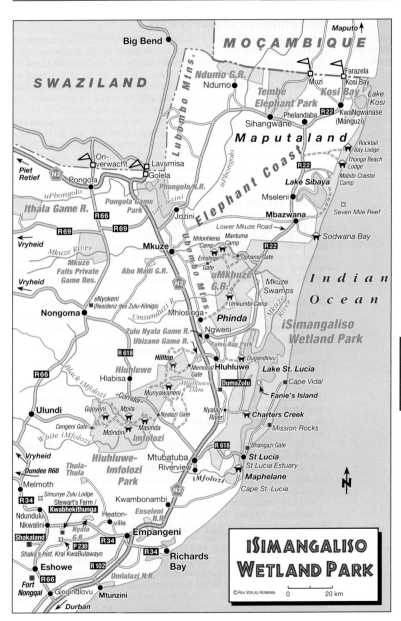

5 Elephant Coast

iSimangaliso Wetland Park

Der iSimangaliso Wetland Park ist seit 1999 UNESCO-Weltnaturerbe. Sein Name leitet sich vom Zuluwort für „Wunder" ab. Er ist überaus stark segmentiert und umfasst im Süden das Gebiet um den Lake St Lucia bis zur Küste, reicht in der Mitte vom Meer fast bis zur N2 und schützt im Norden als schmaler Streifen die Dünenlandschaften und den *Coastal Forest*. Auch das Meer ist entlang der 240 Kilometer langen Küste und auf einer Breite von fünf Kilometern von Kosi Bay bis Maphelane im Süden lückenloses maritimes Schutzgebiet. Die endlosen Sandstrände bieten ideale Nistplätze für Karett- und Lederschildkröten, und die Riffe sind wertvolle, unangetastete Lebensräume der Unterwasserfauna und -flora.

Die diversen Parksektionen mit ihren unterschiedlichen Zufahrten bestehen aus Grasland, Feucht- und Schwemmland an den Flussmündungen, aus Trockengebieten, Wasser- und Sumpfzonen, hohen Dünen und Beständen von Küstenwäldern. Das Herzstück des Parks ist im Süden der **Lake St Lucia** mit dem gleichnamigem Ort (die portugiesischen Entdecker tauften das Land so).

Der erste Präsident Südafrikas, Nelson Mandela, sagte am 10. August 2001 anlässlich der Auswilderung von Elefanten in den heutigen iSimangaliso Wetland Park: „*The St Lucia Wetland Park must be the only place on the globe where the world's oldest land mammal (the rhinoceros) and the world's biggest terrestrial mammal (the elephant) share an ecosystem with the world's oldest fish (the coelacanth) and the world's biggest marine mammal (the whale).*"

Die fünf Ökosysteme im iSimangaliso Wetland Park

1) Das maritime System, charakterisiert durch warmes Meereswasser, die südlichsten Korallenriffe Afrikas mit ihren submarinen Canyons, mit Mangrovengürteln sowie unberührten Sandstränden.

2) Das Küsten-Dünensystem mit ausgedehnten, bewachsenen Dünen entlang des Ozeans, subtropischem Baumbestand, Gras-, Feucht- und Schwemmland.

3) Das Gewässernetz mit den zwei komplexen Seensystemen *Lake St Lucia* und *Kosi Bay,* die beide durch *estuaries* (Trichtermündungen) mit dem Meer verbunden sind, und mit vier isolierten Süßwasserseen, *Sibaya, Mgbozeleni* (bei Sodwana Bay), *Bhangazi North* und *Bhangazi South*.

4) Die Sumpfgebiete im uMkhuze-Tierreservat und an der Mündung des iMfolozi mit Sumpfwäldern, Schilf und Papyrus.

5) Die mehr und weniger erschlossene Öko-Zone im Inland mit subtropischer, landschaftstypischer Vegetation und Großwildbesatz in den Schutzgebieten.

Alle fünf Ökosysteme sind miteinander verbundenen und bilden so ein einzigartiges, fragiles Naturparadies hoher Biodiversität. Vegetation und Klima reichen von subtropisch im Süden bis tropisch im Norden. In der Tierwelt findet man weit über 400 Vogelarten, viele Amphibien- und Reptilienspezies wie Krokodile, Pythons, Sumpf- und Wasserschildkröten. Es gibt zahllose Flusspferde, Büffel, Breit- und Spitzmaulnashörner und im Meer Delphine und Wale. Früher ausgerottete Großtierarten wurden neu angesiedelt, fanden auf früher kommerziell genutztem Land, das die Behörden aufkauften oder konfiszierten und wieder renaturierten, artgerechte neue Lebensräume. Die Rehabilitation dauert noch an.

Praktische Reisetipps für Elephant Coast und iSimangaliso Wetland Park

Abfolge der Beschreibungen im Buch

Die Elephant Coast erreicht man von Durban auf der N2 in ca. drei Stunden, und da die meisten Touristen so anreisen, sind nachfolgende Beschreibungen von Süd nach Nord und als Abstecher von der N2 angelegt, egal ob sie innerhalb oder außerhalb des iSimangaliso Wetland Parks liegen.

Beste Reisezeit

ist in den weniger heißen Monaten April bis Oktober. Von Dezember bis Februar ist es am heißesten, dann steigen die Temperaturen oft über 40 °C mit Saunaschwüle an der Küste. Auch im „Winter" fällt die Temperatur so gut wie nie unter 17 °C. Auf morgendlichen oder abendlichen Game Drives, am Meer und auf Bootsfahrten ist es trotzdem frisch und windig.

Touristische Infrastruktur

Eine Nord-Süd-Durchquerung der Elephant Coast entlang der Küste ist nicht möglich, dazu müssen Sie die asphaltierte, diagonal verlaufende **R22** („Lubombo Road") von Hluhluwe nach KwaNgwanase nehmen. Über sie erreichen Sie recht schnell Sodwana Bay und Kosi Bay (aber nur diese Orte, die anderen Stichstraßen zum Meer sind versandet und erfordern Vierradantrieb!). Auch die Nord-West Anbindung von der N2 über Jozini zum Straßendreieck Phelandaba ist asphaltiert. Im restlichen Inland muss man sich über Gravel Roads quälen, was ein schnelles Vorankommen erschwert.

Ein Permit benötigen Sie für die 4x4-Strecke entlang der Küste zwischen Sodwana Bay über Lake Sibaya und den Coastal Forest bis Kosi Bay, oder wenn Sie aus dem Inland von der Straße R22 zu diesen Zielen vorfahren.

Einen **Airport** gibt es im Süden in Richards Bay, daneben verstreut noch ein paar kleinere Air Strips, z.B. in Hluhluwe, Mkuze, Mbazwana, KwaNgwanase u.a. Charterflüge bietet *Zumat* (Zululand Mission Air Transport) an, Tel. 035-5951024.

Die größten Orte sind: **Hluhluwe, St Lucia, Jozini, Mkuze** und im Sü-

5 Elephant Coast

den **Mtubatuba.** Dort finden Sie Banken, Post, ärztliche Versorgung, größere Läden etc. *St Lucia ist der beste Ausgangsort für Land- und Seetouren im Süden.*

Die **Telefon-Vorwahl-Nr.** für die Elephant Coast ist **035.**

Wenn Sie diverse Parkbereiche besuchen, müssen jedesmal neu die **Eintrittspreise** bezahlt werden: R20 pro Person, Kinder unter 12 Jahren die Hälfte, R15 pro Wagen.

Straßenkarten

Es gibt eine *Visitor Map iSimangaliso Wetland Park,* die die ganze Elephant Coast abdeckt. Die große KwaZulu-Natal Tourist Map ist aber gleichfalls brauchbar.

Öffnungszeiten der Gates

In den Sommermonaten November bis einschließlich März sind die Gates des iSimangaliso Wetland Parks von 5–19 Uhr geöffnet, in den Monaten April bis Oktober 6–18 Uhr. Sodwana Bay ist ganzjährig 24-Stunden geöffnet. Für die Destinationen des Coastal Forest zwischen Kosi Bay und Lake Sibaya – Island Rock, Rocktail Bay etc. – benötigen Tagesbesucher ein Permit.

Parkbehörde, Auskunft: iSimangaliso Wetland Park Authority, The Dredge Harbour, Private Bag X05, 3936 St Lucia, Tel. 035-5901633, Fax 5901601, info@isimangaliso.co.za, www.isimangaliso.co.za.

Übernachten / Unterkünfte

An der Elephant Coast finden Touristen in großer Zahl alle Unterkunftsarten, von Caravan- und Campingplätzen über Chalets, Log cabins, Bush camps, Self catering-Bungalows, Bed&Breakfasts, Hotels und luxuriösen Lodges bis hin zu superexklusiven Beach- und Game Lodges. Die allermeisten Unterkünfte sind organisiert in der *ECTA,* der *Elephant Coast Tourism Association,* Tel. 035-5620353, res@elephantcoasttourism.com, www.elephantcoasttourism.com. Dort können Sie auch gleich buchen.

Von Ezemvelo KZN Wildlife werden verwaltet und damit die dortigen Camps (v. S nach N) in: Maphelane, St Lucia, Charter's Creek, Fanie's Island, Cape Vidal, False Bay, uMkhuze, Sodwana Bay, Kosi Bay, Tembe Elephant Park, Ndumo Game Reserve, Phongolo Nature Reserve.

Für Buchung einer KZN Wildlife-Unterkunft müssen Sie sich wenden an: The KwaZulu-Natal Nature Conservation Service, P.O.Box 13069, Cascades, Pietermaritzburg 3202, Tel. 033-8451000, Fax 033-8451001, bookings@kznwildlife.com, www.kznwildlife.com.

Daneben gibt es als Alternative meist noch zahlreiche private Unterkünfte. Von rustikalen Backpackern bis zu Superteurem ist alles vertreten.

Gesundheit

Der Norden der Elephant Coast ist **Malaria-Gebiet,** besonders in den heißfeuchten Monaten Dezember bis Februar. Malariaprophylaxe ist ratsam, konsültieren Sie einen Arzt bevor Sie dort hinreisen. Weitere Hinweise zu Malaria s.S. 29. Vermeiden Sie das **Schwimmen** in Flüssen und Lagunen – Hippos und Kroks können drin sein. Die Strände der Elephant Coast sind nicht bewacht – Vorsicht also. Bei Strandwanderungen den Gezeitenwechsel beachten.

Grenzübergänge

KwaZulu-Natal – Swaziland (Golela/Lavumisa): Geöffnet 7–22Uhr. KwaZulu-Natal – Moçambique (Kosi Bay/Farazela): 8–17 Uhr.

Fischfang-

und *Marine Permits* bekommt man in Post Offices und von den diversen Ezemvelo KZN Wildlife Offices.

Notruf-Nummern und Pannen-dienste	**iSimangaliso Wetland Park, 24-h-Notruf, Tel. 082-7977944** 24-h-Notfall: 112. SA Police: 10111 (mit dem Handy: 112). Netcare Ambulance: 082-911. Automobile Association (AA): 0800-10101. Breakdown-Services: Mtubatuba und Hluhluwe 035-5620200 (nach Arbeitszeit 082-3220828). St Lucia 035-5901164. Mkuze 035-5731095 (außerzeitlich 072-4665942). Mbazwana/Sodwana 035-5710093.
Cultural Villages	*Zulu Cultural Villages* gibt es recht viele, kleinere und größere, privat betriebene oder *community-based,* wie z.B. das *Veyane Cultural Village* bei St Lucia. Groß und vielbesucht ist *DumaZulu* (s.S. 267). Manche Villages sind auch Hotels oder exklusiven Lodges angeschlossen, wie das superexklusive *Thanda* (ca. 25 km nördlich von Hluhluwe) mit *Vula Zulu Cultural Experience* (s.S. 277). Darüber hinaus gibt es etliche Hotels mit Zulu-Shows, in Hluhluwe z.B. das *Protea Hotel Hluhluwe & Safaris.*
Internet	www.elephantcoast.kzn.org.za • www.elephantcoasttourism.com • www.isimangaliso.co.za

Was Sie unternehmen können …

… den ursprünglichsten Elefantenpark Südafrikas, den Tembe Elephant Park, besuchen, tauchen an den Korallenriffen der Sodwana Bay, schnorcheln am Cape Vidal und in Kosi Bay. Eine Bootsfahrt von St Lucia auf dem St-Lucia-Kanal unternehmen und dabei viele Hippos und Krokodile sehen. In einem Wildreservat, wie uMkhuze, Landtiere und die Vogelwelt beobachten. Eine geführte Wanderung oder eine Kajaktour unternehmen. Eine Reittour buchen, im Meer angeln, Wale beobachten, an endlosen Sandstränden relaxen oder mit einem Drink in der Hand vom Deck Ihrer Safari-Lodge in den Sonnenuntergang sinnieren …

Highlights *außerhalb* des iSimangaliso Parks:

Tembe Elephant Park, liegt isoliert ganz im Norden an der Grenze zu Moçambique, wird wie der Hluhluwe-Imfolozi von Ezemvelo KZN Wildlife betrieben. Dichter Dornenwald, sandiges Terrain, über 200 Elefanten und den Rest der Big Five, nämlich Büffel, Nashorn, Löwe und Leopard.

Ndumo, Nachbarreservat vom Tembe an den Ufern der Flüsse uPhongolo und Usutu. Ausgedehnte *fever-* und *fig tree*-Baumbestände, Salzpfannen. Keine großen Tierherden, dafür ein wirkliches Vogelparadies mit etwa 500 Arten – größte Konzentration im südlichen Afrika!

Private Game Reserves und Conservation Areas: Adressen sind z.B. *Zulu Nyala Game Reserve,* www.zulunyala.com, *Ubizane Game Reserve,* www.zululandsafarilodge.co.za und *Abu Madi Game Reserve,* www.abumadi.com.

Zahlreiche Game Lodges bieten auf ihren teils sehr großen Ländereien den Gästen Pirschfahrten und geführte Wanderungen an.

Exklusive 5-Sterne Safari Lodges mit Game Reserves: *Thanda Private Game Reserve,* 23 km nördlich von Hluhluwe, ab der N2 5 km auf der D242, Big Five. www.thanda.com. – *Phinda Private Game Reserve,* www.ccafrica.com.

Öffentlich-kommunale Reserves: Phinda Munyawana Conservancy, Phongolo Nature Reserve, Zululand Rhino Reserve.

5 Elephant Coast

Highlights *im* iSimangaliso Park (von Süd nach Nord)

Maphelane (s.S. 265): Populäre Basis für Sportfischer und Naturliebhaber, erreichbar von Süden von der N2 von KwaMbonambi. Die Maphelane-Dünen sind mit einer Höhe von über 180 Metern die höchsten unter den bewachsenen Dünen. Zwei schöne self-guided Wanderwege. Jener der die Dünen hinaufführt ermöglicht herrliche Ausblicke.

Charter's Creek: Panorama-Blicke auf den Lake St Lucia und auf hohe Dünen. Reiche Tierwelt – Büffel, Rhinos, Leoparden, Giraffen, Antilopen, Land- und Wasservögel.

Cape Vidal: Populäres Beach- und Anglerziel von St Lucia aus. Unterwegs sind auf kleinen Stich- und Schleifenstraßen sehr gut Tierbeobachtungen möglich. Es gibt Dünen, Grasland, Küstenwald, Seen und Salzpfannen.

Lake St Lucia: Ein 80 Kilometer langer und bis zu 23 Kilometer breiter See, der durch einen Kanal mit dem Meer verbunden ist. Habitat von über 1200 Krokodilen und 800 Hippos und einer artenreichen Vogel- und Wassertierwelt.

False Bay: Am westlichen Ufer des Lake St Lucia. Beliebt zum Angeln und Bootfahren, viele schöne Picknickplätze entlang des Seeufers.

uMkhuze: ein 38.000 ha großes Schutzgebiet mit außergewöhnlich dichten Tierpopulationen – beide Nashornarten, Büffel, Elefanten, Giraffen, Wildhunde, diversen Antilopenarten, Hyänen, Leoparden, rund 400 Vogelspezies. Pirschfahrten, Aussichtspunkte zur Wildbeobachtung, Camp, *Guided walks.*

Sodwana Bay: Das vorgelagerte Korallenriff mit seiner unglaublichen Unterwasserwelt ist ein Top-Dive-Spot, wohl der beste ganz Südafrikas. Auch Hochseeangler zieht es hierher.

Lake Sibaya: Nördlich von Sodwana Bay. Südafrikas größter Süßwassersee. Im klaren Wasser tummeln sich große Mengen Hippos und Krokodile. Derzeit keine Unterkunft.

Coastal Forest/Rocktail Bay: Zwischen Lake Sibaya und Kosi Bay. Natur pur mit einigen einsam gelegenen, traumhaft schönen Lodges mit paradiesischen Stränden. Nur mit Allrad-Fahrzeugen oder mittels hoteleigenem Abhol-Fahrdienst erreichbar.

Kosi Bay: Vier miteinander verbundene Seen mit besten Schnorchel- und Fly-fishing-Stellen. Dünen- und Sumpfwälder, Grasland und Mangroven. Eindrucksvoller 4-Tages-Rundwanderweg.

Aktivitäten

Tiere sehen   Die besten Möglichkeiten dazu bieten **uMkhuze** mit seinen drei *Game viewing sites* und die **Eastern Stores,** der Bereich nördlich von St Lucia Richtung Cape Vidal, zu dem eine asphaltierte Straße mit Beobachtungspunkten, Stich- und Rundwegen führt.

Guided night drives, nächtliche Querfeldein-Touren mit Geländewagen sind gleichfalls eine empfehlenswerte Sache und ein Erlebnis. Anbieter z.B. in St Lucia. KZN Ezemvelo Wildlife bietet im uMkhuze gleichfalls Guided night drives an, neben *Guided Game-* und *Birding Walks.*

Hiking und Wilderness Trails   Es gibt im iSimangaliso Wetland Park und in der Gesamtregion der Elephant Coast Dutzende Hiking- und andere Trails verschiedener Länge und Schwierigkeit von wenigen Stunden Gehzeit bis fünf Tagen Dauer.

■ *Erlebnis Nachtpirschfahrt*

Die Website www.elephantcoast.kzn.org.za/ec/14.xml listet die wichtigsten Trails und beschreibt sie. Vorab-Anmeldungen erforderlich!

Bootstouren　Das Beobachten von Hippos, Krokodilen und anderen Tieren im und am Wasser von Booten und Fahrgastschiffen aus ist vielerorts möglich. Mit am beliebtesten ist von St Lucia aus die Tour auf dem Kanal zum Lake Lucia. Bootstouren-Anbieter gibt es im gesamten iSimangaliso Wetland Park viele, Touren sind oft auch von guten Lodges aus möglich.

Tauchen　Für *Scuba diving* empfiehlt sich als Basis besonders Sodwana Bay.

Waltouren　finden von Juni bis November statt. Von St Lucia aus exklusiv bei *Advantage Tours & Charters,* St Lucia, McKenzie St, Tel. 035-5901259, Fax 5901053, Cell 083-4872762, advantage@zululink.co.za, http://advantagetours.co.za.

Birding – Vögel beobachten　Die Elephant Coast ist ein Herzstück des südafrikanischen Vogelkosmos. Hier gibt es über 600 Arten. Allein in den Habitaten der Reservate Ndumo und uMkhuze wurden mehr als 400 Arten erfasst. Für Vogelfreunde gibt es über 70 ausgewiesene *birding spots* und auch spezielle Lodges. Die *Zululand Birding Route,* die gleichfalls Orte der Elephant Coast mit einschließt, ist ein großes Nonprofit-Projekt von *Birdlife South Africa.* Alle Details auf www.birdlife.org.za und www.zbr.co.za.

Schildkröten-Eiablage　Das alljährliche Ritual der nächtlichen Eiablage der Loggerhead- und Leatherback-Schildkröten findet von Ende Oktober bis Januar statt. Sind die Eier nach etwa 70 Tagen ausgebrütet, eilen zwischen Januar und März die Kleinen zurück ins Meer – doch von 1000 erreichen nicht mal 10 das rettende Wasser. Sogenannte *Turtle tours* kann man von St Lucia, Cape Vidal, Sodwana Bay, Mabibi, Rocktail Bay und Bhanga Nek (Kosi Bay) aus machen.

Angeln und Fischen　Beliebt ist *Tiger fishing* im Pongolapoort-Stausee und im uPhongolo River, für *Fly fishing* sind Cape Vidal und Kosi Bay gute Adressen. Außerdem ist an der Küste *Rock & Surf fishing* und *Deep sea fishing* möglich. Für Letzteres starten Boote von zahlreichen lokalen Anbietern von St Lucia, Cape Vidal, Maphelane und Sodwana Bay aus. Ein Permit ist vorgeschrieben, erhältlich in Post Offices oder in örtlichen Ezemvelo KZN Wildlife Offices, Tel. 035-5901340.

5 Elephant Coast

Reisedestinationen an der Elephant Coast und im iSimangaliso Wetland Park

1. Südliche Elephant Coast

St Lucia

Von der N2/Mtubatuba führt die R618 Richtung Osten nach St Lucia. Nach 25 Kilometern erreicht man den St Lucia-Meereskanal, über den eine Brücke in den Ort führt. Noch zuvor befindet sich linker Hand das *Khula Village* (Zulu Cultural Village, Touren) mit angeschlossenem *Siyabonga Craft Market*.

Der kleine Ferienort hat praktisch Insellage und ist der einzige Ort in Südafrika, der komplett von einem UNESCO-Weltnaturerbe umgeben ist. Mit der ständig steigenden Zahl der Touristen entwickelte er sich zum Zentrum des südlichen iSimangaliso Wetland Parks und ist Basis für Touren ins Umland.

St Lucia – portugiesische Seefahrer waren 1554 die Namensgeber – zeichnen kurze Wege, eine entspannte Atmosphäre und sichere Straßen aus. Die Hauptstraße McKenzie säumen Unterkünfte, Restaurants, Supermarkt, zwei Banken mit ATM und ein Straßenmarkt. In den Parallelstraßen hinter der McKenzie gibt es weitere B&B und Gästehäuser. Die Beach Road am Beginn der McKenzie führt auf zwei Kilometern zum Meer zu den Stränden *Estuary, Ingwe, Ndlovu, Bnabula und Main Beach.*

■ *Mit dem Boot auf dem Estuary Channel – Tiersichtungen sind garantiert*

Anschließend kann man auf der Beach Road zum Crocodile Centre fahren. Am südlichen Ende der McKenzie liegt hinter der Kingfisher Lodge der 2–3 Kilometer lange Igwalagwala-Rund-Trail.

Bitte beachten: Wegen der Krokodile ist das Schwimmen im St Lucia-See oder in seinem Meereskanal untersagt. Vorsicht auch an den Stränden – keine Hainetze. Hippos, die tagsüber schläfrig im Wasser liegen, gehen nachts manchmal an Land, um sattes Grasland abzuweiden. Dabei landen sie auch mal gerne im Vorgarten eines Ferienhauses oder erkunden das KZN-Camp am Estuary.

See St Lucia und Ästuar St Lucia

Das St Lucia Reserve, heute im iSimangaliso Wetland Park aufgegangen, wurde bereits 1895 gegründet und ist mit dem Hluhluwe-Imfolozi Park das älteste Naturschutzgebiet Afrikas. Der **Lake St Lucia,** in den fünf Flussläufe münden, ist ein 40 Kilometer langer und bis zu 23 Kilometer breiter See in Form eines „H", der durch einen 20 Kilometer langen, schlauchartigen Ästuar bzw. Kanal mit dem Meer verbunden ist. Dieser sieht zwar aus wie ein Fluss, ist aber eher stehendes Brackwasser mit einem fast so hohen Salzgehalt wie das Meer.

Die Uferbereiche des äußerst flachen Lake St Lucia, dessen Wasserspiegel kaum über Meereshöhe und in Trockenzeiten auch darunter liegt, sind mit Dickicht, Schilf und Sumpfpflanzen bewachsen. Der See ist das Zentrum eines ausgedehnten Feucht- und Wasserhabitats mit geschätzten mehr als 1500 Krokodilen und noch einmal so vielen Flusspferden und anderen Wassertieren. Die Vogelwelt ist extrem artenreich. Signifikant bei den Wat- und Großvögeln sind z.B. Fischadler, Kormorane, Schlangenhalsvögel, Reiher *(herons)*, Sattelstörche und andere mehr. Das Wasser dient zahllosen Fischarten zur Aufzucht ihrer Brut.

Der Bereich der Mündung des Kanals ins Meer verändert sich ständig, bedingt durch Ebbe und Flut, Sandanschwemmungen und teils extreme Trocken- und Regenzeiten. Der gleich südlich des Estuary ins Meer mündende Fluss iMfolozi trägt wegen mitgeführter Sedimente und Schlammmassen, die er an die Estuary-Mündung anschwemmt, erheblich dazu bei. So blockierte eine riesige Sanddüne die Kanalmündung von 2003 bis zum März 2007 über vier Jahre lang, ehe eine Kombination von hoher Gezeitenflut, starkem Wellengang und kräftigem Wind den Durchbruch erwirkte. Das einfließende Meereswasser spülte wieder marines Leben in den Estuary. Andererseits hat das Salzwasser mit der Zeit negative Folgen für die Fauna und Flora des Sees, besonders dann, wenn lange Trockenzeiten den Salzgehalt immer weiter erhöhen.

■ *Im seichten Wasser des Estuary-Kanals leben sehr viele Flusspferde*

5 Elephant Coast

Was unter-nehmen? Machen Sie zumindest zwei Touren: fahren Sie nach Norden zum **Cape Vidal** mit seinem kilometerlangen Sandstrand und einem Coastal Camp und machen Sie mit einem der flachen Ausflugsboote eine **Estuary-Fahrt** zum Beobachten der Flusspferde, Krokodile und der Vogelwelt entlang des St-Lucia-Channels (oder „Narrows") mit seiner reizvollen Ufervegetation. Bei der ersten und letzten Tagesfahrt, der *sundowner tour,* ist die Lichtstimmung am besten.

Des Weiteren kann man das **St Lucia Crocodile Centre** besuchen (am besten auf dem Weg zum Cape Vidal), einen Hiking Trail von KZN Wildlife abwandern (Auskunft/Buchung im KZN Office, s.u.). Dort können Sie, falls nötig, auch Unterkünfte im gesamten iSimangaliso Wetland Park reservieren.

Ein populärer Sundowner-Spot ist der **Ski Boat Club** am Ende der Pelican Road am Estuary mit Blick auf das Meer und garantierter Hippo-/Krok-Sichtung. Vom Boat Club bzw. vom Sugarloaf Camp führt ein 500 Meter langer und lohnender Boardwalk – reiches Vogelleben, schöne Ausblicke – zum Estuary Beach am Meer.

Die außerhalb gelegenen **Eastern Shores** meint den Landbereich östlich des Lucia-Sees und seines Kanals bzw. die Landzunge, auf der man vom Crocodile Centre durch den *Eastern Shores Game Reserve* zum Cape Vidal fährt. *Western Shores* bezeichnet das Land westlich des Lake St Lucia. Dort gibt es zwei weitere Ziele am See, **Charter's Creek** und **Fanie's Island** (s.S. 299; Anfahrt: zurück in Richtung zur N2, nach der Brücke rechter Hand).

Walks & Hiking Trails gibt es einige, z.B. ein kürzerer hinter dem Crocodile Centre. Längere sind der *Mziki Trail* (dreitägig, aber auch in Tagesetappen machbar) oder *Emoyeni Trail* (fünftägig) im Eastern Shores Game Reserve. Beide nur geführt! Auskunft und Buchung im Office von KZN Wildlife. Der Veranstalter *Shaka Barker* (s.u.) bietet gleichfalls kurze oder taglange Walking-Touren mit einem Zulu-Guide an.

Im Ort kann man außerdem Fahrräder und Kajaks mieten.

Wal-Saison ist von Juni bis November. Die Wale, vornehmlich Humpback, aber auch Southern right und Minke, ziehen auf ihrer Route zwischen Antarktis und nördlichem Moçambique, wo sie ihre Jungen aufziehen, an der Küste vorbei. Derzeit besitzt nur der Veranstalter *Advantage Tours* (s. „Adressen & Service" eine Konzession für Walbeobachtungs-Touren. Dabei muss ein Mindestabstand eingehalten werden.

Fest Das alljährliche **Ncema Harvest Festival** beginnt am 1. Mai und dauert 10 Tage, der Festplatz befindet sich etwa einen halben Kilometer vor der Brücke über den Kanal.

Cultural Villages *Veyane Cultural Village & International Backpackers,* noch vor der Estuary-Brücke, Tel. 072-5888290, www.veyane.co.za. Interaktives Cultural Village auf Community-Basis, familiär, Show-Programm. Übernachten in traditionellen Zulu-Rundhütten. Nahebei befindet sich das *Khula Cultural Village* mit Einblick in das Leben der Zulu (gleichfalls Unterkunft).

Adressen & Service St Lucia

Information   **KZN Wildlife,** Pelican Rd, 8–13.30 u. 14–16.30 Uhr, Tel. 035-5901340, -45, -46. Buchung von Trails (trails@kznwildlife.com) und Unterkünften. Angel- und Boot-Permits. Weitere Informationen in den Büros der Tour Operators, s.u.

          Internet findet man in der McKenzie St und in den Unterkünften.

Unterkunft   In St Lucia haben Sie die Auswahl von über 50 Unterkünften. Eine Alternative ist das Camp von KZN Wildlife am Cape Vidal. Die lokale B&B Association ist unter Tel. 035-5901069 erreichbar.

Budget   **African Tale Adventures and Backpackers,** 3 Main Rd (R618, zwischen St Lucia und Mtubatuba), Tel. 035-5504300, Fax 5504469, www.africantale.co.za. Beehive Huts, Mehrbettzimmer, Camping, abends Lagerfeuer, Selbstversorgerküche, Touren in die Umgebung. • *St Lucia International Backpackers,** 310 McKenzie St, Tel. 035-5901056, Fax 5901360, www.bibs.co.za. Baz Bus-Stopp, Internet, gutes Tourenangebot. Dormitory R75, DZ R150, Camping R45, jeweils p.P. • **Stokkiesdraai,** 74 McKenzie St, Tel. 035-5901216, www.stokkiesdraai.com. Baz Bus-Stopp. Schöne Backpacker-Unterkunft, Pool. Auch Ferienwohnung. Dormitory R90, DZ ab R220. • **Veyane Cultural Village & International Backpackers,** Tel. 072-5888290, www.veyane.co.za. Interaktives Cultural Village, Community based, familiär, Show-Programm. Übernachten in traditionellen Zulu-Rundhütten.

Touristic   **Bhangazi Lodge,** 36 Hornbill St, Tel. 035-5901258, www.bhangazilodge.com. Schönes B&B inmitten eines idyllischen Gartens, dt. Leitung. DZ ab R275 p.P. • **Maputaland Guesthouse,** 1 Kabeljou St, Tel./Fax 035-5901041, maputaland.com. Preise a.A. Eine schöne Unterkunft mit 7 Zimmern bei dt.-spr. Gastgebern. Touren nach Hluhluwe/Imfolozi möglich. • **Namib Safari Lodge,** 48 McKenzie St, Tel. 035-5901133, Fax 5901256, www.namibsafari.co.za. Gemütlich und preisgünstig, DZ ab R680. – **Pumula Lodge,** 25 Pelican St, Tel. 035-5901328, www.pumulalodge.co.za. Idyllisch in einem Park gelegen, 5 Gehminuten zum Zentrum. Guter Service und Infos, bestes Frühstück. DZ/F ab R320 p.P. • *Santa Lucia Guest House,** 30 Pelikaan St, Tel. 035-5901151, Fax 5901966, www.santalucia.co.za. Mit südafrikanischer Kunst eingerichtetes Haus, Pool in tollem Garten, herzliche, hilfsbereite und dt.-spr. Gastgeber Francois & Rika van der Merwe. DZ/F ab R245–295 p.P. • Die **Sunset Lodge** liegt direkt am See, Tel. 035-5901197, Fax 5901135, www.sunsetstlucia.co.za. 5 freistehende Häuschen mit jeweils zwei Schlafräumen, Mit Küche, privatem Sonnendeck und einem Pool. Selbstversorgung. DZ ab R400. • **St Lucia Wetlands Guest House,** 20 Kingfisher St, Tel. 035-5901098, Fax 5901272, www.stluciawetlands.com. 4-Sterne-B&B, schöne Gartenlage, 6 großzügige AC-Zimmer, persönliche Gästeservices, Lounge mit Bar, Pool, sicheres Parken. All-year-Preis DZ/F 320 p.P. • *Hippo Hideaway,** 70 McKenzie St, Tel. 044-7644553, Fax 7640295, www.hippohideaway.co.za. 20 kleine, familienfreundliche 4-Sterne-Ferienwohnungen für Selbstversorger mit moderner Küche, 2–4 Betten, luxuriösem Bad und geschmackvoller Einrichtung, je nach Saison R325/R450/R500 p.P. Nur Ü/F ist auch möglich. Außerdem vorhanden: Braai-Platz, Garten, Pool, große zentrale Boma, Curio Shop, Tourism Information Desk, Laundry Service. Sicheres Parken, *german spoken.*

Comfort   **Seasands Lodge & Garden Cottages,** 135 Hornbill St, Tel. 035-5901082, Fax 5901034, www.seasands.co.za. Schöne Cottages mit 1–3 Schlafzimmern in tropischem Garten, Frühstück. DZ/F ab R480 p.P. • *Lidiko Lodge,** 95 McKenzie St, Tel. 035-5901581, Fax 355901581, www.lidikolodge.co.za. Sehr gepflegte Unterkunft im Afro-Kolonialstil von Dirk & Lyzette Kotze, 15 AC-Zim-

5 Elephant Coast

mer mit double/twin Betten in Garten-Chalets mit eigenem Eingang rund um den zentralen Pool. DZ/F R 450–550 p.P. Auch Halbpension.

Camping

KZN Wildlife betreibt beim Estuary-Uferbereich die zwei Campingplätze **Eden Park** (Pelican Road, nach dem Office) und **Sugarloaf Camp** (Verlängerung Pelican Rd, am Estuary). Der Eden Park ist kleiner, liegt in einem kleinen Wald und näher zum Ort.

Camp	Übernachten in …	Preis p.P.	Minimum
Eden Park	20 Campsites (m. Strom)	R70	R140
Sugarloaf	92 Campsites (m. Strom)	R70	R140

Essen & Trinken

In den erfreulich vielen Pubs und Restaurants – einige auf bestimmte Küchen spezialisiert – können Sie gemütlich sitzen, kühles Bier und gute Gerichte genießen.

Populär und günstig ist z.B. – Beethoven lässt grüßen – *Für Elize,* McKenzie Street, nahe der Straße zur Jetty, Tel. 035-5902166, Open-Air-Restaurant, Unterhaltung für Kinder. • Italienisch bei *Alfredo's Italian Restaurant,* McKenzie Street. – *St. Pizza,* gleiche Straße, ist gleichfalls ein angesagter Treffpunkt mit reichhaltiger Karte, Seafood ein Tipp. • Alles aus dem Meer auch im *Ocean Basket Restaurant,* Georgiou Centre, 73 McKenzie St. Im gleichen Gebäude, mal was Asiatisches: *Thai Mali Food,* Tel. 035-5901622. Gegenüber des Centres lockt ein Steak House. • Ein guter Sundowner-Platz: *Ski Boat Club* am Ende der Pelican Road.

Bootstouren

Die Schiffe verschiedener Anbieter fahren täglich mehrmals, Kostenpunkt der ca. zweistündigen Tour derzeit R120 p.P. (den Bootsableger/Jetty erreichen Sie über die McKenzie Street). Boote fahren z.B. von *Advantage Tours,* Tel. 035-5901259, 1 McKenzie St/Ecke Katonkel Rd bzw. beim Dolphin Supermarket. Advantage Tours fährt das ganze Jahr, im Sommer um 8, 10, 12, 14 und 16 Uhr, im Winter um 9, 11, 13 und 15 Uhr. Boote fahren auch von *Thompson's Africa,* McKenzie St, Tel. 035-5901584 und *St Lucia Safaris,* McKenzie St zwischen Bank und SPAR, Tel. 035-5901233, Cell 083-2831528, www.stluciasafaris.com. Empfehlenswerte Boote „Fannas" und „Born Free", diverse Abfahrten, *sundowner tour* um 16 Uhr.

Es werden außerdem längere Bootstouren auf dem Lake St Lucia selbst angeboten, sofern genügend hoher Wasserstand.

Safari- und Tour Operators

Es gibt im Ort etwa ein Dutzend Anbieter. Empfehlenswert ist *Shaka Barker Tours,* persönlich und kompetent von Kian Barker durchgeführt. Komplett-Angebot: Safaris und Night Drives mit offenen Geländewagen, geführte Wanderungen, Hike & Bike Trails, Turtle Tours, u.a. mehr. Außerdem mehrtägige Packages. 43, Hornbill Street (2. Parallelstraße hinter der McKenzie), Tel. 035-5901555, www.shakabarker.co.za. Gleichzeitig mit einem B&B, dem *Hornbill House,* Tel. 035-5901071.

Ein anderer Komplett-Anbieter ist **Advantage Tours,** s.o. Dieses Unternehmen ist alleiniger Konzessionär, das **Waltouren** durchführen darf (Juni–Nov, mit Geld-zurück-Garantie wenn keine Walsichtung; Tel. 035-5901259, Fax 5901053, Cell 083-4872762, advantage@zululink.co.za, www.advantagetours.co.za). Auch *St Lucia* Safaris (s.o.) bietet diverse Touren an.

Kanu-Ausritte

und Kajak-Touren bei *St Lucia Kayak Safari,* Tel. 035-5901233

Bhangazi Horse Safaris, an der Straße zum Cape Vidal, Tel. 035-5504898, www.horsesafari.co.za.

Baz Bus

Der Baz Bus, www.bazbus.com, fährt St Lucia mehrmals die Woche an.

Eastern Shores Game Reserve / Cape Vidal

Crocodile Centre
Ein Besuch des Crocodile Centre kann gut mit der Fahrt zum Cape Vidal verbunden werden. Fahren Sie die McKenzie nach Norden Richtung Cape Vidal. R20 Eintritt. Tgl. 9–22 Uhr, So 10–21 Uhr, Tel. 035-5901386. Curio Shop und Tea Garden.

Das Centre informiert nicht nur über das Leben der diversen Krokodile und ihre wichtige Rolle im natürlichen Umfeld und wie man mit einem

Aufzuchtprogramm der Gefährdung der Spezies *dwarf-* und *long-snout crocodiles* begegnet, sondern auch über die Biosphäre der gesamten Region. Außerdem gibt es eine kleine Schlangenfarm.

Krokodil-Fütterung Sa 15 und So 11 Uhr, um 14 Uhr Schlangendemonstration. Außerdem 1. Sept. bis 1. Juni jeden Mittwoch um 18.30 *crocodile nite-feeding*. Hinter dem Centre können Sie auf einem kurzen Nature Trail einen Rundgang machen.

Das Crocodile Centre verfügt überdies über ein inzwischen berühmtes Fisch-Fossil, einen **coelacanth,** von dem die Wissenschaft annahm, er wäre schon längst zu Zeiten der Dinosaurier ausgestorben. 1938 verfing sich vor der Küste des Eastern Capes ein lebendes Exemplar im Netz eines Fischtrawlers. Weitere drei Coelacanths wurden im Jahr 2000 von Tauchern in einem submarinen Canyon vor der Küste bei Sodwana Bay entdeckt, der größte von ihnen war ca. 1,70 Meter lang. Tiefentaucher berichten hin und wieder von neuen Sichtungen. Mit dem internationalen Forschungsprojekt ACEP will man das Rätsel um den prähistorischen Fisch lösen.

Bhangazi Gate
Zum Cape Vidal sind es vom Bhangazi Gate durch das **Eastern Shores Game Reserve** etwa 35 Kilometer. Eintritt p.P R30 plus R35 für den Wagen. Geöffnet 5–19 Uhr (1.10–31.03), April–Sept 6–18 Uhr. Speedlimit im Reserve 60 km/h. Es dürfen **höchstens 100 Autos** in das Schutzgebiet einfahren – also frühzeitig kommen! Keine Motorräder. 24-h-Notfall-Nr. 082-4939010.

Beachten: Ohne einen (bewaffneten) Guide dürfen die Walking Trails im Reserve nicht begangen werden – klar, Büffel, Leoparden, Rhinos oder Elefanten könnten näheres Interesse an Ihnen finden! Erlaubt sind Spaziergänge an den Stränden, bei den Mission Rocks Viewsites und in der Cape Vidal Area. Ein Guide kostet R50 p.P., Vorbuchen einen Tag zuvor, Tel. 035-5909002.

Zum Cape Vidal

Unterwegs gibt es einige kurze Stichstrecken zu Aussichtspunkten und Seiten-Loops. Es lohnt, langsam zu fahren und nach rechts und links nach Tieren Ausschau zu halten. Nashörner, Impalas, Büffel, Kudus,

5 Elephant Coast

Riedböcke, Zebras, Affen und auch zahlreiche Vogelarten fühlen sich in der überwachsenen Sand- und Dünenlandschaft wohl.

Nach sechs Kilometern zweigt nach rechts der **Vlei Loop** mit dem Aussichtspunkt Ngunuza ab. Wieder zurück auf der Straße, müssen Sie für die **iZindondwe Pan** kurz zurückfahren.

Bald danach kommt nach rechts die Auffahrt zu **Mission Rocks** im Küstendünenwald, einem beliebten und beschatteten Picknickplatz (Toiletten). Vom ersten Parkplatz führt nach Norden ein Weg zum *Mission Rocks Lookout*. Mission Rocks besitzt eine Rangerstation für Hiking Trails. Ein Weg führt an den Strand und nördlich weiter entlang dem Meer, nach ungefähr 50 Minuten wird die *Bats Cave* erreicht, wo Hunderte Fledermäuse an der Decke der Höhle hängen. Bei Ebbe – und nur dann sollte man nördlich losgehen – sind in den Gezeitentümpeln der Mission Rocks Muscheln, Krebse, Austern und Kleinfische zu sehen. Beim *Mount Tabor* befindet sich die Grace Mission Station, die 1898 von einem norwegischen Missionar gegründet und die 1955 aufgegeben wurde. Übriggeblieben ist ein alter, einzigartiger Brennofen, in dem Ziegel gebrannt und Brote gebacken wurden und im Dickicht versteckt zwei Grabsteine. Mount Tabor dient mit seiner Übernachtungshütte als Base Camp für den Mziki Trail, ein 3-Tages-Wanderweg durch das Naturschutzgebiet, der aber auch in Teilabschnitten begangen werden kann.

Zurück zur Straße liegt linker Hand der Zugangsweg zu den **Mfazana Pans.** Von zwei Verstecken aus kann man Nilpferde, Krokodile und Wasservögel beobachten. Während der Trockenzeit trocknen diese und andere Pfannen aus.

Bald danach geht es zur **Catalina Bay** mit Sicht auf den See von einem Steg.

An der nächsten Abzweigung geht es nach links auf Gravel zu den **Red Dunes** (Ezibomvini), und später erreichen Sie, vorbei am südlichen Lake Bhangazi, den Abzweig zum Cape Vidal. Sie können aber auch auf der Hauptstraße bleiben, den **Dune Loop** mit einem Aussichtspunkt abfahren und nach dem Aussichtspunkt Mfabeni in die Stichstraße zum Cape Vidal einbiegen.

Cape Vidal

Cape Vidal hat seinen Namen nach dem englischen Kapitän Vidal, der hier 1822 mit seinem Schiff vorbeikam. Es ist ein weitläufiger, weißsandener Küstenstrich mit pinienbewaldeten Dünen, der Strandliebhaber, Angler und Taucher anzieht, die die bunten tropischen Fische des nahe gelegenen Riffs bewundern. Im Schutz des Riffs lässt es sich im Wasser gut Schwimmen.

Auf dem großen Parkplatz befinden sich Toiletten und die Rangerstation.

Der Strand eignet sich hervorragend für einsame Spaziergänge, ab und zu unterbrechen Felsformationen mit Gezeitentümpeln mit interessantem Kleingetier die Sandabschnitte. Wanderwege erschließen die Umgebung: Der *Mvubu Trail* führt sieben Kilometer durch Küstenwald und entlang des Bhangazi-Sees, oder man geht den einfachen, knapp einstündigen *Imboma Wetlands Trail*. Zwischen April und September geführte Wilderness Trails: Start Freitagnachmittags in Cape Vidal, Ende Dienstagmorgen (Anmeldung unbedingt erforderlich).

Information Office geöffnet: 8–12.30 u. 14–16.30 Uhr. Distanz vom Gate zum Camp 35 km. Camp-Tel. 035-5909012, Fax 5909007. Check out 10 Uhr, Check in 14 Uhr. Kleiner Laden mit dem Nötigsten. Weitere Details auf www.kznwildlife.com. Buchung: The KwaZulu-Natal Nature Conservation Service, P.O.Box 13069, Cascades, Pietermaritzburg 3202, Tel. 033-8451000, Fax 033-8451001, bookings@kznwildlife.com.

Unterkunft Beachten: Cape Vital muss sehr lange im Voraus gebucht werden – der Andrang ist groß! Selbstversorger können in den vollausgestatteten hölzernen Cottages übernachten. Zusätzlich 50 Campingplätze im Dünenwald (wegen Sand nicht für Wohnmobile geeignet), einige haben Elektroanschlüsse.

Zur Beachtung: Wer mit Reservierung nach 16.30 Uhr ankommt, muss das Büro vorher informieren. Die Übernachtungsplätze sind nicht umzäunt (nach Sonnenuntergang nicht mehr aus dem Umkreis der Hütten und Zelte gehen!). Die gleichfalls vollausgestatteten Gruppen-Unterkünfte am Westufer des Bhangazi Sees, etwa 8 km vom Cape Vidal Camp entfernt, fassen 12–20 Personen. **Foto: Der Strand von Cape Vidal.**

Die Unterkünfte:

Camp	Übernachten in ...	Preis p.P.	Minimum
Beach	18 5-Bett Log cabins	R256	R768
Beach	11 8-Bett Log cabins	R256	R1024
Bhangazi Lodge		R490	R2940
Bhangazi Complex	1 6-Bett Group cabins	R156	R468
Bhangazi Complex	2 12-Bett Group cabins	R100	R500
Bhangazi Complex	1 14-Bett Group cabins	R146	R1168
Bhangazi Complex	1 20-Bett Group cabins	R100	R900
Campsite	50 Campsites	R80	R320

An den Western Shores des Lake St Lucia

Vorbemerkung: In und nach langen Trockenperioden sind die drei Camps *Charter's Creek, Fanie's Island* und *False Bay* **nicht oder nur beschränkt zugänglich.** Bitte vorher bei KZN Wildlife in St Lucia erkundigen, Tel. 035-5901340. Fischen und Bootsverkehr ist wegen des dann niedrigen Seewasserstands nicht möglich.

Charter's Creek

Das eher anspruchslose Camp von Charter's Creek liegt am Westufer des St Lucia-Sees, schattig an einer steilen Klippe mit schönem Blick auf See und Pelikane; Flamingos fischen im seichten Wasser, Reiher und Ibisse bevölkern das Ufer. Hoch oben schweben Fischadler. Im Wasser kann man Nilpferde und Krokodile ausmachen – somit hat sich das Thema Baden oder Paddeln erledigt. Ein Ziel besonders für Angler und Vogelbeobachter. Größere Boote sind erlaubt. Der *Isikhova Trail* ist sieben Kilometer lang, der *Umkhumbe Trail* ein wenig kürzer. Nur mit Führung.

Anfahrt Von St Lucia zurück in Richtung N2, nach der Brücke rechter Hand, *Dukuduku Gate*. Oder von der N2, ca. 20 km hinter Mtubatuba abfahren zum *Nhlozi Gate*. Nach 15 km an einer Gabelung nach links, letzte 3,5 km Schotterstraße.

Information Geöffnet Okt–März 6–18 Uhr, Apr–Sept 6–18 Uhr. Office: 8–12.30 u. 14–16.30 Uhr. Distanz vom Gate zum Camp: 0,5 km. Camp-Tel. 035-5509000, Fax 5509001. Check out 10 Uhr, Check in 14 Uhr. Eintritt R20, Kinder die Hälfte. Malariaprophylaxe empfohlen. Kleiner Laden. Weitere Details auf www.kznwildlife.com.

Unterkunft Das Camp besteht aus einem 7-Bett Cottage, einem 2-Bett self catering Chalet, alle voll eingerichtet, sowie aus 14 Rest huts mit 2, 3 und 4 Betten mit gemeinsamen 2 Küchen und Sanitäranlagen. Außerdem 8 Campsites. Selbstversorgung, Getränke und Essen mitbringen.

Südlich von Charter's Creek führt von der oben erwähnten Gabelung eine 4-km-Zufahrt zur super-luxuriösen **Makakatana Bay Lodge** beim See. Tel. 035-5504189, weitere Details und Preise auf www.makakatana.co.za.

Fanie's Island

Die Insel liegt einsam an einer Engstelle des St Lucia-Sees. Angler und *birder* kommen gerne hierher. Große Vogelartenvielfalt (allein 5 Adlerarten), Warzen- und Pinselohrschweine, Ducker, Riedböcke und Wasserböcke. Wegen vieler Nilpferde und Krokodile ist das Baden im See nicht gestattet! Gut beobachten kann man sie vom zwei Kilometer langen *Umboma Trail* am Seeufer entlang. Der Umkhiwane Trail ist nur wenig länger.

Anfahrt Wie Charter's Creek, kurz vor diesem 15 km nach Norden abbiegen.

Information Wie Charter's Creek.

Unterkunft Das Camp am Seeufer verfügt über eine 7-Bett Hütte, zwölf 2-Bett Rest Huts. Voll eingerichtet mit Kühlschrank. Essen und Getränke mitbringen. Pool in der Nähe. 20 schattige Zelt-/Caravanplätze. Gute sanitäre Einrichtungen mit warmem Wasser. Zur Beachtung: Nach Sonnenuntergang nicht mehr von den Unterkünften entfernen! Füttern von Tieren strengstens verboten.

Auf der R22 (Lubombo Road) **von Hluhluwe nach Kosi Bay**

mit *Zwischenzielen False Bay, uMkhuze Game Reserve, Mbazwana, Sodwana Bay, Kosi Bay*

Die Gesamtstrecke vom Ort Hluhluwe auf der R22 nach Kosi Bay beträgt – ohne Abstecher – ca. 150 Kilometer. Von der N2 Ausfahrt Hluhluwe nehmen, auf der breiten Hauptstraße durch den Ort fahren, unten am letzten Kreisverkehr links, dann bald rechts übers Bahngleis ("Sodwana Bay/Mbazwane") auf die R22. Nach etwa acht Kilometern auf der R22 kommt der Abzweig Richtung Osten zur False Bay am Lake Lucia, sie ist etwa 15 Kilometer von Hluhluwe entfernt.

False Bay

An der False Bay stehen neben Fischen und Bootfahren vor allem Wild- und Vogelbeobachtung und Naturwanderungen an erster Stelle. Auf dem dreistündigen *Mpophomeni Trail* oder dem *Dugandlovu Trail* bekommt man Zebras, Impalas, Nyalas, Wasserböcke, Schirrantilopen oder

5 Elephant Coast

Warzenschweine zu Gesicht. Das interessante **Interpretive Centre** veranschaulicht die Flora und Fauna.

Information Geöffnet Okt–März 5–20 Uhr, Apr–Sept 6–20 Uhr. Office: 8–12.30 u. 14–16.30 Uhr. Camp-Tel. 035-5620425, Fax 5620425. Check out 10 Uhr, Check in 14 Uhr. Eintritt R25, Kinder die Hälfte. Kleiner Laden, nächster Versorgungsort Hluhluwe. Malariaprophylaxe und Insektenschutz empfohlen. Weitere Details auf www.kznwildlife.com.

Unterkunft False Bay Die Unterkünfte befinden sich am See nördlich und südlich von *Lister Point* (Caravan Park, Toiletten). Das *Dungandlovu Rustic Camp* verfügt über 4 Rustic huts mit je vier Betten (kein Bettzeug). Kalte Dusche, Toiletten, Gaskocher, Grillplätze und Tiefkühltruhe. Feuerholz und Trinkwasser sind vorhanden, Paraffinlampen werden gestellt. Verpflegung und Getränke sowie Bettzeug mitbringen. 38 Campingplätze mit sanitären Einrichtungen, z.T. Stromanschluss. Vor 16.30 Uhr ankommen.

Camp	Übernachten in …	Preis p.P.	Minimum
Dungandlovu	4 4-Bett Rustic huts	R130	R260
	38 Campsites. Direktbuchung Tel. 035-5620425	R60	R60

Außer den Ezemvelo-Unterkünften gibt es noch ca. ein Dutzend private, allesamt kurz außerhalb des Parks. Günstig sind *Dinizulu Lodge* (SC, Tel. 035-5620025), *Uncle Jim's Cottage* (SC, Tel. 035-5620472), *Drifters Zululand Inn* (B&B, Tel. 035-5622063).

Mittlere Preislage, ca. R300–400: *Sand Forest Lodge* (auch Camping und Caravan, Tel. 035-5622509), *Wildebeest Eco Lodge* (auch Camping und Caravan, Tel. 035-5621039).

Gehoben: *Hluhluwe River Lodge,* Tel. 035-5620246 (auch SC, Beschreibung s.S. 269), *Falaza Game Park & Spa,* Tel. 035-5622319.

Weiterfahrt nach Norden

Die R22 passiert den *Weavers Nature Park* mit vier hochpreisigen Lodges (Bushwillow u.a.), dann trifft man auf den Fluss *Mzinene*, der die Südgrenze des links liegenden *Phinda Munyawana Conservancy* bildet. Dort befinden sich die erlesen-exklusiven sechs Phinda-Lodges von *Conservation Corporation Africa* (www.ccafrica.com) mit Private Game Parks. Im Bereich der Phinda-Zufahrt auf die vielen *speed bumps* achten! Die Phinda-Lodges sind allesamt traumhafte Luxusanlagen, nix für Besitzer flacher Geldbeutel.

Bald hinter Lower Mkuzi Bridge kommt nach links der Abzweig zum östlichen *Ophansi Gate* (18 km) des **uMkhuze Game Reserve** (s.S. 278). Nördlich dieser Zufahrtsstraße liegt die acht Kilometer lange und schmale **Muzi Pan,** ein außerordentlich dichtbevölkertes Wasservögel-Habitat. Bei einer geführten Kanutour sieht man neben Hippos und Krokodilen Flamingos, Pelikane, Fischadler und viele andere gefiederte Arten. Auf der R22 weiter erreichen Sie nach ca. 28 Kilometern den größeren Ort *Mbazwana,* wo eine 13 Kilometer lange Stichstraße zum Ozean nach Sodwana Bay führt (ausgeschildert).

Sodwana Bay

Sodwana Bay, Teil des iSimangaliso Parks, steht bei Tauchern, Schnorchlern und Anglern ganz oben auf ihrer Wunschliste. Einsam ist man hier bestimmt nicht – es gibt über 350 Camping-/Caravan-Sites! Also besser die Wochenenden meiden.

Als Sodwana Bay-**Anfahrtstraße** empfiehlt sich immer die R22, die Strecke von Jozini oder Mkuze/N2 ist eine schlechte *dirt road,* die wesentlich länger dauert und einem normalen Pkw arg zusetzt!

Nördlich vom Gate beginnen die berühmten Unterwasser-Riffe, ihre unromantischen Namen (*Two Mile Reef* etc) haben sie von den Distanzen ab dem *Jesser Point,* der als Landmarke ins Meer hinausragt. Südlich von ihm liegen die Camps, die Camping und Caravanplätze von KZN Wildlife. Mit einem *Beach Driving Permit* darf man Richtung Norden bis zum Nine Mile Beach fahren und Richtung Süden zum Adlams Reef.

In der terrestrischen **Tierwelt** Sodwana Bays kommen zahlreiche Reptilienarten vor, darunter Giftschlangen. Im *Lake Mgobozeleni* gibt es Krokodile. Größere Säugetiere sieht man eher selten. Auf einem kurzen Spazierweg durch die Dünen oder dem längeren Trail zum *Lake Mgobozeleni* hat man die größten Chance, Tiere und viele Vogelarten zu sehen.

Das Meer ist u.a. die Heimat von Wasserschildkröten, über 1000 Fisch- und mehreren Haiarten, Delphinen, Marlins u.a. guten Speisefischen (in Sodwana Bay werden die südafrikanischen Meisterschaften im Hochseeangeln ausgetragen). Von Juni bis November ziehen Walfische an der Küste vorbei, von Ende Oktober bis Januar kommen nächtens Schildkröten zur Eiablage an den Strand.

Taucher-mekka

Tausende Taucher reisen alljährlich an, um die tropischen Korallenriffe des *Jesser Canyons,* der *Quarter-, Two-, Five-, Seven- und Nine Mile Reefs* sowie den *White Sands Canyon* zu erleben. Der Schutzbereich dieses südlichsten und wohl spektakulärsten Riffs von Afrika geht fünf Kilometer aufs Meer raus. Neben knapp hundert unterschiedlichen Korallenarten tummeln sich in Neptuns Reich unzählige Fischarten, darunter auch viele bunte Exoten. „Star" ist ein Urfisch, der sehr seltene *Coelacanth* (s.S. 295), der sich in über 100 Meter tiefen Riff-Canyons versteckt hält. Beste Tauchzeit ist Mai bis August, was die Sicht anbelangt, besonders in den frühen Morgenstunden. Dann kann die Sichtweite bis zu 30 Meter betragen. Auch wer nur schnorchelt, z.B. am Jesser Point, sieht eine erstaunliche Unterwasserwelt.

Tauch-Reefs

Populär ist Two Mile Reef mit Tauchtiefen von 9 bis 30 Meter. Am Quarter Mile Reef versammeln sich besonders im Januar und Februar zahlreiche Haie. Das Stringer Reef ist kleiner, hat eine Tiefe von etwa 14 Metern und wird gerne von großen Schwarmfisch-Populationen besucht. Four/Five Mile liegt 8 km von Jesser Point entfernt und besitzt viele verschiedene Korallenarten. Seven Mile hat schöne Überhänge, Abstürze und pilzförmige Felsen. Nine Mile liegt am nördlichsten, hat Tauchtiefen von 6 bis 21 Meter und zahlreiche Korallenformationen. Genaue Beschreibungen aller Riffe und Tauchzonen sind erhältlich, oder z.B. auf www.coraldivers.co.za.

Auskünfte über Tauchkurse z.B. in der *Sodwana Bay Lodge* (s.u.) oder in der *Mseni Lodge* (s.u.). Tauchgangpreise und -pakete jeweils auf deren Webseiten. Empfehlenswert sind außerdem *Coral Divers,* Tel. 033-3456531, www.coraldivers.co.za. Man kann Einzeltauchgänge buchen. Die meisten der

5 Elephant Coast

Dive operators bieten Hai-Tauchgänge oder Schnorcheltouren an. Umgekehrt bieten einige der unten erwähnten Lodges, außerhalb des Parks gelegen, gleichfalls Tauchtouren oder Tauchpakete an.

Information Sodwana Bay Camp   Ganzjährig und 24 Stunden geöffnet. Office: Mo–Do 8–16.30 Uhr (So 15 Uhr), Fr/Sa 7–16.30 Uhr. Camp-Tel. 035-5710051/2/3, Fax 5710115. Check out 10 Uhr, Check in 14 Uhr. Eintritt R20, Kinder die Hälfte. Kleiner, gut sortierter Supermarkt mit Angel-Utensilien. Nächster Versorgungsort, Werkstatt, Bank und Post in Mbazwana. Malariaprophylaxe empfohlen. Wegen Diebstahlgefahr Wertsachen nur im verschlossenen Wagen aufbewahren! Weitere Details auf www.kznwildlife.com.

Des weiteren gibt es einen Tauchshop mit Kompressoranlage, möglich sind auch Bootstouren, Reiten (Beach und Land) sowie Microlight-Flüge. Zur Beachtung: Es ist bei Strafe verboten, am Strand Alkohol zu trinken!

Unterkunft   Reservierungen für den großen Gwalagwala-Campingplatz, der sich in schattiger Lage über mehrere Hektar erstreckt, während der Hauptsaison unbedingt im Voraus! Die Log Cabins sind voll eingerichtet. Außerdem gibt es in der Camp-Area noch die *Mseni Lodge* (schön und günstig, HP ca. R500, Restaurant, Tel. 035-5710284, Fax 5710251, www.mseni.co.za) sowie ganz im Süden die oben erwähnten *Coral Divers* (SC, www.coraldivers.co.za).

Camp	Übernachten in …	Preis p.P.	Minimum
	10 5-Bett Log cabins	R330	R990
	10 8-Bett Log cabins	R330	R1320
Gwalagwala Campsite	Camping-Geb. + Gate entry	R90	R540
	286 Campsites (o. Strom)	R60	
	64 Campsites (m. Strom)	R70	

Weitere Unterkünfte   Etwa zehn weitere Unterkünfte gruppieren sich ca. 4 km außerhalb des Gates gleich nach bzw. vor dem Abzweig zum Lake Sibaya. Dort ist ganz auf Taucher und Schnorchler eingestellt die *Sodwana Bay Lodge,* Tel./Fax 035-5710095, www.sodwanadiving.co.za. 21 DZ mit HP, 20 Chalets mit Selbstverpflegung, Pool, Tauchschule. Das schlichte Restaurant serviert Top-Steaks und Seafood. Di–Fr sind beste Tage, an anderen Tagen meist überfüllt. Buchung nur per Vorauskasse.

Andere günstige dort, mit Self catering: *Visagie Fishing & Diving Resort,* Tel. 035-5710104. • *Toad Tree Cabins,* 083-4594222. • *Triton Bushcamp,* Tel. 082-4948761 (Tauchgänge). • *Seadog Dive Camp,* Tel. 082-8230439 (Tauchgänge).

Mittlere Preislage: *Ogwini Lodge,* Tel. 084-0979177 • *Reefteach Lodge,* Tel. 3396920 (Tauchgänge).

Restaurants z.B. beim Visagie Resort oder in der Sodwana Bay Lodge.

Umgebungsziele

Ein Allrad-Kfz und ein Permit (am Gate erkunden) benötigen Sie für die Küstenstrecke nach Norden von Sodwana Bay über Lake Sibaya und den Coastal Forest bis Kosi Bay. Nördlich des Lake Sibaya liegen nacheinander **Mabibi** (mit *Mabibi Campsite* und *Thonga Beach Lodge*), **Island Rock** *(Rocktail Beach Camp)* und **Rocktail Bay** *(Rocktail Bay Lodge)* sowie, bereits kurz vor der Kosi Bay Area, **Black Rock.** Alles traumhaft schöne und super einsame Strandabschnitte mit prima Tauch- und Schnorchelspots, wobei der 4x4 Track durch den *Coastal Forest* nicht weniger spektakulär ist. Mabibi mit der *Thonga Beach Lodge* sowie die

Rocktail Bay Lodge und das *Rocktail Beach Camp* sind auch von der R22 aus zugänglich (s.u.).

Die südlich von Sodwana Bay angrenzende *Ozabeni Section* ist nur für organisierte Gruppen in 4x4-Fahrzeugen erlaubt.

Lake Sibaya

Der Sibaya-See – auch er zählt zum iSimangaliso Wetland Park –, ist der größte Süßwasser-See Südafrikas. Er bedeckt, je nach Wasserstand, zwischen 60 bis 77 qkm, ist etwa 18 Kilometer lang und 17 Kilometer breit und hat keinen sichtbaren Zu- oder Abfluss. Durchschnittliche Tiefe 13 Meter. Er wird vom Meer bzw. vom Mabibi-Strand getrennt durch bis zu 165 Meter hohe, bewaldete Dünen. Im klaren Seewasser leben sehr viele Nilpferde und Krokodile – also Vorsicht, auch vor den zahlreichen Giftschlangen! Hier leben z.B. Rotducker-Schopfantilopen, Samango-Affen, Moschusböckchen (Suni), Wildschweine, Mangusten, Springhasen, Impalas, Nyalas, Zebras und andere Tiere mehr. Außerdem viele Vogelarten. Ein drei Kilometer langer Spazierweg durch den Wald an das Seeufer bietet schöne Ausblicke. **Derzeit keine Unterkünfte.**

Weiter geht es zur nördlichen Elephant Coast

2. Nördliche Elephant Coast

Traumhafte Retreats zwischen Mabibi und Rocktail Bay Lodge

Die Ozeanstrände zwischen der *Mabibi-Campsite* östlich vom Lake Sibaya und der etwa 20 Kilometer nördlich gelegenen *Rocktail Bay Lodge* kann man ohne Übertreibung paradiesisch nennen. Das warme, klare Wasser, das Korallenriff und geschützte Buchten ziehen immer mehr Strandliebhaber, Taucher und Schnorchler an. Naturfreunde können das maritime Leben in den Felsbecken und Riffen studieren oder die Sanddünenwälder erkunden. Stundenlang kann man auf den goldenen Sandstränden entlanggehen, ohne auch nur einen Menschen zu treffen. Die dortigen Lodges und Camps liegen an den einsamsten Küstenstrichen Südafrikas und zählen zu den Schönsten von KwaZulu-Natal (auf Google-Earth können Sie Bilder der Strände sehen) – aber das Privileg, dort zu übernachten, kostet entsprechend!

Alle Unterkünfte liegen alle innerhalb des iSimangaliso Wetland Park, weshalb Eintrittsgebühren fällig werden: R20 p.P., Kinder die Hälfte, Wagen R15, Zufahrt offen Nov–März 5–19 Uhr, Apr–Okt 6–18 Uhr. **Bitte beachten:** Zufahrt zu den Unterkünften **nur mit einem 4WD** oder per vorher gebuchter Abholung!

■ *... die einsamsten und schönsten Strände Südafrikas*

Anfahrt   Wenn Sie von Sodwana Bay nach Mbazwana zurückgefahren sind, geht es auf der R22 weiter nordwärts. 32 km von Mbazwana (oder von Norden her vom Straßenknotenpunkt Phelandaba 15 km) zweigt nach rechts bzw. Osten eine rotsandene Piste ab, die Zufahrtsstrecke zur *Rocktail Bay Lodge,* zum *Rocktail Beach Camp, Thonga Beach Lodge* und Mabibi-Campsite. 4,7 km nach der Abzweigung kommt rechts der Betrieb *Coastal Cashews,* der Pick-up-Point für alle Gäste mit normalem Pkw. Ihr Auto steht dort sehr sicher. Abholzeit für die Thonga Beach Lodge ist um 12 und 15 Uhr, muss vorgebucht werden und kostet extra (rufen Sie aber trotzdem zuvor an, Tel. direkt Thonga Beach Lodge 035-4756000). Check-in Thonga Lodge 12 Uhr, check-out 10 Uhr. Der Transfer im 4WD durch teils tief versandete Abschnitte dauert etwa 45 Minuten. Pick-up-Abholzeit für die Rocktail Bay Lodge und das Rocktail Beach Camp ist 10, 14 und 16 Uhr.

Unterkünfte

Thonga Beach Lodge

Stilgerechte Beach-Architektur mit Öko-Flair (Fotos und Videos auf der Website), fantastische, ruhige Lage am Dünenhang über dem Meer, insges. 24 Betten, hervorragendes Essen, aufmerksamer Service, Super-Tauchgründe, große Aktivitäten-Palette. Traumhaft ist das Sunset-Candlelight-Dinner am Beach Deck. VP ab R1750–2300 p.P. im DZ. Special offers s. Website.

Reservierung über *Isibindi Africa Lodges,* Tel. 035-4741473, Fax 035-4741490, www.isibindiafrica.co.za.

■ *Teil der Thonga Beach Lodge*

Mabibi Campsite

Das Camp für Selbstversorger liegt ein paar Kilometer südwestlich der Thonga Beach Lodge auf einem Dünen-Plateau und ist umgeben von Küstenwald. Gesamtfläche etwa 10 ha. Es bietet 10 geschützte Camping-/Caravanplätze, sanitäre Einrichtungen mit warmem Wasser. Am meisten belegt im Dezember/Januar, April, Juni/Juli und September. Zugang zum Strand runter über eine steile hölzerne Treppe, ca. 10 Minuten. Buchung über Tel. 035-4741504, R300–400/Site.

Nördlich von der Thonga Beach Lodge liegen die beiden zusammengehörigen „Rocktails":

Rocktail Bay Lodge

Übernachtung in 11 komfortablen „Baumhaus-Chalets", jedes Zimmer besitzt einen Balkon, ein Badezimmer sowie eine Außendusche im Wald. Der Hauptbereich besteht aus einem Gemeinschaftsraum, Bar und Pool. Das Essen wird entweder im Speiseraum, am Swimmingpool oder unter dem riesigen Mahagonibaum serviert. Sehr viele Aktivitäten. In *Manzengwenya,* 11 km südlich, besitzt die Rocktail Bay Lodge ein eigenes Dive Centre zu unberührten Tauchgründen. *Full board* (VP) R1750 p.P. im DZ.

Infos auf www.rocktailbay.com, info@safariadventure.co.za, Buchung Headquarter Tel. 011-2575111, Fax 8072110.

Rocktail Beach Camp

Das Rocktail Beach Camp liegt etwa 30 Fahrminuten südlich der Rocktail Bay Lodge beim Rocktail Dive Centre. Anfahrt nur per 4WD oder Transfer, gleicher Abholpunkt Coastal Cashew. Infos auf www.safariadventurecompany.com.

Das Camp besteht aus 9 Units (5 Twin- und 4 Doppelbetten) plus drei *family units* für 4 Personen, alle mit Bädern, teils offenen Duschen und Ventilatoren. Außerdem zentraler Dining-Bereich, Bar und Lounge mit umlaufendem Deck sowie einem großen Pool. Die vorgelagerten Riffe bieten ideale Schnorchel- und Tauchbedingungen, deshalb stehen beide neben anderen möglichen Akti-

5 Elephant Coast

vitäten an erster Stelle. Auf mehreren angelegten Naturpfaden kann man in Begleitung eines Rangers die Umgebung erkunden. Wege führen zu Pfannen, Grasland und durch Küstenwaldgebiete, auch Geländewagenfahrten, z.B. zum *Black Rock* oder zum *Lake Sibaya*.

Alle Reservierungen bei Safari Adventure Company, www.safariadventure-company.com, Tel. 011-2575111, Fax 8072110. Dinner, Bed & Breakfast R1050 p.P. im DZ.

Nach Kosi Bay

Das Straßendreieck **Phelandaba** ist ein Verkehrsknotenpunkt bereits im **Thonga-** oder **Maputaland,** das sich südlich der Moçambique-Grenze vom Meer bis zu den *Lubombo Mountains* im Westen erstreckt. Ein flaches Land, an der Küste charakterisiert durch überwachsene Dünen, *Coastal forests* mit Raffia-Palmen, Pfannen und Seen. In Phelandaba können Sie weiter auf der R22 nach Kosi Bay fahren oder Richtung Westen zum Tembe Elephant Park und Ndumo Game Reserve.

kwaNgwanase (Manguzi)

In dem Ort **kwaNgwanase** oder **Manguzi** kann man seine Vorräte aufstocken, von hier gibt es von der R22 abzweigend mit der D1843 eine Verbindung südöstlich zum Sihadla Gate des Kosi Bay Reserves (11 km). Anfänglich ist es die gleiche Piste auf der man zur *Kosi Forest Lodge* gelangt (s.u.). Auf der R22 weiter sind es zum Kosi Bay Camp etwa zwölf Kilometer.

■ *Straßenszene Manguzi*

Wer hier in den Wintermonaten vorbeikommt, sollte bereits etwa 8 km vor dem Ort auf die *Nyanyani Pan* links und rechts der Straße achten, auf der sich Tausende von Enten und Gänse tummeln. Wenig bekannt ist der *Manguzi Forest*. Anfahrt: westlich vom Ort, genau 1 km nach dem Polizeischild abbiegen, einem Zaun, der linker Hand liegt, 500 m folgen, dann den linken Weg einschlagen, 600 m weiter wieder links und nach 400 m wieder links und weiter zur Rangerstation. Zufahrt mit Pkw möglich. Der Wanderweg ist eine Stunde lang und interessant für Vogelbeobachtung.

Unterkunft in Manguzi

Eine **Backpacker-Unterkunft** ist in Manguzi das **Thobeka Lodge/Thobeka Guest House.** Durch den Ort fahren und am Schild „Thobeka Lodge" nach rechts abbiegen. Persönlich geführt, Mike anrufen, Tel. 035-5929728, Cell 072-4461525. Einfache Zimmer, R100–300 p.P. je nach Raum, Saison und Verpflegung, Details auf www.kosi.co.za. Exkursionen nach Kosi Bay (bis zum dortigen Camp sind es 12 km), Tembe Elephant Park u.a.

Kosi Forest Lodge

Übernach-tungs-Tipp für Kosi Bay

Die *Kosi Forest Lodge* liegt bereits im Kosi Bay Nature Reserve und ist dort die einzig private. Romantische Lage, stilvolles afrikanisches Ambiente, die safarizeltartigen Chalets liegen versteckt im Busch (Foto s.S. 105). Insgesamt 6 Einheiten mit Twin-Betten, Bad und separater Dusche. Außerdem Family- und Honeymoon Suite. Bar und Boma, vom Pool Blick auf den Lake Shengeza. Großes Holzdeck, sehr gute Küche, romantisches Abendessen unter riesigen Bäumen im Kerzenschein (die Lodge hat keinen Strom!). Viele Aktivitäten möglich, die geführte Kanu-Tour nicht vermissen! Anfahrt nur mit einem 4x4-Fahrzeug. Lodge-Tel. 035-5929239 oder Cell 084-5038738, Connie & Zoe. Details auf www.isibindi-africa.co.za/kfl. VP-Preise: 1350–1650 p.P. im DZ. Inbegriffen ist die Kanu-Tour und der Raffia Forest Walk.

Anfahrt für 4x4-Fahrer: Die Lodge liegt ca. 9 km südöstlich. Gerade bevor KwaNgwanase beginnt nach rechts in die D1843 abbiegen (nach dem Police Station-Emblem schauen, und auch nach dem großen Sendemast von der Abzweigung weiter vorne), dann den Lodge-Wegweisern nach.

Anfahrt Non-4x4-Fahrer: In die Stadt rein und fast durch, linker Hand befindet sich eine Total Service Station. Beim Laden/Kiosk sich als Kosi Forest Lodge-Gast anmelden. Pick-up-Zeit ist 12 und 16 Uhr. Ihr Wagen steht sicher, die Tankstelle wird 24h bewacht. Über der Straße ist ein Internet-Café.

■ *Paddeltour von der Kosi Forest Lodge aus*

Kosi Bay

Kosi Bay und sein gleichnamiges Naturschutzgebiet – innerhalb des iSimangaliso Wetland Parks – in der obersten Ecke KwaZulu-Natals (zur Grenze von Moçambique sind es nur noch fünf Kilometer) – ist ein Paradies für Naturliebhaber. Die Szenerie und das Ökosystem aus imposanten Dünen, Seen, Estuary, Marschland, Sumpf- und Feuchtgebieten, Küstenwald und Meer ist einzigartig und die lange Anreise auf der R22 wert. Wer Einsamkeit sucht, ist hier richtig – außer in den überlaufenen Zeiten der südafrikanischen Schulferien, an Ostern und um die Weihnachtswochen!

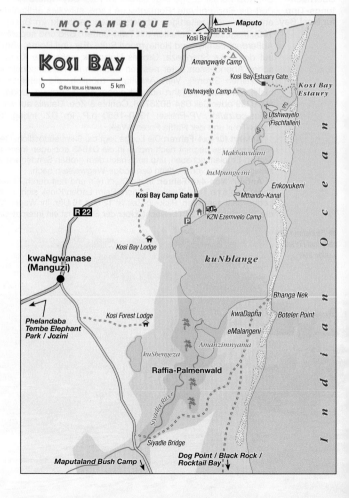

Kosi Bay ist keine wirkliche Meeresbucht, wie man aus dem Namen schließen könnte („Kosi" leitet sich vom Häuptlingsnamen „Makuza" ab, formte sich zu „Makozi's Bay" um und wurde schließlich zu „Kosi Bay"), sondern wird charakterisiert durch eine Kette von vier Seen, die durch Kanäle miteinander verbundenen sind.

Seenkette   Größter See ist der *kuNhlange,* nördlich davon liegen *kuMpungwini* und *Makhawulani.* Dieser entwässert über den stark versandeten *Kosi Bay Estuary* ins Meer. Bei Flut strömt Salzwasser durch die Mündung in den Makhawulani und weiter in den Lake kuMpungwini, der wiederum mit dem *Mthando Channel* mit dem Hauptsee kuNhlange verbunden ist. Der vierte, der kleine Amanzimnyama, liegt südlich des kuNhlange. Obwohl er gleichfalls mit einem Kanal mit kuNhlange verbunden ist, besteht er aber aus reinem Süßwasser von tiefbrauner Farbe (die anderen Seen sind glasklar), in dem Krokodile leben. Die Seen werden durch einen 20 Kilometer langen, bewachsenen Dünenzug vom Meer getrennt.

Utshwayelo – traditioneller Fischfang

Die Männer von Kosi Bay betreiben Fischfang mittels einer genialen, Jahrhunderte alten und effektiven Methode: In den Verbindungskanälen zwischen den Seen und im Estuary stecken sie zu flexiblen Zäunen zusammengebundene Holzstecken ins Wasser. Nach dem Prinzip einer Reuse im rechten Winkel in die Zugroute der Fische gestellt, finden Fische und auch Krebse leicht in die Absperrungen hinein, aber nicht wieder hinaus. In den „Fisch-Krals" wird der Fang dann mit Körben herausgeholt oder mit einem Speer erledigt. Das ständige Hin- und Herwandern der Tiere aus dem Meer in die Seen und zurück sichert regelmäßige Beute und ist eine wichtige Proteinquelle für die lokale Bevölkerung. Wie viele Fallen jede Familie aufstellen darf, regulieren die Ansässigen in Selbstverwaltung. Die Fisch-Krals sind *die* Touristen-Attraktion von Kosi Bay, nur noch hier wird diese alte afrikanische Fischfangmethode, die früher auch an anderen Flussmündungen Südafrikas anzutreffen war, praktiziert.

Tropisches Paradies   Das 11.000 ha große und ca. 30 Kilometer lange Naturschutzgebiet entlang der Küste ist ein tropisches Paradies. Das intakte Ökosystem ist Heimat vieler Pflanzen- und Tierarten, es gibt in den Gewässern Nilpferde (etwa 60), Krokodile, Mangusten (*water mongoose,* Atilax paludinosus) und Fingerottern (*clawless otter,* Aonyx capensis). Durch den unterschiedlichen Salzgehalt der Seen sprießt an deren Ufern reiche Vegetation. So gedeihen gleich fünf Mangrovenarten, in denen Schlammspringer, Krebse und Schnecken leben. Kosi Bay ist außerdem Habitat vieler Vogelarten, darunter Fischeulen, Fischadler, Reiher und Flamingos sowie saisonale Kolonien fruchtfressender Fledermäuse.

Südlich des großen Sees erstreckt sich ein *Raffia-Palmenwald* (Raphia australis), der Palmenart mit den längsten Zweigen der Welt. Dort ist der seltene **Palmengeier** *(Palmnut vulture)* zuhause, der einzige Geier der Welt, der Früchte frisst und der auf die Raffia-Palmen angewiesen ist.

5 Elephant Coast

■ *Der Ranger erklärt die Natur ...*

Entlang der Seeufer findet man in sumpfigem Gelände subtropische Farnwälder und seltene Orchideen. Im Marschland wachsen Riedgräser, Papyrus und Wasserlilien. In den Saisonmonaten ziehen im Meer – seine Unterwasserflora und -fauna wurde mit dem *Marine Reserve* auf einer Breite von fünf Kilometern gleichfalls geschützt – Wale vorüber und es kriechen zur Eiablage *Loggerhead*- und *Leatherback*-Schildkröten an Land. Die *Bhanga Nek*-Station, Tel. 073-1509350, erforscht das Wanderverhalten dieser riesigen Exemplare und veranstaltet zur Brutsaison vom 15. November bis 15. Januar nächtliche geführte Touren zu ihren Eiablage-Stränden.

Das Kosi Bay-Naturschutzgebiet geht im Süden in das des *Coastal Forest* über. Auf einer 4x4-Piste gelangt man über Rocktail Bay, Mabibi, Lake Sibaya bis Sodwana Bay. Ist nur mit Permit erlaubt.

Es gibt zwei Eingänge, das Kosi Bay **Camp Gate** und im Norden das **Estuary Gate**. Bereits die sandige, sieben Kilometer lange Hauptzufahrt von der R22 zum Camp Gate kann je nach Jahreszeit und Wetterkonditionen manchmal einen 4WD erfordern!

Ausflüge   **Schnorchlers Paradies** ist das Estuary-Mündungsgebiet. Das Wasser ist warm und fast immer kristallklar. Die *Rock pools* entlang der Küstenlinie bis nach *Bhanga Nek* sind kleine Aquarien voller Leben.

Die ca. 14 Kilometer lange Strecke vom Hauptcamp bis zum **Estuary Gate** ist versandet, erfordert trotz der Kürze ihre Zeit und ist normalerweise nur mit einem 4WD-Fahrzeug bewältigbar. Man benötigt für die Estuary-Mündung ein Beach-Permit (limitierte Anzahl von Fahrzeugen), erhältlich am Entrance Gate, einen Tag zuvor abzuholen. Am Estuary gibt es einen Picknickplatz und Toiletten.

Für **Wanderungen** (guided) wende man sich an den Ranger vom Dienst, doch Vorsicht, giftige Schlangen! Abwechslung bietet ein **Kanu-Trip** (Vermietung im Park). Geführte Bootstouren führt die *Kosi Bay Lodge* durch, die man gleichfalls buchen kann wenn man nicht in der Lodge wohnt (R175 p.P., mit Besichtigung der Fischfallen).

Information Kosi Bay
Geöffnet 6–18 Uhr, Office: 7–16 Uhr. Camp-Tel. 035-5920234/5/6, Fax 5929512. Check out 10 Uhr, Check in 14 Uhr. Eintritt R20, Kinder die Hälfte, Wagen R15. Kein Laden, Verkauf von Softdrinks, Feuerholzverkauf am Gate. Nächster Versorgungsort ist KwaNgwanase, 13 km. Malaria-Gebiet. Weitere Details auf www.kznwildlife.com.

Vorsicht vor Hippos in den Seen und Kanälen, besonders bei Dämmerung!

Unterkunft
Das Kosi Bay Ezemvelo-Camp liegt am nordwestlichen Ufer des Sees *kuNhlange*. Langfristige Vorausbuchung, besonders für Wochenenden und in der Hauptsaison, ist unbedingt erforderlich. Jede der 15 Campsites kann bis zu 7 Personen aufnehmen, sie verfügen über Wasser- und Elektroanschlüsse, liegen im Schatten von Bäumen, haben Grillplätze und es gibt einen gemeinsamen Freezer. Die zwei Sanitärblöcke haben Duschen, heißes und kaltes Wasser. Die Self catering-Cottages sind voll eingerichtet.

Camp	Übernachten in …	Preis p.P.	Minimum
	1 2-Bett Cabin	R300	R450
	1 5-Bett Cabin	R300	R900
	1 6-Bett Cabin	R300	R1200
Kosi Bay	15 open Campsites	R90	R360

Weitere Unterkünfte
Campen oder unterkommen in einfachen **Chalets** ist auch möglich auf der community based **Campsite Utshwayelo**, am *Kosi Bay Estuary Gate* im Norden. Zufahrt noch vor dem Kosi Bay Main Gate Richtung Norden, ca.14 km, 4WD nötig (oder außen herum über die R22 Richtung Moçambique-Grenze). Rustikal, aber o.k, auf einem Hügel in Aussichtslage. Zu Fuß zum Estuary ca. 20 Minuten. Camping R70 p.P. Chalet R150 p.P. Infos bei Managerin Cynthia, Tel. 035-5929626 oder 073-1343318. Fotos/Infos auf www.kosi-bay.co.za.

Kosi Bay Lodge, in kuNhlange-Seenähe, Tel. 035-5929561, Fax 5920392, Cell 083-2624865, www.kosibaylodge.co.za. Rustikale, riedgedeckte, aber derzeit vernachlässigte

■ *Die vorne erwähnte Kosi Forest Lodge*

Chalets für zwei, vier und sechs Personen für Selbstversorger, für 2 Personen ca. R 650. Restaurant, Bar, Pool. Exkursionen und See-Bootstouren. Auch VP. Weitere Alternativen wären: **Kosi Bay Country House,** B&B und SC, gut für Kleingruppen, Tel. 035-5929665, Cell 083-2945617 (Ray) oder 073-2085101 (Viv) und die **Gwala Gwala Lodge,** an der Zufahrt zum Main Camp Gate, Tel. 084-5880564. Einfache Chalets, Aktivitäten-Programm.

Nach Moçambique
Moçambique-Grenzstation ist *Farazela*. Gleich hinter der Grenze geht es rechts ans Meer nach Ponta do Oura. Geradeaus sind es bis zur Hauptstadt Maputo etwa 110 km auf einer Piste. Das Visum ist an der Grenze erhältlich. Mietwagenfahrer benötigen die Zustimmung der Vermietfirma und Kopien der Wagenpapiere, außerdem muss eine Zusatzversicherung abge-schlossen werden, für ca. R150.

Rück-/ Weiterfahrt zur N2
über Phelandaba, kwaNgwanase (Manguzi) und Jozini am Pongolapoort Dam. Attraktion unterwegs ist der **Tembe Elephant Park** (s.S. 312). Sie durchfahren das **Maputaland**.

5 Elephant Coast

**Der beson-
dere Tipp**

Tembe Elephant Park

Der 30 qkm große, isoliert liegende Park ist hauptsächlich Lebensraum von etwa 220 Elefanten, die von ihrer Statur her mit die größten der Welt sind. Der Park bekam seinen Namen nach einem früheren Thonga-*Nkosi*

(Häuptling). Gründungsjahr war 1983, vor allem um die letzten frei umherziehenden Elefanten KwaZulu-Natals unter Schutz zu stellen (in allen anderen Wildparks KwaZulu-Natals wurden Elefanten nachträglich eingesetzt). Große Herden der Dickhäuter wechselten einst zwischen Moçambique und Maputaland. Wegen der permanenten Bedrohung und Abschüsse durch Elfenbeinjäger zogen sich die restlichen Bestände in das dicht bewachsene Gebiet des heutigen Reservats zurück. Von 1983 bis 1991 gewährte man den Tieren eine Eingewöhnungsfrist, dann wurde der Park öffentlich zugänglich. Die lokale Bevölkerung wurde umgesiedelt, darf aber nach wie vor aus dem Park Materialen zum Hausbau, Holz oder Pflanzen entnehmen. Heute ist die Tembe-Community mit 50% am Park und seinen Einnahmen beteiligt und findet Beschäftigung.

■ *Auf Game
drive durch den
Tembe Park*

**Hohe Biodi-
versität**

Ein Kennzeichen der überwiegend flachen Landschaft des Tembe ist, bedingt durch das subtropisch-/tropische Klima, hohe Biodiversität: fast undurchdringliches Dornengestrüpp, Waldareale auf Sandböden mit bis zu 25 Meter hohen Baumindividuen, offene Graslandschaft, Salzpfannen und Sumpfbereiche. Außer Elefanten gibt es hier Zebras, Streifengnus, Nyalas, Giraffen, Büffel, Hyänen, Leoparden, Kudus, Wasserböcke, Elenantilopen, Breit- und Spitzmaulnashörner sowie die scheue, sehr kleine und seltene Suni-Antilope. Mit Löwen sind dann die Big Five komplett. Die Reptilien sind mit Krokodilen, Waranen, Chamäleons, Echsen und Schlangen vertreten. Alles in allem über 350 Spezies. Vogelfreunde bezeichnen die Vielfalt der Vogelpopulation (über 340 Arten) als spektakulär. Am Gate erhalten Sie ein Merkblatt mit einer Karte des Parks.

Hides & Pans

Die Elefanten bekommt man überwiegend an Wasserlöchern von *hides* aus zu Gesicht, meist zwischen 10 und 14 Uhr. Der Beobachtungsstand an der *Mahlasela Pan* eröffnet eine gute Sicht über die dortigen Wasserlöcher. Bei der Fahrt über die sehr sandigen Pisten – man darf **nur mit einem 4WD** durch den Park fahren oder muss für einen *morning* oder *afternoon game drive* auf die parkeigenen offenen Geländewagen umsteigen – ist die Sicht wegen des dichten Dornbusch allerdings des Öfteren stark eingeschränkt – aber dafür kann man umso mehr überraschende Begegnungen erleben!

Der Park hat eine eigene Website, www.tembe.co.za. Wer einen Webcam-Fernblick auf das Leben an einem Wasserloch werfen möchte geht auf www.tembe.co.za/webcam.htm. Außerdem gibt es einen vom Park abgezäunten Walking Trail und bei Gowanini einen *Viewing Tower* mit Panoramablick.

Freundliche Leute

Um die schön gestaltete Reception Area liegen Boma, Pool, Küche und etwas entfernt die Unterkünfte. Das betreuende Community-Personal ist sehr freundlich und hilfreich, begrüßt ankommende Gäste oft mit einem Lied. Abends gibt es unter Sternen und im Schein von Lampen schmackhaftes Essen, man versammelt sich ums Lagerfeuer und es treten – nach Bedarf – Tembe-Tänzer mit Gesangsdarbietungen auf.

■ *Tembe-Rezeption und Boma*

5 Elephant Coast

Anfahrt

Von der N2: die Ausfahrt nach Jozini nehmen, dann über die Jozini-Staudammmauer Richtung Norden fahren, den Schildern Manguzi (kwaNgwanase) und Kosi Bay folgen. Von der N2 etwa 90 Kilometer. Gut ausgeschildert, zuvor immer auftanken. Für die Zeit des Aufenthalts sind Besucher-Pkw innerhalb des hoch umzäunten Parks abzustellen. Mit einem Geländewagen werden Sie abgeholt. Ist das Camp belegt, dürfen nur noch max. 10 weitere Fahrzeuge mit Tagesbesuchern einfahren.

Der Afrikanische Elefant *(Loxodonta africana)*

Obwohl der Elefant zu den meistgejagten Tieren Afrikas gehört und wegen des Elfenbeins leider auch heute noch illegal getötet wird, können auf dem gesamten Kontinent noch ungefähr 600.000 Exemplare gezählt werden, davon im südlichen Afrika gut 300.000.

Elefanten findet man auf offener Savanne, in nicht zu dichten Wäldern und sogar in bergigen Regionen. Sie fressen vegetarisch fast alles, was ihnen vor den Rüssel kommt: Gras, Blätter, Äste, Baumrinde, Wurzeln und Früchte. 18 Stunden seines Tages verbringt der Elefant damit – je nach Körpergewicht und Alter –, zwischen 150 und 300 Kilogramm Nahrung zu futtern. Hinzu kommt noch die Aufnahme von durchschnittlich 200 Liter Wasser am Tag. An den Wasserstellen oder Flüssen genehmigt er sich oft eine kühlende Dusche oder ein Schlammbad, das gut gegen Parasiten und ein Schutz gegen die Sonneneinstrahlung ist. In Trockenzeiten können Elefanten Wasserlöcher bis zu einer Tiefe von fast zwei Metern graben, die außerdem anderen Tieren zugute kommen. Ihre Wege zum Wasser sind breit und ausgetreten, in bergiger Landschaft suchen sie sich den leichtesten Weg – ein Grund, warum viele Straßen und Pässe Südafrikas auf alten Elefantenrouten angelegt wurden.

Elefanten sind die größten Landsäugetiere der Welt. Bullen erreichen eine Schulterhöhe zwischen 3,20 und 4 Metern und eine Gewicht von 5000–6300 Kilogramm. Elefantenkühe sind mit einer Größe zwischen 2,50–3,40 Meter deutlich kleiner. Charakteristisch sind der lange Rüssel, die riesigen Ohren und die Stoßzähne, die eine Länge von über drei Metern erreichen können. Die Zähne kommen bei Kämpfen zum Einsatz und außerdem zum Graben und Schaben nach Nahrung. Und von wegen „Elefant im Porzellanladen"! Kaum ein Tier bewegt sich lautloser durch den dichten afrikanischen Busch! Die Sohlen seiner Füße sind mit dicken Polstern versehen, die alle Geräusche, wie z.B. knickende Äste, nahezu verschlucken.

Prinzipiell wäre es falsch zu sagen, dass Elefanten gefährliche Tiere sind. Ranger raten zu einem Sicherheitsabstand von *mindestens* 50 Metern. Nicht zwischen die Herde geraten, und schon gar nicht zwischen eine Elefantenkuh und ihr Junges. Man sollte sich auch nicht darauf verlassen, dass Elefanten schlecht sehen. Denn dafür riechen und hören sie exzellent und können ihren gewaltigen Körper auf kurze Distanz bis zu 40 km/h beschleunigen. Wenn man im Auto plötzlich von einer Elefantenherde umzingelt ist, keine Panik: Motor abstellen, Hand aber am Zündschlüssel belassen, ruhig sein. An Wasserlöchern dulden sie keine Konkurrenz, und so manches Zebra musste diese Erkenntnis mit dem Leben bezahlen. Selbst Löwen entfernen sich schleunigst, wenn sie eine Elefantenherde Richtung Wasser marschieren sehen. Zum Drohverhalten gehören breitgestellte Ohren, Kopfpendeln, Fußstauchen Richtung Störenfried und nach vorn schwingender Rüssel.

Elefanten können zwischen 60 und 70 Jahre alt werden. Sie haben, vom Menschen abgesehen, keine natürlichen Feinde. Sie sind sehr widerstandsfähig gegen Krankheiten und sterben meist an Altersschwäche oder verdursten in langen Dürreperioden. Da sie sehr große Pflanzenmengen verschlingen und so das biologisch-ökologische Gleichgewicht vieler Reservate bedrohen, müssen ihre Populationen in den meisten Parks durch staatlich angeordnete Dezimierungs-Programme verringert werden, sogenanntes *culling.* Ihr Elfenbein wird dann auf besonderen Auktionen, bei denen meist nur Händler aus Asien zugelassen sind, versteigert (in China ist Elfenbein zu Herstellung von Siegelstempeln begehrt).

Eine Fehlannahme ist, dass Elefanten wahllos Bäume umreißen, nur um an ein paar Blätter an der Spitze zu kommen. Das ist ein ganz natürlicher Eingriff in die Natur zur Schaffung von Savanne, die anderen Tieren als Lebensraum dient. Nur in heutigen Zeiten, in denen das Land für die Tiere immer enger wird, wirkt sich das mancherorts katastrophal aus. Außerdem ernten Elefanten nicht nur großzügig, sie säen auch freigiebig: Wenn sie die Früchte der Bäume verdaut haben, hinterlassen sie mit Ihrer Losung eine Fülle keimfähiger Samen, und wo keine Elefanten mehr umherstreifen, sind manche Baumarten zum Aussterben verurteilt.

■ *Hautnahe Begegnung*

5 Elephant Coast

Information Tembe
Geöffnet Okt–März 5–19 Uhr, Apr–Sept 6–18 Uhr. Office: 7–16 Uhr. Camp-Tel. 035-5920001, Fax 5920240. Check out 10 Uhr, Check in 14 Uhr. Eintritt 40, Kinder die Hälfte, Auto R35. Nur 4x4-Fahrzeuge dürfen durch den Park fahren. Lebensmittel in geringem Umfang in Sihangwane kurz vor dem Eingang. Nächster Versorgungsort und Tankstelle in KwaNgwanase (40 km). Malaria-Gebiet. Weitere Details auf www.tembe.co.za und www.kznwildlife.com. An der Rezeption können diverse Programme und Aktivitäten gebucht werden. Tagesbesucher: Halbtagsexkursion (inkl. Erfrischung u. Mittagessen) und Tagesexkursion, inkl. gleichem, sind nach Voranmeldung möglich.

Unterkunft
Der Park hat ein **Tented Camp** mit 21 Betten, betrieben durch einen Konzessionär. Buchung vorab immer nötig, über www.tembe.co.za oder Tel. 031-2670144, Fax 031-2668718.

Alle Preise inklusive Vollpension, Tee und Kaffee und zwei Tages-Pirschfahrten, Transfer zum Hide. Rabatte bei mehrtägigen Aufenthalten, nach vier Übernachtungen ist die fünfte frei.

Die *Royal Tembe Suite* hat zwei große Betten, Bad, Außendusche und ist ca. 300 Meter von der Rezeption entfernt. Ab R1695 p.P.

Die vier *Matriarch Suites* sind großräumige Safari-Zelte mit einem Doppel- oder ein bis drei Einzelbetten. Mit Bad und Dusche und separater Toilette. R1650 p.P., R1990 Einzelbelegung, R825 Kinder unter 16.

Die vier *Suni Suites* sind kleiner, haben ein Queen size- und ein Einzelbett. Mit Bad, Dusche, und Toilette in einem Raum. R1350 p.P., 1690 p.P bei Einzelbelegung, R675 Kinder unter 16.

Bush Camp Unit: R895 p.P.

Alternative   Eine Übernachtung-Alternative ist die *Ndumu River Lodge,* 15 km außerhalb, s.u. bei Ndumo Game Reserve.

Den Horizont erweitern –
der zukünftige Futi-Royal Tembe Transfrontier Park

Der Tembe Elephant Park ist Teil der internationalen *Lubombo Transfrontier Conservation Area* (TFCA), bei dem Südafrika, Swasiland und Moçambique ihre Tier- und Naturschutzparks zu einem gemeinsa-

men, riesigen *Transfrontier Park* vereinen wollen (www.peaceparks.org). Erster Schritt in Südafrika ist die Vereinigung des *Tembe Park* mit dem westlich gelegenen *Ndumo Game Reserve* (sowie kleineren Community Conservation Areas), später kommen von Swasiland die *Usuthu Area* und von Moçambique das *Futi* und das *Rio Maputo*-Feuchtland (Maputo Elephant Reserve) hinzu. Das Unternehmen wiedervereinigt die alten, historischen Elefanten-Gebiete zu einem riesigen Park, in dem die grauen Riesen zwischen den drei Ländern frei hin- und herziehen können. Auch an der Küste soll mit der Vereinigung von *Kosi Bay* und *Ponta do Ouro* ein internationales Marineschutzgebiet entstehen.

Ndumo Game Reserve

Das Ndumo Game Reserve ist der Nachbar des Tembe Elephant Park. Mit 10 qkm ist es nur ein Drittel so groß wie Tembe, hat aber auch Moçambique als Nordgrenze (Usutu-Fluss). Wie in den Tembe „verirren" sich auch hierher relativ wenige Touristen, was dem Park und seinem Ambiente viel von seiner Ursprünglichkeit bewahrt hat. Charakteristisch sind große Salzpfannen, *sand veld* und ausgedehnter *fever-* und *fig tree*-Baumbestand. Im Osten durchfließt der uPhongolo River das Reserve. Große Tierherden sind hier nicht anzutreffen, dafür ist es ein wirkliches Vogelparadies mit etwa 450 Arten – die größte Konzentration im südlichen Afrika!

Flora   Durch die unterschiedliche Bodenbeschaffenheit wachsen etwa 900 verschiedenartige Pflanzen, reizvoll sind die Ilala-Palmen, aus deren Fasern Körbe und Taschen geflochten werden. Die Flüsse uPhongolo und Usutu sorgen mit ihren Überflutungsgebieten für große Feuchtregionen, Seen und Pfannen, die Feigen- und Fieberbäume umsäumen. (*Fever trees* wachsen in subtropischen Flussniederungen, die heute wie damals malariagefährdet sind; die ersten weißen südafrikanischen Siedler bekamen in ihrem Umkreis Fieber und machten die Bäume mit ihrer seltsam grünlichgelben Rinde dafür verantwortlich.)

Fauna Von den vielen Tierarten sind die Wichtigsten: Breit- und Spitzmaulnashörner, Büffel, Gnus, Giraffen, etwa 400 Nilpferde, Kudus, Nyalas, Zebras, Krokodile, zahlreiche Echsen, Schildkröten und Schlangen. Im uPhongolo River tauchen von Zeit zu Zeit sogar die gefährlichen Zambesi-Haie auf. Seltene Spezies sind u.a. Fledermausaare, Fischeulen, Schwarzbrust-Schlangenadler und Braunstirnwürger. Das Reserve steht unter Verwaltung von KZN Wildlife und der lokalen Community.

Im Park unterwegs Es gibt angelegte Fahrwege. Besucher können im eigenen Wagen fahren oder sich für eine Tour in offenen Geländewagen mit einem Ranger an der Rezeption anmelden. Vom Ansitz auf dem *Ndumo Hill* hat man die beste Übersicht auf die kleinen Seen, die Lubombo Berge und die Ebene von Moçambique. Vom Aussichtspunkt *Redcliffs* sieht man die Flusslandschaft des Usutu River.

Empfehlenswert sind die geführten Wanderungen. Eine durchquert den Feigenbaumwald am Ufer des uPhongolo River mit Krokodilen, Nilpferden, Fischeulen und Afrikanischen Binsenrallen. Ebenso interessant ist eine Tour zur Shokwe Pan. Ein Höhepunkt ist die Pirschfahrt im Geländewagen zu den *Inyamiti*- und *Banzi*-Pfannen, zu vielen Watvögeln, Krokodilen und Nilpferden.

■ *Büffel an Schlammloch*

5 Elephant Coast

Information Geöffnet Okt–März 5–19 Uhr, Apr–Sept 6–18 Uhr. Office: 8–12 u. 13–16 Uhr. Distanz vom Gate zum Camp 6 km. Camp-Tel. 035-5910058, Fax 5910058. Check out 10 Uhr, Check in 14 Uhr. Eintritt R40, Kinder die Hälfte, Wagen R35. Kein Shop, die Rezeption verkauft Bier, Wein und Softdrinks. 2 km vom Parkeingang kleiner Supermarkt und Tankstelle (nicht immer Benzin vorhanden!). Nächster Versorgungsort Jozini. Malaria-Gebiet. Weitere Details auf www.kznwildlife.com.

Anfahrt wie zum Tembe Elephant Park, vorher nach Norden abbiegen. Die letzten 15 km schlechte Schotterstraße

Unterkunft Aufgrund der geringen Übernachtungskapazität oft ausgebucht. Unbedingt vorher anmelden bei KwaZulu-Natal Nature Conservation Service, P.O.Box 13069, Cascades, Pietermaritzburg 3202, Tel. 033-8451000, Fax 033-8451001, bookings@kznwildlife.com.

Die Rest huts sind voll eingerichtet, auch mit Kühlschrank. Essen und Getränke mitbringen. Camping mit Gemeinschaftsküche und freezer. Waschräume, Pool. Sehr sauber und schön gelegen.

Camp	Übernachten in ...	Preis p.P.	Minimum
	7 2-Bett Rest huts	R286	R429
	Education Centre (16 Betten)	a.A.	
	14 Campsites (m. Strom)	R106	R159

Übernachtungs-Alternative

Ndumu River Lodge, Tel. 035-5910011, Fax 5910020, Cell 073-3707717, www.ndumu.com, 15 km von Tembe Elephant Park und 17 km von Ndumo Game Reserve entfernt.

Anfahrt: In Jozini an der Y-Gabelung links, dann nach 40 km an der T-Junction rechts (hier gibt es eine kleine Tankstelle). Nach 12,5 km links ausgeschilderte Abzweigung. Zimmer, Chalets, Safari-Zelt. Selbstverpflegung. Frühstück und Dinner a.A. Noch wenig ausländische Gäste. B&B für zwei Personen ca. R800, auch Dinner und SC, Restaurant.

Kanutrips auf uPhongolo River. Viele Ausflugsziele (nach Border Cave fragen). 4x4 GPS-Trail.

Weiterfahrt Richtung Jozini / Pongolapoort Dam

Nachdem man von der Zufahrt zum Ndumo Game Reserve wieder auf der Hauptstraße angekommen ist und Richtung Westen fährt, erreicht man nach ca. acht Kilometern eine Abzweigung in Richtung Ingwavuma. Abgehend von dieser Strecke führt bald eine Piste nach Norden zur prähistorischen *Border Cave.*

Border Cave

Border Cave ist eine archäologische Fundstätte menschlicher Fossilreste unter einem gewaltigen Felsüberhang in den Lubombo-Bergen. Die Datierung der zahlreichen Skelettreste und Fundstücke ist noch unklar. Sie sind aber mindestens 45.000 Jahre alt, andere Schätzungen sprechen von 120.000 Jahren. Im Laufe der Zeit seit der Entdeckung in den 1930er Jahren wurden Hunderttausende Artefakte geborgen. Morphologisch gehören die Skelettteile zum frühen anatomisch modernen Menschen, zum *Homo sapiens,* sich also kaum von heute lebenden Menschen unterscheidend. Damit gehört Border Cave, die von der Zeit der ersten Hominiden bis in die Neuzeit ununterbrochen besiedelt war, zu den wichtigsten südafrikanischen Stätten menschlicher Besiedlung und ist neuerlicher Beweis dass der Mensch in Afrika seinen Ursprung hatte.

Vorhanden ist ein *Interpretive Centre* mit Dioramas und Modellen zur Urgeschichte und einem Camp (SC), bestehend aus zwei Rondavel-Hütten, Picknickplatz und Toiletten. Betrieben wird es von der lokalen Community, Guides führen Besucher gegen Entgelt zum Felsüberhang. Mo–Fr 8–17 Uhr, Sa/So 9–16 Uhr, Tel. 035-8702050, amafahq@mweb.co.za.

King Dinganes Memorial

In Richtung Jozini weiterfahrend, zweigt ca. fünf Kilometer vor dem Staudamm eine Piste (D850 oder Mfithi Road) nach rechts ab, die auf 25 Kilometern zum Grab des Zulu-Königs Dingane führt. Vom Hlatikulu Reserve geht es mit einem Guide vier Kilometer zur der Gedenkstätte (fahrbar mit einem 4WD). Dingane war ein Halbbruder von Zulukönig Shaka, 1838 hatte er den Voortrekker-Führer Piet Retief und seine Leute umbringen lassen, dann später die Schlacht am Blutfluss gegen die Buren verloren. 1840 wurde er von seinem Bruder Mpande besiegt und musste nach Norden fliehen, mit einem kleinen Trupp hierher in den Gwaliweni (Hlatikhulu)-Wald, wo er nach einem Kampf mit Nyawo-Kriegern verwundet wurde und bald danach seinen Verletzungen erlag.

Jozini

Noch vor Jozini führt die Straße über die Staumauer. Gelegenheit für ein paar Fotos. Jozini ist das wirtschaftliche Zentrum der westlichen Elephant Coast. Im Ort gibt es eine 24-Stunden-Tankstelle, Post, Arzt (Tel. 035-5721221), einen Obst- und Gemüsemarkt im Zentrum, Läden und ABSA-Bank daneben. Übernachtungsmöglichkeit in der Lebombo Lodge an der Hauptstraße.

■ *In Jozini*

5 Elephant Coast

Pongolapoort Dam (Lake Jozini)

Als man 1970 mit dem Bau des Staudammes begann, war das Projekt höchst umstritten. Man wollte riesige Zuckerrohrplantagen mit Hilfe von Bewässerungskanälen, die vom Stausee gespeist werden sollten, anlegen. Schon damals bezeichneten Skeptiker das Vorhaben als „White Elephant" – daher auch der Name der größten Lodge im Pongola Game Reserve –, was soviel bedeutet wie „Hirngespinst". Der aufgestaute See, gespeist vom uPhongolo River, ertränkte eine große Fläche zu Füßen der Lubombo-Berge, schuf aber auch ein neues Landschaftsbild. Er ist ungefähr 30 Kilometer lang und 10 Kilometer breit, zur Staumauer gleich nördlich der Stadt Jozini führt eine 10 Kilometer lange Seitenschlucht. Mit über 13.000 ha Wasserfläche ist es der größte Stausee in KwaZulu-Natal, rund 80.000 ha Agrarland werden mit ihm bewässert.

Um die Ost- und Nordufer des Stausees erstreckt sich das (staatliche) **Phongolo Nature Reserve,** an der See-Westseite der private **Pongola Game Park.**

Ein Erlebnis ist die Bootstour auf dem See, vorbei an vielen Wasservögeln, Elefanten ziehen am Ufer entlang. Vielleicht sieht man auch Hippos und Krokodile. Die Touren kann man bei Lodges im Pongola Game Park buchen, und außerdem von der außerhalb gelegenen *Shayamoya Tiger Fishing and Game Lodge.* Man könnte sogar auf dem See übernachten, auf den luxuriösen Hausbooten *Shayamanzi I* und *Shayamanzi II* (s.u., Shayamoya Lodge). Auf der „Fish Eagle", buchbar über die *Mvubu Lodge* oder übers Internet, empfiehlt sich ein Breakfast-, Lunch- oder Sundowner Cruise (www.fisheaglesafariboat.co.za).

Sportfischer kommen speziell wegen dem begehrten *tiger fish,* im September gibt es einen Wettbewerb. Schwimmen im See ist wegen der Nilpferde und Krokodile natürlich nicht gestattet.

Phongolo Nature Reserve

Charakteristisch für das Reserve am Fuße der Lubombo Mountains, die sich 600 Meter hoch über die Savannenlandschaft erheben, sind diverse Ökosysteme, wie z.B. der *veld*-Typ *golela,* wichtiges Brutgebiet für die scheue kleine Suni-Antilope. Typisch für die Vegetation sind *themeda*-Grasfelder (Rotschopf-Gras), *knob thorns* und Marula-Bäume. Giraffe, Büffel, Gnu, Kudu, Impala, Nyala, Warthog, Ried- und Wasserböcke, Zebra und viele andere Spezies finden hier ideale Lebensbedingungen. Vogelfreunde erwarten über 300 registrierte Arten. Zwei Elefantenherden wurden Mitte der 1990er Jahre angesiedelt, man sieht sie bei einer Bootsfahrt auf dem See an den Ufern grasen. Nur die Löwen müssen noch draußen bleiben, ihre Wiederansiedlung erfordert besondere Sicherheitsmaßnahmen.

■ *Elefanten beobachten vom See aus*

Pongola Game Park

Das Pongola Game Reserve wurde bereits 1894 vom damaligen Buren-Präsidenten Paul Krüger proklamiert und ist damit Afrikas erstes offizielles Naturschutzgebiet. Die N2 begrenzt es an seiner Westseite. Von Süden auf der N2 kommend, befindet sich der Haupteingang ca. zwölf Kilometer nach dem Jozini turn off – ist gut ausgeschildert. Geöffnet 6–18 Uhr, Eintrittsgebühr R20/Auto. Mit 31.000 ha ist der Pongola Game Park leicht größer als das Phongolo Nature Reserve, erst 1990 entfernten hier private Landbesitzer ihre Zäune und siedelten Wild an. Der Besatz ist im Wesentlichen der gleiche wie im Phongolo Nature Reserve.

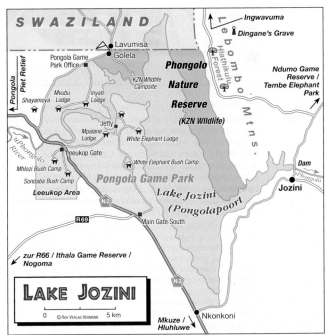

Unterkünfte Pongolapoort Dam

Von KZN Wildlife

Das rustikale **Camp von KZN Wildlife** liegt am nordwestlichen Uferbereich des Lake Jozini. Geöffnet Okt–März 5–19 Uhr, Apr–Sept 6–18 Uhr, Camp-Tel. 034-4351012, Fax 4351021. Eintritt R20, Kinder die Hälfte, Wagen R20. Das Camp für Zelte und Wohnmobile, schattig unter Akazien, liegt etwa 2 km nach dem Entrance Gate und hat 20 große Plätze, p.P. R50 (mind. R100). Keine Elektrizität, kalte Dusche, kein Laden, Feuerholz für Grill muss mitgebracht werden (einkaufen in Golela, einen halben Kilometer vom Eingang). Außerdem Bootsrampe und Picknickplatz.

Anfahrt: Von der N2 die Ausfahrt Golela/Swaziland nehmen, in Golela nach rechts abbiegen zum Camp. Weitere Details auf www.kznwildlife.com.

Lodges am Westufer des See im Pongola Game Park

■ *Hausboot*
Shayamanzi

Große Auswahl

Vor dem spiegelglatten Wasser des Jozini-Damms und den Lubombo Mountains als Kulisse können Sie zwischen einem halben Dutzend Lodges wählen, fast alle Kategorie „upmarket", die jeden erdenklichen Komfort bieten. Alle haben ein ähnliches Aktivitäten-Programm, d.h. in erster Linie Boat Cruises, Game drives, Canoeing, Rhino Tracking, Tiger fishing u.a. Preisvergleich empfehlenswert! Interessant sind die Bush-Walks, die von kompetenten Rangern durchgeführt werden. Die **White Elephant Lodge** bietet halbtägiges „Elephanting" an, eine einmalige Chance, wirklich alles über Elefanten zu erfahren, während man ihren Fußspuren folgt (R500 p.P.). Der „Rhino Walk" dauert 4 Stunden bei gleichen Kosten.

White Elephant Lodge

Tel. 034-4132489, Fax 4132499, www.whiteelephant.co.za. Acht luxuriöse Safari-Zelte für 2 Personen, p.P. R2520. Im Preis enthalten: *dinner, breakfast/ brunch, afternoon tea* und zwei der folgenden Aktivitäten pro Tag: *game drive, boat cruise, guided walk, canoeing, tiger fishing, elephanting* und *rhino walk*. Das White Elephant Bush Camp, zur White Elephant Lodge gehörend, liegt separat und kann als Ganzes gemietet werden: 7 Luxus-Chalets bieten Platz für jeweils 8 Gäste, pauschal R3200. Verpflegung und Aktivitäten extra.

Nachfolgende Unterkünfte sind auch über die Sammelwebsite www.pongolagamereserve.co.za zu erreichen.

Mvubu Game Lodge & Spa

Pongola Game Reserve North, Tel. 034-4351123, Fax 4351104, Cell 082-7805475, www.mvubugamelodge.co.za. Sehr schöne Chalet-Gruppe im Afrika-Stil mit Blick auf den uPhongolo River und See. Health Spa, Bar, TV-Lounge, Boma, Pool, Curio Shop und Jetty. 9 Doppel- und 2 Einzelbett Chalets. VP ab R625 p.P. im DZ. Gutes Wildlife-Programm, Buchungen für das Schiff „Fish Eagle".

Nkwazi Lodge

Tel. 034-4351123, Fax 4351104, www.nkwazilodge.co.za. Schöne Lage oberhalb des Lake Jozini, 12 geschmackvoll eingerichtete 2-Bett Chalets und 2 Family Chalets, Dinner+ÜF p.P. R580 im DZ ohne Aktivitäten. Pool und Bar.

Inyati

Tel. 034-4351123, Fax 4351104, www.inyatilodge.co.za. Kleine, exklusive Lodge-Anlage mit drei Chalets der feinsten Art. 2x2 Einzelbetten, 1 Doppelbett, p.P. R250, Minm. tägl. R1000 ganze Anlage. Pool, Selbstverpflegung.

Sondaba Bush Camp   Tel. 034-4351123, Fax 4351104, www.sondababushcamp.co.za. 6 rustikale, A-förmige und riedgedeckte Huts für je zwei Personen, einsam im Hügelland westlich der N2 gelegen, Anfahrt über das Pongola Game Reserve Leeukop Gate (von da 4 km). Solarstrom und Gas, Pool, Braai-Platz. Selbstversorgung, für Gruppen, p.P. R160, mind. tägl. R1250 ganze Anlage.

Mhlozi Bush Camp   Tel. 034-4351123, Fax 4351104, www.mhlozibushcamp.co.za. Vier Rondavels und drei Chalets im tiefer gelegenen Buschland, Anfahrt über das Pongola Game Reserve Leeukop Gate. Lapa, Braai-Platz, Pool, Bar und Lounge. Für Naturliebhaber. Selbstversorgung, für Gruppen, p.P. R190, Minm. R1550 pro Tag/ganzes Camp.

Mpalane Fishing Lodge   in der Nähe wo der uPhongolo River in den Dammsee fließt, Anfahrt über das Pongola Game Reserve Leeukop Gate (von da 9 km), Tel. 034-4351123, Fax 4351104, www.mpalanefishinglodge.co.za. Sechs Rondavels und Zimmer im Hauptgebäude, Bar, Pool. Boots-Jetty. Selbstversorgung, für Gruppen, p.P. R195, Minm. 2340 pro Tag/ganzes Camp.

Außerhalb des Game Park   **Shayamoya Tiger Fishing and Game Lodge,** außerhalb des Game Parks, von der N2 in Richtung Golela/Swaziland fahren, nach 2 km Auffahrt auf der linken Seite, ausgeschildert. Tel. 034-4351110, Fax 4351008, Cell 083-4568423, www.shayamoya.co.za. Schön gelegene Lodge in privatem Familienbesitz, weite Aussicht auf den See und die Lubombo-Berge, acht geschmackvoll eingerichtete Chalets mit Außendusche und Veranda sowie zwei Premium Chalets. *Bundu Pot* Restaurant mit großem Außendeck, Bar, sehr gute Küche. Schön angelegter Sukkulenten- und Aloe-Garten, Pool, Braai-Platz, Boots- und Pirschfahrten. Dinner+ÜF R880 p.P. im Chalet. Komplettes Aktivitäten-Programm auf See und Land.

Gäste der Hausboote **Shayamanzi I** und **II** parken ihre Wagen in der Shayamoya Lodge. Die Shayamanzi II ist kleiner, sie kostet pro Tag für 6 Personen ca. R10.000, Minimum zwei Tage. Alle Details auf www.shayamanzi.co.za.

■ *Blick von der Shayamoya Tiger Fishing Lodge auf Lake Jozini am frühen Morgen*

5 Elephant Coast

Weiterfahrt   Sie können auf der N2 Richtung Norden weiterfahren und in Pongola (uPhongolo) auf die R66 Richtung Süden abbiegen, von der dann bald die R69 nach Westen in Richtung Vryheid abzweigt. Zwischenziel auf dieser Strecke ist das **Ithala Game Reserve** (s.S. 256). Auf der R66 geradeaus nach Süden passiert man das *Mkuze Falls Private Game Reserve* (s.S. 255) und erreicht *Nongoma,* s.S. 254.

Pongola (uPhongolo)

Pongola ist ein kleines Städtchen nahe zum Nachbarn Swaziland (Grenzstation Onverwacht, neun Kilometer nördlich). Es liegt im Zentrum eines ausgedehnten Zuckerrohr- und Früchtanbaugebiets. Entlang der Hauptstraße kleine Farmläden und ein Museum. Besuchenswert ist das *Pongola Arts & Crafts Centre,* Lubombo Village Square (gegenüber Caltex-Tankstelle), dort ist auch *Pongola Tourism,* Tel. 034-4131144, www.pongolatourism.co.za.

Unterkunft   *Budget:* **Casa Mia Guest House,** 2,7 km vom Suiker Meule-Abzweig, durch Illovo, Tel. 034-4131713, casamia@lantic.net. Chalets mit zwei DZ in subtropischem Garten, „warm hospitality and a great country atmosphere". DZ/F R200 p.P., SC-Unit R150–180 p.P.

Touristic: **Kwa Lala** Villa, 15 Jan Mielie St, Cell-Tel. 082-5583840, www.wheretostay.co.za/kwalala. Nettes und stilvolles Gästehaus, gute Küche (bestens für einen Lunch geeignet), Garten, Pool, ruhig, sicher. 14 AC-Zimmer, DZ/F R600. 3-Gänge-Dinner R130 (Voranmeldung). • **Coco Cabana Guest House,** 69 Hans Strydom St (von der N2 Richtung Wimpy/Engen-Tankstelle, nach 200 Meter rechts), Tel. 034-4131594, Cell 082-8922892. Schönes Gästehaus in Gartenanlage, Pool, 6 AC-Zimmer, DZ/F R600. –

Südlich außerhalb an der R69 befindet sich die *Tugam Game Farm,* s.S. 255.

■ *Besser schlecht geritten als gut gelaufen …*

6. Battlefields

KwaZulu-Natals **Tourismusregion „Battlefields"** deckt ungefähr das Gebiet zwischen der Autobahn N3 im Westen und den Straßen R34/33 im Osten ab. Nördlich begrenzt es die Provinz Mpumalanga und im Süden die Tourismusregion *Midlands.* In diesem relativ kleinen Gebiet fanden im 19. und im 20. Jahrhundert unfassbar viele Schlachten und Gefechte zwischen Buren und Briten (1. und 2. Anglo-Buren Krieg) und zwischen Buren, Zulu und Engländern statt – es ist die höchste Konzentration an Schlachtfeldern in ganz Afrika! Besucher kommen aus der ganzen Welt, die meisten aus Großbritannien, darunter viele Militär-Freaks. Wer Spuren früher deutscher Siedler folgen möchte (Abschnitt darüber s.S. 57) muss in die nördlichen Battlefields nach *Paulpietersburg* an der R33 fahren (oder die Midlands bereisen).

Rolling hills   Typisch für die Battlefields sind weite Graswiesen und sanft rollende Hügellandschaften. Im flachen Gegenlicht der frühen Vor- und späten Nachmittagssonne leuchten die sonnenverbrannten Gräser in sämtlichen Gelb- und Brauntönen. Hauptflüsse sind *Buffalo River* und *Blood River* (beides Zuflüsse zum uThukela River) sowie der *White-* und *Black iMfolozi.* Auf den Farmen werden Rinder, Schweine und Schafe gezüchtet. Eisen- und Kohlenfunde haben zu lokaler Industrialisierung geführt. Die Region ist weit weniger dicht besiedelt als jene an der Küste. Ab und zu laden Farmläden und kleine Cafés entlang den Straßen zu Pausen ein.

Nicht nur *blood & tears ...*   Nach Badeurlaub, Game Drives, Safaris, Outdoor- und Adventure-Sport nun also viel Historisches und Militärgeschichte, Siege und Niederlagen, Tragödien und Tränen. Aber nicht alles dreht sich in den Battlefields um Kriege und Schlachten: Manche Orte und Städtchen haben einen besonderen Charme, bieten Kulturprogramme, *arts & crafts*-Routen, kleine Naturreservate und auch immer wieder Zulu-Heritage. Entspannen Sie sich an Spas mit natürlichen heißen Quellen, an Seen und Dämmen kann Wassersport getrieben werden. Und in persönlich geführten, ländlichen Gästehäusern und B&Bs werden Sie von netten Gastgebern empfangen

Geschichtliches   In der Region der Battlefields fanden **innerhalb von knapp 70 Jahren sieben größere Kriege,** Kriegsabschnitte, Rebellionen und Konflikte zwischen verschiedenen Gruppen, Nationen, Armeen und Völkern statt. Die Karte „Battlefields Route" der *Battlefields Routes Association* (www.battlefields.kzn.org.za) listet nicht weniger als 68 Schauplätze, Denkmäler, Kriegs-Museen, „Historical Sites", *National Monuments* und sonstige Stätten auf. Manchmal dauerten Gefechte nur Stunden, Belagerungen wie die von Ladysmith wiederum Monate. Längster Krieg war der Anglo-Buren Krieg von 1899 bis 1902.

6 Battlefields

Chronologischer Überblick der wichtigsten Schlachten

Zulu-Zulu Kriege	1818 *Gqokli Hill,* Shaka besiegt die Ndwandwe 1856 Schlacht von *eNdondakusuka*
Voortrek-ker-Zulu Krieg 1838	3.–15 Febr. *Veglaer/*Wagendrift Dam südlich von Estcourt. 16.–17 Febr. Bloukrans südlich von Colenso 16. Dez. 1838 Schlacht am Blutfluss
Langaliba-lele-Auf-stand	Langalibalele war Häuptling der amaHlubi, die 1873 in den Midlands/Drakensbergen vergeblich gegen die Briten rebellierten. Langalibalele wurde auf Robben Island verbannt.
Der Anglo-Zulu Krieg 1879	Invasion ins Zululand 11.01 • Isandlwana und Rorke's Drift 22.01• Inyezane 22.01 • Intombe 12.03 • Hlobane Mountain 28.03 • Kambula 29.03 • Gingindlovu 2.04 • Ulundi 4.06 •
1. Südafri-kan. Krieg	(1. Anglo-Buren Krieg oder Transvaal-Freiheitskrieg) **1880/81:** Laing's Nek 28.01.81. Majuba 26.02.81
2. Südafri-kanischer Krieg	(2. Anglo-Buren Krieg) **1899–1902.** Schlachten: Talana 20.10.1899 • Elandslaagte 21.10.99 • Modderspruit/Noichol-son's Nek 30.10.1899 • Belagerung Ladysmith 2.11.1899–28.02.1900 • Willow Grange 23.11.1899 • Colenso 15.12.1899 • Wagon Hill 6.01.1900 • Spioenkop 24.01.1900 • Vaalkranz 5.02.1900 • Tugela Heights 14.–27.02.1900
Bambatha-Rebellion	**1906,** letzter (kleiner) Aufstand der Zulu gegen die Engländer (Exkurs darüber s.S. 420).

2. Burenkrieg

Im ersten Burenkrieg 1880/81 war es um die Freiheit der Buren von Großbritannien gegangen, im zweiten 1899–1902 um die britische Vision eines zusammenhängenden Kolonialreiches vom Kap bis Kairo und ganz konkret um die Ansprüche der britischen Krone auf Transvaal, wo am Witwatersrand um Johannesburg 1886 überaus reiche Goldlagerstätten entdeckt worden waren.

Im Oktober 1899 landeten britische Streitkräfte in Durban und zogen nach Norden gegen die Einheiten der Burenrepubliken Orange Free State und Transvaal. Die gut gerüsteten Briten waren zahlenmäßig den Buren weit überlegen. Diese jedoch operierten taktisch klug und konnten unter ihren Generälen Smuts, Botha und Hertzog den britischen Vormarsch immer wieder stoppen. In *Ladysmith* waren die Briten einer viermonatelangen Belagerung ausgesetzt, *Spioenkop* sah wiederum die Buren als Sieger. Im Juni 1900 gelang den Briten der Durchbruch in den Orange Free State am *Botha's Pass* und in den Transvaal am *Allemans Nek.*

Die ersten *Concentra-tion Camps* Aus dem kurzen, schnellen Feldzug, wie anfänglich in London geplant, wurde ein langer, zäher Kampf, in den das Empire eine halbe Million Soldaten schickte – was etwa der damaligen burischen Gesamtbevölkerung in Südafrika entsprach! Je länger der Krieg dauerte, desto grausamer wurde er, besonders als die Engländer rücksichtslos die burische Zivilbevölkerung in *Concentration Camps* steckte. Erst nach drei Jahren hatten

die Briten die burische *Zuid-Afrikaansche Republiek* unter dem legendären Paul Krüger in die Knie gezwungen. Auf den Schlacht-feldern zählte man an Gefallenen 22.000 britische Soldaten und 7000 burische, in den Concentration Camps kamen 28.000 Angehörige der Buren und 14.000 Schwarze ums Leben. Im Frieden von Vereeniging im Mai 1902 verloren die Burenrepubliken ihre Selbständigkeit. 1910 bildeten die Cape Province, Natal, Transvaal und der Oranje Free State die *Südafrikanische Union* als ein Dominion im Britischen Empire.

Reisetipps

Fahrten zu den verstreut liegenden Kriegsschauplätzen, zu den Forts, Friedhöfen, Denkmälern und zu den ehemaligen *laagers* der Buren bedeuten einen erhöhten Zeitaufwand, weil die dahin führenden Staubstraßen und Gravel Roads keine hohe Geschwindigkeit zulassen. Nach längeren Regenfällen werden manche Strecken für normale Pkw unpassierbar. Hochbeinige Geländewagen oder Kleinbusse kommen mit wellblechartig ondulierten *(corrugated)* Fahrbahnen und Flussfurten *(drifts)* besser zurecht. Das Netz der asphaltierten Straßen ist eher weitmaschig.

Bei den Tourist Information-Offices, in den Museen und an den Stätten vor Ort ist gutes *Battlefields*-Informationsmaterial erhältlich, es gibt auch spezielle Battlefields-Straßenkarten. Fragen Sie danach.

Eine Battlefields-Hauptroute beginnt in Estcourt an der N3 und führt über Colenso, Ladysmith, Newcastle bis nach Volksrust, das bereits in Mpumalanga liegt. Weitere Schlachten-Schwerpunkte sind bzw. liegen um die Städte *Dundee (Endumeni), Vryheid* und *Ulundi/oLundi.* Meistbesucht sind **Blood River, Rork's Drift** und **Isandlwana.** Sehenswert ist außerdem das *Talana-Museum* in Dundee/Endumeni sowie das Fort Durnford bei Estcourt.

Tour Guides Obwohl überall gute Informationen zu den einzelnen Ereignissen erhältlich sind, ist es dennoch keine schlechte Idee, eine Battlefields-Tour mal mit einem lokalen Guide zu machen, der die geschichtlichen Hintergründe vor Ort lebendig werden lässt. Infos zu solchen Personen bei den Touristenbüros oder bei den Unterkünften in der Nähe der Schlachtfelder, die meist selbst geführte Touren anbieten oder Sie beraten können. Die Webseite www.tourdundee.co.za. stellt diesbezüglich eine Anzahl Männer und Frauen vor.

Reiseverlauf Nachfolgende Route folgt der „Großen Rundreise 2" (s.S. 146), im Nordosten beginnend mit den Straßen R69 und R34: Ithala Game Reserve – Vryheid – Dundee/Endumeni – Blood River – Isandlwana – Rork's Drift – Ladysmith – Drakensberge.

Sicherheits-hinweise Setzen Sie vor der Abfahrt Ihren Tages-Routenplan fest, veranschlagen Sie die Fahrzeit großzügig, planen und reservieren Sie die Übernachtung und kommen Sie am Ziel immer vor der Dämmerung an. Viele Unterkünf-

6 Battlefields

te liegen abgelegen auf Farmland und sind nicht gleich auf Anhieb zu finden. Fragen Sie also öfter nach und achten Sie auf kleine Hinweisschilder. Die offiziellen Battlefields-Hinweisschilder sind braun. Nötig ist eine gute Straßenkarte (oder besser zwei verschiedene), Handy, die Nummer des Hotels das Sie ansteuern möchten. Erkundigen Sie sich bei Regenwetter vorab über die Straßen- und Pistenzustände. Die Webseite der Rorkes Drift Lodge, www.rorkesdriftlodge.co.za, bietet nicht nur zu Regenzeiten einen aktuellen Zustandsbericht der Pisten und Straßen im weiteren Umkreis dieser Lodge.

Internet   Falls Sie tiefer in die Geschichte der Battlefields-Region einsteigen und sich im Internet vorbereiten wollen, hier einige Adressen. Die *Battlefields Routes Association* erreichen Sie unter Tel. 036-4881404, spionkop@futurenet.co.za und über **www.battlefields.kzn.org.za** (www.kzn.org.za ist die Webseite von KwaZulu-Natal Tourism). Weitere: www.heritagekzn.co.za • www.anglozuluwar.com • www.zuluwar.com

Fortsetzung von S. 261, nach Ithala Game Reserve

Vryheid

Vryheid (sprich: Freiheid), knapp 1200 Meter hoch gelegen, war von 1884 bis1887 Hauptstadt der burischen „Neuen Republik („Nieuwe Republiek"). Nach dem Tod von Cetshwayo 1884 waren im Zululand unter den Chiefs Streitigkeiten um Einflussgebiete und Stammesgebiete ausgebrochen. Auch Cetshwayos Sohn *Dinuzulu* war mit involviert, er konnte zunächst nicht die Nachfolge seines Vaters antreten, weil sein Onkel Uzibhebhu dagegen opponierte. Dinuzulu engagierte zu seinem militärischen Schutz kurzerhand ein burisches Söldnerkommando und im Gegenzug bekamen die Buren ein verlangtes riesiges Stück Land im Norden (mehr als 10.000 qkm), groß genug für ihre „Nieuwe Republiek" mit der Hauptstadt Vryheid. Doch bereits wieder 1888 wurde Vryheid von der „Zuid-Afrikaanschen Republiek" absorbiert, und nach dem Ende des Anglo-Buren Kriegs 1902 kam das Gebiet zur britischen Kolonie Natal.

Vryheid ist im typischen Pionierstadt-Rastermuster erbaut. Die wichtigsten Gebäude befinden sich allesamt dicht beieinander um die Kreuzung Landdrost Street/Mark Street: Das *Information Office*, das ehemalige Parlamentgebäude mit angegliedertem *Old Fort* und *Old Jail* und dem *Old Raadsaal* – heute das *Nieuwe Republiek Museum,* das Haus von *Lucas Meijer,* Präsident der Neuen Republik (gleichfalls ein kulturhistorisches Museum) sowie die *Police Station,* heute ein *National Monument.*

Die gemütliche, calvinistisch-konservative Stadt besitzt nicht weniger als 30 Kirchen, die *Dutch Reformed Moederkerk* findet man an der Kerk Street. Die *Evangelische Lutherische Kirche* geht auf deutsche Siedler zurück, weitere Reminiszenzen sind z.B. *Elfriedes Bücherstube,* Tel. 038-1813354 oder *Deutscher Verein Vryheid,* Tel. 034-9809811. Infos zur Übernachtung bei Nachfahren deutscher Einwanderer bei *Building Bridges,* 106 Deputation Street, Tel. 034-9808644. Im Oktober findet in Vryheid und Umgebung das *Butterfly Festival* statt.

Das **Vryheid Nature Reserve** erreicht man über die East Street nördlich und dann rechts über die Klip Street. Es wird von Ezemvelo verwaltet. Auf Wanderwegen kann man 26 Säugetierarten sehen, darunter Blessböcke, Schirrantilopen, Elands, Kudus, Oribis und Springböcke (Unterstand zur Vogelbeobachtung). Im Frühling sprießen zahlreiche Wildblumen. Picknickplatz vorhanden.

Information Vryheid Tourism vermarktet die Stadt und die Region mit dem Slogan *Vryheid – a World in a Word.* Im Office an der Ecke Landdrost-/Ecke Market Street liegen viele Prospekte und Broschüren zur Stadt aus, zur Battlefields Route, zum Zululand und dem Rest KwaZulu-Natals. Mo–Fr 7.30–13 und 13.30–16 Uhr, Tel. 034-9822133 Ext. 2299, Fax 9823497, information@vhd.dorea.co.za. Offizielle Website der Stadt: www.vryheid.co.za.

Unterkunft *Budget/Camping:* ***Mpofini Game Lodge,** 5 km von Vryheid an der North Coast/Melmoth Road (R34), Tel. 034-9824509, Fax 9822300, www.mpofinilodge.com. Ein afrikanisches Juwel mit schönen Hütten und Campingplatz. Restaurant mit herrlichem Blick. Wildpark. • **Vryheid Lodge,** 200 Kerk St, Tel. 034-9815201. Historisch, das älteste Gästehaus in der Stadt, teilrenoviert. Auf Wunsch Dinner.

Touristic: **Oxford Lodge,** Deputation-/Ecke Kerk St, Tel. 034-9809280, Fax 9815673, www.oxfordlodge.co.za. Historisches Haupthaus von 1893, kinderfreundlich. 41 Zimmer, Pub, freies Internet, gute Restaurants in Gehnähe. • ***Tudor House,** 225 Klip-/Ecke Oos Street (1,5 km vom Zentrum), Tel. 034-9816308, tudor@vryheid.co.za. Wunderschönes Haus in Gartenlage und Pool. • **Villa Prince Imperial,** 201 Deputation St, Tel./Fax 034-9832610, www.vpibb.co.za. Ruhiges 4-Sterne-Gästehaus, französische Leitung, Gartenlage, Zulu-Kunstausstellung, 8 großzügige Zimmer, Pool. Ab R375 ÜF p.P. • **Shonalanga Lodge,** Church St 36, Tel./Fax 034-9822086, www.shonalangalodge.co.za. Zentral u. gut, in Fußnähe zu allem Wichtigen, sicheres Parken.

Sehenswertes außerhalb Etwa 25 Kilometer östlich und gleich nördlich der R69 liegt am **Hlobane Mountain** das gleichnamige **Battlefield,** wo im Anglo-Zulu Krieg am 28. März 1879 überlegene englische Einheiten von den Zulu eine peinliche Niederlage hinnehmen mussten. 92 Engländer starben. In der **Hlobane Mine** wurde Kohle abgebaut und ein unterirdisches Minenmuseum eingerichtet. Touren kann man bei der Touristeninformation buchen, dort außerdem Infos über eine Tour durch die *Sapekoe Tea Plantation.*

Das **Klipfontein Bird Sanctuary** liegt zwei Kilometer südwestlich an der Babanango Road. Ein Feuchtgebiet mit mehr als 150 Vogelarten und Habitat für den afrikanischen Fischadler. Sechs Kilometer südlich der Stadt, an der R34 Richtung Melmoth, liegt um den Stausee des iMfolozi River das **Klipfontein Public Resort Nature Reserve** (Campingplätze).

Abstecher nach Süden, Thangami Noch ein echter Geheimtipp ist das private **Thangami Spa and Game Reserve** inmitten einsamer Landschaft. Mittelpunkt sind die heißen Mineralquellen, die in schöne Becken gefasst wurden. Wer es noch einsamer wünscht, kann eines der zwei Zimmer mit Privatpool mieten. Und wer sich mal wie ein echtes Warzenschwein fühlen möchte, sollte sich in eines der Heilschlammlöcher setzen. Rustikal trinkt man den Sundowner in der Bush Bar oder genießt das Essen im à-la-Carte-Restaurant.

Anfahrt: Von Vryheid auf der R34 nach Gluckstadt (33 km), dort links und weiter nach Swart Umfolozi (24 km), am Store rechts Richtung Thangami, nach weiteren 17 km rechts Abzweigung nehmen, dann noch 3 km.

Information: Thangami Safari Spa, Tel. 034-9422001, Fax 9422002, Cell 083-2566037, www.thangami.co.za. Bungalows mit Frühstück oder Selbstversorgung. Schöner Platz für Campmobile und Zelte. Preise auf der Website.

6 Battlefields

Abstecher nach Norden

Paulpietersburg/eDumbe

Das kleine Paulpietersburg liegt rund 50 Kilometer nördlich von Vryheid. Auf der R33 dorthin passiert man das linker Hand gelegene **Khambula Battlefield,** wo es zur Fortsetzung der Hlobane-Schlacht des Vortags kam (s.o.). Diesmal mit dem glücklicheren Ausgang für die Engländer: einer Übermacht von rund 22.000 Zulu gelang es nicht, 2000 Rotjacken zu besiegen, die aus einer gut befestigten Stellung aus allen Läufen und Kanonen schossen – der 29. März 1879 wurde so zum letzten Lebenstag für 3000 Zulu und 83 Engländer.

Paulpietersburg oder eDumbe (isiZulu für „Donner") liegt am Fuße des markanten Dumbe-Bergs, das gesunde Klima resultiert aus der Lage auf 1300 Meter Höhe. Der Ort wurde 1890 gegründet, gehörte einst zum Transvaal und bekam seinen Namen nach dem Burenpräsidenten Paul Krüger und dem Burengeneral **Pieter Joubert.**

Ein friedliches Landstädtchen mit einer Mixtur von afrikaans-, deutsch-, englisch- und zulustämmigen Bewohnern und Ladenbezeichnungen wie z.B. „German Delicatessen". Am Dumbe-Damm kann

■ *Pieter Joubert* Wassersport getrieben werden. Besucher zieht es außerdem zu den Mineralquellen des *Natal Spa* 15 Kilometer südlich, das fünf heiße und zwei kalte Quellen besitzt und in freier Natur am Ufer des Bivane River liegt.

Interessant ist von Paulpietersburg aus die *German Pioneer Route* zu den bedeutendsten deutschen Ansiedlungen der Region (wie *Lüneburg,* s.u.), denn im weiteren Umkreis von Paulpietersburg gibt es die größte Konzentration deutschsprachiger Südafrikaner. Sie haben sich ihre Traditionen bewahrt und pflegen mit Festen und in Vereinen ihr kulturelles Brauchtum. Ihre plattdeutsche Sprache, über Generationen konserviert, weicht vom heutigen Hochdeutsch teils erheblich ab (s.S. 57, „Deutschstämmige in KwaZulu-Natal").

Weitere Infos in der Touri-Information, die in der alten *Drostdy* untergebracht ist, dem früheren Sitz des Ortsmagistrats, dem *Landdrost.* Im viktorianischen Stil erbaut ist es eines der ältesten Gebäude des Orts und heute ein *National Monument.* Die *Reformed Church* verfügt über eine kleine Bibliothek. An der Straße nach Lüneburg steht gleich am Ortsausgang rechts das „Peace of Vereeniging"-Monument (Peace Boulders), es erinnert an **General Louis Botha,** der hier nach dem Anglo-Buren Krieg

■ *Louis Botha* 1902 Delegierte zur Unterzeichnung des Friedensvertrags auswählte.

Auf der R33 weiter nach Norden Richtung Piet Retief kommt man nach der Mpumalanga-Grenze durch **Augsburg,** eine deutsche Gründung von 1923 (Lutherische Kirche, Tel. 034-995-0289), und vor *Koburg,* halbwegs der Strecke bis nach Piet Retief, zweigt nach Westen eine Straße nach *Wittenberg* ab, bereits 1902 von deutschen Auswanderern gegründet.

Information Tourist Information Paulpietersburg, eDumbe Tourism, 29 Hoog (High) St, Tel. 034-9951650, Fax 9951255, hansa@intekom.co.za, Mo–Fr 7.30–13 u. 13.30–16 Uhr. Außer Karten und Broschüren auch Infos zu Unterkünften, Restaurants u.a.m. Verkauf von lokalem Kunsthandwerk, Tee-Garten mit Imbiss und Kuchen.

Unterkunft *Budget:* (alle drei dt.-spr.): **Hadeda Lodge & Restaurant,** 46 Church St, Tel. 034-9951366. Kleine Frühstückspension mit 6 Zimmern; auch Restaurant. • **Country Corner B&B,** 37 Maarschalk St, Tel. 034-9951407, Cell 082-8049509, Fax 9951642, waltraud@vhd.dorea.co.za. In „Waltrauds Ecke" von Waltraud Mayer kommen die Gäste in einem Rondavel unter. Ab R180 p.P. •

Costa da Plenti Gästehaus, 5–7 High Street, Tel. 034-9951042, Fax 9951230, Cell 082-5588852, costadaplenti@ mighty.co.za. 7 Zimmer, DZ ab ca. R300.

Touristic: ***Natal SPA,** 15 km südlich an der P221 (sie führt zurück nach Vryheid), Tel. 034-9950300, Fax 9950307, www.goodersonleisure.co.za. Große Anlage, diverse Becken und Pools, 55 komfortable Zimmer, 20 Self caterings, Caravan- u. Camping sites. Übernachtung R420 p.P., Frühstück R50, Dinner R110. 110 Meter lange *Supertube,* Ballsport, Wandern, Reiten, Vogelbeobachtung etc.

■ *Die rote Erde Afrikas …*

Lüneburg

Lüneburg, 25 Kilometer nordwestlich von Vryheid (Anfahrt: sechs Kilometer vor Paulpietersburg links ab), wurde bereits 1869 als deutsche Missionsstation gegründet. Es besitzt die älteste deutsche Schule im nördlichen KwaZulu-Natal, die *Lüneburg Primary School* (mit einem Mini-Museum der Gründungs-Ära, Tel. vorab 034-9950059). Interessant sind: *Filter Larsen Monument,* die Kirche und der Friedhof mit seinen Grabsteinen. Im *Lüneburg Cash Store* bekommt man so ziemlich alles. Interessant ist außerdem das *Fort Clery,* erbaut 1879. Deutscher Kulturverband Nordnatal: Tel. 034-9950554.

Etwa acht Kilometer östlich liegt **Braunschweig,** das 1892 von deutschen Missionaren und Siedlern gegründet die aus der Braunschweiger Gegend stammten. Zehn Kilometer westlich Lüneburgs liegt das **Pongola Bush Nature Reserve,** Heimat für die „Big 4" (ohne Löwen), für Hippos, Krokodile und Samango-Affen. Der große Yellowwood-Wald ist Heimat einer reichen Vogelwelt. Campsite vorhanden.

6 Battlefields

Übernachtungs-Tipp

Whistling Duck Farmcottage, Ouderdom Farm, District Road, Tel. 034-9950060, Cell 082-3882824, www.whistlingduck.co.za. Nette Gastgeber Heinz & Juliane Schütte. Anfahrt: Auf der Straße nach Lüneburg fahrend kommt eine T-Junction, dort rechts, nach 7 km die zweite Straße links; Schild linker Hand. Schönes B&B-Cottage mit Blick auf Teich, Kitchenette, zwei Betten, Bad und Veranda. SC, auf Wunsch auch mit Frühstück, Lunch und Dinner. Außerdem ein Luxus-Cottage mit 3 Schlafzimmern. Entspannende ländliche Umgebung mit Zugang zu den 5 Dämmen der Farm. Fischen und Wandern.

Abstecher Ende

Weiterfahrt Vryheid – Dundee (Endumeni)

Schlacht am Blutfluss (Blood River/Ncome)

Die bekannteste Schlacht zwischen Weißen und Schwarzen in Südafrika und die für das burische Geschichtsverständnis wichtigste war die Schlacht am *Blood River* am 16. Dezember 1838. Keine andere hatte größeren Einfluss auf Wesen und Denken des Burentums als diese verheerende Niederlage der Zulu am 16. Dezember 1838. An der Schlachtstätte wurden 64 bronzene und originalgroße Planwagen zu einem Denkmal kreisförmig zusammengestellt. Gleich zwei Museen interpretieren die Schlacht: Das eine aus der Sicht der Buren, das andere aus dem Blickwinkel der Zulu.

Anfahrt /
Museum

Wenn Sie von Vryheid auf der R69 anfahren, erreichen Sie nach ca. 45 Kilometern den Abzweig einer Stichstraße nach links zum Schlachtfeld (ausgeschildert; von Süden auf der R68 anfahrend in Nqutu auf die D1348 nach Norden einbiegen, von dort 24 Kilometer).

Nach 20 Kilometern erreicht man das mächtige *Pionier Wagon Monument* in Form eines steinernen Voortrekker-Planwagens mit dem Relief acht schwörender Männer („Das Gelübde") und einer Erklärungstafel.

Das kleine *Blood River Museum* im *Visitor Centre* (tägl. 8–16.30 Uhr, Tel. 072-9883544) zeigt alte Fotos, Gemälde, Dokumente, Erinnerungen und Exponate zur Schlacht und zur Geschichte der Buren. Der Curio Shop verkauft Andenken, Postkarten, Bücher etc. Nach dem Führungsblatt „Site Guide" fragen. Eintritt R15.

Die „Trekkerkombuis" bietet Lunches und Getränke an, vermietet Zimmer (R230 p.P.) und Caravan- & Campingplätze. Zur Wagenburg muss man ein gutes Stück in Richtung Fluss gehen. Die Steinanhäufung im Zentrum markiert den Mittelpunkt der Wagenburg.

Die Schlacht

Nach dem Mord der Zulu unter Dingane in dessen Hauptsitz **uMgungundlovu** (s.S. 252) an Piet Retief und seinen Gefolgsleuten am 6. Februar 1838 und weiteren Massakern der Zulu an Voortrekkern sannen die Buren auf Vergeltung. Andries Pretorius stellte ein Straf Bataillon zusammen und machte sich auf ins Zululand. Ihr *laager,* ihre Wagenburg, in der *Andries Pretorius* und seine 464 Männer am Fluss Ncome und an dessen Nebenfluss Donga auf den Angriff der Zulu

warteten, hatte die Form eines „D" und war gegen beide Flüsse strategisch optimal aufgestellt worden: sie konnte von den Zulu nur von einer Seite aus angegriffen werden.

Bereits Tage zuvor hatten das Burenkommando ein Gelöbnis („vow") abgelegt: Wenn Gott ihnen den Sieg bringen würde, würden sie den Tag der Schlacht für immer zu einem Feiertag machen und zum Gedenken eine Kirche bauen. Pretorius ließ die Räder eines jeden Wagen mit dem nächsten zusammenketten, die Zwischenräume wurden mit Dor-

nenhekken ausgestopft. Zwei Pforten waren vorgesehen, eine für ihre kleine Kanone *Ou Grietjie* („altes Gretchen"), die andere um einen berittenen Ausfall vornehmen zu können.

Am Abend des 15. Dezember wiederholten die Männer ihren Schwur **(s. Foto)**. Am nächsten Morgen, als sich der Dunst lichtete, sahen sie sich komplett von den *impis* der Zulu umzingelt. Pretorius ließ sofort aus allen Läufen das Feuer eröffnen. Zwei Stunden lang preschten ungefähr 13.000 Zulukämpfer gegen die Verschanzten und versuchten mit ihren Speeren gegen Gewehre, Pistolen und Kanonen anzukommen. Sie stampften mit den Füßen, brüllten und stürmten todesverachtend gegen die Ochsenwagen. Die Buren warteten, bis die Zulu nahe genug herangekommen waren und feuerten Salven auf Salven gegen die Anstürmenden, eine Angriffswelle nach der anderen brach im Kugelhagel tot zusammen.

Als vielleicht 1000 oder 2000 tote Krieger vor der Wagenburg lagen und immer noch kein Eindringen möglich geworden war, schickten der Zulu-Befehlshaber *Ndlela kaSompisi* seine beiden besten Regimenter vor, jene, die weiße Armbinden und Knieschmuck und weiße Schilde trugen. Diese *impis* waren alle gleich alt und gleich groß. Über die Leichen ihrer Kameraden hinweg marschierten sie gegen die Wagen vor.

Drinnen hatte Pretorius seinen Leuten befohlen, *Ou Grietjie* mit Eisenstücken und Steinen zu laden und sie gegen die Elite-Kämpfer abzufeuern. Gewehrschützen unterstützten sie von den Flanken aus. Die Krieger zogen sich nicht zurück, keiner floh, sie gingen einfach weiter, bis sie tödlich getroffen umfielen.

Gegen 11 Uhr begannen sich die Zulu zurückzuziehen. Pretorius ließ

■ *D-förmige Planwagen-Festung, Rinder im Zentrum*

etwa 100 Männer aufsitzen und galoppierte mit ihnen mehrmals durch die Reihen der verbliebenen und flüchtenden Zulu und wieder zurück in die Wagenburg. Viele versuchten über den Fluss zu entkommen und wurden dabei getötet. Ihr Blut färbte das Wasser des Ncome, fortan „Blutfluss" genannt. Etwa 3000 Zulu waren gefallen, die Voortrekker hatten nur vier Leichtverwundete. Der Sieg wurde von ihnen als ein Zeichen Gottes, als Beweis ihrer Überlegenheit und als Auftrag gewertet, ihr „gelobtes Land" weiter zu erobern.

■ *Die Planwa-*
gen mit der
kleinen Kanone
„Ou Grietjie"

Nachbe-
trachtung

Nach der Schlacht zogen die Voortrekker zur Dinganes Residenz uMgungundlovu (beim heutigen Ulundi/oLundi) und brannten sie am 20. Dezember nieder. Dinganes Niederlage am Blutfluss versetzte das Zululand in
Aufregung und in Stammesturbulenzen. Mit Hilfe der Voortrekker revol-
tierte dann Dinganes Halbbruder Mpande, der die Landansprüche der
Voortrekker zu verhandeln geneigt war, gegen Dingane und wurde 1840
neuer König der Zulu. Dingane war nach Norden geflohen und wurde in
den Lubombo-Bergen ermordet (s.S. 318). Damit war endgültig der Weg
frei zur Gründung der unabhängigen burischen **Republik von Natalia** mit
der Hauptstadt Pietermaritzburg, benannt nach den Voortrekker-Führern
Pieter Retief und Gerrit Maritz. Dort wurde 1841 dann auch das Versprechen eingelöst eine Kirche zu bauen, die *Church of the Vow* (s. Pietermaritzburg). 1879 marschierten die Briten ins Zululand ein, das am 4. Juli
1879 mit der Schlacht von Ulundi sein endgültiges Ende fand.

Bis 1993 war der 16. Dezember, der „Tag des Gelöbnisses", *Day of the*
Vow, höchster Feiertag der Buren. Das demokratische Südafrika ersetzte
ihn 1995 durch den „Tag der Aussöhnung", *National Day of Reconciliation.*

Ncome-Museum

Östlich des Ncome-Flusses befindet sich das sehenswerte Ncome-
Museum, das die Ereignisse am Blood River aus Sicht der Zulu darstellt
und 1999 eröffnet wurde. Täglich 9–16 Uhr, Tel. 034-2718121, www.nco-
memuseum.co.za. Kein Eintritt, freiwillige Gabe wird erwartet. Curio
Shop. Das ganze Jahr über finden diverse Kulturprogramme statt (s.
Website). Höhepunkt ist am 15./16. Dezember mit einem Kultur- und
Tanzfestival.

Der architektonisch interessante Bau wurde der traditionellen „Buffalo
Horn"-Kampfformation der Zulu nachempfunden, mit einem linken und
rechten „Horn" *(izimpondo)* und dem zentral vorstoßenden Kampftrupp
isifuba. Die hintere Außenwand ziert eine Kollektion metallener Schutzschilde. Das Konzept des Museums ist keine negative Re-Interpretation
der Schlacht am Blutfluss. Ausgestellt sind vielerlei Schaubilder, alte Fotos, *time charts,* Genealogien der Zulukönige, Waffen und Kriegskunst-
darstellungen sowie diverse Exponate aus Kultur und Alltag der Zulu und
auch der Sotho.

Im Außenbereich sind die Wände mit Zulu-Schilden verziert. Ein
„Schilf- bzw. Riedgarten" weist auf die Bedeutung dieses Röhrichts für
die Zulu hin, alljährlich finden im Zululand Ried-Zeremonien statt. Kleine
Steinpyramiden, *isivivane,* gelten als „Glückspyramide".

Dundee/Endumeni

Der Ort wurde 1882 als Dundee gegründet, hat 30.000 Einwohner und war Ende des 19. Jahrhunderts eine wichtige Bergbaustadt, in den Stollen rings um den *Talana Hill* wurde Kohle abgebaut. Endumeni eignet sich gut als Ausgangspunkt zum Besuch der umliegenden historischen Schlachtfelder von Blood River, Isandlwana und Rorke's Drift. Für das **Talana Battlefield** von Dundee selbst brauchen Sie nicht weit zu fahren: Es liegt ein paar Kilometer nordöstlich außerhalb an der R33 in Richtung Vryheid. Von Vryheid kommend rechts rein. Die R33 wird in Endumeni zur Hauptstraße *Victoria Street*.

■ *Blick auf Dundee*

Schlacht von Talana

Auf dem Talana-Hügel fand am 20. Oktober 1899 das erste Hauptgefecht im Englisch-Burischen Krieg statt. Dabei trugen die Briten zum ersten Mal khakifarbene Uniformen statt rote Jacken und blaue Hosen. Burische Truppen unter General Lukas Meyer hatten mit ihrer Artillerie vom Hügel aus Stellungen der Briten beschossen, worauf sich britische Einheiten unter General Symons unter heftigem Gewehrfeuer der Buren hügelaufwärts kämpften. Als sie endlich ihr Ziel erreichten, hatten die Buren mit wenigen Verlusten bereits den Rückzug angetreten. Symons und viele seiner Offiziere waren ums Leben gekommen. Am Tag darauf siegten die Briten bei der Schlacht von Elandslaagte nordöstlich von Ladysmith (s.S. 349).

Talana Museum

Das *****Talana Museum** ist KwaZulu-Natals einziges Museum, das direkt auf einem ehemaligen Kriegsfeld liegt und wo der Friedhof der Gefallenen ein Teil des Museums ist. Der 20 ha große *Heritage Park* liegt am Fuß des Talana Hill und hat nicht weniger als 17 größere und kleinere Gebäude, von denen einige früher zur *Smith's Farm* gehörten. Lassen Sie sich an der Rezeption das Faltblatt „Guide to Talana Museum" geben.

In den Außengebäuden sind landwirtschaftliche Geräte, Werkstätten, frühere Wohnungseinrichtungen und anderes mehr zu sehen. Interessant ist eine historische Dampflok mit Wagen, der *Shosholoza Train* sowie eine Gandhi-Büste. Das Hauptgebäude zeigt dann so viel Interessantes, dass Sie insgesamt leicht mehrere Stunden zubringen könnten: Exponate zur wirtschaftlichen Entwicklung, zur Landwirtschaft- und Industriegeschichte, die Arbeit in den Kohlenminen, in Vitrinen Stammestrachten und Ethno-Glasperlenkunst, eine hochkünstlerische Glas-Kollektion und

6 Battlefields

natürlich viel Militaria und Interessantes zur burischen, englischen und südafrikanischen Geschichte. Der historische Trail hoch zum Talana Hill beginnt und endet am Friedhof. Dazu gibt es ein Führungsfaltblatt. Mit Ausleihung eines Tonbandes an der Rezeption und nach dessen Anweisungen kann man sich auch akustisch hochführen lassen.

Zum Schluss bietet es sich an, im historischen Museums-Restaurant was zu sich zu nehmen oder im Souvenirshop (Talana Craft Market) eine Erinnerung zu kaufen. Außerdem Picknick- und reichlich Parkplätze.

Talana Museum und Battlefield, Tel. 034-2122654, Fax 2122376, www.talana.co.za. Geöffnet Mo–Fr 8–16.30 Uhr, Sa/So 10–16.30 Uhr, So und Feiertage 12–16 Uhr.

■ *Oben: im Talana-Museum, Gefallenen-Gedenkstätte*

Weitere Sehenswürdigkeiten

Nach Kohle war seit 1889 die Fabrikation von Glaswaren Dundees zweitwichtigster Industriezweig. Besichtigen lässt sich die *Consol Glass Factory,* Anmeldung unter Tel. 034-2121151. Auch in der *Chernova Pottery,* Tel. 034-2122094, kann man den Arbeitern über die Schulter schauen. Das *MOTH Museum,* Ecke Beaconsfield/Willson Street (Tel. 034-2121250) beherbergt eine der besten privaten militärgeschichtlichen Sammlungen von 1879 bis heute (Schlüssel beim Hauswart).

Umgebungsziel Hattingspruit

Wen es mal wieder nach frischem Fassbier dürstet: Zwölf Kilometer nordwestlich von Endumeni liegt an der R621 der kleine ehemalige Minenort **Hattingspruit.** Dort schenkt die *Farmers Brewery* den Gerstensaft aus. Mit Restaurant und Pub, Tel. 03-21817354. Die moderne Brauerei zählt zur KZN-Bierroute (s.S. 94). Übernachten kann man in Ortsnähe in Unterkünften um den Tom Worthington Damm.

Re-Enactments

In der Region Battlefields werden immer mal wieder sogenannte *Re-Enactments* auf diversen Hauptschlachtfeldern aufgeführt, Darbietungen historischer Schlachten mit einer großen Anzahl Teilnehmern in originalen Militäruniformen. Die Schlacht von Talana wird jedes Jahr Ende August aufgeführt. Termine und Orte anderer Schlachten erfährt man auf den Battlefields-Websites, z.B. auf www.tourdundee.co.za.

Information   *Endumeni Tourism* schließt die Orte Endumeni, Glencoe und Wasbank und die Battlefields ein. Offizielle Stadt-Website ist www.endumeni.gov.za.

Tourism Dundee, Civic Gardens (Municipality), Victoria St, Tel. 034-2122121, Fax 2123837, www.tourdundee.co.za (Mo–Fr 9–16.45 Uhr, Sa 9–12 Uhr); Zimmernachweis.

Im Oktober findet das **German Oktober Fest** statt.

Unterkunft   Es gibt in und um Endumeni Dutzende Unterkünfte von Budget bis Upmarket. Die Website www.tourdundee.co.za listet eine ganze Reihe auf.

Budget: **Battlefields Backpackers International,** 90 Victoria St (Ecke Cuthbert St), Tel./Fax 034-2124040, www.bbibackpackers.co.za. *Pick-ups & Drop-offs,* Schlachtfeld-Trips mit Evan. Dormitory R90, DZ R210, Camping R50.

Außerhalb: **Battlefields Country Lodge & Backpackers,** 7 km auf R33 Richtung Vryheid, linke Seite, Tel. 034-2181641, Fax 2123502, www.battlefieldslodge.co.za. Auf einer Farm 30 Zimmer in drei Qualitäten in Bauten vom Typ Farmsilo. Rucksackler-Treff, Schlachtfeldexkursionen, Country style-Dinner, abends Zulu-Bier und Tanz in der Bar Lapa Ukhamba. Dormitory R85, DZ R200, Camping R45.

Comfort: **Chez Nous,** 39 Tatham St, Tel. 034-2121014, Elisabeth Durham ist Französin und registrierte Battlefields-Tour-Guide, www.cheznousbb.com. Haus mit 3 TGCSA-Sternen. 2 Self catering Units, 4 B&B-DZ, R300 p.P. Auf Wunsch Dinner. • **The Royal Country Inn,** Victoria Street, gegenüber der Municipality, Tel. 034-2122147, www.royalcountryinn.com. Hotel mit altenglischem Charme, zentrale Lage, Restaurant, Bar, 3 TGCSA-Sterne. 4 Familien-, 8 Doppel- und 9 Twin Rooms. ÜF R305, Backpacker R170 p.P. • ***The Lapha,** 34 Tatham St, Tel. 034-2122901, Barbara Coetser, www.thelapha.com. Anfahrt von Vryheid: Die R33 wird zur Victoria St, hinter der Bahnlinie in die 3. Straße, in die Tatham, links rein. Dann auf der linken Straßenseite. Schöne Anlage mit 4 TGCSA-Sternen. 4 Standard- und 11 bessere Zimmer. Geheizter Pool und Spa-Bad. Auf Wunsch Dinner.

Außerhalb: **Zulu Wings Game Lodge,** 17 km von Endumeni in Richtung Nqutu (ab dem Abzweig der R68 von der R33 noch 8 km, linke Seite. Von Nqutu kommend: Von der Buffalo Bridge noch 16 km, rechts), Tel. 034-2125976, Cell 083-2838162, Vanessa de Villiers, www.zuluwings.co.za, zuluwings@trustnet.co.za. Ländlich-exklusives Anwesen, 6 sehr schöne Zimmer, Vorbuchung nötig. Auf Wunsch Dinner. Game Drives, Vogel- und Battlefieldstouren, Walks. – *Weitere Unterkünfte im Umkreis s. Rorke's Drift.*

Camping: **Kwa-Rie Caravan Park,** 51 Tandy St, 1,5 km südwestlich des Zentrums, Tel. 034-2122333. Geheizter Pool, viele Freizeitmöglichkeiten.

Restaurants   Auf saftig-fleischliches spezialisiert ist das *Buffalo Steakhaus,* 5 King Edward Street, Tel. 034-2124644. Kleinere Restaurants/Imbisse in den Einkaufszentren.

6 Battlefields

Isandlwana

Zwei der denkwürdigsten Schlachten der Battlefields, *Isandlwana* und *Rorkes' Drift,* werden nachfolgend beschrieben.

Anfahrt nach Isandlwana: Wenn Sie von Westen von Dundee (Endumeni) auf der R68 kommen: noch vor Nqutu nach rechts/Süden abbiegen. Wenn Sie auf der R68 von Osten von Babanango kommen: ca. 47 Kilometer nach Babanango, noch vor Nqutu, am Schild **Isandlwana** nach links abbiegen.

Wenn Übernachtung bei den Stätten nicht möglich/nicht gewollt ist dann evtl. in Endumeni oder dort außerhalb, z.B. bei *der Zulu Wings Game Lodge* an der R68 (s. Dundee/Endumeni).

Fahren Sie zum **Isandlwana Visitors Centre** mit einem kleinen Museum. Eintritt R15, Mo–Fr 8–16 Uhr, Sa/So 9–16 Uhr (geschl. 25.12. u. Karfreitag), Tel. 034-2718165. Interpretative Centre, Broschüre zur Eigenbesichtigung, Curio Shop, Toiletten, Guides a.A., Schlafsaal für Gruppen.

Das von Gert Swart gestaltete **Denkmal,** eingeweiht am 120. Jahrestag der Schlacht 1999, ehrt die beim Kampf gefallenen Zulu und versinnbildlicht mit seinen vier Kopfstützen *(headrests),* der Zulu-Tapferkeits-Dornenkette *isiqu* und einigen weiteren Details Militärkunst und Traditionen der Zulu. Die fünf Löwenkrallen waren einst dem König und den höchsten Militärführern vorbehalten. Das kreisförmige Fundament symbolisiert Zulu-Rundplatzsiedlungen und -Hütten, und die Gesamtanordnung die berühmte Feldschlacht-Taktik Shakas in Kontur eines Büffelkopfs mit zentralem Kampfverband *isifuba* und seitlichen Hörnern *izimpondo.* 2008 wurden von Metalldieben etliche Teile gestohlen. Die Steinhaufen und Gedenksteine auf dem Schlachtfeld markieren jene Stellen, wo britische Soldaten starben.

Die Schlacht von Isandlwana

■ *Die Schlachtfeld-Ebene mit Isandlwana Hill*

Nachdem die Britische Armee Anfang Januar 1879 mit etwa 5000 Soldaten in drei Invasionskolonnen (*Coast, Ulundi* und *Central*) und mit einer 8000 Mann starken schwarzen Hilfstruppe, die die Briten aus den Basothos rekrutiert hatten („NNC" – *Natal Native Contingent*), über den uThukela-Fluss ins Zululand vorgestoßen waren, schlug die zentrale Kolonne mit General Thesiger bzw. *Lord Chelmsford* ein Feldlager in einer Ebene am Fuße und im Schatten des unheimlich wirkenden und mächtigen **Isandlwana-Hill** auf, der wie eine Sphinx aufragt **(s. Foto).**

Cetshwayo verfolgte die Briten mit seiner Hauptarmee unter dem Kommando von Inkosi Mnyamana Buthelezi in aller Stille, weil bereits zuvor kleinere Zusammenstöße Cetshwayos Hauptaugenmerk auf diese zentral marschierende Kolonne gelenkt hatte. Isandlwana sollte für Chelmsford nur ein kurzer Etappenplatz auf dem Weg zu Cetshwayos Hauptstadt Ondini sein, deshalb verzichtete er auf eine Verteidigungsbefestigung des Lagers.

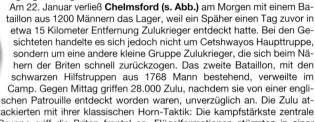

■ Lord
Chelmsford

Am 22. Januar verließ **Chelmsford (s. Abb.)** am Morgen mit einem Bataillon aus 1200 Männern das Lager, weil ein Späher einen Tag zuvor in etwa 15 Kilometer Entfernung Zulukrieger entdeckt hatte. Bei den Gesichteten handelte es sich jedoch nicht um Cetshwayos Haupttruppe, sondern um eine andere kleine Gruppe Zulukrieger, die sich beim Nähern der Briten schnell zurückzogen. Das zweite Bataillon, mit den schwarzen Hilfstruppen aus 1768 Mann bestehend, verweilte im Camp. Gegen Mittag griffen 28.000 Zulu, nachdem sie von einer englischen Patrouille entdeckt worden waren, unverzüglich an. Die Zulu attackierten mit ihrer klassischen Horn-Taktik: Die kampfstärkste zentrale Gruppe griff die Briten frontal an, Flügelformationen stürmten in einer Kreisbewegung rechts und links vor und umzingelten den Gegner. Mit Speeren und Schilden stürmten die Impis gegen die Gewehrsalven der Martini Henry-Karabiner. Von Ferne konnte Chelmsford die Schießerei hören. Eine Zeitlang hielten die tapferen Rotjacken stand, dann wurde ihre Munition knapp sie konnten sich nur noch im Nahkampf mit Bajonetten wehren. Die Masse der schwarzen Leiber deckten sie einfach zu.

Dem Gemetzel entging nur wer einen Fluchtversuch machte. Etwa 60 Briten und 40 Schwarzen gelang dies, etwa auf halber Strecke zwischen Isandlwana und Rorke's Drift (s.u.) überquerten sie den Mzinyathi (Buffalo River) an einer Furt, seitdem bekannt als **Fugitive's Drift.**

Als Chelmsford gegen Abend eintraf, fand er ein Leichenfeld vor. 1350 Briten und mehr als 3000 Zulu waren tot.

Es war die schlimmste Niederlage der Britischen Kolonialtruppen in ihrer ganzen Geschichte. Die Zulu sind damit die einzigen Afrikaner südlich der Sahara, die jemals eine europäische Streitmacht besiegen konnten. Noch heute wird dieser Sieg jedes Jahr im Januar von den Zulu am Felsen von Isandlwana mit nachgestellten Kampfszenen gefeiert. Die Isandlwana-Schlacht wurde 1978 in dem Spielfilm „Die letzte Offensive" (*„Zulu Dawn"*) mit Peter O'Toole in der Rolle des Lord Chelmsford verfilmt.

Unterkunft   Beim Isandlwana-Schlachtfeld dominiert die ***Isandlwana Lodge** aus der Kategorie „Man-gönnt-sich-ja-sonst-nichts" (es gibt kaum eine Alternative hier). Architektonisch außergewöhnlich konzipiert und sich unauffällig an die Flanke des Nyoni Rocks anschmiegend, erfüllten sich hier die zwei (älteren) Amerikanerinnen Maggie Bryant und Pat Stubbs ihren Traum eines Environmental-Hotels der Oberklasse an einer historischen Stätte bei gleichzeitiger Partnerschaft und zum Nutzen der *local community*. Eröffnung war 1999. Trinken Sie auf der Veranda zumindest einen Tee. Die Aussicht ist grandios. Es ist die gleiche, wie sie sich einst am 22. Januar 1879 den Befehlshabern von Cetshwayos angreifenden Zulutruppen bot.

12 Zimmer im Ethno-Interieur mit kleiner Terrasse und Aussicht auf den Isandlwana Rock. Tel. 034-2718301, Fax 2718306, www.isandlwana.co.za. Im Hotel wohnt der britische Ex-Offizier und Militärhistoriker Rob Gerrard, der für die Gäste Vorträge über die Isandlwana-Schlacht und den Anglo-Zulu Krieg hält. Abends manchmal kleine Zulu-Tänze einer Schule. Pool und umfassendes Aktivitäten-Programm.

Fugitive's Drift

Von Isandlwana führt eine Staubstraße über Fugitive's Drift nach Rorkes' Drift. An der Fugitives-Furt durchwateten die Isandlwana-Überlebenden den Buffalo River. In der Nähe, etwa 9 km von Rorke's Drift an der Schotterstraße D31, liegt **Fugitive's Drift Lodge & Guest House,** Tel. 034-6421843 oder 2718051, Fax 034-2718053, www.fugitives-drift.com. Zwei luxuriöse Möglichkeiten: die *Lodge* kostet als VP R850 p.P., das *Guest House* mit VP 800 p.P. Die Rattray-Familie hat sich voll der Historie der Battlefields verschrieben und bietet diverse Touren an.

Am 1. Sonntag im September startet der *Isandlwana/Fugitive's Drift Walk* und folgt den Spuren der Überlebenden der Isandlwana-Schlacht.

Anfahrt von Rorke's Drift: Vom Rorke's Drift Museum 2 km südöstlich weiterfahren, dann nach links in die D31 einbiegen, Schild „Fugitive's Drift" beachten. Noch weitere 7 km fahren, durch das große schwarze Tor, Schilder „Guest House" und „Lodge" beachten. Das Tor wird um 18 Uhr geschlossen.

Anfahrt von Isandlwana: Vom Isandlwana-Schlachtfeld 9 km weiterfahren, dann nach links (an der Ecke steht ein großer Baum) in die D30 abbiegen, dem Schild „Rorke's Drift" folgen. Nach 10 km an der T-Junction nach links nach Rorke's Drift. Vom Rorke's Drift Museum 2 km südöstlich weiterfahren, s.o.

Rorke's Drift

Doch der 22. Januar 1879 war noch nicht Ende. 13 Kilometer weiter westlich von Isandlwana lag bei einer Furt über den Buffalo River, einem nördlichen uThukela-Zufluss, die schwedische Missions-Station *Rorke's Drift* mit einem kleinen britischen Lazarett, belegt von Kranken und Verletzten. Zugegen war auch ein kleines britisches Korps, das die Vorräte der Isandlwana-Regimenter zu bewachen hatte, insgesamt 139 Personen. Sie hörten von dem Isandlwana-Desaster und trafen Maßnahmen zur Verteidigung. Drei- bis Viertausend junge Zulukrieger unter Cetshwayos Halbbruder **Dabulamanzi kaMpande,** die bei Isandlwana die Reserve gebildet hatten und nicht zum Einsatz gekommen waren, griffen ungestüm an. Nur wenige hatten Gewehre. Die Umzingelten wehrten sich zusammen mit den Patienten des Lazaretts mit dem Mut der Verzweif-

■ *Im Rorke's Drift Battle Museum*

lung. Gewehrsalven prasselten auf Ochsenlederschilde, wieder blitzten Speere gegen Bajonette. Nach zehnstündigem Kampf hatten am anderen Morgen die Zulu 550 Mann verloren und zogen sich bei Annäherung eines britischen Trupps zurück. Fast alle Engländer waren verwundet, 15 davon schwer, die 17 Toten begrub man in dem steinumfassten Rechteck vor der Kirche. Die toten Zulu liegen in einem Massengrab.

Nachbemerkung

Von den Verteidigern erhielten elf Mann den höchsten britischen Militärorden, das „Victoria Cross", die größte Zahl, die je nach einem Gefecht verliehen wurde. Sicherlich auch deshalb, um damit die demütigendste Niederlage der britischen Truppen in Afrika bzw. die Unfähigkeit britischer Offiziere zu überdecken, nachdem die Isandlwana-Niederlage London in einen Schockzustand versetzt hatte. Cetshwayo zauderte – eigentlich wollte er nie Krieg gegen die Briten führen –, den anderen britischen Kolonnen nachzusetzen und sie aufzureiben. Innerhalb weniger Monate trafen britische Verstärkungen ein. Cetshwayo und das Volk der Zulu mussten es am 4. Juli mit ihrer endgültigen Niederlage in der Schlacht von Ulundi büßen (s.S. 250).

Nur wenige Gebäude

Rorke's Drift – oder **Shiyane** – liegt sehr schön am Fuße des Shiyane-Bergs und nicht weit vom Buffalo River, der damals die Südgrenze des Zululandes bildete und über den die Briten ins Zululand eingedrungen waren. Es gibt nur die historischen Gebäude, die schwedische Missionskirche, einen Curio Shop und ein kleines Café (Light meals, Toiletten).

Der Verteidigungskampf der Briten ist in allen Details mit Schaubildern, Karten und Kampfszenen im **Rorke's Drift Battle Museum**, dem ehemaligen Lazarettbau, nachgestellt. Als Gegengewicht zur britischen Interpretation weihte man 2005 ein kleines Denkmal für die gefallenen Zulu in

6 Battlefields

Form einer lebensgroßen Skulptur eines Leoparden ein. Ausgestreckt liegt er auf 50 bronzenen Zulu-Schilden. Mit ihren Kampfschilden bedeckten die Zulu gefallene Krieger.

■ *Denkmal für die gefallenen Zulu*

Rorke's Drift Museum, Eintritt R15, Mo–Fr 8–16 Uhr (geschl. an Weihnachten u. Karfreitag), Interpretative Centre, Tel. 034-6421687. Broschüre *Rorke's Drift-Shiyane Self Guide Trail.*

Besuchen Sie auch das nebenan liegende **Rorke's Drift Art & Craft Centre,** ein Projekt der Lutherischen Kirche, in dem Kunsthandwerk lokaler Künstler ausgestellt und verkauft wird (Webwaren, Keramiken, Gemälde etc. Mo–Fr 8–16.30, Sa/So 10–15 Uhr).

Unterkunft   **Rorke's Drift Guest House,** dem *Rorke's Drift Art & Craft Centre* in Rorke's Drift angeschlossen, Tel. 034-6421627/678, www.rorkesdrift.org.

Rorke's Drift Lodge, Tel. 034-6421805 u. 6427001, Fax 034-6427002, www.rorkesdriftlodge.co.za. Ca. 5 km von Rorke's Drift in schöner Aussichtslage, Packages, diverse Battlefields-Tourangebote. Dinner+ÜF R625 p.P. *Anfahrt:* Hinterm Rorke's Drift Museum weiterfahren und beim Rorke's Drift-Lodge-Schild nach rechts abbiegen; auf einer Farm Road immer geradeaus, noch 4,8 km.

Penny Farthing ist ein charmantes Landhaus auf einer großen Rinderfarm mit Pionier-Wurzeln seit 1847. Tel./Fax 034-6421925, www.pennyf.co.za (m. Anfahrtskizze). Garten, Pool und Fischteich, viele Vögel, Wild, Spaziergänge. Liebenswürdige Gastgeber, Foy Vermaak ist registrierter Battlefields-Guide, Touren im Wagen des Gastes, auch nach Elandskraal (s.u.). Möglich ist sowohl Dinner+ÜF, 480 p.P. im DZ, als auch nur ÜF, 394 p.P. im DZ. *Anfahrt:* Von Dundee bzw. Endumeni auf der R33 ca. 30 km südlich, am Km-Stein 14 beim Penny Farthing-Schild nach rechts, noch 2 km. Von Süden auf der R33 ca. 7 km nördlich von Helpmekaar am P.F.-Schild nach links.

*iSibindi Zulu Lodge. Diese schön gelegene, luxuriöse Lodge, architektonisch inspiriert von traditionellen Zulu Beehive Huts, liegt auf einem privaten Game Reserve ca. 6 km südöstlich von Rorke's Drift (auf Schild *iSibindi Eco Reserve* achten). Die Beehive Huts und alle Honeymoon Suite haben alle ein eigenes Aussichtsdeck. 12 Betten, Pool, VP im guten Restaurant, Pirschfahrten, Battlefields-Touren. Tel. 034-6421620, www.isibindiafrica.co.za.

Weiterfahrt von Rorke's Drift Richtung **Ladysmith:** Über das kleine *Elandskraal* (nur ein Trading Store und eine Kirche, soll eine deutsche Gründung sein). Anfahrt: Von Dundee/Endumeni zur R33. Dann wenige Kilometer südlich fahren und scharf rechts rein. Bis Ladysmith ist die Straße asphaltiert. Man kommt durch Vaalkop, Kuvuken und Doornkraal.

Nordabstecher: auf der N11 nach Newcastle und Volksrust

Die Kreise und Städte Newcastle, Dannhauser und Utrecht bilden zusammen die *Amajuba District Municipality.*

Ntshingwayo Dam (Chelmsford Dam) Nature Reserve

Das Reserve liegt am Ngagane River um den großen Stausee des *Ntshingwayo Dam,* ca. 80 Kilometer nördlich von Ladysmith. Der Stausee ist der drittgrößte KwaZulu-Natals. Man kann gut Schwimmen, Segeln und Wassersport treiben, inklusive Wasserski (nur mit eigenem Boot). Der 1240 Meter hohe *Leokop Mountain* erhebt sich dahinter als Kulisse. Durch das Reservat führt eine Fahrstraße.

In dem 700 ha großen Game Park leben Weißschwanz-Gnus, Springböcke, Kuhantilopen und Zebras. Keine Raubtiere. Eine Besonderheit ist das hohe Vorkommen der sonst in KwaZulu-Natal seltenen und scheuen *Oribis* (Bleichböckchen). Unter den 128 Vogelarten gibt es viele Kraniche, Watvögel und Raubvögel, wie Fisch- und Kampfadler. Ntshingwayo ist eines der wenigen Reservate KwaZulu-Natals mit regulärer Jagdmöglichkeit, die dann in der Saisonzeit in der *Richgate Hunting Lodge* an der Südseite des Stausees unterkommen können (vier rustic 5-bed chalets).

40 Kilometer weiter nordöstlich liegt, eingebettet ins Escarpment, das schluchtenreiche und ursprüngliche **Ncandu Nature Reserve** mit einer *4-bed rustic mountain hut* und Campingmöglichkeit. Buchung in Chelmsford/Ntshingwayo.

Die beiden Ntshingwayo-Camps liegen beide nahe des Wassers.

Anfahrt Über die N11. Für die beiden Camps *Leokop* und *Sanford* am Nordufer des Stausees die N11-Ausfahrt *Normandien* nehmen, dann weiter auf der D210. Gate kommt nach 6 km. Zum **Südufer** und zum Richgate Camp die Ausfahrt auf die D250 nehmen; nach 8 km rechts in die D445.

Information und Unterkunft Geöffnet Okt–März 5–20 Uhr, Apr–Sept 6–19 Uhr. Office: 7.30–11.30 u. 13–16 Uhr. Vom Gate zum Camp 1 km. Camp-Tel./Fax 034-3511753. Check out 10 Uhr, Check in 14 Uhr. Eintritt R20, nach 12 Uhr R15. Kleiner Laden, nächster Versorgungsort Newcastle, 28 km.

Weitere Details auf www.kznwildlife.com. Buchung: The KwaZulu-Natal Nature Conservation Service, P.O.Box 13069, Cascades, Pietermaritzburg 3202, Tel. 033-8451000, Fax 033-8451001, bookings@kznwildlife.com.

Camp	Übernachten in …	Preis p.P.	Minimum
Leokop	8 5-Bett Chalets, voll eingerichtet	R140	R280
	18 Campsites (m. Strom)	R56	R112
	6 Campsites	R50	R100
	24 Campsites (m. Strom)	R56	R112

6 Battlefields

Newcastle

Newcastle am Ncandu River entwickelte sich aus einer einstmals kleinen Postkutschenstation von 1863 zur heutigen großen Industriestadt mit über 300.000 Einwohnern. Hier teilten sich die Wege in den früheren Transvaal oder in den Free State.

Hauptarbeitgeber sind Kohlebergwerke und Stahlfabriken. Geschäfte und Restaurants rund um das Rathaus und in der Allen Street. Die Stadtverwaltung bietet geführte Stadttouren an.

Das **Fort Amiel** in der Fort Street hatte von 1867 bis 1902 eine wichtige militärische Funktion als Basis- und Versorgungslager in beiden Anglo-Burenkriegen. Heute ist es Geschichts-, Militär- und Kulturmuseum (Mo–Fr 10–16 Uhr, Sa 9–12 Uhr). Die **Carnegie Art Gallery,** Old Library Building, Scott Street (beim Civic Centre), hat eine bemerkenswerte Sammlung zeitgenössischer Malerei und eine kleine Ausstellung über Perlenschmuck und Keramikarbeiten der Zulu (Di–Fr 9–17 Uhr, Sa 9–12 Uhr, www.carnegie-art.co.za). Das The Keg & Cannon, 96 Allen Street (Tel. 034-3152307) ist ein altes englisches Restaurant und Pub mit guter Küche und einer Sammlung alter Bilder aus den Kriegsjahren. Im September findet das Festival International Village statt mit Kunst- und Kulturveranstaltungen und internationaler Küche.

Wanderungen

Unter den 6 Wanderwegen (Infos in der Touristeninformation) ist der Holkrans Hiking Trail der bekannteste (17,5 Kilometer, 2 Tage). Er führt vorbei an Felsklippen und Überhängen der Sandsteinformationen am Fuße der Balele-Berge, durch unberührte Waldlandschaften und offenes Grasland. Übernachtung unter einem großen Felsvorsprung oder in Hütten (Voranmeldung nötig, Tel. 03435-600).

Lama-Trekking

Etwas kurios ist es schon: In der Ingogo Area geht man auf Trekking-Tour. Das Gepäck wird von Lamas getragen, die trittsichere Begleiter und freundliche Wandergesellen sind. Infos: Tel. 034-3411792.

Information

Tourism Newcastle, Town Hall, Scott St, Newcastle 2940, Tel. 034-3153318, Fax 3129815, www.tourismnewcastle.co.za, www.newcastle.co.za. Mo–Fr 9–16 Uhr, Sa 9.30– 10.30 Uhr. Das Hauptpostamt ist daneben.

Unterkunft

Budget: **The Trikkeys,** Hilldrop, Tel. 034-3124263. Außerhalb, Zimmer, Cottages, Gartenlage. – Außerhalb: **Valley Inn,** Station Rd, 22 km Richtung Volksrust, Tel./Fax 034-3411721. Ältestes Hotel Natals in historischem Gebäude von 1880.

Touristic: ***Haggards Hilldrop B&B,** 15 Hilldrop Rd, 4 km außerhalb (von der Allen St in die Hilldrop Rd abbiegen, nach 1,4 km links), Tel. 034-3152098, www.haggardshilldrop.co.za. Historisches Farmhaus von 1875 (National Monument), von Sir Rider Haggard, Autor von King Solomon's Mines. Wunderschöne Zimmer in traumhafter Lage. Opulentes Frühstück, ÜF ab R260 p.P. ● **Majuba Lodge,** 27 Victoria St, Tel. 034-3155011, Fax 3155023, www.majuba-lodge.co.za. 45 schöne Zimmer, gemütliche Lodge, sehr gutes Restaurant.

Außerhalb: **The Grey Goose Farm Lodge,** 5 km in Richtung Memel, Tel. 034-3153221, Fax 3155411, www.greygoose.co.za. Malerisch auf einem Hügel gelegen mit Blick auf das Nguduma Vlei und die Drakensberge. Ausritte und Wanderungen, Pool. ÜF R300 p.P.

Camping: Städtischer Caravanpark, Tel. 034-3181273. Außerhalb am Amcor Dam, zelten möglich.

Abstecher zu den Battlefields des 1. und 2. Burenkriegs

Auch das nordwestliche KwaZulu-Natal war Schlachtengebiet zwischen Engländern und Buren, besonders westlich der N11 zwischen Newcastle und Volksrust.

Fährt man von Newcastle auf der R34 nordwestlich, gelangt man zum **Botha's Pass**. Der Pass wurde von den Briten unter General Buller am 8. Juni 1900 eingenommen, was den Durchbruch in den Orange Free State bedeutete. Zu sehen sind Reste von Schützengräben. Buller marschierte weiter nach Norden und erreichte dann in einem Bogenschlag über den **Allemandsnek** (10. Juni 1900) den Ort Volksrust (ex Transvaal, heute Mpumalanga).

Gleich nördlich von Newcastle liegt auf der westlichen Seite der N11 das **Schuinshoogte Battlefield** vom 1. Burenkrieg (8.02.1881). Auf dem **Majuba Battlefield** – 40 Kilometer nördlich von Newcastle, Anfahrt ausgeschildert – fand dann am 27.02.1881 die Entscheidungsschlacht statt: In der Nacht erklommen Briten unter Sir George Colley den Majuba Hill, ein militärischer Fehler, denn sie waren dabei den Buren nahezu schutzlos ausgeliefert. Nach der tödlichen Verwundung von Colley flüchteten die Engländer. 300 wurden getötet, verwundet oder gefangen genommen. Gedenktafeln zeugen von der Niederlage (7–17 Uhr, Eintritt). Am 6. März 1881 traf sich General Wood, Gouverneur von Natal, mit den Oberkommandierenden der burischen Truppen in **O'Neill's Cottage** am Fuße des Majuba Hill, um einen Friedensvertrag zu unterzeichnen.

Beim **Laing's Nek Pass,** kurz vor der Grenze von KwaZulu-Natal, hatten die Briten, gleichfalls bereits im 1. Burenkrieg am 28. Januar 1881 vergeblich versucht, in den Transvaal einzudringen. Am Parkplatz wurde eine Schautafel aufgestellt.

6 Battlefields

Utrecht

Biegt man nördlich von Newcastle von der N11 auf die R34 Richtung Osten ab, erreicht man nach 37 Kilometern Utrecht am Fuße der Balele-Berge. Der 4000-Seelen-Ort trägt den Namen der niederländischen Großstadt. Zulu-König Mpande hatte den Buren einst gegen 100 Rinder das Gebiet zwischen Buffalo River und Blood River für Weiderechte überlassen. Von 1854–58 war Utrecht „Hauptstadt" der gleichnamigen freien Buren-Republik mit grad mal einer Landfläche von ca. 30 x 65 Kilometern. Utrecht zählte zu den ersten Burenrepubliken in Südafrika. Nach der Schlacht am Blutfluss 1838 hatten die Buren die Republik *Natalia* gegründet, bis 1844 folgten *Potchefstroom, Zoutpansberg, Utrecht* und *Lydenburg* (in letztere war Utrecht kurzzeitig inkorporiert).

Utrecht zeichnet etwas Besonderes aus: der Ort liegt inmitten des neugegründeten **Balele Game Park,** und alle Bergzüge, die Utrecht umgeben, sind gleichfalls Teile dieses 2500 ha großen Schutzgebiets. Angesiedelt wurden Impala, Blessbock, Schirrantilope, Wasserbock, Nyala, Kuhantilope, Gnu, Kudu, Steppenzebra, Warzenschwein und Giraffe.

Utrecht hat mit die ältesten Bauten der Provinz, fast alle sind nun *National Monuments.* Die *„Nederduitse Hervormde"* oder *„Gereformeerde Kerk"* wurde 1893 geweiht und ist aus rötlichem Sandstein erbaut. Gegenüber steht das Denkmal von *Petrus Lafras Uys,* einem der ersten Siedler (der verwandt war mit dem gleichnamigen Voortrekkerführer, der 1838 von den Zulu ermordet wurde) und späterer Landdrost (Magistrat). Im „Transvaal Volksraad" vertrat er den Distrikt von Utrecht. *The Old Parsonage* in der Loop Street stammt aus dem Jahr 1888 und beherbergt das Museum zur Stadtgeschichte und dokumentiert die Grenzkonflikte zwischen Zululand und Transvaal (Mo–Fr 7.30–12.30 u. 13.15–16 Uhr). Sehenswert sind außerdem etliche Kolonialhäuser wie das *Uys House* von 1856 (eines der ältesten ganz KwaZulu-Natals), *The Rothman House* und *The Shawe House, The Old Residency,* die Town Hall von 1913, der *Landdrost, Post & Telegraafkantoor* von 1892 und der alte Militär-Friedhof (Gräber von Buren und Briten).

War früher wirtschaftlich der Bergbau bestimmend, so dominiert heute die Landwirtschaft mit Viehzucht und Baumwollanbau. Die Voor Street führt zum *Balele Dam,* am anderen Ende derselben Straße an der R34 ist das *Mangosuthu Arts & Crafts Village,* das traditionelles Zulu-Kunsthandwerk verkauft. Die zweitägige Wanderung auf dem *Balele Hiking Trail* (25 km) führt durch das Enhlanzeni-Tal in die Berge (Infos unter Tel. 034-3323963).

Information   Utrecht Publicity Association, Voor St, Tel. 034-3313613, Fax 3313004, upuba@worldonline.co.za. Offizielle Stadt-Website: www.utrecht.co.za.

Unterkunft   *Budget:* Das Mangosuthu Arts & Crafts Village in der Voor Street verfügt über eine Backpacker Accommodation. • **Betty's B&B,** Bloem St, Tel. 034-3313458; 6 Zimmer, Dinner auf Wunsch. Camping möglich. • **Utrecht Gaststätte,** Ecke Voor- und Loop Streets, Cell 082 9703521.

Außerhalb: **Balele Recreation Resort,** an der Wakkerstroom Road, 6 km, beim Country Club, Tel. 034-3313041; drei 4-Bett Chalets. – **Mountain View Guest Farm,** 6 km auf der Madadeni/Newcastle-Straße, Tel./Fax 034-3151409, jantrish@freemail.absa.co.za.

------ *Ende Nordabstecher* -----

Ladysmith

Ladysmith wurde 1850 gegründet und erhielt ihren Namen nach der (spanischen) Frau Juana des britischen Kap-Gouverneurs, Sir *Harry Smith.* Die kleine Stadt am Klip River und im Vorland der Drakensberge ist als Symbol eines grausamen Kriegsdramas jedem britisch- und burischstämmigen Südafrikaner ein Begriff. Die Briten waren hier vom 2. November 1899 bis zum 28. Februar 1900 von einer Übermacht Buren unter General **Louis Botha** 118 Tage lang eingeschlossen, ehe es britischen Truppen unter **Redvers Buller** gelang – nach dessen Sieg bei der Schlacht von Tugela Heights –, die Belagerung *(siege)* zu brechen. Auf beiden Seiten fielen Tausende, verhungerten oder starben an Seuchen.

Die recht nette Stadt liegt auf halbem Weg zwischen Durban und Johannesburg und ist Ausgangspunkt für die nördlichen und zentralen Drakensberge. Die N11und die westlich vorbeiführende N3 sowie die Bahnlinie Durban – Johannesburg ließen Ladysmith zu einem Verkehrs- und Handelszentrum anwachsen.

■ *Murchison Street in Ladysmith mit Kanone und Turm der Town Hall*

Orientierung und Sehenswertes

Hauptzubringer in die Stadt ist die N11, die im Zentrum zur *Murchison-*Hauptstraße wird. Von Norden her einfahrend liegt zwischen den Querstraßen *Alexandra* und *Queen* das kompakte Zentrum mit allem Wichtigen. Rechter Hand steht die 1893 erbaute und mit einem Turm versehene **Town Hall,** bewacht von zwei Kanonen aus dem Belagerungskrieg (s.u.). Das Rathaus zeigt Fotos zur Stadtgeschichte. Angeschlossen ist die **Tourist Information** und das **Siege Museum.** Hinter den beiden Gebäuden befindet sich das **Oval Shopping Centre,** das an die *Keate Street* angrenzt. In dieser Straße ist **Keerweeder House** (Nr. 25) ein sehr schönes Beispiel viktorianischer Architektur.

Die Murchison Street weiterfahrend liegt nach der nächsten Querstraße, der *Queen Street,* auf der linken Seite das historische **Royal Hotel,** das die Artilleriegeschosse überstand und dessen Einrichtung einen Blick wert ist. Gleich danach kommt das **Crown Hotel**, das älteste in der Stadt. Es wurde 1879 erbaut, als Ladysmith nur aus wenigen Bauten zwi-

6 Battlefields

schen staubigen Straßen bestand. Gegenüber, Ecke King Street, erhebt sich der Kirchturm der **Dutch Reformed Church,** das Gebäude rechts von ihr ist das *Court House.* Hinter der Kirche an der King Street, gegenüber des Settlers Drive, befindet sich eine Polizeistation, deren eine Mauer ein Teil des ehemaligen **Zulu-Forts** war. Es wurde 1879 erbaut, um den Bewohnern Schutz vor angreifenden Zulu zu bieten.

Die Murchison Street weiter südöstlich, liegt noch vor der Princess Street rechts die schönste Kirche der Stadt, die **All Saints Church** mit kunstvollen Glasfenstern und einer Gedenktafel für die 3200 Engländer, die während der Einkesselung starben.

Von der Murchison die Queen Street in Richtung Fluss fahrend steht an der Ecke Forbes Street der **Lord Vishnu Temple** mit einer **Mahatma-Gandhi-Statue** mit einer Inschrift auf afrikaans.

Die **Soofie-Moschee,** 1885 begonnen und 1969 in ihrer heutigen Form vollendet, liegt im indischen Vorstadtviertel *Rose Park* und kann über eine Brücke über den Klip River erreicht werden. Nach Ansicht des Tourismus-Office eine der schönsten Moscheen der Süderdhalbkugel …

Siege Museum und Belagerungszeit

Die zwei Haubitzen vor der City Hall, „Castor und Pollux", beschossen burische Stellungen. Mit „Long Tom"-Kanonen, von denen sich zwei auf dem *Middle Hill* befanden, hielten die Buren dagegen. Eine wurde zerstört, die andere steht nun rechts von Castor und Pollux. Die 50 Kilogramm schweren Granaten dieser 155-mm-Geschütze aus französischer Fertigung flogen bis zu neun Kilometer weit. „Long Toms" setzten die Buren auch auf anderen Kriegsschauplätzen Südafrikas ein.

Das **Siege-Museum** gilt als eines der besten Militär-Museen KwaZulu-Natals und zeigt eindrucksvoll mit vielen Fotos, Original-Dokumenten, Uniformen und Waffen und mittels Dioramen die Belagerung der Stadt und ihre Befreiung und darüber hinaus die damit verbundenen Schlachten von *Colenso, Spioenkop, Vaalkrans* und *Tugela Heights.* Unter den Ausstellungsstücken befindet sich auch „die Granate, die nie explodierte", ein „Geschenk" der Buren an die Engländer während der Belagerung, gefüllt mit Weihnachtspudding. Das Museumsgebäude wurde 1884 erbaut und versorgte während des Kriegs die Zivilbevölkerung mit Notrationen. Mo–Fr 9–16 Uhr, Sa 9–13 Uhr, Eintritt.

Die Nachrichten vom Kriegsgeschehen in Südafrika interessierte damals nicht nur Großbritannien, sondern ganz Europa. Ein junger Militärkorrespondent namens *Winston Churchill* beschrieb für die Leser der Londoner „Morning Post" das Geschehen in und um die Stadt. 40 Kilometer südlich der Stadt hatten ihn die Buren vorübergehend gefangen genommen.

In Ladysmith wurde aber nicht nur für die Queen und die Freiheit der Buren gestorben, auch die Zivilbevölkerung musste hohe Opfer bringen. Sie flüchtete aus ihren von Granateinschlägen zerstörten Häusern und suchte in Erdhöhlen am Fluss Schutz. Besonders schlimm wirkte sich die fehlende Versorgung an Lebensmitteln aus, die Menschen starben durch Entkräftung zu Hunderten in den Lagern vor der Stadt. Auf den Kampfplätzen waren außerdem Inder zu finden, die als Bahrenträger in die britische Armee eingetreten waren. Einer von ihnen hieß **Mahatma Gandhi.**

Literatur-Tipp: „Die letzte Stadt von Afrika" von Giles Foden. Ein spannend geschriebenes Buch über die Zeit des Anglo-Buren Kriegs 1899–1902 in und um Ladysmith.

Ladysmith Black Mambazo

Gibt es außer Krieg nichts anders zu berichten? Doch. Ladysmith ist auch die Heimatstadt der Sängergruppe **Ladysmith Black Mambazo,** des südafrikanischen a-capella-Stimmenwunders, das seit seiner Gründung vor über 40 Jahren weltberühmt wurde und deren heutige Aufnahmen nach wie vor in den Charts zu finden sind (s.S. 73). 2008 erhielt die Gruppe wieder den begehrten *KwaZulu-Natal Tourism Award.* Der seltsame Gruppenname wird so erklärt: Ladysmith ist die Heimatstadt des Chorgründers Joseph Shabalala, „schwarz" bezieht sich auf einen starken schwarzen Ochsen, und eine *mambazo* ist eine Zulu-Axt. Die Gruppe, die sich im Laufe der Jahrzehnte verjüngte, nahm bislang über 40 Alben auf. Im **Cultural Centre,** im historischen *NGR Institute Building,* 316 Murchison Street, richtete die Stadt ihren berühmten Söhnen und auch dem *Drakensberg Boys' Choir* eine Dauerausstellung ein (9–16 Uhr, Tel. 036-6354231). Dort befindet sich außerdem eine Nebenstelle des Information Office.

Information   *Ladysmith/Emnambithi Area Information Centre,* Siege Museum/Town Hall, Murchison St, Tel./Fax 036-6372992, www.ladysmith.co.za. Infos über Unterkünfte, Touren in und um die Stadt (Battlefields), Kunst- und Kulturereignisse. Anfang Juni findet immer das *River Arts Festival* statt.

Unterkunft   *Budget:* **Crown Hotel,** 90 Murchison St, Tel. 036-6372266/7. Groß, zentral, Restaurant. • ***Ladysmith Hotel,** 3 km außerhalb an der Durban Road, Tel./Fax 036-6376908/9. Chalets in Motelanlage. • **Buller's Rest Lodge,** 59/61 Cove Crescent, Tel. 36 637 6154, www.bullersrestlodge.co.za. Schönes, riedgedecktes Anwesen über der Stadt, niveauvoll, Battlefields-Pub. DZ/F R450.

    Touristic: **Royal Hotel,** 140 Murchison St, Tel./Fax 036-6372176/7, www.royalhotel.co.za. Zentral, historisches Gebäude, komfortabel, *gentle elegance,* (3 TGCSA-Sterne), Restaurant und Pub. DZ/F R620.

Restaurants   *Santa Catalina Spur,* im Oval Shopping Centre. *Guinea Fowl Steakhouse* und *Sonia's Pizza* (empfehlenswert) sind beide an der Piazza San Marco, hinter Pick 'n' Pay, Francis Road. Eine sehr gute Adresse ist das *Royal Hotel,* mit *Mario's Italian Restaurant.*

Weiterfahrt nach Westen in Richtung Drakensberge
Spioenkop Dam Nature Reserve, s.S. 363

Umgebungsziele von Ladysmith

In Ladysmiths näherer und weiterer Umgebung sind mehr als zehn Schlachtenstätten zu finden. Vom **südlich** gelegenen **Wagon Hill** mit dem *Burgher Monument* ergibt sich eine Aussicht auf die Belagerungs-Stellungen von Ladysmith. Das surreal gestaltete Denkmal wurde 1979 zum Gedenken der gefallenen Buren errichtet, die hier in einem Massengrab beigesetzt wurden. Die Skulpturen stellen erhobene Hände dar, an die Schlachten von Ladysmith, Talana, Elandslaagte, Nicholsen's Nek, Colenso, Spioenkop und Vaalkrans erinnernd. Es gibt auch einen Friedhof für die Gefallenen britischer Regimenter. 7–17 Uhr, Eintritt.

Nordöstlich von Ladysmith fand am 21. Oktober 1899, 10 Tage nach Beginn des 2. Anglo-Buren Kriegs, die Schlacht von **Elandslaagte** zwischen Briten und Buren statt (Zufahrt zur Stätte über die N11 und R602).

6 Battlefields

Bei diesem klassischen Gefecht siegten die zahlenmäßig überlegenen Briten, trotz der weiterschießenden deutschen Krupp-Kanonen der Buren. Die britische Seite zählte 55 Tote und 205 Verwundete, die burische 46 Tote, 105 Verwundete und 181 Gefangene oder Vermisste. Eindrucksvolles Denkmal mit Grabsteinen der Gefallenen.

Colenso

Das ländliche 6000-Einwohner-Städtchen südlich von Ladysmith an der R103 und am uThukela River liegt in den Ausläufern der Hügellandschaft der Drakensberge. Es wurde 1855 gegründet und entwickelte sich wegen der uThukela-Furt zu einem Zwischenstopp für die Transportwagen zwischen Durban, Johannesburg und dem Free State. Im Burenkrieg 1899–1902 war Colenso ein Hauptquartier der Briten, bei der *Schlacht von Colenso* am 15. Dezember 1899 vereitelte Burengeneral Botha mit 6000 Mann den ersten von fünf britischen Versuchen, Ladysmith aus der Belagerung zu befreien. Bei der Schlacht von Colenso fielen von 16.000 britischen Soldaten 1100 Mann, die Buren verloren nur acht, und sie erbeuteten zehn der zwölf britischen Kanonen. Eine Serie kleinerer Gefechte, bekannt als *Battle of Tugela Heights,* fand außerhalb an der Straße nach Ladysmith statt. Gedenktafeln erzählen davon. Das **R.E. Stevenson Museum** im alten Toll-House von 1879 am Fluss zeigt ein Modell der Schlacht von Colenso und dokumentiert das übrige Kriegsgeschehen (8–16 Uhr, Schlüssel in der Polizeistation neben dem Museum).

■ *Historisches Gemälde des „Bloukrans-Massakers"*

Für die Besichtigung der Stelle, an der Churchill gefangen genommen wurde, die R74 Richtung Süden fahren, der *Armoured Train Incident* fand kurz vor Frere statt (Gedenkplakette, Friedhof über den Bahngleisen).

Das **Voortrekker Bloukrans Monument** liegt an der gleichen Straße, hinter Chieveley links rein (ausgeschildert). Dort wurden bei einem Zulu-Angriff am 16./17. Februar 500 Voortrekker, darunter zahlreiche Frauen und Kinder, nachdem ihr Planwagen-Konvoi die Drakensberge überwunden hatte, grausam ausgelöscht („Bloukrans-Massaker").

Information   Tourist Information (Nebenstelle des Tourist-Office in Ladysmith), Municipal Offices, 36 George Street, 8–16 Uhr, Tel. 036-4222111.

Unterkunft   *Budget:* **The Battlefields Hotel,** Tel./Fax 036-4222242. Zimmer mit und ohne Bad. • **Old Jail Lodge,** Tel. 036-4225994. Mit Restaurant.
Camping: Caravanpark, Botha Road, Tel. 036-4222737. Zentral.

Weenen

Der Ort „Weinen" entstand 1838, als eine Voortrekker-Siedlung am Ufer des Bushmans River zum Gedenken an Ermordungen der Buren durch Zulu unter Dingane beim „Bloukrans-Massaker" (s.o.) und Moordspruit. Es ist die zweitälteste Burengründung in KwaZulu-Natal und wegen seiner relativen Abgeschiedenheit auch mit das besterhaltene Voortrekker-„Dorp" mit etlichen historischen Gebäuden wie die *Dutch Reformed Church* oder die *Weenen Primary School.* Das **Weenen Museum,** Andries Pretorius Street, im ehemaligen Wohnhaus von Andries Pretorius, zeigt eine sehenswerte Kollektion originaler Kleidung und Gebrauchsgegenstände der ersten weißen Siedler (Mo–Fr 8.30–12 u. 14–16 Uhr, Sa 8–10 Uhr).

Information
und
Unterkunft   Town Board, Andries Pretorius St, Tel./Fax 036-3541938.
Budget-Unterkunft: Mrs. R. Hojem, 5 km außerhalb, Tel. 036-3541653. 2 DZ in altem Farmhaus. – Weitere Möglichkeiten siehe Thukela Biosphere und Weenen Game Reserve.

Weenen Game Reserve

Das Reservat acht Kilometer nordwestlich von Weenen bzw. 25 nordöstlich von Estcourt an der R74 ist 5000 ha groß und gilt als Musterbeispiel des Naturschutzes. Ein ökologisch wertvolles Naturparadies mit über 250 Vogel- und 35 Säugetierarten. Die Wiederansiedlung von Breit- und Spitzmaulnashörnern, Büffeln, Giraffen, Zebras, Pferdeantilopen und Kudus ist im Gange. Das zum Teil zerklüftete, 1000–1240 Meter hohe Gebiet bietet viele landschaftliche Reize. Der Bushmans River fließt im Süden durch ein tiefes Tal, schön sind die beiden Dolorithügel. Die Vegetation wird durch Grasland, Dickicht und Bushveld mit Akazien bestimmt. Zwei Wanderwege und ein Ansitz zur Wild- und Vogelbeobachtung. Sehr schön angelegt ist der Roan Antilope Auto Trail. Das *Siyafundisana Zulu Handicraft Centre* bietet attraktive Handwerksprodukte.

Anfahrt: Von Colenso noch vor Weenen. Von Estcourt 3 km Richtung Colenso, dann auf dem Hügel rechts nach Weenen.

6 Battlefields

Information, Unterkunft   Geöffnet Okt–März 5–19 Uhr, Apr–Sept 6–18 Uhr. Office: 8–13 Uhr. Camp-Tel. 036-3547013, Fax 5901039. Check out 10 Uhr, Check in 14 Uhr. Eintritt R20 (Kinder die Hälfte), plus Wagen R20. Kleiner Laden mit dem Nötigsten, nächster Versorgungsort Weenen, 8 km.

Weitere Details auf www.kznwildlife.com. Buchung: The KwaZulu-Natal Nature Conservation Service, P.O.Box 13069, Cascades, Pietermaritzburg 3202, Tel. 033-8451000, Fax 033-8451001, bookings@kznwildlife.com.

Wer durch den Park reiten möchte, erkundigt sich direkt gegenüber dem Parkeingang bei *Gibela Nathi,* Tel. 036-3541900.

Camp	Übernachten in …	Preis p.P.	Minimum
Umkhombe (Direktbuchung Tel. s.o.) 1	5-Bett Cottage	R170	R340
Nyandu	5 Campsites o. Strom	R66	R130
Nyandu	7 Campsites m. Strom	R76	R150

Thukela Biosphere Reserve

Das 60.000 ha große Schutzgebiet wurde 1993 durch einen Zusammenschluss 31 privater Landeigner und dem Natal Parks Board ermöglicht (Bestandteil ist auch das *Weenen Game Reserve,* s.o.). Es umfasst die Täler der Flüsse *uThukela, Bloukrans* und *Bushmans River* mit sehr schönen Landschaften, die man zu Fuß, zu Pferd oder auch mit dem Auto erkunden kann. In den Sommermonaten gibt es Wildwasser-Fahrten auf dem *uThukela.* Im November kommen mehr als 2000 Weißstörche, außerdem gibt es Elefanten, Büffel, Pferdeantilopen, Giraffen, Kudus, Gnus, Leoparden und einige Krokodile und Warane.

Tipp für Naturliebhaber   ### Zingela Safari & River Company

Ein besonderer Ort in punkto Abenteuer ist ein Aufenthalt im Camp von *Zingela Safari & River Company.* Das Auto (falls nicht ein 4x4) lässt man im Office in Weenen zurück, bevor man sich in die Wildnis begibt. Ganz Abenteuerlustige können sich per Pferd abholen lassen und den Besuch mit einem dreistündigen Ritt beginnen. Das Camp selber liegt idyllisch in absoluter Alleinlage am Ufer des uThukela River, in dem man risikolos schwimmen kann.

Auf der Pirsch ist man zu Fuß, zu Pferd oder in Geländewagen. An dramatischen Überhängen der umliegenden Felsklippen kann man sich im „Abseiling" üben, und besonders in den Sommermonaten von November bis Mai ist Wildwasserfahren im 30 Kilometer langen Canyon angesagt. Aber es ist auch ein einzigartiger Ort, dem Nichtstun zu frönen und sich von der Gastfreundschaft von Mark & Linda Calverley verwöhnen zu lassen.

Das Camp besteht derzeit aus fünf außergewöhnlich schönen, im afrikanischen Buschstil eingerichteten mehr oder weniger offenen Safarizelten (mit Dusche/WC unter dem Sternenhimmel), die anderen, im Preis günstigeren Safarizelte teilen sich Toiletten und Duschen.

Information/ Unterkunft   **Thukela Wildlife CC** (Emaweni Game Ranch, Treffpunkt zur Weiterfahrt im Battlefields Hotel, Colenso, ab dort etwa 35 Min.), Colenso, Tel. 036-3547000, dt. Website, www.emaweni.com/de. Jagd- und Fotosafaris. • ***Zingela Safari & River Company**, in Weenen bei der Engen-Tankstelle links, Treffpunkt ist das dritte Haus links, ausgeschildert, Tel. 036-3541962 (Office), 036-3547005 (Camp), Fax 036-354 1326, www.zingelasafaris.co.za. Safaricamp am Ufer des uThukela River für Abenteuerlustige (Ausritte, Rafting, Abseiling, 4x4-Strecke). • **Umsuluzi Game Park,** 8 km auf der R74 von Colenso in Richtung Weenen, umsuluzi@miwen.co.za. Bushwillow Camp, Tel./Fax 036-4222831. Safarizelte R100 p.P., Riverside Cottages, Tel. 082-8016677, mit/ohne Selbstversorgung ab R250, Safaris zu Fuß, zu Pferd oder mit Mountainbike. • **The Lookout,** sehr schöne Cottages aus Stein (max. 8 Personen, Selbstversorgung, ideal auch für Familien), Tel. 033-3433903, channing@futuregtn.co.za. Safaris, Wanderungen, Mountainbike- und 4x4-Trail. • **Kusa Kusa Game Lodge,** Tel. 082-8016517, www.drakensberg-tourism.com/kusa-kusa.html. 5 Cottages, geführte Wanderungen, Nachtpirschfahrten. • **Kaisha Game Ranch,** Tel. 031-3054009. Schöne Cottages (2–4 Personen), River Rafting, Mountainbiking, Wanderungen, Pirschfahrten.

Estcourt

Die Stadt an der R103 östlich der N3 ist eine Gründung aus Pioniertagen und hieß damals wie der Fluss an dem sie liegt, *Bushman's River.* Bekannt ist Estcourt durch **Fort Durnford.** Der doppelstöckige Flachdachbau mit seinen Ecktürmen an der Kemps Road wurde 1874 über der Stadt erbaut, um den Bewohnern vor den Zulu-Attacken Schutz zu bieten. Er ist heute ein Museum, das sich mit dem alten Estcourt beschäftigt und einige militär- und naturgeschichtliche sowie Exponate der Moorleigh Missionsstation zeigt (Mo–Fr 9–12 und 13–16 Uhr, Sa/So nach Vereinbarung). Angeschlossen ist eine rekonstruierte Wohnstätte der *amaNgwane.*

Nachdem im Februar 1838 Piet Retief in uMgungundlovu, Hauptsitz des Zulukönigs Dingane, getötet worden war und anschließend viele weitere Voortrekker in ihrem Lager am Bloukrans River (s.o., Colenso), wurden weitere Attacken der Zulu im Umkreis von Estcourt, in *Saailaager* (12.02.1838), *Rensburg Koppie* und *Veglaer,* zurückgeschlagen. Saailaager liegt östlich der Stadt. Hier hielt Andries Pretorius mit seinen Leuten und 40 Wagen vom 12.01. bis 25.02 den Zulu stand. Zu sehen ist ein Memorial und ein rekonstruiertes Voortrekker-Haus (Anfahrt über die Alfred Street – Steinbruch – über den Bushman's River, auf Farm *Zaai Lager).*

Glamosa Glass, 6 Bank Road, Tel. 036-3523144, eine kleine Glasfabrik, stellt aus Altglas mundgeblasene Gebrauchsgegenstände und Souvenirs her (Mo–Fr 8–16 Uhr und jeden ersten Samstag im Monat 8–13 Uhr; kleiner Teegarten).

Im **Estcourt Nature Reserve,** das zu Fuß erreichbar ist (oder mit dem Auto über die Old Main Road und dann links über die New Formosa Road), finden Besucher kleine Wege die durch ein trockenes Tal mit steiler Böschung führen. Im Reservat grasen Zebras, Kudus und größere Antilopen (regelmäßige Geierfütterung).

6 Battlefields

Information   Bushmans River Tourism Association, Old Civic Buildings, Upper Harding Street, Tel. 036-3526253, brta@futurest.co.za. Stadt Estcourt: www.estcourt.co.za.

Unterkunft   *Budget:* **Willow Grange Hotel,** 12 km außerhalb an der Old Main Road, Tel. 036-3527102, Fax 3527107. Rondavels. • **Ashtonville Terraces Guest House,** 76 Albert St, Tel. 036-3527770, dlsa@telkomsa.net. günstiges 3-Sterne B&B.

Außerhalb: **Glenroy Guesthouse,** Moor Park Road (Nordseite Wagendrift

Dam, Anfahrt über die R29, nach der N3 südlich abbiegen), Tel. 036-3523683, Fax 3523683, Cell 082-5763695. Vier SC-DZ, R200 p.P., idyllische Garten- und Aussichtslage auf den Wagendrift Dam, Lounge, Pool, Tennis, sicheres Parken, auf Wunsch mit Essen.

Touristic: **Thyme and Again,** 83 Lorne St, Tel./Fax 036-3524706, www.thymeandagain.co.za. Kleine, feine Pension, zentral gelegen. Restaurant.

Wagendrift Public Resort Nature Reserve

In diesem Nature Reserve, sieben Kilometer südwestlich von Estcourt, kann man Segeln, Kanufahren und Fischen. Im angrenzenden *Moor Park Nature Reserve* wurden in drei Vegetationszonen – Bushveld, Gras- und Sauergrasland – u.a. Zebras, Ducker, Impalas und Riedböcke angesiedelt. Beherrscht wird das 980 ha große Reservat vom 1549 Meter hohen Makabeni-Hügel mit steilen Hängen, Felsklippen und schroffen Kanten (archäologische Siedlungsfunde aus dem 11. Jh.).

Anfahrt: Von der N3 über Ausfahrten Estcourt N/S. Von Estcourt von der Kreuzung Lourne/Connor Street (ausgeschildert, Wagendrift Dam Tabamphlophe).

Information/ Unterkunft Geöffnet Okt–März 5–19 Uhr, Apr–Sept 6–18 Uhr. Office: 8–13 u. 14–16.30 Uhr. Camp-Tel. 036-3525520, Fax 3522807. Check out 10 Uhr, Check in 14 Uhr. Eintritt R15, Kinder die Hälfte. Nach 12 Uhr R10. Nächster Versorgungsort Estcourt.

Weitere Details auf www.kznwildlife.com. Buchung: The KwaZulu-Natal Nature Conservation Service, P.O.Box 13069, Cascades, Pietermaritzburg 3202, Tel. 033-8451000, Fax 033-8451001, bookings@kznwildlife.com.

Camp	Übernachten in ...	Preis p.P.	Minimum
Direktbuchung, Tel. s.o.	1 4-Bett Chalet	R150	R300
	Education Centre (80 Betten)	a.A.	
	39 Campsites (m. Strom)	R60	R90

7. uKhahlamba Drakensberg Park

Die Drakensberge von KwaZulu-Natal

Die zerklüftete Kette der Drakensberge ist der großartigste Teil des gewaltigen Randgebirges, das wie eine Stützwand aus Fels die Küstenebenen Südafrikas vom inländischen Hochplateau abgrenzt. Dieser Steilabfall, gemeinhin als **Great Escarpment** bekannt, reicht bis weit in den Nordosten Südafrikas und erstreckt sich in KwaZulu-Natal über Hunderte von Kilometern von der ehemaligen Transkei im Süden entlang der Ostgrenze von Lesotho bis zum Royal Natal National Park im Norden. Die vielfach über 3000 Meter hohen Gipfel, die Tafelberge und majestätischen Felsbastionen sind in Jahrmillionen durch Erosion entstanden. In KwaZulu-Natal ist mit 3409 Metern der höchste Berg der *Injisuthi Dome,* in Lesotho der 3482 Meter hohe *Thabana-Ntlenyana.* In den Wintermonaten sind alle Gipfel schneebedeckt.

Als die ersten Voortrekker hier ankamen und sie das riesige Bergmassiv zu Gesicht bekamen, erinnerten sie die Spitzen und Zinnen an den gezackten Rücken eines riesigen Drachens – und so falsch lagen sie nicht mit ihrer Namensgebung, denn in der Tat fand man in den Drakensbergen Fossilien von Dinosauriern. Die Zulu assoziierten die Spitzen der Berge mit ihren Speeren, *quathlamba* bzw. *uKhahlamba* heißt „aufgerichtete Speere" oder „Barriere aus Speeren". Andere sagen oft nur kurz „The Berg".

Einsame, unbesiedelte Höhenregionen sind das Merkmal der Drakensberge, und außer dem Schwingenschlag von Adlern, Schreien von Raubvögeln oder dem Hufgetrappel von Elenantilopen herrscht hier tiefe Stille. Aber in den unteren Ausläufern gibt es zahllose Naturreservate und Erholungsgebiete, die in den Ferienzeiten scharenweise Touristen anlocken und zu herrlichen Wanderungen, Klettertouren, Ausritten und zum Forellenfischen einladen.

Foto: Blick auf das Didima Camp

Wegen seiner landschaftlichen Schönheit, Biodiversität, kulturellen Vielfalt und den zahllosen Fundstätten von bis zu 8000 Jahre alten Felsmalereien der vorzeitlichen *San* ernannte die UNESCO im Jahr 2000 fast den gesamten Drakensberg, von Bushman's Nek im Süden bis zum Royal Natal National Park im Norden, zum **Weltkulturerbe** mit dem Namen **uKhahlamba Drakensberg Park.** Verwaltet wird das über 230.000 ha große Gebiet von *Ezemvelo KwaZulu-Natal Wildlife.*

Die Highlights der Drakensberge

Die Drakensberge sind neben den südafrikanischen Wildparks eine der wichtigsten Touristenattraktionen des Landes und mit dem iSimangaliso Wetland Park die ökotouristische Hauptdestination KwaZulu-Natals. Gebirgsformationen von atemberaubender Schönheit, herrliche alpine Landschaften mit mannigfaltiger Flora und Fauna, Wanderpfade, Felsmalereien der San und zahllose Outdoor-Aktivitäten sind nur einige Stichworte von Dutzenden von Möglichkeiten, die die Drakensberge bieten. Allerschönste Naturszenarien findet man in den Großtälern, im Norden im *Amphitheatre Valley* und im *Royal Natal National Park,* im zentralen Berg im *Champagne Valley* und im *Didima Valley.* Im Süden sind dafür die einsamen Naturschutzgebiete *Lotheni* und *Cobham* bekannt. Am beeindruckendsten aber ist der Blick auf das grandiose, von riesigen Felsen gebildete **Amphitheatre im Royal Natal National Park.** Wer nur einen Park besuchen kann, sollte sich für diesen entscheiden.

Wanderungen

starten von jedem KZN Wildlife-Camp aus, von kurzen, gemächlichen Spaziergängen bis Touren von mehreren Tagen Dauer. Mehr darüber s. Abschnitt „Wandern in den Drakensbergen".

■ *Der Felsmonolith des Amphitheatre, rechts der Sentinel (3165 m) und Eastern Buttress (3048 m)*

Felsmalereien der San

gibt es in den ganzen Drakensbergen unter zahllosen Felsüberhängen und in Höhlen. Insgesamt wurden an 500 bekannten Stellen etwa 50.000 Einzelbilder gezählt. Attraktionen sind besonders das hochinteressante kleine Museum *Didima Rock Art Centre* beim Didima Camp (Cathedral Peak), die *Main Caves,* die mit einer kurzen Wanderung vom Giant's Castle Camp aus leicht erreichbar sind, die *Battle Cave* bei Injisuthi sowie *Game Pass Shelter* bei Kamberg.

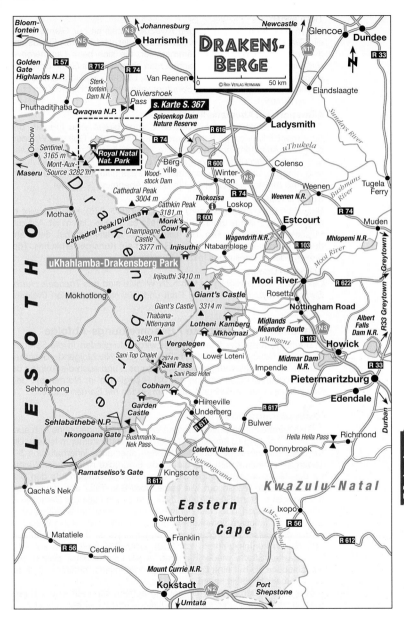

uKhahlamba Drakensberg Park

DRAKENS-BERGE

© RKH Verlag Hermann   0   50 km

Bloemfontein
Johannesburg
Newcastle
Glencoe
Dundee
Harrismith
Golden Gate Highlands N.P.
Van Reenen
Elandslaagte
Phuthaditjhaba
Oliviershoek Pass
Qwaqwa N.P.
Sterkfontein Dam N.R.
s. Karte S. 367
Spioenkop Dam Nature Reserve
Ladysmith
uThukela
Oxbow
Sentinel, 3165 m
Mont-Aux-Source 3282 m
Maseru
Royal Natal Nat. Park
Woodstock Dam
Bergville
Winterton
Colenso
Weenen
Tugela Ferry
Muden
Cathedral Peak 3004 m
Thokozisa
Weenen N.R.
Mothae
Cathedral Peak/Didima
Cathkin Peak 3181 m
Monk's Cowl
Loskop
Estcourt
Mhlopemi N.R.
Champagne Castle 3377 m
Injisuthi
Wagendrift N.R.
Ntabamhlope
uKhahlamba-Drakensberg Park
Injisuthi 3410 m
Giant's Castle
Mooi River
Mokhotlong
Giant's Castle 3314 m
Thabana-Ntlenyana
Rosetta
Nottingham Road
Albert Falls Dam N.R.
3482 m
Lotheni
Kamberg
Mkhomazi
Midlands Meander Route
Howick
Vergelegen
uMngeni
Sani Top Chalet
2874 m
Sani Pass
Sani Pass Hotel
Lower Loteni
Midmar Dam N.R.
Impendle
Pietermaritzburg
Sehonghong
Cobham
Himeville
Underberg
Edendale
Garden Castle
Bulwer
Sehlabathebe N.P.
Nkongoana Gate
Bushman's Nek Pass
Hella Hella Pass
Richmond
Ramatseliso's Gate
Coleford Nature R.
Donnybrook
Ngwangwana
Qacha's Nek
Kingscote
KwaZulu-Natal
Eastern Cape
Swartberg
Ixopo
Matatiele
Franklin
Cedarville
Mount Currie N.R.
Kokstad
Umtata
Port Shepstone

LESOTHO

Drakensberge

7 Drakensberge

Tiere sehen

In den gesamten Drakensbergen KwaZulu-Natals ist nur *Giant's Castle* ein *Game Reserve*. Dort leben Schwarze Adler, Herden von Elands und die gefährdeten Bart- oder Lämmergeier, die sich beim *Lammergeyer Hide* einfinden. Die Tiere beobachtet man aber nicht mit *Game drives* wie in den anderen Tierschutzgebieten des Landes. Südlich von Giant's Castle sind im *Hlatikulu Crane Sanctuary* alle südafrikanischen Kranicharten versammelt.

Aktivsport und Abenteuerliches

Zahlreiche Hotels und alle größeren Camps bieten viele Freizeit- und Sportmöglichkeiten, von Schwimmen und Tennis über Golf und Wandern bis hin zu Ausritten und Mountainbike-Touren. Auch Kanu-, Wildwasser- und Heißluftballonfahren, Angelsport und andere Outdoor-Aktivitäten sind möglich. Die 4x4-Tour auf den *Sani Pass* nach Lesotho zum höchsten Pub Afrikas ist noch ein echtes Auto-Abenteuer (s.S. 386).

Kunst & Kultur

Besuchen Sie den *Drakensberg Boys' Choir* (s.S. 376), Konzerte gibt es Mittwochnachmittags um 15.30 Uhr. Falls es gerade Ostern ist: Auf zum Musikfestival *Splashy Fen* bei Underberg. Unterwegs bei der Fahrt durchs Land weisen immer wieder Schilder auf Kunstgewerbliches, Töpfereien oder Ausstellungen lokaler Künstler hin.

Schönste Camps

Die beiden Camp-Highlights von KZN Wildlife sind das *Thendele Hutted Camp* im Royal Natal National Park und *Didima* im zentralen Drakensberg.

Drakensberg-Teilgebiete / Beschreibungs-Abfolge

Die lange Kette der Drakensberge wird untergliedert in die Sektoren *Northern-*, *Central-* und *Southern Drakensberg*. Nachfolgende Beschreibungen der Sehenswürdigkeiten und Camps – und auch die Abfolge der Städtebeschreibungen entlang der N3 – beginnen im Norden mit dem *Royal Natal National Park* und enden im Süden mit *Garden Castle*.

Reiseplanung und Tipps

Man könnte in den Drakensbergen Wochen verbringen ohne sich auch nur einen Tag lang zu langweilen (sofern das Wetter immer mitspielt). Unter Zeitdruck stehende Touristen können aber auch innerhalb von 5–7 Tagen sehr vieles sehen und bleibende Eindrücke mitnehmen. Wichtig für die Reiseplanung ist folgender topografischer Umstand: In den Drakensbergen gibt es so gut wie keine Nord-Süd-Täler und damit keine durchgehende Nord-Süd-Straße. Zwar gibt es am Fuße der Berge Nord-Süd-Verbindungen, doch fast nur in Form beschwerlicher Schotterpisten, wo man nur langsam vorankommt und auf denen man sich wegen fehlender Wegweiser auch öfter verfahren kann. Es ist deshalb zielführender, östlich zurückzufahren, zur R103 oder R74, und dann auf einer asphaltierten Straße wieder Richtung Westen ins Gebirge. Besser zwei verschiedene als nur eine Drakensberg-Straßenkarte mitführen, und den Tank immer gut gefüllt halten.

Wer sich in Durban oder Umgebung aufhält, kann auf einem Tagesausflug zumindest in den südlichen Drakensberg „hineinschnuppern".

Wieviel Tage? Wenn Sie jeweils ein- bis maximal dreitägige Aufenthalte in *Didima, Giant's Castle* oder im *Royal Natal National Park* einplanen erleben Sie bereits sehr viel. Bleiben sie lieber an einem Ort als alles sehen zu wollen. Bei Zeitnot ist am ehesten auf *Garden Castle* im Süden verzichtbar.

Anreise ohne eigenen Wagen Der Baz Bus passiert die Drakensberge auf seinem Weg nach Johannesburg. Ein Shuttle Service nimmt Passagiere beim Tourist Information Thokozisa auf (s.u.), Details auf www.bazbus.com. Auch Drakensberg-Backpacker-Unterkünfte arrangieren einen Hol- und Bringservice in die Städte entlang der N3, desgleichen Backpacker-Unterkünfte in Durban – dort nachfragen. Außerdem bieten manche Drakensberg-Hotels nach Vereinbarung einen Transfer zu den Busterminals von Greyhound und Translux in Estcourt und Ladysmith an. Shuttle-Busse verkehren zwischen Pietermaritzburg und Underberg.

– Fortsetzung der Großen Rundreise 2 von Ladysmith

Von Ladysmith (s.S. 347) fahren Sie weiter zum *Spioenkop Dam Nature Reserve,* anschließend die Strecke Bergville – Winterton – Didima/Cathedral Peak. Sie können außerdem noch ganz im Norden den *Royal Natal National Park* mit einbeziehen, Anfahrt über die R74.

Routenvorschläge Nächstes Ziel nach Didima wäre *Monk's Cowl.* Danach geht es in einer großen Schleife zurück zur N3 nach Estcourt und auf der R29 nach *Giant's Castle.* Anschließend am Fuß der Drakensberge entlang Richtung Süden fahren nach *Kamberg* (Piste!) und zurück Richtung Osten zum Ort *Nottingham Road.* Nach vielen Bergtagen nun ein wenig Erholung: Genießen Sie die **Midlands Meander-Tour** entlang der R103 (s.S. 396). Hinterher wieder weiter über Howick auf der R617 Richtung Drakensberge mit Ziel *Garden Castle.* Zum Abschluss könnten Sie über die R617 nach Kokstad bis Port Edward an die Südküste fahren und dann am Meer entlang zurück nach Durban. Oder von Garden Castle wieder auf der R617 zurück zur N3 nach Pietermaritzburg und von dort nach Durban, oder übers Inland, über Wartburg und Greytown, zur Nordküste nach KwaDukuza mit Endziel Durban.

Unterkünfte Ezemvelo Das Management über die relativ günstigen Unterkünfte in den *Wilderness Areas, Reserves, Game-* oder *National Parks in* den Drakensbergen obliegt der staatlichen **Ezemvelo KZN Wildlife** mit Sitz in Pietermaritzburg.

Für Buchung einer Unterkunft – außer Camping – müssen Sie sich wenden an: The KwaZulu-Natal Nature Conservation Service, P.O.Box 13069, Cascades, Pietermaritzburg 3202, Tel. 033-8451000, Fax 033-8451001, bookings@kznwildlife.com, www.kznwildlife.com.

Reservieren Sie beizeiten, besonders für die Saisonzeiten. Reservieren können Sie aber auch in Durban in der *Tourist Junction* (s. dort) oder bei Touristen-Informationsstellen, s.u.

Private Unterkünfte gibt es in den Drakensbergen in nicht geringer Zahl von *budget* bis *upmarket,* von rustikal bis luxuriös. Die meisten findet man an den Zufahrtsstraßen und -strecken zu den staatlichen Camps. Als da wären: *Budget & Backpacker Accommodation, Campsites & Caravan Parks, Self catering (SC) Accommodation, Bed & Breakfast, fully equiped Cottages & Chalets, Lodges & Guest Houses, Hotels & Resorts ...* Reservierung sei gleichfalls empfohlen. Achten Sie auf Sonderangebote/Special offers in der Neben-

7 Drakensberge

saison, z.B. „Stay for 5 and only pay for 4", „Wonderful Winter deals" u.ä. mehr. Prüfen Sie dazu die Websites der Unterkünfte.

Touristen-Informationsstellen

Für den zentralen und nördlichen Drakensberg: Die große (private) **Tourist Information Thokozisa** befindet sich an der R600, von Winterton kommend an der Kreuzung mit der R10 Loskop – Bergville (s.u. bei „Winterton"). Dort können Sie (Wander-)Karten und Drakensberg-Broschüren aller Art sowie Bücher bekommen. Tel. 036-4881207, Fax 4881846, www.cdic.co.za, cdta@futurenet.co.za.

Für die gleichen Regionen ein weiteres Büro: **Okhahlamba Drakensberg Tourism Office, Bergville,** Tel. 036-4481244 u. 4484296, Fax 4481088, Tatham Rd, Library Building, Mo–Fr 9–16.30 Uhr, Sa 9–13, Uhr www.drakensberg.za.org.

Für den südlichen Drakensberg: **Tourist Information Southern Berg Escape, Underberg,** 7 Clock Tower Centre, Main Road, Tel. 033-7011471, Cell 082-4668246, Fax 7011471, www.drakensberg.org, info@drakensberg.org, Mo–Fr 9–16 Uhr, Sa 9–12.30 Uhr.

Klima und Wettervorhersage

Die Drakensberge haben von November bis Februar heiße Sommer mit erfrischend kühlen Abenden. 85% der Niederschläge fallen Oktober–März, meist in sehr plötzlichen, heftigen Gewittern, vorwiegend am späten Nachmittag. Januar und Februar sind die nassesten Monate. Plötzlicher dichter Nebel, besonders in den Sommermonaten, ist keine Seltenheit (für Wanderer sehr gefährlich in Höhenlagen, denn er kann bis zu zwei Wochen anhalten!). Von April bis September ist mit Schneefall zu rechnen, im Juni und Juli kann es extrem kalt werden.

Das Wetter schlägt in den Bergen schneller um als gedacht. Verfolgen Sie daher die Vorhersagen in den Nachrichten, Zeitungen oder im Internet oder rufen Sie bei der Wettervorhersage an. Für die Drakensberge: Tel. 082-2311602. Wettervorhersagen bieten auch alle Ezemvelo-Camps.

Webseiten Drakensberg

Nördlicher und Zentraler Drakensberg: www.cdic.co.za • http://drakensberg.kzn.org.za • www.drakensberg.org.za • www.drakensberg-tourism.com • www.drakensberg.org • www.drakensberg-tourist-map.com • www.drakensberg-accommodation.com
Weitere Websites mit Drakensbergen: www.kznwildlife.com • www.countryroads.co.za • www.hideaways.co.za (einige Unterkünfte)

■ *Blick auf die Kulisse der Drakensberge*

Wandern in den Drakensbergen

Die Drakensberge sind ein Wanderparadies und haben die höchste Konzentration an Wegen und Trails in ganz Südafrika. In den Parks und Reserves kann man – wegen fehlender Raubtiere – „self-guided" die Natur entdecken. Die Herbstmonate April und Mai und auch der Oktober und November sind für Drakensberg-Wanderungen die besten Monate.

Alle möglichen Wanderungen hier aufzuzählen oder sie gar im Ablauf zu beschreiben würde den Rahmen dieses Reiseführers sprengen. Nachfolgend wird bei den Camps von KZN Wildlife als Ausgangsbasen aber immer auf einige empfehlenswerte hingewiesen, genaue Wegbeschreibungen sind in den Camps erhältlich. Auch die Website von KZN Wildlife, www.kznwildlife.com, beschreibt Wanderstrecken detailgenau und man kann sich dort sogar beraten lassen, Tel. 033-8451000.

Im nördlichen Berg sind für Erfahrene mit entsprechender Fitness extreme und mehrtägige Berg- und Felswanderungen möglich, die südliche Region um Underberg bietet für Gelegenheitswanderer bessere Optionen. Südlich von Kamberg, in der *Mkhomazi Wilderness Area,* kann man z.B. in einem der am wenigsten erschlossenen Gebiete der Drakensberge und völlig auf sich alleine gestellt in die absolute Einsamkeit verschwinden. Höhepunkt für Wanderfreunde ist der fünftägige *Giant's Cup Hiking Trail,* der einzig ausgewiesene Fernwanderweg in den Drakensbergen (s.S. 388). Der Trail führt an der Kulisse der Drakensberg-Vorberge entlang von der Sani Pass Road nach Bushman's Nek im Süden.

■ *Der Ranger weiß Bescheid*

Karten   KZN Wildlife bringt sechs 1:50.000er Drakensberg-Karten heraus, die in gut sortierten Läden, in den Camps und Tourist Informations erhältlich sind. Die Rückseiten dieser Karten informieren über alles Wichtige, die Natur, Sicherheit, GPS-Anwendung u.a.

Beachten   Vor einer Wanderung ist es in fast allen Camps Vorschrift, sich ins *Day Hike Register* oder ins *Mountain Rescue Register* ein- und nach Rückkehr ins Camp wieder auszutragen – etwaige Kosten einer Suchaktion gehen sonst zu Lasten des Wanderers. Der Mountain Rescue Service hat die Tel.-Nr. 082-9905877.

7 Drakensberge

Da nicht immer alle Wege geöffnet sind, z.B. nach Regenfällen und im Winter, sollte man sich vor dem Start über den Stand der Dinge erkunden und aus Sicherheitsgründen mindestens eine Zweiergruppe bilden. Gute Bergschuhe, Regenschutz und warme Kleidung, selbst in den Sommermonaten, sind unbedingt erforderlich. Des weiteren Sonnenschutzcreme, Hut, Fernglas, Proviant und Wasserflasche.

Wanderungen mit Übernachtungen (**„overnight hiking"**) müssen angemeldet werden, zum Übernachten stehen überwiegend rustikale Berghütten und außerdem Höhlen zur Verfügung. Extremes Felsklettern ist ausschließlich Mitgliedern des *Mountain Clubs of South Africa* vorbehalten.

Sicherheit beim Wandern

Auf der Website www.bergfree.co.za sind bei „Safety information" zahlreiche Sicherheitsratschläge, Tipps und Erfahrungen sowohl für kürzere als auch für längere Bergwanderungen dokumentiert. Bitte diese Grundsätze und Regeln beachten!

In fast allen Camps und größeren Hotels kann man zertifizierte **Hiking Guides** anheuern, wenn Sie mal mit einem Führer oder Porter losgehen wollen. Deren Telefonnummern stehen auch in Drakensberg-Publikationen. Abgerechnet wird pro Tag.

Noch ein paar Hinweise zum Naturschutz: Feuer ist nur an den ausdrücklich genehmigten Stellen erlaubt und immer verboten in Höhlen. Nur auf den markierten Wegen wandern.

Einige spezielle Wander-Websites

Mountain Backpackers, www.mountainbackpackers.co.za, ist ein seit langem etablierter Outdoor Club mit Sitz in Durban und einem großen Angebot an wöchentlichen Drakensberg-Wanderungen von einfach bis schwierig. • **Backpacker's Guide to the Natal Drakensberg,** www.berg.co.za, gibt erschöpfend Auskunft über Höhlen, Hütten, Pässe und die Berggipfel in den Drakensbergen. • Der Midlands Hiking Club, www.gohiking.co.za, hat seinen Sitz in Pietermaritzburg und behandelt Wanderungen in ganz Südafrika. • **www.bergfree.co.za** ist die informative Seite des professionellen Bergführers Dave Sclanders über Wandern in den Drakensbergen.

Überdies gibt es einige gedruckte Wanderführer, z.B. *Best Walks of the Drakensberg* von David Bristow, ISBN 9781770073678, erhältlich über Amazon.

■ *Bed & Breakfast im Vorland der Drakensberge*

Northern Drakensberg

Die nördlichen Drakensberge erstrecken sich vom Golden Gate Highlands National Park im Free State über den Royal Natal National Park bis zur Cathedral Range. Subregionen sind das *Amphitheatre Valley*, *Mnweni* (zwischen Amphitheatre und Cathedral Range im Süden), *Oliviershoek Pass* (an der R74) und im Vorland zählt der Ort *Bergville* dazu.

Hauptattraktionen: Die Gebirgslandschaft ist spektakulär. Der Royal Natal National Park bietet schönste Bergpanoramen, ist ideal für Wanderungen, besitzt mit dem *Amphitheatre* das meistfotografierte Motiv der Drakensberge und die über 600 Meter hohen *uThukela Falls* zählen zu den höchsten Wasserfällen der Welt.

Zunächst aber die Beschreibungen des Spioenkop Reserves und Bergvilles.

Spioenkop Dam Nature Reserve

Fortsetzung von Ladysmith, s.S. 347

Das 6000 ha große Reserve um den Stausee des Spioenkop-Damms liegt 13 Kilometer nördlich von Winterton. Der See bildete sich durch Aufstauung des uThukela River vor der Kulisse der am Horizont steil aufragenden Drakensberge. Im **Game Park** sieht man (garantiert) Büffel, Giraffen, Elen- und Kuhantilopen, Gnus, Zebras und Breitmaulnashörner. Vor allem wegen der Nashörner lohnt sich eine Fahrt auf den staubigen Pisten durch den Park. Eine pastorale Erholung nach den zurückliegenden Schlachten der Battlefields.

Aktivitäten

Boots- und Kanutouren, Wandern, Vogelbeobachtung, Ausritte, Wassersport und auch Jagd. Übernachten ist möglich auf Camp & Caravan Sites, Bush Camps und in der privaten *Spion Kop Lodge* (s.u.).

Anfahrt

von der N3 von Norden her: Ausfahrt Bergville (Exit 230), auf der R16 zunächst ein paar Kilometer Richtung Ladysmith, dann rechts auf die R600 abbiegen. Ausgeschildert.

Von der N3 von Süden kommend: Ausfahrt Winterton (Exit 194), R74; 1 km hinter Winterton den Little uThukela überqueren und rechts in die R600 abbiegen. Ausgeschildert.

Information/ Unterkunft

Geöffnet Okt–März 6–19 Uhr, Apr–Sept 6–18 Uhr. Office: 8–12.30 u. 14–16.30 Uhr. Camp-Tel. 036-4881578, Fax 4881065. Check out 10 Uhr, Check in 14 Uhr. Eintritt R20, Kinder die Hälfte. Nur Getränke-Shop. Nächster Versorgungsort Winterton (14 km) und Bergville (18 km). Weitere Details auf www.kznwildlife.com. Buchung: The KwaZulu-Natal Nature Conservation Service, P.O.Box 13069, Cascades, Pietermaritzburg 3202, Tel. 033-8451000, Fax 033-8451001, bookings@kznwildlife.com.

Camp	Übernachten in …	Preis p.P.	Minimum
iPika Direktbuchung, Tel.-Nr. s.o	1 4-Bett tented bush camp	R190	R570
	30 Campsites (m. Strom)	R60	R120

7 Drakensberge

The Battlefield of Spioenkop

Auch hier tränkte viel Blut den Boden. Auf der Kuppe des 1466 Meter hohen *Spioenkop* (Spion's Kop) fand am 23. Januar 1900 eine der verlustreichsten Schlachten im Englisch-Burischen Krieg statt. Gegen die zahlenmäßig weit unterlegenen Buren kassierten die Briten mit über 300 Toten und knapp 600 Verwundeten eine ihrer schlimmsten Niederlagen. In der Dunkelheit und mit wenig Gegenwehr hatten 1700 Briten den Spioenkop erobert, auf dem sich aber nur wenige Buren verschanzt hatten. Als sich der Morgennebel lichtete, hatten die Buren hinter Felsbrocken als Deckung freies Zielfeuer. Der Kampf dauerte 14 Stunden, bis sich beide Seiten in der folgenden Nacht, jeweils unbemerkt vom Gegner, zurückzogen. Hinterher verwendete man den *trench,* den Hauptschützengraben auf der Kuppe, als Massengrab. Er konnte die Leichen der Gefallenen kaum fassen, ist original erhalten und mit Steinen bedeckt. Kreuze und Denkmalsteine erinnern an das Geschehen. Die Buren verloren nur 69 Männer. Der angelegte *Battlefield Trail* informiert faktengenau.

Zufahrt zum Schlachtfeld von Norden über die R616, nicht von der R600. Eintritt R15, Self-guided Trail, Führungs-Leaflet, Toiletten, Mo–Fr 8–17 Uhr, Sa/So 9–16 Uhr.

Unterkunft **Spion Kop Lodge,** Anfahrt wie oben zum Spioenkop Game Reserve, Tel./Fax 036-4881404, Cell 082-5730224/5, www.spionkop.co.za. Schönes Farmhaus-Anwesen, restauriert zu einer Lodge im Kolonialstil – hier war einst General Bullers Hauptquartier. Pool, Bar, Bistro, Bibliothek. Zwei sehr gut und voll ausgestattete, Cottages: *Aloe,* max. 4 Gäste, R890. *Acacia,* max. 6 Gäste, R1100. 8 Lodge-DZ, VP R1100 p.P. Ausflüge zu den Schlachtfeldern unter kundiger Führung. Aktivitäten-Programm s. Spioenkop Dam Nature Reserve.

Eine weitere Übernachtungsmöglichkeit in Nähe des Game Reserve und ein Übernachtungs-Tipp auf dem Weg zu den Drakensbergen ist das in freier Landschaft liegende Country Hotel **Sandford Park** (s.u., bei Bergville)

Bergville

Bergville (Okhahlamba Municipality) liegt am Zusammenfluss von uThukela und Sandspruit River und ist Ausgangspunkt für Ausflüge in den nördlichen Drakensberg bzw. zum Royal Natal National Park. Das historische *Upper Tugela Blockhouse,* das einzige Blockhaus das den 2. Anglo-Burenkrieg überlebte, liegt auf dem Gelände des Gerichtsgebäudes. Heute ist Bergville das kommerzielle Zentrum eines großen Agraranbaugebiets.

Gleich nördlich des Orts geht es von der R74 Richtung Osten zum **Mweni Cultural Centre** nahe dem Woodstock Dam, das außer Zulu-Traditionen der *amaNgwane*-Gemeinde einfache Unterkünfte bietet sowie Guides für die anspruchsvollsten Trails und Routen in den einsamen nördlichen Drakensbergen. Tel. 072-7122401.

Information *Okhahlamba Drakensberg Tourism Office,* Tel. 036-4481244 u. 4484296, Fax 4481088, Tatham Rd, Library Building, Mo–Fr 9–16.30 Uhr, Sa 9–13, Uhr www.drakensberg.za.org.
Polizei, Tel. 036-4481095.

Unterkunft Hinweis: Weitere Unterkünfte s.a. bei Royal Natal National Park „Übernachtungsmöglichkeiten in Umgebung"

Budget und Camping: **Bergville Chalet and Caravan Park,** südlich des Orts an der R74, 500 m vor der uThukela-Brücke abbiegen. • **Hotel Walter,** Tatham Rd, Bergville, Tel. 036-4481022. Kinderfreundlich, zentral. • ***Bingelela B&B & Restaurant,** 3 km außerhalb in Richtung Harrismith auf einer Farm, rechts, Tel./Fax 036-4481336, www.bingelela.co.za, bingelela@mweb.co.za. Gutes Essen, gemütliche Bar, angenehme Zimmer.

Touristic: **Sandford Park,** Country Hotel ein paar Kilometer nördlich von Bergville, Tel. 036-4481001, Fax 4481047, www.sandford.co.za. Schön gelegenes, historisches Landhotel, 3 TGCSA-Sterne, Restaurant (erträglich), uriger Pub, Park, Garten, Pool. Guter Übernachtungspunkt zur Anfahrt in die Drakensberge. 50 normale und 24 bessere Zimmer, Double oder Twins, Preise a.A. Anfahrt: von Ladysmith 2 km vor Einmündung der R16 in die R74 rechts in kleinen Schotterweg, noch 1,3 km. Ausgeschildert. Von Bergville hinter der Caltex-Tankstelle rechts in die R616, nach 2 km links.

Der besondere Tipp

Royal Natal National Park

Der 8000 ha große Park wurde bereits 1916 eingerichtet, die königliche Familie aus London besuchte ihn 1947 – deshalb der Zusatz „Royal". Aber auch so würde das Attribut stimmen, denn nirgends sonstwo in den Drakensbergen präsentiert sich die Bergwelt so malerisch, gebieterisch und faszinierend wie hier – vorausgesetzt das Wetter spielt keinen Streich. Berühmteste Attraktion ist das sogenannte **Amphitheatre,** ein spektakuläres, sichelförmiges Felsmassiv von fünf Kilometern Länge, das gebietsweise bis zu 500 Meter Höhe aus dem Terrain aufragt (Gipfelhöhe 2926 m). Eingerahmt wird es rechter Hand (nördlich) vom *Sentinel* (3165 m) und links dem *Eastern Buttress* (3048 m). Wagemutige können auf einer langen Eisenkettenleiter auf das Plateau klettern.

■ *Das schneegepuderte Amphitheatre*

Aus dem Gipfelpanorama ragen weiter heraus der *Mount Amery* (3143 m) und der größte Berg der Region, der 3282 Meter hohe **Mont-Aux-Sources,** aus dessen Gebiet fünf Flüsse entspringen, u.a. zwei Zuflüsse in den Orange, der später in den Atlantik mündet, weshalb ihn zwei französische Missionare 1836 treffend „Berg der Quellen" tauften. Der *uThukela River* strömt talwärts mit mehreren Wasserfällen, der höchste hat eine Fallhöhe von über 600 Metern und gehört damit zu den höchsten der Welt. Manchmal gefriert der oberste im Winter zu einem mächtigen Eiszapfen.

7 Drakensberge

Der Park besitzt in seinem Aufbau sowohl unterschiedliche geologische Formationen als auch verschiedene klimatische Zonen. Dies erklärt den Reichtum der Vegetation. Das Grasland, das weite Teile des Parks bedeckt, leuchtet im Sommer smaragdgrün und im Herbst goldgelb. Mehr als 900 Pflanzen wurden bislang katalogisiert. Von den 230 verschiedenen Vogelarten sind besonders die mächtigen Bart- und Kapgeier und Felsenadler erwähnenswert. Unter den Säugetieren trifft man am häufigsten auf Klippschliefer, Paviane, Ried- und Blessböcke, Ducker und Klippspringer.

Aktivitäten neben Wandern   Ausritte mit *Rugged Glen Stables,* Tel. 036-4386422 (Voranmeldung nötig). Schwimmen fast überall erlaubt (Einschränkungen im Faltblatt des Parks, Ranger fragen). Genehmigungen für Forellenangeln im Parkbüro.

Anfahrt zum RN NP   Von Osten (Ladysmith): N11 – R616 – R74. Von Süden (Pietermaritzburg) auf der N3, am Exit 194 Winterton/Bergville raus und dann auf der R74 nach Nordwesten. Von Norden: von der N3 (Harrismith) die R74 über den Oliviershoek Pass Richtung Süden. Der RNNP ist jeweils ausgeschildert.

Wanderparadies Royal Natal National Park

Es wurden 83 km Wanderwege auf 24 Routen angelegt (3–45 km Länge, 1–17 Stunden Gehzeit). Ausführliche Infos darüber bietet die 48-seitige Broschüre *Royal Natal, Walks & Climbs,* die im Visitor Centre und im Thendele Camp Office sowie am Main Gate – hoffentlich – erhältlich ist.

Beliebt ist der einfache Weg vom *Visitor's Centre* zu den Sunday Falls (3 km, 1 h). Außerdem der Trail, zu den **Cascades** und zum **McKinlay's Pool** führt (5 km, 1 h, Badepools). Wer noch eine Strecke dranhängen möchte, geht von den Cascades weiter zu den **Tiger Falls** (3 km, 45 Min.). Wunderbare Ausblicke genießt man vom **Camel's Hump Trail** (5 km, 1 h). Ebenfalls empfehlenswert ist der **Devilshoek Trail** (6 km, 2 h), der durch bewaldetes Gebiet zu Felsen mit San-Malereien führt.

Beachten   Bei längeren Wanderungen ist es ratsam, sich in das *Hiking Register* einzutragen. Alle Bergwanderer, die über 2300 Meter oder auf den Mont-aux-Sources wandern, müssen sich in das *Mountain Rescue Register* im Büro eintragen. Wanderungen mit Übernachtungen müssen angemeldet werden, auch Felsklettern!

Gorge Trail   Die beliebteste Tageswanderung ist der *Gorge Trail* (Nr. 21, 22,5 km, 5,5 Stunden, Schwierigkeitsgrad leicht bis mittelschwer am Ende). Man sollte vorsichtshalber 8 Stunden einplanen und bei starker Sonne unbedingt eine Kopfbedeckung mitnehmen, Schattenplätze sind rar. Registrierung im Rescue Register direkt am Ausgangspunkt der Wanderung am Parkplatz unterhalb des Thendele Camps, Parkwächter. In der Schlucht gibt es viele Bade-Gumpen.

Der Weg führt vom Thendele Camp in ca. zwei Stunden auf einem Hangweg immer oberhalb des Flusses bis zum Eingang der Schlucht, dann muss man dreimal über Steine den Fluss/Bach queren (viele machen den Fehler, dass sie an der ersten Flussüberquerung bereits umkehren). Am Ende des Flusstals liegt der sogenannte „Tunnel", zu ihm dauert es vom Eingang der Schlucht nochmals ca. 30 Minuten. Dort gibt es zwei Möglichkeiten: entweder rechts per Eisenhängeleiter die Felswand hinauf (nur für Trittsichere und Schwindelfreie) und oberhalb des Tunnels ein Stück an der Felswand entlang, oder links einen Pfad den Berg hinauf zu einem Überhang (Tunnel Ridge) mit toller Aussicht auf das Tal und den großen Wasserfall.

Vorsicht: Bei Gewitter kann der Rückweg auf Stunden abgeschnitten sein. Der Wasserstand des Flusses je nach Jahreszeit unterschiedlich.

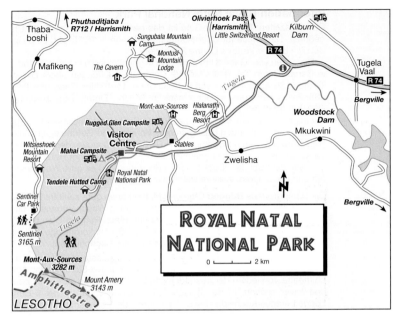

Mont-Aux-Sources Mountain Trail

Bergwanderer schwören auf den zweitägigen *Mont-Aux-Sources Mountain Trail* (45 km, 9 h pro Tag). Übernachtung im eigenen Zelt (Buchung beim Qwa Qwa Tourist Officer, Tel. 058-7134415) oder auf dem Fußboden in einer Schutzhütte, die offiziell nicht mehr gebucht werden kann, aber derzeit noch unverriegelt ist (erkundigen bei anderen Wanderern). Es ist ratsam, eine zweite Nacht in der Hütte einzuplanen, damit man auf den Gipfel des Mont-Aux-Sources steigen kann (nur mit bester Kondition!). Genaue Beschreibung s. Wanderung Nr. 25, Mont-Aux-Sources.

Zum Mont-Aux-Sources mit dem Wagen

Es ist auch möglich, zum Fuß des Mont-Aux-Sources bzw. zum dortigen *Sentinel Car Park* mit dem Wagen zu fahren und von dort aus den Berg zu besteigen. Erfordert einen ganzen Tag. Bereits die gut zweistündige Anfahrt über 130 Kilometer durch die südöstliche Ecke des Free State ist wegen ihrer vielen Bergpanoramen ein Erlebnis.

Man fährt aus dem R.N. Nationalpark zurück zur R74, biegt dort nach links bzw. nach Norden ab, über den *Oliviershoek Pass* geht es Richtung Harrismith. Nach 36 km links in die R712 abbiegen, Richtung Qwa Qwa N.P. An der Kreuzung wieder links Richtung Phuthaditjaba/Witsieshoek Pass (2270 m) und *Witsieshoek Mountain Resort,* das man links liegen lässt. Zum Sentinel Car Park (2540 m) am Fuße des Sentinel (3165 m) sind es noch ca. zehn Kilometer. Von dort zwei Stunden Gehzeit zu den Kettenleitern auf den Mont-Aux-Sources einplanen, einige weitere für den Gipfelaufenthalt und zwei Stunden zurück zum Parkplatz. Genau beschrieben ist Strecke vom Parkplatz auf den Mont-Aux-Sources und zurück in der Wanderung Nr. 25, s.o. Nur bei gutem Wetter und mit bester Kondition!

7 Drakensberge

Information Royal Natal National Park

Öffnungszeiten: Das Haupt-Gate ist das ganze Jahr über von 6–22 Uhr geöffnet. Das Office für Übernachtungsgäste von 8–16.30 Uhr, es befindet sich bei der *Visitor's Centre Reception.*

Distanzen vom Gate: 3 km zur Mahai Campsite und 6 km zum Thendele Camp. Camp-Tel. 036-4386310, Campsite-Buchungen übers Direkt-Telefon 036-4386303, nur von 8–12.30 Uhr u. 14–15 Uhr. Camp-Fax 036-4386231. Check out 10 Uhr, Check in 14 Uhr. Eintritt Tagesbesucher R30, Kinder die Hälfte.

Einigermaßen gut sortierter Laden mit Souvenirs, Lebensmittel aber nur begrenzt vorhanden (z.B. gefrorene Forellen und Getränke). Frisches Fleisch zum Grillen und Gemüse aus Bergville mitbringen, dem nächsten Versorgungsort, 50 km. Laden mit gutem Angebot auch im Hotel Mount-aux-Sources. Bei der Visitor's Centre Reception gibt es gute Wanderkarten und Broschüren. Weitere Details auf www.kznwildlife.com.

Camps   Die Campgrounds **Rugged Glen** und **Mahai** haben gute sanitäre Einrichtungen mit Heiß- und Kaltwasser, letzteres auch Waschautomaten und Trockner. Mahai bietet bis zu 400 Personen Platz, Rugged Glen bis 45. Anmeldung für beide Camps im Park-Office (Spätankömmlinge melden sich am anderen Morgen bei der Visitor's Centre Reception an).

Das ***Thendele Hutted Camp** (Übernachtungsgäste melden sich direkt an der dortigen Rezeption an) liegt sehr schön mit Sicht auf das Amphitheatre von jedem der riedgedeckten Chalets aus. Es gibt eine *upper* und *lower section.* In den beiden 6-Bett-Cottages und in der 6-Bett-Lodge bereiten Köche das Essen zu, Abgabe der Lebensmittel bis spätestens 18 Uhr (frische Lebensmittel mitbringen, haltbare gibt es an der **Thendele**-Rezeption, 2x wöchentlich auch frisches Brot). Die Chalets sind für Self catering.

Camp	Übernachten in …	Preis p.P.	Minimum
Thendele Hutted	1 6-Bett Lodge	R520	R2080
Camp	2 6-Bett Cottages	R420	R1680
	Lower Camp 8 2-Bett Chalets	R360	R540
	Lower Camp 5 4-Bett Chalets	R360	R1080
	Upper Camp 6 2-Bett Chalets	R400	R600
	Upper Camp 7 4-Bett Chalets	R400	R1200
Mahai Campsite	40 Campsites (m. Strom)	R80	R160
	40 Campsites (o. Strom)	R70	R140
Rugged Glen	10 Campsites (m. Strom)	R80	R160
	5 Campsites (o. Strom)	R70	R140

Übernachtungsmöglichkeiten in der Umgebung

Budget u. Camping: ***Sungubala Mountain Camp,** von der Royal Natal NP-Zufahrtstraße den nördlichen Abzweig nehmen (auf das Schild „Sungubala and the Cavern" achten, 200 m vor The Cavern nach rechts zur Sungubala-Rezeption, siehe vorne die Karte „Royal Natal National Park"), Tel. 036-4386000, www.sungubala.com. Mit Baz Bus-Stopp. Zugang zu komfortablen

Safarizelten mit 4x4-Wagen oder zu Fuß. Ein idealer Ausgangspunkt zum Wandern und Reiten, etwas für Naturliebhaber. ÜF R285, mit Dinner R350. • **Amphitheatre Backpackers,** R74, Oliviershoek Pass, Farm Kransmore (21 km nördl. von Bergville auf der R74 steht links das Schild „Amphitheatre Lodge"), Tel. 036-4386675, 082-5471171, www.amphibackpackers.co.za, amphibackpackers@worldonline.co.za. Baz Bus-Stopp. Gemütlicher Ausgangspunkt für Wanderungen. Dormitory-Bett R85, DZ R120 p.P., Camping R55 p.P.

Touristic: ***The Cavern, Drakensberg Resort & Spa,** von der Royal Natal NP-Zufahrtstraße nördlichen Abzweig nehmen (auf Schild „The Cavern, Alpine Heath und Hlalanathi" achten, s. Karte „Royal Natal National Park"), Tel. 036-4386270, Fax 4386334, www.cavern.co.za. Schöne Lage inmitten von Bergen, Wäldern und Flussläufen. Gutes, üppiges Essen, urig ist die Emaweni Cave Bar. Tennis, Mountainbiking, Schwimmen im Fluss oder Pool, Angeln im Stausee, Ausritte, geführte Wanderungen. VP ab R550 p.P. im DZ, nach „Midweek specials" fragen. • Noch bevor es zu „The Cavern" geht, führt nach rechts ein Abzweig zur **Montusi Mountain Lodge** (ausgeschildert), Tel. 036-4386243,

www.montusi.co.za. Idyllische Lage mit Blick auf das Amphitheater. Gute Küche mit „local food". Dinner+ÜF R870 p.P. im DZ.

*Hlalanathi Berg Resort, ca. 7 km vor dem Park-Gate bzw. 40 km von Bergville (nach der Abzweigung der Zufahrtsstraße 304 zum Royal Natal National Park von der R74 auf Ausschilderung achten), Tel. 036-4386308, Fax 4386852, www.hlalanathi.co.za. Schöne Anlage über dem uThukela River, Pool, sehr gutes Restaurant (Sonntagmittag „All-you-can-Eat"-Buffet für R40), Golfplatz. Chalets mit Terrasse, Kamin und Blick aufs Amphitheatre, für 2 Pers. R530. Schattige Wohnmobil-Stellplätze, R110 p.P.

Comfort: **Hotel Mount-aux-Sources,** Tel. 036-4388000, Fax 4386201, www.oriongroup.co.za, sales@orion-hotels.co.za. Großes Hotel gleich außerhalb des Parks (östl. von Rugged Glen), alle Annehmlichkeiten eines mittelgroßen Hauses, 121 Zimmer, schöne Lage mit Blick auf das Amphitheatre, Pool, Tennis, Squash. Abendessen meist in Form eines üppigen Büfett. DZ/F R495 p.P., Chalets ab R1000. • ***Little Switzerland Resort,** an der R74 (kurz vor dem Oliviers Hoek Pass, ca. 7 km nördlich des Abzweig der Parkzufahrtstraße), Tel. 036-4386220, Fax 4386222, www.lsh.co.za. Herrliche Lage in einem 2000 ha großen Privat-Reserve, Health Hydro, schöner Blick aufs Amphitheatre Valley, Wandern, Klettern, Relaxen. 4x4-Route. Dinner+ÜF ab R660 p.P. („midweek special"). Auch SC-Chalets.

■ *Mahai Campsite*

7 Drakensberge

Central Drakensberg

Die zentralen Drakensberge erstrecken sich von der Cathedral Range im Norden bis Kamberg im Süden. Subregionen sind *Cathedral Peak, Champagne Valley, Giant's Castle* und im Vorland zählt der Ort *Winterton* dazu.

Hauptattraktionen: Anziehungspunkt ist *Giant's Castle* mit den *Bushman Main Caves* und dem Lämmergeier-Horst. Sehr interessant ist das Buschmann-Museum *Didima Rock Art Centre* mit dem schönen Camp *Didima*. Sehr populär ist das *Champagne Valley*. In der *Battle Cave* bei *Injisuthi* sind eindrucksvolle Felszeichnungen zu sehen (geführte Wanderung).

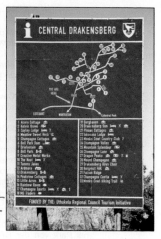

Winterton

Winterton, ursprünglich Springfield, wurde drei Jahre nach Ende des Anglo-Buren Kriegs 1905 gegründet, zusammen mit dem im gleichen Jahr fertiggestellten Damm am Little uThukela River zur Bewässerung der umliegenden Felder. Das kleine landwirtschaftliche Zentrum verströmt noch leichte Pionier-Atmosphäre und ist Ausgangspunkt für die Drakensberge oder zum Spioenkop Dam Nature Reserve. Das **Winterton Museum** in einem kleinen Haus in der Church Street hat neben lokaler Geschichte und einer *San Rock Art Gallery* (lehrreiche Info-Kopien) eine der besten Büchersammlungen zum Thema „Südafrikanische Kriege". Bemerkenswert ist die Ausstellung über Flora und Fauna der Drakensberge (Mo–Fr 9–15 Uhr, Sa 9–12 Uhr, Tel. 036-4881885).

Information   Springfield St, Tel. 036-4881988 (besser gleich zu Thokozisa fahren). Polizei Tel. 036-4881502.

Unterkunft   *Budget:* **The Swallow's Nest B&B,** 1 Bergview Drive, Tel./Fax 036-4881009, Cell 083-9628636. Cottage: 3 DZ und Family Room. Guest House: 2 DZ. Schönes Ambiente, Dinner möglich. • **Uitzicht Holiday Farm,** Tel. 036-4881492. ÜF, Selbstversorgung, Farmhaus.

Touristic: **Bridge Hotel,** Main St, Winterton 3340, Tel./Fax 036-4881554. B&B und SC, 30 Zimmer, freundlicher Pub, gute Küche. Ca. R400 p.P.

Weitere Unterkünfte westlich von Winterton im *Champagne Valley,* s.u.

Nach Cathedral Peak und Didima   Gleich am westlichen Rand Wintertons zweigt von der R600 die Straße zum Gebiet des **Cathedral Peak** mit **Didima Camp** ab. Hinter Emmaus geht es dann endlich aufwärts. Die Luft wird klarer und frischer. Die Straße folgt dem Mlambonja-Flusstal bis zur Schranke des Didima Camps. Kurz vor seinem Erreichen liegt links das nicht zu vermissende **Didima Rock Art Centre.**

Anfahrten: Von Winterton über Emmaus, 45 Kilometer. Von der N3 von Süden Exit 194, Winterton, von Norden Exit 207, Winterton.

Thokozisa

Für die Drakensberge erhalten Sie umfassende Informationen beim *Central Drakensberg Information Centre* **Thokozisa**. Es befindet sich „auf freiem Feld" an der R600, 13 Kilometer westlich von Winterton in Richtung „Central Berg" bzw. Monk's Cowl/Champagne Valley Resort an der Kreuzung mit der R10 Loskop – Bergville („Gourton Corner"). Tel. 036-4881207, **www.cdic.co.za,** cdta@futurenet.co.za, Fax 4881846.

Dort können Sie eine Unterkunft reservieren lassen und sich mit genauen (Wander-)Karten, Führern, Büchern und Broschüren aller Art eindecken. Außerdem ein guter Platz für eine Rast, denn es gibt einige nette Restaurants und etliche Shops, darunter auch eine Deli und eine Weinhandlung. Bereits kurz vorher liegen an der Straße Souvenir- und Kunsthandwerksläden, ein Restaurant und der Laden *KwaZulu Weavers & Candles.*

Cathedral Peak

Das 1973 gegründete und 32.000 ha große Naturschutzgebiet *Cathedral Peak* grenzt im Norden und Osten an die obere uThukela River-Region und im Süden an Monk's Cowl. Die dramatische Bergwelt wird von den Gipfeln des *Cathedral Peak* (3004 m), *Cathkin* (3181 m), *Champagne*

Castle (3377 m) und *Monk's Cowl* (3234 m) überragt – eine Herausforderung für ehrgeizige Bergwanderer. Wegen der Kombination von interessanten Gipfeln, klaren Gebirgsbächen und faszinierenden Felsbildern der San gehört Cathedral mit dem Didima-Camp zu den beliebtesten Zielen der zentralen Drakensberge.

Grasland, Schluchten und Waldgebiete sind die Heimat von Klippschliefern, Klippspringern, Riedböcken, Stachelschweinen, Affen, Mangusten, Wiesel, Schakalen, Wildkatzen, Paradieskranichen, Bartgeiern, Samtwebern und Nektarvögeln.

7 Drakensberge

Didima

Didima am Fuße des 3004 Meter hohen *Cathedral Peak, Outer Horn* (3006 m), *Inner Horn* (3005 m) und *Bell* (2930 m) zählt ganz bestimmt zu den schönsten Ezemvelo-Camps der Drakensberge. Bei Ankunft fallen sofort die beinahe bis zum Boden herabgezogenen Schalendächer der gewaltig großen Chalets ins Auge – architektonischer Anklang an die Wohnstätten der San unter Felsüberhängen und in Höhlen. Man könnte aber auch einen Schildkrötenpanzer oder einen geschwungenen Drachenrücken assoziieren – klar, wir sind ja in den Drachenbergen.

■ *Eines der komfortablen Didima-Chalets*

Spazierengehen und Wandern sind hier die Hauptaktivitäten. Die Auffahrt zum **Mike's Pass** ist ein Erlebnis und bietet vom Plateau des „Little Berg" weite Ausblicke auf Gipfel und Tiefland.

Wandern   Die mittlere Höhenlage bietet ideale Voraussetzungen für Wanderer. Eine Karte mit acht Wanderwegen von wenigen Stunden bis zu drei Tagen Dauer ist bei der Rezeption erhältlich. Die Übernachtung in Schutzhütten ist kostenpflichtig.

Die schönste Wanderung führt südlich in die *Ndedema Gorge* mit 150 Unterschlüpfen in den Felsen, viele mit Buschmann-Malereien. Beliebt sind außerdem die *Rainbow Gorge* (5 h), *Sherman's Cave* (6 h) und *Xeni Cave* (4 h).

■ *Das Open-air Café*

Didima Rock Art Centre

Dieses kleine Museum mit einer Multimedia-Show über das Leben und das Zeitalter der San und ihrer Felszeichnungen präsentiert sich eindrucksvoll. Zu sehen sind diverse Arten und Formen von Buschmannszeichnungen, ein Fries lebensgroßer Elands, Gebrauchsgegenstände und andere Exponate. Die eindrucksvoll gestaltete Multimedia-Show findet statt im Auditorium mit dem Nachbau eines originalgroßen Sandstein-Felsenüberhangs unter dem einst San lebten (knapp 100 Sitze).

Angeschlossen ist ein Café und das *Ndumeni Craft Centre* mit Verkauf von lokal produziertem Kunsthandwerk. Geöffnet tägl. 8–16 Uhr, Mittagspause 13–14 Uhr, Eintritt R40. Die Guided Tours (Dauer 45 Min.) mit Stories (10 Min.) und der Multimedia Show (15 Min.) beginnen um 9, 11 und 14 Uhr.

Information Didima Camp und Cathedral Peak

Geöffnet ganzjährig 24 h. Office: 7–19 Uhr. Distanz vom Gate zum Camp: 1,5 km. Camp-Tel. 036-4888000, Fax 4881346. Check out 10 Uhr, Check in 14 Uhr. Eintritt R25 (mit Didima Rock Art Centre R50; Kinder die Hälfte), zahlbar am Main Gate. Nächste Versorgungsorte Bergville und Winterton, jeweils 45 km entfernt. Benzin evtl. beim Cathedral Peak Hotel erhältlich.

Das große, sehr schöne Empfangsgebäude besitzt ein Innen- und Außen-Restaurant, Bar, Lounge und einen Curio Shop mit kleiner Auswahl an Lebensmitteln, Wanderkarten und Literatur. Des weiteren vorhanden sind ein Konferenz-Zentrum, Swimmingpool und Tennisplatz und bei den Chalets eine Honeymoon Suite.

Mike's Pass: Die Auffahrt mit einem 4x4-Privatwagen zum Mike's Pass kostet R50. Mit einer Kleingruppe im Wagen eines Rangers gleichfalls R50 (Minm. R200). Anmeldung bei der Rezeption.

Wanderungen: Achtung, schnelle Wetterumschwünge! *Mountain climbers* und *overnight hikers* müssen sich im Nature Conservation Office anmelden. Der Besuch der Felsenbilder mit einem lokalen Mountain Guide kostet R65 p.P. (R200 Minm.). Auch Träger können angeheuert werden. Weitere Details beim Nature Conservation Office oder auf www.kznwildlife.com.

Übernachten

Didima verfügt über 62 Zweibett-Luxury-Chalets und einige Mehrbett-Chalets (insgesamt 140 Betten). Alle haben außer TV und Kühlschrank einen Kaminfeuerplatz für die kühleren Monate. Gebündeltes Brennholz verkauft der Shop. Keine SC-Units!

Camp	Übernachten in …	Preis p.P.	Minm.-Pr.
Didima	28 2-Bett Chalets non-self-catering	R420	630
	34 2-Bett Chalets self catering	R460	R690
	2 4-Bett Chalets self catering	R460	R1380
	1 6-Bett Bungalow self catering	R460	R1840
	Dinner/ÜF Option auf Anfrage		
	1 Honeymoon suite		R1100
Cathedral Campground	30 Campsites mit Strom	R80	R120
	Overnight hiking	R40	R40

7 Drakensberge

**Camp-
ground und
Caves**

Der Cathedral-Campground befindet sich an einer Nebenstraße. 21 schattige Camping- & Caravan sites. Grillstellen, Feuerholz zum Kaufen. Sanitäranlagen mit heißen Duschen, jede Campergruppe bekommt einen Schlüssel dafür. Rezeption geöffnet 6–18 Uhr, freitags bis 21 Uhr.

Caves: in der Nähe gibt es 15 Übernachtungshöhlen (R70 p.P.), nur für Wanderer mit Reservierung. Zur Beachtung: Campingplatz und Höhlen sind meist für Wochen ausgebucht (Wochenenden und Hauptsaison), reserviere mindestens einen Monat im Voraus!

**Weitere
Unterkünfte**

Cathedral Peak Hotel. Zu diesem privaten Hotel innerhalb des KZN-Wildlife-Schutzgebiets führt eine separate Zufahrtsstraße, Tel. 036-4881888, Fax 4881889, www.cathedralpeak.co.za. Schöner kann ein (Familien-)Hotel kaum liegen! Bungalows und DZ, nur Halbpension. Kalte und geheizte Pools, Wanderungen und geführte Wanderausritte, Golf, Tennis, Forellen-Angeln, großes Kinder-Freizeitangebot etc. Hochzeitskapelle. Reservierung unbedingt erforderlich, etliche diverse *specials offers* rund ums Jahr über die Website.

Budget: ***Inkosana Lodge and Trekking,** siehe Monk's Cowl. Idealer Ausgangspunkt für Wanderungen.

Die erstaunlichen Felsbilder der San

Die Drakensberge können nicht nur mit eindrucksvollen Naturszenerien aufwarten, sondern auch mit kostbaren Kunstschätzen. Zwischen dem Royal Natal Nationalpark im Norden und Bushman's Nek im Süden wurden unter Felsüberhängen und in Höhlen witterungsgeschützt zahllose Felsmalereien der San gefunden, an bis dato etwa 500 bekannten Stellen rund 50.000 Einzelbilder. Ihre genaue Datierung ist schwierig, die ältesten dürften mindestens 800 Jahre alt sein (die allerältesten Felsbilder im südlichen Afrika in der Apollo 11-Höhle in Namibia sind 27.000 Jahre alt). Mit dem Aussterben der letzten San in den Drakensbergen Ende des 19. Jahrhunderts entstanden auch keine neuen Bilder mehr.

■ *Kein Original-Felsbild, die sind weniger farbintensiv*

Die **Motive** variieren nach Zeitalter und Umgebung. Vorwiegend wurden Menschen, Tiere und *Therianthropen* (Menschenkörper mit Tierköpfen) dargestellt, in den südlichen Drakensbergen aber auch Rinder, Schafe, Löwen, Hyänen, Elefanten, Warzenschweine, Schlangen und Nashörner. Meistdargestelltes Tier ist die **Elenantilope,** weil das massige Huftier mit seinen spießartigen und gedrehten Hörnern als das mächtigste aller Tiere galt. Es war jedoch in den Drakensbergen nicht überproportional verbreitet. Als im 19. Jahrhundert die Buren die Pässe der

Drakensberge überwunden hatten und der Weg nach Natal frei war, verewigten die San sie als Reiter mit Ochsenwagen und Pferden, hauptsächlich an Felswänden in den südlichen Drakensbergen. Die **Farben,** vorwiegend Rot, Gelb und Braun, gewannen die San aus eisenoxydhaltiger Erde und Ocker. Schwarz wurde aus verbranntem Holz und Weiß aus weißer Tonerde hergestellt. Sie zermahlten das Material zu Puder und mischten es mit Blut, Wasser oder tierischen Fetten. Mit Federn und Tierhaaren, kleinen Holzstücken oder einfach den Fingern wurden die Malereien ausgeführt.

Bemerkenswert an den **Motiven** ist, dass Landschafts- und Jagdszenen fast gänzlich fehlen. Dies wirft die Frage auf, was mit den Malereien ausgedrückt werden sollte. Ein Hauptaspekt liegt wohl in der religiösen Darstellung. Das wichtigste Ritual war der Tanz der Schamanen, jener Menschen, die sich durch Trance direkt mit Gott in Verbindung setzen konnten. Hierbei wurden Krankheiten geheilt, das Jagdglück beschworen oder Regen erfleht. Auch diente die Trance dazu, mit anderen über weite Entfernungen hinweg Kontakt aufzunehmen. In dem Zustand des Entrücktseins verschmolz man mit mächtigen Wesen der Natur, allen voran mit der Elenantilope, Sendbote für Wasser, Kraft und Überleben. Die Verbindung mit der „anderen Welt" begann im Magenbereich und setzte sich explosionsartig bis in den Kopfbereich fort. Die Schamanen malten die Bilder oft nach einem Ritual und sahen sich durch ihre Verwandlung in die Länge gezogen. Eine künstlerische Impression der Bewusstseinserweiterung, die in den Bildern durch die langgestreckte Darstellung von Personen Ausdruck findet, oft auch mit Hörnern und Hufen versehen.

Christine Philipp

Champagne Valley / Monk's Cowl/Mdedelelo

Ins **Champagne Valley** führt von Winterton, über das Info-Zentrum Thokozisa, die Straße R600. An ihrem Ende liegt *Monk's Cowl* bzw. das Wilderness-Gebiet *Mdedelelo,* das einen Besuch wert ist. Zum Übernachten gibt es im Champagne Valley reichlich schöne Unterkünfte, weshalb es hierher viele Touristen und Golfspieler zieht. Das nächstgelegene Hotel (etwa 1,5 km vor dem Gate zur KZN Wildlife Station) ist das *Champagne Castle Hotel.*

Angeblich begossen die ersten Bezwinger des 3377 Meter hohen *Champagne Castle* ihren erfolgreichen Aufstieg mit einer Flasche Champagner – daher der Name.

Ardmore Guest Farm & Ceramic Art Studio Bald nachdem Sie auf der R600 rechter Hand „The Nest Drakensberg Resort" passiert haben (ca. sieben Kilometer hinter Thokozisa-Kreuzung) kommt nach links die Abzweigung D275 die auf fünf Kilometern zu *Ardmore Guest Farm & Ceramic Art Studio* führt. Das anerkannte Keramikstudio ist ganzwöchig und ganztägig geöffnet. In umgebauten Stallungen arbeiten ungefähr 35 lokal beheimatete Zulu-Künstler und fertigen individuelle Keramikkunst. Ardmore ist der Sitz von **African Loom,** das handgefertigte Textilien herstellt (www.africanloom.co.za). Die Baumwolle wird von Hand gefärbt, gesponnen und auf dem afrikanischen Webstuhl gewoben. Aus den regenbogenfarbigen Stoffen werden Taschen, Kissen, Tischsets, Teppich etc. hergestellt. Alles sehr sehenswert.

7 Drakensberge

Vom Atelier sind es nur zwei Minuten zum **Gästehaus**. Für schönes Übernachten stehen dreierlei Unterkünfte zur Verfügung: Rondavel, Cottage, Guest House (max. 8–10 Gäste), inklusiv persönlichem Service der Gastgeber Sue & Paul Ross. Die köstliche Kochkunst nach guter südafrikanischer Tradition wird natürlich auf hauseigener Kunstkeramik serviert. Dinner (4-Gang-Menü), Farmhaus-Frühstück auf Veranda mit Gartenblick. ÜF ab R375 p.P. Tel. 036-4681314, Fax 4681241, Cell 083-7891314, www.ardmore.co.za.

Der besondere Tipp

Drakensberg Boys' Choir

Das Champagne Valley ist die Heimat des **Drakensberg Boys' Choir**. Auf dem großen Gelände dieser Internatsschule (Motto: „The mission of the Drakensberg Boys' Choir School is to prepare boys for life and leadership through excellence in music, academics, sport and social enrichment in a Christian environment") befindet sich das 600 Personen fassende moderne Auditorium, in dem Südafrikas singende Botschafter – der Kinder- und Jugendchor bereiste schon die ganze Welt – jeden Mittwochnachmittag um 15.30 Uhr, außer in den südafrikanischen Schulferien, öffentlich auftreten. Der Chor verfügt über ein großes Repertoire an Stücken und Liedern von klassisch über afrikanisch bis zu internationaler Folklore, Kirchenliedern, Jazz und Pop. Außerdem werden traditionelle Weihnachts- und Osterkonzerte dargeboten sowie das alljährliche große *Music in the Mountains Festival* Ende April/Anfang Mai.

Alle Termine auf der Website www.dbchoir.co.za, Infos auch unter Tel. 036-4681012, Fax 4681709, administration@dbchoir.co.za. Termine und Tickets auch auf www.computicket.com. Ticketpreis R75. Anfahrt: Über R600, vorbei am Abzweig zur Inkosana Lodge & Trekking, bald danach rechter Hand, ausgeschildert.

Monk's Cowl

Monk's Cowl ist ein 3234 Meter hoher Berg, dessen Gipfel der Spitze einer Mönchskutte gleicht und der zwischen den Gipfelplateaus von *Champagne Castle* (3377 m) und *Cathkin Peak* (3234 m) liegt. Der Cathkin Peak heißt bei den Zulu *Mdedelelo*. Auch noch von Injisuthi-Camp aus (s.u.) kann man diesen drei markanten Bergen, die zu den höchsten der Drakensberg zählen, „auf den Leib rücken".

Das Camp von *Ezemvelo KZN Wildlife* ist Ausgangspunkt zur 22.000 ha großen *Mdedelelo Wilderness Area* und Startpunkt vieler Wanderungen, die vor allem Vogelfreunden reiche Beobachtungsmöglichkeiten bieten: Bartgeier, Adler, Bussarde, Schwarzstörche, Sekretäre, Spechte und Kuckuck. Im Übrigen sind u.a. heimisch Elenantilopen, Ottern, Stachelschweine, Streifeniltisse, Schakale und Klippschliefer.

Wanderungen

Möglich sind *Day hikes* bzw. *Walks* von einer bis sechs Stunden Dauer von leicht bis anspruchsvoll. *Overnight hiking routes* führen tief in die Wälder und durch die Täler der Wilderness Area, zu diversen Höhlen, wie z.B. *Stable Cave* und *Zulu Cave,* zu *Rock pools* an Flüssen und bis hoch auf die Gipfel der Berge. Eine von diesen Rundwanderungen dauert 5 Tage. Achtung: Es sind keine offenen Feuer erlaubt, nur Gaskocher! Eintragung ins *Rescue Register* nicht vergessen.

Die schönste Tageswanderung führt zu *Blind Man's Corner (*ab hier Genehmigung erforderlich für den Aufstieg zum Sterkhorn, Cathkin Peak und Champagne Castle). Karte und Hinfahrgelegenheit auch von der *Inkosana Lodge* (s.u.).

Information Monk's Cowl Camp
Geöffnet Okt–März 6–19 Uhr, Apr–Sept 6–18 Uhr. Office: 8–12.30 u. 14–16.30 Uhr. Camp-Tel. 036-4681103, Fax 4681150, howella@kznwildlife.com. Check out 10 Uhr, Check in 14 Uhr. Eintritt R30, Kinder die Hälfte. Bush Reserve No 2: R15 plus *Guiding fee.* Curio Shop (8–16 Uhr), Imbisse beim Tea Garden, *Back Pack Picnics* vorbestellen. Nächster Versorgungsort ein guter Supermarkt in 10 km Entfernung und Winterton, 30 km. Weitere Details auf www.kznwildlife.com.

Unterkunft
Monk's Cowl hat offene Campsites mit einfachen Grillstellen (Feuerholz im Shop). Gemeinschaftliche Sanitärräume mit heißen Duschen. Zelte können in der Wilderness-Area aufgestellt werden. Übernachtungen in Höhlen auf Anfrage beim Parkranger.

Camp	Übernachten in …	Preis p.P.	Minimum
	20 Campsites m. Strom	R74	
	15 Campsites o. Strom	R64	
	Overnight hiking	R40	R40

Andere Unterkünfte im Champagne Valley
Budget und *Camping:* **Kelvin Grove Resort,** etwa 5 km hinter der Thokozisa-Kreuzung nach rechts in die DR277. Tel./Fax 036-4881652, www.kelvingrove-resort.co.za. Campsites, Wanderungen und Ausritte. SC-Cottages R150 p.P. • *Inkosana Lodge and Trekking,* von der Thokozisa-Kreuzung noch ca. 12 km, hinter der Abzweigung zum Drakensberg Sun *Hotel.* Tel./Fax 036-4681202, www.inkosana.co.za (m. Anfahrtskizze). Mehrbett- und DZ (Gemeinschaftsdusche), 2-Bett-Rondavel ab R200 p.P., Camping, kostenlose Baz Bus-Abholung in Winterton und Fahrgelegenheit zu den Wanderzielen. Pferde-Safaris, geführte Wanderungen und Autovermietung. Mit Abstand die beste Wanderunterkunft in Südafrika (u.a. bekommt man kompetente Auskünfte zu den umliegenden Destinationen von Ed). Frühstück und Abendessen ist möglich, ansonsten Selbstversorgung. Pool.

Touristic: **Cayley Lodge,** R600, etwa 5 km westlich von Thokozisa auf ein Schild nach rechts (Norden) achten: „Cayley Lodge, Bellpark Dam, Meadowsweet Herbs", Tel. 036-4681222, Fax 4681020. Eine komfortable, kleinere Lodge mit 3 TGCSA-Sternen über dem Bell Park Dam. Blick auf die Bergwelt, 34 Zimmer, Vollpension, engagierter Service, gutes Restaurant. Preise a.A. • **Cathkin Cottage B&B,** 1 Yellowwood Drive, Bergview. An Thokozisa-Kreuzung auf die R600 geradeaus für 12 km, nach dem Champagne Sports Resort nächste Straße rechts, nach 4 km, am Hotel Drakensberg Sun, geradeaus durch Schranke, dann links, Yellowwood Drive. Val Stanley, Tel. 036-4681513, Fax 4681500, Cell 082-4018672, www.cathkincottage.co.za (m. Anfahrtskizze). 3 TGCSA-Sterne, Gartenlage mit schönem Ausblick. Pool. Restaurants in der Nähe. DZ/F R270 p.P. • **Ardmore Guest Farm & Ceramic Art Studio,** s.o. • *Berghaven Self catering Cottages,* gleiche Anfahrt wie *Cathkin Cottage B&B*, gleich an der Abzweigstraße zum Drakensberg Sun. Tel. 036-4681212, www.berghaven.co.za (m. Anfahrtskizze). Schöne Ferienhäuser. Selbstversorgung, Supermarkt und Valley Bakery ganz in der Nähe. Ein-Schlafzimmer-Cottage R500.

Comfort: **Champagne Castle Hotel,** an der R600 kurz vorm Parkeingang, Tel. 036-4681063, Fax 4681306, www.champagnecastle.co.za. Schöne Lage,

7 Drakensberge

direkt an der Bergkette, 4 TGCSA-Sterne. Wellness Centre, geführte Wanderungen und Bergtouren, Reitausflüge. Spielplatz, Pool und eigenes Kinder-Restaurant. 47 Zimmer, Preise mit Vollpension, einschließlich Nachmittagstee, ab R735 p.P. • **Drakensberg Sun,** nach dem Champagne Sports Resort nächste Straße rechts, Tel. 036-4681000, Fax: 4681224, www.southernsun.com. Mit 78 Zimmern das größte Resort-Hotel im Champagne Valley, sehr komfortabel, geführte Wanderungen, Tennisplatz, Kanuverleih, Spielplatz, Pool etc. DZ mit HP mind. R1300. • **The Nest Drakensberg Resort,** an der R600, ca. 7 km hinter Thokozisa-Kreuzung, rechte Seite. Tel. 036-4681068, Fax 4681390, www.thenest.co.za. Das 1855 erbaute Hotel mit seinen 53 Zimmern ist mit das traditionsreichste in den Drakensbergen. Besonders schön sind die Mountain View-Zimmer. Tennis, Spielplatz, Reiten, Mountainbikes, Pool, sehr kinderfreundlich. Zimmerpreise mit Vollpension, ab R660 p.P.

Injisuthi

Injisuthi liegt zwischen Monk's Cowl im Norden und Giant's Castle im Süden und ist besonders bei Wanderern beliebt, die die Einsamkeit suchen. Von der Loskop Road (R10) führt eine 31 Kilometer lange, südwestliche Stichstraße durchs *Injisuthi Valley* und entlang des *Little uThukela Rivers (Injisuthi)* zum abgeschieden liegenden Injisuthi-Hutted-Camp von Ezemvelo KZN Wildlife. Es wird überragt von den Gipfeln des *Champagne Castle* (links, 3377 m), *Cathkin Peak* (rechts, 3181 m) und *Monk's Cowl* bzw. *Mdedelelo* (3234 m, Mitte). Das felsige Gelände bietet Blessböcken, Bleichböckchen und Duckern einen idealen Lebensraum und besonders wohl fühlt sich der wendige Klippspringer.

Insgesamt wurden **zehn Wanderwege** angelegt. Die geführte und interessante Wanderung zu den eindrucksvollen Buschmann-Malereien in der **Battle Cave** beginnt täglich um 8.30 Uhr an der Rezeption (Voranmeldung nötig) und dauert etwa ca. Stunden. Man wird mit etwa 750 Bildern in vielerlei Motiven belohnt. Weitere Wanderungen führen in die angrenzende Mdedelelo Wilderness Area mit drei Übernachtungshöhlen: *Lower Injisuthi Cave,* Marble Baths Cave und *Grindstone Cave*. Auch in Injisuthi gilt: Mit schnellem Wetterumschwung rechnen, vor längeren Wanderungen Eintragung ins Mountain Rescue Register erforderlich, kein offenes Feuer, nur Gaskocher.

Anfahrt: Von der N3 Ausfahrt Estcourt North (Exit 179) nehmen, R10 nach Nordwesten, an der Abzweigung „Grave of Gert Maritz" bzw. am Injisuthi-Wegweiser 31 Kilometer nach Südwesten fahren. Oder von der Thokozisa-Kreuzung ca. sieben Kilometer in südlicher Richtung fahren, dann am Injisuthi-Wegweiser links abbiegen.

Information Injisuthi   Geöffnet Okt–März 5–19 Uhr, Apr–Sept 6–18 Uhr. Office: 8–12.30 u. 14–16.30 Uhr. Distanz vom Gate zum Camp 5 km. Camp-Tel. 036-4317848, Fax 4317849. Check out 10 Uhr, Check in 14 Uhr. Eintritt R20, Kinder die Hälfte. Kleiner Curio Shop mit geringer Auswahl, nächster Versorgungsort Estcourt, 60 km. Weitere Details auf www.kznwildlife.com.

Unterkunft   Es gibt komplett ausgestattete 4-Bett-Chalets, eine Gruppen-Cabin und drei 2-Bett-Safarizelte. Alles reine Selbstversorgung. Elektrizität 17.30–22 Uhr. Vorhanden ist eine Coffee Bar und Lounge mit Satelliten-TV. Die offenen Campingplätze bieten Platz für max. 120 Personen, haben sanitäre Einrichtungen und warmes Wasser.

Die drei Übernachtungshöhlen sind ausschließlich für angemeldete Wanderer (alles mitbringen, inklusive einen Spaten für die Toilette).

Camp	Übernachten in …	Preis p.P.	Minimum
Injisuthi	15 4-Bett Chalets	R240	R720
	1 8-Bett Group cabin	R180	R720
	3 2-Bett Safari camp	R120	R180
	open Campsites (max.120 Pers.)	R65	R65
	Overnight hiking	R40	R40

Der besondere Tipp

Giant's Castle

Das 35.000 ha große Gebiet *Giant's Castle* wurde 1903 als *Game Reserve* eingerichtet, weil damals die Zahl der Elenantilopen in den Drakensbergen ständig sank. Einige 3000er, darunter das 3314 Meter hohe Massiv *Giant's Castle,* das „Schloss des Giganten", bilden

seine majestätische Kulisse. Heute leben hier wieder über 600 Elenantilopen und zehn weitere ihrer Art, außerdem Ducker, Ried- und Blessböcke, Klippspringer, Schirrantilopen und Bleichböckchen. Auch Paviane, Klippschliefer und Schakale erscheinen recht häufig. Zu den bedeutendsten Vögeln im Park zählen **Bartgeier** bzw. **Lammergeyer,** Felsen-, Kampf- und Kronenadler, Paradieskraniche, zahlreiche Eulenarten und Bussarde.

Grasland und grasüberzogene Hügel, die sich bis zu den Steilfelsen des Hochgebirges ziehen, prägen weite Teile des Schutzgebiets. Die tiefen Schluchten und Täler fallen bis zu 1300 Meter ab. Wasserfälle und steile Felsklippen sorgen für ständige Abwechslung. Ein Eldorado für Wanderer. Die Bäche und der Bushmans River führen Wasser von Trinkqualität, somit ist das Baden darin unbedenklich.

■ *Blick über das Giant's Castle Camp*

7 Drakensberge

Die Flora ist mit 800 Arten sehr vielfältig. Sie reicht von Wildblumen und Proteen in mittleren Lagen bis zu alpinem Bewuchs in den Hochlagen. Im Frühling blühen Orchideen, Iris und Lilien. Vermissen Sie nicht das **Main Caves Bushman Museum.**

Anfahrt   **Von Norde**n auf der N3 kommend Exit 179 nehmen (Estcourt North), nach Estcourt rein, über die Philipps- und Harding Street bis zur 3. Ampelkreuzung, dort nach links in die Connor Street, die zur Richmond Road wird (R29), nördlich vorbei am Wagendrift Dam. Zwischenziel ist *Ntabamhlope.* Dort Richtung Süden abbiegen und in *Mahlutshini* Richtung Westen (bis dahin ist die Strecke nicht immer übersichtlich; insgesamt 65 km).

Von der N3 **von Durban** kommend: Ausfahrt Mooi River (Exit 143 oder 146), durch die Stadt nach Westen und den Giant's-Castle-Schildern folgen, 64 km.

Main Caves Bushman Museum

Vom Giant's Castle Camp kann man eine schöne Kurzwanderung zu ehemaligen San-Stätten mit Malereien unter Felsüberhängen machen, denn neben der *Battle Cave* von Injisuthi und den Felsmalereien des *Game Pass Shelter* von Kamberg zeigen die Main Caves die schönsten Beispiele der San-Felsenmalkunst in den Drakensbergen. Die Wanderung ist die No. 1 im Wanderangebot des Camps und kostet pro Person R25.

Der etwa 2,5 km lange Weg vom Camp weg ist ausgeschildert, eine Strecke dauert etwa 45 Minuten. Man benötigt wegen der Wegmarkierungen keinen Führer, sollte es aber so einrichten, dass man zwischen 9 und 15 Uhr zur vollen Stunde an der Pforte des abgezäunten Gebiets ankommt wo dann ein Wächter erscheint und aufschließt. Zu sehen sind beim unteren Felsüberhang eine Kleingruppe lebensgroß modellierter San an ihrer Lager- und Wohnstätte und beim oberen Überhang über 400 bestens konservierte Felszeichnungen. Erklärungstafeln vor Ort. Der Rückweg führt runter zum Bachtal und trifft dann wieder auf den Anmarschpfad.

■ *Die Main Cave mit San-Familie*

„Hol's der Geier…"

Am *Lammergeyer Hide* (Lämmergeier-Horst) werden von Mai bis September jeden Samstag- und Sonntagmorgen Fleisch und Knochen für die mächtigen Bartgeier ausgelegt. Anlass gaben Farmer aus der Umgebung, die behaupten, dass diese imposanten Vögel junge Lämmer rissen. Obwohl dies nicht zutreffend ist – Lämmergeier ernähren sich nur gerne von Knochen –, legen sie bis heute vergiftete Köder aus, die den Bestand der seit selten gewordenen und natürlich geschützten Tiere gefährden. Lämmer- bzw. Bartgeier verdanken ihren Namen ihren schwarzen Gesichtsfedern, die an einen Bart erinnern. Ihre Flügelspannweite ist mit 2,60 Meter gewaltig und im Sturzflug können sie bis zu 230 km/h beschleunigen.

Sechs Besucher werden mit einem Fahrzeug hinbefördert (Abfahrt 7.30 Uhr an der Rezeption), müssen aber zu Fuß zum Camp zurückgehen. Vorausbuchung übers Camp Office ist immer notwendig, Kostenpunkt R 170, Minm. R510, Tel. 036-3533718.

Tageswanderungen

Zu den leichteren der sechs Kurzwanderungen gehören die drei Rundwege *River Walk 1* (3 km), *River Walk 2* (4,5 km) und *Bergview Walk* (5 km). Auf letzterem hat man einen der schönsten Ausblicke über die Drakensberge. Tipp: Trail entgegengesetzt laufen. Dann ist die Aussicht auf die Berge schöner!

Zusätzlich gibt es 13 längere Wanderwege. Beliebt sind *Giant's Hut Trail* (19 km Rundwanderweg), *Langalibalele Pass Trail* (27 km Rundwanderweg) und *World's View Trail* (14 km). Bei längeren Wanderungen muss man sich im Mountain Rescue Register eintragen (bei der Rezeption). Da nicht immer alle Wege geöffnet sind (nach Regenfällen und im Winter), vor Wanderbeginn Auskünfte einholen. Gute Bergschuhe erforderlich.

Broschüren mit allen Wandermöglichkeiten und Wegbeschreibungen sowie wichtige Informationen gibt es an der Rezeption.

Weitere mögliche Aktivitäten

Bitte Details nachfolgender Programmpunkte bei der Rezeption erfragen: Forellenfischen. Geführte *Cultural Tour* zur lokalen *amaHlubi Community*. Cultural Zulu Dance and Song Events. *Champagne breakfasts, barbecues & sundowners* beim *Lammergeyer Hide*. Eisklettern im Winter. Mountainbiking auf der 75 Kilometer langen *Mountain Bike Challenge Route* alljährlich im letzten Sonntag im April, Vorbuchung unter Tel. 033-3432660.

Information Giant's Castle

Geöffnet Okt–März 5–19 Uhr (Fr bis 20 Uhr), Apr–Sept 6–18 Uhr (Fr bis 19 Uhr). Office und Shop 8–16.30 Uhr, So 8–16 Uhr. Distanz vom Gate zum Camp: 7 km (es liegt auf 1750 Meter Höhe). Camp-Tel. 036-3533718 (nach Dienstschluss 076-5454520), Fax 3533775. Check out 10 Uhr, Check in 14 Uhr. Eintritt R25, Kinder die Hälfte. Der Shop ist recht gut sortiert: Proviant, Souvenirs, Literatur, Karten. Nächster Versorgungsort Estcourt oder Mooi River, jeweils 65 km entfernt. Das Izimbali-**Restaurant** mit Aussichtsterrasse hat eine gute Weinkarte. Außerdem ein Pub. Für Selbstversorger gibt es vor den Unterkünften Grillstellen. Weitere Details auf www.kznwildlife.com.

Unterkunft

Insgesamt können im Camp 120 Personen unterkommen, auch eine etwas abgelegene Honeymoon-Unit („Bride's Bush", No. 8) kann bezogen werden. Alle Chalets sind voll ausgestattet und haben Feuerstellen und -holz für die kälteren Monate. Die *Rock Lodge* über dem Bushmans River ist ein kleines Konferenzzentrum. Es gibt keine Campingmöglichkeit.

Mountain Huts: Drei Berghütten auf 2200 Meter Höhe, in 3–5 Stunden-Wanderung erreichbar: Giant's Hut, Bannerman's Hut und Meander (Centenary)

7 Drakensberge

Hut; Stockbetten mit Matratzen R35–70 p.P. plus R30 Wandergebühr. Verpflegung, Kochgeschirr und Schlafsäcke mitbringen. Zur Beachtung: Im Sommer treten plötzlich Gewitter auf, die oft von Nebelbänken begleitet werden; im Winter herrschen extreme Minustemperaturen, die man bei der Ausrüstungsauswahl unbedingt beachten sollte!

Camp	Übernachten in …	Preis p.P.	Minimum
Giant's Camp	1 6-Bett Lodge	R520	R1560
	12 2-Bett Chalets, Gartenlage	R360	R540
	23 2-Bett Chalets m. Mountain-View	R400	R600
	2 4-Bett Chalets mit Mountain-View	R400	R1200
	1 4-Bett Chalet, Gartenlage	R360	R1080
	3 6-Bett Chalets mit Mountain-View	R400	R1600
	1 Honeymoon suite		R800
Bannerman's Hut	1 8-Bett Mountain hut	R45	R45
Overnight hiking im Camp buchen, Tel. 036-3533718		R40	R40

Camping: Außerhalb bei der **White Mountain Lodge,** an der Park-Zufahrtstraße, ca. 1 h vom Park, Tel./Fax 036-3533437, www.whitemountain.co.za, ino@whitemountain.co.za. Falls Giant's Castle einmal ausgebucht sein sollte, kann man hier auch gut übernachten. Es gibt vollausgestattete Chalets mit 2–6 Betten, SC oder VP. Viele Outdoor-Sportmöglichkeiten, Pool und Restaurant. Außerdem findet auf dieser von Farmland umgebenen Lodge Ende September alljährlich das **große White Mountain Folk Festival statt.**

Weiterer Übernachtungs-Tipp, jedoch gleichfalls ca. eine Stunde vom Parkeingang entfernt: ***Drakensberg International Backpackers Lodge,** Grace Valley, 21 Highmoor Road, Tel. 033-2637241, wildchild@telkomsa.net. Shuttle vom Wimpy in Mooi River. Mehrbett- und DZ in einem riedgedeckten, großen Farmhaus, Camping, ab R70 p.P. Umgeben von Bergen idealer Ausgangspunkt für Ausflüge und Wanderungen, die die Leute dort organisieren (L. Bennett). Prima Küche, lockere Atmosphäre. *Anfahrt von Mooi River:* R103 bis nach Rosetta, dort auf den Kamberg-Abzweig, 30 km. Nach 30 km den Highmoor-Abzweig nehmen, für 3,5 km, dort ist ein Schild: „Grace Valley & Drakensberg International Backpackers". Kurvige letzte Strecke mit Schlaglöchern. Die Backpackers Lodge kann auch als Unterkunft für das **Highmoor Nature Reserve** dienen.

Hlatikulu Crane Sanctuary

Auf dem Weg Richtung Süden zu den Nature-Reserves *Highmoor* und *Kamberg* passiert man die Zufahrt D11 zum **Hlatikulu Crane Sanctuary,** einem Kranich-Zentrum mit allen drei südafrikanischen Arten, die hier sowohl in Aufzucht als auch in freier Wildbahn gehalten werden. Der gefährdete *Blue Crane* ist Südafrikas Nationalvogel. Erklärende Führungen durch das Personal ist möglich, Anmeldung Tel. 033-2632441, Cell 082-8049270.

Das Sanctuary ist die Basis von *Entabeni* („Environmental communications & education and Eco-tourism services"), auf deren Website www.enviroed.co.za steht alles übers Hlatikulu Crane Sanctuary.

Highmoor

Highmoor ist ein Teil der *Mkhomazi Wilderness Area* mit seltenen Arten der Pflanzen- und Tierwelt. Es liegt zwischen Giant's Castle im Norden und Kamberg im Süden und man erreicht es auf der elf Kilometer langen *Highmoor Road* auf dem Weg nach Kamberg. Einige Dämme mit Forellenbesatz ziehen besonders Fly fisher an (R65 p.P.).

Das hochgelegene und in die Natur integrierte Camp wird von Ezemvelo KZN Wildlife verwaltet und bietet 7 Campsites mit Sanitäranlagen (R50). Gate ganzjährig geöffnet 6–18 Uhr, Office 8–12.30 u. 13–16.30 Uhr. Camp-Tel. 033-2677240, Eintritt R20. Zwei Höhlen, *Aasvoelkrantz* und *Caracal,* sind für Gruppen geeignet. Nur mit Führer kann man einige hervorragende Felszeichnungsstellen in der Gegend besuchen.

Southern Drakensberg

Die südlichen Drakensberge erstrecken sich von Kamberg im Norden bis Garden Castle im Süden. Subregionen sind *Mkhomazi Wilderness Area, Lotheni Nature Reserve* und *Sani Pass Valley.* Im Vorland sind Himeville und Underberg gute Ausgangsorte. Der südliche Grenzübergang nach Lesotho heißt *Bushman's Nek* (keine Fahrzeuge!), der auch End- bzw. Startpunkt des *Giant's Cup Hiking Trail* ist (s.u.).

Hauptattraktionen: Die südlichen Drakensberge bieten gleichfalls zahllose Naturschönheiten. Es ist ein wildes Gebiet mit abwechslungsreicher Topografie, Gebirgs- und Forellenbächen und zahlreichen Felsüberhängen, geschmückt mit der Bildkunst der San. Die friedvoll-ländliche Szenerie am Fuße des Drakensberg-Massivs überragen imponierende Gipfel und mächtige Sandsteinformationen. Eine Besonderheit ist die Strecke und die Tour hoch zum **Sani Pass,** auf dem man in KwaZulu-Natals westliches Nachbarland *Lesotho* gelangt.

Kamberg

Von der R28 führt in Richtung Westen eine sechs Kilometer lange Stichstrecke. Das Gebiet am Fuße der Drakensberge präsentiert sich prachtvoll, offenes Grasland wird durchzogen von Flüssen und es gibt Forellendämme. In der Gegend befindet sich außerdem die Forellenaufzuchtstation von Ezemvelo KwaZulu-Natal Wildlife, Forellen wurden ursprünglich von schottischen Siedlern 1889 in die Midlands eingeführt.

Einige Wanderungen unterschiedlicher Länge und Übernachtungs-Wanderungen *(overnight hikes)* führen an Wasserläufen entlang, zu Wasserfällen, über Hügel und durch Grasland bis zu Aussichtspunkten, von denen man die Gipfel von Giant's Castle sieht. Der vier Kilometer lange *Mooi River Trail* wurde für Behinderte ausgebaut und ist leicht begehbar. Unter 200 Vogelarten findet man die gefährdeten Klunkerkraniche, die in Feuchtgebieten brüten. Auch Bergriedböcke, Elenantilopen, Weißschwanz-Gnus, Bleichböckchen und Kuhantilopen sind zu sichten.

Möglich ist, das ganze Jahr hindurch, Forellenangeln bzw. Fly-fishing sowohl in den Dämmen als auch im Mooi River. Drei Picknickplätze laden zum Ausruhen ein.

7 Drakensberge

Anfahrt von der N3: von Süden Exit 132 – R103 Nottingham Road – Rosetta, dort Kamberg-Schilder. Von Norden Exit 146 Mooi River – Rosetta.

Game Pass Shelter / Rock Art Centre
Eine Besonderheit von Kamberg sind seine großartigen Buschmannzeichnungen. Die polychromen Bilder und Zeichnungen lieferten Wissenschaftlern zum ersten Mal den Schlüssel zum Knacken des Interpretierungs-Codes. Der Weg zu ihnen am *Game Pass Shelter* dauert 2,5–3 Stunden und ist nur möglich mit einem Guide und vorheriger Anmeldung (Telefon oder Fax 033-2637251 oder kamberg@kznwildlife.com). Abmarsch normalerweise um 8 und 11 Uhr und zwischen 12.30 und 13 Uhr. Im Camp informiert zuvor das San Rock Art Interpretation Centre mittels einer DVD-Vorführung über die Felsenbilder und verschafft Einblicke in diese vergangene Welt.

Information
Geöffnet Okt–März 5–19 Uhr, Apr–Sept 6–18 Uhr. Office: 8 (So 9)–11.30 und 14(So 14.30)–15.30 Uhr. Distanz vom Gate zum Camp 500 m. Camp-Tel. 033-2677312, Fax 5901039. Check out 10 Uhr, Check in 14 Uhr. Eintritt R25 (nach 12 Uhr R15), Kinder die Hälfte. Kleiner Laden und Take Away. Nächster Versorgungsort Mooi River, 40 km. Wanderungen mit Übernachtungen müssen beim Camp Officer-in-charge reserviert und bezahlt werden. Weitere Details auf www.kznwildlife.com.
Informative, private **Kamberg-Website** mit vielen Unterkünften, Tipps und Services: www.kambergtourism.co.za

Unterkunft
Insgesamt können 24 Personen in zwei Camps unterkommen, die 2-Bett Chalets sind hochwertig ausgestattet. Keine Campingmöglichkeit. Das Stillerus Camp liegt 8 km außerhalb des Hauptcamps (Gehzeit 4 h). Dort nur Selbstversorgung, Bettwäsche mitbringen.

Camp	Übernachten in …	Preis p.P.	Minimum
Kamberg	1 6-Bett Chalet	R170	R680
	5 2-Bett Chalet	R250	R375
Stillerus	1 8-Bett Rustic Cottage	R115	R460
	Overnight hiking	R40	R40

Mkhomazi

Südlich von Kamberg umfährt die Schotterstraße in einem Bogen die Ausläufer der Wilderness Area *Mkhomazi,* eines der am wenigsten erschlossenen Gebiete des uKhahlamba Drakensberg Parks (Schild beachten). Charakterisierend sind zahlreiche Hochland-Feuchtgebiete, tiefe Schluchten und prärieartiges Grasland mit einer großen Varietät an Flora und Fauna. Im *Mkhomazi State Forest* ergeben sich bei gutem Wetter eindrucksvolle Ausblicke auf *Rhino's Horn* (3051 m), auf die beiden Gipfel von *Hodgson's Mountain* (3244 m und 3229 m) und die Sicht auf den *Thabana-Ntlenyana* (3482 m) in Lesotho.

Ezemvelo KZN Wildlife bietet Freunden der Einsamkeit Übernachtungsmöglichkeiten in Höhlen an. Die *Cyprus Cave* liegt 4 Wanderkilometer vom KZN Wildlife Office, hat Wasser und kann bis sechs Personen aufnehmen, *Sinclair's Shelter* liegt schwierige zwölf Kilometer entfernt, in ihr können gleichfalls bis zu sechs Personen nächtigen. Officer-in-charge ist derzeit Mr. Alverton Phungula, Tel. 033-2666444, Cell 072-512 0926. Weitere Details auf www.kznwildlife.com.

Nach der Brücke über dem Nzinga River führt von der T-Junction *Lower Lotheni* nach rechts bzw. westlich eine 14 Kilometer lange Stichstrecke zum Nature-Reserve *Lotheni*

Lotheni

Lotheni gehört zu den Höhepunkten der südlichen Drakensberge! Vom atmosphärisch schön gelegenen Camp erkundet man die Natur auf Wanderwegen und Klettersteigen oder auch per Mountainbike auf dem acht Kilometer langen *Gelib Tree Mountain Bike Trail*, kann Elenantilopen, Riedböcke, Paviane, Schwarzstörche, Felsenadler, Kapgeier und Lannerfalken sehen. Im kristallklaren Lotheni River ist Schwimmen erlaubt (außer bei Überflutung). Der beste Badeplatz liegt einen Kilometer vom Hauptcamp. Das *Settlers' Museum* besteht aus Häusern aus der Zeit der frühen Siedler. Außerdem ist Lotheni bekannt für gutes Forellenangeln.

Von den fünf Wanderwegen wird besonders der zwölf Kilometer lange und gut markierte *Emadundwini Trail* empfohlen. Die kürzesten sind *Jacobs Ladder Trail* (2 km) und *Gelib Tree Trail* (1,3 km). Broschüren aller Wanderwege an der Rezeption.

Anfahrt: von der **südlichen N3** Exit 99 Howick, dann auf der R617 Richtung Westen über Bulwer. Von Underberg 50 km Richtung Norden. Von der **nördlichen N3** über Nottingham Road nach Südwesten.

Information Geöffnet Okt–März 5–19 Uhr, Apr–Sept 6–18 Uhr. Office: 8–12.30 u. 14–16.30 Uhr. Distanz vom Gate zum Camp: 4 km. Camp-Tel. 033-7020540, Fax 7020540. Check out 10 Uhr, Check in 14 Uhr. Eintritt R20, Kinder die Hälfte. Curio Shop mit Büchern, schönen Souvenirs, nur wenig Nahrungsmittel, nächster Versorgungsort Underberg, 50 km. Weitere Details auf www.kznwildlife.com.

Zur Beachtung: Wanderbroschüren an der Rezeption erhältlich. Wanderungen von mehr als 4 Stunden dem diensthabenden Ranger mitteilen. Wetterschläge, Blitzschlag! Warme Kleidung zu jeder Jahreszeit unbedingt mitführen.

Unterkunft Die Chalets sind vollausgestattet, auch mit Gasofen. Alles ausschließlich Self catering. Das Simes Cottage erfordert Bettwäsche und Gaslampen. Der schön

7 Drakensberge

gelegene Camping- & Caravanplatz befindet sich 2 km vom Hauptcamp, gute sanitäre Einrichtungen, warmes Wasser, Grillplätze. Feuerholz ist erhältlich.

Camp	Übernachten in …	Preis p.P.	Minimum
	2 6-Bett Chalets	R240	R960
	12 3-Bett Chalets	R180	R360
Simes Cottage	1 10-Bett Rustic cottage	R190	R1330
	14 Campsites	R60	R120
	Overnight hiking	R40	R40

Vergelegen

16 Kilometer südlich der T-Junction *Lower Lotheni* und 17 Kilometer nördlich von Himeville führt gleichfalls nach Westen eine 15 Kilometer lange Stichstrecke zum Nature-Reserve *Vergelegen*. Es liegt auf 1500 Meter Höhe in zerklüfteter Landschaft mit tiefen Tälern und steilen Hängen am Ufer des uMkhomazi River. Den pittoresken Hintergrund bildet der *Thabana-Ntlenyana* in Lesotho, mit 3482 Metern der höchste Berg im südlichen Afrika. Vom Camp mit einfachem Campingplatz starten Bergwanderwege, auf denen man Elenantilopen, Riedböcke, Schakale und Mangusten trifft. Gutes Forellenfischen in Flüssen.

Information/ Unterkunft Eintritt R20, Overnight hiking R40. Camp-Tel. 033-7020712. Alles weitere bei KZN Wildlife, Tel. 033-8451000, Fax 033-8451001, www.kznwildlife.com, bookings@kznwildlife.com.

Sani Pass Road

Drei Kilometer nördlich von Himeville zweigt Richtung Westen die **Sani Pass Road** ab. Der 1955 eröffnete Sani Pass ist die einzige Straßenverbindung zwischen KwaZulu-Natal und Ost-Lesotho. Die Bergstrecke, die zu den spektakulärsten Südafrikas gehört, windet sich auf einer Länge von 35 Kilometern und mit einer Höhendifferenz von 1200 Metern hinauf zum höchsten Straßenpass Südafrikas auf 2874 Meter Höhe. Die Spitzkehren sind teilweise atemberaubend steil, verlangen von einem Fahrer eiserne Nerven. Auf den letzten sechs Kilometern bezwingt die Holperpiste 1000 Meter Höhenunterschied, und in Schattenlagen kann es selbst im Sommer noch Eisfelder geben. Die Aussicht von oben ist bei klarem Wetter spektakulär, in der zerklüfteten Felslandschaft liegt tief unten das Tal des Mkhomazana River. Bei Regenwetter ist für die Strecke unbedingt ein 4x4-Wagen erforderlich, aber auch bei Trockenheit setzen scharfe Gesteinsbrocken den Reifen arg zu. Hinter dem *Sani Pass Hotel* wird es sehr holprig und steil. Eine Streckenverbesserung ist im Gange. Auch in den Sommermonatengibt es unverhoffte Schneefälle.

In früheren Zeiten nutzte man den Gebirgspass zum Transport von Wolle, Mohair und anderen Produkten auf Packtieren. Das erste Auto schaffte die Überquerung nach Lesotho 1948.

Beachten Sie müssen Ihren Reisepass mitnehmen, da kurz vor Sani Top die lesothosche Grenze passiert wird. Der südafrikanische Grenzposten liegt auf

1900 Meter Höhe und befindet sich am Fuß des Passes, wo gleichfalls der Reisepass vorgelegt werden muss bevor man sich auf den Weg nach oben machen darf. Die Grenzstelle ist täglich von 8 bis 16 Uhr geöffnet. **Mit einem normalen Pkw dürfen Sie nur bis zum südafrikanischen Grenzposten fahren,** so verkünden Schilder bereits weiter unten. Einen 4x4-Wagen mit Chauffeur in Anspruch zu nehmen lohnt schon deshalb, um sich nicht anderthalb Stunden lang auf Kurven, Steigungen und Gegenverkehr konzentrieren zu müssen (Bergauffahrende haben Vorfahrt!).

4-WD-Fahrten können vom *Sani Pass Hotel* aus unternommen, in Himeville bei *Sani Tours* gebucht werden (Tel./Fax 033-7021069) oder in Underberg bei *Sani Pass Tours* (Tel. 033-7011064). **Eine Sani Pass Tour muss beizeiten vorgebucht werden!**

Sani Top   In **Sani Top,** einer kleinen Lesotho-Ansiedlung, gibt es dann zur Belohnung im einfachen Gästehaus *Sani Top Chalet* mit dem höchstgelegenen Pub Afrikas das „höchste" Bier und natürlich T-Shirts mit Sani-Pass-Aufdruck. Für Rucksackler gibt es beim *Sani Top Backpacker* einfache Schlafzimmer mit Stockbetten (im Winter friert das Wasser ein!). Auch Camping auf freier Wiese am Rande des Dorfes möglich. Tagesausflügler können sich mit einfachen Gerichten für die Rückfahrt stärken. (*Sani Top Chalet,* Tel./Fax 033-7021069, www.sanitopchalet.co.za, Dinner+ÜF R375 p.P., Backpacker R100.)

Von Sani Top führt die Straße weiter über das gipfelumkränzte Hochplateau der *Sani Flats,* steigt bis auf 3250 Meter am Kotisepola Pass an und führt dann hinab nach Mokhotlong, einem schmucken Lesotho-Dorf. In dieser Region fallen die Temperaturen im Winter bis in tiefe Minusgrade, entsprechend abgehärtet sind die einheimischen Basotho.

Wanderungen   Vom Sani Pass Hotel und der Sani Lodge – hier gibt es die besten Infos und werden geführte Touren angeboten, nach der Zulu-Tour fragen – kann man in kleineren und größeren Wanderungen, auch mit Übernachtungsmöglichkeiten, die Gegend mit ihren Wasserfällen und interessanten Buschmann-Malereien erkunden.

Unterkunft   *Budget:* ***Sani Lodge,** vom Beginn der Sani Pass Road 10,5 km, links. Russell and Simone Suchet, Tel. 033-7020330, Fax 086-5147915, Cell 083-5661997, www.sanilodge.co.za, info@sanilodge.co.za. Gute Info-Stelle für Traveller. Mit Giant's Cup Café und Curio Shop, der Wanderkarten der Region und von Lesotho verkauft. Mehrbett- und DZ, Rondavels, Camping (R50 p.P), Selbstversorgung oder Frühstück/Abendessen. Transport von Kokstad und Pietermaritzburg. Super Aussicht, Aromatherapie, Freizeitprogramm. Idealer Ausgangspunkt für Wanderungen (Trail Head des *Giant's Cup Hiking Trail*) und für Trips nach Lesotho.

Touristic: **Sani Pass Hotel,** an der Sani Pass Road, ca. 1 km hinter der Sani Lodge (Höhenlage 1566 m), Tel./Fax 033-7021320, www.sanipasshotel.co.za. Komfortable Cottages oder Zimmer im Haupthaus, nur Halbpension. Gute Küche, großer Pool. Quad Bike-Touren. DZ-Cottage R590 p.P., Standard-Zimmer R670 p.P.

Comfort: ***Sani Valley Lodge,** 9,5 km vom Beginn der Sani Pass Road plus 3 km links ab (ausgeschildert), Tel./Fax 033-7020203, www.sanivalley.co.za. 8 exquisite, voll eingerichtete Zwei- und Mehrbett-Lodges für Selbstversorger (R495 p.P.) am Lifton Lake. Reiten, kostenlose Kanus, Forellenangeln, Wanderungen. Auch Dinner+ÜF, ab R750 p.P. im DZ.

7 Drakensberge

Giant's Cup Hiking Trail

Der *Giant's Cup Hiking Trail,* der einzig ausgewiesene Fernwanderweg in den Drakensbergen, ist die ultimative Erfahrung für Drakensberg-Wanderer. Der Trail führt an der Kulisse der Drakensberg-Vorberge entlang von der Sani Pass Road nach Bushman's Nek im Süden. Er liegt fast vollständig in den Gebieten von Cobham und Garden Castle. Die Sani Lodge (s.o.) hat Infos und Karten. Da in der Saison häufig ausgebucht – nur eine limitierte Personenzahl ist zugelassen – rechtzeitig buchen. Kein Rundwanderweg, deshalb auch gleich den Rücktransport organisieren (Sani Pass Carriers, Tel. 033-7011017). Trail-Auskunft und Karten außerdem in den Offices von Cobham und Garden Castle.

Startpunkt bzw. nördlicher *Trail Head* ist direkt an der Sani Lodge, andere Startpunkte sind Cobham Office oder Swiman Hut (Garden Castle).

Dauer: **5 Tage mit 4 Übernachtungen** in rustikalen Trail-Huts (Zelten nicht gestattet). Streckenlänge 60 km, gute Kondition erforderlich, obwohl nicht als schwierig eingestuft. Gekürzter Trail auf Anfrage.

1. Tag: Sani Pass – Pholela Hut (Cobham, 14 km); 2. Tag Pholela Hut – Mzimkulwana Hut (Cobham, 9 km); 3. Tag: Mzimkulwana Hut – Winterhoek Hut (Garden Castle, 12 km); 4. Tag: Winterhoek Hut – Swiman Hut (Garden Castle, 13 km); 5. Tag: Swiman Hut – Bushman's Nek Hut (12 km). Zur Beachtung: Das ganze Jahr über ist mit unvorhersehbaren Wettereinbrüchen zu rechnen!

Information   Anfragen und rechtzeitige Vorbuchung ausschließlich bei KZN Wildlife, Reservations Officer, P.O.Box 13069, Cascades 3202, Tel. 033-8451000, Fax 8451001, Information-Tel. 033-8451002, bookings@kznwildlife.com. R60 p.P. pro Nacht. Schlafsäcke, Proviant, Lampe und Kocher mitbringen. Weitere Infos und genauer Routenverlauf auf www.kznwildlife.com.

Himeville

Ein schöner Ferienort, 1500 Meter hoch gelegen mit guter touristischer Infrastruktur, der um das von 1896–99 erbaute kleine Fort herum zu wachsen begann. Das Fort ist heute das **Himeville Museum.** Es liegt im Zentrum gegenüber des Himeville Hotels und war von 1902 bis 1972 Gefängnis. Heute ein *National Monument,* das die lokale Geschichte der Gegend als kunterbunte und umfangreiche Sammlung präsentiert. Der Außenbereich zeigt landwirtschaftliche und andere Geräte, die Räume im Innern historische Exponate: Fossilien, alte Fotos, Militaria von den Anglo-Burenkriegen, Haushaltsgerät, Bekleidung, Schul- und Postraum, Gefängniszelle, eine Kollektion San-Artefakte und die Zeit der ersten weißen Siedler, die um 1880 in die Gegend kamen. *Arbuckle Street, Di–So 9–12.30 Uhr, Tel. 033-7021184.*

Die **Himeville Old Residency,** Ecke Arbuckle und Clayton Streets, wurde 1898 erbaut und ist seit dieser Zeit Sitz des Magistrats und heute gleichfalls ein National Monument.

Am östlichen Stadtrand liegt das kleine **Himeville Nature Reserve,** dominiert von zwei großen Stauseen mit Forellenbesatz und einer kleinen Herde von Blessböcken und Wildebeest. Gut für Picknick und Braai. Eintritt R10 p.P.

Mit das beste **Essen** im gesamten Umkreis bietet das Restaurant im ***Moorcroft Manor,** Reservierung erforderlich, Tel. 033-7021967.

Unterkunft   *Touristic:* **Ripon Country Cottage,** 7 km außerhalb Richtung Lotheni, Edmund & Erika Smith (dt.-spr.), Tel. 033-7021154, www.riponcottage.com, ripon@futurenet.co.za. ÜF in renoviertem Farmhaus, auch Selbstverpflegung, originell.
• **The Himeville Arms Hotel,** Main Street, Tel. 033-7021305, www.himevillehotel.co.za. Günstig-gemütliches Landhotel, *old English charme* von 1904, Restaurant, Grill und Pub, Ausflüge zum Sani Pass, Aktivitäten-Programm. DZ/F R310 p.P., Backpacker Room R150/Bett.
Comfort: **Moorcroft Manor,** 2 km nördlich außerhalb Richtung Sani Pass, linker Hand, Tel. 033-7021967, Fax 7021973, www.moorcroft.co.za. Exklusives Landhotel mit 8 DZ, ÜF R450 p.P. Schöne Lage in Parklandschaft. Felsenpool.
Camping: Himeville Nature Reserve, 10 Plätze, R40 p.P., Tel. 033-7020007.

Cobham

Cobham westlich von Himeville gilt als authentisches Wildnisgebiet mit zerklüfteten Bergen, Wasserfällen und tiefen Schluchten. Bekannt ist das Gebiet bei Naturfreunden für die Wanderwege und Übernachtungen in Höhlen. Sie sind in 3–5 Stunden erreichbar. Pferde können gemietet werden. Also hochinteressant für Abenteuerlustige. Auch kleinere Wanderungen bieten spektakuläre Blicke auf den Sani Pass. Die *Mpongweni Cave* wurde wegen ihrer vielen interessanten Felsmalereien bereits 1979 zu einem *National Monument* erklärt.

Anfahrt: Im Süden von Himeville von der R315 in die nach Westen führende Schotterstrecke D7 einbiegen (ausgeschildert). Ab da sind es noch 14 km bis zum Gate.

Information   Geöffnet Okt–März 5–19 Uhr, Apr–Sept 6–18 Uhr. Office: 7.30–13 u. 14–16.30 Uhr. Distanz vom Gate zum Camp: 0,5 km. Camp-Tel. 033-7020831, Fax 7020831. Check um 10 Uhr, Check in 14 Uhr. Eintritt R20, Kinder die Hälfte. Kleiner, wenig sortierter Shop mit Grill-Utensilien, Holz und Holzkohle (ratsam, Proviant und Getränke mitzubringen). Nächste Versorgungsorte Himeville/Underberg, 15 km. Weitere Details auf www.kznwildlife.com.

Zur Beachtung: Warme Kleidung, auch in den Sommermonaten, unbedingt notwendig! Vor einer Wanderung – ab 3 Personen gestattet – ist es Vorschrift, das Formular des *Mountain Rescue Registers* auszufüllen und sich nach Rückkunft wieder abzumelden (etwaige Kosten einer Suchaktion fallen sonst zu Lasten der Besucher). Feuermachen in der Wildnis und in den Höhlen verboten. Im Pholela River unterhalb des Campingplatzes darf geschwommen werden.

Unterkunft   Rustikaler Campingplatz (Sanitäranlagen und heiße Duschen vorhanden) mit 20 *open sites,* d.h., man kann sein Zelt oder Campmobil überall im ausgewiesenen Bereich hinstellen. Reservierung direkt im Park, auch für die Höhlenübernachtungen. Die 2x30 Betten in der *Pholela Hut,* noch ein altes, originales Farmhaus, sind in erster Linie für Giant's Cup Trail-Wanderer v (s.o., „Giant's Cup Hiking Trail") und müssen bei KZN Wildlife direkt gebucht werden.

Camp	Übernachten in …	Preis p.P.	Minimum
	20 open Campsites (heiße Duschen)	R46	R92
	Overnight hiking	R40	R40
Giant's Cup Hiking Trail	2 30-Bett Hütten, *Pholela* und *Mzimkulwana*	R60	R30

7 Drakensberge

Underberg

Das kleine Underberg, das bestimmt nichts mit dem gleichnamigen Magenbitter zu tun hat, liegt am Fuße der südlichen Drakensberge und ist ein guter Ausgangspunkt für Exkursionen zu den umliegenden Zielen und zur **Sani Pass Road.** Ost-West-Durchgangstraße ist die R617, die von der N3 kommt und vier Kilometer westlich des Orts bei der T-Junction nach **Garden Castle** Richtung Süden abbiegt zu den Zielen Swartberg – Kokstad – N2. Garden Castle mit dem großen Hotel *Drakensberg Gardens,* 35 Kilometer westlich von Underberg, ist das Ziel vieler. Aus dem Ort Richtung Norden nach Himeville und weiter an den Ausläufern der Drakensberge entlang führt die R315.

Um das **Clocktower Centre** an der *Old Main Road* (s. Holzgalgen mit „i"- und anderen Werbeschildern) konzentrieren sich Läden, Restaurants, Banken, Veranstalterbüros für Sani-Pass-Touren usw. Dort ist auch die Touristen Information *Southern Berg Escape,* und bei WC Books kann man Landkarten der Region kaufen. Linker Hand liegt – wenn man aus Richtung Himeville kommt – **The Grind Café** mit gutem Essen und richtig frischer Pizza in freundlichem Ambiente.

Internet: NUD Entertainment, Old Main Rd, neben SPAR. Die *First National Bank* ist dort in Sichtweite. Adresse für Autopanne: *Underberg Auto Electrical,* 12 Main Road, Tel. 033-7011318 (24-h-Service).

■ *Einfahrt nach Underberg*

Besuchen / ansehen / erleben

Duck & Dolittle Restaurant, 1 km von der R617 an der Drakensberg Gardens Road. *Arts, Crafts & Gifts, Animal farm for children.* • **Underberg Cheesery,** 2 km auf der Drakensberg Gardens Road. Einkaufen/Zusehen bei der Käse- und Joghurtherstellung. Mo–Sa 9–16.30 Uhr, So –13 Uhr. • **Pucketty Farm,** 2 km außerhalb an der R617 Richtung Pietermaritzburg. Frische Farmprodukte, selbstgebackenes Brot, geräucherte Forellen, Kaffee etc.

In Underberg findet **eines der größten alljährlichen Musical-Festivals** von KwaZulu-Natal statt, und zwar das **Splashy Fen** über die Osterfeiertage an der Straße nach Garden Castle, 20 km westlich.

Touren	Schöne Tagestour zum **Sani Pass** und Überlandfahrten nach Lesotho bietet *Thaba Tours & 4x4 Adventures,* Clocktower Centre, Main Road, Tel. 033-7012888, Tel./Fax 7012333, Cell 083-3535958, www.thaba-tours.co.za. – Auch *Sani Pass Tours,* Village Mall, Tel. 033-7011064, www.sanitours.co.za, hat einen Sani Pass Day Trip zum Sani Top Chalet im Programm (9.30–16.30 Uhr, R370), sowie Lesotho-Touren. Außerdem *Guided Hiking Rock Art* (R520) und Unterkunftsvermittlung. – *Major Adventures Underberg,* Tel. 033-7011628, www.majoradventures.com; zahlreiche kurze und lange Touren, natürlich auch Sani Pass, Office im Hotel Underberg Inn, Old Main Road, Tel. 033-7011412.

Interessant ist eine geführte Tour zur **Reichenau Mission,** einer 1886 auf Einladung von Chief Sakhayedwa von deutschen Trappistenmönchen gegründeten Missionsstation. Sie liegt am Ufer des Pholela River, ca. 15 Kilometer von Underberg an der R617. Es gibt da noch eine alte Kirche aus der Zeit und eine Mühle, von der es in steilen Stufen zum Wasserfall am Pholela River runtergeht. Bei der Führung wird außerdem das über 100 Jahre alte Zuludorf *Emakholweni* besucht (Tel. 033-7012946, reichenaukzn@hotmail.com).

Reiten *Khotso Horse Trails* an der Garden-Castle-Straße (nach der Abzweigung nach sechs Kilometern rechts, ausgeschildert) sind ein echter Tipp für Pferdefreunde. Auf gesunden Basotho-Pferden geht es für Anfänger und Könner durch die schöne Panoramalandschaft der Drakensberge, entlang idyllischer Flüsschen und unberührter Seen. Übernachtung in Ronda-vels und Log Cabins, auch für Backpacker, ab R90 p.P. Selbstverpflegung, großes Aktivitäten-Programm, außerdem Sani Pass Trip. Tel./Fax 033-7011502, Cell 082-4125540, www.khotsotrails.co.za.

Information Für Underberg, Himeville und Sani Pass: *Tourist Information Southern Berg Escape,* 7 Clock Tower Centre, Underberg, Main Road, Tel. 033-7011471, Cell 082-4668246, Fax 7011471, www.drakensberg.org (www.sanisaunter.com), info@drakensberg.org, Mo–Fr 9–16 Uhr, Sa 9–12.30 Uhr. Auskunft über Freizeit- und Outdooraktivitäten und sonstige touristische Möglichkeiten in der Gegend inklusiv geführter Wanderungen zu San Rock Art-Stätten. Zahlreiche Unterkunfts-Angebote.

Unterkunft Entlang der Drakensberg Gardens Road finden sich zahlreiche Lodges und B&Bs.

Budget: ***Montague Farm,** 6 km außerhalb, der Beschilderung „Drakensberg Gardens Resort" folgen, nach 2 km linker Hand, Tel. 033-7011396, www.montaguefarm.co.za. Zwei wunderschöne Cottages auf idyllischer Farm (für 2–3 und 4–5 Personen). Selbstverpflegung, super Frühstück. Der Besitzer Dave bietet günstige und interessante Touren auf den Sani Pass an. Preise a.A. • **Rocky Mountain Lodge,** R617 Richtung Swartberg, rechter Hand, Beschilderung folgen, Tel./Fax 033-7011676, www.rockylodge.com. Urig, Lodge im Blockhausstil und Steinhäuser, günstig für mehrere Personen. Selbstverpflegung, R160 p.P.

Weitere Übernachtungsmöglichkeiten, besonders Self catering Country Retreats und Farmstays, auf www.hideaways.co.za, Tel. 033-3431217.

Touristic: **Elgin Bed & Breakfast,** 4 km auf der R617 Richtung Swartberg, dann rechts abbiegen in die Drakensberg Gardens Road, noch 2 km, Tel./Fax 033-7011918, Ian & Jeannine Bonsma, Cell 082-8831627, www.elginholiday-farm.co.za. Sehr gepflegtes, schönes Haus, 4 nette DZ, herzliche Gastgeber, frisches Landfrühstück, DZ/F etwa R350 p.P., SC im Log Cabin R150 p.P. • **Eagle's Rock, Mountain Retreat,** gleichfalls an der Drakensberg Gardens

7 Drakensberge

Road, 3,7 km, Tel. 033-7011757, www.eaglesrock.co.za. B&B und SC, 4 Chalets auf einem Bergplateau in herrlicher Lage. Ab R210 p.P. • ***Penwarn Country Lodges,** R617 Richtung Swartberg, dann nach rechts Richtung Bushman's Nek, Bruce & Peta Parker, Tel. 033-7011777, Cell 083-3053009, Fax 7011341, www.penwarn.co.za. Zwei sehr schöne, auf einem Hügel mit traumhafter Aussicht gelegene Lodges auf Farm mit Restaurant. Gutes Aktivitäten-Programm, wie Ausritte, 4x4-Touren, Forellenangeln u.v.m. Ab R600 p.P., SC Log Cabin R230 p.P., auch VP. Tagesbesucher willkommen (R80 p.P.).

Garden Castle

Namensgeber für das südlichste und von KZN-Wildlife verwaltete große Gebiet *Garden Castle* war ein mächtiger Sandsteinvorsprung, der mehr als 600 Meter über dem Mlambonja River Valley aufragt. Das 35.000 ha große Gebiet inkorporiert das schöne **Bushman's Nek Valley** (s.u.). Charakteristisch sind zahlreiche Sandstein-Massive in ungewöhnlichen Formen, dominierend ist der 3051 m hohe *Rhino Peak*. Unter Überhängen und in Höhlen entdeckte man viele Felszeichnungen.

In der Vogelwelt gibt es Felsenadler, Sekretäre, Felsenbussarde und Hagedasch-Ibis, der anhand seiner braunen Gefiederfärbung leicht von seinen Verwandten, den Roten Sichlern, unterscheidbar ist. Auf Wanderungen sieht man, besonders in den frühen Morgenstunden oder abends, Elen- und Schirrantilopen, Bergriedböcke, Streifeniltisse, Falbkatzen und jede Menge Klippschliefer und Paviane.

Anfahrt: Von der N3 und N2 (Süden) auf der R617 nach Underberg, 4 km westlich des Orts zweigt die Straße MR317 ab, von da 35 km zum Hotel Drakensberg Gardens und weiter zum Reserve.

■ *Blick über Garden Castle*

Wanderungen
Garden Castle hat fünf ausgewiesene Wanderwege (teils zu Höhlen) durch einzigartige Landschaften. Der herrliche *Rhino Peak Hike* ist 18 Kilometer lang, startet auf 1840 Metern, geht auf 3051 Meter Höhe und ist mit 8–10 Stunden Dauer eine echte Herausforderung an die Kondition!

Hidden Valley ist gleichfalls eine Tageswanderung von 18 Kilometern. *Three Pools* ist 9 Kilometer lang und führt zu drei Pools und zum Champagne Pool. Beschreibungen aller Trails beim Office. Zur Beachtung: Alle Wanderer die vorhaben, auf ihrer Wanderung zu übernachten, müssen das Formular des Mountain Rescue Registers ausfüllen.

Die *Winterhoek-* und *Swiman Hut* dienen Teilnehmern des Giant's Cup-Wanderwegs zum Übernachten. Die Swiman Hut kann auch separat gebucht werden.

Information Garden Castle   Geöffnet Okt–März 5–19 Uhr, Apr–Sept 6–18 Uhr. Main Office: 8–13 u. 14–16 Uhr. Distanz vom Gate zum Camp: 1 km. Camp-Tel. 033-7011823, Fax 7011186. Check out 10 Uhr, Check in 14 Uhr. Eintritt R20, Kinder die Hälfte. Laden (8–13 u. 14–16 Uhr) verkauft Getränke, Feuerholz, Proviant etc., nächster Versorgungsort Underberg, 38 km. Weitere Details auf www.kznwildlife.com.

Unterkunft   **Camp:** Die Hermit Wood Campsite im Mlambonja River Valley mit Sicht auf den *Garden Castle Peak* im Süden und auf den majestätischen *Rhino Peak* im Norden hat 10 schön gelegene Plätze, gemeinschaftliche (rustikale) Sanitäranlagen, heiße Duschen und Grillplätze. Kein Strom, aber Gaskühlschrank. Außerhalb des Platzes darf nicht gezeltet werden. Gebühr ist nach Ankunft im nahe gelegenen Office zu bezahlen. Der Platz ist nicht eingezäunt, es kann also (nächtlichen) Besuch von Elands oder anderen Tieren geben.

Höhlen: In einigen Höhlen kann man nach Voranmeldung übernachten, alles mitbringen, Feuermachen nicht erlaubt.

Camp	Übernachten in …	Preis p.P.	Minimum
	Overnight hiking	R40	R40
Giant's Cup Hiking Trail	3 30-Bett Wanderweg-Hütten	R60	R60
Hermits Wood	10 Campsites	R46	R23

Unterkünfte Außerhalb   Die große Anlage **Drakensberg Gardens Hotel** & Leisure Resort liegt kurz vor dem Nature Reserve, Tel. 031-3374222, Fax 3682322, www.goodersonleisure.com. Schön gelegene (Familien-)Ferienanlage, Hotel- und Chaletzimmer, Strohdach-Bungalows (alles etwas in die Jahre gekommen), Restaurant, Bar, Reiten, Golf, Tennis, Spa, Freizeit-, Kinder- und Aktivprogramme, Caravan-Park usw. Drei Zimmerkategorien, Standard ÜF 480 p.P im DZ, Dinner (Büffet) plus R110.

An der Zufahrtsstraße zum Garden Castle Nature Reserve gibt es noch vier, fünf weitere Cottages, Resorts und B&Bs. Ein Beispiel:

Touristic: ***Lake Naverone,** etwa 4 km vor dem Drakensberg Gardens Hotel respektive 30 km westlich von Underberg, Tel. 033-7011236, Fax 7011289, www.lakenaverone.co.za. Die 19 idyllisch am See gelegene Stein-Cottages bieten Platz für 2–12 Personen. Voll ausgestattet für Selbstversorgung, viele Outdoor-Aktivitäten wie Wandern, Forellenangeln, Mountainbiking, Reiten etc. Preise abhängig nach Cottage-Größe und Saison, s. Website.

7 Drakensberge

Bushman's Nek

Bushman's Nek ist 38 Kilometer von Underberg entfernt und ist mit Sani Pass der zweite Grenzpunkt KwaZulu-Natals mit Lesotho. Vom südafrikanischen Grenzposten gelangt man nur über Wanderwege und Reitpfade zum *Sehlabathebe National Park* in Lesotho.

Die *Bushman's Nek Hut* ist der End- bzw. Startpunkt des Giant's Cup Hiking Trail und außerdem eine gute Basis um die Gegend zu erkunden. Sie kann bei KZN-Wildlife auch separat vom Giant's Cup Hiking Trail gebucht werden.

Coleford Nature Reserve

Das 1272 ha große Areal des *Coleford Nature Reserve* wurde 1948 gegründet und stand bis zu seiner Privatisierung unter Verwaltung von KZN Wildlife. Es liegt auf dem ehemaligen Gelände der Farmen Coleford und Sunnyside, südlich wird es vom Ngwangwana River begrenzt. Als um 1914 Farmer Forellen in die Flüsse und in fünf Staudämme einsetzten, konnten sie nicht ahnen, damit die Hauptattraktion des Reserves geschaffen zu haben. Doch nicht nur Angler zog es schon immer hierher, auch Familien, für die die reiche Flora und Fauna ein schönes Erholungsziel darstellt. Es gibt wunderbare Wanderwege durch Proteenfelder, Gras- und Buschland mit Ried-, Reh- und Blessböcken, Oribis, Kuhantilopen, Gnus und eine reichen Vogelwelt. Außerdem Afrikanische Wildkatzen und Großflecken-Ginsterkatzen, Mungos und Schakale. Das Management hat die Tel.-Nr. 033-7011982 für Informationen über Fischen, Unterkunft und Versorgung.

Anfahrt: Von Underberg auf der R617 Richtung Osten 3 km, dann Abzweig Richtung Süden auf einer 27 km langen Schotterstraße.

Die **Coleford Lodge** gleich beim Coleford Nature Reserve offeriert Unterkunft in 6 schönen steinernen Cottages diverser Größe und Ausstattung mit VP oder SC (Preis a.A.). Im VP-Preis sind inbegriffen Kaffee und Tee, TV, Pool, Jacuzzi, Trampolin. *Horse riding* und *Fly fishing* kostet extra. Anfahrt: Von Underberg auf der R617 Richtung Kokstad, nach 25 km am Coleford Lodge-Hinweisschild links rein, noch 5 km auf Gravel Road. Tel. 033-7019004, Cell 083-2273794, Fax 086-5128484, coleford@telkomsa.net, www.colefordlodge.co.za.

8. Midlands

Überblick

Als **Midlands** (oder „Natal Midlands") wird die Region zwischen den Hängen der Drakensberge im Westen bis zum beginnenden Abbruch des Küstenlandes bezeichnet. Nach Norden zu bildet die Straße R74 in etwa die Grenze. „Midlands" bezieht sich dabei auf die Höhenlage zwischen 600–1500 Metern mit dem Vorteil eines gemäßigten, angenehmen Klimas. Sanftwellige Graslandschaften wechseln sich ab mit Forstregionen, Seen, Wasserfällen und Milchvieh-Farmen – über weite Strecken eine richtige Allgäu-Anmutung. Das durch regelmäßige Niederschläge fruchtbare Farmland durchzieht eine nicht geringe Anzahl Flüsse: *Buffalo River, uMgeni, Mooi, uThukela, Karkloof, Mooi* und *uMkhomazi* sind die größten. Jene mit Quellen in den Drakensbergen führen kristallklares Wasser und sind ein Eldorado für Forellenangler und für *Fly fishing*. Zu zahlreichen Seen aufgestaut stellen die Flüsse die Wasserversorgung für Stadt und Land sicher. Angelegte Naturparks um diese Seen herum vergrößern das bereits schon große Angebot der Freizeit- und Erholungsmöglichkeiten der Region.

Künstler und Kunsthandwerker und all jene, die ein geruhsames Leben schätzen, zog es schon immer in die malerischen Midlands. Bereits 1985 taten sich zwischen Howick und Mooi River einige Künstler und Ateliers zusammen und gründeten die Tourismus-Route **„Midlands Meander"**, der heute mehr als 230 Unterkünfte und Kleinunternehmen aller Art angehören und die sich zur touristischen Hauptattraktion der Midlands entwickelte – eine richtige Erfolgsstory! Tipp vorab: Planen Sie für die Route entlang der R103 genügend Zeit ein!

Der größte Teil der heutigen Städte und Dörfer – die Midlands sind relativ schwach besiedelt – wurde im 19. Jahrhundert von britischen Farmern und Siedlern gegründet, aber auch etliche von Deutschen, wie z.B. *Wartburg, New Hanover* oder *Hermannsburg* (Vorgeschichte s.S. 57). Nach wie vor dominiert in den Midlands die britische Lebenskultur.

Das Angebot an **Unterkünften** ist, besonders entlang der wichtigsten Straße der Provinz, der N3 nach Johannesburg, sehr groß. Sie haben die Qual der Wahl, können unterkommen in kleinen, persönlich geführten Bed&Breakfasts und Gästehäusern, in idyllisch gelegenen Landhotels, komfortablen Lodges oder auch mal in einem luxuriösen Spa-Resort mit umfassenden Angeboten. Die Unterkünfte in den staatlichen **Nature Reserves** verwaltet wie üblich KZN-Wildlife (Ezemvelo). Dort kommt man am günstigsten, aber keinesfalls am schlechtesten unter. Die größte Stadt der Midlands und **Hauptstadt von KwaZulu-Natal** ist **Pietermaritzburg** mit einigen interessanten historischen Reminiszenzen.

Reisezeit   Jederzeit. November bis Februar ist Sommerzeit, 26–31 °C, milde Nächte. Januar und Februar häufige Niederschläge. März bis Mai: Herbstwarme Tage, 20–28 °C, moderate Nächte, wenig Niederschläge. Juni bis August: milde Winter, 8–16 °C, doch kalte Nächte, in manchen unter Null, und auch Schneefall. September bis Oktober: Frühlingshafte Temperaturen, 12–20 °C, verbreitet Wind, Nebel und Niesel. Fazit: Das Wetter kann schnell umschlagen, immer Jacke griffbereit haben – und Sonnencreme!

Websites   www.midlands-meander.com • www.midlandsmeander.co.za

Tourist-Route „Midlands Meander"

Dies ist Südafrikas Premium *Country Route* mit dem dichtesten Angebot an Unterkünften und Restaurant auf einer Strecke von weniger als 60 Kilometern zwischen Mooi River und Howick im Süden. Entlang der R103 gibt es Dutzende kleine Gästehäuser, gemütliche Restaurants und Landgasthöfe, *Art Galleries* & *Crafts Studios,* Bio- und Naturkostläden, Shops für Antiquitäten und Africana-Kunsthandwerk, Töpfereien, Käsereien und Gärtnereien, exklusive Lodges sowie Einrichtungen für Kinder und Naturgebiete für Wanderungen und Outdoor-Sport.

Damit Sie sich das Beste und für Sie Passende heraussuchen können, benötigen Sie das großformatige **Magazin „Midlands Meander"**. Dort finden Sie alles beschrieben und abgebildet und auf einer Karte mittels eines Nummernsystems verortet. Das Heft bekommen Sie bei allen Midlands Meander-Teilnehmern und an zwei Info-Stellen an der R103: Im Norden gleich bei der N3-Ausfahrt „Mooi Toll Plaza" zur R103 „Midlands Meander Woza Woza Tourism Centre", und in der Mitte im zentralen Ort der Route in Nottingham Road bei „Nottingham Road Tourism".

■ *Kunstschaffende leben gerne in den Midlands*

Dort können Sie sich persönlich beraten lassen. Von Süden her anfahrend kann man sich das Heft bei der Tourist Information in Howick besorgen. Die Internet-Seite **www.midlands-meander.com** informiert auch über kleinere Dinge. Überdies gibt es eine MM-Helpline, Tel. 082-2310042. Das Reservation-Telefon hat die Nummer 076-1631942.

Das MM-Logo ist der Schmetterling *Karkloof Blue.* Ab und zu finden entlang der Route *Local Events* oder *Creative Festivals* statt, fragen Sie nach. **Nachfolgend wird die Tour von Nord nach Süd beschrieben.**

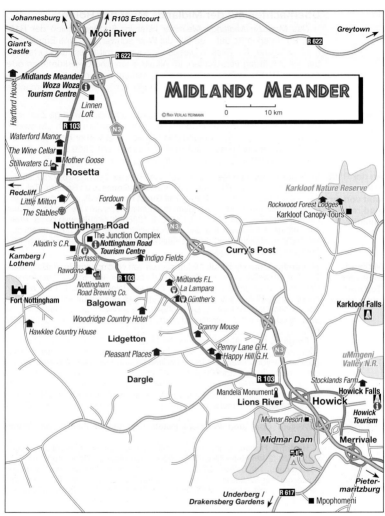

Tourist-Route „The Amble"	„The Amble" – sinngemäß: gemütliches Umherreisen – ist bei weitem nicht so touristisch bedeutend wie Midlands Meander. Die Route deckt das Gebiet von Pietermaritzburg auf der R33 nach Greytown ab einschließlich R74 bis Muden/Kranskop sowie die Umgebung von Wartburg, wo Ortsnamen wie Harburg, New Hanover oder Schroeders an deutsche Einwanderer erinnern. Symbol der Route ist der Fischadler. Weitere Infos zu „The Amble" auf www.theamble.com, oder Tel. 033-5690010.

Übernachten auf der Midlands Meander-Route

Das Magazin *Midlands Meander* listet im Einzugsbereich der R103 über 90 Unterkünfte auf – da fällt die Wahl schwer, und eine Empfehlung noch schwerer. Ein Blick in dieses Verzeichnis mit Preis- und Ortsangaben kann Klärung verschaffen. Im Allgemeinen sind Unterkünfte an oder nahe der R103 weniger preiswert als Unterkünfte ein paar Kilometer links und rechts davon in ländlicher Umgebung. Am günstigsten übernachtet man in Self catering-Unterkünften.

Preise

Fast jede Unterkunft verfügt nicht nur über verschiedenwertige Zimmer in unterschiedlichen Preiskategorien, es gibt außerdem noch „Midweek" oder „Weekend"-Tarife. Erkundigen Sie sich also vorher bzw. prüfen Sie diesbezüglich die „Rates" auf den Webseiten. Mit 2009 stiegen wegen der Fußball-WM in Durban die Übernachtungspreise kräftig an.

An der R103 oder nicht weit von ihr sind relativ günstig:

Stillwaters Guest Lodge, Kamberg Road, Rosetta, Tel. 033-2677280, stillwaters@futurenet.co.za, R100–300 p.P. • **Mother Goose** (s.u., Rosetta), Tel. 033-2677021. • *Südliche R103:* **Happy Hill Guest House,** südl. von Lidgetton bzw. 9 km nördlich von Lions River (beim gleichfalls moderaten **Penny Lane Guest House,** s.u.), Tel. 033-2344380, Cell 072-1228036, hhill@mweb.co.za, Preise auf Anfrage. • **Pleasant Places,** s. bei Howick. Oder es berät Sie diesbezüglich Midlands Meander an der Info-Stelle „Junction" und reserviert auch. MM-Auskunft Tel. 082-2310042.

Midlands Meander – Top end Unterkünfte

Woodridge Country Hotel, 10 km südlich von Nottingham Road (Balgowan), Tel. 033-2344423, www.woodridge-estate.com. Ein vier-Sterne Country-style Retreat, 5 Luxus *garden cottages* mit Blick ins Balgowan-Tal und auf Wasserspiele sowie 10 *luxury double rooms.* Superbes Restaurant mit Aussichtsterrasse – *fine food, fine wines.* Der Coffee Shop serviert frisch Italienisches, der *Soap shop* verkauft die eigenproduzierte Naturkosmetika. Dinner+ÜF ab R500 p.P.

Fordoun, Nottingham Road, an der Straße vom N3-Exit 132 nach Nottingham Road, Tel. 033-2666217, www.fordoun.com. Spa-Anwesen der Spitzenklasse mit Hydrotherapien (sieben Behandlungsräume), neun Therapeuten und einem *traditional doctor,* Elliott Ndlovu, der mit seinem *healing plant garden* die positive Energie Afrikas mit ins Spiel bringt. Geheiztes Indoor-Schwimmbad, Sauna, Floatation Pool – muss ein Traum für Frauen sein. Das Restaurant bietet gleichfalls fantastische Gerichte. *Deluxe* und *Luxury rooms,* DZ/F ab R1520.

Weitere **Spa- und Wellness-Hotels** sind **Indigo Fields** und **Granny Mouse,** s.u.

Hartford House, Mooi River, Hlatikulu Road (westlich Richtung Giant's Castle, ca. 2 km hinter Mooi River links in die Hlatikulu Road, nach ca. 5 km nach rechts), Tel. 033-2632713, www.hartford.co.za. Sehr schönes ländliches Anwesen, mit Wellness Center und einem Top-Restaurant, das schon alle möglichen *food awards* abräumte – „KZN's No 1 Fine-dining Restaurant" preist es sich. 14 Luxus-Suiten, die günstigste kostet R760 p.P.

Slow food statt Fast food

Außer den Spitzenrestaurants in den drei oben genannten Unterkünften gibt es in der R103-Region natürlich auch günstige Coffee Shops, Tea Gardens, Country Pubs oder Wine Cellars. Die Auswahl an Selbstproduziertem ist riesig: Früchte, Gemüse, Käse, Marmelade, Honig, dunkles Brot, frischgefangener Fisch, Bier, Kuchen und vieles mehr. Achten Sie bei Eigenversorgung auf Farm Stalls mit täglich frischen Produkten. „Home made health food" heißt die Devise. Ende April gibt es sogar ein 10 Tage dauerndes „Slow Food Festival".

Mooi River

Mooi River („Schöner Fluss" auf afrikaans) an der N3 und am Ufer des gleichnamigen Flusses hat touristische Bedeutung durch seine Nähe zu den Drakensbergen. Lokale Geschichte, mit Schwerpunkt auf Landwirtschaft, zeigt das *Rhode House Museum* (Ecke Athlone Road/Claughton Terrace; Mo, Di, Fr 10–12.30 Uhr, Do 15–16.30 Uhr, Tel. 033-2631221). Ein Raum des kleinen Hauses zeigt die Geschichte des britischen Militär-Hospitals in Mooi River am Beginn des Anglo-Buren Kriegs 1899. Im Country Club kann man Golf, Tennis und Squash spielen. Gutes Restaurant. Blick auf das Polo-Feld.

Unterkunft *Touristic:* **Oatesdale House,** Tel./Fax 033-3632733. 12 Zimmer, Kolonialgebäude, Abendessen bei Kerzenlicht. – **Sierra Ranch,** 16 km außerhalb auf der R622 Richtung Greytown, Tel. 033-2631073, www.sierraranch.co.za. Familien-Farmferien-Resort. Zimmer, Cottages, Chalets und ein günstiges Bunkhouse. Viele Freizeitmöglichkeiten. Preise a.A.

Budget: **Argyle Hotel,** Tel. 033-2631106, Fax 2631201. Gemütlich, klein, Old English Pub und Restaurant.

Weiterfahrt Auf der R103 südlich kommt nach Mooi River links der R103 das **Midlands Meander Woza Woza Tourism Centre.** Gleich danach führt links eine Zufahrt zu **Linen Loft,** eine Verkaufsausstellung von (Leinen-)Textilien und Websachen sowie anderen schönen Dingen in einem architektonisch bemerkenswerten alten Gebäude. Gegenüber ist das ***Loft Café** mit hausgemachten Kuchen und Sahnetorten und einem Teegarten (tgl. 9–16 Uhr). Hinter Linen Loft befindet sich das *Greenfields Manor House & Grill.* Auf der R103 nach Rosetta passiert man folgende Unterkünfte und Dinge (jeweils Auswahl):

Waterford Manor: B&B und SC-Unterkünfte in einem 10 ha großen Anwesen mit Zugang zum Mooi River, Tel. 033-2677034, www.waterfordmanor.co.za. B&B R290 p.P., SC R290 p.P. • **The Wine Cellar:** keinen Wein mehr für den Abend? Hier in großer Auswahl erhältlich. • **Mother Goose:** kinderfreundliche Tierfarm mit Tee-Garten, Ponyreiten und Trampolin. • Südlich von Rosetta liegt nach dem D146-Abzweig rechts die **Marrakesh Cheese Farm** mit großer Auswahl an Käsesorten. • **Little Milton** ist ein stilvolles, riedgedecktes 4-TGCSA-Sterne Gästehaus, Tel. 033-2677007, ÜF ab 260 p.P.

The Stables Wine Estate

„In vino veritas" heißt es in Südafrika nun auch in KwaZulu-Natal. Das Pionier-Weingut *The Stables* konnte seit seiner Gründung 2004 mit seinen Weinen und gegen die starke Konkurrenz vom Kap bereits mehrfach Preise einheimsen. An- und ausgebaut werden *Sauvignon Blanc, Chardonnay, Pinot Noir, Pinotage, Shiraz, Cabernet Sauvignon, Cabernet Franc* und *Merlot.*

Für Weinproben, Imbisse oder Picknicks in informeller Atmosphäre ist der *Tasting room* täglich von 10 bis 17 Uhr geöffnet. Für R20 können fünf verschiedene Rebsorten verkostet werden (in der Lapa in Nähe der Weinfelder). Zum Preis von R20 bis R60 gibt es Light lunches und Tapa-Picknicks, bestehend aus lokalen Spezialitäten wie Parmaschinken, Biltong, *trokenworst,* Käsesorten, Oliven u.a. schmackhaften Kleinigkeiten mehr, die alle perfekt zum Stables-Weinsortiment passen.

Wo Wein wächst, wird auch gefeiert: *Grape Crushing Festival* Ende März, *Winter solstice* am 21 Juni, *Vine Budding Festival* Ende September, *Blues Festival* Ende November.

Anfahrt: R103 zwischen Rosetta und Nottingham Road, von Rosetta kommend nach der Unterkunft Little Milton, rechte Seite. Auskunft Tel. 033-2666781, www.stableswine.co.za

■ *Herbst in den Midlands*

Nottingham Road

Die kleine Stadt westlich der N3 an der R103 verdankt ihren Namen dem Nottinghamshire Regiment, das als erste Garnison das Fort Nottingham bezog. Es war Ausgangsbasis für den Krieg gegen die Khoisan in den Drakensbergen und gegen die amaHlubi unter ihrem Führer Langalibalele (Langalibalele-Aufstand 1873). Die Ruinen des Forts, 15 km südwestlich gelegen, können besichtigt werden.

Heute ist Nottingham Road das gemütliche Zentrum des Midlands Meander. Die Info-Stelle „Nottingham Road Tourism" befindet sich bei *The Junction,* Old Gowrie Post Office/Gowrie Complex (Mo–Do 8–16 Uhr, Sa 8–17 Uhr, So 9–13 Uhr, Tel. 033-2666308, notts@bundunet.com). – Lust auf einen Imbiss, Nachtisch, Kaffee, Tee oder Kuchen? **Alladin's Country Restaurant & Coffee Shop** ist ein Ort zum Wohlfühlen. Angeschlossen sind ein Farm Stall und eine Töpferei mit Kunsthandwerksladen (Glasarbeiten u.a.). Zu finden im Zentrum gleich beim SPAR-Laden. Von *The Junction* führt auch die Zubringerstraße zur N3, an ihr findet man das oben erwähnte Luxus-Spa *Fordoun.*

Unterkunft

Comfort: **Hawklee Country House,** 13 km außerhalb. Richtung Fort Nottingham fahren, links in eine Gravel Road. Tel. 033-2666008, www.hawklee.co.za. Landhaus am Lions River, urgemütliche Chalets, gute Küche. Preis a.A.

Camping: Caravan Park **Glenshielding,** ca. 3 km ab Zentrum und 2 km nach Brauerei an der Straße R103 Richtung Howick. Gepflegter und liebevoll geführer kleiner Platz an einem Fischteich. Rasenstellplätze, sehr sauber, sehr freundlich, ruhig und idyllisch. R60 p.P.

Weiter auf der R103

Die R103 südlich weiterfahrend können Sie alsbald (rechts) im österreichisch angehauchten **Bierfassl** deftig essen – auf der Karte steht „Bratwurst, Weißwurst, Knackwurst, Bernerwurst, Jägerschnitzel, Eisbein, Tiroler Gröstl" ... Dazu Fassbier. Tgl. 11–23 Uhr, Tel. 033-2666320.

Das Bierfassl gehört zum bald darauffolgenden schönen **Rawdons,** einem 3-Sterne-Hotel im englischen Landhausstil auf einer *Fly fishing Estate* (Übernachtung in Zimmern und Cottages, reizvoller See, Tel. 033-2666044, www.rawdons.co.za). Weithin bekannt wurde es wegen seiner **Micro-Brauerei** mit dem Markenzeichen eines biertrinkenden Warthog.

■ *Die Bar des Rawdons*

8 Midlands

Sie können in die Brauerei reinschauen und im britisch-nostalgischen Pub des Hotels unter vier Biersorten wählen: *Whistling Weasel Pale Ale, Pie-eyed Possum Pilsner* (herbbitter, Pilsener), *Pickled Pig Porter* (dunkel, vollmundig) und *Tiddly Toad Lager* (light). Das Bier gibt es auch zum Kaufen, Shop 8–17 Uhr.

Bald wieder mal Schuhe nötig? Hier eine Adresse: gleich nach dem Rawdons hat **Jim Green Footwear** Werkstatt und Laden, natürlich alles in Handfertigung. – Für Körper und Seele: Gegenüber von Jim Green Footwear führt eine Schotterstraße zu **Indigo Fields,** ein *African Day Spa* für Relax-Stunden und für vollkommene Harmonie auf einer Okö-Lavendel-Farm. Komplett-Arrangements mit Übernachtung ab R1350 p.P. Für Tagesgäste gibt es eine 90-Minuten „Full body Massage" für R350. Tel. 033-2666101, alle Details auf www.indigofields.co.za.

Nach ein paar weiteren Kilometern auf der R103 kommt rechts der Abzweig zur schönen Upmarket-Anlage **Woodridge Country Hotel,** Beschreibung s.o.

African sunrise

Immer noch keine passende Unterkunft gefunden? Biegen Sie von der linken Straßenseite ab auf eine 6-Kilometer-Wegschleife, die **Old Caversham Road,** die später wieder zurück zur R103 führt. Dabei passiert man fünf, sechs weitere Unterkünfte in diversen Preiskategorien (s.a. unten bei Howick, *Budget*-Kategorie: Alskeith Farm). Die **Midlands Forest Lodge** liegt auf knapp 1350 Meter Höhe und bietet DZ in gemütlichen Timber Chalets oder SC-Chalets mit gutem Lunch/Dinner im EurAsia-Restaurant. Aktivitäten-Programme. Tel. 033-2344524, www.ecotourism.co.za, DZ/F ab R590.

Mal wieder authentisch italienisch essen? Bald kommt **La Lampara** (geöffnet nur Do–So), oder fahren Sie weiter zu **Günther's,** wenn Ihnen mehr nach deutsch/schweizerisch ist. Gartenrestaurant mit kleinen Gerichten, heimatliche musikalische Klänge und diverse Biere – Günther serviert sogar Erdinger Alkoholfrei! (10–17 Uhr, Di/Mi geschl., Tel. 033-2344681). Danach ist man wieder auf der R103.

Alternativ zur R103 könnten Sie an der Weggabelung hinter dem Lampara-Restaurant geradeaus fahren, diese Strecke führt auch wieder zurück zur R103. Unterwegs passieren Sie Unterkünfte und Restaurants: *Otter's Creek, Caversham Mill Restaurant* (schönes Terrassen-Restaurant Blick auf den Lions River und Wasserfall) mit *Caversham Mill Manor & Country Cottages* (Tel. 033-2344524, www.cavershammill.co.za, DZ/F R580 p.P.) sowie *Lastingham* (Tel. 033-2344400, www.lastingham.co.za, DZ/F 360–435 p.P.). Von dort führen zwei kurze Wege zurück zur Straße R103.

Von Günther's bis Lidgetton liegt an der R103 nichts Außergewöhnliches mehr, wer immer noch auf der Suche nach einem wundervollen Spa- und Wellness Center ist, sollte die **Granny Mouse** inspizieren (Tel. 033-2344071, www.grannymouse.co.za, ÜF im *Garden Cottage* ab R600 p.P.). Eine günstigere Alternative ist südlich von Lidgetton links bzw. östlich der Straße das ländliche **Penny Lane Guest House.** Zimmer und Cottages, bodenständiges Restaurant („all organic and hormone free. No Frog legs !!!"), Avril & Vitaly (russ.-franz.), Tel. 033-2344332, www.pennylane.co.za. DZ/F R480 p.P.

Weiterfahrt nach Howick
Fahren Sie auf der R103 Richtung Howick. Unterwegs passiert man die *Nelson Mandela Capture Site* (rechte Straßenseite), wo Mandela am 5. August 1962 aus einem Auto heraus verhaftet und dann für 27 Jahre (bis 1990) ins Gefängnis nach Robben Island bei Kapstadt gesteckt wurde. Mandela weihte die kleine Erinnerungsstätte 1996 selbst ein.

Für das **Midmar Public Resort Nature Reserve** brauchen Sie nicht nach Howick reinzufahren.

Howick

Howick liegt etwa 25 Kilometer nordwestlich von Pietermaritzburg an der N3 und wurde 1850 gegründet. Es gibt nicht viel zu sehen außer der bekannten Stadtattraktion, dem 95 Meter hohen **Howick-Wasserfall (s. Foto)** am Ende des *uMgeni Valley Nature Reserve* und praktisch mitten in der Stadt (Zufahrt ausgeschildert). Von der Aussichtsplattform ergibt sich ein schöner Blick in die uMgeni-Schlucht. *KwaNogqaza* – „Platz des Langen", heißt der Wasserfall auf isiZulu. Man kann runter zum Fuß des Wasserfalls gehen, ein ausgeschilderter Startpunkt ist in der Harvard Street. Doch Vorsicht, glitschige Steine!

Howick Tourism befindet sich noch vor der Aussichtsplattform. Holen Sie sich dort das Heft *Midlands Meander,* sollten Sie von Süden her anreisen.

Das **Howick Local History Museum,** gleichfalls in Sichtweite, bietet eine erstaunlich differenzierte Ausstellung zu historischen, medizinischen und lokalen Themen (Di–Fr 9–12 und 14–15.30 Uhr, Sa 10–13 Uhr, So 10–15 Uhr, Tel. 033-3306124). Der *Howick Art & Craft Flea Market,* Goddard Park bei der Aussichtsplattform, findet jeden zweiten Sonntag von 9–15 Uhr statt.

Ziele außerhalb von Howick
Von Howick kann man drei Natur-Reservate besuchen: das *uMgeni Valley Nature Reserve* beginnt mit dem Wasserfall und verläuft entlang des Flusses nach Osten. Das **Karkloof Nature Reserve** liegt ca. 22 Kilometer nördlich, und im Südwesten erstreckt sich Howicks Freizeitziel Nummer eins, das **Midmar Public Resort Nature Reserve.** Südlich von ihm liegt an der R617 das Dorf **Mpophomeni** mit dem *Zulu Mpophomeni Tourism Experience.*

Mpophomeni ist ein kleines, historisches Apartheid-Township von 1972, für das das originale Dorf zerstört wurde. Dabei gab es 120 Tote, der *Wall of Reconciliation* erinnert daran. Weitere Infos beim dortigen *Information and Craft Centre* (Mo–Fr 8.30–16 Uhr, Sa 9–13 Uhr). Eine Mpophomeni Tourism Experience-Tour umfasst folgendes: Traditional Zulu Dancing, Kwaito- und Township jive-Musik (Sarafina/mapantsula dance), Trip zum Zenzeleni Community Centre, Shembe Traditional Church, Shebeen-Besuch, Sangoma-Konsultation und ein Zulu-Essen. *Kontakt:* Mr. Frank Mchunu, Tel./Fax 033-2380966, Cell 082-2282044, www.mpophomeni.kzn.org.za. Oder über *uMngeni Tourism,* 1 Falls Drive, Howick, Tel. 033-3302355, Fax 335305, ngubanes@netfocus.co.za. Man kann in Mpophomeni auch in 13 privaten B&B übernachten, bedbreak@zen.kzn.school.za.

Information
Howick Tourism, noch vor der Wasserfall-Aussichtsplattform rechts, Tel. 033-3305305, nr@futurenet.org.za, http://howick.kzn.org.za.

Unterkunft
("Budget" s. unten)
Am besten man orientiert sich an den südlichen Unterkünften der Midlands Meander Route, wenn man sowieso in diese Richtung will, z.B. **Penny Lane Guest House** bei Lidgetton (s.o.). ● Ein guter Tipp dort in der Gegend ist ***Pleasant Places,** Lidgetton, Straße D18 (sie zweigt von der R103 in Richtung Westen ab), John & Linda Hall, Tel. 033-2344396, Fax 086-6152988, Cell 082-4562717, www.pleasantplaces.co.za. Vier-Sterne-Gästehaus in ländlicher Idylle, 4 komfortable DZ und ein Family-Cottage. Preisgünstiges Abendessen auf Wunsch. Guter Ausgangspunkt für Exkursionen in die Umgebung. ÜF So–Do R325 p.P., Fr/Sa R470 p.P. Bei mehreren Tagen Rabatte. ● **Harrow Hill Guest Farm,** 8 Karkloof Rd (3 km nördlich außerhalb, Anfahrt über Main St – BP-Tankstelle – dann bei „Supaquick" rechts), Tel./Fax 033-3305033, Cell 082-5543678. *English style country home* in Gartenanlage, familiär, Pool, Tennis. 4 DZ, ÜF R250–280 p.P. Dinner auf Wunsch. ● Gleiche Anfahrt Karkloof Road, die Shafton Road zweigt von der Karkloof gleich rechts ab (ausgeschildert): ***Stocklands Farm,** 4 Shafton Rd, Tel./Fax 033-3305225, www.stocklandsfarm.co.za. Viktorianisches, 150 Jahre altes Kolonialgebäude, Park, dt.-spr., einladende Atmosphäre. 4 DZ und drei SC-Cottages, ÜF ab R260 p.P. ● Gleichfalls in der Shafton Rd, Kategorie *Budget:* ***Braeside Guest House,** Shafton Rd, Tel. 033-3305328, Fax 3304543, www.countryroads.co.za/view.php?cid=8929. ÜF oder Selbstversorgung, gemütliche Zimmer, Veranda mit großartigem Blick, wildromantischer Garten.

Budget: **Alskeith Farm,** Tel. 033-2344318, 54 Old Caversham Rd (s.o.) in Lidgetton, jane@alskeith.co.za. Ruhige, schlichte Permakulturfarm mit zwei B&B-DZ, Teegarten. ● **Laggan Lee Guest House,** 22 Fraser St, Tel. 033-3304924. 2 Garten-Cottages mit 3 und 4 Betten. ● **The Gables B&B,** 2 Paterson Rd, Tel. 033-3304997, Fax 3305915. 2 Zimmer in einem Kolonialhaus, südafrikanisches Abendessen auf Wunsch.

Camping: **Midmar Public Resort Nature Reserve,** der städtische Caravanpark ist in der Morling St, die von der Main Rd abgeht, Nähe Wasserfall.

Restaurants
Das *Nutmeg Bistro* liegt in Gehweite vom Wasserfall in der früheren *Agricultural Hall.* Bestes Straußen-Curry serviert *The Corner Post,* 124 Main St (R103), Tel. 033-3307636. Das *Emthumzini Restaurant,* 12 Fyvie Rd, bietet beste afrikanisch-/westliche Küche (9–16.30 Uhr, Tel. 033-3306257).

uMgeni Valley Nature Reserve

Das kleine uMgeni Valley Nature Reserve liegt gleich nördlich von Howick. Leicht zugängliche Wanderwege führen zu Aussichtspunkten über die Zuflüsse des uMgeni River, die interessante Felsbecken und Wasserfälle geschaffen haben. Außerdem leben in dem Schutzgebiet Giraffen, Gnus, Elands, Nyalas, Oribis und Zebras sowie viele Vogelarten.

Anfahrt: Von Howick über die R103 (Main Rd) und Karkloof/Rietvlei Road; nach 1 km Parkeingang.

Information/ Unterkunft   uMgeni Valley Nature Reserve, tgl. 8–16.30, Tel. 033-3303931, über www.wildlifesociety.org.za. Zuständig für alle Übernachtungsreservierungen. Tagesbesucher willkommen. Um das Tal führt oben ein 6 km langer Rundweg. Picknickplätze. Derzeit zwei 5-Bett Cottages. Die großen Camps sind für Schul- und Studiengruppen. Wenn sie nicht voll belegt sind, kann man eventuell dort übernachten, Schlafsack erforderlich.

Karkloof Nature Reserve

Das 2800 ha große Karkloof Nature Reserve liegt 22 Kilometer nördlich von Howick. Urweltlicher Baumbestand mit Grasland, reiche endemische Fauna. Dort bietet das private Unternehmen **Karkloof Canopytour** dreistündige Abenteuertouren an, bei denen man an langen Stahlseilen von einer Baumplattformen á la Tarzan & Jane zur nächsten gleitet – bis zu 30 Meter über dem Erdboden (7 Plattformen, 8 „rides"; längste Seilstrecke 170 m). Oder auch Abseiling zu einem Wasserfall. Max. 7 Personen als Gruppe, allstündlich von 8–15 Uhr, Vorbuchung nötig, R395 inkl. Guide, Lunch u. Ausrüstung, Tel. 033-3303415, www.karkloofcanopytour.co.za, info@karkloofcanopytour.co.za. Anfahrt: Howick – Karkloof/Rietvlei Road. Nach 17 km am Karkloof Canopytour-Schild links, noch 2 km.

Übernachten kann man in der **Rockwood Forest Lodge,** d.h., es gibt gegenwärtig zwei SC-Luxury-Lodges, eine dritte ist geplant. Vorbuchung nötig. Alle Details unter Tel. 031-3035162 und auf www.rockwood.co.za.

Midmar Public Resort Nature Reserve

Midmar Dam   Das 2844 ha große Midmar Public Resort Nature Reserve liegt sieben Kilometer östlich von Howick und ist das größte und das beliebteste Binnennaturschutzgebiet KwaZulu-Natals. Es wird von KZN-Wildlife verwaltet. Der **Midmar Dam** wurde 1964 zur Trinkwasserversorgung von Pietermaritzburg erstellt und staut das Wasser des uMgeni River. Der See ist in Zonen für Aktivsport eingeteilt: Für Windsurfer, Kanufahrer, Angler (Tages-lizenz erhältlich) und Schwimmer (keine Bilharziose-Gefahr). Der Boat Shop vermietet Kanus, Surfbretter, Boote und Yachten. Auch Fahrräder sind mietbar. Den Bewohnern der Unterkünfte stehen Tennis- und Squashplätze sowie ein Swimmingpool zur Verfügung. An Wochenenden und in der Hauptsaison ist der Park heillos überfüllt, alle Picknick Sites sind belegt. Info-Blatt beim Einfahren.

Dem Park angeschlossen ist das *Midmar Historical Village:* Gebäude aus verschiedenen Epochen, Kutschenmuseum, Dampfeisenbahn, Hindutempel und schöner Farmgarten, Restaurant mit Live-Musik (tgl. 9–16 Uhr, R10 p.P., Tel. 033-3305351).

Alljährlich im Februar findet die überaus populäre *Midmar Mile Swim-*

8 Midlands

ming Competition statt bei der Tausende Schwimmer teilnehmen.

Am Südufer des Stausees richtete man einen kleinen (1000 ha) **Game Park** ein, in dem Oribis, Kuhantilopen, Spring- und Blessböcke, Zebras und Gnus leben. Besichtigungstour möglich per Fuß, Fahrrad oder Auto. Eintrittskarte für den Damm gilt auch hier. Einfahrt von Süden von der R617, Thurlow Gate (aus Howick kommend unter der N3 durchfahren).

Anfahrt Midmar

Von der N3 Ausfahrt Howick North/Tweedie (Exit 107) oder Howick Off ramp (Exit 99). Aus Howick über die R103.

Übernachten

Es gibt 32 vollausgestattete Chalets, 16 Rustic cabins und drei separat liegende Campgrounds, zwei davon am Wasser.

Midmar ist für Bewohner der Unterkünfte ständig geöffnet. Office: 8–16 Uhr. Camp-Tel. 033-3302067, Fax 3305868. Vom Gate 1 km zum Hutted camp und 5 km zu den Campsites. Check out 10 Uhr, Check in 14 Uhr. Eintritt R20, Kinder die Hälfte, nach 12 Uhr R13. Kleiner Laden mit Soft drinks und Süßigkeiten, nächster Versorgungsort Howick, 7 km.

Weitere Details auf www.kznwildlife.com. Buchung: The KwaZulu-Natal Nature Conservation Service, P.O.Box 13069, Cascades, Pietermaritzburg 3202, Tel. 033-8451000, Fax 033-8451001, bookings@kznwildlife.com.

Camp	Übernachten in ...	Preis p.P.	Minimum
Munro Bay	14 2-Bett Chalets	R240	R360
x	13 4-Bett Chalets	R240	R720
	3 5-Bett Chalets	R240	R720
	2 6-Bett Chalets	R240	R1200
	16 4-Bett Rustic cabins	R166	R332
Dukuduku	43 Campsites	R60	R120
Morgenzon	50 Campsites (m. Strom)	R66	R132
	126 Campsites	R60	R120
Munro Bay	31 Campsites (m. Strom)	R66	R132
– Alle Preise ohne die Midmar Mile Tarife, anzufragen bei Ezemvelo Central Reservations –			

Pietermaritzburg / Msunduzi Municipality

Pietermaritzburg, die Hauptstadt von KwaZulu-Natal, liegt eingebettet in grüne Hügellandschaft und ist von einem Ring ausgedehnter Vororte umgeben. Knapp eine halbe Million Menschen leben in Pietermaritzburg und in seinem Einzugsbereich, der *Msunduzi Municipality.* Die Stadt mit ihrem angenehmen Klima wird geprägt durch Parks, Gärten und vor allem durch einen viktorianischen Architekturmix im Stadtkern. Das britische Erbe zeigt sich dort in Form zahlloser Kolonial- und Backsteinbauten – wenngleich in oft leider vergammelter Umgebung. Viele der historischen Gebäude beherbergen heute Museen, Kunstgalerien und öffentliche Einrichtungen. Im östlichen Vorort Scottsville befindet sich die University of KwaZulu-Natal. Außer der britischen Vergangenheit ist auch indische Lebensart bemerkbar, denn ab 1860 waren indische Kontraktarbeiter in die Region gekommen, ihre Kultur spiegelt sich in der ganzen Stadt wider.

Im Zuge der südafrikanischen Namens-Umbenennungen sollte aus Pietermaritzburg *uMgungundlovu* werden, „Platz des Elefanten", einst der Name der Residenz von Zulu-König Dingane, man beließ es dann dabei (erhalten hat sich der Elefant im Logo von *Pietermaritzburg/uMgungundlovu Tourism*). Die meisten der englisch-/burischen Straßennamen und Einrichtungen wurden durch Zulunamen ersetzt.

Geschichtliches Im Jahr 1837 zogen die Voortrekker über die Drakensberge und gründeten zwischen Msunduzi River und Dorp Spruit River eine Ansiedlung, die aber erst später den Namen der Voortrekker-Führer *Pieter* Mauritz Retief und Gerrit (Gert) *Maritz* bekam. Ab 1839 war sie Sitz des Volksrats der Voortrekker-Republik *Natalia*. Um den Marktplatz wurden acht große Straßen angelegt, gekreuzt von sechs weiteren. Kleine Kanäle sorgten für die Bewässerung. 1842 annektierten die Briten Natalia und ernannten 1857 Pietermaritzburg zur Hauptstadt von Natal. Sie ist es auch noch heute von KwaZulu-Natal, nach der demokratischen Wende 1994 musste sie sich diesen Titel aber für zehn Jahre mit Ulundi/oLundi im Zululand teilen.

■ *Voortrekker ziehen über die Drakensberge, in Bildmitte P. Retief und G. Maritz*

Sehenswertes im Zentrum Parkplatz-Tipp: Fahren Sie die Chief Albert Luthuli Street von Osten an, mit etwas Glück erwischen Sie gleich beim Eingang zur Tatham Art Gallery, scharf links in einen kleinen Hof einbiegend, einen freien Platz (s. Karte; ansonsten nördlich zum Churchill Square fahren).

Das Gebäude des **Publicity House,** der **Tourist Information,** Ecke Chief Albert Luthuli/Langalibalele Street, stammt aus dem Jahr 1884 und war einst eine Polizei- und Feuerwache. Die Glocke des Turms läutete jeden Tag um 21 Uhr die Sperrstunde für Nichtweiße ein. Öffnungszeiten Tourist Information: Mo–Fr 8–17 Uhr, Sa 8–13 Uhr (Stadtplan, Übernachtungen, Restaurants, Ausflugsmöglichkeiten; großes Broschürenangebot aller Art, www.pmbtourism.co.za).

Einige Schritte westlich befindet sich die **City Hall,** das rote Wahrzeichen von Pietermaritzburg. Der Vorgängerbau brannte 1898 nieder, der jetzige stammt aus dem Jahr 1900. Das größte Backsteingebäude südlich des Äquators besitzt einen 47 Meter hohen Glockenturm. Innen kann

8 Midlands

man schöne Bleikristallfenster und eine der größten Orgeln des Landes bewundern.

■ *Backsteinbau City Hall*

Schräg gegenüber liegt die **Tatham Art Gallery,** in den Supreme Court Gardens, früher die Hauptpost und später Sitz des Obersten Gerichtshofs (Di–So 10–18 Uhr, www.tatham.org.za). Im Jahr 1865 erbaut, beherbergt das Gebäude eine ausgezeichnete Kollektion südafrikanischer, britischer und französischer Kunst des 19. und 20. Jahrhunderts, u.a. von Picasso, Chagall und Renoir sowie zeitgenössische Werke südafrikanischer Künstler und mit Werken zur Apartheidszeit – alles unbedingt sehenswert! Mit Verkaufsausstellung und einem gemütlichen Café im 1. Stock. Dort ergibt sich vom Außenbalkon ein Blick aufs Rathaus und auf den kleinen *Garden of Peace* mit dem *Bushman's River Pass Monument* (Langalibalele-Aufstand 1873). Neben dem Rathaus symbolisiert die *Peace Sculpture* das multiethnische Südafrika (Zulu-Schild, Voortrekker-Wagen und eine Lotusblüte für Indischstämmige).

Hinter der Tatham Art Gallery befindet sich die *Old Presbyterian Church (Pemba Kahle),* im Ort die erste englische Kirche von 1852.

Lanes   Zwischen Church- und Langalibalele Street erstreckt sich ein engmaschiges Netz kleiner *Lanes,* in der Gründerzeit zwischen 1888 und 1931 Zentrum des Finanzmarktes der Stadt. Heute gibt es hier viele Geschäfte mit viktorianischen Ladenfronten, kleine Restaurants und viel Gedränge.

Fußgänger-zone Church Street   In der Church Street, ab der Chief Albert Luthuli Street südlich als baumgesäumte Fußgängerzone, befindet sich gleich rechts vor dem soliden *Colonial Building* die Statue von **Gandhi.** Es erinnert daran, dass Gandhi in Pietermaritzburg 1893 aus einem 1.-Klasse-Zugabteil verwiesen wurde, nur weil er kein Weißer war (s. Exkurs s.S. 56). Genau 100 Jahre später fand die Einweihung des Denkmals statt.

Weiter runter ist sehenswert **Harwin's Arcade,** eine Einkaufspassage, die die Timber Lane mit der Theatre Lane verbindet. An der Church St, gegenüber der Timber Lane, stehen zwei alte Bankgebäude, die *Standard Bank* (1882) und die *First National Bank* (1910). Hier befand sich einst das *laager* der ersten Voortrekker.

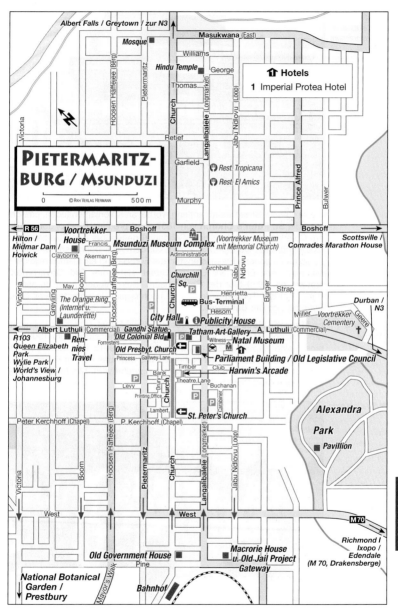

PIETERMARITZ-BURG / MSUNDUZI

0   © RKH VERLAG HERMANN   500 m

Albert Falls / Greytown / zur N3

Masukwana (East)

Mosque

Williams

Hindu Temple

George

Hotels

1 Imperial Protea Hotel

Thomas

Retief

Garfield

Rest. Tropicana

Rest. El Amics

Murphy

Victoria

Hoosen Hatfejee (Berg)

Pietermaritz

Church

Langalibalele (Longmarket)

Jabu Ndlovu (Loop)

Prince Alfred

Bulwer

R 56   Boshoff   Boshoff

Hilton / Midmar Dam / Howick

Voortrekker House

Francis

Msunduzi Museum Complex

(Voortrekker Museum mit Memorial Church)

Scottsville / Comrades Marathon House

Clayborne   Akerman

Administration

Archbell

May

Churchill Sq.

Henrietta   Strap

Burger

The Orange Ring (Internet u. Launderette)

Boom

Greyling

Hoosen Hatfejee (Berg)

Church

Bus-Terminal

Hesom

Durban / N3

City Hall

Publicity House

Miller   Voortrekker Cementery

Albert Luthuli (Commercial)   Gandhi Statue

Tatham-Art-Gallery   A. Luthuli (Commercial)

R103   Queen Elizabeth Park   Wylie Park / World's View / Johannesburg

Ren-nies Travel

Old Colonial Bld.

Forresters

Witness

Natal Museum

Old Presbyt. Church

Princess   Galltey-Lane

Parliament Building / Old Legislative Council

Bank

Timber   Club

Harwin's Arcade

Levy

Theatre Lane

Buchanan

Printing Office

Carabiner

St. Peter's Church

Alexandra

Lambert

Park

Peter Kerchhoff (Chapel)   P. Kerchhoff (Chapel)

Pavillion

Victoria   Boom   Hoosen Hatfejee (Berg)   Pietermaritz   Church   Langalibalele (Longmarket)   Jabu Ndlovu (Loop)

West   West

M 70

Richmond / Ixopo / Edendale (M 70, Drakensberge)

Old Government House

Pine

Macrorie House u. Old Jail Project Gateway

National Botanical Garden / Prestbury

Mayor's Walk

Bahnhof

8 Midlands

■ *Viktorianische Architektur in Pietermaritzburg*

Die Church Street weiter entlang, vorbei an Kolonialgebäuden, erreicht man die **St. Peter's Church** von 1857. Dort predigte Bischof John William Colenso, der wegen seiner Solidarität gegenüber den Zulu zeitweilig exkommuniziert worden war (er liegt vor dem Altar begraben). Die Kirche besitzt sehr schöne Bleiglasfenster aus Europa und ein kleines religiöses Museum. Am Ende der Church Street steht das **Old Government House,** bis 1919 Sitz der Gouverneure (Besichtigung nach Voranmeldung; bei der Touristeninformation nachfragen). In unmittelbarer Nähe befindet sich der **Bahnhof.**

Macrorie House

Im **Macrorie House,** Ecke Pine-/Jabu Ndlovu Street, früher die Heimstatt des Bischofs Macrorie, werden Einrichtungsgegenstände um 1900 und eine kleine Kapelle gezeigt (Mo 10–15, Di–Fr 9–13 Uhr; So: Tel. 033-3949161, R5). Gleich in der Nähe das **Old Jail,** das nun im Rahmen des *Project Gateway* einer neuen Nutzung zugeführt wird. Mit *Jail Break Café* und einem *Craft Shop.*

■ *Straßenszene*

Zurück ins Zentrum zur **Langalibalele Street:**

An dieser Straße befinden sich das **Old Natal Parliament** mit den Gebäuden **Old Legislative Assembly** (1889) und **Legislative Councils.** Davor die Statue von Königin Victoria mit strengem Blick und auf der anderen Straßenseite – etwas zuvor – das Gebäude der Post, Bauzeit war 1903–1907.

■ Old Legislative Assembly

Museen und älteste Gebäude

Das **Natal Museum** in der Jabu Ndlovu Street 237 ist ein Natur- und Kulturhistorisches Museum und eines von fünf Nationalmuseen in Südafrika. Das Gebäude stammt von 1904 und zeigt neben einer Ausstellung über viktorianische Häuser und Geschäfte aus der Zeit um 1850 auch Schaubilder über Dinosaurier und die heutige Tierwelt. Die ethnologische Sammlung besitzt u.a. Exponate afrikanischer Kunst, Töpferkunst der Zulu und ein Replikat einer San-Höhle mit Felsmalereien. Mo–Fr 9–16.30 Uhr, Sa 10–16 Uhr, So 11–15 Uhr, Tel. 033-3451404, www.nmsa.org.za. Eintritt.

Auf der anderen Straßenseite befindet sich nahebei das **Imperial Hotel,** eines der ältesten Häuser der Stadt von 1878.

Msunduzi Museum Complex (Voortrekker Museum)

Der Msunduzi Museum Complex an der Langalibalele Street 351/Boshoff Street ist das wichtigste der Stadt. Hier ist nicht mehr alleinig die burische Vergangenheit präsent, es ist heute eine multikulturelle Institution für alle Bevölkerungsgruppen des Landes, das z.B. auch auf die Zulu-Bambatha-Rebellion von 1906 eingeht. Mo–Fr 9–16 Uhr, Sa 9–13 Uhr, Tel. 033-3946834, www.voortrekkermuseum.co.za, sicheres Parken, Eintritt R5.

Der mächtige Backsteinbau im edwardianischen Stil wurde 1905 erbaut. Er war früher eine Mädchenschule und dient jetzt als Verwaltungs- und Hauptgebäude des Museum-Komplexes. In den Räumen sind Büros und eine Bibliothek untergebracht, in der Main Hall findet man die *Zulu Heritage Exhibition, Indians Exhibition, The Prince Imperial Exhibition, History of Pietermaritzburg Exhibition* und die *Birth of Democracy Exhibition.*

■ Die historische Church of the Vow

Kernstück ist aber nach wie vor das **Voortrekker Museum** in der **Church of the Vow,** errichtet 1841, drei Jahre nach dem vor der Schlacht am Blood River abgelegten Gottesgelöbnis (Sieg über die Zulu, s.S. 333). Geöffnet Mo–Fr 9–16 Uhr, Sa/So 8–13 Uhr.

8 Midlands

Memorial Church

Nachdem die wachsende burische Gemeinde in der Kirche keinen Platz mehr fand, wurde daneben die neue **Memorial Church** gebaut (drinnen die Originalworte des Schwurs der Buren), die alte diente als Schulhaus, Schmiede, Apotheke und wurde schließlich ab 1912 als Museum genutzt, das zahlreiche Gegenstände der Voortrekker, wie Bibeln und Gewehre, zeigt. In einem Nebengebäude ist ein Ochsenwagen (erbaut 1824, der zweitälteste Südafrikas und im Großen Trek mitgefahren) und der Eisenholz-Stuhl des Zulu-Königs Dingane ausgestellt. Vor der Memorial-Kirche stehen die Statuen von Piet Retief und Gerrit Maritz, und zum Komplex gehört auch eine Zulu-Hütte sowie das zweigeschossige, riedgedeckte Wohnhaus von *Andries Pretorius* von 1842, Kommandant der Buren bei der Schlacht am Blutfluss am 12. Dezember 1838.

Voortrekker-Haus

Zum Msunduzi Museum Complex gehören außerdem das *Voortrekker-Haus* und der Tempel *Sri Shiva Subrahmanya*. Das Voortrekker-Haus liegt ein paar hundert Meter weiter westlich in der Boom Street 333 und ist mit dem Baujahr 1840 das älteste zweistöcke Gebäude von Pietermaritzburg. Die soliden Mauern wurden mit lokalem Schiefergestein hochgezogen, das Originaldach war riedgedeckt. Die Decken aus Yellowwood und die Holzparkettböden sind immer noch in einem hervorragenden Zustand. Für eine genaue Führung zuvor das Msunduzi-Museum kontaktieren.

Hindu-Tempel

Weiter die Langalibalele Street entlang kommt man zum **Sri Shiva Subrahmanya** und zum **Marriamen Hindu Temple,** beide unmittelbar gegenüberliegend in einem vorwiegend indischen Geschäftsviertel. Der Tempel wurde 1898 errichtet, als bereits schon viele Inder in Natal eingetroffen waren. Im Innern Statuen von Lord Shiva und seiner Gefährtin Parvati und ihren drei Söhnen Subramaan, Hannuman und Ganesh. Am Karfreitag Schauplatz ritueller Läufe über glühende Kohlen (Mo–Sa 7–18 Uhr, So 8–18 Uhr).

Weiteres

Den **Alexandra Park,** 1863 gegründet und nach der Prinzessin von Dänemark benannt, liegt südlich des Zentrums. Architektonisch sehr hübsch ist dort der eisenfiligrane Pavillion, in den Wintermonaten blühen die Steingärten und im Mai findet „**Art in the Park**" statt – lokale Künstler stellen aus und verkaufen sich.

Das **Comrades Marathon House** im Stadtteil Scottsville (18 Connaught St) ist das Hauptquartier der *Comrades Marathon Association,* die den 87,3 Kilometer langen internationalen Marathonlauf zwischen Durban und Pietermaritzburg organisiert (alljährlich im Juni, mit abwechselnden Starts in Durban und Pietermaritzburg; Informationen auf www.comrades.com). 1921 beschloss man die Veranstaltung als Andenken an die Kämpfer des 1. Weltkriegs. Die Ausstellung in dem schönen viktorianischen Haus zeigt neben der Geschichte ein Modell der Route und eine audio-visuelle Präsentation (Mo–Fr 9–12 u. 14–16 Uhr).

Ende Mai/Anfang Juni findet die **Royal Agricultural Show** statt, eine große, zehntägige landwirtschaftliche Ausstellung auf großem Festgelände mit einem umfassenden Rahmenprogramm. Begangen seit 1851, Details auf www.royalshow.co.za.

Sehenswertes außerhalb

National Botanical Gardens
Der Botanische Garten wurde 1872 angelegt und hat im alten Teil eine Sammlung ausgesuchter Pflanzen der nördlichen Halbkugel: Tulpen- und Campherbäume, Platanenalleen, Magnolien und Feigenbäume. Heute werden typische und bedrohte Pflanzen Natals kultiviert. Kilometerlange Wandelpfade führen durch den Garten, vorbei an kleinen künstlichen Seen (4–5 Stunden einplanen).
Anfahrt: Vom Zentrum über die Victoria St südlich in die Mayor's Walk. Ab dort noch ca. 2 km, rechter Hand.
The Curator, Natal National Botanical Gardens, Tel. 033-3443585, Eintritt, 8–18 Uhr (sommers), 8–17.30 Uhr (winters). Restaurant 8–17 Uhr (Di Ruhetag). Übersichtskarte und Pflanzenliste im Besucherzentrum. Pflanzenverkauf.

Queen Elizabeth Park
Im kleinen Queen Elizabeth Park in den nordwestlichen Hügeln 8 km außerhalb wird man erstaunt sein: Burchell's Zebras, Impalas, Bless- und Buschböcke, Ducker, Klippschliefer und Adler leben hier. Man hat einen „umweltfreundlichen" Vogelgarten angelegt. Von besonderem Interesse ist die Palmfarnkollektion in den Gärten des Douglas Mitchell Centres. Der **iDube Trail** (Rundweg) beginnt am ersten Picknickplatz links nach der Einfahrt. Der Queen Elizabeth Park, Peter Brown/Duncan McKenzie Drive, ist Sitz von **KwaZulu-Natal Wildlife** (s. „Information").
Anfahrt: Vom Zentrum über Chief Albert Luthuli St und Howick Road zum Duncan McKenzie Drive, der im Park endet (über die Chief Albert Luthuli St und Howick Road gelangt man auch zum Aussichtspunkt **World's View**). Der Park ist von 6–18 Uhr geöffnet, Eintritt frei, keine Übernachtungsmöglichkeit, kein Restaurant, kleiner Curio Shop neben dem Douglas Mitchell Centre.

Eisenbahnmuseum
Eisenbahnenthusiasten besuchen in Hilton das *Natal Steam Railway Museum,* Ecke Hilton Avenue und Quarry Street. An (fast) jedem zweiten Sonntag im Monat fährt eine Dampfeisenbahn nach Cedara, Howick und Balgowan (Auskünfte unter Tel. 033-3431857). Anfahrt über Boshoff St.

Ferncliffe Nature Reserve
Der Blick über Pietermaritzburg vom 250 ha großen Ferncliffe Nature Reserve mit seinen lieblichen Wasserfällen ist spektakulär. Vorwiegend einheimischer Wald mit über 100 Vogelarten und kleinen Schirrantilopen. Die Ferncliffe Water Trails sind insgesamt 4,5 Kilometer lang und in einzelnen Abschnitten begehbar.
Anfahrt: Von der N3 (Richtung Ladysmith) über Ausfahrt Armitage Road (Exit 82) bis zum Kreisverkehr. Dort die 3. Ausfahrt nehmen und der Town Bush Road bis zu den Ferncliffe Water Works folgen; dann rechts 2 km zum Eingang.

Bisley Valley Nature Reserve
Das Reservat (250 ha) gleicht einem Amphitheater. Es liegt vorwiegend auf Grasland mit Dornbuschbewuchs. Der *John Pringle Trail* (2,5 km) beginnt am Parkplatz in östlicher Richtung, folgt einem Flusslauf und führt über Stege in ein Feuchtgebiet. Wenig frequentierter Park mit guter Vogelbeobachtung.
Anfahrt: Ausfahrt über die Chief Albert Luthuli St; an der Richmond Rd (R56) 3 km südlich, dann östl. in die Alexandra Road einbiegen (Alexandra Rd Exit), die zum Reserve führt.

Weitere Umgebungsziele
Ziele von Pietermaritzburg sind die Nature Reserves **Albert Falls Dam** (24 km nordöstlich, s.S. 416) und **Midmar Dam** (20 km nordwestlich bei Howick, s.S. 405). Der **Natal Lion Park** liegt 25 km südöstlich, Exit 65 von der N3 nach Durban nehmen.

8 Midlands

Adressen & Service Pietermaritzburg

Information   Publicity Association, Publicity House, 177 Chief Albert Luthuli St/Ecke Langalibalele St, Tel. 033-3451348, Fax 3943535, www.pmbtourism.co.za.

KwaZulu-Natal Wildlife, The KwaZulu-Natal Nature Conservation Service, P.O.Box 13069 (367 Jabu Ndlovu Street) Cascades, Pietermaritzburg 3202, Tel. 033-8451000, Fax 033-8451001, www.kznwildlife.com, bookings@kznwildlife.com; s.a. Queen Elizabeth Park.

PMB-Zeitung: www.witness.co.za.

Notrufnummern: Polizei Tel. 10111 oder 3422211 (mit Handy: 112); Feuerwehr Tel. 3411311; Ambulanz Tel. 10177; Krankenhaus Tel. 3421259; Zahnarzt Tel. 3421311.

Unterkunft   Im Zentrum kaum Auswahl, besser sieht es in den Vororten und der weiterer Umgebung aus. Pietermaritzburg Tourism hat auf seiner Website www.pmbtourism.co.za eine gut funktionierende Accommodation-Suchfunktion. Auch www.pietermaritzburg.co.za bietet Unterkünfte an.

Comfort: **Imperial Protea Hotel,** 224 Jabu Ndlovu St, Tel. 033-3946551, Fax 3429796, www.proteahotels.com/imperial. Zentral, elegant, kinderfreundlich. DZ R1050.

Touristic: **Le Jardin,** Tel./Fax 033-3472420; 2 DZ, altes Landhaus, Gartenlage, schöner Blick. • **Rehoboth,** 276 Gladys Manzi/Murray Rd, Scottsville, Tel. 033-3962312, Fax 3964008. Luxuriöse Cottages, viktorianischer Stil, Gartenlage, Blick über das Tal.

Unterkünfte in der Umgebung   *Budget:* **Africa Enterprise,** 1 Nonsuch Rd, Cascades, Tel. 033-3471911, Fax 3471915. Christliches Zentrum, Chalets, Schlafräume, günstig für junge Leute, die Anschluss suchen. • **Brevisbrook B&B,** 28 Waverleydale Rd, Boughton 3201, Tel. 033-3453234, Fax 3441402. Ruhig, im Swartkop Valley, drei 2-Bett-Zimmer, Pool, Gartenanlage. • **Lone Tree B&B,** 11 Lone Tree Rd, Montrose, Tel. 033-3472666. Zwei 3-Bett Garten-Cottages mit Veranda. • **Ngena Backpackers Lodge,** 293 Burger St, Tel./Fax 033-3456237, victorial@cybertrade.co.za. Mehrbett- und DZ. Baz Bus-Stopp. Afrikanisches Flair, einfach. – **Tudor Inn,** 18 Theatre Lane, Tel. 033-3421778, Fax 3451030. Gemütlich, klein, Restaurant, Coffee Shop.

Touristic: **Cumbria Lodge,** 25 St Michaels Rd, Winterskloof-Hilton 3245, Tel./Fax 033-3434339. Garten-Cottage, Zimmer im Haupthaus, Pool, Sauna, Dinner a.A. • **The Stables at Highcroft,** 21 Hilton Avenue, Hilton 3245, Tel. 033-3434009, Fax 3431960. Viktorianisches Landhaus, zwei 2-Bett-Zimmer in ehemaligen Stallungen. • **Whytten House,** 50 Groenekloof Rd, Hilton 3245, Tel. 033-3434421, Fax 3453126. Englisches Landhaus, Gartenlage, Zimmer im Haus, Cottage.

Camping: Städtischer Campingplatz an der Cleland Road, Tel. 033-365342.

Restaurants   *Da Vinci's Restaurant,** 118 Chief Albert Luthuli St, Tel. 033-3455084; gute italienische Küche, Bar (tgl. 12–14.30 u. 18–22.30 Uhr). • **Golden Dragon,** 121 Chief Albert Luthuli St; der beste Chinese, preiswert und lecker. • **Turtle Bay,** 7 Wembley Terrace; Restaurant mit Fischspezialitäten (Mo–Fr 12–14 Uhr, Mo–Sa 19–23 Uhr). • Eine nette Kneipe ist das **Keg & Elephant,** 80 Chief Albert Luthuli St. • Mal wieder **indisch** oder *continental dishes:* **Tropicana,** 418 Langalibalele • Gleich südlich davon, stilvoll altenglisch und upmarket (ab R75), fine dining: **Els Amics,** 380 Langalibalele, Res. empfohlen, Tel. 033-3456524.

Pietermaritzburg von A–Z

AA-Büro   AA Branch, G23 Brasfort House, 191 Chief Albert Luthuli St, Tel. 033-3420571.

Autovermie-tung   *Avis,* Pietermaritzburg/Msunduzi Airport, Tel. 0800-21111 (kostenlos), 104 Boshoff St, Tel. 033-3451390. *Budget,* Tel. 0800-16622. *Imperial,* Tel. 0800-131000.

Busverbin-dung   Busterminal (auch Stadtbusse): Langalibalele St, neben Publicity House. Busse der Linien *Greyhound* (Tel. 033-3423026), *Translux* (Tel. 011-7743333) und *Cheetah Coaches* (Tel. 033-3422673) nach Durban, Kapstadt, Johannesburg.

Einkaufen   Im gesamten Stadtkern gute Einkaufsgelegenheiten. Am östlichen Ende der Church St gibt es exotische Geschäfte mit traditionellen Heilmitteln, indischen Gewürzen, Lebensmitteln, Saris und Devotionalien.

     Maritzburg Arts & Crafts Market, Alexander Park, jeden ersten Sonntag im Monat. Der National Botanical Garden (Zwartkop Rd, Prestbury, südöstlich aus dem Zentrum) ist Schauplatz der Arts and Crafts Fayre, ausgesuchte handwerkliche Stücke. Ein riesiges Einkaufs-Zentrum außerhalb im Norden mit über 200 Shops und zahllosen Restaurants ist die **Liberty Midland Mall** – „your shopping world in one", www.libertymidlandsmall.co.za. Nahe der N3, von Norden und von Durban kommend die Off ramp Chatterton nehmen, ausgeschildert. Aus dem Zentrum über die Boshoff Street Richtung Westen.

E-Mail ...   erledigen, Essen und Wäschewaschen in einem: Möglich bei *The Orange Ring,* Albert Luthuli St 31/Ecke Greyling (s. Stadtplan).

Feste & Events   Ende Mai/Anfang Juni: *Royal Agricultural Show*, www.royalshow.co.za. Ende Mai/Anfang Juni: *Art in the Park,* Alexandra Park. Juni: *Comrades Marathon,* www.comrades.com. September: *Tourism Expo,* Liberty Midlands Hall. Oktober: *Garden & Leisure Show.*

Flughafen   *Pietermaritzburg/Msunduzi Airport,* über die Chief Albert Luthuli St und King Edward Ave. Comair, Airlink Airline und Air Midlands fliegen nach Johannesburg und Durban. South African Airlines, Stadtbüro, Shell House, Tel. 033-9582546.

Geld   *Rennies Foreign Exchange,* www.renniesbank.co.za, Bankstelle in der Liberty Midlands Mall, Sanctuary Road, Shop 94, Entrance 2, Tel. 033-3420403, Fax 033-3420441, Mo–Fr 8.30–16.30 Uhr, Sa 9–13 Uhr.

Parken   In der Innenstadt ca. 10 bewachte Parkplätze/-häuser (s. Stadtplan).

Post   Hauptpostamt, 220 Langalibalele St (Mo–Fr 8–16.30 Uhr, Sa 8–12 Uhr).

Sicherheit   Pietermaritzburg gilt als relativ sicher. Tagsüber braucht man keine Bedenken zu haben auch mal in kleinere Straßen zu gehen. Abends, besonders außerhalb des Stadtkerns, aber nicht zu Fuß unterwegs sein!

Touranbie-ter   *Eco-Tours,* Carolyn McDonald, 3 The Hide, 525 Chase Valley Road, Tel. 033-3471344, Fax 3452775. Ziele: Weenen Game Reserve, Midlands, uMgeni Valley Game Reserve, Natal Drakensberge (5–9 Stunden, ab R200 p.P.). – *PMB Heritage Tours,* 10 Montgomery Drive, Athlone, Tel. 033-3942701, Fax 7656870; historische Stadtführung.

Unterhal-tung und Nightlife   Das Nachtleben ist ruhig. Falls es mal was ganz anderes sein soll: PMB hat auch ein modernes **Spielkasino**, das *Golden Horse* in Scottsville, New England Rd, www.goldenhorse.co.za (mit Restaurants und Hotel), von der N3 Off ramp New England Rd.

Weiterfahrt   Nach Durban sind es auf der N3 80 Kilometer. Upmarket-Übernachtungs-Tipp auf dem Weg: **Tala Lodge & Game Reserve.**

     Ausfahrt Richmond/Umbumbulu/Umlaas Road R603, über die N3 hinweg Rtg. Eston, nach der Mlazi-River-Brücke noch 3 km, dann links. Von Durban Ausfahrt Camperdown, Rtg. Eston zur R603. Tel. 031-7818000, Fax 7818022,

8 Midlands

www.tala.co.za. Sehr schöne Anlage in einem privaten Game Park mit vielen Tieren (Rhinos u.a.). Gutes Restaurant. Preise a.A.

Sie können nach Durban statt auf der schnellen N3 auch auf Neben- straßen über den **Nagle Dam** dann anschließend auf der M13 (R103) durch das **Valley of a 1000 Hills** fahren (s.S. 175).

Von Pietermaritzburg auf der R33 nach Greytown

Die ländliche Region zwischen Pietermaritzburg und Greytown heißt **uMshwathi** und ist eine Region für Geschichts- und Naturfreunde. Viele der natürlichen und kulturellen Schätze sind vom Mainstream-Tourismus noch unentdeckt. Prägend war und sind immer noch die Traditionen und das Erbe deutscher Siedlungsgründungen, die bis ins 19. Jahrhundert zurückreichen.

Auf der rund 80 Kilometer langen Strecke nach Greytown lohnen zwei Abstecher: *Albert Falls Nature Reserve* (westlich von der R33, von Pieter- maritzburg 20 km) und *Wartburg* (östlich, 36 km).

Albert Falls Nature Reserve

Das Albert Falls Nature Reserve im Gebiet des früheren Peatties Lake wurde 1975 gegründet (2274 ha Wasserfläche Albert Falls Dam, 816 ha Land). Freizeitangebot: Bootfahren, Wasserski, Segeln und Fischen, Spaziergang zum Albert-Wasserfall (außerhalb des Nature Reserves, Weg vom Picknickplatz aus, nicht sehr lohnenswert), Beobachtung der zahlreichen Vögel und Säugetiere im angeschlossenen Wildpark mit Fahrstraßen und Wanderwegen (Zebras, Bless- und Buschböcke, Impa- las, Springböcke, Kuhantilopen und Oribi). Eintritt R22. Anfahrt: 24 km nördlich von Pietermaritzburg, über die R33 und Cramond.

Information   Albert Falls Nature Reserve, Cramond, Tel. 033-5691202, Fax 5691307 (Re- zeption tgl. 8–12 und 14–16.30 Uhr), www.msinsi.co.za. Keine Einkaufsmög- lichkeit, Lebensmittel und Benzin in Cramond (4 km). Selbstversorgung. Zahlreiche Picknickplätze.

Unterkunft   Beide Camps sind buchbar über www.msinsi.co.za: **Notuli Hutted Camp,** 6 km vom Eingang, inmitten des Wildreservates, Tel. 031-7657724. 15 voll ein- gerichtete 2-Bett Rondavels (R190–380/saisonabhängig) und drei 6-Bett Cha- lets (R395–790/saisonabhängig). • **Notuli Camp & Caravan Park,** direkt am Wasser, 60 Plätze für jeweils 6 Personen, sehr großzügig angelegt, gute sani- täre Einrichtung, heiße Duschen, großer Pool, Tel. 033-56912902.
Bed & Breakfast: Mrs E's B&B, Tel. 033-5691757.

Ecabazini Zulu Cultural Homestead

Am Rande des Albert Falls Nature Reserve, ca. 30 Minten von Pieter- maritzburg, liegt eine besondere Wohnstätte der Zulu: *Ecabazini Zulu Cultural Homestead*. Das Projekt wurde geprägt von C.J., einem Weißen, der seit sehr langer Zeit bei den Zulu lebt und nun mit einer Gemeinde aus 15 Männern und Frauen einen *umuzi* bewohnt, in dem traditionelle Lebensweisen im Mittelpunkt stehen. Neben Land- und Viehwirtschaft werden auch Heilkräuter angepflanzt. Ziel der Gruppe: Unabhängig und selbstbewusst ihren Weg finden und gehen. Dazu gehört der Aufbau einer kleinen medizinischen Station. Die Gelder dafür werden u.a. auch durch die Betreuung von Besuchern beschafft – eine gute Gelegenheit für gegenseitigen Austausch und intensive Gespräche.

Anfahrt   Von der N3 Ausfahrt Albert Falls Dam/Game Valley nehmen, über drei Ampelanlagen. Rechts auf der Chota Motala Rd/New Greytown Road (R33) Richtung Falls Dam.

Information/   Ecabazini Zulu Cultural Homestead, KwamaDlozi Farm, Cramond, Tel./Fax
Unterkunft   033-3421928 (Dave Hazelhurst oder C.J.), ecabazini@futurenet.co.za. Übernachtung in Rundhütten (7 EZ und 7 DZ), R265 p.P. Gekocht wird auf offenem Feuer, abends Paraffinbeleuchtung. Sehr authentisch. Außerdem kulturelles Programm.

Wartburg

Wartburg wurde 1892 von Missionaren der Berliner Missionsgesellschaft gegründet und bekam den Namen der Stätte der Bibelübersetzung Luthers. Es liegt an der R614, ca. 20 Kilometer östlich von Albert

Falls in flachwelliger Hügellandschaft, umrahmt von Zuckerrohr- und Maisfeldern, Avocado-Plantagen und Forstbeständen. Etwa 70% der Bevölkerung, oft in der 4. oder 5. Generation, spricht fließend deutsch.

Zum deutschen Ambiente zählt außerdem die schlichte Luther-Kirche, einen Steinwurf vom *Wartburger Hof* entfernt. Sie kann besichtigt werden, der Pfarrer wohnt gleich gegenüber des Eingangs. Der dazugehörige Friedhof mit seinen interessanten Grabsteininschriften liegt oberhalb am Hang und ist gleichfalls einen Besuch wert.

Jeden letzten Samstag im November manifestiert sich die Brauchtumspflege mit dem **Weihnachtsmarkt** in der *Wartburg Hall* mit zahlreichen Verkaufsständen, die vielerlei Dinge und Leckereien anbieten (nähere Infos bei Anne Truter, Tel. 033-5031069). Die *Wartburg Kirchdorf School* in der Fountainhill Road (Tel. 033-5031416, www.wartburg.co.za) wurde gleichfalls bereits im Jahr 1881 gegründet, hat heute 500 Schüler, davon etwa 100 aus deutschsprachigen Elternhäusern.

■ *Die Kirche von Wartburg*

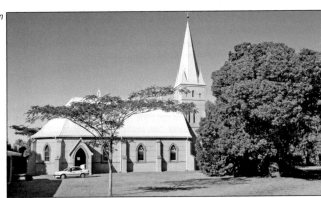

Historisches Als erste besiedelten die Gegend hier die Voortrekker, die 1837 mit dem Großen Trek nach Natal gekommen waren. Als Natal 1843 von England annektiert
wurde, trekkten die Buren weiter ins südafrikanische Inland. In den 1850er
Jahren ließen sich 13 Familien der Bergtheil-Auswanderer, die sich zuvor als
„Baumwollpflanzer" in „Neu-Deutschland" (heute New Germany bei Durban)
versucht hatten, hier in der Gegend nieder und gründeten Orte mit Namen ihrer Herkunftsstädte wie Neu-Hannover (1858, New Hanover), Harburg oder
Schroeders. Angelockt durch günstige Berichte zogen weitere Siedler aus
Norddeutschland nach. Die Neugründungen entwickelten sich zu kleinen Zen-
tren der Landwirtschaft und die Menschen pflegten bewusst ihren lutherischen
Glauben und versuchten die deutsche Sprache und Kultur zu erhalten (es gibt
zwei lutherische Kirchen). Das Wappen von Wartburg zeigt die Ankunft der
Einwanderer mit dem Segelschiff sowie die heraldische Wiedergabe der Wart-
burg in Eisenach, die Lutherrose und die Losung „Bete und arbeite".

Unterkunft *Budget:* **Cherdi's Rose Cottages,** 10 Ridge Road, Tel. 033-5031911, Cell
072-4465856. Gemütlich-ländliche Cottages mit Veranda, als B&B oder SC,
eine Luxury Suite im Haupthaus sowie eine Backpacker-Unit. Ruhige Gartenlage, Braai facilities, Pool. Dinner a.A.
  Touristic: **Orion Wartburg Hof,** Noodsberg Rd, Tel. 033-5031482, Fax
5031482, www.orion-hotels.co.za. Rustikaler, alpenländisch inspirierter Land-
gasthof und Hotel (erbaut 1984), persönliche Atmosphäre, gemütliche Wein-
stube. Ruhige Lage, 26 Zimmer und Family Cottage. Restaurant mit dt.
Gerichten (Eisbein, Schwäbischer Rostbraten), selbstgebraute und importierte
Biere, offener Kamin in der Lounge, Pub, Sauna und Pool. Parkanlage mit 9
Loch-Golfplatz. ÜF im DZ 245 p.P., Suite R265.
  Außerhalb: **Fountainhill Guest Lodge,** im privaten, tierreichen Hlambama-
soka Wildreservat, an der R614, 2 km vor Wartburg. Cheryl Taeuber, Tel. 033-
5031420, Fax 033-5031421, www.fountainhill.co.za. B&B und Selbstversor-
ger-Einheiten in schöner Gartenlage, 4 TGCSA-Sterne, Preise a.A.

New Hanover

liegt etwa auf der Hälfte der Strecke zwischen Pietermaritzburg und
Greytown. Falls Sie übernachten oder eine Pause einlegen möchten, so
besuchen Sie das historische und pittoreske *Traveller's Rest Hotel,* einst
eine Station für Ochsenwagen und Pferdereiter, Tel. 033-5020946. Es erwartet Sie *Hearty German Hospitality, Bar & Sunday lunches,* und Monica
kann Sie über die weitere Geschichte New Hanovers informieren. Gegenwärtig 3 DZ mit Frühstück, Dinner a.A. Auch Backpacker-Unterkunft.

Acht Kilometer westlich liegt das kleine historische York, deren Gründer von Yorkshire aus England stammen.

Blinkwater Nature Reserve

Auf der Fahrt von Wartburg nach Greytown auf der R33 durch leicht
hügeliges Farmland mit *Pine forests* und *Cane fields* liegt östlich des kleinen Orts **Sevenoaks** das wenig erschlossene *Blinkwater Nature Reserve.*
Es gibt lange Wanderwege, vier einfache Übernachtungscamps (trail
huts) mit Hütten, Feuerholz, Wasser und sanitären Einrichtungen (8–12
km voneinander entfernt). Zwei- bis viertägige Touren möglich. Der *Blinkwater Mountain* ist das Brutgebiet der gefährdeten Stahlschwalbe. Auf
dem Hochplateau (1480 Meter) läuft man durch Grasland mit Salzpfan-

nen, Wasserfällen, Seen und Nebelwäldern. Es regnet viel, Regenschutz unbedingt erforderlich.

Anfahrt: 15 km von Sevenoaks; durch privates Farmland auf der D151 Sevenoaks – Rietvlei.

Reservierungen für die Wanderwege und Unterkünfte auf www.kznwildlife.com, Tel. 033-8451000. Auf der Website genaue Trail-Beschreibungen und Kartenskizzen.

Hinweisschild Louis Botha

Ein Schild weist nach rechts, wo **Louis Botha** 1862 als 8. von 13 Kindern eines Farmers geboren wurde. Botha besuchte die Hermannsburg Missionsschule (s.u.) und verließ seine Heimat mit 12 Jahren. Er wurde General der burischen Transvaal-Armee, nachdem er sich im Britischen-Burischen Krieg 1899–1902 in den Schlachten von Ladysmith, Colenso und Spioenkop ausgezeichnet hatte. 1910–1919 (bis zu seinem Tod) war er der erste Premierminister der neugegründeten Südafrikanischen Union.

■ *Louis Botha*

Greytown

Greytown am Umvoti River wurde 1850 hauptsächlich als Garnison und Militärdepot gegründet und ist nach *George Grey* benannt, der von 1854 bis 1861 Gouverneur am Kap war. Der weitläufige Ort liegt 1100 Meter hoch, hat etwa 80.000 Bewohner und ist das Zentrum eines ausgedehnten land-, vieh- und forstwirtschaftlichen Gebiets, das auf isiZulu *Umgungundlovana* heißt, „Platz des kleinen Elefanten". 1906 stand Greytown im Zentrum der sogenannten **Bambatha-Rebellion** (s.u.).

■ *Greytown*

■ **8 Midlands**

Von Süden kommend wird die R33 im Ort zur *Shepstone Street* und trifft nach zwei, drei Querstraßen auf die Ost-West-Hauptstraße *Durban Street* (ortsaußerhalb ist das die R74). Nächste Querstraße nach der Durban Street ist die Voortrekker Street.

Zum **Greytown Museum** (mit der Tourist Information) die Durban-Straße links hochfahren, Ecke Scott St (Mo–Fr 8–16 Uhr und an einigen Sonntagen, Tel. 033-4131171). Das kleine alte Kolonialgebäude – zum *National Monument* erhoben – zeigt einen Mix aus lokalen und historischen Exponaten. Es gibt einen *Victorian Children's Room, Hindu-* und *Muslim Room* sowie einen *Zulu Culture Room.* Im Außenbereich stehen Dampfmaschinen, eine alte Kanone von 1750 – sie wurde angeblich 1852 von einem achtzehnjährigen Mädchen mit zehn Zulu von Port St. Johns an der heutigen Wild Coast bis nach Greytown gebracht –, und im Coach House gibt es eine Schmiede und einen Leichenwagen. Außerdem dokumentiert das Museum Militärgeschichte und Kriege sowie die Bambatha-Rebellion, die bei Greytown ihren Anfang nahm und die mit dem Prozess gegen König *Dinuzulu kaCetshwayo* in der hiesigen Town Hall – heute gleichfalls *National Monument* – ihren Abschluss fand. Der Laden *Pink 3,* Pine Street, hat eine große Auswahl an Souvenirs und Zuluhandarbeiten. Beliebtes Ausflugsziel ist der nahe gelegene Lake Merthley.

Bambatha-Rebellion

1905 hatte die britische Verwaltung ein neues Gesetz erlassen, wonach alle Schwarzen über 18 Jahre eine jährliche Kopfsteuer (sog. „poll tax") in Höhe von einem britischen Pfund zu bezahlen hatten. Damals war Bambatha der *inkosi* der Zondi, die nördlich von Greytown siedelten. Als Bambatha weigerte, dieses und andere oppressive Gesetze der Kolonialregierung bei seinem Volk durchzusetzen, wurde er abgesetzt. Er floh zu dem damaligen Zulukönig Dinuzulu (Cetshwayos Sohn) nach uSuthu. Vermutlich stachelte dieser Bambatha zur Rebellion an, der sich auch andere Häuptlinge anschlossen. Bambatha kam in die Greytown-Region zurück und sammelte Leute, mit denen er am 4. April 1906 die unten erwähnten vier britischen Polizisten überfiel. Koloniale Streitkräfte wurden zusammengezogen, Bambatha und seine Krieger schließlich in die Mome-Schlucht – weit im Nordosten, beim heutigen Nkandla Forest Reserve –, getrieben und getötet. 575 Mann starben an diesem 10. Juni 1906. Bereits bei Pukunyoni waren 70 Zulu-Rebellen und bei Isuzu über 600 weitere getötet worden. Insgesamt kostete die Rebellion über 2300 Zulu das Leben, über 5000 wurden vor Gericht gestellt. Es war die letzte große Erhebung von Teilen der Zulu gegen die Briten.

König Dinuzulus Rolle blieb unklar, 1909 wurde er wegen Verrats zu 10 Jahren Gefängnis verurteilt, dann aber begnadigt. 1913 starb er auf einer Farm im Transvaal.

Information   Greytown Tourism, im Museum, 69 Scott St, Tel. 033-4131171, Ext. 128, www.greytown.co.za. Infos zur Battlefields Route und zu Unterkünften, Verkauf von Zulu-Kunsthandwerk aus dem nördlich an der R33 gelegenen *Keate's Drift:* Speere, Schilde, Beadwork, Holzschnitzereien, Zulu-Puppen u.a. Dinge mehr.

Unterkunft   *Comfort:* ***Montello Safari Lodge,** Tel. 033-4133334, Fax 4133033, www.montello.ch. Lodge und Bushcamp außerhalb. Sehr schöne Anlage, eine Oase der Ruhe und Erholung inmitten unberührter Natur. Wanderungen, Vogelbeobachtung, Pirschfahrten, unter Schweizer Leitung. Anfahrt: Die R74 westlich (Muden), nach 10 km nach rechts in die D80 (Schild), nach 4 km

(Schild) nach links durchs Gate, von da noch 6 km. Ankunft telefonisch avisieren. ÜF im DZ 325 p.P., mit Dinner R445

Touristic: ***Lady Leuchars Guest House & Restaurant,** 188 Voortrekker St, Tel. 033-4133526, Fax 4172510, Cell 072 182 0721, ladyl@gom.co.za, Website über www.greytown.co.za. Riesige, schön eingerichtete Zimmer im Victoria Stil, tolles Essen, Pool. DZ R210 p.P. • **Lord Grey Guest House,** 194 Voortrekker St, Tel. 033-4171516, Fax 4132072, Website über www.greytown.co.za. Individuell eingerichtete Zimmer.

Budget: **Umvoti-Plough Hotel,** Voortrekker St, Tel. 033-4132018, Fax 4132704. Einfach, Zimmer mit und ohne Bad.

Camping: „Beehive", Gary & Carola Rediger, Tel. 33-4450601, Cell 082-5781356).

Von Greytown auf der R33 Richtung Dundee/Endumeni

Nach Norden Richtung Dundee bzw. Endumeni wechselt irgendwann das Landschaftsbild dramatisch, aus Gras- und Weideland wird trockenes *thornveld.* Es ist eines der letzten Gebiete mit traditionellem Zulu-Stammensleben. Man durchfährt die Orte *Keate's Drift, Tugela Ferry* und *Pomeroy.* Die Straße ist kurven- und viehreich und es geht oft steil rauf und runter, deshalb nachts hier besser nicht fahren!

Etwa 13 Kilometer nördlich von Greytown befindet sich das **Bambatha Police Memorial** zum Gedenken an vier britische Polizisten, die 1906 am **Ambush Rock** in einen Zulu-Hinterhalt gerieten und ermordet wurden. Der Überfall hing mit der Bambatha-Rebellion zusammen.

Von Greytown auf der R74 Richtung Muden

Mhlopeni Nature Reserve

Das Mhlopeni Nature Reserve liegt 25 Kilometer nordwestlich von Greytown im unberührten Tal des Mooi River. Begonnen als private Initiative für Land-Rehabilitation ist es jetzt eine *Natural Heritage Site.* Wasserfälle, Felsauswaschungen und einsame Schluchten bilden mit dem welligen Grasland eine einzigartige Wanderlandschaft. Mehr als 210 Vogelarten (besonders viele Raubvögel, Schlangen-, Kampf- und Kronenadler) und 41 Säugetierarten, wie Ameisenbären, Bless- und Buschböcke, Kudus, Oribis und Zebras, Wüstenluchse, Zebramangusten, Honigdachse und auch Leoparden leben hier. Interessant sind archäologische Funde aus der Stein- und Eisenzeit und Buschmann-Zeichnungen.

Anfahrt: Von Greytown auf der R74 Richtung Muden bis Ausfahrt Mhlopeni; Vorsicht, schlechte Schotterstraße!

Information/ Unterkunft Mhlopeni Nature Reserve, Richard oder Joy Alcock, Tel. 033-4961722, mhlop@telcomsa.net, www.mhlopeni.com. Tagesbesucher nach telefonischer Anmeldung willkommen. Kleine Broschüre. Das Reservat ist Jagdgebiet (zu Fuß). Unterkunft in drei Rustic Bushcamps am Mhlopeni-Fluss. Schlafsäcke mitbringen, reine Selbstversorgung. Keine Elektrizität; Gasöfen, Kühlschrank und Lampen vorhanden.

Weiterfahrt: Weenen (s.S. 351)

8 Midlands

Von Greytown auf der R74 Richtung KwaDukuza ans Meer
Hinweisschild „Sarie Marais' Grave"

An der D479, von der R74 abzweigend, befindet sich das Grab von *Sarie Marais* (eigentlich: Sarie Maré), Namensgeberin des bekanntesten burisch-südafrikanischen Volksliedes „(My) Sarie Marais", das im 1. (1880/81) oder 2. Burenkrieg (1899–1902) entstand. Sarie heiratete mit 17 und starb zwei Tage nach der Geburt ihres 11. Kindes mit 35 Jahren. Die Sarie-Marais-Melodie basiert jedoch auf dem amerikanischen Lied „My Darling Ellie Rhee" aus dem US-Bürgerkrieg. Der afrikaans-Text geht so:

My Sarie Marais is so ver van my hart, / Maar'k hoop om haar weer te sien. / Sy het in die wyk van die Mooirivier gewoon, / Nog voor die oorlog het begin. Refrain: O bring my t'rug na die ou Transvaal, / Daar waar my Sarie woon. / Daar onder in die mielies / By die groen doringboom, / Daar woon my Sarie Marais.

Auf Englisch: „My Sarie Marais is so far from my heart but I hope to see her again. She lived near the Mooi River before this war began ...". Refrain: „O take me back to the old Transvaal, where my Sarie lives, down among the maize fields near the green thorn tree, there lives my Sarie Marais".

Das Lied wurde in viele andere Sprachen übersetzt.

Hermannsburg und die
Deutsche Schule Hermannsburg

Der kleine Ort „Neu-Hermannsburg" wurde 1854 von acht Missionaren und acht Handwerkern der *Hermannsburger Mission* gegründet, die 1849 in dem kleinen niedersächsischen Heideort Hermannsburg von dem evangelischen Pfarrer und Prediger Louis Harms ins Leben gerufen worden war. Harms hatte von dort aus eine christliche Frömmigkeits- und Wiedererweckungsbewegung begonnen. Ein wichtiger Teil war dabei die „Bekehrung von Heiden in aller Welt" und die Überbringung der „frohen Botschaft von Jesus Christus".

Museum   Als erstes Gebäude im afrikanischen Hermannsburg wurde 1854 das „Alte Missionshaus" erbaut, das auf dem Schulgelände seit 1992 als **Missionshaus Museum** dient (Mo–Fr 9–12 Uhr, Besichtigungen außerhalb der Öffnungszeiten können mit der Museumskuratorin Frau Inge von Fintel abgesprochen werden, Tel. 033-4450601, Extension 34, nach Büroschluss 033-4450212 oder 033-4450893, museum@ hmbschool.co.za).

Die erste   1860 baute man die erste kleine Kirche/Schule, 1868 die zweite, größere
Kirche   Peter und Paul-Kirche. Eine weitere Kirche für die zulusprachige lutherische Gemeinde entstand 1925. Hermannsburg bildete nach und nach weitere Missionare aus, die man auf kleine Stationen ins umliegende Zululand, nach Transvaal und bis nach Botswana aussandte.

Hermannsburg gehört heute zum Evangelisch-Lutherischen Missionswerk in Niedersachsen, das in 17 außereuropäischen Ländern arbeitet (www.elm-mission.net).

Schule Die **Deutsche Schule Hermannsburg** wurde 1856 mit drei Kindern gegründet. Der Missionskatechet Heinrich Hohls von der ersten Gruppe Hermannsburger Missionare war der erste Lehrer. Der gute Ruf der Schule verbreitete sich rasch, und als Internatsschule nahm sie Kinder Deutschstämmiger wie auch Engländer und Buren aus ganz Natal und Transvaal auf. Einer der bekanntesten Altschüler ist der 1862 bei Greytown geborene und spätere General *Louis Botha,* von 1910 bis 1919 erster Premierminister der Südafrikanischen Union. Hermannsburg ist die älteste aller deutschen Privatschulen Südafrikas, kann heute auf mehr als 152 kontinuierliche Schuljahre zurückblicken und wird von der deutschen Regierung unterstützt. Sie ist für alle Kinder KwaZulu-Natals offen und hat heute etwa 200 Schüler. Höhepunkte des Jahres sind die alljährlichen Ereignisse: Mudman, Schulfest (im Mai) und Golftag sowie die Konzerte der Schüler.

Infos Weitere Informationen auf der Website der Schule, www.hermannsburg.co.za. Hermannsburg Schule, Private Bag X01, KwaZulu-Natal 3258, Tel. +27 (0)33-4450601 ext 11, Fax +27 (0)33-4450706, hmbschool@futuregtn.co.za.

Unterkunft Wer übernachten möchte, findet auf www.hermannsburg.co.za. beim Link „Accommodation" reichlich Unterkünfte im näheren und weiteren Umkreis von Hermannsburg (Camping in Greytown, s. dort).
     Eine Empfehlung: *B&B Haus Morgentau,** Tel. 033-4450604, Cell 072-4803739. Nette, hilfsbereite und dt.-spr. Gastgeberin *Quante Bestal* mit familiärem Missionshintergrund, gepflegtes altes Farmhaus, ca. 5 km von Hermannsburg.

Weiterfahrt Von Hermannsburg über Kranskop sind es auf der R74 nach KwaDukuza rund 80 Kilometer. Riesige Zuckerrohrfelder säumen die nicht allzu gute Straße. Vor KwaDukuza geht es rechts zu *Shaka's Memorial.* KwaDukuza s.S. 237.

ANHANG

Der Autor Helmut Hermann hatte seine erste Begegnung mit Afrika 1973/74, als er den ganzen Kontinent von Stuttgart bis Kapstadt mit einem Fahrrad durchquerte (man sagt den Schwaben Sparsamkeit nach). Seither besucht er, privat und beruflich als einer der Verleger der Verlagsgruppe REISE KNOW-HOW – und neben vielen anderen Ländern – immer wieder das Land am Kap.

Thank you – an *Birgit Hüster* von Tour Link Afrika, *Bettina Romanjuk* und *Anita* für die
ngiyabonga Durchsicht des Manuskripts, *Werner Gordes* von der ASA für die Reise-
– Dank vorbereitung, unserem kenntnisreichen Führer *Zweli Xaba,* Frau *Inge von Fintel* von Hermannsburg für die historischen Daten der Natal-Deutschen, *Roland Vorwerk* von Ezemvelo, *Andrea Münster* von Jacana Tours, *Elke Losskarn* für ihre Fotos, *Astrid Därr* für Drakensberge-Infos, *Tourism KwaZulu-Natal* und *South African Airways* für die Unterstützung und last but not least *Christine Philipp* für die Basisreisetexte aus unserem RKH-Reiseführer „Südafrika“.

Fotos alle Helmut Hermann außer:
Elke Losskarn S. 16 Mitte, 17 u, 26, 39, 41 o, 43, 65, 80, 107, 113 u, 114, 130 u, 131, 132 o, 170, 365, Umschlag hinten, 2x Klappe
Christine Philipp S. 115 (2x u), 116 u, 117 u, 118, 119 u.
Horst Schade S. 122, 123 u.
Carsten Blind S. 5, 35, 36, 3x 67
KZN Tourism Durban: S. 254
Anzeige Südafrikaperfekt: World of Clouds: ©istockphoto® / World of Clouds: Murat Giray Kaya, Bild-Nr 5311577; Cape Town computing: Don Bayley, Bild-Nr 3834130. Abbildungen Archiv RKH-Verlag. Die historischen Zitate am Anfang der Kapitel („In alten Zeiten …“) stammen aus Pierers Universal-Lexikon, Altenburg/Sachsen, 1857–1865

Anhang

Glossar

Afrikaaner *(Afrikaners, Afrikanders),* weiße Südafrikaner, Nachfahren erster holländischer, französischer und deutscher Siedler. Sprache: *Afrikaans.*

assegai traditioneller Wurfspeer

Bakkie hinten offener Lieferwagen, Pick-up

Berg Drakensberge (uKhahlamba-Drakensberg Park), und auch für andere Berggebiete

Biltong Trockenfleisch, meist vom Rind, Springbok oder Kudu

Blue Flag Beach Gütesiegel einer internationalen Umweltinstitution für erstklassige, schöne Badestrände mit allen Voraussetzungen für sicheren und guten Badebetrieb, wie Hainetze, Duschen, Toiletten und Rettungsposten. In KZN an der Südküste die Strände von *Hibberdene, Ramsgate, Marina Beach/San Lameer* und *Lucien.*

Boet afrikaans für „Bruder", vertrauliche Anrede zwischen Freunden/Kumpels

Boerewors afrikaans für „Bauernwurst". Würzig-deftige Grillwürste aus Rind- oder Lammfleisch, die zu praktisch jedem Braai gehören, oft zur Schneckennudel aufgerollt

boma Swahili-Wort, das Viehkral bedeutet. In Südafrika ist eine *boma* zum einen ein (eingezäuntes) Areal in Tierschutzgebieten und zum anderen bei Lodges der Platz fürs abendliche Lagerfeuer mit Dinner unter freiem Himmel.

Braai afrikaans für Grillen überm offenen Feuer, Grill-Party mit Freunden

Bushveld Buschland

Café kleiner „Tante-Emma-Laden" an der Ecke, der Milch, Brot, Zeitungen, Soft drinks und Imbisse verkauft

CBD *Central Business District,* Innenstadt mit Shops, Büros und Geschäften

Cell phone „Handy", Mobil-Telefon

Drankwinkel (afrikaans) Laden mit alkoholischen Getränken

DSTV Satelliten-Fernsehen, zahlreiche Kanäle

Droewors (afrikaans) traditionelle, gut gewürzte, luftgetrocknete Wurst

Drostdy Landgerichtssitz

en suite Zimmer mit eigenem, angeschlossenem Bad

Escarpment, Great „Große Bergkette", „Steilabfall", „Randstufe". Die nördlichsten Ausläufer der Drakensberge in der Provinz Mpumalanga im Nordosten Südafrikas. In KwaZulu-Natal vom Royal Natal National Park im Norden der Drakensberge entlang der Ostgrenze von Lesotho bis zur ehemaligen Transkei im Süden.

Game drive Tierbeobachtungsfahrt/Pirschfahrt

Game farm Wildfarm, Farm mit wilden Tieren im Gelände

Garage Tankstelle, fast immer mit Reparaturwerkstatt

howzit traditioneller südafrikanischer Gruß, meint „How are you?" oder „How is it?"

indaba (isiZulu) Besprechungsrunde, Männerpalaver

indlu oder *iqhugwane* – igluförmige Zulu-Hütte

induna	eine Art Zulu-Gebietsherrscher mit einen Sitz im königlichen Parlament
inhloko	oder *isicoco* – Hut in Konusform der verheirateten Zulu-Frauen
inkatha	Festgeflochtener Kopfring aus Stroh oder Gras zum Tragen schwerer Lasten; bei den Zulu auch symbolische Bedeutung. Auch Partei der Zulu.
inkosi	traditioneller Führer, Häuptling, Dorfältester, *chief.* Plural *amakosi.*
inyanga	Zulu-„Kräuterdoktor", Heilpraktiker, Kenner der Medizinalpflanzen
isagila	oder *iwisa* – Holzknüppel mit eine faustgroßen, kugelförmigen Verdickung
isiphapha	traditioneller, Wurf- bzw. Jagdspeer der Zulu
knobkerrie	afrikaans für „Holzknüppel", s. *isagila*
King size bed	überbreites Doppelbett
Kloof	Schlucht, engl. *gorge*
Kral	(afrikaans *kraal*). Der von einer Dornenhecke umgebene und kreisförmige innere Viehpferch einer Zulu-Rundplatzsiedlung. Abgeleitet zu portug. *curral* – Viehpferch – und englisch *corral.*
Kwa	Bantu-Vorsilbe für „Wohnsitz/Heimat/Platz der ..." (KwaZulu, u.a.)
Lapa	afrikanisches Versammlungshaus. Bei Unterkünften überdachte Open-air-Terrasse / Freisitz.
Lekker	afrikaans für „gut", „lecker" und „schön": „That meal was lekker"
Liquor Store	hier gibt es Alkoholisches zu kaufen
Lounge	Aufenthaltsraum für Gäste in einer Unterkunft
lobola	Brautentgelt, traditionell meist in Form von Rindern
Mielie	Mais, Maiskolben
Now now	meint in Südafrika „sofort", „ich komme sofort"
Off-ramp	Ausfahrt von (National-)Straßen bzw. Autobahnen
Pad	südafrikanische Bezeichnung für Piste, Weg
Pan	Pfanne, saisonal überflutete Senke
pap en sous	Maisbrei mit Tomaten-Zwiebel-Soße
Province	in Südafrika analog einem Bundesland in Deutschland
Queen size bed	– schmäler als ein „King Size"-Bett (s.o.)
Rivier	(afrikaans) periodisch wasserführendes Flussbett, Trockenfluss
Robot	Verkehrsampel
Rondavel	traditionelle einräumige Rundhütte
Rooibos	populärer südafrikanischer Tee aus den Blattspitzen des Rotbusches
Ruskamp	afrikaans für Rastlager
sangoma	„Seelendoktor", Wahrsager in problematischen Zeiten, Geistheiler, die Schamanen der Zulu (Männer und Frauen).
SAP	South African Police; **SAPS** – South African Police Service
SATOUR	South African Tourism (staatl. Tourismusbehörde)
Self catering	Unterkunft zur Selbstversorgung/für Selbstversorger. Im Buch abgekürzt als „SC"
Shebeen	typischer, einfacher Trinkraum oder Hauskneipe schwarzer Südafrikaner
Spa	Thermal- und Heilquelle / Wellness Center

Staff	Bedienstete in einem Camp
Stasie	afrikaans für Bahnhof
Sundowner	tagesabschließender Drink („Dämmerschoppen"), wird in privaten Parks und Lodges zum Abschluss eines nachmittäglichen Game drives gereicht
TGCSA	*Tourism Grading Council of South Africa,* regierungsamtliche Instanz in Südafrika, die die Qualität einer Unterkunft durch die Vergabe von 1 bis 5 Sternen indiziert.
Tidal pool	Gezeitenbecken
T-Junction	ineinander mündende Straßen in Form eines „T". Straßendreieck.
Township	Wohnort (Vorstadt) für Schwarze und Farbige aus der Apartheid-Zeit
Tracker	Spurenleser, der bei offenen Safari-Wagen auf einem Sitz an der Stoß-stange sitzt und bei einer Fuß-Safari vorangeht
Twin beds	zwei Einzelbetten
umuzi	Zulu-Dorf (Plural *imizi*) oder die Siedlung eines Familien-Clans
utshwala	selbstgebrautes Zulu-„Bier" aus Mais oder Hirse und Wasser, kaum alko-holhaltig
Veld	afrikaans für diverse Formen und Typen von Landschaftsformen und Grasfluren: *bushveld, highveld, lowveld*
Vlakte	afrikaans, Ebene
Vlei	afrikaans, saisonales Flut-/Feuchtgebiet, Teich
Wildtuin	afrikaans, Tierschutzgebiet, Game Reserve
Winkel	afrikaans, Laden, Geschäft
xawula	Zulu-Begrüßungshandschlag mit gegenseitigem Umfassen der Daumen.

Register

A

B

Die Reiseführer von Reise

REISE KNOW-HOW

Reisehandbücher
Urlaubshandbücher
Reisesachbücher
Edition RKH, Praxis

Know-How auf einen Blick

Edition RKH

Abenteuer Anden
Auf Heiligen Spuren
Durchgedreht –
Sieben Jahre im Sattel
Inder, Leben und Riten
Mona und Lisa
Myanmar – Land
der Pagoden
Please wait to be seated
Rad ab!
Salzkarawane
Südwärts durch
Lateinamerika
Suerte – 8 Monate
durch Südamerika
Taiga Tour
USA – Unlimited Mileage

Praxis

Aktiv Marokko
All inclusive?
Australien: Outback/Bush
Australien: Reisen/Jobben
Auto durch Südamerika
Ayurveda erleben
Buddhismus erleben
Canyoning
Clever buchen/fliegen
Daoismus erleben
Drogen in Reiseländern
Dschungelwandern
Expeditionsmobil
Fernreisen auf
eigene Faust
Fernreisen, Fahrzeug
Fliegen ohne Angst

Frau allein unterwegs
Früchte Asiens
Fun u. Sport im Schnee
Geolog. Erscheinungen
GPS f. Auto, Motorrad
GPS Outdoor-Navigation
Handy global
Hinduismus erleben
Höhlen erkunden
Hund, Verreisen mit
Indien und Nepal,
Wohnmobil
Internet für die Reise
Islam erleben
Japan: Reisen
und Jobben
Kanu-Handbuch
Kartenlesen
Kommunikation unterw.
Konfuzianismus erleben
Kreuzfahrt-Handbuch
Küstensegeln
Langzeitreisen
Maya-Kultur erleben
Mountainbiking
Mushing/Hundeschlitten
Neuseeland: Reisen
und Jobben
Orientierung mit
Kompass und GPS
Panamericana
Paragliding-Handbuch
Pferdetrekking
Radreisen
Reisefotografie
Reisefotografie digital
Reisekochbuch
Reiserecht
Respektvoll reisen
Safari-Handbuch Afrika

Schutz vor Gewalt
und Kriminalität
Schwanger reisen
Selbstdiagnose
unterwegs
Shopping Guide USA
Sicherheit Bärengeb.
Sicherheit am Meer
Sonne, Wind,
Reisewetter
Sprachen lernen
Südamerika, Auto
Survival-Handbuch
Naturkatastrophen
Tango in Buenos Aires
Tauchen Kaltwasser
Tauchen Warmwasser
Transsib – Moskau-Peking
Trekking-Handbuch
Trekking/Amerika
Trekking/Asien
Afrika, Neuseeland
Tropenreisen
Unterkunft/Mietwagen
USA Shopping Guide
Volunteering
Vulkane besteigen
Wann wohin reisen?
Was kriecht u. krabbelt
in den Tropen?
Wildnis-Ausrüstung
Wildnis-Backpacking
Wildnis-Küche
Winterwandern
Wohnmobil-Ausrüstung
Wohnmobil-Reisen
Wohnwagen Handbuch
Wracktauchen
Wüstenfahren

KulturSchock

Afghanistan
Ägypten
Argentinien
Australien
Brasilien
China, Taiwan
Cuba
Ecuador
Familien im Ausland
Kl. Golfstaaten, Oman
Indien
Iran
Japan
Jemen
Kambodscha
Kaukasus
Laos
Leben in fremd. Kulturen
Marokko
Mexiko
Pakistan
Peru
Russland
Thailand
Thailands Bergvölker
und Seenomaden
Türkei
USA
Vietnam
Vorderer Orient

Wo man unsere Reiseliteratur bekommt:
Jede Buchhandlung Deutschlands, der Schweiz, Österreichs und der
Benelux-Staaten kann unsere Bücher beziehen. Wer sie dort nicht findet,
kann alle Bücher über unsere **Internet-Shops** bestellen.
Auf den Homepages gibt es **Informationen** zu allen Titeln:

www.reise-know-how.de oder www.reisebuch.de

Die Reiseführer von Reise

Reisehandbücher
Urlaubshandbücher
Reisesachbücher
Edition RKH, Praxis

Know-How auf einen Blick

Christine Philipp
Südafrika
7. Auflage
ISBN 978-3-89662-394-2
€ 23,50 [D]

Südafrika

Das komplette Handbuch für individuelles Reisen in allen Regionen Südafrikas – auch abseits der Hauptreiseroute:

- Informiert reisen: Für alle neun Provinzen sorgfältige Beschreibung der sehenswerten Orte, der schönsten Naturschutzgebiete, Tier- und Nationalparks. Mit vielen Wanderungen und Tipps zur aktiven Freizeitgestaltung.

- Praktische Tipps und Wissenswertes zur Reisevorbereitung und zum täglichen Reiseleben. Viele Internet- und eMail-Adressen für zusätzliche Informationen. Mit neuen südafrikanischen Städtenamen.

- Durch Südafrika reisen: Unterwegs zu Naturschönheiten und bekannten Sehenswürdigkeiten mit Mietwagen oder Camper, Transporthinweise für Busse, Flugzeug und Eisenbahn. Routen- und Streckenvorschläge für mehrere Wochen Aufenthalt.

- Präzise Streckenbeschreibungen und detaillierte Karten, um auch abgelegene Gebiete bereisen zu können. Viele lohnenswerte Abstecher.

- Zahllose Unterkunftsempfehlungen und kulinarische Tipps für jeden Geldbeutel von preiswert bis luxuriös.

Und so urteilten Benutzer der vorherigen Auflage:

- »Wir waren vier Wochen in Südafrika unterwegs. Gratulation an Ihre Adresse! Der Reiseführer ist ausgezeichnet gemacht, meines Erachtens einer der besten, die auf dem Markt sind.«

- »Ihr Reiseführer ist außerordentlich zuverlässig und bringt viele Inhalte deutlich besser als die Konkurrenz.«

- »Herzlichen Dank für die gute Recherche und die vielen praktischen Tipps. Vor allem das Kartenmaterial war sehr hilfreich.«

▸ Strapazierfähige PUR-Bindung
▸ Mehr als 100 Stadtpläne und Karten, praktische farbige Übersichtskarten in den Umschlagklappen
▸ Über 250 Fotos und Abbildungen
▸ Griffmarken, Seiten- und Kartenverweise zur einfachen Handhabung
▸ Mit Glossar und großem Register
▸ Reisen durch Südafrikas 9 Provinzen, Abstecher nach Lesotho, Swaziland und Namibia
▸ Informativer Geschichtsteil, viele unterhaltsame Exkurse
▸ Ausführliche Kapitel über Kapstadt, Krüger-Nationalpark, Garden Route

Elke und Dieter Losskarn

Vom Krügerpark nach Kapstadt
2. Auflage

360 S., strapazierfähige
PUR-Bindung, 45 Karten
und Stadtpläne, mehr als
360 Farbfotos, Griffmarken,
Seiten- und Kartenver-
weise, Register
ISBN 978-3-89662-397-3
€ 17,50 [D]

Vom Krügerpark nach Kapstadt

... ist ein Reiseführer mit hoher Informationsdichte für das
beliebteste Reiseland Afrikas. Das Buch bietet:

- Top-aktuelles Reise-Know-How und 7 Reiserouten durch die
  interessantesten Gebiete der Kap-Provinz. Präzise Strecken-
  beschreibungen mit den besten Tipps, Adressen und
  Attraktionen.
- Das Buch kombiniert detailgenaue, verlässliche Reise-
  informationen mit unterhaltsamen Themen über Land und
  Leute, visualisiert durch zahlreiche Fotos und Illustrationen
- Zahlreiche Karten und Stadtpläne – alle eng mit dem Inhalt
  verzahnt
- Die Autoren leben in Südafrika und haben langjährige
  Reiseerfahrung
- Tipps für Safaris, Naturerlebnisse und Tierbeobachtung
- Vorschläge für sportliche Aktivitäten, kulinarische
  Entdeckungstouren und charmante Gästehäuser

Elke und Dieter Losskarn

**Kapstadt, Garden
Route & Kap-Provinz**
4. Auflage

288 S., strapazierfähige
PUR-Bindung, 25 Karten
und Stadtpläne, mehr als
140 Farbfotos, Griffmarken,
Seiten- und Kartenver-
weise, Register
ISBN 978-3-89662-396-6
€ 14,90 [D]

Kapstadt, Garden Route & Kap-Provinz

Verbinden Sie Erholung und Aktivität, Natur und Kultur zu
einem einmaligen Erlebnis-Urlaub. Dieser Führer bringt das
einzigartige Lebensgefühl des Kaps auf den Punkt.

- Top-aktuelles Reise-Know-How und 7 Reiserouten durch die
  interessantesten Gebiete der Kap-Provinz. Präzise Strecken-
  beschreibungen mit den besten Tipps, Adressen und
  Attraktionen.
- Wissenswertes über Land & Leute – visualisiert mit Fotos
- Kulinarische Entdeckungstouren, Wine & Dine in feinen
  Wine Estates, Restaurants und Hotels in stilvollem
  Ambiente, charmante ländliche Bed & Breakfasts
- Die hübschesten Orte der Garden Route, die
  Big Five erleben und zahlreiche Aktivitäten-Vorschläge ...

**Alle Titel erscheinen regel-
mäßig in neuen Auflagen**

... die optimalen Reisebegleiter für Südafrika

Erschienen im REISE KNOW-HOW VERLAG

Neu ab August 2009

Bettina Romanjuk

**Übernachtungs-
führer Südafrika
Band 1**
Western Cape
und Garden Route

1. Auflage
ISBN 978-3-89662-500-7
€ 14,90 [D]

Bettina Romanjuk

**Übernachtungs-
führer Südafrika
Band 2**
Alle Provinzen
[außer Western Cape]

1. Auflage
ISBN 978-3-89662-501-4
€ 14,90 [D]

Übernachtungsführer Südafrika in zwei Bänden

Diese Bücher sind die ideale Ergänzung zum her-
kömmlichen Reiseführer und für den Individual-
reisenden unverzichtbar. Es werden jeweils rund 500
Unterkünfte aller Kategorien und Preisklassen in
sämtlichen Provinzen Südafrikas vorgestellt – vom
einfachen Apartment bis zur luxuriösen Villa.

Der Übernachtungsführer Band 1 behandelt Kapstadt
und das Western Cape einschließlich der Garden
Route. In Band 2 werden Unterkünfte in sämtlichen
Provinzen Südafrikas (außer dem Western Cape) vorgestellt. Sie finden B+B's, Guesthouses, Lodges und
Hotels sowie viele Privathäuser, bei denen Herz-
lichkeit und Familienanschluss der eigentliche Luxus
sind.

Die Häuser sind mit Farbfoto, Beschreibung und Kon-
taktdaten aufgeführt. Die Preise sind in Kategorien
aufgeteilt, um dem Reisenden einen Überblick zu
verschaffen, welche Unterkünfte seiner Preisvorstel-
lung entsprechen. Außer den Adressen und Infos zu
den einzelnen Unterkünfte bieten diese Bücher noch
jede Menge praktischer Tipps für das Reisen in
Südafrika …

… zwei optimale Reisebegleiter für Südafrika

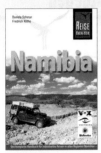

Daniela Schetar,
Friedrich Köthe

Namibia
5. Auflage

564 S., strapazierfähige
PUR-Bindung, mehr als
55 Stadtpläne und Karten,
über 100 Farbfotos u. Abb.,
Griffmarken, Seiten- und
Kartenverweise, Register

ISBN 978-3-89662-324-9
€ 23,50 [D]

Ganz **Namibia** mit diesem Reisehandbuch entdecken:

- Die akutelle Auflage dieses Buches kombiniert detailgenaue, vor Ort recherchierte praktische Informationen mit unterhaltsamen und informativen Exkursen zu Geschichte, Hintergründen und den Menschen des Landes.

- Das Reisehandbuch nennt und gewichtet nahezu alle Unterkünfte in Namibia mit Internet-Kontakt, enthält genaue Stadtpläne mit Lageangaben der Hotels. Mehr als 650 Unterkunftsadressen.

- Mit integriertem Routenplaner, der eine einfache Planung der Reise erlaubt und mit GPS-Daten und exakten Kilometertabellen jedes Ziel auffindbar macht. Mehr als 55 Stadtpläne und Karten – Namibias Reiseziele auf 32 Routen entdecken.

- Das Reisehandbuch führt in die Nachbarländer, nach Victoria Falls, Botswana, in den südafrikanischen Kgalagadi Transfrontier National Park und ermöglicht die Reise in Gebiete und Landschaften, in die „andere" nicht kommen.

- Mit einer Vielzahl an Aktivitäten, wie Ballonfahren, Fallschirmspringen, Quadbike-Fahren, Reiten, Wandern, Fly-in-Safaris, Angelausflüge, Kajaktouren …

Namibia kompakt

Daniela Schetar,
Friedrich Köthe

Namibia kompakt
2. Auflage

288 S., strapazierfähige
PUR-Bindung, 45 Karten
und Stadtpläne, mehr als
150 Farbfotos und Abb.,
Griffmarken, Seiten- und
Kartenverweise, Register

ISBN 978-89662-328-7
€ 14,90 [D]

… ist ein Reiseführer mit hoher Informationsdichte für eines der beliebtesten Reiseziele des südlichen Afrika. Beschrieben werden alle Highlights des Landes und wichtige Sehenswürdigkeiten im angrenzenden Zimbabwe und Botswana. Für organisiert Reisende und für die, die invidiuell unterwegs sind, der optimale Reisebegleiter.

Namibia kompakt …

- kombiniert detailgenaue, verlässliche Reiseinformationen mit unterhaltsamen Themen über Land und Leute, visualisiert durch zahlreiche Fotos und Illustrationen.

- enthält viele Karten und Stadtpläne, die alle eng mit dem Inhalt verzahnt sind. Nennt die besten Adressen für Ihre Reise.

- wurde von kompetenten Autoren mit langer Namibia-Erfahrung verfasst.

- ist zusätzlich ein Kulturführer und verschafft Zugang zur ethnischen Vielfalt des Landes. beleuchtet geschichtliche Hintergründe und historische Zusammenhänge.

- gibt Tipps und macht Vorschläge für Aktivitäten und zur Gestaltung freier Zeit.

Mit PANORAMA neuen Horizonten entgegen

Außergewöhnliche Bilder, lebendige Anekdoten und hautnahe Einblick wecken Erinnerungen oder Vorfreude auf ein Reiseland. PANORAMA präsentiert sich im handlichen, quadratischen Format (18x18 cm, Hardcover mit Fadenheftung) und luftigen Layout, mit Fotos von atemberaubenden Landschaften, Land & Leuten ...

Elke & Dieter Losskarn

Panorama
Südafrika

Bildband

156 Farbseiten, 18x18 cm,
Hardcover mit Fadenheftung,
mehr als 200 erstklassige
Fotografien auf Kunstdruckpapier

Der kompakte Bildband von den renommierten Autoren und
Fotografen Elke und Dieter Losskarn als Ergänzung zu den erfolg-
reichen Südafrika-Reiseführern von Reise Know-How. Ein ideales
Geschenk und ein perfektes Souvenir für Urlauber, die bereits in
Südafrika waren – zum Träumen fürs nächste Mal …

2. Auflage

ISBN 978-3-89662-398-0 · € 14,90 [D]

Elke & Dieter Losskarn

Panorama
Namibia

Bildband

120 Farbseiten, 18x18 cm,
Hardcover mit Fadenheftung,
mehr als 200 erstklassige
Fotografien auf Kunstdruckpapier

Wer sich bisher mit kiloschweren Reisebüchern belastet hat, bekommt hier die Bildband-Light-Version präsentiert: Die erstklassigen,
aber zwangsläufig oft sehr kleinen Fotos in den Reiseführern können
nun endlich groß genossen werden. Ein ideales Geschenk und
ein perfektes Souvenir für Urlauber, die bereits die Weite Namibias
erleben durften – oder zum Träumen vom nächsten Mal.

Neuerscheinung 2008

ISBN 978-3-89662-327-0 · € 14,90 [D]

Rad- und andere Abenteuer aus aller Welt

Edition Reise Know-How

In der Edition Reise Know-How erscheinen außergewöhnliche Reiseberichte, Reportagen und Abenteuerberichte, landeskundliche Essays und Geschichten. Gemeinsam ist allen Titeln dieser Reihe: Sie unterhalten, sei es unterwegs oder zu Hause – auch als ideale Ergänzung zum jeweiligen Reiseführer.

Abenteuer Anden - Eine Reise durch das Inka-Reich.
ISBN 3-89662-307-9 · € 17,50

Auf Heiligen Spuren - 1700 km zu Fuß durch Indien.
ISBN 3-89662-387-7· € 17,50

Die Salzkarawane - Mit den Tuareg durch die Ténéré.
ISBN 3-89662-380-X · € 17,50

Durchgedreht – Sieben Jahre im Sattel
ISBN 3-89662-383-4 · € 17,50

Myanmar/Burma – Reisen im Land der Pagoden.
ISBN 3-89662-196-3 · € 17,50

Please wait to be seated – Bizzares und Erheiterndes von Reisen in Amerika. ISBN 3-89662-198-X · € 12,50

Rad ab – 71.000 km mit dem Fahrrad um die Welt.
ISBN 3-89662-383-4 · € 17,50

Südwärts – von San Francisco nach Santiago de Chile.
ISBN 3-89662-308-7 · € 17,50

Suerte – 8 Monate auf Motorrädern durch Südamerika.
ISBN 978-3-89662-366-9 · € 17,50

Taiga Tour – 40.000 km allein mit dem Motorrad von München durch Russland nach Korea und Japan · ISBN 3-89662-308-7 · € 17,50

USA Unlimited Mileage – Abgefahrene Episoden einer Reise durch Amerika. ISBN 3-89662-189-0 · € 14,90

Völlig losgelöst – Panamericana Mexiko–Feuerland in zwei Jahren
ISBN 978-89662-365-2 · € 14,90

Die goldene Insel – Geschichten aus Mallorca
ISBN 3-89662-308-7 · € 10,50

Eine Finca auf Mallorca oder Geckos im Gästebett
ISBN 3-89662-176-9 · € 10,50

Eine mallorquinische Reise – Mallorca 1929
ISBN 3-89662-308-7 · € 10,50

Geschichten aus dem anderen Mallorca
ISBN 3-89662-308-7 · € 10,50

Mallorca für Leib und Seele – Schlange im Schneckensud und andere Köstlichkeiten · ISBN 3-89662-195-5 · € 14,90

„Rad & Bike"

Fahrrad Weltführer – Das Standardwerk für Fernreiseradler, 2. Aufl., 744 Seiten. ISBN 3-89662-304-4 · € 23,50

BikeBuch USA/Canada – 624 S., über 170 Fotos und 45 Karten
ISBN 3-89662-389-3 · € 23,50

Fahrrad-Europaführer– 3. Auflage, 648 S., über 50 Karten und 200 Fotos und Abb. · ISBN 978-3-89662-384-3 · € 25,00

Das Lateinamerika BikeBuch 696 S., 92 SW- und 32 Farbfotos, 27 Karten · ISBN 978-3-89662-388-1 · € 25,00